社会学家茶座

合订本　【33～36】辑

主编　张立升　执行主编　王　焱

TEAHOUSE FOR SOCIOLOGISTS

9

山东人民出版社

图书在版编目(CIP)数据

社会学家茶座：合订本,第33~36辑/张立升主编.—济南：山东人民出版社，2014.2
ISBN 978-7-209-07557-2

Ⅰ.①社… Ⅱ.①张… Ⅲ.①社会学—文集 Ⅳ.①C91-53

中国版本图书馆CIP数据核字(2013)第204301号

责任编辑：马　洁

社会学家茶座合订本(第33~36辑)
张立升　主编

山东出版传媒股份有限公司
山东人民出版社出版发行
社　址:济南市经九路胜利大街39号　邮　编:250001
网　址:http://www.sd-book.com.cn
发行部:(0531)82098027 82098028
新华书店经销
山东临沂新华印刷物流集团印装

规　格　16开(170mm×228mm)
印　张　40
字　数　640千字
版　次　2014年2月第1版
印　次　2014年2月第1次
ISBN 978-7-209-07557-2
定　价　56.00元

如有质量问题,请与印刷单位联系调换。(0539)2925888

社会学家茶座

主编 张立升　执行主编 王　焱

Teahouse for Sociologists 总第33辑 2009年第4辑

山东人民出版社 SHAN DONG PEOPLE'S PUBLISHING HOUSE

先锋实验电影《盒饭》剧照

狗子在话剧《大师采访记》中

作家狗子的换地之旅（文见第117页）

味道

“人莫不饮食，而知味者鲜矣。”(《中庸》)中国古人很早就将味觉与鉴赏力联系在一起。于是成就了汉语中的“味道”一语。

饮食辨味为什么能够进于道？这意味着进餐并不仅仅是为了充饥，养成食髓知味的鉴赏能力才是终极目的。古代的烹饪大师伊尹说：“鼎中之变，精妙之微纤，口弗能言，志弗能喻。”知味，不仅要求精细的感觉能力，而且还要求高明的判断和评价能力。这意味着人的生理感觉与理智能力永远不离不弃。它将审美之光照进了我们的厨房和餐桌上。

古人喜欢援引烹饪之术以做譬，比如，宰相之职是调和鼎鼐，治理大国则“若烹小鲜”；魏晋人物喜援品味以谈玄，后世则常借味觉来论美感，因此，古代文人别的都可以将就，唯独对饮食，却绝不肯马虎。讲究味道，并不在于追求什么水陆八珍的珍稀食料，而贵在以常见的食料烹制出美味佳肴。此所以苏轼发明的东坡肉，千年以来，脍炙人口。

西文中的相应词汇，如法文 goût，英文 taste，都有鉴赏、趣味、品味诸义。可见东海西海，人同此心。不过大哲柏拉图却认为，如果将味道与愉快和美联系在一起，那“人人都会拿我们当笑柄”。哲学的发达，导致将生理感觉排斥在艺术和美的领域之外，这让西人对美食学的发明推迟了两千年。后来的尼采对此曾痛下针砭，他认为，欧洲让哲学和理智的观念占据了主导位置，而以品味为标准的生理感觉的价值却受到了冷落。

法国大革命催生了美食学。萨瓦兰(J. A. Brillat Savarin，1755—1826)的名著 *Physiologie du goût*（1825），是西方第一本美食学名著。这位大革命时期的活跃人物，以味觉贯穿一切。他说：“每一个民族的命运，都取决于他们吃的方式。”这并非夸张，因为该书出版的翌年，作家维泰就说：“法国的品味在等待着他的 7 月 14 日。”不过外交家德·塔列朗(de Talleyrand ，1754—1838)却别有怀抱，他说，只有在法国大革命前生活过的人，才知道那个时代的生活是何等优雅(doucement de vivre)。1960 年代德国社会学实证主义论战，法兰克福学派指责韦伯的“克里斯马”范畴要为后来的纳粹主义流行负责。有学者起而辩护说，假如韦伯活着，他的贵族化品味，绝对看不上纳粹那种小儿科的意识形态。

于此可见，味之为道大矣哉！

中国革命的先行者孙中山先生在《建国方略》中说：“烹调之术本于文明而生，非深孕乎文明之种族，则辨味不精，辨味不精，则烹调之术不妙。”循着他的思路，我们可以说，辨味烹调之术不精不妙，则社会品味粗粝，戾气弥漫，更由于“通向男人心里的是胃”，于是而有酷爱美食的男人另起炉灶，此革命之所由生欤？

味道可以改变世界。如有以天下为己任者，请自讲求味道始。

王　焱

2009 年 10 月 15 日

目 录

社会思想 | SOCIAL THOUGHT

世 相 | MASSES

阅 读 | READING

文 化 | CULTURE

资 讯 | INFORMATION

主编 张立升 **执行主编** 王 焱
项目负责人 王海玲 **执行主编助理** 王 萍
责任编辑 王海玲 马 洁
装帧设计 王世强 张丽娜
山东出版集团 山东人民出版社出版发行
网址 http://www.sd-book.com.cn
社址 济南市胜利大街 39 号 **邮编** 250001
编辑部电话(0531)82098006
E-mail: chazuo_shehui@hotmail.com
wanghl0501@126.com
发行部电话(0531)82098021
邮发代号 24-192

图书在版编目(CIP)数据
社会学家茶座.第 33 辑/张立升主编
济南:山东人民出版社,2009.10
ISBN 978-7-209-05067-8
Ⅰ.社… Ⅱ.张… Ⅲ.社会学—文集 Ⅳ.C91-53
中国版本图书馆 CIP 数据核字(2009)第 186641 号

山东新华印刷厂临沂厂印刷
16 开本(172×232 毫米) 10 印张 160 千字
2009 年 10 月第 1 版 2009 年 10 月第 1 次印刷
定价:14.00 元

谁解其中味?

——从日常情境看大观园中的王夫人

陈心权

美国社会学家加芬克尔主张研究日常生活世界中的实践活动，并认为个人的行动与外界环境处于不断的相互建构之中。《红楼梦》文本的一个突出特点正是通过人物言行和日常情境展示对生活世界进行细腻描绘，进而逐步建构大观园中的权力关系和结构的。本文拟从梳理贾府头绪繁多、明暗交织的权力斗争的角度,来揭示一位通常被人忽视的人物——王夫人。

曹雪芹那“欲盖弥彰”的生花妙笔的确迷惑了世人的眼睛,他用浮在表面上的日常言行和刻骨铭心的情感伤痛来层层掩饰着深层次的主旨——赤裸裸的利害争夺和冷冰冰的权力较量。王夫人,祖籍江南金陵,九省统制王子腾之妹,荣国府二老爷贾政之妻。在荣国府内外都是举足轻重的人物,在荣国府中是仅次于贾母的二号权力人物。为什么她能在权力角逐中成功逃离读者的视野而被忽视呢?这和王夫人的处事方式和所处环境有关。王夫人被潘知常教授评为《红楼梦》中与尤氏、邢夫人、贾迎春并列的“四木头”之一。王夫人在《红楼梦》中的着墨并不多,给人的印象是木讷少言,清淡寡欲,一心向佛,与人无争。这一点与聪明能干、诙谐风趣、目光敏锐、洞察人情的贾母相比,与幽默泼辣、口蜜心苦、“明是一盆火,暗是一把刀”(见《红楼梦》第六十五回)的凤姐相比,都有明显的不同。王夫人的高明之处就是在日常生活的情境下,以极其微妙的方式证明着自己的存在,在人们的视线之外精心编织着自己的权力网络。例如,黛玉进贾府一节,接待时重要人员都已到齐,凤姐那乍悲乍喜的精彩表演刚刚结束,可谓尽占风流之时,小说写道:

> 王夫人问道:“月钱放了没有?”熙凤道:“放完了。刚才带了人到后楼上找缎子,找了半日也没见昨儿太太说的那个,想必太太记错了。”王夫人道:“有

陈心权:苏州大学社会学院2007级硕士研究生。

没有，什么要紧。”因又说道：“该随手拿出两个来给你这妹妹裁衣裳啊。等晚上想着再叫人去拿罢。”熙凤道：“我倒先料着了，知道妹妹这两日必到，我已经预备下了，等太太回去过了目，好送来。”王夫人一笑，点头不语。（第三回）

不甘寂寞的王夫人突然问及月钱发放和准备裁衣裳之事，分明是向客人和家里人表明，自己仍然关注着家里的政务，而且不忘在贾母面前表示：自己是疼爱老太太的宝贝外孙女且“昨儿”就作了妥善安排的。难怪第四十六回里贾母对薛姨妈说道：“你这个姐姐，她极孝顺，不像我们那大太太，一味怕老爷，婆婆跟前不过应个景儿。”我们从前文那段对话可以看出，在贾母面前，凤姐是以“要强”而邀功，王夫人则不动声色地表示对贾母的孝敬和对凤姐的节制。

贾府有个不成文的规矩，女主人们在府中的影响力及受人尊重的程度和他们娘家人的背景有着很大的关系。像尤氏、邢夫人，无显赫的娘家人背景，因而在丈夫面前半点不敢违拗，就是在众人面前也是夹起尾巴做人。老太太是小史侯家的小姐，王夫人、凤姐是“金陵王”家的千金，李纨也是国子监祭酒李守忠家的女儿，她们在众人眼里的地位自然高些。老太太高居权力金字塔的塔尖自不必说，王夫人和凤姐则成为荣府的实际管理者，李宫裁负责带领众姊妹针织玩耍，经常参与常规的家庭活动——家宴，得到与众姊妹基本平等的待遇。再看看王夫人周围的人，一号主人公宝玉是她的嫡子，常务副总管王熙凤是内侄女，“贾府兴衰系一身”的元妃是其长女，她可谓荣府最有权力根基的人。可是她的权威仍然不断受到对手的攻击，因而不得不与各方进行着时明时暗的斗争。例如，鞭笞宝玉时环哥的“谗言”，旨在咒杀凤姐和宝玉的“魇魔法”事件，邢夫人等人意在给王夫人、凤姐好看的“搜春囊”行动等等，无不使王夫人深感不安。面对这些危机，王夫人是如何做的呢？

首先，在宝玉身边安置自己的亲信。宝玉无论对贾母还是对王夫人都是极疼爱的“命根子”，同时，也是其余各方为争夺荣府继承权、管理权而斗争的焦点。老太太特地将自己得力的丫鬟袭人、晴雯派去扶持宝玉，并且经常让贴身丫鬟鸳鸯察看宝玉这边的情况。王夫人在一个偶然的机会发现袭人可靠，就马上表态：“我索性把他（宝玉）交给你了，好歹留点心儿，别叫他糟蹋了身子才好。自然不辜负你。”（第三十四回）一旦人才可用，马上笼络到手。在第七十七回中说：“打量我隔得远，都不知道呢！可知我身子虽不大来，我的心耳神意时时都在这里。”以袭人为心腹，王夫人成功开辟了获得信息的隐秘且高效的渠道，这是弄权者应有的素质。正像袭人说的那样：“那起坏人的嘴，心顺了，说的比菩萨还好；心不顺，就没忌讳了。”（第三十四回）赵姨娘、邢夫人一伙做梦都想宝玉做出什么“没脸”的事，以便大加渲染和攻击。贾环对贾政说：“我母亲告诉我说，宝玉哥哥前日在太太屋里，拉着太太的丫头金钏儿，强奸未遂，打了一顿，金钏儿便赌气投井死了。”（第三十二回）捕风捉影的流言往往有些影子，但是在有恶意的人嘴里一演绎就有巨大的杀伤力，这次宝玉就差点丧命。宝玉再也经不起恶意的攻击了，王夫人开始了保护“命根子”行动。

其次，肃清有隐患的人物。制止流言的根本措施便是自身正，使对手无“风”可捕，无“影”可捉，毕竟无中生有的流言风险更大。“搜春囊”行动的结果尽管伤及对手，但是聪明的王夫人依然心惊胆战：万一是宝玉发生点什么，那结果会怎样呢？据平日里袭人的“小报告”以及风言风语的传闻，王夫人认定“水蛇腰，削肩膀”的晴雯和“自然是些狐狸精的”戏子芳官等人是“勾引坏了宝玉”的小蹄子，应该而且能够立即被清除出去。平日一心礼佛的“木头”发动了一次突然袭击，以迅雷不及掩耳之势逐出了晴雯，打发了芳官等一干唱戏的女孩子，并严厉警告袭人、麝月：“你们小心！往后再有一点分外之事，我一概不饶。”王夫人这种“静如处子，动如脱兔”的行权方式是继处理“金钏风波”之后的又一次淋漓展示。但是，她平日最恨的人还有一个，就是黛玉。宝玉几次摔玉砸玉几乎都与黛玉有关。在迷信思想深入骨髓的王夫人心中，砸玉无异于自杀，而宝玉的疯疯癫癫、不求上进更是从不说“混账话”的黛玉“蛊惑”的结果。所以，深恨深恶黛玉便在情理之中。但黛玉是贾母的亲外孙女，再怎么恨和恶也必须隐忍。可是，给宝玉择妻的问题是不是王夫人隐忍的底线，她还能再隐忍吗？

再次，精心选取继承人。围绕荣国府未来的继承权和管理权的斗争是权力斗争的核心和焦点。参与斗争的利益方之多，斗争手段之微妙和复杂，真是匪夷所思。曹雪芹在小说中给我们展示了一个权力场的全景图：贾母、王夫人、宝玉、凤姐夫妇处在权力的中心，而黛玉、三春、李纨母子分别依附于贾母和王夫人，她们和前者一起构成权力环的中心。贾赦夫妇身处中心之外的第二环。贾赦在家宴上讲笑话时就“无意”中抱怨过：“你不知道天下做父母的，偏心的多着呢。”（第七十五回）以至于他们想出讨鸳鸯做小的手段，利用鸳鸯与老太太的关系，以便弄到老太太的“体己”。再向外才是赵姨娘母子等人，这些人被极端边缘化，只有被剥夺的份儿而几乎没有获益的机会。凤姐过生日时出钱对份子，赵、周二姨娘各出二两银子，却没有参加宴会的资格。(第四十三回)这里处于权力中心的宝玉的婚事成为各方关注的焦点。贾母对宝玉几乎到了溺爱的程度。第五十七回宝玉被紫鹃试辞所惑，呆病复发，眷恋黛玉之情尽人皆知。但为了宝玉康复，贾母几乎是哀求众人："你们以后也别说'林'字了，好孩子们！你们听了我这句话罢。"(第五十七回)可知宝玉择偶，贾母不可能不考虑宝玉意愿的。而且对于宝玉的婚事，贾母曾下了话要“亲上加亲”的。家庭关系中，人际关系的轴心是“以个人为中心，以血缘为半径形成不同层次的亲疏环”，这个亲疏环很大程度上影响着一个人的行动，半径愈小，关系愈亲密，作利益考虑时愈优先。从这一点看，贾母也是倾向于选黛玉的。而王夫人则倾向于选宝钗也好理解了。

王夫人选宝钗还出于另一个考虑，就是未来荣国府管理权的争夺。管理权的拥有意味着利益、尊重的双重获得。例如，下人为谋得职位的行贿，缓放月钱贷出取利等。平儿就说过："每年少说也得翻出一千银子来。"《红楼梦》第五十五回、五十六回安排了贾探春代理管理荣国府“兴利除宿弊”的内容。这时凤姐病了，王夫人命探春、李纨和宝钗协同管理府中日常事务。笔者认为曹雪芹是隐有深意的，这部分内容是明显探春卓绝的治理之才，暗示宝钗“小惠识大体”的不凡识见，更深一层则是王夫人将来要收回治家权交与宝钗的一个信号。《红楼梦》文本告诉读者，王夫人早给宝钗安排了干练的助手袭人，“以后凡事有赵姨娘、周姨娘的，也有袭人的”(第三十六回)。将来“宝钗—袭人”组合取代“熙凤—平儿”组合是王夫人取得治家权的一个重要安排。宝钗被王夫人选为儿媳关键是基于获得“治家权”的考虑。因为同样聪明的黛玉这次却没有被安排到治家集团中去一试身手。那么“水晶心肝玻璃人”的王熙凤倾向于宝玉选谁呢？在书中有几处暗示，一次是说黛玉“你既吃了我们家的茶，怎么还不给我们家做媳妇”(第二十五回)，一次是宝黛二人怄气，贾母要她去说合，她回来说："对笑对诉，倒像'黄鹰抓住了鹞子的脚'，两个都扣了环了，那里还要人去说合。"凤姐倾向于宝玉与黛玉的结合，首先是因为王熙凤的权威来自贾母的支持，这样会讨贾母的欢心。其次，从自身利益出发，宝钗无论从人缘上还是管理能力上、更重要的是与中心人物的关系上均超过黛玉，甚至超过自己。第五十五回凤姐对荣国府人物有一段精彩的点评：

> 虽有个宝玉，他又不是这里头的货，纵收伏了他也不中用。大奶奶是个佛爷，也不中用。二姑娘更不中用，亦且不是这屋里的人。四姑娘小呢。兰小子更小。环儿更是个燎毛的小冻猫子，只等有热灶火坑让他钻去罢。再者林丫头和宝姑娘他两个倒好，偏又都是亲戚，又不好管咱家务事。况且一个是美人灯儿，风吹吹就坏了；一个是拿定了主意，“不干己事不张口，一问摇头三不知”，也难十分去问他。（第五十五回）

这里凤姐心里明白：阖府没有一个可与自己争夺“治家权”的主儿，唯有宝钗可以一争高下。一旦宝玉娶了宝钗，管理权极有可能落到宝钗之手，只要娶了黛玉，两个人缠缠绵绵，自然无心争自己这个“管家大奶奶”的位子。

为了牢牢把握继承权和治家权，王夫人极有可能再次使用“霹雳手段”，在贾母、王熙凤，甚至邢夫人、赵姨娘之流都属意选黛玉做媳妇，并各自有所打算之际，利用元妃的影响力突然决定宝玉与宝钗订婚、结婚，进而取得治家权。而一心向佛的“木头”在宝玉择妻的关键时刻，精心导演的一幕惊心动魄的“家庭政变”一定是精彩绝伦的。可惜，残缺部分已无从而知，成为千古之谜了！

由上面的分析可知，表面上“与人无争，向善向佛”的王夫人可谓是无时无刻不在盘算着如何获得继承权和治理权。但是她身处矛盾的焦点上，上有活成了“人精”的贾母，平辈有虎视眈眈的邢夫人和凶狠歹毒的赵姨娘之流。小辈中凤姐对自己也是阳奉阴违，两面三刀。面对如此处境，她不得不把自己“争”的一面层层掩饰。尽管如此，洞察人情的贾母还是有所觉察：“你们原来都是哄我的！外头孝顺，暗地里盘算我！”（第四十六回）老成的老太太也流露出了心中隐隐的不满。但是掩饰并不是湮没，王夫人在日常情境下以微妙的方式表明自己的存在，在宝玉身边安置眼线，对老太太给宝玉的丫头一个拉（袭人），一个打（晴雯），一步步架空老太太的权力，用果断而迅速的手段选择合适继承人以期顺利收回治理权等等。其权欲不可谓不强，其心机不可谓不深，其思虑不可谓不远，其对荣国府权力机器的驾驭不可谓不精熟。然而，大观园中如花般的少男少女们则成了她争权时任意取舍的棋子，成了她驾驭的这架权力机器的牺牲品，又不能不令人悲痛！《红楼梦》说的是贾（假）家，实乃真国家也！无怪王国维读毕《红楼》，发出“无不平可鸣，此可谓天下之至惨也”的感叹。

说“以善致善”

邹云龙

制度，用博弈论制度学派的话来说，是多人重复博弈的均衡解。如果你对这个解释有一些摸不着头脑的话，我建议你去读一读管理学上颇为著名的“分粥”的故事。这个故事极其生动地演示了制度的起源和变迁过程，尤其揭示了一般意义上的“好”制度是如何被利益各方博弈出来的。

判断什么样的制度是“好”的，是一件危险和难以完成的事情。因为无论怎样，你都难免陷入到巨大的争议之中。一般来说，这一类问题具有复杂性倾向。复杂事物的特点是它可以具有多个侧面，持各自特定立场的人从不同的侧面看上去就会有不同的结论，这些结论甚至可能完全相反。固然，他们可以分享不同的结论，以消除偏见，这在学术研究领域是很常见的状况。但在公共领域内，不同立场之间的交互过程却会大有不同。因为不同侧面后的不同立场代表的是不同的利益主体，人们为了利益而博弈，也许是媒体征伐，也许是政治角力，也许是一报还一报。最后，只要重复博弈的次数足够多，人们就能够积累足够的历史和制度知识，意识到合作的好处以及冤冤相报的坏处，从而摆脱囚徒困境，形成对各方都有利或至少不损害任意一方的均衡。均衡永远处于动态之中，一旦某些条件发生变化，旧的均衡就会被打破并走向新的均衡。

也许我已经离题太远了。事实上，我的意思是说，在制度经济学看来，制度是发生在公共领域内的这样一类事情，各种利益群体不断冲突并妥协，最终形成“最佳的集体稳定策略”。

只有博弈出来的制度才是“好”的吗？那些尽管不是由各方博弈出来的制度，虽然它可能剥夺了一部分甚至是大多数人的某些重大利益，但是由于它具有更低的制度成本和更高的制度效率，因而可能会在短期内取得更大的成就

邹云龙：东北师范大学教师。

从而被认为是“好”的，例如前苏联的集体农庄制度以及在当时它获得的多数拥护。然而，这一类“好”制度的背后往往伴随着这样几种情况：第一，在肉体上消灭博弈对手。那些反对制度的人们被斩尽杀绝，好像从来没有存在过一样。人之不存，利将焉附。第二，控制博弈对手的经济命脉，从而控制他们的思想，使博弈对手放弃博弈。在经济控制和极具迷惑性的思想蒙蔽下，人们甘心情愿地被抹杀个体利益以及他们的权利。而且，在长期的思想及经济管制之下，有时候人们可能患上“人质综合征”，对这个“好”制度无比拥护。

这些不是真正博弈出来的制度，由于既得利益集团不肯放弃部分利益，因此始终无法建立起和平和有效的对话机制。长期来看，深层次的社会矛盾逐渐积重难返，一般不得善终。而且，由于人们不得不用“脚”投票，循环性的暴力革命也因此难以避免。一国之内，避免第一种情况出现的可能办法是实行稳健的社会改革，在政治领域内逐渐“放权让利”，最终建立起社会矛盾的平衡与调和机制。避免第二种情况出现的可能办法是启蒙民众。不过，任何试图独自为社会开出药方的举动都可能陷入“唯理主义”和“社会建构主义”之中。如果不幸如此，这也许会导致另一场社会灾难。因此，处于弱势的各方，只有在不断提出具有竞争性和建设性的意见之下，整个社会才能得到博弈出来的或者自然形成的“好”制度。那么，那些没有被蒙蔽也没有被长期管制的人们，为什么也会选择从长远看起来“更坏”的制度。学者盛洪曾经写过一篇《为什么人们会选择对自己不利的制度安排》。如果对这个话题感兴趣，那么这篇文章值得一看。

人们都钦羡率先进入现代社会的英国。为什么是英国率先进入现代社会？这个问题其实颇有哲学意味，因为这一发问，正是所有支离破碎的感受向开端的返回。对于这样的问题，记得有人曾经说过，西方文明具有很大的偶然性。首先是两希传统（希伯来宗教传统、希腊理性传统）与罗马法治精神的各自发端与交融，其后有宗教改革、文艺复兴和启蒙运动。缺少了任何部分，今天的西方社会都可能拐向历史的其他方向。

对于我来说，自认为观察英国之何以为英国的能力实在不够，虽然喜欢这个题目，却感觉力不从心。这里愿意勉为其难作一粗浅解释。1215年，由于拥有无限王权的国王过于残暴的统治，贵族集团发起了大规模的反抗。最终国王被迫签署了《大宪章》，国王的权力受到了极大的限制，而教会、贵族和平民的权利则得到了保护。直到今天,《宪章》的基本原则仍然保留在英国宪法的原理之中。这个事件意义深远,主要是“王权有限,法律至上”精神的发轫。类似的英国制度史上的重大事件还有:1628年的《权利请愿书》,同样是英国宪法的渊源之一,此后陆续有《三年法案》、《施政条例》、《人身保护法》、《权利法案》等等。值得注意的是,英国历史上发生过的革命都是有限和不彻底的,因而每一次具有进步性质的制度变迁几乎都是多方妥协的结果。尽管如此,却能够换来实实在在的公民权利。反观其他国家,每一次革命,都不能说不够彻底,不能说不够暴烈,但往往并不能改变威权统治的实质。人民要么是顺民,要么是暴民,只是永远无法成为权利受到保护的公民。以“彻底打碎”而后重建社会的方式,其实就是对于博弈对手的消灭,随后的权力扩张往往无从遏制,甚至比以往有过之而无不及,建设遵守宪法的政府也无从谈起,从而博弈难以展开,也很难形成韦伯所论述过的与市场社会相适应的“支撑系统”。所以,黄仁宇先生说,如果没有西方文化的冲击,中国再过几千年也发展不出资本主义。

今天,经过多次国内战争洗礼的英国大概很难重现历史了,因为历次革命的结果是导致博弈框架和遵守这个框架的政府的形成。人们普遍意识到,尽管这个框架也存在弊端,思想家们对其批判也从未停歇,但几乎没有人想要“革”它的命,因为在可预见的未来里,还没有更好的制度来取代它,毕竟它是“最不坏”的。这个框架本身也是博弈的结果,它们是经多数同意产生的,这个框架还会遵循多数规则继续演进下去。在这个框架里,各种利益集团的利益被允许集结和代表,它们之间可以充分对抗,也可以尽情妥协,直到寻求到帕累托改进,直到“止于至善”。各种社会运行所必需的权力都被限制和制衡起来,因为“权力会一直使用直到它的边界为止”。人们深信权力必须被平衡,因为海德格尔还曾经这样说:“与其生活在一种恶里,还不如生活在两个相互抗衡的恶中。”

对中国来说,我们正在摩拳擦掌欲建设“和谐社会”。我曾经就这个问题问过一个农民,他说:“和谐就是讲理呗。”他的回答如此朴素却又令我震撼。我立刻想起了王小波先生曾经说过的两句话,第一句是“不能只讲崇高,不讲道理”,另一句是“所谓弱者,就是那些失去了话语权利的人”。

请“以善致善”,以交往来替代全盘的整体性变革;请允许“博弈演进”,让“沉默的多数”说话。

教堂与恐怖

鬼 今

很奇怪,儿时对教堂的记忆几乎完全和一些负面的影像连在了一起,尤其是黑暗的主色调长期盘踞在脑中,面对那种高耸式的巍峨壮丽,丝毫没有神圣仰慕的感觉,反而觉得像魔鬼的栖居地。长大后,读了一些文学作品,知道关于教堂的阴森想象并非我的独创,基督教文化本身就有威严与慈爱的双重面相。最直观的就是教堂建筑,当人们面对那塔楼高耸的哥特式建筑,采光独特的拜占庭式建筑,油然而生的恐怕首先是一种畏,然后才是敬。大概因为上帝的形象太高大了,他的阴影也格外幽深。在西方文艺中,教堂出产的形象也不全是好的,有邪恶神父、淫荡僧侣、变态苦修者,疯狂的举动与狂信偏执结合在一起,堪称不折不扣的恐怖分子。前不久的热门电影《达·芬奇密码》,也是淋漓尽致地发挥了基督教惊悚另类的一面。

但我小时候对教堂的恐怖印象却并非文学与电影催化的心理阴影,而是起自某一天看到的一本小册子,那题目大意是说控诉美帝国主义残害儿童的罪行,封皮装帧很粗糙,微黄草纸的芯也引不起抚摸的快感,吸引我眼球的尽是里面通篇让人战栗的故事。印象最深的一幕是月色朦胧下,教堂的后门打开了,一个挑夫担着个担子快步溜向坟地,匆匆把一捆捆的东西拿出来,挖坑掩埋,这个举动恰被一位村民看到了,按乡民的口述,那都是在教堂孤儿院死掉的小孩尸体。一件事对心理上的刺激是有限的,难得的是通篇全是活灵活现的杀婴故事,没法让小孩子不毛骨悚然,效果有点像看恐怖片,终于闹到晚上睡不着觉。现在我很怀疑这众口一词的背后是被暗示规训出的口径,不过在儿童的眼里,那些故事的扑面拥入会持续地填充着记忆空白,刻板而坚强地把教堂变成了恐怖杀人的场所。

后来发现,像我这样的儿童不过是大链条规训中的一个小分子,妖魔化美帝是大伙儿都在热火朝天地欣欣然干着的事,包括那些大作家、大文豪们。曹禺20世纪50年代写了出话剧《明朗的天》，影射的是教会背景的协和医院，开场一幕对阴郁暧昧氛围的极力烘托，明显是教堂恐怖描写的翻版，记得有这么一句："人们走进来，立刻就感觉到一种阴暗逼人的冷气，仿佛在这里只能谈着病和死亡。"剧情是讲一个老工人的妻子，得了软骨病，她的胳膊被绑上盛满虱子的盒子，成为斑疹伤寒的试验品。这妻子在曹禺安排的角色里变成了教堂死婴的化身。把教堂与死亡直接联想对位，同样是当时文艺界营造政治恐怖片的路数。接着讲到一个中国老教授发现用于研究培养的田鼠被带到美国后，浑身沾满了毒菌，又重新被美机空投到了朝鲜。这显然是配合1952年反细菌战的宣传。

时间到了1996年，我有幸跑到儿时印象里撒过细菌、杀过幼婴的美帝处看个究竟。恰巧去的是耶鲁神学院。因住在一位好心的教友家中的缘故，难免要跟着去几趟教堂，吃回圣餐。才知道啃到嘴边的那一小块面包是代表耶稣的体，喝下去的那一小口葡萄酒是代表耶稣的血。这"肉"呀"血"呀的基督化身一被吃掉，我的嗅觉中似乎又开始闻出了点教堂杀婴的味道，当然杀婴的场面不可能真出现，倒是那仪式的庄严让我感动得一塌糊涂，差点当场就想举手绝志入教。然后又跟着去"查经班"，班里干什么职业的人都有，大意是对照《圣经》里的某句话检视自己什么时间什么事情做错了，心想这不是搞灵魂深处闹革命吗？宗教信仰变成了道德训练，可真是中国教徒的特色呀！这下我可坐不住了，想当年我也赶上过"文革"的末尾，"斗私批修"的自虐没少干过，到这美利坚自由乐土还干这个？于是刚想绝志的那只手又悄然放下了。

恐怖的哥特式教堂

虽然差点举手绝志，让耶稣的门徒给收了去，后来又有逃出“思想学习班”的险恶经历，不过心里终于得到一丝安慰，毕竟验证了教堂不是杀婴的地方。事后猜想，教堂杀婴的恐怖想象除了成了反帝政治课的生动素材外，实源自民间的历史记忆。我曾看到一本书上说宋代南方的蛮荒地界里尽出些怪人，他们作弄妖法勾走某人的魂魄后，那人就像换了脑子，可当鬼来使唤，去幻影无形地偷别人的东西，还有个说法是那邪术只要杀掉某人，摘取心、眼睛这些部位配成药品就可以治病，特别是儿童多被作为猎捕对象。清代笔记中据说可以精确地算出有多少只儿童眼睛可以练出多少白银的比例。也可能类似的事情发生得太多，大清刑法就开始规定一旦捉到此人一律寸刀剐死。给的罪名叫做“采生折割”。洋鬼子经常被误为搞“剖腹挖心”的勾当和福音堂的构造有关。关起门来阴森森地把耶稣（尽管是象征）的“肉”、“血”吞到肚子里，出来后直眉瞪眼地到处打碎偶像，不拜祖宗，难怪不招人待见。育婴堂黑夜里往坟地挑尸其实不是什么怪事，据说国人办的育婴堂死亡率同样高，可就怕和教堂的阴森色调沾边；恐怖的心境就会无穷放大，再加上教堂办的诊所医院里做外科手术，几个穿白大褂戴着大口罩的人只露出一双眼睛瞪着你，活像送丧队伍里的抬棺人。

传教士被疑为“邪术家”不是没有理由：西医用药水泡心脏、肝、肺做标本，这般肢解尸体让人联想到水浒绿林中孙二娘对待猎物的办法。摄影机镜头一闪居然照出活人的影子，那镜头的制作自然猜想是小孩眼睛堆砌聚光而成。这使老外们觉得特委屈。晚清的文书记载，当闹义和拳时，一座教堂被烧，在法国公使的一个外交照会上赫然出现了“采生折割”的字样，那照会大意是说我们给你们带来了慈善，却被认为是杀婴凶手。我心想，那洋人公使向清廷大吏抱怨时肯定不会顺嘴溜出这个词，一定是那个中国刀笔吏的杰作，我们不得不感叹这用词绝对准确贴切。可我却突然瞎担心起来，觉得这文字高手完全不管这词背后的恐怖意味早已积攒了有数千年，用得如此精当是否会让国人反而增加了对教堂的恐怖想象，使得这照会的作用适得其反呢？事实到底如何？反正我没考证过，大家倒尽可以发挥各自的想象力猜一猜！

谁管你姓甚名谁!

伯克利札记

于爱群

先生是瑞士人,两个人的文化背景差异比较大,时有争论。前两天,又因为起名字的事情争论起来,持续了好几天,至今没有尘埃落定。

事情的起因是这样的:

一个22岁的北京女孩,有个罕见的名字,叫 Ma Cheng。不要以为是马诚,或者马骋,如果这么简单就吵不起来了。她叫“马(𩧢)”,好吧,我承认,我电脑里的 Google 拼音和微软拼音都打不出这个字。这也是她的名字惹麻烦的原因。描述一下,顺便长点学问:这是由三个马字一并排组成的一个字,念 cheng,(二声),战马奔腾驰骋的意思。是她那爱钻故纸堆的祖父不知从哪本古字典里找到的,很像某位古人生造出来的一个会意字。

我虽然不喜欢生僻的名字,好像故意难为人似的,但也没觉得大逆不道:起什么名字是人家家长的权利,外人干吗管那么多? 当然,我周围偶尔也能遇到名字生僻的人,刚开始比较尴尬,念不出来,但认识了之后也会觉得印象深刻。这也是女孩的祖父给她起这个名时的初衷。在中国,有1700万人姓马,是第十三个大姓。不用说,很容易重名。在这么个大姓后面,选这样一个别致的古字当名字,自然让人印象深刻,“一马当先”。

但是,她的名字别致得过了头。当她去更换第二代身份证的时候,被告知字库里没有这个字,想要身份证,就得改名字。问题是,如果她真的改了名字,那她的护照上的原名字是不是也要改呢? 她用原名的毕业证、学位证会不会被人当做是假的呢?况且,你字库里没有这个字,那是你的问题,凭什么让我改名字?

这就是《纽约时报》上一篇报道的内容。该报把它放在头版上,很有分量的样子。看完之后,很容易发出这样的感慨:本该为公民服务的政府部门,只是为

于爱群:中央电视台记者,美国加州大学伯克利分校访问学者。

图片来源:《纽约时报》

了自己方便，就可以行使自己的权利，对公民提出非分的要求。我边看边对Peter 发牢骚，你瞧，家长连给孩子起名字的权利都没了。

没想到 Peter 却说，这不是什么大不了的事。在瑞士，父母的确是不能随便给小孩起名字的。如果政府相关部门的官员认定，父母给孩子起的名字可能会对孩子造成不利影响，就会拒绝给孩子登记。

他举例说，几年前，一对瑞士父母准备给刚出生的孩子起一种当地威士忌酒的名字，叫什么来着，结果被拒绝。官员认为，孩子顶着这样的名字，成长中可能会遭到别人的耻笑，他会因此承受痛苦。这对父母坚持用这个名字，双方僵持不下，只好到法庭解决问题。结果，法院支持了政府官员的观点。

我大为惊讶，在瑞士这个号称有着上千年民主自治传统的国度，政府竟然还会对公民给孩子起名字这样天经地义的私权利横加干涉。

“不对，起名字不是你的私权利，因为孩子不是你的私有财产。”Peter 不同意。他解释说，就如同家长打孩子是违法的一样，警察也会上门制止的。

我退一步说，好，就算政府有权拒绝对孩子成长不利的名字，但是，凭什么来认定哪个名字对孩子有利，哪个不利呢？叫威士忌不可以，叫白兰地是不是就可以呢？谁说了算呢？

Peter 说，如果家长和政府官员意见不同，那就上法院好了。

“可法官又如何界定呢？”我继续抬杠。

Peter 把肩一耸，又一耸，说，每个国家，每个民族，都有自己的文化，自己的传统。在文化和传统的语境下，总有一个共同接受的底线，那就是法官判断的标准。而且这个标准也不是一成不变的，随着很多移民进入瑞士，很多对本地人来说古怪、难读的外国名字也渐渐被接受了。但是二战之后，想给孩子起名叫“希特勒”却是不可以的。

这太不好接受了。照这样说，如果预见到名字会给孩子的成长带来负面影响，就可以拒绝登记，那很多中国孩子叫狗剩、大炮、二胖什么的，都该被禁止了？那，那位叫“刘昌富”的，顶着这样的名字得遭多少窃笑，他的名字能够被登记，是不是应该算官员渎职了呢？还有，叫于丹就没问题，可我以前的一个同学，叫“纪丹”，常被人谐音“鸡蛋”，是不是被允许呢？至于那些叫“李宏志”的无辜同志，又该如何呢？他们起名字的时候，又怎么会料到多年之后会出现一个同名的著名反派角色呢？

Peter 无可奈何地说，我不知道。瑞士以及一些欧洲国家的情形和中国相差太远。中国有自己的文化和道德规范，有自己的历史传承，应该由中国人自己来决定这个规范的边界。比如，中国的“姓”很少，百家姓也不过 400 多个；全靠汉字搭配出来的“名”来彼此区分，所以“名”对于个体的意义远大于“姓”。中文的名，每个字都是有意义的，不同的组合又产生新的不同意义。所以起名字是家长的一大任务，也是考验家长智慧、表达家长希望的机会。不像在基督教国家，姓什么，五花八门；名字却只有那么几百个，多是从圣经上来的，大多没什么实际意义，家长一般就是挑一个现成的给孩子就行了。想想看，单单叫 Peter 的人不就海去了。《纽约时报》上的那篇文章也说，中国的前 100 个大姓，涵盖了 85%的人口；而美国却有 70000 个姓氏，涵盖了 90%的人口。美国的人口还只是中国的 1/5。

但 Peter 强调说，国情不一样，原则应该是一样的。那就是，起名字虽然表达的是家长的意愿，但同时也承载着社会的规范，应该加以管理。所以，Peter 认为，马小姐名字这事，其实就是文化差异的问题。这篇文章把这件事上升到人权的高度，未免小题大做，政府有责任、也理所应当对名字登记加以管理。我一时没话反驳他，但显然他没能说服我。

过了几天，一大早，Peter 就举着报纸冲我说“Big News，Big News”（重大新闻），我当出什么事了，原来，《纽约时报》上又登一篇文章，说德国高等法院刚刚审理了一桩名字官司，拒绝了一位母亲想把自己的孩子叫做“Frieda Rosemarie Thalheim-Kunz-Hallstein”的企图，认为这个名字没意义，无法拼读，难以记忆。并就此规定，给孩子起名字，不能超过三串字符。这篇报道出现得如此及时，好像专门为支持 Peter 而刊登的。Peter 举着报纸，得意洋洋地看着我。

但是，且慢。

我说，好吧，政府有权力制定起名字的规范。但是制定规范的目的是什么？是为了谁的利益？在你举的例子中，政府部门和家长争执的焦点是，这个名字是否会损害孩子未来的利益。而在中国的这个例子中，马小姐的这个名字并没给她带来任何损害，她很喜欢自己的名字，并不想改换。只是给政府相关部门的管理带来了麻烦。请问，在你的国家，你们的政府官员会为了这样的原因而要求公民改名字吗？

Peter 摇了摇头。

我乘胜追击。况且，当双方意见不一的时候，谁来最终仲裁？在你的国家是法官，是第三方；在中国却是直接相关的政府官员，既是当事人又是仲裁者。这，公平吗？这，难道不值得媒体报道？

Peter 想了一下，然后，和事老般地总结说，其实，我们的讨论跑题了。这件事不是关于政府是不是应该对姓名加以管理的问题，而是如何防止政府部门权力滥用的问题。这一点，我们能达成共识吗？

饭桌上的潜规则

汤　军

国人以食为天，可见天上是可以掉馅饼的。谁都要吃饭，每天三顿，和谁吃都是吃。早饭和亲人吃，中饭和同事吃，晚饭和朋友吃，这是基本规律。吃，渐渐演变成一种爱好，一个文化，一类文明。日本人生着吃，西方人烤着吃，中国人煮着吃。如此不同的吃结构产生了各自的食具，进而是武器。

饭桌可说是一个与床并称的人生大舞台，酒、色、财、气皆在其中，也有很多为人熟视无睹或喜闻乐见的细节在里面。见瓶水之冰，而知天下之寒；观桶里泔水，则晓饭桌之盛。子在桌上曰，吃者如斯，不舍昼夜！

1. 要（邀）吃替代语

请客啊！

晚上有时间吗？

晚上没事吧？

喝两杯去——

坐坐？

聚一聚？

赶个饭局

米西米西……

2. 有关俗语

尸位素餐（最文绉绉的一句）

吃干饭的

汤军：自由撰稿人。

吃白饭的

饭桶

你一天到底吃几两干饭

吃死你

噎死你

饿死鬼

吃了睡睡了吃，猪啊

我吃的盐比你吃的饭还多（可能是白毛女后代）

我中午不吃，减肥（经常是男的如是说）

3. 饭桌现象

A. 菜谱装帧

菜谱（菜单、Menu）的装帧总是和菜的价格有很大关联，自然是粤菜的菜谱最考究了，东北菜的最简朴。小吃店里的菜谱是塑封的，耐脏、防水、防烂。

B. 剩菜

如果一个盘子里只剩下一块肉、一片菜叶或一根骨头，说明这个菜已经吃完了。这样的情况很值得玩味，因为如此一来本身就很有些余味，不是余音绕了梁，而是余味绕肠胃。在座的谁也不会觉得浪费，反而会很欣赏地望着这“白银盘里一青螺”。这最后的“青螺”一般不会有人去动筷子的，一来是不忍，二来是若动了筷子会很显眼、有些尴尬，三嘛就是为留住这盘菜了。

C. 剩饭

宁剩菜，也不能剩饭。难道菜的价值不比米饭高嘛，这是什么逻辑呢？原因之一，可能是受了那首“汗滴禾下土、粒粒皆辛苦”的诗的影响。如果这诗改成“汗滴禾下土、叶叶皆辛苦”就好了。

还有就是，以饭为主食、以菜为辅食，菜是为了下饭的，饭不吃完，那菜不是白吃了。米饭里有很多淀粉，营养单一，热量指标明确，吃饭是为了顶饿，是为了给人一个饱、满足的感觉。这样的感觉最直接的，就是来自米饭本身了，当然没烫发前的面条也可以。

而对一个家庭来说，剩菜可以放到冰箱里来日继续吃，剩的米饭却只能扔掉。可既然剩菜里都是一家子人的唾沫了，剩饭里的唾沫又为何要计较呢。因为，碗里的米饭是白色的，已经被吃者弄得五颜六色了，已经打上了吃者的烙印，是不能倒进饭锅里的。单独存放又显得很碍眼，也是没这习惯，所以只好硬着肚子吃掉了。

D. 打包

打包是个好习惯，问题是打了的包谁拿走。一个原则是谁付钱，谁来分配这些包，一般他不拿，否则显得这客请得不到位、不圆满。还一个原则是谁家近、谁单身，谁就拿上。

4. 共餐制

国人喜共餐，不分餐，也不怎么设公筷、公勺。大家聚在一起，举筷伸勺。于是唾沫就裹在筷子上，混进菜里。好心者替人夹菜，夹菜前还用嘴唇把筷子洗干净，是何等恭敬。"非典"已过，乙肝也未见流行。心情好的时候，也就不顾那么多了。

设想如此吃了几千年的中国人，胃肠里经常流入一些他人唾液，虽说不致排异反应，至少也能引起胃肠生化环境一些变化。相比之下，火锅就显得卫生多了。唾液混在菜或菜汁儿里，并看不见，更不可知谁是谁的，有点神秘主义文化的味道了（这与吐痰后用脚碾磨异曲同工）。而被人吃过的米饭是能看出来的，不像菜那样被偷吃了还可以装成是新上的。为什么一桌上最高贵者总是第一个夹菜，就是因为这一筷子是最干净的，也就是最圣洁的。

若问国人何以能牺牲个人卫生而喜聚在一起吃一个盘子里的菜，自然有诸多原因。其中最根本的，莫过于特殊的伦理生态环境了。众多含了唾沫的嘴面对的这盘菜到底象征了什么呢？这样的意象有些相濡以沫的意思，更像是一次体液外循环意义上的交流。由此推想，吃西餐肯定不如中餐更能促进情感上的融洽、融合。想一想，如果一个无名之辈曾经和部长同桌吃饭，说明什么？它说明，你很荣幸地尝到了部长的唾沫。更让你欣喜的是，你的口水也被部长给收藏到胃里了。

5. 喝酒

吃饭离不开酒，甚至有酒可以不吃饭。中国人好喝酒，这种兴趣自东南向西北越来越浓，酒的度数也是越来越高。酒喝多了伤身，但很多人每饭必喝。菜可以不吃完，但酒必须干掉，这俨然是个礼了。蒙古人敬酒前会唱歌，汉族人则要说上一段顺口溜。

可喝的酒有啤酒、白酒、红酒和黄酒。啤酒喝来比较随意，白酒更适合正式场合，红酒像是情人间的共饮，黄酒有些怀旧的味道。相比较下来，只有白酒最适合中国人斗酒的性格，因为它是最烈的。饭吃得太多只引来饭桶的骂名，酒量高却能博得“人不可貌相，海水不可斗量”——海量的美誉。

喝酒比起共餐来，更是一种献身行为，要付出更多的身体代价。但男人们还是坚持要喝，以体现自己是个男子汉并有一定的肚量。一不怕喝，二不怕吐。即使吐出来的都是山珍海味，也在所不惜，也许还能见着活物呢。

喝酒还是一种内功比赛，一个忍者神龟运动，比的是容量，赛的是精神、意志品质。在饭桌、酒场上，有儒家的度，有法家的制，有道家的醉，有佛家的量。看这个人坐在那里，一动不动，五脏六腑里却有着百家争鸣一样的热闹。喝什么，与谁喝，谁能喝，喝多喝少，喝好了吗，喝不够，喝倒，喝吐，喝回来了。有时是单打决斗，有时是过五关斩六将，有时是急急如小便之犬，有时又是弥勒佛一般俯瞰芸芸。

6. 到底该谁来埋单

在祖国各地大小饭桌上，经常可以看到饭后很多人争着埋单。有的直接抖出几张百元钞票瑟瑟不绝，有的则拿出了钱包有些慢动作倒放的效果，有的喊我来吧我来吧听着像《两只蝴蝶》，有的嘴里含着汤哼哼唧唧的。然后是一阵争吵，或红晕含桃，或面红耳赤，你浓我怨，假作真来真亦假，都说埋者痴、谁解其中味。

有时候想埋单的没轮着机会，有时候本不想埋的却被要走了人民币。阴错阳差，与预算不符。但还是要在事后寻找些理由自慰，或感情、或利益、或面子、或里子。请客的心理与一个人相对富裕的程度息息相关，也和这个人的社会功利心相互连通。请，还是不请？非得请吗？该请谁呢？说过要聚的到底聚不聚？都叫哪些人来，要是他也来怎么办？经过了一番琢磨，才最终有了行动的冲动，也就是那根连接唾液腺的神经中的一次电流。

如果大家觉得该谁来埋单而他却迟迟不语的话，那可怎么办呢？

提醒方法之一，喝茶。在饭后即叫侍者，把茶水加一下。而后就一杯杯地喝，等着召集者醒悟。

提醒方法之二，对他说，我去趟洗手间啊。这就是希望他在此空当反思一下，到底是谁召集的、到底谁该掏钱。

若从盥洗室折返回来发现还是未结账状态，可怎么办呢？那就只好掏自己的腰包了。这时候要先作掏包状，慢动作，以提醒他埋单的时候到了。冲啊，阿米尔。可要是他还是木讷不觉，可怎么好。拿出了钱包的手也不能缩，只好照单给钱，给钱之前还特别意味深长地审计着账单……

也根据前面这些预设的情景，才决定了到底该遵循怎样的埋单规则。其实关于谁埋单的规则、规矩还是有很多的：

（1）谁老是叫嚣要聚一聚。这样的人一般都是叫得很响，但总是在期待别人来叫他去吃饭，以便遵循下面的第三条规矩"谁是这餐饭的发起者"。但要是实在等不来，或许就是他来遵循第三条了。

（2）谁声称的要请客。有些时候，请客者会事先声明说，我请你们啊。这样的请客者是很明事理的，他了解别人的心理负担，他先为别人减了负。这样才好大口喝酒，大块吃肉啊。有时候，请客者是在别人的玩笑中答应请客的。这你得请客啊。请客就请客，哪天啊。而有些时候，请客者不是在饭前声明的，而是等到饭中或饭尾。这样的请客者就有些不厚道了，但不管怎么说还是给出了一个惊喜。

（3）谁是这餐饭的发起者。你把大家都忽悠来了，到结账的时候不忽悠了，下次还怎么忽悠啊。所以啊，还是你来结的好。有的发起者不结账，这样的心思让桌上的其他人颇费思量。有财大气粗的也就去结了。要是全都在那里喝茶、上洗手间地等着一个绿林好汉出现，那就要命了。这样的发起者确实打破了思维定式，因为中国人绝没有说出"该你结账"的传统。于是就有可能出现AA制了。

（4）谁获得了利益。获得利益者埋单，一是为了表示感谢，另外就是为了以后能获得更多。以谁获利或获利最多来判定，似乎和足球规则有些像了。这就证明了其通用性。

（5）谁是乙方。乙方确实是一个项目的获利者，但甲方也可以是获利者，不过后者的获利更显得不正当。为了抚平这样的不正当心理，请客是必要的，而且还要把饭后的活动节目也一并请了。甲方的心思在于，吃还是不吃，和谁去吃。吃的东西不能吐出来，能吐出来的是别的东西。

（6）谁是男的。因为，一般来说，女方就是甲方，除非事先特别声明。有些女孩子找男朋友，找的就是一个埋单者。

（7）谁最有钱。这里有些打土豪分田地的意思了，吃大户嘛，开仓放粮喽。

（8）AA制。中午工作餐大多AA制，除非你是这公司的老板，而且效益不错。实行AA制还有个原因，就是吃的饭菜总是老样子，连请客的兴趣都没有。而凡是“同”式关系的，都可以实行AA制，如同学、同事、同乡、同志。

经过了这样一番分析，埋单之困似乎清晰起来了。如果大家都遵照这些规则来，那么文章开头那样一番热闹的场景或许就会不在了，想来还真有些留恋呢。

当饭桌埋单解决了，才能去解决更大的事项。比如：

运动失败了，谁来埋单？

改革失效了，谁来埋单？

政策失误了，谁来埋单？

企业倒闭了，谁来埋单？

建筑垮塌了，谁来埋单？

开发区荒了，谁来埋单？

环境污染了，谁来埋单？

埋单不是厚黑学，需要的是就是以上这样的梳理啊。

个人主义在中国的浮沉（对谈录）

李泽厚　刘再复

刘再复（以下简称刘）：我们在中国具体的语境中讲主体性，自然更多地强调个体主体性，这就不能不涉及个人，涉及在中国曾遭到批判的个人主义，也涉及五四所张扬的个人主义问题。我读了批判主体论的文章，许多文章也是指责讲主体性就是个人主义，我们不妨讨论一下这个问题。

李泽厚（以下简称李）：个人主义这个概念来自西方。中国古代有没有西方那种个人主义，这个问题值得研究。我认为在中国的传统里，是缺少个人主义的。法家、墨家都反对个人主义所指涉的那些内涵。道家有些中国式的个人主义，这是逃避现实、藏匿自我的个人主义，而不是参与社会的个人主义。儒家讲积极参与现实，有点个人进取的意思，但不能算是个人主义，儒家关于人的观念倒和马克思主义关于人是"社会关系的总和"比较接近。

刘：道家式的个人主义，不是西方式的个人主义。道家与其说是个人主义，还不如说是享乐主义更确切一些。它是一种享受自然与追求个人情趣的享乐主义。儒家所设计的人与社会关系中，个人就很微弱了。五四之所以会把矛头指向儒家，就是因为儒家观念确实遏制、束缚个人的发展。五四的启蒙，很重要的一点，是启个人之蒙，启个体主体性之蒙。而导致中国人在个人权利、个人尊严、个人生命价值处于蒙昧状态，儒家要负很大的责任。

李：有一种意见认为，近代、五四，压根儿就没有启蒙，以为中国传统早已有西方式的个人主义，这不符合事实。不用说五四，就是五四之前，康有为的《大同书》里所讲的个人自由，也不同于传统，他的观念明显受近代西方的影响。

刘：康有为的"求乐免苦"观念，就是西方个人主义"幸福论"；梁启超的"知有爱他的利己"，就是西方"合理的利己主义"，这与儒家的"克己"，"毋意，毋必，毋固，毋我"以及"存天理，灭人欲"大不相同。生活在"克己"、"毋我"的世界里，听到"合理的利己主义"之声，自然是启蒙之声。五四运动就更明显了。五四运

康有为

动的启蒙作用最突出的一点就是要告诉人们:个人是独立的存在,独立的自我最有力量。在原来中国的传统观念里,并没有这种观念,传统观念恰恰相反,个人是不独立的,它属于君,属于父,属于丈夫,个人附属在群体关系中。五四运动中的启蒙者的一大功绩是把个人从群体关系中分离出来,像自然科学家那样,把一种关键性的元素发现出来和分离出来,使人们猛醒。20世纪中国思想界的变化、纷争,都是从这个"分离"而衍生出来的。

李:康有为《大同书》最重要的一章就是《去家界为天民》,但他当时不敢公开提倡。谭嗣同也说过,五伦中只可以保留朋友这一"伦"。但直到五四才强烈地演化成一个发现个人、突出个人的运动。逻辑与历史、思想与现实有一段时间差。

刘:梁启超在《新民说》的《论自尊》中,介绍日本启蒙家福泽谕吉的学说,发挥福泽谕吉"独立自尊"的思想,把"自尊之道"归结为"自爱"、"自治"、"自立"、"自牧"和"自任"五件事,这自然包含着个人主义的内涵。但梁启超的思想非常矛盾复杂,他通过日本启蒙思想家而接受的西方人文观念,其中既有福泽谕吉的"英吉利之功利主义"(边沁和穆勒),又有中江兆民的"法兰西派之自由主义"(卢梭),还有加藤弘之的"德意志国家主义"(布伦奇利)。他认为世界主义属于理想,国家主义属于事实;世界主义属于将来,国家主义属于现在。而中国危机深重、岌岌可危,最重要的是现在。因此,他讲的"新民",他所要求的"新民"的独立自尊,还是着眼于国家,即新国家所要求的"新民",新国家所要求的"自尊",也就是说,这是群体强大所必需的"自尊",是以国家为本位的"自尊"。而五四运动所讲的独立自尊,则完全是以个体为本位的自尊,它完全从国家中分离出来,甚至完全从"国民"总群体中分离出来,所以才能接受易卜生的宁愿充当"国民公敌"的观念。在梁启超的观念中,"自立"、"自尊"还是手段,还是"新民—新社会—新国家"的手段,而到了五四,"自立"、"自尊"便成了目的本身。这一点,

梁启超

胡适发表在《新青年》中的《美国的妇人》一文就用很明确的语言这样说："美国的妇女大概以'自立'为目的。'自立'的意义只是发展个人的才性。"五四运动所提倡的个人主义、个性主义，是以自身的人格独立、人格尊严为前提，不以国家为前提、为目的，这是五四文化思潮和近代的改良思潮根本不同之处。

李：五四突出个人，把个人经济上、人格上的独立，个性、个人尊严的充分发展作为新社会的先决条件，它并不以国家为先决条件。所以五四时期的个人主义都包含着反国家的内容。五四的个人主义有一重要特点是和无政府主义思潮结合，这就是因为它反国家。当时的无政府主义思潮很盛，不仅直接提倡，而且新文化运动的倡导者们本身大都是这个思潮的赞成者或参与者。但个人主义是非常复杂的。我比较赞成哈耶克在《真假个人主义》这篇文章中的许多看法，即区分英国的洛克、休谟、亚当·斯密、伯克与法国的卢梭、百科全书派等，后者强调天赋人权、原子式的个体、理想的社会等等，后来发展为孔德以及圣西门的社会主义。中国的个人主义提倡者们常常倡导的是卢梭一派。直到今天，好些年轻人仍然如此。他们不知道所谓原子式的绝对独立、自由、平等的个体，正好是走向集体主义、集权主义的通道。这二者是一个钱币的正反面。

刘：那时的新文学倡导者和实践者多数都强烈地反对国家偶像，周作人当时就声明，新文学是人类的，也是个人的，但不是种族的、国家的（周作人：《新文学的要求》）。郭沫若、郁达夫都认为国家与文学艺术势不两立，直到1923年郁达夫还发表《国家与艺术》一文，说明国家乃是文学之敌。五四时代，是思想混杂的杂体时代，是各种思想、各种主义形成共生结构的时代，但不管什么主义，不管是人道主义、社会主义、无政府主义，都把个人的独立自主作为一种前提条件，连周建人在讲《达尔文主义》时也说："个人主义也便是社会主义的要素。"（参见《新青年》第8卷第5期）

李：中国近现代常常是西方发展的某种缩影。20世纪初及20年代，中国确实有一段以卢梭式和尼采式的个人主义为主题的启蒙时期，但时间很短，很快就走入了以集体主义为最强音的革命、战争年代。我在谈康德的那本书里曾讲过，从法国的个人主义到德国的集体主义（黑格尔）即总体主义，在中国仅几年时间就完成了。五四以后马克思主义很快就夺取了西方各种思潮的领先地位，而且是列宁主义的马克思主义。所以即使法国那种个人主义也没有得到充分发展。这使得我们不得不重新提出"个体主体性"问题。但我强调要区分这两派（英国派与法国派）。我在1978年发表的讲严复的文章，就非常含蓄地点出这一点。我始终认为这一点非常重要，而且愈来愈重要。

刘：五四新文化运动虽然很热闹地张扬个性、个人主义，但也正如你所说的，只不过是解决个人主义的前提，即经济上的独立与人格上的独立。当时《新青年》出专号介绍易卜生主义，然后就翻译《傀儡之家》，之后便是讨论娜拉。这一件事是整个五四新文化运动的象征性事件。娜拉的"出走"——走出只能充当傀儡的家庭，是一种行为，她以这种行为语言表明，她要赢得独立的人格。鲁迅所讲的走出黑暗的铁屋子与此相通。当时第一要紧的是出走，是告别铁屋子，是个体从没有人的尊严的以家庭为本位的群体结构中分离出来，以赢得人格的独立，即赢得个人充分发展的前提。仅仅为了这一点，五四的文化先行者们就费了全部气力，但是，他们很快就发现，在中国特殊的人文环境中解决这一前提并不那么容易。鲁迅提出问题：娜拉走后怎么办？这是当时时代性的问题。她自己不会赚钱，经济上不能独立，社会没有个性生长的土壤。娜拉的个人意识是觉醒了，梦是醒了，但梦醒之后却无路可走。鲁迅认为，这才是最深的悲剧。鲁迅的小说就写这种悲剧，他的《伤逝》里的子君就是中国的娜拉，她出走之后一点办法也没有。倘若经济不独立，出走以后只有两条出路：一条是转回来，回到老世界的原点上；一条就在铁屋子里孤独彷徨最后忧郁而死。你很喜欢鲁迅的《孤独者》，那个魏连殳，还有《在酒楼上》的那个吕纬甫，本是先觉者、"出走"者，最后还不是躬行自己先前所憎恶、所反对的一切，回到原来的点上。

李：我很喜欢《孤独者》，它确实具有很深的悲剧内涵。

刘：易卜生说最孤独的人是最有力量的人，但在中国，我们却看不到这种最有力量的人，相反，我们看到中国的孤独者也是最没有力量的人，魏连殳就没有力量。

李：易卜生所生活的挪威，那时资本主义已经发展，中产阶级已经形成，个人主义已经具有生长的土壤，娜拉走后恐怕是可以找到工作，可以独立的。西方的个人主义英雄，都有他们生长发展的社会条件，中国缺少这种条件，包括五四运动之后，这种条件也没有形成。没有经济的独立，哪来的人格的独立?所以我说经济是本，对社会如此，对个人恐怕也如此。没有这个本，个体就难以强大。所以自由首先是经济上的自由，包括私有财产、自由贸易等，也就是市场经济吧，这也就是我说的“西体”。

刘：缺少独立的经济前提，这是一种天生不足。这种天生不足，使中国现代文学创造的个人主义英雄个性都不够强大。所以无法出现拉伯雷笔下的那种巨人形象，也无法出现唐吉诃德、哈姆雷特、浮士德、唐璜、恰尔德·哈洛尔德、于连、约翰·克利斯朵夫这样的形象。在这些形象中，天理全存在于他们永远难以满足的个人欲望中，为了实现个人的目的，他们不顾一切地独战社会，反对世俗观念。中国21世纪的新文学中没有这种强大的个性，顶多是丁玲笔下的莎菲女士和柔石笔下的陶岚这种我行我素的肤浅个人主义者。

李：你是中国新文学史专家，我缺乏这方面的研究，所以只能谈别的。对新文学我只有一些感受。例如我从小就讨厌郭沫若的文学创作。我很欣赏郭的一些(也只一些)历史著作，但包括他的名作《女神》、《屈原》，我都不喜欢。他那“天狗”要吞没一切，要吞没太阳，吞没月亮，我就觉得太空洞了，并不感到如何有力量。鲁迅却使人感到有力量。这当然可能是我的偏见，我从来不大喜欢那种过分夸张、热情得要死要活的浪漫主义，这是个人的审美趣味问题。

刘：郭沫若开始是极端自我化，他借用泛神论的观念，把自我夸大成神，也夸大成摆布一切吞食一切的天狗，可是，之后他又很快地否定个人化的自我，以社会的大我吞没一切，包括吞没自己原有的个性。这恰恰暴露了郭沫若对个人主义观点没有一种理性的真知，因此要么把个人无限膨胀，要么把个人无限缩小。但无论是膨胀还是缩小，都不是强大。

李：我一直认为，中国近现代到今天许多高喊个人主义的人，并不了解什么是个人主义，大多数只是某种反传统、反权威、反既定秩序的情绪宣泄。这种宣泄在当时有它的某种积极意义，但今天仍然停留在这种水平上，便太可悲了。所以我前面特别提出《真假个人主义》这篇文章。

刘：郁达夫的个人主义是郭沫若那种自我膨胀的另一极端，他是自我萎缩、自我虐待的个人主义。他的代表作《沉沦》也写欲望，但他不是像《浮士德》、《红与黑》、《约翰·克利斯朵夫》的主角那样，让欲望向前推进，努力接近自己的目标，而是麻醉自己的欲望、摧残自己的欲望，最后完全扼杀自己的欲望。《迟桂花》也是如此，一有欲望，哪怕这欲望很自然很美，也立即给予扼杀。郁达夫的个人主义，可以说是一种很可怜的个人主义。

李：你从文学作品讲解，很有意思。其实可以作一些系统的研究，从五四时期一直到抗战后期路翎的《财主底儿女们》，可以看到中国知识分子的个人主义的种种情况、出路、来龙去脉。路翎的这部作品把这个问题凸显出来了。五四之后，刚刚在中国萌生的个人主义确实很可怜，没有出路。周氏兄弟可说后来各自找到了"出路"：鲁迅把个性终于纳入革命，先谋社会的"解放"。走这条路的人很多，郭沫若也是这条路，但鲁迅的好处是并没有完全泯灭自己的个性，而郭沫若则完全否定个性。另一条是周作人的路，他本想以个人反抗社会、反抗国家，但发觉社会、国家的强大和个人的无力，因此，很快找到与社会隔绝的渺小园地，自己在这园地里游戏，娱乐，谈龙谈虎，品茶聊天，实际是麻醉自己，自欺欺人。近几年好些人把周作人捧得很高，我很反感。我很不喜欢这种假隐士式的可怜的"个人主义"（如果还可以叫"个人主义"的话）。这与浮士德精神、唐吉诃德精神、哈姆雷特精神哪能相比？比较起来，我更喜欢鲁迅。当然，不能把鲁迅神化或圣化。

鲁迅　1928年摄

刘：鲁迅的关怀社会、积极进取精神倒是与唐吉诃德精神、浮士德精神相通。可惜60年代之后，他完全成了历史的傀儡，被肢解，被扭曲，被神化也被魔化。周作人的个人主义，虽然是逃避式的个人主义，但毕竟有建设性，他在他自己心造的园地里，毕竟天天在耕耘，在种植，在给人间提供新的知识和新的领悟。这种逃避式的个人主义，在一定的历史时间中，也有反抗意义。

李：这种所谓“个人主义”，在某种历史情境下可以起解放作用。在专制政治非常严酷的情况下，反社会的性格有它的反抗意义，包括古代陶渊明。但周作人的个人主义结局却以做日本人的伪官告终，这不是太荒谬了吗？如今一些人不顾这一历史事实，我总觉得不舒服。周作人的文章就真的那么好那么不可及吗？我怀疑。周作人拒绝关怀他人，恰恰是那种原子式的个人主义，假个人主义。也就是说，那种绝对孤立的原子式的个人是不存在的。在社会上存在的每一个人都是与他人共生共在，因此，真正的个人主义，不仅尊重自我这一个体，也尊重社会的其他个体。虽然在理论上我不赞成萨特，但萨特那种个人主义与他选择抵抗运动相关，值得尊重，比周作人强多了。

刘：健康的个人主义除了意识到个人独立人格的重要，还意识到人类的存在是相关的，绝对的个人是不存在的。意识到这种相关性，就是不仅意识到个人的权利，也会意识到个人的责任，在自我实现、自我发展的同时，也具有自我抑制、自我反省的力量。五四时期的文化改革者也认识到这一点，胡适说自我也要“担干系”的意思也就是责任的意思。他在《不朽》一文中就说：“我这个现在的‘小我’对于那永远不朽的‘大我’的无穷过去，须负重大的责任，对于那永远不朽的‘大我’的无穷未来，也须负重大的责任。”（《新青年》第6卷第2期）但是，很不幸，五四之后的中国，特别是当代的中国，经常泛滥的是只要权利、不要责任的破坏性个人主义。

李：现在比较盛行的是“老子天下第一”，唯我掌握真理，以为个人主义就是反社会、反理性、反现存的一切，把个人主义等同于毫无责任感的反社会的破坏性人格。市场经济发展之后，个人欲望还会继续膨胀，有个人欲望不是不好，但个人的欲望要尊重他人的欲望，健全的个人主义应当包括自我抑制的一面。

刘：现在学术文化领域中最流行的是“解构主义”：解构一切，解构人，解构意义，解构历史。这种解构，对僵化的意识形态确实起了消解作用。在文学领域中，以往那一套历史决定论的观念、历史必然性的观念、阶级斗争的观念根深蒂固，无论对社会的发展和对文化的发展都很有害，对它解构一下，确实起了变革的作用。

李:但是解构之后怎么办?这个问题应当提出来。解构之后总得有所建构吧?不能仅仅剩下一个没有任何意义的"自我"、"当下"吧?文学是最自由的领域,它可以走极端,可以只往解构方面走,但是在伦理学以及整个社会建设领域,就不能只讲解构,不讲建构。如果把一切意义都解构了,把人类生存的普遍性原则都解构了,那社会还怎么生存发展?所以我不愿意赶时髦,例如全盘否定"本质主义"。一切均碎片,无本质可言;当下即真实,历史、哲学均虚幻,这种种解构时髦,我怀疑。我宁肯被嘲笑为"过时"、"落后"、"保守"、"形而上"等等。

刘:正常的社会、正常的国家,一方面要尊重个人的权利,尽可能让个人的潜力得到充分的发展,同时也要建立必要的公共权威和公共意识。片面的个人主义,只讲个人意识不讲公共意识,只带破坏性不带建设性。我觉得美国社会有一种巨大的资本,就是公民意识,或者说是公民责任感。美国是充分调动个人潜力而获得成功的国家,自由度很高,而它所以能维持下去,就是靠这种公民意识。这种公民意识就是对公共权威的尊重,即对法律和各种规则的尊重。

李:美国的个人主义还对上帝负责,对公认的法律原则负责。美国人开车,见到红灯一般都停下,即使当时街上空无一人,也得等绿灯,这就是对公共权威的尊重,就是公民责任感。个人主义不能越过这一条。

刘:个人主义并不就是闯红灯的主义,并不是蔑视一切、横扫一切的主义。美国社会问题那么多,但社会生活又是有条有序,人们在口头上总是悬挂着"对不起"、"谢谢",这种简单的但又是维护人际关系的日常语言,包含着对人类相关性的承认,包含着对他者的尊重。美国的总统也得承认公共的权威,也得遵守各种法律,报刊、民间监督系统可以随时批评他的违法行为,这种批评,凭借的就是公共权威和公民意识。这种公民意识的前提就是尊重个人,但又是尊重他人和自己共同确认的权威。这既是对自己负责,也是对别人负责。

欧洲中世纪的承包制

薛　涌

要讲现代民主的直接起源，不能不讨论欧洲中世纪的“政治承包”。体现这种“政治承包”的一个典型，就是封建制。“封建”在中国的政治话语中名声不好，总和落后愚昧联系在一起。这除了马克思主义话语的影响外，还在于中国整个政治传统对“政治承包”的鄙视。实际上，封建制度是现代民主制的最大根源之一。为理解这种封建制，我们不妨回到 1215 年由英王约翰签署的《大宪章》上来。在这一划时代的文献中，英王许诺尊重贵族的基本权利和法律程序，进而深刻影响了普通法系的发展和当今英语国家的宪政制度（包括美国的宪法）。在西方谈民主法治，离开《大宪章》是不行的。这一点已广为国内的知识界所承认。但是，另外两个问题则经常被忽视：第一，并非《大宪章》发明了权利的观念。相反，《大宪章》不过是对当时已经长期存在的封建权利加以总结而已。《大宪章》也非一个孤立的文件。在《大宪章》之前，有英王亨利一世 1100 年颁布的《自由宪章》。在《大宪章》前后的同时代，欧洲其他地区也有类似的许多“宪章”。可见，《大宪章》与其说是制度创新，不如说是对源远流长的封建传统和实践的肯定。第二，国内知识界长期以来有个误解，认为《大宪章》本是保护贵族的封建特权的文件，并不涉及小民百姓。日后这种贵族的政治权利不断向下扩张，才演化为惠及大多数人的民主制度。由此不少人推论：民主就是应该从精英开始，然后才能普及。既然能够“让一部分人先富起来”，为什么不能“让一部分人先民主起来”呢？按照这个思路，尊重当今老百姓的基本权利，还不是当务之急，毕竟现在最有知识的人还没有充分的说话权呀！特别是这第二种观念，在国内以讹传讹，一些知识分子讲起来义正词严，把网络民意等等都视为“非理性”，仿佛他们拥有了这点似是而非的知识就更能证明他们比普通老百姓更配先享受

薛涌：美国萨福克大学历史系助理教授。

政治权利了。实际上,这是中国精英主义政治传统对西方草根主义政治传统的典型误读。这样的误解能长期大行其道,也说明中国很早就丢失了“政治承包”的封建概念,没有解读这一西方传统的对应经验。

英王亨利一世(1068—1135)

当今《大宪章》研究的权威、剑桥大学 Fitzwilliam 学院的前院长、退休教授 J. C. Holt 精辟地指出,《大宪章》中贵族们所要求得到保护的权利,许多实际上是平民已经享受的权利。当时的英格兰其实也是“普天之下莫非王土”。贵族通过效忠国王而成为封臣,进而从国王那里获得土地经营。用我们的语言来说,这很像大规模的“包产到户”。不过,这既是“经济承包”,也是“政治承包”。贵族对这块土地不仅经营,而且统治,关起门来就好像是个独立王国。国王为什么要把自己的土地给别人呢?第一,当时的国王并不掌握庞大的国家机器,能力有限。他守着那么多地,反正自己经营不了,不送人也会荒掉,毫无经济和政治价值。第二,把地赏给别人,一来会获得一些供奉,二来会获得政治效忠,要打仗时,这些从自己这里拿了地的封臣就有义务帮忙。也难怪,在一场大战争结束后,国王即使获胜,也往往面临着王室领地的流失。因为他为了应付军事危机,许诺给了许多前来帮忙的贵族大量土地。

贵族们拿到这些土地,则除了保有一部分“领地(demesne)”由自己指挥农奴经营外,还要把剩余的土地转租给自耕农,其实就是把土地再“分包”下去。这几乎是国王和贵族的关系在更低一个层次的复制。顺便提及,国王也是在保留一部分自己的王室领地(royal demesne)的前提下,把剩余土地转租给贵族和自耕农,并经常用大量自耕农经营王室领地。在这种结构下,贵族叫“总佃户(tenant-in-chief)”,从贵族那里再转租土地耕种的佃户就成了“二佃户(under-tenant)”。在欧洲的封建关系中,国王和贵族冲突的一个核心,就是怎么解释这种经济和政治的双重承包中双方的权利与义务问题。当时的普通法传统，对“二佃户”的权利提供了相当稳定的保护，发生争议有日常的法律程序可循。甚至农奴犯法，在庄园的领主法庭受审，也因为有粗具规模的陪审制度保护，经常让告自己的领主在领主法庭上打不赢官司。既然贵族在自家法庭上也可能告不赢自家的农奴(自由人则权利更多)，国王怎么能对贵族随意敲诈、逮捕甚至处死呢?所以，在《大宪章》中，贵族们比照着当时自由人已经享受的一些权利来要求自己的基本权利，比如在被指控时按照一定的法律程序、在由同侪充任陪审员的条件下接受审理等等。

这种小民先享受政治权利的格局背后的逻辑是什么？关键还是承包效率问题。每个小民承包的资源单位很小，但由于小民人数多，他们承包的资源总额却未必小。如果出包人为了每个小民的每一次小份额承包都与之反复讨价还价甚至朝令夕改，那么交易费用就太高了。在我们的日常生活中，很少有人为了两块钱争个没完，有那时间 20 块也早挣出来了，实在不值。在当今的市场经济中，消费者也很少会为买一根针而讨价还价，但买车、买房却要货比三家，并且反复地讨价还价，道理就在于：小额交易利润有限，讨价还价成本相对太高；大额交易中利润大，讨价还价的成本相对而言就比较低。所以，管理大量小民的小额承包，最有效率的办法是制定一套稳定的制度规章或习惯，大家照章办事

英国宪章运动参加者与警察发生冲突

（在那个时代也是遵循传统习惯办事），一切例行化，减少争执，也就降低了讨价还价所带来的交易成本，大量的小额承包就有了效益。与此相反，贵族从国王那里承包的资源规模非常大，“树大招风”，而且贵族就那么几个。国王毁约一次，比如没收已经颁给贵族的土地，或者强迫贵族承担更多的义务，乃至谋财害命、借口杀了一个贵族而夺取其财产等等，都可以从“一锤子买卖”中获得巨大利益。国王当然顶不住这样的诱惑。可见，从承包的角度看，国王对小民违约，不仅没有长期效益，连短期效益也没有；但对贵族违约，至少在短期内可能捞到很大的便宜。

《大宪章》重新肯定了贵族的“传统权利和自由”，其实也是确立了“政治承包”的精神。贵族是自立的，但是有义务帮助实现王室所代表的国家目标。第一，贵族之间不得为一点争执而兵戎相见，一切争端必须遵循法律程序来解决，或由国王仲裁。由此社会秩序才能稳定，有了所谓“国王的和平”。第二，贵族对国王应该信守义务，有所供奉。特别是外敌入侵，威胁整个王国的利益时，贵族必须在军事和财政上对国王有所贡献。不过，在完成了这些目标后，贵族自己的权利则受到保护，国王不得无事加征。特别是国王如果肆意兴兵、夺人土地，纯粹为扩张自己的势力，不关其他贵族的利益，那么国王就应该自己埋单。中世纪的一句政治名言说：“国王要靠自己过活”，反映的就是这种封建政治共识。可见，当时公共秩序的基础，是“政治承包”的契约。贵族割地拥兵自立，不犯王政，反而是国王的藩属，危急时刻给王室以支持，获得了一种政治平衡，解决了国王在缺乏自己的国家机器时的治理问题。《大宪章》的起因，则在于英王在海外为了自己的私产不断兴兵，借此不停地对贵族加征敲诈，引起种种冲突，使贵族的权利得不到基本保障。于是，贵族们趁国王兵败的狼狈时刻，连手挥军逼宫，使英王不得不签署了《大宪章》。日后的历史又经诸多曲折，从贵族问政的权利发展出了议会制度，使议会把持了批准国王财政预算等等大权，绕开议会国王就无权加税，英国逐渐发展出了君主立宪制度。当今美国政治中总统花钱时要到国会提出预算并得到批准，循的也是这样的制度。

这种“政治承包”，当然不仅仅限于国王和贵族之间，而是渗透到社会的各个层面。当国王开始扩张权力、打造自己的官僚机器时，面临着如何和地方社会确立承包关系的问题。在英国历史上经常有这样的例子：一个大封建领主试图在自己的统治区域建立行政机构而与地方社会进行讨价还价。地方社会同意他在当地设一个行政官员、三个扈从、三匹马，并答应供应这些“编制”所需的费用。作为交换，这个地方官必须宣誓尊重当地的习俗、传统和自由，实际上也就是让当地老百姓自己管理自己。地方官必须对当地社会负责，如果有特别行政预算要由地方社会认可。这和议会控制国王的预算几乎是如出一辙。如果这个地方官越权侵犯了当地居民的自由，则领主必须对之撤换。当时欧洲各地的国王和领主们普遍和地方社会达成协议，以保证后者的自治和自由，换取一些财政资源。这也是在欧洲被称为“资本主义萌芽”的自治城市得以生存并繁荣的原因。

中世纪后，欧洲经过长期的“国家建设”过程，有了类似现代国家的官僚组织，由此在政治上开始分途。一些王室，仰仗着自己的官僚机器，自以为可以独揽大权、更有效地控制国家资源，于是打破了“政治承包”的传统，把过去自立的贵族逐渐纳入自己的官僚体系，形成了君主专制。法国、西班牙王室都是这方面的例子。英国则如上所述，建立了君主立宪的制度。在这里，“政治承包”由贵族向国王的承包，不知不觉地转化为国王向公众承包：过去是贵族从国王那里领块地自己经营，维持对国王的若干义务，帮助国王实现某种公共目标，在经济上政治上都“包产到户”。而一旦国王的权力变成一种公共权力时，国王就必须为了公共利益到议会要行使这种权力的预算。议会给国王多少预算，也就说明议会决定让国王承包多少公共权威。这和民主制度几乎就一步之遥了。在英吉利海峡另一侧，从与自己过去的封建君主的“政治承包”关系中演生而出的尼德兰共和国，也坚持中世纪的“传统自由”，地方权力非常大，中央权力受到严格的抑制，频频要向地方要钱。而历史的讽刺是，西班牙帝国、法国这些强大得多的君主专制国家迅速衰落。尼德兰作为西班牙哈布斯堡王朝的几个小省份，竟成为 17 世纪欧洲最强盛、繁荣的国家，影响力遍及美洲、非洲、印度和东亚。到 18 世纪，人口和国力大致仅为法国 1/3 的英国，则崛起为一个“日不落”的世界帝国。欧洲的两个政府权力受到最大限制的国家，竟成为世界两大强权。

为什么如此？想当然的解释是：既然国家权力受到限制，政府不能向老百姓乱收税，轻徭薄赋能够藏富于民，有利于经济发展。这颇为符合中国传统中儒家那种消极国家的理念，却和欧洲的历史对不上号。事实上，在 1716~1720

年间，小小的尼德兰共和国，人均纳税负担比英国高一倍。到了1790年，英国追上来，两国人均税收负担大致相等，但比大革命前的法国都要高一倍。欧洲其他主要国家的人均税收负担，也都比这两个国家轻得多。也就是说，在政府收税的权威受到严格限制的国家，税率反而高。而在政府把握着绝对权力、在理论上可以随心所欲地收税的国家，反而收不上税来。这也难怪，一打起仗来，英国和尼德兰虽然弱小，但总是坚持的时间最久，最后在财政上将对手拖垮。

如果换了别的国家，像英国和尼德兰这样高的税率，那可谓是"苛政猛于虎"，非逼着老百姓铤而走险不可。但英国和尼德兰居然大体平安无事。根本原因，除了两国老百姓生活水平高外，还在于"政治承包"的效率。在这两个国家，地方社会高度自治，承包了许多政府的事业。老百姓认识到税率的确定经过了必要的程序，是自己同意的，也是为了自己身边看得见摸得着的利益服务，当然也就甘心情愿地缴税了。地方政府在完成了对国家的义务后，主要是对当地老百姓负责，相对而言不会像在专制制度中那么腐败。法国或西班牙则不同，国王一要税，下面就觉得上面又来横征暴敛了，拼命抵抗。在这种情况下，政府不是不想收税，而是收税的政治代价太大了。

不过，除了英国和尼德兰这两个先进国家外，欧洲就总体而言，"政治承包"的传统甚强。自中世纪起，新崛起的"中央政府"除了受独立的贵族诸侯、自治的城市等等制约外，在财政上依靠商人的贷款运作，并把未来几年的税收抵押给这些放贷的商人；在行政税收上，这些放贷商人又成了包税商，代政府收税，有时干脆成了政府官员，以保证这些税收进自己的腰包；在军事上，政府则依赖从国际市场上购买来的雇佣军。无论是放贷的商人也好，包税商也好，还是雇佣军也好，许多都来自政府管辖权之外的地区。政府这样把权力（包括财政、行政和军事）大量包给外国人，对承包者就不能任意欺压，因为如果失信于人，人家不再来承包，下次的买卖就作不成了。这样也就逼着政府比较负责些。所以，欧洲整体而言，能够追随英国和尼德兰这样的先进范本而迅速现代化。

中国至少到周代就有了封建制，虽说和欧洲中世纪的封建制度不能混同，但相通之处亦有不少。在中文中，"封"的本意是起土界，"建"是植树标界。"封建"的字面意思是古代氏族部落在居住的疆域堆土植树，对外作为藩篱屏障，对内则自成一统。周代的封建秩序尊重这样的自立，实际上就是一种"政治承包"：

你只要尊重周天子的权威，平时有所进奉，真有外敌入侵时出来帮忙，同时不破坏地方秩序，则你自可以维持自己的独立王国。可惜春秋战国之际周朝权威丧尽，列国争雄，法家的政治哲学逐渐崛起。能够建立一个绝对君权、扫除过去的"政治承包"、用自己的官僚直接管理税收刑法和军事力量的秦国，最终成为赢家，统一了天下。自此以后，"政治承包"也就丧失了政治主流的地位。

打破"政治承包"，一切都由国家自己的官僚机构管控，结果是什么呢？简单地说，官僚机构就是政治上的"国营企业"。在经济上，"国营企业"不是说不能有，但一国的经济如果被国营企业所主宰甚至垄断，那么这个国家的经济就必然要倒霉。这对于从计划经济中刚刚走出来的中国人，已经是不言自明的道理了。在政治上也不例外。官僚在哪个社会都需要，但如果社会上的一切事情都要由官府来管，这个社会的政治不破败才怪呢。中国传统的官僚政治不仅效率低，而且腐败横生。一个小小的地方官也要中央派，派下去又不放心，必须在其上再设一个监察类的官员，时间一久，监察的官员就喧宾夺主地成了固定的地方官员，他们再需要别人监察。这从中国历史上的刺史等等职位就能看出来。汉代刺史秩六百石，所察之对象则为二千石之太守，意在用低级官监察高官，后来丧失了原意，成为凌驾于郡守、县令之上的另一行政层级。类似的事情在后代不断重演。但是，不管中央政府动用多大的资源督察监管，下面的官员还是完不成税收指标，还是无法维持地方秩序，还是"上有政策，下有对策"，要多腐败有多腐败。因为对地方社会而言，这些地方官是外来的压迫者，地方社会管不了他们，中央政府又管不过来。对这些地方官而言，他们要对上负责而不对下负责。结果，他们习惯于对上面糊弄，对下面运用上面给的权力进行盘剥，并把所得中饱私囊，许多资源也到不了中央政府。对此，中央政府两千年来从来是无能为力，毕竟"天高皇帝远"，一个中央看不过来那么多地方官。而以地方自治为基础的"政治承包"则不同：地方官必须要对地方社会负责，接受当地老百姓的就近督查，腐败的可能性相对小得多，老百姓也更愿意和"自己的人"（即自己认可的官员）合作。

改革了30年，传统官僚政治这一两千年的毛病仍然没有解决。

在大学中成长

邓晓芒

什么是大学？今天中国的大学制度是从西方引进的。university 在西方中世纪是指研究事物本质或“事物的一般概念”的机构，最初由教会掌握，因为基督教认为上帝是万物的创造者。只有研究上帝所创造的整个世界的知识的学校，才配得上称之为教授 universal 的知识，即无所不包的知识的学校，也才配叫做“大学（University）”。但教会机构在学术方面要听神学学者和教授们的，所以大学对于教会和世俗政权逐渐取得了一定的独立性，形成了自治的传统。

传统的大学课程是语法、逻辑、修辞，法律、医学和神学。前三门是基础课，都与上帝的“道（Logos）”有关；后三门，法律相当于社会科学，医学相当于自然科学，最高则统摄于神学。由于大学与神圣的学问有关，因而超越于世俗生活之外，所以最初大学生可以免交赋税、不服兵役，甚至不受民法制约。但因此他们经常闹事，甚至可以从一个学校集体迁移到另一个学校。为了便于管理，学校建立了集体宿舍，规定了严厉的校规。

现代类型的大学最早是德国的哈勒大学（1694），那时哈佛、耶鲁、普林斯顿等都还只是学院（college），相当于高中。后来各国都仿效哈勒大学建立现代大学体制，如 1859 年美国密歇根大学颁布的大学宗旨中要求其所有学院都要与德国古典中学的课程相一致，并宣称一个学校“如果不尽可能使每个学生学到他所喜欢学的东西，达到他所愿意学到的程度，就不配称为一个大学”。

这种观念使西方大学的课程逐渐以自由选修为主体，并随着知识的发展和日益增加的社会需要而大大扩充了大学课程的科目。大学之大，不仅仅是有“大师”之谓，而是以个人自由兴趣的广泛性和多样性为前提的（最初则是以上帝智慧的无限性为前提的）。《简明不列颠百科全书》中“大学”条说：

邓晓芒：武汉大学哲学系教授。本文为作者 2009 年 10 月对本科新生的一次讲演的讲稿。

[即使在日益功利化的现在]“大学基本的传统职能仍保持不变,也就是仍要使学生能够从文化遗产中求得知识，帮助他们实现自己的理智的和创造的能力,鼓励他们成为讲人道的、富有责任感的人。大学扩大了各个学科领域的知识,使人们更加懂得生活,更会享受生活。”我还想加上一句,更会创造生活。

西方大学制度引入中国后,也将这一套大学理念带进来了。中国古代传统的官方社会教育理念是读书做官,此外就只有私人专门的谋生技术的传授。蔡元培接办北京大学,首次提出了新的教育思想,认为培养官僚不是大学的目的,甚至科学知识、实用技术、职业培训也不是大学的最终目的,大学的目的必须提升到与终极价值体系有关的“世界观教育”。这种世界观教育不再是儒家以天命自居来弘道的政治教育,而是“超轶政治之教育”,以“发展个性的自由”为目的。他给教育下了个定义:“教育者,养成人格之事业也。”大学则是“纯粹研究学问之机关”,“不可视为贩卖知识之所”。这与中国传统教育理念大相径庭。孟子说:“善政不如善教之得民也……善教得民心。”中国官方的社会教育思想、科举制度是为了统治者“得民心”,培养官僚,目标单一,不可能考虑人的个性的自由发展,而是要把千差万别的人纳入到同一个模子里面来成型。这导致了中国传统教育的片面化。

现代大学教育则是universal的教育,无所不包的普遍教育,它与学院(college/institute)不同,不是学习一门谋生的技术,而是养成人格。不论是学理科、工科还是文科的，最终都要提升到universal的层次。这就是精神的总括的层次,在这个层次上,只有宗教才能承担总的教育目标。蔡元培看到这一点,而中国又没有宗教传统,于是提出来“以美育代宗教”,来作为中国大学的精神支柱。

但这其实是很不够的。美育与宗教教育相比只是一个分支,它只是培养了人的人文情感和趣味,虽然很重要,但还未达到人生的信仰。王国维就因此而死得不明不白,他虽然以美育和艺术作为人生的归宿,但却为世俗的事情(有说是清王朝)而殉身,说明他并无“超轶政治之信仰”。真正能够和西方宗教相匹敌的精神归宿只有一个,就是哲学。西方基督教本身就包含深刻而丰富的哲学,它在内部有一个长期的矛盾,就是“哲学真理”和“神学真理”的冲突(双重真理论)。所以我提出一个观点:中国大学应“以哲学代宗教”。美国的博士为什么叫做Ph.D.? 大学才培养博士,学院顶多只能培养硕士。

我鼓吹以哲学代宗教，并非因为我在哲学系，教的是哲学。我这里讲的哲学不仅仅是哲学专业，而是每个人本质上都有的哲学的一面。在大学里应当把每个人的哲学的一面发挥出来。即使你是学理工科的，也应当把你学习的理工专业提升到哲学层面上来，这就是不要仅仅当做谋生的技术手段，而要当做人格的养成，要致力于从中培养“科学精神”。科学精神在西方就是一种人文精神，也是一种哲学精神。它起源于“惊异”（亚里士多德有云：“哲学起源于惊异。”），终于信仰。一个缺乏科学精神的人是一个人格尚未养成的人。

中国传统几千年不缺乏科学技术，但缺乏科学精神。我们长期分不清科学精神和科学技术的区别，至今还不重视科学精神，只重视科学技术。科学精神不讲实用（虽然它导致实用），而讲人的好奇心，立足于人的兴趣和探索未知世界的冲动。诺贝尔奖不是奖励技术成就，而是奖励科学精神的学术成就。为学术而学术，为追求真理而追求真理，这是人的自由本性。中国人则从小就压抑了人的好奇心，一切服从功利。袁隆平的水稻技术给人类带来了巨大的经济效益，应当说是极值得佩服的“奇技淫巧”了，但当有人说他“身价 1.7 个亿”时，他大为光火，认为这是把科学“庸俗化”。他就是出于兴趣和好奇才作这个学问的，但一般人很难理解。这就是中国人为什么没有发展出近代科学的根本原因：只讲技术不讲科学精神。

所以在西方，大学和学院是不同的，学院只关注技术训练，培养对社会有用的人才，大学则有更高的要求。在中国则把这两者完全混淆起来了，所有的技术学院都“升格”成了大学。反过来，所有的大学都被按照技术学院的工科标准“降格”来进行评估，用同一个量化指标来衡量教学水平。我们在大学里面秉承的仍然是中小学的那一套模式，而我们中小学的模式就是制造标准产品的模式。这种模式有两个主要的方面：一是灌输知识，越多越好；二是规训行为和思想，越刻板越好。以前叫“又红又专”，现在叫“品学兼优”。

但唯一不关心的就是人格的养成。现行的政治思想教育根本不能达成人格养成的目标。在进入到大学学习之前，青少年中小学阶段的人格养成基本上是一片空白。中国的高中毕业生的心理素质基本上还停留在幼儿园阶段。但他们中许多人的观念却已经老化，几乎没有什么可塑性了。西方独立人格的养成一般在 18 岁就已经完成了，但中国人通常要到 30 岁。有的人甚至终生建立不起独立人格，什么事情都要别人为他负责，只要有条件，就当“啃老族”。另一方面，虽然心理上不成熟，人情世故却老练得惊人，怎么拉关系，怎么送礼，怎么巴结权势，怎么玩手段贬低别人抬高自己，都是一套套的。最终目的无非是挣大钱、当大官。有不少人在美国留学，发现美国大学生很天真，很直率，有什么说什么；但个人很独立，有自己的主见和生活目标，敢于负责。他们经历了正常的心理发育。中国学生则总像“长不大的老小孩”，从幼儿园起就在老师、家长的指导和示范下学大人腔，压抑了儿童的天性；而一进大学，就表现出这种儿童天性的反弹式的爆发，先玩它一学期再说。有人到毕业也没有从这种儿童情结中摆脱出来。

其实大学应当是克服我们在中小学十几年所受到的人格扭曲的好机会。在大学里学什么？除了学习自己的专业外，最主要的就是学习成人。如何学习成人？只要是一个真正的大学，人们就有机会在这里接触人类几千年积累下来的精神财富，也有机会受教于在这些精神财富中深有浸润的老师和学者。但机会还只是可能性，要实现成人的目标，还必须自己有所选择，按照自己的自由意志、才能和兴趣来造就自己。首先要做的是思想上的松绑，即把自己十几年所受的盲目教育全部呕吐出来，重新进行价值评估，哪怕天经地义的东西，也要通过自己的理性问一个“为什么”。（笛卡尔也说过，人一生总要有一次把以前所接受下来的东西全部吐出来，在自己认可不再动摇的基点即理性的基点上重新建立自己的整个世界观）大一的新生正是提出这一问题的最佳时机。

这就是大学之“大”。梅贻琦说，大学之大，非盖大楼之谓也，乃有大师之谓也。但我认为，不仅是有大师，而且是有培养大师的大容量，才能叫大学。这个大容量就是容得下每个学生的自由发展。要成人，不一定都要去学哲学，但学任何东西都要有哲学的品味，哲学的境界。中国大学里面盛行的仍然主要是满堂灌的教课方法，但学习却可以不是被动的。人是自己造就自己的，大学提供的是外部条件，但真正的学习都是自学。大学与中小学不同就在于，中小学是“要我学”，大学是“我要学”。大学是一个自学的好地方，一个想要在大学中使自己成长成人的学生，就会依照自己的计划来充实自己。一株早年营养不良的植物，如果后期营养能够跟上，照样能够长成参天大树。当然大学是最后的期限了，如果在大学中都不能使自己成人，那以后就再没有机会了。

勇于谈论道德政治

——谈徐贲的学术研究

孙传钊

20世纪90年代后中国知识分子因为内部分化、圈子林立、众说相争，其对社会的启蒙作用也就自我瓦解了。在知识分子社会作用日趋局促的当下，正当学术界的人们都感叹身边的文化批评呈现出其“场域”萧条，并为道德被整个社会蔑视感到忧虑的时候，摆脱时论的局限、建立在广博学理基础上的文化批评著述——徐贲的新著《通往尊严的公共生活：全球正义和公民认同》（新星出版社2009年版）在众多同类读物中画出了一道亮色。读徐贲的这部新著，最好与他的近著《人以什么理由来记忆》（吉林出版集团2008年版）、《知识分子：我的思想和我们的行为》（华东师范大学出版社2005年版，以下简称《知识分子》）结合起来读，才能把握该书的要旨——作者多年来的思考在这些著述中汇合成一个整体。

在我看来，徐贲撰写《知识分子》时，已经形成了一条表述其关于政治学与其对现实政治生活、事件思考的脉络。我们从《知识分子》的序言和目录构成，就可以看到全书呈现出这样一种逻辑递进：从论述20世纪新生的怪物——极权主义体制对人类传统伦理的彻底颠覆起因切入，分析今天个体在公共政治生活中的责任伦理及知识分子的公民性参与的重要性；接着在这基础上，探索价值共识对形成现代公民社会和民族国家群体身份的意义。然而，又因为知识分子在价值共识的集体性的思考和选择中，在公民社会形成中，要发挥其独特作用，“自然不能脱离普遍意义上的文化批评”，关于大众文化的文化批评构成了该书的最后部分。他的近著就处在这样一个整体框架中，不仅全球正义、公共生活、公民认同、正义之善、公众新闻、承诺、信任、保护弱者、“正派社会”、民族主义、公民社会等政治学、社会学、哲学、法学、伦理学领域里的议题都成为关

孙传钊：自由撰稿人。

注的对象，那些名副其实的“文化批评”视野内的东西，如博物馆、物品收藏和怀旧等“文化性”的事物更加理所当然地成了该书剖析的对象——徐贲围绕它们阐释大众文化、物品文化与社会道德、生活秩序之间的联系。上述先前出版的两本书，或作为加固的基石，或作为辅料，分别充实了《知识分子》的前、后两大部分，三本书构成一个整体。当然，近年来另外散见各种读物和网络上的文章也都是构成这一脉络整体的部件。许纪霖赞赏徐贲及其著述的博学：“(他)是一个很难用学科来界定的学者，是文学的、历史的、哲学的，也是社会学的、法学的。激情与理性的奇妙的混合，可以称之为一种知识分子的学者写作。”我想，更确切地说，不管徐贲自己本人是否意识到，他是在追求欧洲传统的“知识完整性”的学术理念。与这种理念结合在一起的传统人文主义精神，有共同的、难以分割开来的价值观：人的自由具有不可剥夺的价值——人的主体自治价值，他人的幸福也就是自己的幸福——他人的合目的性价值和人类各个成员有平等尊严的价值。关于这三种价值观及其相互关系的论述，在徐贲的著作中随处可见。

旅美学者徐贲

然而，就个人喜好而言，我最赞赏的是徐贲在关于公民社会建设的论述中能勇敢地直接涉足公共道德问题，围绕责任伦理和道德政治两个议题来展开文化批评。徐贲不仅赞赏并援引阿伦特、雅斯贝尔斯、哈贝马斯关于个体的伦理责任和如何形成道德的、理性的公共领域的理论，而且也重新审视、介绍了杜威如何坚持民主主义原则中的道德理念。可以这么说，杜威关心的根本问题——“什么是道德政治”，也就是徐贲统括近著的核心议题。

整个社会道德沦丧的终极原因，到底是制度之故，还是传统文化之果？在这个问题上，徐贲明确站在制度决定论一边，说："罪恶的制度能使绝大多数个人变成不道德的个体，而良好的制度能改变缺乏道德的个体。"他援引阿伦特在《极权主义的起源》中分析那种制度彻底剥夺人的道德暴行，即那种制度在剥夺人的基本政治和公民权利后，极端恶劣状态下还堵死个人最后凭借其良心在善恶之间作道德选择的可能性，使人只能在谋杀与谋杀之间选择（要么出卖朋友，要么让妻子儿女等死；即使自杀也会给家庭其他成员带来死路一条），唯一的出路成为失去思考、不受任何道德约束的行尸走肉。徐贲是通过对戈德哈根《希特勒的自愿刽子手》一书在欧美引发激烈争论的事例的阐释，通过回顾斯大林体制中的谎言对整个社会人性的腐蚀的历史，来强调极权主义体制可以从根本上对人性、对具有2500年历史的传统伦理进行彻底颠覆。他还通过米尔格伦实验，看到孤立的原子般的个体和人性在强暴的制度面前，在死亡的威胁极端场合，有其软弱的一面。为了避免误解、因果颠倒，徐贲叙述个人责任伦理与社会制度关系时，清醒又谨慎、明确地把个体伦理责任与社会制度非正义之界限区别开来：

> 当今中国存在的一个普遍倾向就是把社会非正义简单地当做社会道德沦丧和败坏，并以提高人民道德素质或提倡"某某精神"来作为诊治社会非正义的药方。这是不对的。道德基本上是一种个人责任，而正义关系到的则是社会秩序。正义涉及的不是个人道德，甚至不是集体道德，而是社会制度、政治制度和政府组织的政党性。对于具体领域中的正义运作来说，道德只具有最低限度的约束作用。

《通往尊严的公共生活》中，追求社会正义是条主线。正义这个概念虽然与道德有关，徐贲规定它并不是指个人或集体的道德，涉及的却是道德的政治制度。强调制度的决定作用，可以说是对立法者和执法者的告诫。但是，为了激励追求、创建正义、正派社会的人们，他也认为包括道德价值在内的文化与制度并非孤立分割、相互没有关系的，考察人们的公共行为时，要注意制约人们行为的政治文化，要分析"包括关于公共权威、个人权利与责任、社会正义、暴力和仇恨等等问题的价值观"。作这种分析时，"也不允许作恶者推卸自己的道德责任"。然而在极权主义体制下，受害者往往又是加害者。因而，徐贲也强调个体的伦理责任，推崇捷克哲学家帕托契克、哈维尔的"把道德看得比政治还重要，把责任看得比欲望还重要”的伦理观。当然，这两位捷克的知识分子更值得尊敬的是他们当年在强暴面前的道德实践。徐贲后来补充说，强调制度责任不是要帮助逃脱个人责任。比如，即使经济制度允许，放纵工厂主雇佣、奴役童工，工厂主本人也要负起行为责任；即使既非加害者，又非受害者的第三者，也应该在公共领域里关心社会正义，把关注的焦点从个人责任转向制度责任。可能他担心有人会把国民素质低下作为不适宜构建民主、正义、正派的社会借口，乐观地表示：“好的社会的实现并不需要等到人人都成为道德者之后。社会之善不一定是全体社会成员之善的总和。”“即使在一个未必人人都是道德君子的社会中也可以建立自由、理性和公正的秩序”，这种秩序就是政治制度，其“本身就是一种社会之善”。

所以，徐贲在著述中，强调邪恶的制度乃是导致大众普遍道德沦丧的原因，强调因道德的自律性，不能强制他人忏悔。同时，他也不否认个体的对非正义制度抵制或反抗对公民社会建成具有积极道德意义，也提醒读者要注意阿伦特的政治伦理关注点——她强调邪恶体制的受害者都参与了构建压迫自己的环境，“始终反对思想逃避思想者自己的日常世界”的特点。阿伦特在《耶路撒冷的艾希曼》中提出的受害者对极权主义体制顺从甚至主动合作的伦理问题，虽然在20世纪60年代引来不少争议和指责，但是这样的事例之后不断在大量回忆录等见证文本中出现，至少证实了阿伦特的问题意识并非捕风捉影。极权主义体制的受害者同时是加害者问题，恰恰是人们往往要回避而又难以回避的。徐贲言及这个论题时，用不少篇幅介绍不少欧美这类“见证文学”及其研究，指出这些作品最大的价值不是在于文学性，而是其道德意义：人类能辨认苦难存在与根源，共同担负起伦理责任，分担他者苦难，具有维系社会正义和团结的作用。这类人类灾难见证（如对纳粹的大屠杀思考）能对普通公民道德判断和政治行动产生积极作用。美国20世纪60年代公民运动和20世纪80年代西德社会对战争责任的重新反省就是这种公民政治行动。尽管我们很少能接触这样的作品及其研究，可是即使在最近出版少数（中文版）的这类欧美“见证文学”中（参见洛维特：《纳粹上台前后：我的生活回忆》，区立远译，学林出版社2008年版；科什那：《莎拉的礼物》，杨晋译，新星出版社2009年版），也可以读到不少受到这两本书的作者讽刺和谴责的当年同是受害者犹太人同胞对纳粹体制顺从甚至主动合作的事例。这说明知识群体很有必要继续在学理上深入讨论关于个体伦理责任的问题。

笔者认为，尽管徐贲在《知识分子》和《人以什么理由来记忆》中对通过介绍阿伦特、雅斯贝尔斯的思想，对公共领域中个人责任伦理有过不少论述，但是《通往尊严的公共生活》一书中，偏重强调了制度对公民道德的制约，忽视了这一问题在现实社会中会导致公共伦理恶性循环。因为在极权主义社会中，整个社会生活规则是把私人利益和权力结合起来的那种无限制追求：虚伪的信仰造就谎言、鼓励人们检举他人、告密的是虚构敌人产物，通过追求权力达到满足私欲。对私欲和权力相结合的追求的那种强烈欲望，在其他社会体制内也存在，但是远不如那种体制下蔓延到几乎每一个人都要腐败的那种严重程度。所以，这样的社会表面进行高尚理想的宣传，背后是少数掌权人无耻的统治。这样的社会完全失去民主社会中个人伦理不可缺少的自律——民主社会存在第一条件，同时建立在个人自律基础上的公共领域内的自律和约束也荡然无剩了，当政者可以随意解释或改变任何法规，任何法定规则都有无数例外。于是造成了人格特征都是“两重化”：认知与行为实践分离。个人道德自律的人、拒绝“两重化”的公民就会被作为不顺应体制的“敌人”。社会政治生活中不仅“告密”、“检举”盛行，由于告密能获得升迁和利益，人们都以他人的苦难作为自己的愉悦，因为人对死亡的恐怖胜于对自由的渴望。包括知识分子在内，人们都失去自律的伦理规则。在《独裁体制下个人责任》一文中，阿伦特说：这种丧失道德自律的人们，不仅是感觉到暴力的威胁才屈服、追随纳粹运动，不少人实际是怕赶不上新时代起点“历史的步伐”而主动地参与。所以，诱惑与威胁一样，同样能使人丧失道德思考和判断的能力。在法庭上，因为自己受到威胁或利诱才行恶借口只能作为威胁、利诱者犯罪的证言，但是这不能成为自己屈服的道德上正当性的理由。那些拒绝在公共领域与纳粹配合的人们，是仅有的还能用自己头脑依据原先的善恶标准作出道德判断的人们，他们的良心不会自动地随波逐流地转换。这些坚持习惯道德准则的人们，也就是不愿意自己与自己（良心）过不去、下决断的人们（Hannah Arendt, *Responsibility and Judgment*, Edited by Jerome Kohn, Nwe York:Schocken, 2003）。因此，如果我国思想界对社会制度与个人道德自律的关系问题没有一个比较正确的共识，很难就如何形成一个道德的、理性的公民社会问题达成共识。

徐贲的新著《通往尊严的公共生活》，着力于分析处在“过去与未来”之间当下的中国社会生活的各种严峻的社会问题，特别着力于社会经济生活中的伦理问题，探讨如何在未来建立起一个能维护个体尊严的公民社会，却又不割裂历史，即不割裂、分割“改革、开发”后最近30年与之前30年之间的联系。（极其少数用中文写作的学者在对当代中国研究中坚持这种联系），过去斯大林体制中的“新阶级把国家资产当作它自己的财产，把‘社会主义社会’和‘国家’变成了一句空话。新阶级害怕动摇极权权威会动摇其财产的占有。所以新阶级以维护社会主义的所有制为名，反对任何形式的自由”（同上）。可是，当下的经验告诉我们，福山所谓“历史的终结”并非完全终结，即使20世纪80年代以来生产资料所有制形式上有所变化，现实中非正义的社会问题依旧有着过去的痕迹，与过去的缘由有着千丝万缕的联系。徐贲在《通往尊严的公共生活》中，不是把中国当下社会中诸多的非正义现象之根源归咎于现代性或全球化，而是在历史连续性及其过程中找出根源。他另辟蹊径，从一些新的视角来发掘全球化给中国社会带来的各种积极要素。比如，介绍20世纪90年代欧美学界形成的“全球公民社会”概念，即并不把全球化简单看做自由市场经济的全球化，也把它看做是各国公民追求如何扩大公共领域、实现超越国界非政府组织和公众的愿望，构建正义的社会秩序和正派社会的时机。又如，针对近30年来中国社会贫富差别急剧扩大、社会财富分配不公的现状，他介绍了沃尔泽的多元正义论。沃尔泽所谓财富无限膨胀本身也会构成专制形式的分析和论述，值得我国一些强调绝对私有制的哈耶克主义的学者一读。其实这也是一个政治学史上老生常谈的话题。这里随便举个例子：最近出版的《卢梭问题》（中文版）中，卡西尔早在77年前为卢梭激进主义辩解说：卢梭只是为了“确保等量的权利和义务”和“道德上的不平等”。因为“当这种财产的不平等迫使特定阶层的公民在经济上不得不完全仰人鼻息，使他们有被富人与权贵玩弄于掌股之上的危险时——国家就有权利，也有资格对财产进行干预。……通过适当的立法，如对继承权进行某些限制，国家一定要力图保持各种经济势力之间的均衡”（第54页）。再如，《通往尊严的公共生活》另一个重要议题是肯定全球化带来另一个重要的积极后果，它促成了全球范围内的正义成了一个日益受到整个人类重视的道德视野。全球正义作为一种普世道德价值,其集中体现在普世的人权问题上,促进了人权的全球化。徐贲在对后学(后现代和后殖民理论)的价值相对主义和虚无主义的批判中,也反映出他与雷蒙·阿隆、兹维坦·托多罗夫不约而同地都力图克服追求终极真理、普世价值时遇到的矛盾。他们都承认文化是多元的,却又坚持强调人类的不同民族文化,对一些最基本的价值特别是伦理价值有着共同的选择和取舍。也就是说,人类具有共同的、普世的道德观念。尊严的公共生活、正义、正派的公民社会,就是建立在这种普世的道德观的基础上的。所以,徐贲在思考中国未来公民社会构建时,否定某些学者提出的防止人们为了经济利益,无秩序参与公共政治活动、盲目"民反官"要构建那种以知识精英主义、中产阶级为主体,排除弱势群体的"公民社会"(这些学者叫做"市民社会")的设想;也反对他们只是把"公民社会"作为一种对抗专制权力的策略、手段,因为从历史经验来看,公民社会道德意义比现实政治策略更为重要。公民社会的意义就在于它的道德价值与实现正义伦理秩序的理想。他认为在政治权利得到保障的前提下才能争取经济领域的权利,大众缺乏政治权利才有官民对立,才是"民反官"的根源。而这种排除弱势群体的"市民社会"可以帮助权力来化解来自民众的正当要求,与权力形成一种相互合作的非正义、不道德的"契约关系"。徐贲指出,东欧的历史经验告诉我们,实际上并没有出现过激烈的无秩序,倒是因为民众冷漠的态度,缺乏广泛和积极的公民参与,那也是长期在极权主义体制下形成的对权力的依存、因为贫困造成不安全感、精英阶层使得他们感到隔膜等原因造成的。

另一方面,经济高速发展的社会不等于是一个健康的社会。就如哈维尔所说的那样,极权体制的社会是个"长期充满谎言的社会,会造成普遍的人性危机和严重的社会道德危机,后极权社会可能是一个物质并不匮乏的社会,却是一个丧失道德功能的社会。它只能存在于道德沦丧之中,并不断加深道德沦丧,这种沦丧是其社会特征"。徐贲在分析中国知识界当下犬儒主义文化盛行现象时,强调这种文化的出现不是个人道德危机,是公共生活道德规范的危机,维持其机制的主要在于制度,不能依赖道德自律来彻底解决这种现象。但是,要从这种恶性循环中解脱出来,个人良知(良心)和道德勇气对改变这种现状也是必不可少的,特别是主宰制作精神产品的知识分子。希尔斯在《大学的秩序》中也曾提到战后西方民主社会的历史学科还能不断进步，主要是得益于其大学人还维系着学术评价良知。

在剖析名副其实的“文化批评”视野内的东西，如博物馆、物品收藏和怀旧等“文化性”的事物时，徐贲也考察这些属于记忆对象的物品与社会道德、生活秩序之间的联系。托多罗夫曾强调:“恢复记忆不是仅仅为了重建或阐释历史事实，而是重视记忆维护事实之选择目的，通过选择人物，来保持其英雄、受害者或道德家的角色，要拒绝可能赋予记忆者令人讨厌的任何其他选择。因此要避免掉入被记忆权利诱惑的陷阱。”徐贲也同样警惕这种记忆具有歧义的陷阱。他看到博物馆及其展品既可以是代表国家权力认可的主流文化或秩序，是国家权力体制及其合法性的象征，也可能有民间的博物馆对这种主流文化和价值进行挑战。又如，“文革”物品的收藏和保存，体现了收藏者的价值取向。20世纪90年代以来中国社会恢复型的怀旧只是表现出各种消极的民族主义、本土主义。这类关于记忆、传统的纪念物，节庆的道德象征功能的研究，欧美已经有相当的积累，但是汉语学术圈内研究鲜见言及这一论题。因此，以后我们能没有阻碍自由地通过记忆逼近历史真相的时候，还是不能忘记:因为记忆者本身的道德倾向，“对同一事实可能有相反的阐释，并可能都为相互批评的政策提供论证服务。过去既可以帮助我们建构个人身份或集体身份，也可以帮助我们形成各种价值观、理想和准则”。即“记忆的良好功能是服务于一种正义的事业，并非重现历史”。

徐贲的近著中不乏隐微写作的痕迹，既暗示了通往尊严的公共生活的道路可能漫长又崎岖，也是诱惑我阅读的魅力所在。

“智本社会”的来临

田方萌

专栏作家薛涌长期关注着中美两国的教育问题。2009年年初，他结合自己的育儿经验现身说法，推出《一岁就上常青藤》一书。从播放古典音乐哄孩子入睡，到防止互联网让青少年变傻，薛涌的笔锋触及当前教育领域的方方面面。就思想价值而言，薛涌此书的最大贡献，却是评介了一本15年前出版的英文著作《钟形曲线》(*Bell Curve*)。

智商分布的“钟形曲线”

《钟形曲线》由心理学家Richard J. Herrnstein和政策研究专家Charles Murray在20世纪90年代初联手推出。前者在该书出版不久即告仙逝，后者是一位极具争议的学者，我们不妨给他起个中国化的名字，就叫“查墨瑞”吧。

“钟形典线”是统计学里“正态分布”的形象说法。拿身高打比方，中国男性的平均身高约为170厘米，大部分成年男子的身高都离平均值不远，只有少数人具有姚明或潘长江那样的个头。如果我们以身高为横轴，人口为纵轴，中国男性的身高分布图就呈现为一条中间高窄，两端低宽的钟形曲线。同身高类似，人类的智力水平也按正态曲线分布。不过“智力”看不见摸不着，我们需要先给它一个明确的定义。查墨瑞认为，智力仅指数学、空间和语文三种认知能力(cognitive ability)，唱歌跳舞，跑步打球，交朋识友之类的本事都不应该包括在内。如果智力被定义得过于宽泛，不如干脆叫能力算了。

在我们这个时代，智力——准确地说是认知能力——越来越成为划分社会阶层的重要因素，这就是《钟形典线》的核心论点。该书两位作者引用大量经验证据表明，在美国社会，一个人的智商越高，他的收入和地位就越高，智力的

田方萌：美国乔治·梅森大学公共政策学院博士研究生。

重要性甚至超过了出身、性别、族群和信仰等传统的阶层分界线。这是因为这个世界上的技术工作越来越多，需要接受高等教育的人也越来越多。聪明人吸收知识的能力强，从事技术工作也更出色，所以他们会在教育和工作体系中脱颖而出，形成统治整个社会的高智商阶层，也就是薛涌所称的"智本社会"。聪明的幸运一族集中在智商分布图的最右端，他们同时也占据了阶级金字塔的最上端。

有些学者认为智力不重要，是受他们的日常经验所限。一次，我和一位社会学教授吃饭，席间聊起了《钟形曲线》。教授谈道："我长这么大，见过太多没有作为的聪明人了，不少笨鸟先飞的人反倒靠恒心制胜。"的确，成功的法宝多种多样，很难说智商是唯一或主要的因素，可我们的观察范围常常受限于自己熟悉的人群。那位教授身边的朋友恐怕都是高智商者，想找个笨人都不容易，智力因素自然不会受到他的重视。这就好比体重并不决定美国橄榄球运动员的表现，可没有300磅左右的体重，他们根本不可能吃上这碗饭。如果我们审视所有阶层构成的社会金字塔，智商的分化作用就会凸现出来。

智商能改变吗?

和人的许多特性一样，智力由先天和后天的因素共同决定。不过这两种成分各占多少，学者们就各持己见了。有些学者关注父代与子代智商的相似程度，看看是不是龙生龙，凤生凤。《钟形曲线》综合各种智商研究，指出父母和孩子智商水平的相关系数在0.4~0.8之间。通俗而粗略地说，我们大概有四成到八成把握，生一个和自己差不多聪明的宝宝。可是，这并没有完全解决智商成因的问题，因为我们还不知道代际差异到底是遗传导致的，还是环境造成的。社会科学不能拿人做实验，有些学者就去观察同卵双生子。这些人两两基因完全一样，碰巧会被不同的家庭抚养，就相当于控制住先天条件的实验。研究人员最后发现，后天环境的确会让双生子的智商产生显著差异。

这似乎意味着，孩子的智力可以任由父母开发，其实不然。人类虽是万物之灵，但每个人的智商水平都有先天决定的上限。不良环境会损伤智力，可达到上限后，更好的条件并不能强化智力。父母可以提供给孩子充足的营养和基本的锻炼，保证宝宝茁壮成长，但目前人类还没有找到特别有效的训练方法，能让幼儿智力产生质的飞跃。拿计算机打个比方,受病毒干扰,电脑的运行速度会变得缓慢。用杀毒工具清除病毒后,运行速度恢复正常,但要想再快就得升级芯片了。

智商像身高一样,发育到一定程度,之后就不能改变了。有读者会发问:为什么老天爷如此不公,非要分配给人不同的智商?其实,人的天赋各个不同,老天爷并没有偏待谁。人类诞生以来的大部分社会中,高智商群体并不占多少优势。在采集狩猎社会,我这种文弱书生几乎没有用武之地;到了农业社会,种田放牧也无须高智商;即使进入工业社会,大部分制造业工作的技术要求也不是很复杂。只是在知识经济时代,这个世界上的技术工作才变得越来越多,需要接受高等教育的人也越来越多。聪明人吸收知识的能力强,从事技术工作也更出色,所以他们会在教育和工作体系中脱颖而出。换句话说,人类现代化的脚步太快,可进化的状态还停留在采集狩猎社会,一小撮生具高智商的聪明人就冒尖了。

智本社会的合理性

从柏拉图提出“哲人王”开始,让智者统治世界就是许多古代思想家的梦想。在这一梦想已经部分实现之时,我们倒应该反思一下“贤人统治(Meritocracy)”是否合理。一个人十分聪明,并不见得他就富有善心,愿意守护民众的福祉。美国保守派思想家巴克利(William Buckley)生前有一次打趣说,宁可让波士顿公用电话簿上的头两千人掌权,也不该让哈佛大学那帮教授管理我们。2008 年笔者到美国国会旁听一场听证会,发现有些众议员提问的水平不过尔尔,可民主社会的老百姓就是喜欢把票投给他们。此外,和上层相比较,社会中下层要想找到心理平衡,论出身的时代可能比唯才是举的时代还好过些。小布什在台上那会儿,没当总统的人还可以哄哄自己,说布什有他老爸撑腰;奥巴马就职后,他们就得怪自个不争气了。

对于不那么聪明,出身也不好的底层民众而言,智商造就的不平等似乎不比出身造就的不平等好多少——反正台上站的都不是我。查墨瑞在近著《真实的教育》(*Real Education*)中强调,不管我们喜欢不喜欢,我们都得接受聪明人的统治。读者只要环顾四周就会发现,我们每天阅读的新闻是这群高智商者撰写的，观看的电视节目是他们导演的，打游戏用的电脑软件是他们发明的，欣赏音乐用的MP3也是他们设计的。上法庭，奔医院，去审计所，帮你看病查账打官司的还是这帮人。现代社会也就在政治领域还保留了一些靠选举产生的公职，为首的那个黑人总统还是哈佛法学院毕业的。总之，老百姓的生活离不开钟形曲线右尾处的那一小撮人。他们也许不满社会按智力将人分为三六九等，可同时也享受了高智商群体提供的发明创造和优质服务。人为地将智力精英打压到中下层，是一个社会不能承受的代价，这点经历过"文革"的中国人最清楚。

那么，在贤人统治的世界，智力平庸的大多数人如何找到心理平衡？他们倒不妨看看高智商者付出的代价。为人父母，无不希望自己的宝宝冰雪聪明，其实聪明人不见得幸福。有些经验研究表明，其他条件相同，平均智商高的地区自杀率也比较高。欧美犹太人是举世公认的聪明一族，不过他们也是两种精神疾病的高发群体。高智商者的神经敏感而脆弱，对精神生活也非常挑剔，往往忍受着常人难以想象的痛苦。许多哲人都是独身者，已婚思想家可能遭遇更大的不幸——比如苏格拉底的泼妇老婆。笔者猜想，人类智力的演化必然伴随着某种生物学意义上的代价，这种代价对于某些高智商者是如此之大，以至于他们失去了智慧带来的繁衍优势。

更何况，在现实世界中，智力只是取得成功的要素之一。有项经济学研究发现，智商只能解释美国10%的收入差距，在中国，智商对收入的影响恐怕更小。诚信、勤俭、负责、审慎等，都有助于成就个人事业。尽管知识经济偏爱智力甚于其他资质，这些品格却是任何一个繁荣稳定的社会都重视的。公司老板宁愿要个诚实而平庸的人，也不想要聪明的下属欺骗他吧？即使对于高智商者，也需要长年的训练才能成才，而养成这些品格，恰恰是坚持长年训练的前提条件。读者若非天资聪颖之辈，也还没有被淘汰出生存竞争之局。

中美两国的脑力储备

最后，我只想谨慎乐观地指出，比起以往按其他标准选拔精英的社会，智本社会是最不坏的一个。这倒不是因为我也算高智商群体中的一员，要为自己的阶层充当代言人，而是因为人才选拔对国计民生至关重要，直接影响到各个领域的国家竞争力。根据查墨瑞和另一位智商专家林恩(Richard Lynn)提供的数据，东亚民族的平均智商至少不低于美国人，甚至还高出一两分。考虑到中国巨大的人口基数，如果我们的钟形曲线与美国人的相似（也就是高智商群体在总人口中的比例相同），中国拥有的聪明人就是美国的四倍，可以说是世界上最庞大的智能储备库。

可惜，由于经济条件和政策失误，中国巨大的脑力资源长期没有得到有效利用。直至20世纪80年代末，社会上还存在着脑体倒挂的问题，所谓"搞导弹的不如卖茶叶蛋的"。所幸最近30年平稳运行的高考制度和90年代初开始的市场改革，已经让中国初步拥有了一套相对合理的人才选拔机制，政治、经济和科教领域的人才结构也得到了调整和改善。智本社会的雏形已经初现中国。反观美国，由于20世纪六七十年代高等教育部门的持续扩招，受过本科教育的美国人在同龄人中的比例到80年代就基本不再增长了。查墨瑞甚至在新书中抱怨，能跟上大学课程（尤其是理工科课程）的合格学生为数有限，可大批智商不高的美国人都读完了四年本科，这对个人、家庭和国家都是一种投资损失。

既然脑力储备面临枯竭，美国的策士们就思忖着"拿来主义"。我的一位美国教授希尔（Christopher T. Hill）专治科技政策，他在一篇题为《后科学时代》（Post-scientific Society）的文章中指出，聪明人是一国的自然资源，现在许多国家都有条件进行科学研究，让这些聪明人发挥潜力，而成本也比美国人低得多。如此一来，科技人才就不再是美国的比较优势，美国应当到其他国家了解别人的创新和发明，拿回来加工改良，为我所用。当然，目前山姆大叔的科技实力称冠全球，这一观点有待商榷。不过此文却暗示了一种前景，即中国有可能从出口廉价劳动力的制造业经济转型到出口高价值脑力的创造型经济。事实上，中国已经在出口脑力，只不过他们连人带产品一道远销美国，没能计入中国的GDP统计数字。

智本社会来临的趋势提醒我们，中国的科教机构应当大力开展智商研究，为未来的经济转型提供政策依据。智商研究目前在中国既不发达，也不受重视。我认识一位北京学者，几年前他曾建议某出版社编辑译介《钟形曲线》，结果那位编辑一口回绝："这书在美国都引起那么大争议，在中国不得惹更大麻烦？"笔者高兴地看到，薛涌先生已经比较全面地介绍了该书。希望这篇文章也能引起读者对智商研究的兴趣。

饮食之天下(之一)

徐大卫

饮食是人类文化中重要的一环。它是维系人类生存的最基本支柱,在文明进程中更发展出多彩多姿的美感样貌和实践规范。由于饮食的普遍性和必要性,它也很容易受到其他重大社会力所影响,从经济、政治到宗教,从社会化、社会区分到全球化、跨国资本等,都参与了饮食文化的建构和演变。在文学、史学、人类学和社会学界,饮食算是一项颇有规模的题材。在此也整理一些我感兴趣的现象,包括食物区分、社群连带和饮食神圣化等议题。

一、可食禁忌

在我们的饮食习惯中,有许多不成文的规范限定、区分了食物的使用方式,人们从幼年便开始学习而终成为下意识的自然反应。最基本的是"可食与不可食"的区分。有许多变量和这个元素相关。

(一)食材区分:什么东西是可以烹来吃的?这颇有跨文化的差异。当然,每个民族居住的自然环境所供应的可能食材范围本来就不太一样;但即使环境的供给类似,不同文化还是会孕育出不尽相同的可食界定。世上的异文化当中比较一致的部分,大概就是,超过人类生理构造所能负荷的事物,基本上都不能吃,例如岩石、沙土、毒物、过于干硬或难吃的东西(以人体的主观感受为准)等。其次则是"生理上可食,但文化上有歧义"的部分。对人类来说,最普遍的共识大概是"不能吃人",但许多原始部落会在宗教仪式上吃人,甚至基督教的圣餐也被认为是此现象的象征化。人以外的动物,差异就更大了。例如中国人吃狗、蛇、鳖、昆虫和各种珍稀野味;西方人则由于宠物文化而不吃狗,由于保育和观赏文化而不吃野味。若从逻辑的方面想,中国人对动物是比较一视同仁的,西

徐大卫:美国弗吉尼亚大学社会学系博士研究生。

方人挑食反而不合乎逻辑一致性(如果不吃狗,为什么可以吃牛?)。

(二)生熟区分:人类用火有很长的历史,对烹煮过而非纯天然的食物有很强的依赖。在华人地区我所接触的饮食习惯,由于文化传统和医药卫生等因素,食物"煮熟才可以吃"算是蛮普遍的共识,除了水果外几乎所有食物都必须经过烹煮,或至少等价的料理方式(如腌渍、烟熏等)。但是,怎样的程度才算是"熟"呢?最典型的是,食物的形状、质感和颜色都产生完全的变化,例如鸡蛋由液态变为固态,蔬菜由生硬变为柔软,肉类由红色变为白色或由软变稍硬。然而,这变化的"程度"多寡是视食材特性和人们口味而很有弹性。有时候,由生转熟的临界点一过,就是被认为最美味的熟度,再煮就会变老;但也有需要长时间熬煮的例子,比如东坡肉,愈熬愈烂而入味。晚近我们接触许多外国的饮食文化,在生熟偏好上有很多歧异。日本人爱吃生的海鲜(现捕现吃最好)和生鸡蛋(黏黏滑滑最好)。韩国人爱吃生牛肉。西方人爱吃生菜(其实未必健康)。又,在他们的肉类烧烤中,例如猪牛排或鱼类,肉块表面熟而内里生,是最好最嫩的状态;国内有些民众怕生不敢吃,显见其文化差异。

(三)位置区分:原来古人都很爱惜食物,可是中上阶层的礼节和晚近的卫生知识,就派生了许多限制。首先是将食物区隔于外界环境。食物必须装在特定容器中才能吃,不能直接放在桌上。吃东西要用餐具,不要用手抓着吃,不然就"弄脏"了手。掉在外面的食物,其定义即由食物转为污染物,它"弄脏"了桌面或衣物,必须清干净否则不能吃。其次则关联到个体的"自我/他者"界限。别人碗里的食物不要吃,别人吃剩的东西不要吃,除非关系够亲近。这些界限都表示,不是可食或煮好的东西就都能吃,而有许多界限存在;当食物被放置在界限之外,就会变成垃圾、污染物或禁忌物,宁愿倒掉也不能吃。这些界限多有社会和历史的背景,也内化为个人心理上的禁忌、恐惧、羞耻或嫌恶。

二、食物的分类与关系

除了可食与否之外,每种食物、每种烹调方式,也被分成彼此区异但又相互联结的庞杂网络,当中每种料理也被赋予了不同意象、价值和角色。

(一)最粗的区分是"荤/素"之分。前者包括奶、蛋、肉类,后者包括谷类、豆类、蔬菜、水果。可能由于肉类的生产比较耗资源而昂贵,古人或战后艰苦一代并不常吃肉;经济起飞后吃得大鱼大肉,却又在文明病和肥胖的威胁下被迫节制吃肉。在中西文化符码中(除了佛教以外),肉类料理的确比蔬菜更多采多姿也更受推崇,例如牛排、烤鸭和海鲜,便是被赋予高度美学暨经济价值的食物,是"食物阶序"中的上位、是套餐组合中的"主菜"、是吸引人目光和垂涎的焦点、是极好的庆典或聚会用食物。当然,好的素类食品,例如好米、好菜、好豆腐,也都是很宝贝的东西,但它们的意象就没那么灿烂耀眼。然而,晚近的医药保健知识却没有鼓励人多吃肉的,都是鼓励人多吃蔬菜,言下之意前者造成健康问题的风险较高,必须刻意节制。

(二)上面谈的"食物阶序"是什么呢?社会对不同食物所赋予的意象和价值,不只是有所"不同"而已,还在象征上、口感上或稀有性等层面分出了高下等级。这排序所根据的变项很多,下面举出三类,它们彼此独立但可相互加乘,且没有一项是绝对、唯一的判准。(1)在食材方面,食材的"种类"本身就有高下之分。比如鲔鱼比旗鱼名贵、牛肉比猪肉名贵。其次,同种类食材中,以不同产地和生产方式会产生出不同产品。例如日本的大间海域所产的黑鲔鱼,是鲔鱼中顶级的。这个变项仰赖的是自然资源的合适性和生产者(农夫、渔夫等劳动者)的技术与经验。(2)在料理方面,则要关注到"料理的种类"和"厨师的技艺"等因素。牛肉面是平民食物,牛排是高级食物,这是就料理"种类"而言;但是厉害的厨师还是可以做出极好的牛肉面,这就是"技艺"的作用。在料理世界中,做工精良、口感极佳的"美食(fine food)",就如同其他工艺领域,大致上和两种社会脉络有关。一是"厨师专业的形成"。本领专精的厨师,以家族世袭或学徒制的方式创造出代代相传的烹饪传统,其技艺的累积和精进自不在话下。二是"上层社会的需求"。贵族为了享受与身份相称的饮食,得重金延揽天下名厨和珍贵食材,令其研发出极致华丽菜肴。在阶级特权的背景下诞生的高级餐点,自然也就落在食物阶序中的上位,其昂贵性和象征性也使其区隔于平民界。但是,贵族食物真的比民间食物好吃吗?也未必。我们较常接触的民间小吃界,早有无数风味独特、历史悠久的名点,例如炸酱面、小笼包、拌凉粉、臭豆腐……其美学价值可不亚于满汉全席或法式料理。(3)晚近的医药保健知识,也建构出与前二者截然不同的阶序,重视的是"均衡营养"、"保健养生"而不在乎食材、料理的美味或精致性。采用的概念工具也是诸如卡路里、胆固醇、维生素等感官无法直接察觉的存有范畴与数据。前文已提到美学价值与保健价值相冲突的例子，许多高阶美食如牛肉、虾蟹、精致甜点，都含有高胆固醇或糖分，不宜多吃。这对老饕们造成“致命诱惑”，又想吃又怕有害，夹杂了欲望和恐惧、享乐和禁忌的矛盾情结，而正面和负面的情感又疑似会相互强化。所幸，一般人基于习惯和医药知识普及的因素，并不经常大吃这些东西，而是偶一为之的、定期宗教仪式般的礼赞或狂欢。晚近兴起吃素或养生餐的潮流，但尚未成为大部分人的长期性习惯。

（三）除了分类和阶序外，每顿饭当中的搭配结构也是有趣的现象。我们很少一顿饭只吃一种食品，多是搭配不同食品来吃。最完备的组合是“谷类、蔬果、肉类”的形式，合乎营养和口味的均衡。不过，每个民族如何搭配它们，又有所不同。东方人以米或面为主食，搭配菜肉，吃完再喝汤。米面就像画布一样，是作画的不可或缺的根本，在它的基础上才添加菜肉类，一起和着吃，没有光吃菜或光吃肉的情况。西方则以面品、玉米或马铃薯为主食。不过在高级西餐中，餐点是分类按顺序上桌和食用，当中各单品的关系就比较不像绘画而像是一套线性叙事；而就不同单品的角色分量而言，蔬果、面包、汤类都是辅佐用的“前菜”，巨型肉品才是主菜。这样可归纳，以我们一般所接触的中西文化而言，谷类大致上都是大宗必要的主食；但在贵重的高级餐点（例如筵席或西餐）或一些特殊的烹调形式（例如烧烤和火锅）中，谷类的角色或分量就比较淡，让琳琅满目的菜类或肉类大肆发挥。

上文谈的饮食禁忌与分类，在人文社会学科中已有许多讨论。涂尔干的《宗教生活的基本形式》就曾指出，原始部落的图腾制度如何决定物品的可食与否。列维·斯特劳斯的《神话学》则认为“生熟区分”，也就是将食物由自然材料转变为可食成品的劳动，是人类由自然往文明迈进的表现。罗兰·巴特（Roland Barthes）在《符号帝国》、《神话学》等多部著作中以符号学来研究餐点的象征意涵、以语法序列的概念来分析菜单结构。埃利亚斯（Norbert Elias）在《文明的进程》中研究西方中世纪以降上层社会的餐桌礼仪演变，关联于（法国）封建诸侯的争霸与绝对王权的兴起。道格拉斯（Mary Douglas）则在《纯洁与危险》中指出，原始社会中洁净与不洁的区分，不是来自于对不洁的恐惧，而是社会主动建立秩序、管理个体的积极作为。

三、饮食与社群连带

饮食是将个人同社会联结在一起的媒介活动之一。我分成几项来谈。

(一)吃饭社会化。所谓"社会化(socialization)"是指,人类个体经由潜移默化、被迫或主动学习等方式,领悟到该社会普遍的生活方式、知识技能、道德和礼节等等。我们从幼年便接受家庭和学校的管教,接受"社会化"的洗礼,而"饮食"正是当中极重要的一环。幼年个体必须被训练成能够熟练自如地以"正确"的方式使用"正确"的食物。这包括,每日三餐定时定量的好习惯、每餐的食品搭配之均衡以及基本的餐桌礼仪和禁忌。幼童经常受浮动欲望和外界诱惑等因素所支配,尚未区分可食不可食、尚未区分正餐和零食、尚未熟悉什么时候该或不该吃什么。家长必须从喂饭活动开始,操练其对子女的统理技术,以文明的法西斯教化,强迫或引导其步上社会的正轨。

(二)做菜社会化。在过去是女性比较容易遇到的。理想的女性就应该是理想的人妻或媳妇,一手包办家里的柴米油盐。于是,女孩子到一定年龄便和母亲学做菜,学到"妈妈的味道"(台湾过去曾有个酱油广告,特别以待嫁女儿为主角)。进入夫家后又得适应丈夫与公婆的口味和分工习惯(谁负责做菜),这免不了是婆媳关系的潜在冲突点。另一个场景是在专业领域,厨师和徒弟之间的传授关系。徒弟如何从不会做菜,接受严格训练到会做好菜,就类似于其他的劳动领域(工匠、体育、乐器演奏等),是大众所熟悉的文化脚本。由于手工艺的诀窍有很大部分难以言传,徒弟如何从师傅的现场示范、含糊的口头指令与不知所以然的责骂中,领悟出那诀窍,想必是个困难的摸索与挣扎的过程。最后,除了女性和专业厨师可能较有社会压力外,其他人还是可以基于日常需要或单纯兴趣而学着做些菜,就像唱K歌或欣赏艺术一样,它就可以成为一个人借以丰富自我、获得成就感、催化社交关系的一种文化媒介。

(三)饮食互动仪式。吃饭不只是个人的事,我们经常必须和家人、亲戚、师长朋友一同用餐。在这类饭局中,参与者之间的互动便是有趣的现象。举几个例子。父母(或长辈)与子女吃饭,前者基于对后者的物质身体(而非其精神主体)的强迫性执念,会替后者夹菜或催促其多吃,后者也有义务吃掉;若在家自己煮,食物的分量也是由父母掌握,通常喜好给子女多弄一点,但后者未必愿意。这是"家族"作为生物再生产的代理人,以饮食为中心所开展的"身体政治"。

其次是与非亲族但“有共事关系”的他人吃饭，例如师长、同事、朋友，这便是重要的社交活动。人类很大比例的社交都是透过吃饭来进行，甚至业界与客户谈生意也会这样（酒家文化？）。饭局的场合，(1)可以在同一时间内期邀聚合多人（两人至数十人）进行交流；(2)不像办公、开会、上课那么正式而僵硬；(3)吃东西也使个体（即使只是稍稍）卸下人我界限而敞开心胸；(4)稍好点的餐点、餐厅又很重视意象与情调的营造；(5) 吃东西比纯聊天更有能力扮演邀人的理由或诱因。所以饭局可以容纳较轻松的、个人的、有弹性而多样的互动模式和话题走向，是创造、改变和维持社会关系的强有力的场景。当然也有负面的可能性，例如话题枯竭又要忍着尴尬吃完东西。

那么，一个人跟谁、跟几个人、为什么目的、去吃什么、吃多久、是否共享食物……便可能牵涉到许多复杂细腻的社会心理机制，例如人际关系的形塑、施展与周期性强化，或是对节庆、重大事件的烘托、响应或假借。随便联想几种情境：(1)与重要的人攀关系或维持关系而设饭局，其餐点的等级或种类就必须慎重考虑。邀方得推敲，怎样的餐点或餐厅最能符应受邀者的口味或饭局的目的。(2)相反的逻辑，也有为了食物而动用关系的。比如想吃大餐或寻访美食，就像看电影一样，通常不是自己一个人去，而渴望找个伴一起去。但据闻西方人比较习惯独处。(3)即使是平常和死党吃个便饭，去处的选择也未必都很顺利，而充满了折中与妥协，这就是以食物为引爆点所展开的沟通协商。(4)吃饭时聊些什么，当下吃的食物当然是可能的评论对象，但绝不限于此，而与前文提到的社会关系或聚会目的有关。聚餐固然是为谈话互动提供机会和平台，但它本身并不会主导谈话的内容。(5)鸡尾酒会是大型的多人聚会，餐点排设在屋内多处，人员可依据想吃的东西或想见的人而随意走动。通常大部分的人并不相熟，都是靠滚雪球或随机拉关系的。这也是假借吃东西来活化社会网络的典型机制。(6)遇到节庆、生日或重大事件，吃饭是最普遍、最容易想到的庆祝方式。节日只是抽象的名目，只有透过具体的社群聚合和身心享乐，才算是真正实现、消费了它。甚至从涂尔干社会学的角度来看，节日本来就是为了活化、巩固社群连带而存在的。

高税收、高福利还是低税收、低福利?

姚建平

一、福利的逻辑本质

本文标题似乎隐含着这样一个逻辑：即高福利必然是建立在高税收基础上，或者如果一个国家是低税收那么肯定是低福利。但其实也并不尽然。高福利并非一定是建立在高税收基础之上，没有高税收也可以有高福利。在传统的计划经济体制下，我们的城市社会状况是“低工资、高福利”。没有高税收，一样有高福利。其实这个问题在考斯塔·艾斯平—安德森（Gosta Esping-Andersen）的《福利资本主义的三个世界》一书中谈到过。在书中，他按照非商品化（de-commodification）的程度将福利国家分为盎格鲁—撒克逊模式、欧洲大陆模式和社会民主模式。非商品化的本质是考察人们多大程度上从市场依赖中解放出来，或者说多大程度上独立于市场之外而存在。这个概念可以用来解释我国计划经济时代的福利水平。尽管那个时代国家财政的社会保障支出不是很高，或者也可以说社会保障方面的税收不高，但是由于当时“非商品化”的程度非常高，因此也是高福利。当然，这种高福利的本质其实是通过单位内部的平均分配，尽管没有上升到国家税收层次，但是个人同样摆脱了市场的束缚。

谈到税收和福利问题，必须了解国家福利供给的动机。先看西方福利国家的情况。英国建立了世界上第一个福利国家，但英国福利国家的建立离不开贝弗里奇爵士的贡献。1941 年，英国成立社会保障和相关服务部际协调委员会（简称调委会），着手制订战后社会保障计划。贝弗里奇爵士受战后重建委员会阿瑟·格林伍德先生委托，出任“调委会”主席，负责对当时的国家社会保险方案及相关服务进行调查，并就战后重建社会保障计划进行构思设计，提出具体的方案和建议。第二年，贝弗里奇提交了“社会保险和相关服务”，这就是著名的

姚建平：华北电力大学人文与社会科学学院副教授。

“贝弗里奇报告”。可以说,“贝弗里奇报告”构建了英国福利国家的蓝图。但更重要的是，英国福利国家的建立与英国工党政府的努力是分不开的。1945 年 7 月,当太平洋战场上炮声还在隆隆作响时,以艾德礼为首相的新政府便宣告成立,同时也宣告了世界上第一个福利国家的诞生。说起工党政府之所以能够执政也颇有些偶然,其中有两个原因:第一,以丘吉尔为首的保守党政府自认为在二战中劳苦功高,不把工党放在眼里,因此对大选并没有做充分准备。第二,保守党政府仍沉浸在“日不落帝国”的梦想中,把主要的精力放在国际舞台的竞争上,对国内政治掉以轻心。但是最后的选举结果就是保守党输了。由此看来,英国福利国家的构建主要是着眼于战后重建,政治考量非常重要,其产生有其偶然性和必然性。

德国构建社会保险体系的动机并非出于人道主义,也更多的是政治考虑。19 世纪末期的德国,罢工、暴力以及由此引起的日益紧张的劳资冲突会损害德国的经济发展与对外政策。同时,马克思主义思想的传播与社会主义运动的兴起对现行政策构成威胁。如何化解工人的反抗和劳资冲突呢?当时有铁血宰相之称的俾斯麦认为“构建社会保障体系是一种消灭革命的投资”,声称“社会弊病的医治,一定不能仅仅依靠对社会民主党过火的镇压,同时有必要促进工人阶级的福利,一个期待养老金的人,是最守本分的,也是最容易统治的”。

当然,福利供给动机还有其他视角。西方消费社会学使用的集体消费一词很大程度上是指福利。什么是集体消费呢?比如公共教育、公共医疗、养老金等等都是。但是由于很多消费社会学的研究者是马克思主义者,因此他们大都是从资本主义生产关系、劳动力再生产和资本的角度来分析集体消费。在卡斯特看来,政府对集体消费供给的干预是服务于私人资本的。政府对劳动力再生产承担的责任越多,意味着资本家雇佣劳动力的成本越少。例如政府提供公共医疗,那么实际上是资本家获得了健康的劳动力,得到好处的是资本家。城市空间的政治经济学派学者哈威也谈公共物品的供给(他所说的是人造环境,包括道路、港口、公园、教育机构、停车场等)。他认为,城市人造环境的建设体现的完全是资本的逻辑和本质。资本的本质是逐利的,既然投资于工业生产(第一循环)面临危机,那么为什么不投资于人造环境(第二循环)呢? 因为即使投资于建设公共住房、道路、公园等公共物品,资本也是获利的。因此,不管是卡斯特所说的集体消费品还是哈威所说的城市人造环境的供给都没有福利的性质，只是资本主义生产关系的必然反映。

二、中国福利供给的逻辑

再来看我国的福利供给动机问题。计划经济时代福利的供给是基于社会主义制度基础上的。由于每个人都是社会主义大家庭的主人，福利（主要是单位福利）被看做是社会主义优越性的重要表现之一。改革开放后，国民福利供给明显是采用市场的逻辑。以养老社会保险为例，在计划经济时代下，不管是企业、事业单位还是政府工作人员都是退休制度。退休金是个人最后一个月的工资的一定比例，通常是在80%~90%，当前公务员和事业单位仍然采用这种退休制度。而企业从20世纪80年代开始探索将退休制度改为企业职工基本养老保险制度，1995年试行社会统筹加个人账户的养老社会保险模式，1998年制度定型。由于社会保险是需要个人缴费的，从退休制度改为养老社会保险，这是一种明显的市场逻辑。这种改革意味着如果缴不起社会保险费，那么就无法得到养老保险保障。从具体的制度设计来看，个人账号本质就是个人强制性储蓄。社会统筹要跟缴费年限和个人指数化缴费工资挂钩，多缴多得，与市场经济中"多劳多得"的原则完全吻合。

但是随着制度的推进，市场的逻辑在福利供给方面开始得到反思。近几年，社会保障界在社会保险的缴费问题上争论不休，不断有人提出了"社会保险费改税的命题"。其实，费改税的提出源于社会保险的单位缴费比例过大（目前养老保险缴费单位缴上一年度工资总额的20%，个人缴上一年度个人工资总额的8%；医疗保险单位缴费6%，个人缴2%；失业保险单位缴2%，个人缴1%；工伤和生育保险单位缴费2%；公积金不低于5%不超过12%，单位缴费总计超过40%），使得单位负担过重。很多企业为了降低用工成本，千方百计逃避社会保险缴费，造成了社会保险的大面积欠费。在这一背景下，有人提出来，既然缴费困难那么为什么不考虑将社会保险缴费改成社会保险缴税呢？这样既解决了缴费问题，也解决了公平性问题。但是，"费改税"一字之差却体现了福利逻辑的根本转变。社会保险缴费很大程度上是市场的福利逻辑，自我保障的逻辑。而缴税要求所有人都参加，既然人人都是缴费者，那么人人都是受益者。因此费改税将一种目前部分人的福利转变成全民性的普遍福利。那些在市场逻辑下因缴不起费而参加不了社会保险的人，将统统纳入社会保险制度。

除了社会保险费改税外，这几年还有人呼吁开征社会保障税、遗产税、房产税等收入再分配作用明显的税种。从国际经验来看，社会保障税在福利国家税收收入中所占的比例是最大的。如果中国开征社会保障税，意味着不仅社会保险，而且社会救助的资金也可以通过税收来解决。那么，中国福利国家的特征就非常明显了。

三、高税收、高福利还是低税收、低福利

从费税之争能看出当前提高税收、扩大福利是有很大声音的。但就我国目前的情况来看，市场的逻辑仍然是主流。反对高福利者的一个重要理由是担心中国患上“福利病”。笔者2008年在加拿大时见识过福利病的具体表现。在那里，人们的工作动机远没有中国人强。加拿大人从不加班。小孩出生后政府就给发500加元牛奶金，不仅小孩的奶粉钱有了，连全家的伙食费差不多都够了。免费医疗不仅提供给加拿大公民，连我这种一年期的访问学者都能享有。个人所得税累进税额税率非常高，一个月挣六千和一个月挣四千，去掉所得税后差不太多。穷人要是收入低于负所得税线，每年还给退税。像我1个月1300加元，报完税后每年还能返回几百加元。这样的福利制度设计，谁愿意拼命工作呢？此外，高福利还可能吸引福利移民。笔者在加拿大曾经碰到一位从内地来的移民。老太太70多岁，原本是国内天津的下岗工人，是她女儿帮她办理移民加拿大的。后来她女儿、女婿都去了美国，只留下她一个人在加拿大。我问她为什么不跟女儿去美国或回国内。她告诉我美国没有免费医疗，如果去美国看不起病。此外，在加拿大65岁以上的老年人都能获得“老年保障金”。她一个月1200加元根本花不完，所以她通常都攒起来去旅游。

尽管高福利容易患上福利病，但是笔者要说的是“中国目前还没有资格去患福利病”。首先从社会保障支出占财政支出的情况来看，我国从1978年开始至今社会保障支出一直维持在10%~20%。西方福利国家中美国最低，但也超过了30%，最高的北欧国家在50%左右。在我国农村，尽管当前政府也在推动农村医疗保险、农村居民最低生活保障等制度建设，但是由于这些项目水平低且

覆盖面窄，因此大部分农民基本上还是无保障。还有大量城市的农民工和其他非正规就业者没有社会保险呢？再从保障水平来看，已有的福利项目水平非常低。以最低生活保障为例，我国的城市居民最低生活保障的标准是绝对贫困定向，保障的是基本生存。而2008年加拿大的老年保障金是1200加元，而我作为一个三十多岁的中青年人在加拿大的生活费才1300加元，所以可以看出两个最低生活保障之间的水平差距。

从经济发展和财富积累的角度来看，低税收低福利无疑是更加有优势。美国是世界上最富强的国家，也是福利国家中福利和税收相对较低的国家。试想如果美国也执行的是高税收、高福利政策，那么肯定也变成了"老欧洲"，而不是"新大陆"。我国香港地区如果不是低税收、低福利，也不会有今天繁荣、自由的香港。所以从这一点上来看，笔者更偏好低税收、低福利的社会，低税收、低福利也符合中国人勤劳肯干的特质。但是我认为中国未来的走向必然是高税收、高福利。这不仅仅是从当前的发展趋向推出来的，而且也是历史发展的必然。有人说，香港不是低税收、低福利吗？难道香港不能成为中国未来发展的模版吗？其实，这种持想法的人是不了解香港历史的。香港是在英国人统治时期成为自由港的，试问英国愿意将它的福利模式搬到香港来吗？中国有两大历史传统注定了中国未来将走向高福利、高税收的社会。一是封建集权家长制。根据安德森的理论，家长制必然带来高福利，因为作为政府的家长试图给国民安排一切，而集权带来的一定是"大政府"。二是社会主义的传统。与封建集权一样，社会主义也是大政府，并且政府也试图给国民安排一切事务。也许有人会说，那么为什么会有市场经济改革。其实稍稍懂得中国历史的人都知道，改革开放的前夜整个中国社会实际上已经到了崩溃的边缘，面临不得不改变的局面。正如中国历史上改朝换代初期总是通过"轻徭薄赋"来刺激经济发展一样，改革开放实际上也是通过低税收来积累社会财富、推动整个社会经济的进步。但是随着社会的进一步发展，必然通过税收走向财富的集中。所以就中国目前的情况来看，高税收、高福利只能是社会发展的唯一选项。很多人和笔者一样也许从内心并不主张中国社会的未来发展模式一定就是高税收、高福利的"福利国家"，但是又有谁能告诉笔者如果中国未来的发展趋势不是"福利国家"又会是什么呢？

放大人性的长歌

——也谈人肉搜索

典　典

一、“人肉搜索”何来？——略谈“人肉搜索”的技术背景和心理动机

从纯技术上定义，“人肉搜索”指的是一种利用网络等平台，互动地借助他人的力量收集信息的方式，这与 Web2.0 技术的发展是分不开的。从论坛到博客再到大型虚拟社区，人与人在网络上的交流不断扩展，产生“互问互助”也是自然而然的。搜索引擎是利用机器自动化地收集网络信息并有序化的一种技术，而“人肉搜索”则引入了人工，通过人与人之间的交流获取信息。在人工智能远未完善的现在，“人肉搜索引擎”的好处自不消说：经过人工甄别提供的信息，易于理解，更有序，少冗余。对于生僻的和网络上尚无的信息，“人肉搜索”更是不二法门。

“人肉搜索”的出现，自然是技术的进步带来的。计算机技术，网络技术，信息检索技术……记得早在“人肉”还未风行的中学时代，我就曾经利用普通的网络搜索引擎，加上自己“人肉”想出来的关键字组合，搜到了同班同学的许多逸事。光靠名字当然总有重名的，再加上读过的学校之类，就八九不离十了。这样就查出某某上的是哪个小学，甚至某某学过什么乐器……这样自己做出的“人肉搜索”的事实，当时是因一时好奇而产生，尽管事后想想不免后怕：网络上竟然已经有一个普普通通的个人那样多的私人信息。

而许多“人肉”的开端也正是“好奇”。人天性好奇，好奇于未知，并且去求知，哪怕只是一些小事也非常执著，人能由猿猴成为今天这样的人，好奇心功不可没。这好奇，或是对于某种知识，比如对物质或其他生物的好奇；或是对于另一个同类的个体，一个他人的好奇。“人肉搜索”的方向，也大略可由动机出发，分为这两类：对（物之）知识的搜索和对人之个人信息的搜索。后者，由于牵

典典：中国人民大学国学院本科生。

涉了其他的独立主体，也就成了一件复杂的事情。

就好像本无恶意地对同学进行搜索，之后得到的信息也只玩笑般地向其本人求证而未传播，却依然会闹出一些不愉快。没有谁希望自己的信息竟然不经过自己而传播向他人。尽管如同网络上现在流行的“点名”游戏所显示的，人性中，暴露癖和窥私癖是共存的，但是自己主动暴露和被莫名流传到一个随便谁都可以翻看的地方，实在是天壤之别。

当然，有人性的需求，有技术条件，“人肉搜索”作为一种技术方式的商业化运作，也是很多人关心的问题，并已经产生了若干广有争议的先例。但本文仅从人、社会这样的角度浅议“人肉搜索”问题，对于技术和经济，就不予讨论了。

常有论调说，“网络”的种子一旦播下，人自己也不能控制它的生长。但是，一直为之浇水施肥的，是每一个使用它的人。目前还没有证据表明有意义的信息和数据能够凭空在虚拟世界产生，也就是说，网络上所有的信息终究是每一个活生生的人上传的。从这个意义上来说，我们都或多或少是“人肉搜索”的参与者，几乎别无选择。当然，本文中的“人肉搜索”并非这种广义的现象，而是以导致这个新词语出现的一系列“事件”作为典型，所体现的那种出于某种目的而利用“人肉搜索”方式挖掘某个人在现实中的具体信息的行为。

“人肉搜索”何来？来自于人性，人的各种好奇，各种欲望及人对技术的发明和依赖。一切的喜剧和悲剧，都可以算做是用技术放大了的人性的长歌。

二、“没有人知道你是一条狗”——浅说虚拟与现实

曾有句流行语说，“在网上，没有人知道你是条狗”，而“人肉搜索”横空出世后，又有人表示，即使是条狗也能被搜出来，品种、毛色一概曝光，尽人可知。

“虚拟”和“现实”的分界线，早已经被各种“电子化”的现实设备弄得模糊不清。如果说“数字化生活”是从现实到虚拟的过渡，那么“人肉搜索”可以说是代表了虚拟对现实的“反攻”。

虚拟的世界真的虚拟吗?比如，也许甲在网上用的ID与现实生活中的姓名毫不挂钩。但是在那些虚拟社区、聊天软件中，总有些人在现实中认识了甲。“虚拟”和“现实”就此对接。更不消说那些要求提供个人信息才能注册的网站、邮箱、论坛。即使这些都可以造假，也有“高手”可以一路追踪到IP地址，锁定现

人肉搜索　　　　范建平／绘

实中使用着的那台电脑和坐在它前面的使用者。在我们把自己的大脑变成 0 和 1 上传到虚拟世界之前，摆脱物质或说“现实”应该说是绝无可能的。

虚拟世界可能更简单，因此更美好，付出多少时间就有多少回报，所有平凡人都有机会当大侠，有机会说话。但是这并不意味着虚拟世界是一个“平等”的“好”世界。首先，没有现实中的经济基础，根本不可能获取进入虚拟世界的技术条件。非洲部落草原上的人们，大概绝不会去担心如何处理虚拟与现实之间的关系。其次，正如现实中人们的力量差距，并随之导致技术水平的差异，虚拟世界里的力量也有强有弱。版主能删用户的帖子，黑客能上黑版主的网站，政府能把黑客送进监狱。

担忧虚拟世界发展得越来越完善，终究可能取代现实世界的论调，似乎是不能成立的。毕竟，这两个“世界”并不存在什么阶级矛盾，也并非截然不同地对立着。随着虚拟世界的发展和其与现实世界联系的不断加强，这二者越来越接近，并渐渐融为一体，才是比较可能的结果。

也许真有一天，人类像《黑客帝国》里那样全体虚拟化了，那也不必去担忧虚拟取代了现实。到了那个时候，谁又能说现实不是 0 和 1 呢？古希腊先哲普罗泰戈拉早就说过“人是万物的尺度”，如果人类真的彻底实现了“数字化生存”，那么将信息的洪流当做唯一的现实，也将是生存的法则。

当然,这一天还十分遥远,也许永远也不会到来,现实世界和虚拟世界将如同主体和影子,一直纠缠下去。“人肉搜索”之风,正说明了这一点:人们都想借虚拟世界掩藏身份,却又都窥伺着他人在同样的伪装下的“现实身份”,因为迄今为止,现实才是真正重要的。那些沉迷于虚拟世界中暂时的乌托邦的迷途者,或许可以被“人肉搜索”点醒,明白虚拟并不虚幻,而是对现实的拟态,再怎么掩饰,也还是能被侦察出最初的形状。

三、自由的囚笼——自由与约束,言论与行为

纪伯伦的散文诗《先知》中,《论自由》一节提到过,民众常常把“自由”本身做了最沉重的镣铐,亲手戴在身上。追求着自由的人,却成了自由的囚徒,这看起来似乎是个悖论。但是细细想来,身处自由的囚笼,的确常是人们的境遇。

《先知》的原意或许是不要执著于追求“自由”的高尚口号,而丧失了基本的人性的自由;但是引申一点说来,网络之于网民,也可以看做是另一个意义上的自由的囚笼。正如上文所提到的,“虚拟世界”在许多人眼里是一个言论自由的乌托邦。“网络长城”也好,违禁词系统也好,监管似乎无处不在,却也常常上有政策下有对策,看起来似乎真是自由自在。而且在“匿名”、“虚拟”之下,即使过分的自由,似乎也不需要付出什么实际的代价。许多事情上人们受到限制,正是因为做这件事情的代价是难以承受的,而几乎无须代价的网络,就成了为所欲为的天堂。然而,“虚拟世界”和“现实世界”的分界早已不再清晰,在网络上的“自由”行径对现实的影响将会越来越大。而一大因素,就是虚拟世界的现实化:人肉搜索。

网络的确提供了一个相对平等的机会,门槛是如此的低,以至于社会的最底层也无须再寻觅精英阶层的代言,可以直接传达出他们的声音和情绪。然而,这样的声音和情绪是容易被煽动的,容易失控的。这样的民主,可能会成为苏格拉底所谴责的那一种群氓的民主。有许多事实证明了这一点,比如那些演化成网络暴力的“人肉搜索”。

所谓网络暴力,更多的原本就是一种言语的暴力,一种言论自由下的暴力。当然,被“人肉搜索”的对象,在现实中也可能并且在许多例子(如“女白领跳楼遗书”等事件)中遭受到延续的恐吓乃至暴力。至于精神和名誉的损失,就更加

难以估量。这是言语的力量,也是不负责任的言论带来的暴力。

网络给人的“自由”幻象似乎意味着可以随心所欲说一切话做一切事,而不必承担相应的责任。只要在“虚拟世界”境内,就享有永久豁免权,凭着匿名的面具,一方面能一吐肺腑之言,另一方面也能一泄心头之恨。甚至于不必思考,不必分析,任由感情自由地宣泄,许多人就是这样做的。至于可能对别人造成的伤害——“别逗了,谁知道它是不是一条狗?”

但是那些随意发言的人似乎忘记了,“人肉搜索”所针对的并不是一个抽象的“敌人”,而是每一个人。那些遭到“人肉”的人,许多也是因为过于自由的言论伤害了他人的感情,比如“沈阳骂人女”事件。对于个人而言,有“没良心”的自私想法并不是完全不可理喻,然而过分自由地在网络上公开发表自己的言论,不理会他人的感受,那么结局就是被“人肉搜索”。这对于其他人同样有效:也许有一天,自由过头地“搜捕”别人时露出破绽,被众人喊打的就是开始带头追杀别人的人。这是一个怪圈,不加约束的自由,也许最初会带给人解放,却更可能让人暴露自己的一切缺陷,从而丧失尊严和自由。

自由到觉得自己有一切权利去打探他人,而又没有义务先检讨自己,这样的自由恐怕的确当得上镣铐之称了。

言论自由的确是重要的,只是“言论”指的是带有观点的理性语言,而不是纯粹的无理侮辱。而且言论自由绝不能是单方面的自由或者不充分的自由,它的行使者也应该具备起码的判断力。之所以会出现网友听信一面之词,发动人肉搜索结果冤害了当事人的例子,正是因为言论自由的不充分。试想既然能够搜出当事人,那么当时找当事人对质也并非难事。然而网民却那样容易先入为主,偏听一面之词,恐怕和习惯了一言堂不无关系。林达的《近距离看美国》书系中提到,美国报纸上常常骂战不断,但无论说得多么耸人听闻,美国人总不会随便对哪一个全盘相信,而会看过各种不同意见后再作出自己的判断。这就是言论自由的好处了。只有容许不同的声音存在,才可能让人培养出判断是非的能力。

而言论自由的限度呢,其实很低,除了之前说过的无理侮辱伤害他人,会由言语直接导致行动的,也绝对要谨慎。像是上文提到的,在网上骂过还不够,要付诸行动地对当事人进行骚扰,那么当事人进行法律上的自卫(“女白领跳楼遗书”事中抛弃妻子的丈夫王菲后来起诉)也是理所应当的了。这里就涉及言论与行为。言论是需要一些自我约束的,但毕竟还是“说说而已”,而行为就更是要受到自己及外部的限制了。

中国古代诬杀大臣时,除了“莫须有”,还会有“意欲为之”这样的罪名,也就是想做,但没有实据。这在今天当然是笑话一桩,但是既然能作为一项罪名,也可以从中看出一点道理:意欲为而未为的事情,是很多的。这就说明了人不可能随心所欲,完全“自由”,而是话不能乱说,事情也不能乱做。

小说《1984》里最可怕的专制控制在于连人的思想都受到控制,不再自由了。而这也说明,在现实中,至少我们的头脑还是一方自由之地,可以随便动任何龌龊的念头。然而网络虽然和头脑一样是信息流的世界,却不是个人私有的,而是随时会暴露在大庭广众之下的,更与现实世界愈发紧密地联系着。在这里忘却自由的限度显然是不明智的。

四、“人肉搜索事件”与“搜捕女巫”——试议隐私、尊严与“道德”

曾经想过,国外的互联网起步发展更早,会不会出现过同样的“人肉搜索”事件呢?但是经过查找,才发现这一现象的确是“中国特色”。在国外的媒体报道中,美国将其称为“Chinese style Internet man hunt”,而英国在直译了“human flesh search engine”之后,为了便于理解,又注上了“witch hunt(搜捕女巫)”。“hunt”这个词,肯定不是好话,穷凶极恶的猎人追赶着手无寸铁的小动物的画面呼之欲出。而“搜捕女巫”这一形容,其意义就更不同一般了。

纵观“人肉搜索”的诸多案例,和“搜捕女巫”的确有诸多相似之处:出击者都觉得自己是出于高尚的道德义务“替天行道”;“被害者”都是当时公认的坏人,甚至于坏得不是人(被骂为妖魔一类);全都未经正式的司法手段,而仅凭信仰(或“良知”或“网络道德准绳”)就开始行动;行动轰轰烈烈,群众积极参与,行为比较过激;还有一点也许有争议,就是“女巫”们基本是被冤枉的,现在英国人想起那段历史,即使是虔诚的天主教徒,也会觉得面上无光。美国南北战争等时期的“民众私刑”也基本属于此类。

最大的问题就是,为什么英国、美国会后悔于以前的“群众的真理”,并且立了许多纪念碑,提醒着自己所犯下的过错;而中国的“人肉搜索”,即使被证明是失败和冤枉,参与者也只是道个歉就不再当回事? 我想这是因为中国人还没有认识到,人与人之间不应该存在由数量引起的不平等。一个人的尊严和一千个人的同样重要。为了一千个人的喜好抹杀一个人的尊严,是没有道理的。

这里说的是“喜好”而非什么“公德”,这是第二个问题:中国人还没有意识到,尽管个人的判断是不可靠的,良知和道德,或者某种形式的“天理”或许的确存在,但是“人同此心,心同此理”的这一标准却绝对不是几个人甚至多数人就能说了算的。个人的良知是靠不住的,所以才要提倡“依法治国”,要根据制度,而不是易变的、多欲的人。比如“人肉搜索十大事件”里,“虐猫女”之类还算是违背社会公德,诸多“第三者”事件就有些令人啼笑皆非了,无论怎么说也是别人的家事,爱情上的变故再正常不过,怎么人多一闹腾竟成了罪大恶极呢? 倒不禁令人怀疑,“热心网友”们是脑子不够灵,还是就对这些家长里短的八卦消息兴趣非凡。当然,这也属于笔者的一家之言而已,认为从一而终属于公德的大有人在,虽然这实在有违人之自然本性。

“人肉搜索”属于大多数的道貌岸然者抹杀了少数当事人的尊严,说白了,即使不提现实生活中的攻击骚扰,不提当事人经济的损失,甚至不提给当事人心理精神留下的严重阴影,仅仅是暴露隐私,就已经剥夺了一个人的尊严。试想,一个人的尊严是从何而来的? 正是来自于保留有自我的不容侵犯的空间。这空间也许被时势所迫,只能存在于内心,但是对大多数人来说,它就体现在我们对自己隐私的守护上。属于自己的情况,该怎么让他人知道,让他人知道多少,连这些都没办法控制的话,的确很难算是一个有尊严的人了。

想到曾看过一篇科幻小说,就与隐私有关:一个天才终于得到了我们这个宇宙诞生时的公式和初始参数,而一旦在公式中输入这三个初始参数,就可以算出世界上任何时刻和地点的人和事——于是每一个人都可能随时处于监视下,一切的隐私荡然无存。没过多久,世界上所有人都穿一样的衣服,都做相似的事,一样地沉默寡言,技术停滞了,甚至生育率也大大下降,地球在一片死寂中寿终正寝。

没有隐私导致恐惧和不安全感,导致抛弃自尊和自我而从众,导致不愿做一切体现私欲的事情,导致最终的寂灭。而我希望人类永远不要是小说里这样的结局。

个人悲剧与时代的悲剧

——听吴欢谈前尘往事

梅 毅

晚近沸沸扬扬的“文人告密”事件大讨论，也引发起我对现代史、当代史的浓厚兴趣。由此，我立刻在网上阅读了寓真先生的报告文学《聂绀弩刑事档案》。岂料，赫然在目的，却是聂绀弩先生把老朋友们全部供出去的令人震惊的“画面”：

审理公安局控告反革命犯聂绀弩一案

开庭时间：10时0分

开庭地址：山西省运城地区稷山县看守所

受审被告人姓名：聂绀弩

……

问：你何时到公安局的？

答：1967年6月25日。

问：为什么？

答：犯了罪。

问：哪方面？

答：主要是污辱伟大领袖毛主席，我对被划为“右派”不满意，主要是对机关领导不满意，就表现出来，对毛主席也有伤害的地方。

问：以什么形式表现的？

答：我作了些旧诗，诗中包含了对毛主席不敬重的地方。在下放到北大荒时我歌颂劳动，同时说明这么多劳动好的人都划为“右派”，认为毛主席有不民主的地方。

问：（出示证据）是你写的吧？

梅毅：作家，现居深圳。

答:是。

问:为什么写这些?

答:我以前并不会作诗,情绪坏了就开始学作诗,对个人不自由不满意,有时候就用诗表现出来。

问:你接触的人有哪些?

答:就两三人,都是“右派”,有吴祖光、黄苗子,感到这些人懂得我的心情,说得到一起。还有陈迩冬,师大的钟敬文,还有戴浩……

聂绀弩和黄苗子先生,皆一时文化名人。对于他们二位,我只知其大略生平,但是,在有人列为“被迫写有交代检举材料”的第一类人中,我却赫然发现了“吴祖光”的名字!日前,恰因有事到北京,我得以与吴欢先生一晤。岂料,一向以快人快语著称的吴公子踌躇再四,才回答说:

做人,一定要厚道!我所知道的黄苗子先生,乃敦厚好人,绝非你们凭一篇文章或者道听途说得来的那种印象……聂绀弩事件的当事人,有些人还健在;而有些已经过世老先生的后代,都还住在北京,不少人与我吴家属于世交,往来密切。所以,如果我现在未经人家同意在背后说三道四,难免偏颇不说,而且挂一漏万,会牵涉太多文化老人的个人私隐和从前恩怨……

吴公子开始侃侃而谈。确实,1964年聂绀弩离开北京南行前,吴祖光在家中为他饯行,为此,聂绀弩曾经写下《谢祖光烤肉之饯》这首诗:

欲往梁山寻我句,遽来宣内把君觞。潭深千尺歌尤好,酒满三巡肉更香。明日甲辰寒食节,主人武进吴祖光。江南赶与春同住,回味今宵意定长。

话匣子一打开,水银泻地一般,吴欢从昔日家中高朋满座谈起,追忆起当时当日的“似水流年”。

看他越扯越远,我笑着打断他,问:“既然聂绀弩和吴祖光、新凤霞关系这么好,那么有人文章中所写吴先生是‘检举者’之一,应该也不完全是空穴来风?”

吴欢闻言,顿时色变,他激愤言道:“你这样说,完全就是一个看完一篇文章就判某人道德死刑的人的偏见,有了‘先入为主’的印象,你自然会产生一种错觉——聂绀弩先生是受朋友陷害才入狱的!”

“为什么您这样讲?”我也咄咄逼人。

“因为,许多读者和你一样,颠倒了因果,混淆了前后时间的关联——聂绀弩先生确实是个大才子，大诗人，但是，在那个以言得罪的时代，他言语太过不慎，锋芒太露。他不仅给自己招惹祸端，也让身边许多朋友受到了牵连……从我父亲吴祖光的这个角度讲，聂绀弩先生是他自己言语不慎先被抓，是他自己首先供出了与他交往的人员名单（见寓真：《聂绀弩刑事档案》），其中，就包括我父亲吴祖光。为此，‘专政部门’按图索骥，必然会找到我父亲了解情况，让他这个老‘右派’规规矩矩交代问题。既然聂绀弩先生已经把我父亲‘供’出去，出于对‘组织’的敬畏，我父亲也不得不实话实说。而且，聂案中受牵连的绝大部分人，其实都属于这种情况，都是被动地‘交代’，而不是主动地‘坦白’，更谈不上告密和出卖！”

“这样说来，对于吴祖光老先生来说，不仅不存在他‘检举’聂绀弩的问题，其实还是聂老把他拉下了水，受惊不小……”

“你可以想见，当时，我父亲、母亲刚刚熬过了1957年反右的门槛，大难不死，才刚刚过了几天消停日子啊，就被聂绀弩案件又裹了进去，特别是在那个政治风云变幻莫测的年代，对于一个家庭来说，简直又面临着新的一次大祸临头……”见我不住点头，吴欢继续解释说：“你年轻，不可能对‘文革’和1957年之后的那段时期有历史现场感。那个时代，我父亲自从当了‘右派’之后，全家人一直生活在恐惧当中。聂绀弩先生把我父亲供了出去，专政机关的人来问话，出于对朋友的情谊和对‘组织’的信任，他也必定会实话实说，但我父亲绝对不会添油加醋！即使是寓真先生有关聂绀弩烧诗的那段描写涉及我父亲，当时也是由别人告发给政府的。我父亲铮铮铁骨，为朋友两肋插刀，他的侠义和重友，在朋友圈中有口皆碑……”

“如此说来，吴祖光先生不仅不是告密者，还因为聂绀弩先生吃了不少苦。”

“作为吴祖光的儿子，我自己说了不算，你去看看寓真先生的文章就知道真相了！由于当时我父亲和老朋友聂绀弩谈话交心，他的‘发牢骚’言行也被人记录下来，保留在当局的档案中，成为他在‘文革’期间挨整的罪行之一。至于我父亲的牢骚话，是聂先生说的还是第三者说的，寓真先生在书中也没有明说……所以，我父亲等人，其实是聂案的受害者，如今，他们却被人诬蔑为‘检举者’。抬头七尺有神明！往死去的长者身上泼污水，太不应该！”

言至此处，他站起身，平静了一下，看着我的眼睛，又对我说：

“我们现在的人，出于太平盛世，言语无遮，想说什么就可以说什么。从前那个时代，比如我父亲、聂绀弩先生他们那一代人，经历过1957年反‘右倾’运动的冲击，知识分子对时政大多噤若寒蝉。而且，由于一而再、再而三的打击，他们许多人不由自主地在心中产生了‘原罪感’，认为自己这些从旧时代过来的人，浑身上下都是剥削阶级的罪恶和不是，他们真心认为党和毛主席是绝对正确的。当有人攀扯上自己之后，组织找上门，在那种心理阴影下，他们必须和盘托出整个交往的过程……否则，不仅过不了组织的审查关，还会终日被押，家人也都会被牵扯进去，战战兢兢，度日如年……当然，我们现在的人，大可以抱着欣赏和回顾的心态，站在道德的制高点上，去妄加点评从前那一辈人。”

意犹未尽，他继续说：“中国自古就是一个文化崇拜的国家，文人就是圣者，特别是日子过消停了，文人、诗人头上的光环又开始闪耀了……经过我50多年的沉浮体悟，结论是：未必尽然！文化不等于政治，理论不等于政治。聂绀弩固然是诗文高手，真让他去搞政治，肯定会把国家搞乱，即使让他当个总经理，也会把公司搞垮。文思和治理完全是两码事……我父亲吴祖光在世的时候，一家大公司让他去当董事长，他立刻拒绝：‘算了，此道非我所长！亦非我好！别让我当中国最不懂事的董事长吧……’我以为，真正成功的政治，要看实践结果，文化人帮政治的忙，往往帮倒忙，瞎帮忙……政治是门复杂的专业，不懂这门专业的，需要弄懂了再说，否则，丢不起人……”

吴欢先生一席话，让人低回思之，感叹良久。

对于聂绀弩先生，我心存敬佩，在那个时代，他对于党和国家有那么多超前的真知灼见，确实难能可贵。特别是他被打成右派之后，他作诗“英雄脸刻黄金印，一笑身轻白虎堂”，气宇轩昂，让人悠然神往。

不过，相对于个人性格而言，诗人性格浓厚的聂绀弩先生有时候言语太过“天马行空”，虽然他是以“攻击诬蔑”的“现行反革命行为”而被捕，但他大大咧咧的个性，言行的不检点，也确实给他周围的朋友造成了不少麻烦。文人倨傲，灌夫骂座，但巨殃深祸，正在其中……

那不是个人的悲剧，是时代的悲剧！

利益均衡机制与制度化之路

孙立平

一个过于笼统的概念

最近几年时间，群体性事件成为我国社会生活中一个众人关注、非常敏感但又缺乏充分讨论的问题。而之所以缺乏充分的讨论，又恰恰是在于它的敏感，其中涉及的一些实质性问题，往往被有意回避掉。但这样一来，对于群体性事件及其处理，很难形成一种成熟的认识和做法。于是，用一种相当僵硬甚至笨拙的方式处理群体性事件，就成为我们社会中一种相当普遍的现象，其结果是处理群体性事件的方式反倒往往成为造就甚至激化群体性事件的因素。

实际上，目前人们通常所说的群体性事件包括了非常庞杂而其性质可能完全不同的内容。在这个笼统的概念之下，既包括民众正当的利益表达，也包括某些滋事的治安事件甚至违法犯罪事件；既包括纯粹的利益问题引起的社会矛盾，也包括带有某种社会和政治含义的事件，如人们通常所说的"非直接利益冲突事件"；既包括针对当地政府的矛盾，也包括由劳资等民间关系引起的冲突事件。此外，与民族和宗教因素有关的社会冲突也都被纳入群体性事件的名目之下，甚至前一段河南省开封市杞县因传言钴60污染而导致的成千上万民众离家出走的事件，有关方面也将其当做群体性事件来对待和处理。

将性质和特点完全不同的事件放到"群体性事件"这个名目之下一勺烩，导致了极为有害的后果。首先，夸大了群体性事件的严重性，把整个社会特别是政府的神经弄得高度紧张。在一个人口众多、地域辽阔的国家，把这些性质不同、特点不同的事情放到一起来统计，自然是一个非常大的数字。结果，就产生了一种有害的误导，群体性事件的问题被弄得越来越敏感。社会对群体性事件看得过于严重，政府对群体性事件防卫过当，成了一种普遍的现象。更进一步

孙立平：清华大学社会学系教授。

地,在对群体性事件和社会矛盾估计过于严重的情况下,开始形成一种草木皆兵的僵硬稳定观。各级政府不惜花费大量的人力物力财力进行维稳工作,这在世界各国都是少见的。根据笑蜀先生的数据,上海市金山区1996~2006年政法的总投入为124609万元,占财政总支出的5.6%,财政拨款年均增幅17.34%。广州市2007年社会维稳支出44亿元,比社会保障就业资金35.2亿元还要多出许多。更重要的是,由于对社会矛盾和社会不稳定的可能性估计过于严重,一些本来应该做的事情不敢去做了,一些重要的改革举措也被推迟延误。

其次,将性质和特点完全不同的事件放到"群体性事件"这个名目之下一勺烩,形成了一种单一而僵硬的处理群体性事件的方式,这种方式的突出特点就是将群体性事件刑事化、政治化。这就产生了一种根本性的误导。许多在其他社会中很正常的现象,在我们的社会中被当做刑事治安甚至政治问题加以处理。这就使得我们在处理群体性事件时产生了一种整体性的偏差。从某种意义上说,将群体性事件政治化或刑事化,也许更适应一些政府或官员处理社会矛盾的习惯性方式。与民众打交道,特别是与因自己利益要求而存有不满情绪的民众打交道,至今是我们政府能力训练中最薄弱的环节之一。现在许多政府官员所熟悉的处理利益矛盾、利益冲突的方式,在很大程度上是在以阶级斗争为纲年代里形成的处理阶级斗争方式的一种沿袭。这种处理方式的最大特点,就是将其作为政治或刑事案件加以硬性的镇压。如果一些群体性事件不存在政治或刑事因素,人们反而不知道如何来进行处理。而将群体性事件中的一些过激因素人为加以放大,甚至激化出某些过激行为,则很容易将这些事件纳入习惯性的解决问题的方式。

准确定位群体性事件

近些年来在国内广泛流行一种说法,即所谓一个国家人均GDP达到1000美元到3000美元的时候,是一个矛盾多发期。在现实生活中,这个说法已经并正在继续产生多方面的误导。其实,在国际学术界,这也是一个没有得到充分论证的说法。不错,在有的国家特别是一些发展中国家存在类似的现象,但如果分析一下原因,就可以发现,那主要是由于经济发展了,人们生活水平提高了,民主和参与的要求就会增强,并由此导致对现有制度框架的某种挑战。也有的国家是在这个时期由于贫富差距拉大等社会问题，导致民众不满增加。但即便是如此，这也远不是一个普遍的规律，在许多国家经历1000美元到3000美元的时候，社会矛盾并没有明显增多。

从表面上看，近年来我国社会矛盾和社会冲突在明显增加，这似乎印证了上述的说法。但这是很表面的现象。只要具体分析一下我国目前社会矛盾和社会问题产生的直接原因，就很容易弄清楚这个问题。大量资料表明，在最近几年的社会矛盾和冲突中，征地、拆迁、农民工工资拖欠、劳工权益受侵犯往往是引发问题的主要原因。但由上述原因引起的社会矛盾和冲突，与其说是社会发展的必然结果，是与1000美元到3000美元的发展阶段相联系的，不如说是我们工作中的某些失误造成的。有谁能够证明1000美元到3000美元就一定会如此大规模地拖欠农民工工资?有谁能够证明1000美元到3000美元就一定会用如此的方式进行征地拆迁?有谁能够证明1000美元到3000美元劳动者的权益就一定要受到严重损害?

可以说，近年来增多的社会矛盾，与1000美元、3000美元的问题没有什么必然联系，而是与我们工作上的失误，与没有在实际工作中很好处理这些问题有关系。而1000美元到3000美元是社会矛盾凸发期的说法，不仅成了一些人推卸责任的借口，而且还造就了一种紧张的社会气氛，从而妨碍了正常的利益表达和与此有关的制度建设。

如果从问题的背景来看，我国近些年来社会矛盾和冲突的增加，更主要的背景其实不是什么1000美元、3000美元的问题，而是我国的体制改革与社会转型过程。现在必须认识到的一个问题是，改革开放的30年，中国已经进入一个利益博弈的时代。而且，在体制变革、社会转型的时期，社会中的利益关系和利益格局处在剧烈调整的过程中，社会中的利益主体也越来越多元化。在这种情况下，利益的矛盾与冲突，利益的博弈，将会成为一种常规性的社会现象。而在这个过程中，政府职能的紊乱，特别是政府充当市场利益主体，不但导致社会矛盾的增加，而且往往使得政府成为社会冲突的对象。但无论如何，将目前我国绝大多数社会矛盾定位于利益矛盾是非常重要的。

这种定位之所以重要，是因为只有准确定位才能正确认识目前我国社会矛盾的性质和特点。要看到，基于不同因素形成的矛盾或冲突的性质和特点是不一样的。由政治因素、意识形态因素、宗教因素、民族因素、文化因素引起的矛盾和冲突,往往是非常剧烈的,也是不容易化解的。因为这些矛盾往往是充满感情,甚至是你死我活的。而基于利益的冲突大多是理性的冲突,涉及的更多是有无多少的问题,如征地拆迁和移民中的补偿标准、劳工权益等问题都是如此。这样的矛盾和冲突往往是可以用谈判、妥协、讨价还价的方式解决的,其中演变成足以造成大规模社会动荡的因素很少。换言之,这样的矛盾与冲突与社会政治的稳定没有什么直接的联系。有的利益矛盾看起来好像也很剧烈,也很吓人,但其实质仍然是利益的问题。

市场经济条件下的利益均衡机制

这种定位之所以重要,还在于,利益矛盾和利益冲突只有通过建立市场经济条件下的利益均衡机制才可能得到真正的解决,而这种机制只能建立在各种利益主体表达权的基础之上。说得更直接一点,目前的许多群体性事件实际上就是一种利益表达,而这种利益表达则是市场经济条件下利益均衡机制的一个重要组成部分。

过去30年中国改革取得的最重要成就,就是建立了市场经济这样一个体制框架。但是正如吴敬琏教授一再强调的,这个市场经济将会是一个好的市场经济还是一个坏的市场经济,现在还是一个问题。好的市场经济的内容或者标准是什么,我认为至少有三个:一是市场经济作为一种经济体制本身来说应当是健全的。如果是健全的,可能是好的市场经济;如果不健全,可能是坏的市场经济。二是法制基础,如果这个市场经济有一个好的法制基础,可能是一个好的市场经济;如果没有一个好的法制基础,则可能是一个坏的市场经济。三是市场经济条件下的利益均衡机制,在市场经济条件下,如果有这样的一个利益均衡机制,可能是一个好的市场经济;如果没有,将会是一个坏的市场经济。

市场经济条件下的利益均衡机制是什么?最重要的就是利益主体的利益表达以及利益主体之间的均衡博弈。在利益不断分化,利益主体越来越多元化的时代,企图将利益冲突和矛盾消灭在萌芽状态是不现实的,并且会使自己处于越来越被动的状态。更重要的是,消灭利益表达会妨碍利益矛盾的解决和利益关系的协调。其实,现在我们将其作为群体性事件加以防范和处理的,有相当一部分就是正常的利益表达和利益博弈。当我们将这些利益表达和利益博弈消灭在萌芽状态的时候，正常的利益表达和博弈过程中断了，能够及早暴露社会问题以及能够达成利益妥协的机制被消灭了，结果是问题的进一步严重化。试想，如果农民工在工资拖欠的问题上有和企业的正常博弈，有表达利益要求的制度化途径，如果农民工的抗议不是被消灭在萌芽状态，何至于问题积累到前一段的程度？何至于要总理出面为农民工讨工资？

建立市场经济条件下的利益均衡机制，关键是首先要承认其合法性，然后将它制度化。这个制度化涉及一系列的制度安排，如信息获得机制、要求表达机制、施加压力机制、要求凝聚机制、利益协商机制、矛盾解决机制等。

这里尤其应当强调的是要求凝聚机制和施加压力的机制，因为这两个问题过去人们讲的比较少。当利益群体表达自己利益的时候，要有一个要求凝聚的机制，只有通过凝聚的机制才能使散射的利益要求接近决策的层面，否则，散射性的要求在决策的层面上是无法加以处理的。比如说国企改制中的失业下岗问题，如果没有经过凝聚，可能表达就是一片骂声，但如果经过利益要求的凝聚，最后可能变成一个提案，比如在社会保障制度的安排上如何对这些失业下岗职工进行补偿。再比如施加压力的机制。利益的表达，尤其是弱者的利益表达，必须有施加压力的机制，没有这个机制的表达往往是没有意义，不起作用的。从这个意义上说，目前许多群体性事件，往往就是利益表达和利益博弈的形式之一。但同时也必须看到，群体性事件往往又是一种规范化程度很差的利益表达形式，原因就在于，如果不承认这种表达的合法性，也就无法从制度上加以规范。

现在的一个基本倾向是，我们总是试图用国家的作用来取代利益主体之间的博弈，觉得利益主体之间的博弈是一种危险。这种思维方式严重阻碍了利益表达制度化的过程，也是今天大量群体性事件或不规范的利益表达大量发生的原因。

走向制度化之路

在利益关系凸显、社会矛盾增多的情况下，我们这个社会需要形成一种关于社会矛盾和社会冲突的新理念新思维。这种新的理念和思维的核心内容是：

一个好的体制和一个不好的体制的区别，不在于其中存在不存在社会矛盾或社会冲突,而是在于如下这样两点:第一,这个制度和社会能不能容纳冲突,容纳冲突的能力有多强;第二,有没有制度化的办法去解决矛盾和冲突。

我特别想强调容纳能力的问题。一个社会制度有没有对社会冲突和社会矛盾容纳的能力,有了这个能力,发生了社会矛盾和冲突,这个制度会很自信,在种种矛盾和冲突面前我自岿然不动。而在缺少这种容纳能力的社会中,一些矛盾和冲突还在萌芽的时候就惊慌无措，草木皆兵。在美国打伊拉克的时候,我们从电视上都看到了,几百万人上街反对当时美国政府的战争政策,包括欧洲许多国家也如此。当你看到这个画面的时,你会说美国完蛋了,美国社会不稳定了,美国要天下大乱了。但许多人都不会这么想,无论在美国国内,还是我们作为旁观者。为什么它在战争状态下几百万人上街不觉得对它是很大的威胁,而我们在和平时代,几十个农民工上街讨要拖欠工资,就感觉如临大敌呢?说明我们的制度容纳能力太差,制度太脆弱。在这种情况下,你是因为脆弱而把它消灭在萌芽状态,还是当做正常的现象强化你的容纳能力呢? 这是不同的选择,不同的思路。答案无疑是后者。

而制度对社会矛盾和社会冲突的容纳能力直接取决于其用制度化的方式解决问题的能力。形象一点说,我们可以把社会矛盾和社会冲突看做是水,在有的社会中,水来了,有时你甚至觉得水势很凶猛,但觉得不用太担心,因为这个水在渠里面流,往什么地方流,在什么地方拐弯,什么地方急一点,什么地方缓一点,什么地方会泄掉一部分,到什么地方泄的差不多,人们可以预测。关键的问题是,要有“渠”。这个“渠”是什么,就是规则和程序。我们现在的问题是什么,就是没有那个“渠”,水来了,不知道往哪里流。于是,只能在可能流到的地方和根本不可能流到的地方都筑坝。也就是说,在我们的社会里,由于缺少制度化的解决问题的方式,没有规则,没有程序,就只能严防死守。在这种情况下,唯一的办法是要修“渠”,建立规则,建立程序。

在缺乏制度化解决问题方式的情况下,有可能会导致一种恶性循环。对此,我称之为“不稳定幻象”。不稳定幻象就是一种认为威胁社会稳定的矛盾很多很严重,社会动荡发生的可能性很大的感觉。在这样一种幻觉之下,许多日常生活中的一般性矛盾和冲突都很容易被视之为“不稳定因素”。应当说,这种

“不稳定幻象”在我们社会中相当普遍地存在着，并影响了我们对目前社会矛盾和社会冲突的看法与处理方式。换言之，这种“不稳定幻象”是导致社会稳定问题泛化、扩大化和绝对化的一个重要因素。

从表面上看，这种“不稳定幻象”的形成似乎不是没有根据的。比如近些年来我国社会生活中种种矛盾与冲突数量的增加，一些较大规模群体性事件的发生，有的群体性事件中出现打砸抢的行为甚至演变为局部性骚乱，一些诸如围攻基层政府等比较暴烈的社会抗议事件的出现，在矛盾和冲突中基层政府往往成为矛盾的焦点；还比如一些重要时刻上访民众的集中出现等。在这样的一种幻象中，人们会觉得我们的社会面临严峻的社会不稳定的威胁，因而，在实际工作中，一种强调严防死守的僵硬处理社会矛盾和社会冲突的方式随之形成。

问题的关键是如何认识和看待这些现象，它表明的是社会不稳定程度，还是制度的缺陷？要看到，我们现在解决问题的方式在很大程度上是非制度化非程序化的，于是，一种所谓的“大闹大解决，小闹小解决，不闹不解决”的逻辑开始形成。比如平时的上访往往是不能解决问题的，或者是很难解决问题的，只有在重要时刻的上访才能解决问题。这样的现象在很大程度上并非真的表明社会危机的严重性，相反，表明的是我们处理社会矛盾和社会问题上的制度性的缺陷，即在整个社会生活中，我们制度化解决问题和矛盾的水平太低，法治化的水平太低。因此，不能以此夸大社会不稳定的可能性，而是要通过制度化的建设，形成解决社会矛盾和社会问题的制度化、程序化的机制。

信息的黑洞

郭于华

近年来中国愈发进入了一个群体性事件频发的时期。据《2005年社会蓝皮书》和《瞭望》周刊等报道，我国群体性事件数量从1993年的1万起增加到2003年的6万起，2004年则上升至7.4万起，2005年为8.7万起，2006年超过9万起，并一直保持上升势头。概览部分重大的群体性事件，不难发现它们有一些相似之处：总是有行“打、砸、抢、烧”暴力行为的不法分子存在，总是有“极少数别有用心的坏人”造谣挑动，总是有“大多数不明真相的群众”受其挑动而盲目参与。近期还出现了一种“无直接利益相关者”（指绝大多数参与者与最初引发事件的原因并没有直接利害关系）大规模参与其中的“社会泄愤事件”。这些共同之处使人不难想到，群体性事件发生和解决的过程中，信息的发布、传递、接受的渠道和方式出了问题。人们不禁会问：多数群众为什么总是“不明真相”？少数“别有用心者”为什么一煽动就奏效？“无直接利益相关者”为什么会积极参与？正如有网友所问：“你们掌控着一切宣传资源，怎么却煽动不了人呢？”

信息高度不对称

多数人不明真相首先缘于信息高度不对称，信息不对称是因为信息垄断——不公开、不透明因而无真相。信息不对称本是经济学概念，主要指经济活动中不同的利益相关人掌握有关信息的程度不对等，因而一方可以利用信息优势损害对方利益，同时使自身利益最大化。信息不对称的情况在社会生活和社会事件中也同样大量地存在，它表明社会不公正的程度，而且同样导致社会不稳定的恶果。

以2008年的“6·28瓮安事件”为例，一位少女的离奇死亡演变为一场大规

郭于华：清华大学社会学系教授。

模群体性事件：愤怒的游行人群向警方投掷矿泉水瓶和泥块，先后烧毁警车和点燃公安大楼，在七个小时的骚乱中，共造成县委大楼、县政府办公大楼104间办公室被烧毁，县公安局办公大楼47间办公室、4间门面被烧毁，刑侦大楼14间办公室被砸坏，42台交通工具被毁，被抢走办公电脑数十台。全县43万人口的户籍资料被全部烧光。骚乱共造成150余人受伤。事件发生后，大量的现场图片和各种版本的"事件原因"通过网络等非正式渠道发布出来；而同时正式的报道只有新华社对瓮安事件发出的一条308字的消息，称其为一起"围攻政府部门的打砸烧事件"。其后，官方提供的过程描述中的"俯卧撑"一词不胫而走，但这一关键词在一个女孩的非正常死亡和如此大规模的暴力事件之间实在难以建立合乎逻辑的关联，公众仍无法获知事件如何发生的真实信息。

瓮安事件之后，贵州省省委书记三次向百姓鞠躬道歉，并明确指出：事件的直接导火索是女中学生之死，但"背后的深层次原因"是当地在矿产资源开发、移民安置、建筑拆迁等工作中，侵犯群众利益的事情屡有发生。事件被定性为"一起起因简单，但被少数别有用心的人员煽动利用，甚至是黑恶势力直接插手参与，公然向党委、政府挑衅的群体性事件"。黑社会组织被称为是导致事件暴力升级的罪魁祸首。至7月初，瓮安事件专案组共查获涉案人员116人，排查出涉案人员共计249名。虽有如上之解释，仍不难看出，这一解说和查证仍有语焉不详之处，仍存在信息缺环。

在"两会"期间，贵州省省委书记总结了瓮安事件的经验教训：事件发生之初，网上有许多谣言。但是通过媒体披露事件真相后，群众的质疑得到了回应。坚持信息透明是迅速平息瓮安事件的最重要原因。他同时强调，主要领导干部第一时间到群众中间倾听群众呼声，并借助舆论监督、启动干部问责制，才能平息事态。然而这一"经验教训"并未被很好地记取，其后不久的"石首事件"再次"在种种传言的发酵下酿成冲突"：同样是一起非正常死亡案，面对诸多疑问，官方的解释亦未能成功地说服死者家属和广大公众。在数天内，政府的新闻发布模糊不清，据不完全统计，代表政府立场的新闻稿只有3篇；而与之形成对比的是大量非正式信息在网络上传递，网友以各种媒体方式发布信息、追寻真相。某网站的贴吧中出现了近500个相关主帖，在一些播客网站，也出现了不少网友用手机拍摄的视频。信息不对称所导致的后果已经被人们清楚地意识到了，

“石首事件”发生一周后,《人民日报》指出:面对突发事件,政府和主流新闻媒体仅仅发布信息还不够,还必须迅速了解和把握网上各种新型信息载体的脉搏,迅速回应公众疑问,这需要政府尤其是宣传部门具有快捷准确的舆情搜集和研判能力。如果在突发事件和敏感问题上缺席、失语、妄语,甚至想要遏制网上的“众声喧哗”,则既不能缓和事态、化解矛盾,也不符合十七大提出的保障人民知情权、参与权、表达权、监督权的精神。(《人民日报》,2009 年 6 月 24 日)

其实早在 2003 年的 SARS 事件中,就有相关官员因瞒报疫情的信息责任而引咎辞职,说明信息透明的重要性已经提上日程。此后,汶川地震的紧急救援时期,比较有意识地注意了灾情和救灾工作的信息透明。而信息相对开放的结果被认为“极大地振奋了民族精神,增强了社会凝聚力,也提高了政府的威望”。2009 年的成都公交车起火事件,更是被有关文章称为“突发公共事件处置的成都样本”:在“第一时间公开信息”,成了应对这场危机的一项基本原则,两日内的五场密集新闻发布,随着事件轮廓的逐渐清晰,公众不安与恐慌的情绪得到缓解。(《瞭望》)在信息不对称、不透明带来的诸多弊端已经被充分意识到的情况下,群体性事件的发生依然缺少透明度,这向决策部门、治理部门和整个社会提出了新的问题与挑战:信息相对多元了、丰富了,但同时混杂无比,公众依然无法得到清楚的真相。人们要问为什么信息多元了还是没有真相?为什么信息相对公开了,事件反而越来越模糊?官方从严密控制封锁信息到主动公开一些信息,但却仍然缺少公信力,这又是为什么?

信息黑洞

如同《人民日报》就石首事件所提到的:“在网络时代,每个人都可能成为信息渠道,都可能成为意见表达的主体。有个形象的比喻,就是每个人面前都有一个麦克风。这对舆论引导提出了更高要求。”虽然官方也承认信息透明有助于提升政府的公信力,有利于化解矛盾、维护社会稳定和健康发展,但是在多起群体性事件过程中,人们仍不难看到,一方面是官方的失语和权威信息的匮乏;另一方面,则是与之成鲜明对照的网络上各种传言“巨浪滔天”,各色人等出于各种目的发布各类消息,其中难免包括不实信息,甚至也有人为吸引眼球、吊起胃口而夸大、扭曲和编造消息,就像“石首事件”发生时,一些网民连死者的性别都没搞清楚就跟帖起哄的情况。信息多元了但依然不透明,传闻丰富了却还是没真相,信息的接受者和搜寻者迷失在稠密浑浊、鱼龙混杂的信息大海中。受众所面对的是一个信息黑洞:其内部密度极高,其中隐匿着巨大的引力场,这种引力大到任何东西甚至连光都逃不出它的手掌心,因而黑洞内部的事物无法被外界看见,只能通过受其影响的周围物体来间接地了解它。从信息的高度不对称到信息黑洞的出现,应该引起我们更深入的社会学思考。

首先,面对大量信息人们依然无从判断,缘于他们不相信,这意味着社会信任的丧失,特别是公信力的丧失。我们不难看到,公众经常宁愿去相信各种"来路不明"的消息,也不时有网民在综合各类消息的基础上进行主观演绎、推断,但他们却不愿相信来自正式渠道的信息,而且越声称是权威的、官方的、专家的信息和解释,人们就越不相信。虽然,"在互联网、移动通信支撑的社会多元表达平台上,政府发声和舆论引导有过成功的经验,例如汶川地震救援时期,政府一天一场、有时是好几场新闻发布会,主流媒体放开新闻报道,互联网、手机、无线电、卫星通讯等新技术传播媒介也各显神通,保障了灾情和救灾工作的高度透明",但是,这种紧急危机时期的信息有限公开的做法并未能应用在群体性事件中,强调"宣传"的作用总是超过告知真相。例如"瓮安事件"所总结的"五大教训"之一"权威信息失语,虚假信息泛滥"并未成为前车之鉴,在距其一年后的"石首事件"之后,有关领导在总结相关经验教训时仍未注意到信息公开和告知真相的重要性,反而着力强调"要抓住事件中关键的人,掌握主动,利用各种主流宣传媒体进行正面宣传"。(网址:http://news.163.com/09/0626/11/5CNVJ7CR000120GR.html)

其次,人们对主流媒体和权威信息失去信任是长期信息垄断甚至虚假信息的必然结果。当说假话已经成为一种惯习时,还能指望民众的公信吗?当空泛虚假新闻每日充斥耳鼓的情境中,还能指望人们相信真实消息吗?更何况,谎言的荒谬与编造的离奇时常超出人们的想象:尽管在利益无涉的情况下大多数国民都属于"打酱油"一族,但如果谎言过于污辱人们的智商,还是会遭遇激烈的民意反弹,不信可以看看每次群体性事件所产生的"流行语"、"关键词"。从"瓮安事件"我们知道了"俯卧撑",从云南晋宁事件我们了解了"躲猫猫",从杭州飙车撞人事件我们听闻了"七十码",从上海"在建楼房倒塌事件"中我们懂得了“压力差”，此外还有层出不穷、惊诧不断的“做噩梦”、“洗澡澡”、“发烧死”、“自缢死”……这些说词的突出特点在于离奇，远离常态，挑战常识，违背常理，超乎想象。虽然不是文学作品，但比文学还文学，比虚构还虚构，而且虚构得太离谱——因为虚构也需要合乎逻辑、符合常理，而现实却是如此的令人匪夷所思，频频挑战人们的想象力。如果对照阿伦特“平庸的恶”的概念，这种离奇可以称得上是一种“离奇的恶”，而且值得思考的是，什么造成了“离奇的恶”？

再次，“离奇的恶”将会导致民心丧尽的恶果，因为这种“离奇”和“恶果”来自于不受制约的权力。为什么会有那么多“无直接利益相关者”参与群体性事件?为什么“邓玉娇”吸引了几乎全部的同情和支持?为什么人们总是在“不明真相”的情况下激烈行动、逢官必反？这无疑都来自于对权利失衡的不满，尤其是对不受制约的权力的痛恨。以“邓玉娇案”为例，当一弱女被“三条男子汉”亦即“三个淫官”逼迫时，她只能在屈从和“手刃”这两极之间选择时，权力的失控和横暴已然显露无遗。而该案审判后张思之律师所言“一审能做出这样的选择，愚以为出于高手点拨，来自高官指挥，我从中感到一些人的政治智慧在增长，在提高，只是没有看到独立审判的影子”则更揭示了权比法大的现状。

权力的失控即“权力成为不但外部无法约束而且内部也无法约束的力量”，如此上无约束，下无监督，左右无制衡，作恶和枉法就已经处于“不可治理”的状态。权力失控导致权力合法性的丧失，各种潜规则支配着社会的实际运作，对整个社会的公平正义和道德理念造成严重侵蚀；整个社会的信息系统已经高度失真；公众的信任感和社会认同急剧丧失；进而越来越多的人“不惮以最坏的恶意来揣测”权力部门，在遭遇侵害时诉诸暴力，手起刀落。社会学对集体行动与社会运动的研究都将制度作为冲突的解决之道，即认为一个健全正常的制度应该具有容纳冲突的常规能力，并且应该有制度化解决冲突的方式。制度建设的一个重要方面就是使公民获得知情权与表达权。就此而言，信息权应该是公民权也是基本人权的组成部分。因为在充分了解信息、知晓真相的情况下人们才能做出理性的选择，实现每个人与生俱来的“生命权、自由权和追求幸福的权利”。同时，通畅的信息渠道和充分地知情也是公民监督、批评政府机构和官员的先决条件，这些都是从根本上解决群体性事件、化解矛盾冲突、建设和谐社会的应有之义。

透视群体性事件的六个层面

应　星

20 世纪 90 年代中期尤其是进入 21 世纪以来，中国的经济保持了持续的高速增长，中国的市场化改革不断向纵深发展；与此同时，一些深层次的社会矛盾也在不断积累和暴露。群体性事件作为体察这些社会矛盾的信号，日益成为社会关注的一个焦点问题。近十多年来，群体性事件表现出了数量扩大、规模增加、行为激烈、诱发点多、涉及面广、对抗性强等特点。由于多种原因，学界以往对群体性事件专门的、深入的理论研究甚少。而今，群体性事件的发展态势提供了从现实案例剖析出发构建理论的可能性。

在我看来，群体性事件既不同于集体上访、抗争性聚集这类维权行动，但也不是叛乱。所谓"群体性事件"，是指由人民内部矛盾引发的、十人以上群众自发参加的、主要针对地方政府的群体聚集事件，其间发生了比较明显的暴力冲突，出现了比较严重的违法行为，对社会秩序造成了较大的消极影响。显然，群体性事件不同于维权行动的特点在于，它具有较强的自发性、暴力性与违法性。而它不同于革命、叛乱或暴动的特点在于，它尽管是制度外的群体政治行动，但并不旨在挑战社会基本制度本身的合法性，而是由人民内部矛盾引发的。

群众与管理者之间的利益矛盾是群体性骚乱事件的发生背景，行为违法是它的客观后果，但它真正的驱动力却是情感。要推进集体行动中的情感的研究，就需要把情感放置在具体的文化背景中分析。我尝试用中国社会中一种特殊的情感体现方式——"气场"的概念，来展示群体性骚乱事件的发生机制。

所谓"气场"指的是由未组织化的群众为了发泄不满，相互激荡而形成的一种特定的情感氛围。按照群体性骚乱事件的演化过程，"气场"可分为六个层面：

第一层为结构问题层。这是指由结构性利益失衡造成、弥散在事发地区的

应星：中国政法大学社会学院教授。

"气"。失衡与弥散是这层"气"的基本特征。在一个牵连广泛、影响深远、关系复杂的社会大转型中，出现较为普遍的利益失衡问题，这本来不足为奇。但现在问题的关键在于中国社会目前在市场转型中并没有建立起足够充分的利益诉求机制，同时也还缺乏建设"安全阀"制度的敏感性。许多基层政府习惯于用高压手段来处理利益纷争。利益受到损失或威胁的一些底层群体不仅实际问题长期得不到解决，而且心中的怨气还无从发泄，造成心理严重失衡，官民对立的情绪较为普遍。威权体制这种结构性因素决定了利益冲突和心理对抗常常难以通过制度化、理性化的方式来化解。很多情况下，底层的不满一方面在高压下遭到压抑；另一方面，却又正是在高压下得到积累、强化和扩散，并在寻求着以非制度化、非理性的方式释放的时机。

第二层为道德震撼层。这是指某些具有"道德震撼"性质的触发事件将"气"从弥散状态转入凝聚状态。所谓"道德震撼"指的是在社会运动刚开始时，一个未曾料想的事件发生或一个未曾料想的信息被公布，引起了人们的道德愤怒，从而使其倾向于参加集体行动，无论是否有人对他们进行动员。"道德震撼"强调的是一种令人震惊或眩晕的景象使集体行动的潜在参与者的道德情感受到了猛烈的冲击，并由此焕发出他们参与集体行动的热情。

第三层为概化信念层。这是指由于信息传播的迅速和过滤，已经凝聚起来的"气"被不断加压，使人们产生了所谓的"概化信念"。"概化信念"是人们对某个社会问题归因的共同认识，它与事情本身的真相无甚关联，而是对既有的结构性怨恨和相对剥夺感的凝聚、提升和再造。在当代社会，手机和互联网的普及，使信息传递变得甚为快捷，在既有的结构性怨恨基础上可以瞬间形成"一般化信念"。而政府的信息公开不够、公布不快，更形成了一个信息的落差。

第四层是次级刺激层。如果说触发事件构成了群体性骚乱事件的初级刺激，那么，当事者或处置者的失当言行则构成了次级刺激，并引爆了已处于高压状态的"气"。有的时候，次级刺激源可能不止一个，多个刺激源可以相互叠加。也正是在这个层面，原来具有正当性的道德震撼开始转向失去正当性的情绪发泄，群体行动从原来的"事出有因"开始转向"于法无据"。

第五层是情境动员层。由于此时参与的人群已经达到了相当的规模，足以使参与者藏身在集体的匿名性中，并诉诸情境动员，来使"气"再次加压。所谓

"情境动员"是指在群体性骚乱事件中通过场景来完成的行动动员。在事件的整个过程中，或者致力于理性维权的草根行动者没有在场，或者他们即使在场,也难以发挥主导的作用。

第六层是终级刺激层。在极其紧张的最后关头，政府临场处置稍有失当，或者控制不力,处置不及时;或者控制过头,滥用警力,都可能引发"气"以大规模骚乱方式的彻底释放。尤其对中国这样的威权国家来说,基层政府更倾向于用警力来解决群体性事件,动辄把警察推到解决干群矛盾的第一线。结果在很多时候适得其反,彻底激化了矛盾。

"气场"这六层分布的每一层都是群体性骚乱事件发生的必要条件。随着这些分层逐次推进,发生群体性骚乱事件的可能性也在逐渐增加。一旦这六层分布全部完成,群体性骚乱事件的发生就成为不可避免的了。(参见图一)

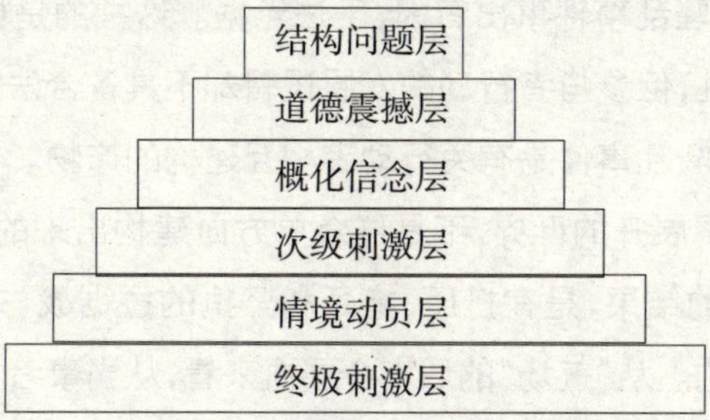

图一 "气场"分层示意图

为了进一步理解群体性骚乱事件的发生机制，我们可以把它与维权行动的发生机制作一个对比。两者在三个方面存在着差别:

其一,在维权行动中,利益冲突是事件原发性的基础,"气"是行动再生产的推进力量;而在群体性骚乱事件中,"气"成为事件原发性的基础。就前者而言,冲突常常是争取利益或赢得尊严的手段;而就后者而言,冲突本身就是目标,发泄久被压抑的情绪是其基本需求。其二,维权行动是由草根行动者直接组织的行动,其行动是大体可以预期的;而群体性骚乱事件是无组织的行动,行动刚开始是突发的,其过程中的动员是所谓的"情境动员",其走势是不可预期的。其三,"气"在维权行动中是受到控制的,抗争手段是温和的,行动者为了达到自己真正的目的,可以对冲突的形式、规模进行理性的调控,也可以放弃冲突而改用其他替代手段;而在群体性骚乱事件中,有节制的"气"已扩展为失控的"气场",

其激进的非理性行动尽管“事出有因”，却“于法无据”。

维权行动与群体性骚乱事件之间有某种微妙的关联：一方面，两者可能是递进关系，维权行动激发出一个“气场”，在合法抗争屡屡失效的情况下，即使草根行动者自身拒绝采用非法的手段来维权，也可能爆发无组织的群体性骚乱事件；但另一方面，两者也可能是消涨关系。如果合法抗争的渠道是较为畅通的，政府的反应是比较积极的，那么，即使实质问题一时得不到解决，群众的“气”有一个正当的宣泄口，爆发群体性骚乱事件的可能性会大大降低。

我们对群体性骚乱事件的研究可以得出几点结论：

首先，群体性骚乱事件在突发性背后存在某种必然性。这指的是群体性骚乱事件并非某些“别有用心”的人操纵的结果，而是具有突发性、无组织性、情境性，但这类事件的发生的确存在结构性的因素。

其次，群体性骚乱事件事出有因，于法无据。这指的是群体性骚乱事件的导因有某些合理性，但参与者行动的发展逻辑却不具备合法性。

再次，群体性骚乱事件是有关行动者相互建构的产物。“气场”不是一个按照预定目标和逻辑展开的世界，不是群众单方面建构出来的，而是对峙双方与处置方不断互动的结果，是在打压、拖延和坚执的拉锯战与突袭、挑衅和爆发的遭遇战中形成的。从“气场”的后五个层面来看，从当事者制造的道德震撼事件到群众形成概化信念，从当事者或处置者的次级刺激到群众付诸于情境动员，从处置者的终极刺激最后到大规模骚乱事件的爆发，是相关各方交替上升、强化刺激的结果。反过来说，政府如果当机立断，处置得当，既不反应过敏，也不反应迟钝，既不控制过头，又不控制无力，就完全有可能在事件的第二阶段或第三阶段遏制事态的恶化。

最后，也是最重要的，我们对于群体性骚乱事件的认识本身在很大程度上决定了能否预防和恰当处置这类事件。在群体性骚乱事件中尽管少数人出现了较为严重的违法行为，但就群体性骚乱事件本身而言并不构成对国家权力合法性的挑战。为了实现社会稳定，我们在战术上固然要重视对群体性骚乱事件的预防和处置，但也恰恰是为了真正实现社会稳定，我们在战略上又不能随意夸大群体性骚乱事件的政治危害。将群体性骚乱事件作为政治上的大敌，全力加以围堵，许多时候都可能适得其反。

从现实性冲突到非现实性冲突

晋　军

随着社会矛盾的不断积累和激化，群体事件已经成为我国社会生活中一个不可忽视的热点现象，并且出现了起因更加多元、数量连续上升、规模不断扩大、冲突逐步升级的趋势。尤其值得注意的是，在近几年中，以发生在贵州的“瓮安事件”和发生在湖北的“石首事件”为代表，群体事件出现了与以往截然不同的“新变化”。在这种新变化中，群体事件的冲突原因、诉求目标、动员结构、演变过程、行动策略和社会后果都与以往有了显著差别。面对群体事件的新变化，各级政府在化解工作中也出现了种种不适应，尽管一再强调重视程度和强化解决力度，但由于未能对症下药，依然无法及时化解群体性冲突，在个别情况下甚至导致了群体矛盾的激化和扩大。因此，了解和分析群体事件新变化的特征和机制，对于建构和谐社会、维护社会稳定、保护群众利益、改善干群关系均有着重要意义。

国内研究者对此现象已有所关注和论述，比较重要的研究包括于建嵘对“社会泄愤事件”的分析，应星对“群体性事件”的分析，以及刘子富所提出的针对此类新变化的“新群体事件观”。于建嵘认为，和其他类型的群体事件相比，“社会泄愤事件”表现出如下四个特征：(1)事出偶然、升级迅速；(2)参与者多为非直接利益相关方，缺乏组织；(3)短信和网络在动员过程中发挥了重要作用；(4)冲突激烈，后果严重。应星则提出了“群体性事件”的概念，认为与集体上访和抗争性聚集为代表的“维权行动”相比，群体性事件“具有较强的自发性、暴力性与违法性”。与此同时，维权行动与群体性事件之间又常常存在微妙的关联，在特定条件下既可能此消彼长，又可能相互转化。通过个案比较，应星进一步区分了“以利益相关方为主体的群体性事件”和“以无利益相关方为主的群体

晋军：清华大学社会学系博士后研究人员。

性事件”，指出后者属于刘易斯·科塞所说的“非现实性冲突”，通常内部缺乏组织，走势难以预期，化解工作尤为困难。而刘子富则从政府如何处置突发性群体事件的角度出发，通过对瓮安事件的个案分析，特别是地方政府在处置过程中的经验与教训，提出了六条妥善化解突发性群体事件的原则，其中包括落实属地管理、强化依法处置、防止矛盾激化、慎用警力警械等等。

湖北石首事件现场图片　　占才强／摄

上述三个研究，虽然使用了不同的概念，但其着眼点都集中在群体事件出现的新变化上。这些研究从不同的角度，分别讨论了群体事件新变化的作用机制和社会后果，并为进一步的研究提供了必要的分析基础。然而，这些分析也都各有其不足之处。首先，刘子富对瓮安事件的个案研究，虽然详细描述了整个群体事件的过程与特点，并探讨了地方政府在处置过程中的经验与教训，但刘文并未系统地比较瓮安事件与以往的群体事件特别是以往的突发性群体事件在性质和处置方面的不同之处。其次，于建嵘对“社会泄愤事件”的分析，在比较社会泄愤事件与其他三类群体事件异同的基础上，对社会泄愤事件的特征进行了细致地描述和讨论，为进一步讨论此类群体事件提供了一个有益的基础。然而，这一分析框架中的群体事件划分体系却仍存在较大缺憾。于文把我国目前的群体事件分为四类：分别是维权抗争事件、社会纠纷、社会泄愤事件和有组织犯罪。然而，这四类群体事件划分的标准却不尽一致。比如，区分维权抗争与社会纠纷时，于文选取了“冲突双方力量是否均衡”以及“组织化程度高低”作为主要区分标准。然而，在界定社会泄愤事件时，于文却又忽略了这两个标准，而是另起炉灶，以是否存在“无利益冲突”或“泄愤性冲突”为主要标准。划分标准的不一致，削弱了于文提出的四类群体事件的分析效力。与于建嵘不同，应星以行动的合法性和组织化为标准，区分了六类集体行动，并讨论了其中两种主要类型——维权行动与群体性事件之间复杂而又微妙的相互关联。值得注意的是，应星对“以无利益相关方为主体的群体性事件”的讨论，很大程度上可以用来分析瓮安事件所代表的群体事件的新变化。不过，应星对群体性事件的过程分析，过于集中在情景动员等发生机制上，尽管对群体性事件的发生过程提供了细致入微的描述和分析，但对于群体性事件特别是“以无利益相关方为主体的群体性事件”和维权行动在冲突原因、诉求目标、动员结构、演变过程、行动策略和社会后果等方面所存在的差异的比较上，仍然稍嫌不足。

那么，与以维权行动为代表的群体事件相比，以瓮安事件和石首事件为代表的群体事件究竟出现了哪些新的变化？本文试图在应星一文的基础上，进一步利用“非现实性冲突”这一概念来分析这些新变化的特征。社会学家刘易斯·科塞在其《冲突功能论》一书中，把社会冲突分为两类：即基于直接利益的现实性冲突和并不基于直接利益的非现实性冲突。所谓现实性冲突，是指“为了达到某种特定的目的而进行的冲突”；而非现实性冲突，则指的是“以表达敌对情绪、发泄不满本身为目的”的冲突。科塞指出，现实性冲突和非现实性冲突的区别，主要表现在目标、手段和后果三个方面。就目标和手段而言，在现实性冲突中，冲突对象和诉求目标都是确定的，冲突本身不是目的，而只是为了实现诉求目标的手段；在非现实性冲突中，冲突本身就是目的，冲突对象和诉求目标的选择也是为了实现冲突而服务的。在现实性冲突中，为了实现诉求目标而采取的冲突手段，可以根据情况而随时调整。比如，在一次维权行动中，即便参与者采取了游行、抗议、示威等较为激烈的行动策略，他们往往也是希望通过这样激烈的手段来显示自己的力量和决心，迫使冲突对象尽快妥协，从而实现自己的诉求目标。另一方面，在非现实性冲突中，冲突本身则既是手段也是目的。对于参与者而言，冲突手段不可替换，但冲突的对象则可以随时更改，而且选择不同的冲突对象，也往往是参与者为了继续保持冲突而采取的策略性行为。就后果而言，现实性冲突与非现实性冲突的社会后果也有所不同。科塞认为，基于直接利益的现实性冲突一旦得到妥善解决，就可以化解造成社会冲突的利益冲突，从而推进社会的稳定。另一方面，由于非现实性冲突并未针对直接的物质利益，其化解只是暂时消除了参与者的不满情绪，而并未真正触及造成这种不满情绪的结构性原因。

显然，在我国目前的群体事件当中，由劳动纠纷、土地征占和物业纠纷等原因造成的群体事件，即应星所称的维权行动，总体上都属于科塞所说的现实性冲突。它们都由具体的直接利益冲突而引发，参与者有着明确的诉求目标，策略性地采取或缓和或激烈的手段，尽可能实现自身的诉求目标。而瓮安事件和石首事件，则属于科塞所称的非现实性冲突。大量非直接利益相关方的积极参与，并不是通过群体事件来实现自身的利益诉求，而只是为了在群体事件中借机发泄不满情绪。当然，这并不是说，在劳动纠纷、土地征占和物业纠纷所导致的群体事件中就不存在非现实性的因素，这也不是说在像瓮安事件和石首事件这样的群体事件当中，就不存在现实性的因素。

实际上，在绝大多数的群体事件中，现实性冲突和非现实性冲突都是同时存在的。不过，在维权行动和瓮安事件这样的群体事件中，现实性冲突和非现实性冲突的地位并不相同，对群体事件的发生、目标、手段和过程的影响也不相同。因此，群体事件可以根据冲突类型，区分为现实性冲突主导的群体事件和非现实性冲突主导的群体事件。

具体而言，在我国目前的社会生活中，由现实性冲突引发的群体事件与由非现实性冲突引发的群体性事件的不同，主要存在于在以下五个方面：

1. 冲突原因

根据上面的讨论，现实性冲突所主导的群体事件，往往是由具体的利益冲突所引发的，参与者也多是直接利益相关方。而在非现实性冲突所主导的群体事件中，其直接起因并不是具体的利益冲突，主要的参与者也不是直接利益相关方，而往往是毫无关系的旁观者。而非现实冲突主导的群体事件，导火索可以是任意事件，其发生也就更加难以预防。

2. 诉求目标

现实性冲突主导的群体事件中，参与者的诉求目标相对清晰、确定，多为解决自身利益问题，冲突的对象通常也相对明确。当然，值得注意的是，在现实性冲突主导的群体性事件里，参与者往往是在尝试过其他途径而问题依然得不到解决之时，才会通过成本更高、危险更大的群体事件，来解决自身的利益问题。即便在这种情况下,冲突的矛头也往往不会直接指向地方政府,而只是指向个别官员和具体政策。另一方面,在非现实性冲突所主导的群体事件中,多数参与者的目标就是借机发泄不满,冲突的对象可能随时更换,往往直接指向一线负责处置工作的干部,有时甚至直接指向政府本身。

3. 动员结构

现实性冲突主导的群体事件当中，或多或少存在着具有某种组织程度的动员结构,尽管这一动员结构通常是非正式的,而且常常建立在已有的地缘、血缘或业缘网络的基础之上。现实性冲突总是基于具体的利益问题,参与者之间也通常会出现由共同利益形成的纽带。由于集体谈判的需要,随着时间的推移,参与者当中往往会涌现出一些意见领袖,他们在一定程度上控制着目标的制定和策略的选择,从而影响了整个现实性冲突的走向。

非现实性冲突主导的群体性事件通常没有任何组织结构，大部分参与者彼此之间都是陌生人,处于无序状态。当然,这并不是说在非现实性冲突所主导的群体事件中,就不会存在一定的动员结构。瓮安事件和石首事件中,动员过程恰恰主要是通过短信和网络这两个渠道进行的。由于短信和网络有着更新速度快、传播范围广、真假消息鱼目混杂等特点,一旦出现了对特定信息的强烈需求、而官方渠道又未能及时提供相关信息时,短信和网络就可能成为一个短暂但又有效的动员结构。

4. 行动策略

在现实性冲突主导的群体事件中，两个结构性约束决定了参与者所采取的冲突策略通常是相对温和和节制的。首先,对于现实性冲突主导的群体事件的参与者而言,参与群体事件的目的,就是为了向地方政府施加压力,从而让政府出面,解决参与者自身的具体利益问题。最理想的行动策略就是给政府造成了足够的压力,同时又没有给政府采取强硬手段留下充足的借口。

其次,在现实性冲突主导的群体事件中,由于或多或少地总是存在一定程度的动员结构，位于动员结构顶端的那些意见领袖往往处于政府的密切关注之中。为了保障自身安全,意见领袖们也往往会避免那些可能激起政府强硬反应的激烈手段,以免政府秋后算账。而非现实冲突主导的群体事件中,上述的两种结构性约束都不复存在。参与者既不需要政府出面来解决他们的具体利益问题，也通常因为淹没在人群之中，而无需担心被政府秋后算账。所以，部分参与者为了发泄不满，可能采取更加激烈的手段和行动，从而大大增加了非现实性冲突主导的群体事件的破坏性。

5. 时间跨度

现实性冲突主导的群体事件中，群体事件往往是参与者最后的选择，所以群体事件通常存在一个发展和升级的过程。这个过程有时可能相对漫长。而非现实性冲突主导的群体事件，其发生往往非常突然，升级的过程也可能非常短暂。比如，在瓮安事件中，群众先是向县政府方向游行，沿途不断有旁观者加入，不到一个小时后，游行就演变为集体冲击县公安局、砸烧警车。由于地方政府处置不力，群体事件随后又升级为冲击县政府、点燃县委老办公楼。事出突然，又升级迅速，从游行开始到点燃办公楼，前后不过八个小时。这就给地方政府的快速反应和及时处置提出了非常高的要求。一旦政府反应迟缓、措施不当，非现实性冲突主导的群体事件就可能迅速激化，不断升级，最终导致严重暴力事件。

由于现实性冲突主导的群体事件与非现实性冲突主导的群体事件之间，在冲突原因、诉求目标、动员结构、行动策略和时间跨度五个方面存在着显著的不同，政府对它们进行有效化解和妥善处置的技术也必须随之变化。比如，在现实性冲突主导的群体事件中，政府采用利益问题利益解决的办法来化解群体事件，通常无往而不利。然而，对于并非基于直接利益的非现实性冲突所主导的群体事件，政府用利益问题利益解决的办法不仅常常难以奏效，而且可能适得其反。面对非现实性冲突主导的群体事件，以往各级政府解决群体事件的策略和技术都面临着新的考验。这也要求我们进一步研究非现实性冲突主导的群体事件的特征与机制。

如何在正在到来的世界民主中讨论中国未来

陆兴华

在中国,在当前,我们首先要关心的是:如何让这样的关于正在到来的民主或未来政治的讨论不先被扯到传统文化、民族性和左右之争中?如何用哲学家德里达向我们指出的关于未来民主的哲学眼光,来指导我们中国的未来宪政和当前的政治筹划?我们也许应该从寻找讨论这种未来政治的话语空间开始。

在当前,要开始这种讨论,我们大概只有通过某种符号学眼光才能进行,也就是:将政治现实和政治未来同时还原为一组脚本和图式,通过描述其当前的布排方式,去预测其未来的可能重组,目的只为认清当前政治改革的端口。像巴尔特(Roland Barthes)研究当下服装系统来描述未来时尚变化的深层结构,我们也可将未来政治秩序看做象征、进化于当前的政治系统中,将其进化看做结构漂移,看做进化理论所说的预先调整好的跳跃式发展。作这种描述,我们不光是想知道未来民主的可行性,也是想比照这一前景,来判断当前的政治行动的在理不在理。

将当前的政治系统还原为一些脚本、图式,将政治操作兑换为一组语义—符号的排列后,我们就能去描述它们是如何被重组为未来政治,去揣度其可能模态。我们这才能清白地来说出那个幽灵一样地紧跟了我们一个多世纪的问题,并置换它:不先问"中国应不应该搞(西方式)民主?",而直问"如何用正在到来的全球化中的中国新民主政治,为正面临的政治改革定向?"

德里达指出,这种正在到来的民主政治,将是中国连同印度和非洲汇合基督教—犹太教—伊斯兰精神圈后形成的全球政治系统内的作为一个世界社会的中国的新政治系统,将是每一个作为世界主义个人的中国人学会了与其余的世界作普遍的分割和分享之后,重新划定的、在全球多重境域(全球身

陆兴华:同济大学人文学院欧洲文化研究院副教授。

份—民族象征结构循环圈)内实现的新的公民自由和社会公正体系。是德里达先说的:正在搞着的民主,无论是市场式自由民主,还是人民民主,总已在败坏中,总是远离了其最初声称的民主;民主总是正在到来的,不是我们追求的最后目标或声称的出发点,而是我们必须去努力学习的一种未来命运;只有正在到来的民主,才能升华我们的现实政治。这种眼光可将我们谈论中国未来民主的事儿放到更高的平面上:如何用那一正在到来的世界民主和中国民主,来解放中国当代政治,来提升当前我们已在搞着的那种人民民主?我们也许不必着眼于要在未来追求到什么样风格和标准的民主政治,而先应关注:我们当前对未来民主所抱的期待,将怎样来定位和指导我们的当前政治?

不论怎样都应马上回答的问题是:中国未来民主将是什么样的?用什么方式来描述它?是的,我们仍只能借用韦伯以来的社会理论和政治社会学的语义装置,以"欧洲社会科学"或华勒斯坦、布迪厄、布罗代尔所说的"开放社会科学"的研究态度,去寻找描述它的方法和词汇。也就是说,我们只能着眼于身处的学科(在这里是符号学和社会学)和社会,从当前的政治系统出发,去推演那种未来民主场景。

从卢曼的《社会的政治》(Suhrkamp,2002年)中,我得出了这样一个类比:一个社会的未来民主,将由现存的政治系统进化而来,将是后者在民意和选举的震荡和波折中,自我领航地到达此刻和未来的。要知道中国未来民主政治的图谱,就必须先描述当前中国政治系统的图谱,而这又要求我们一般地了解一个现代社会的政治系统是在什么样的政治图谱中运行的,而这又先须从描述欧洲政治现代性开始。卢曼认为,马克思、韦伯、曼海姆以来的政治社会学已可以帮助我们清晰地说出什么是"欧洲政治现代性",而后者也就是每一个当代社会包括中国社会的当代性。借用符号学眼光,我们可通过描述欧洲政治现代性,来说出一个现代社会的政治系统其实是如何运行的,再去类比地描述中国未来的民主政治将如何运行。

欧洲政治现代性被卢曼定义为:宪政国家加市场经济(而在当今西方发达国家,政治民主最后大抵蜕化为福利国家);polis和oikos的捆绑,是欧洲政治现代性的根本。更具体地说,每一个现代社会的政治系统都由代议制民主、政党政治、大众传播媒体所代表和再现的公共舆论耦合而成。内阁会议的讨论、议会各党派和党内各派之间的争执、大报政治新闻编辑会议上关于哪条新闻报道必须优先的意见争执、媒体和民意测验里所反映的民意中的各种意见立场之间的冲突和个人内心的政治上的“思想斗争”，是同心的，串结为同一种内政治，是发生于同一个政治光谱内的，而在政治斗争上，各政治参与方所择用的是同一个剧本库内的脚本和图式。我们平时讲的“政治”，既指的是议会各党派间的立法论争，政党之间和党内的政策分歧的演出，也指的是大众传媒中的民意比例变化，又指的是个人内心的各价值—利益之间的冲突和取舍。由媒体张罗的政党政治过程中的意识形态、政策和政治词汇的语义演化，经济和文化上的阶级斗争，以及媒体通过事件来导演的政党政治戏剧，被认为是主要剧情。政治选举的成败和民意的波动，是社会政治的主要平衡力量。政治最后就成了对政治改革的不断政治改革，成了对政治操作的后果的不断修补和治疗。

在符号式学眼光下，正在到来的世界民主，将是下面三大政治层面之间的结构搭接：马克思主义、自由主义和保守主义这三大政治倾向所主导的政治光谱，以及相应的政党图式，加上议会、公共政治领域、大众传媒中不断推出的与教育、医疗、养老这三大社会主导政策相关的议程主题串。这一搭接具体表现于议会或人民代表大会内的立法和政策争论主题、主流媒体政治新闻编辑会议的话题关注重点和个人与社会的价值、利益取舍之间的重合。议会或人民代表大会里的各党派之间的纷争，与民意对于某一政策的态度分歧，与媒体政治编辑室选题会议中对政治新闻的排序的不同意见之间的冲突，和个人、社会的内心中面对各种价值、利益之间的冲突来作出取舍时的思想斗争，将是构成未来民主的三个重合区域。个人、群体、政党和大众传媒是共同参照着那一政治光谱，以左、右图式和政党图式这两种分辨装置，来作出政治认识和行动的。一个社会的政治光谱，照曼海姆说，是各种现存意识形态的汇总，其“倾向”是照左、右分辨之双重图式化，以对立的形式来排列。具体说，如照华勒斯坦的分析，这一政治光谱的主轴为马克思主义、自由主义、保守主义这一三角，其他的思潮或政治“倾向”，如虚无主义、相对主义、历史主义、生态主义等等，是围绕着这个三角来部署的。在中国未来民主中，个人、媒体和社会所操弄的，也将是这同一个键盘，后者可被看做未来政治中的价值、行动背后的深层结构。

2007年欧洲议会党派席位分布从“左”到“右”来看是：社会主义党/人民党/

左派党/北欧左派联盟/绿党/民主党/欧盟民主党自由民主和改革党/自由联盟/独立民主联盟/欧洲独立党/欧洲民族党联盟/无党派人士。这是一个左、中、右三区构成的政党图式，各党派的席位分配，在当前与在未来，只有成分切割上的不同。极“左”的党派和极“右”的党派之间，是搭接于同一片“乌托邦”中的：民族统一阵线和社会主义/人民激进党，将同时沐浴于一种关于人类、民族和文化光荣未来的想象中。极左和极右的政治派别手中，都掌握着各种政治道路的另选，都公开批判着现存秩序，都有启蒙和解放倾向，都是对现实社会的系统的自我否定。那些被激进乌托邦鼓舞着的种种极左和极右的政治倾向，也是这个政治系统的有机部分，是必需的互补。

在正在到来的中国民主中，各政治参与方(个人、群体、社会和大众传媒)将运用下述脚本和图式来扮演各自角色：改革、危机、生态关怀、抗议、社会运动等等。以符号学眼光看，未来政治是对这些脚本的演出。

改革是对之前的“改革”的改革，是由以前的改革引起，其实是社会政治系统的自我参照下的不断的自我更正。政治是由一连串的小改革及其关于它们的相关讨论和表决构成。危机是必需的政治契机，是推动新一轮政治决断和进一步改革的动力。危机由大小灾难引起，大到胡塞尔揭露的欧洲精神危机，小到由猪肉涨价引起的物价危机，都牵动整个政治系统，而政治系统作出的反应，会干扰和改变继后的政治过程。生态关怀是对已作出的政治决断的后果的焦虑。它将任何一个政治决断都推入不断的新决断中，使政治更“政治”，也就是在既有的价值、利益区分下，在新的语境中去不断作更深的区分。康有为在《大同书》结尾就预言了这一动辄牵连的生态政治之拖泥带水：先是不能吃会劳动的动物，然后是不能吃一般动物了，然后是有“血液”的草木也不能吃了，最后，哪怕喝水也杀生了，微生物也是生命！生态关怀是一种极其离间的政治性。在消费—货币—媒体社会的民主里，几乎每一个政治决断，每一种政治关怀，都将是“生态”的，是对后果的后果的负责。

抗议是社会系统自己对自己的抗议。社会中的一部分人想通过大众传媒来影响全体社会。但在当代，就连对大众传媒的抗议，也必须通过大众传媒来进行了。社会运动使新的社会问题主题化，重划内部区分的边界，重新设定政治纲领，由边缘对中心作出改造，是社会自己踢自己，是要寻找到领航社会进化的吸引因子，增强话题和议程的吸引力。这是社会要让自己时时惊醒于重大的政治困境之前，找到当前政治的最重要的地方。

未来中国政治的主要问题链将是：失业、人权、环境焦虑、犯罪和移民。“政治”由这些问题和对它们的解决构成。失业是经济系统和政治系统的紧密搭接的反映。解决它，实际就是在通过政治系统去干预经济系统，再去摆平别的社会系统对此的反应。人权是法律系统和政治系统的紧密搭接的反映。种（民）族歧视、最低工资、民工问题等等，都与它相关，是政治冲突双方需不断求诉的一组关于如何达到社会公正的指导原则。这两大政治主题，每一个都能牵扯政治全局，是政治系统内天天讲月月讲的“社会问题”。

民主是因异议而扩展的政治交往。这中间，政治冲突两造共同所用的策略是：因果归咎，问题与解决，异议与共识，吸收和排斥。新的政治，只是在新的语境内重组了以上所列举的政治行动的脚本和图式而已。它对我们总表现为政治话题和议程的系列化，回头看去，总只成为某一组政治谈论的主题史，总只表现为媒体对它的节目化。民主政治对社会的改造，不是创造式地破坏，就是享受式的治疗，其余的，只是 talk 其及主题史而已。《社会的政治》只是一本理论书，是要就社会的政治对我们作“社会学启蒙”，也就是要将我们对一个社会的政治的观察，也进一步放入社会学观察之内。它不但告诉我们一个社会的政治是如何运行的，同时还要告诉我们在社会中观察政治是怎么一回事儿。它认为，理论是位于社会之中的某一位置上的像望远镜那样的观察工具，我们写理论和读理论，是为了帮助自己更好地去观察。理论也是社会系统的一部分，关于未来民主的理论，也是正在到来的中国民主的一部分。

中国的未来政治，看来也不是什么惊天动地的事儿。它也就是我们人人运用天生的政治交往资质，用行动作出的 performance。乔姆斯基的政治诉求里，“人类自由组合”这一政治理想，也无非是本族语使用者的充分运用了其母语资质后的人类状况。同样，我们描述未来的政治系统的深层结构，是要让任何一个具有最基本的汉语资质的个人都能领会它、介入它。中国未来民主也就是每一个汉语人像运用母语那样地充分运用了自己的政治交往资质后的那一派政治景象。

信息社会中“全景敞视主义”的幽灵

焦玉良

自刘北成先生和杨远婴女士将福柯的《规训与惩罚》引介给国内读者，至今已有10年，今天人们对这部20世纪70年代的作品已经不陌生。秉承其一贯的离经叛道，福柯在书中讲述了现代全景式敞视监狱的诞生过程，以说明现代社会的“掌权者”怎样隐蔽但淋漓尽致地实施着权力。而作为权力控制对象的那些“特殊”人群，则在无从反抗的情况下接受控制。显然，现代社会在福柯的笔下无异于一座监狱，每个人置身其中，一举一动都被严密监视。结果是人们不敢越雷池半步，个性丧失了合法性，自由失去了成长的土壤。周围只剩下冷峻的全景敞视建筑和瞭望塔中若隐若现的目视。

读者很容易把该作品理解为福柯对现代社会的反抗，末日英雄般的悲情无意中增添了福柯作品的吸引力。这使他不仅争取了他那个时代及其以后的大量拥趸，也得到了同辈学者中佼佼者的钦佩。哈贝马斯在书评中毫不掩饰对他的敬意：“在我这一代对我们的时代进行诊断的哲学家圈子里，福柯是对时代精神影响最持久的。”至于福柯本人的特立独行已为世人熟知：公开的同性恋者，吸毒，曾因精神抑郁两度自杀而未遂，最终死于艾滋病。在其生命历程中，学术成就的耀眼光环并不能打开他所背负的“他者”的精神枷锁，也许正是这种来自现实社会的无从反抗的规训控制迫使他举起造反的大旗。

在今天的信息社会，与福柯的时代虽相去不远，但社会境况却又大有不同：全景敞视主义的监狱建筑风格已不多见，全景敞视主义的机制也今非昔比。而笔者重点申明的是，即便如此，全景敞视主义的幽灵仍然飘荡在信息社会的各个角落，生根发芽，茁壮成长。

焦玉良：泰山医学院管理学院教师。

排斥个性的年代

福柯对现代社会的批判矛头指向了技术理性对自由个性的压抑，在现代社会中每个人的个性被悄无声息地阉割掉。简言之,我们所处的是一个排斥个性的时代。相比之下,传统社会倒是一个容许个性张扬的特立独行者的开明时代。那时人们尽管受到君权威慑,如弑君者被当众五马分尸,但在被公开处决的最后一刻也会因为几句豪言壮语博得喝彩,甚至成为人们争相追捧的英雄。君权取得了肉体上的胜利,却没有剥夺受刑者的个性。

犯罪者如此,掌权者亦如此。在掌权者那里,个性更是值得炫耀的资本。与众不同的嗜好、着装、形象"表明属于某种血缘集团,展示非凡能力并被文学记载所传扬的丰功伟绩"。换言之,曾几何时,特殊的人乃是非凡的人。

又不知从何时起个性失去了合法性。一切个性被认为是不正常的,不再是荣耀。通过对权力系谱的详尽考察,福柯发现在 17 和 18 世纪的"古典时期","规训社会"形成了,规训机制逐渐扩展,遍布了整个社会有机体。这种规训机制开始把"非凡的人"变成"不正常的人"。福柯写道:"在一个规训制度里,个人化是一种下降。随着权力变得愈益隐蔽、愈益有效……个人化……是差距而不是功绩。"福柯指出社会中的儿童、病人、疯子和罪犯因为太"个人化"而成为规训的对象被加以限制。而规训制度正是建立在这样的基础之上。

这一重大的社会变迁引起福柯的深思和质疑，既然人们行为上的个人倾向被规训机制丢弃于阴暗的人性角落,那么人的个性何在? 文艺复兴以来从神权控制下解放出来的人性自由又价值何在? 当然,这些终极问题无法通过说理来给出答案,但是关于这种社会变迁如何发生的问题却是可以说明的。

全景敞视建筑

福柯正是通过对全景敞视建筑的讨论来找到规训机制的钥匙。什么是全景敞视建筑? 福柯这样描述:

> 四周是一个环形建筑,中心是一座瞭望塔,瞭望塔有一圈大窗户。囚室一个窗户对着里面与塔的窗户相对,另一个对着外面,能使光亮从囚室的一端照到另一端。然后,所需要做的就是在中心瞭望塔安排一个监督者,在每个囚室里关进一个疯人或一个病人、一个罪犯、一个工人、一个学生。

教养院设计图，1840 年。一个犯人在自己的单人囚室里，面向中央监视塔做祈祷。

他发现这种建筑风格的用意是造就绝对不对称的信息格局。福柯指出，其实在全景敞视建筑全面推开以前，掌权者已经开始注意到信息收集对于社会控制和规训的重要性。“18 世纪，学校和医院不但是教育和医疗机构，而且开始承担收集社会信息的功能。”当时法国的治安大臣和其治下的警察帮助国王搜集细枝末节的情报，包括细如尘埃般的事件。俄罗斯女王也在训示官员时强调，警察要关注“每时每刻发生的，微不足道的事情”。同时，瘟疫的流行也让统治者认识到掌握信息的必要，瘟疫蔓延的城市必须把个人固定在家里，家庭成员的健康状况必须定时、逐级上报，不得隐瞒，违反规定者将被处死。信息的准确无误和对秩序的有效控制是应对瘟疫的有力手段。后来，这种监视理念被灵巧地运用于监狱的建筑风格之中，形成了全景敞视建筑。用一整章的篇幅，福柯全面解读了 18 世纪监狱改革家边沁的《全景敞视监狱》，指出了这种建筑风格如何制造出了观察者和犯人之间不对称的信息格局，并达到了对犯人进行规训的目的。

全景敞视建筑一经出现，就推翻了此前牢狱建筑的剥夺光线和隐藏的原则。黑暗的地牢被透明的笼子式房间代替，原先不为人知的情景放置在光天化日之下。全景敞视结构明显的意图和效用是将被监督者置于监督者的目视之下，通过逆光效果，人们可以从瞭望塔与光源恰好相反的角度，观察四周囚室里被囚禁者的小人影。个人的信息完全暴露给观察者，一举一动都在掌握之中。“这些囚室就像是许多小笼子、小舞台。在里面每个演员都是茕茕孑立，各具特色并历历在目。”掌握了被囚禁者的信息成为对其加以规训的保证，福柯敏锐地指出，充分的光线和监督者的目视比黑暗更能有效地捕捉囚禁者，因为黑暗说到底是保证被囚禁者的。而可见性就是一个捕捉器。这样,犯人在观察者的眼里就成了一丝不挂。

不仅如此,犯人还被相互隔离,无从获得其他犯人的状况,不能交流。全景敞视建筑使“每个人被牢靠地关在囚室里……两边的墙壁则使他们不能彼此接触”。被割断了信息交流的犯人们不能看,亦不能听,就像盲人和瞎子,“他能被观看,但不能观看。他是被探查的对象,而绝不是一个进行交流的主体”。他们几乎丧失了所有行恶的可能性,囚犯就不会有阴谋串通的危险,集体逃跑的举动,新的犯罪计划和相互的坏影响。

全景敞视建筑保证观察者在犯人的眼中是不可知的,造成信息流动的单向传播。福柯写道:

> 为了造成监督者的在与不在都不可确知,使被囚禁者在囚室中甚至不能看到监督者的任何影子,按边沁的设想,不仅中心瞭望塔的窗户应装上软百叶窗,而且大厅内部应用隔板交叉垂直交叉分割,在各区域穿行不是通过门而是通过曲折的通道。这是因为任何一点声响,一束光线甚至半开的门的光影都会暴露监视者的存在。全景敞视建筑是一种分解了观看/被观看二元统一体的机制。在环形边缘,人彻底被观看,但不能观看;在中心瞭望塔,人能观看一切,但不会被看到。

于是,信息的不对称关系被建构起来了,这样就实现了观察者与被观察者、规训者与被规训者之间最大限度的不对等。“从监督者的角度看,它是被一种可以计算和监视的复杂状态所取代。从被囚禁者的角度看,它是被一种被隔绝和被观察的孤独状态所取代。”在这种位置的制约下,监视就具有持续不间断的效果,尽管监视位置上可能空空如也。

驯服的犯人

全景敞视建筑通过不对称的信息格局强化了犯人“有人在监视”的强烈印象。这既是全景敞视建筑中的住户们唯一能够获得的信息,又是监狱的设计者和观察者们所希望达到的效果。为了实现这个目的,监狱中央的瞭望塔被建造得高大而威严,强迫性地进入囚犯们的视线和大脑。同时,犯人常常被告知可能会有外界的游览者前来参观,“匿名的和临时的观察者越多,被囚禁者越会被惊扰，也越渴望知道自己是否被观察。全景敞视建筑是一个神奇的机器，无论人们出于何种目的来使用它，都会产生同样的权力效益"。这样在被囚禁者身上就造成一种有意识的和持续的可见状态，从而确保权力自动地发挥作用。边沁们的理想是在全景敞视建筑中实现权力"应该是可见的但又是无法确知"的效果。所谓"可见的"，即被囚禁者应不断地目睹着窥视他的中心瞭望塔的高大轮廓；所谓"无法确知的"，即被囚禁者应该在任何时候都不知道自己是否被窥视。于是，每个置身于这样一座精心设计的监狱中的游客都会为这样的巧妙构思所折服，也同样成为这个建筑的一部分；而每个犯人成了一个个小舞台上的玩偶，不敢轻举妄动，只能规矩地接受观察和规训；对于那些天才的权力行使者，这样的结果显然很令人满意。

全景敞视建筑通过对信息关系的精心设计，将被囚禁者置于控制之中，造就了驯服的犯人。这种关系被福柯称为"一种虚构的关系"。但显然又不是虚构的，它起到的征服效用超过了以往血淋淋的刑具和阴冷的地牢，它甚至不需要一丝暴力，铁栅、铁镣和大锁成为多余之物。这样的安排使权力自动化和非个性化，权力不再体现在某个掌权者身上，"而是……体现在一种安排上。这种安排的内在机制能够产生制约每个人的关系"。于是，不对称的信息关系自动地产生出一种真实的征服。在不对等的信息关系中，受禁者实现了自我的规训，而不是外在的强制。福柯指出，在这种建筑造就的权力关系中，犯人不但是被规训的对象，也是对自身加以规训的执行者，把这种深入离魂深处的规训坚持到底，"他成为征服自己的本原。因此外在权力可以抛弃外在重力，而趋向于非肉体性。而且，它越接近这一界限，它的效应就越稳定、越深入和越持久。这是一个避免任何物理冲撞的永久性胜利，而且胜利的结局总是预先已决定了的"。

规训的社会

福柯引用边沁的话来说明全景敞视主义的普遍适应性，它适应于建筑物占用的空间不太大，又需要对一定数量的人进行监督的任何机构。这是一种从权力中"史无前例地大量"获得"一种重大而崭新的统治手段"的方法，"其优越性在于它能给予被认为适合应用它的任何机构以极大的力量"。边沁乐观地指出全景敞视建筑可以传遍整个社会有机体，"使权力更为经济有效，但它这样做并不是为了权力本身，也不是为了直接拯救受威胁的社会。它的目的是加强社会力量——增加生产、发展经济、传播教育、提高公共道德水平，使社会力量得到增强”。在规训化的社会，不仅犯人，还有学生、工人、病人、疯人都被置于全景敞视建筑的环形边缘，而在瞭望塔中可能会有护士、医生、工头、教师、狱卒。全景敞视建筑是监狱的理想模式，它也是“一种被还原到理想状态的权力机制的示意图。它是在排除了任何障碍、阻力或摩擦的条件下运作的，因此应被视为一种纯粹的建筑学和光学系统。它实际上是一种能够和应该独立于任何具体用途的政治技术的象征”。

福柯警惕地指出：尽管“全景敞视机构所造成的权力强化不会有蜕化为暴政的危险”，但更不幸的是，暴政还可以推翻，但“规训机制将受到民主的控制，因为它要经常地接待世界上最大的审判委员会……它变成了一个透明建筑，里面的权力运作可以受到全社会的监视”。然而这不正是另外一种形式的更为顽固的暴政吗？

信息社会的全景敞视主义

在此书问世34年后的今天，与福柯所处的时代又有很大的不同，我们已很难看到边沁和福柯笔下的圆形建筑。难道说全景敞视主义已经淡出我们今天的社会生活？恰恰相反，它以顽强的生命力渗入到当下的社会结构。只是电子信息技术和互联网的发展已经使全景敞视建筑变得无足轻重，可有可无。建立信息不对称的格局也不必在建筑风格上费尽心思，一个摄像头就足以解决所有建筑设计上的复杂问题。从这个意义上说，全景敞视建筑不过是一种被淘汰了的信息技术。在新的信息技术条件下，观察者也不必躲在阴暗的瞭望塔中，只要事后检查并保存好录像资料就万事大吉。机构里的观察者或临时的参观者们也不必再亲自登上瞭望塔，只要待在自家电视或电脑的荧屏前就能了解到详细的信息。犯人甚至可以被集中关押而不必分离，他们已经无处逃遁，监视器已随处可见。就这样，“全景敞视网络”代替了全景敞视建筑成就了信息社会的规训工具，全景敞视主义的幽灵附着在信息社会最强有力的载体上，继续承担着灵魂判决者的角色。

福柯在书中把古代社会比喻成一个讲究宏伟场面的文明，“使大批的人群能够看到少数的对象”，个性的表演者在庙宇、剧场和竞技场中尽情挥洒，造就了一个个热血沸腾的仪式，社会也因此被整合为一；现代社会则提出了相反的问题：“使少数人甚至一个人能够在瞬间看到一大群人”，并加以规训。如果说古代社会是一个公开场面的社会，那么，福柯所说的“现代社会”则是一个监视社会。然而，在全景敞视网络主宰的信息社会，信息关系不同于福柯笔下“现代社会”的少数人对一大群人的监视，因为，我们常常发现是一大群网民对风口浪尖上的少数人进行评判、责难和质问。信息不对称关系中有利的一方不再是福柯所说的“掌权者”，而是每一个人，掌权者也会被轻易地置于众人的目视之下(这一点很值得赞赏，近来发生的“最年轻市长”的抄袭门、打伞门、香烟门系列事件很能说明问题)；也不同于古代社会个性表演式的自我展示，因为古代的表演者是有选择地表现自己的信息，表现出来的仅仅是他们希望表现出来的而已，而信息社会中，舆论旋涡中的当事人被动地、毫无保留地泄露了自己的隐私。

人们的隐私暴露无遗，又很容易得到别人的隐私，每个人都承担着被囚禁者和观察者双重身份，既相互控制又自我控制，规训社会借助信息技术又迈上了新的历史台阶：我们已经进入了所有人对所有人的监视社会，这个社会中没有秘密，没有私人空间。显然，私人空间也是个性生存的空间。如果没有了私人空间，那么个性将何去何从？我们面临的显然不是一席自由主义的盛宴，那么会不会是异于宗教的又一次灵魂禁闭？沿着福柯的思路我们不禁提出这些问题。

我们常常因看到网络上曝光的丑闻大白天下而感到大快人心，感叹于网络如铲除邪恶的正义之剑，如上帝派至罪恶之城的使者。如果说全景敞视网络能够以公开性扫除邪恶，是否也会将个性进一步扼杀？(例如，被妖魔化的“90后”形象或多或少与互联网对这个缺少话语权的新生代的大量负面报道有关)对于前者而言，我们有理由欢呼雀跃，因为这有助于社会的道德提升和民主进程。但对于后者也应当给予充分的重视，今天我们的个性自由是否早已被约束在夜深人静的梦境中？美国肥皂剧《越狱》的热播可能正是现代人逃避灵魂囚禁的折射，主人公从始至终不断地入狱到越狱，再到潜逃，然后再次入狱，不正是现代人的真实写照吗？

城市果真需要"城管"?

陈蓉霞

在全国各地,有关城管伤人甚至置人于死地的事件屡禁不止。又据媒体《东方早报》(2009年7月27日)报道,上海闵行区华漕镇城管监察分队5名执法人员严重伤人的事件更是令我们心痛。事情缘起于7月11日16时半左右,监察分队正在开展乱设摊整治行动。行动过程中,他们搬走了在一处人行道上违法设摊放置的10多个西瓜。对28岁的店主彭林来说,这10多个西瓜的价值接近他一天的总利润,他当然要上前理论,争执遂起。争执中,彭林用来给顾客试瓜的水果刀掉落地面,于是激起了执法人员更强烈的反应。他和妻子随即被众多城管人员按在墙面。正是彭林的叫声"我老婆怀孕了,不要打她",才使她免于被打。就在他已被制服之后,执法人员居然把他拖到车内、拉上车窗的帘子后殴打8分钟,致使其颅脑损伤,右侧肢体偏瘫。这样的恶果对于受害者及其家人来说意味着什么?想想都不忍。但城管方面的回应却是:"2010年5月开世博会,上海的秩序谁去管?谁去操作?还是要落实到我们城管来具体操作。我们接触的是社会上最底层的人,我们执法是在真正为百姓做事。"

如此说来,"城管"这一特殊组织的存在就像城市的警察一样必不可少?至于城管惹出的麻烦(甚至恶性案件),仅因执法人员的素质良莠不齐所致,或许只要严加管理或教育即可避免。但事情恐怕没那么简单。国外心理学家曾经作过这样一个实验。有人在斯坦福大学心理系的地下室建立了一个模拟监狱。然后把一组心智正常、发育成熟、情绪稳定、知识丰富的年轻人带进这所"监狱",扔一块硬币,按正反面决定一半人当犯人,另一半人当看守。他们就这样生活了6天。结果如何呢?请看具体描述:"到了第六天末,我们不得不关闭这所监狱,因为所见情景令人害怕。大多数受试者确实成了'犯人'或'看守',其行为、

陈蓉霞:上海师范大学法政学院哲学系教授。

思想和情感各方面都有显著的变化。一周的关押经历就这样(暂时地)抹杀了一生的学习。价值观完全被颠覆,人性中病态的、最丑陋、最恶劣的方面暴露无遗。我们惊恐地看到,有些'看守'把'犯人'当作最可恶的动物来对待,以对别人施加残暴为乐。至于'犯人'则变成了奴隶般的、失去人性的机器人,他们所想的只是逃跑、幸存及对看守的加倍痛恨。"实验结果令人深思。对于这批受试者来说,当初仅仅是通过抽签决定了自己的角色,但他们果真把自我与角色混淆起来,以至完全听从了角色的召唤。这就是说,人的所作所为在很大程度上与他在社会上扮演的角色有关。对于城管部门所招募的执法人员来说,他们本身来自于社会底层,在未受任何职业伦理的培训之下,忽然间穿上制服,摇身一变成为城市的执法人员。鉴于角色赋予他们的使命或权力就是坚决制服并清除那些有碍市容的小商小贩,于是,以执法的名义,其人性中卑劣、丑陋的一面暴露无遗,只要执法过程中稍稍遇到对方的不从,暴力执法就是其必然后果。本来政府寄希望于他们来维持社会秩序,但这批人却成为社会冲突的起因。另一方面,对处于城管对立面的小商小贩来说,这一角色定位决定了他们只能倍加痛恨不时前来"骚扰"的执法人员,更何况他们还为生计所迫,于是抗法的行为也就在所难免。可见正是这一理不顺的关系埋下了不和谐的祸根。

在有些专家看来,城管这一角色处于一个尴尬地位,因其不属于政府的正式编制,因而当他们在维持市容的执法过程中惹出麻烦时,可以与政府划清界限,不至于损伤政府的形象。但这一观点与实情相差太远。事实上,城管是代表政府有关部门在执法,因而他们的一举一动都直接关系到政府的形象与威信,尽管有关部门每当出事时,总是把惹出麻烦的人员说成是临时的聘用人员,但这一辩解无法服人。如果说,城管或协管人员的暴力执法是其本性使然,与其扮演的社会角色有关,那么,与其讨论这一角色的尴尬地位,还不如干脆取消他们的存在。至于说到城管(或协管)取消后,谁来维护城市的秩序、为百姓办事,相信定有良策出现。但若继续维持这种不和谐关系的存在,那么,更有可能的情况或许是,迫于暴力执法的威胁,为了生存,某些摊贩们就会改行谋生——偷取城市的窨井盖、偷盗高压电线甚至入室抢劫,如果我们的城市不为他们提供正当的生存之道的话。总而言之,城市的秩序与安宁不是通过城管角色管出来的。至于说到底层老百姓,他们更不需要城管为他们办事。

不知所谓的“破冰”

刘洪波

8月间，媒体热闹地议论了一阵“昆明拟将新闻舆论监督列入地方法规”。有人誉之为破冰，意义重大；有人视之为进步，但意义有限。我却不知意义何在。

新闻舆论监督，是中国特色的政治和社会词汇，用的人很多，我有时也难免用一用，但终究而言，这个词本身就是多余。这个词的存在，就是媒体正常报道之难的证明。在法治化的言论环境下，有宪法保障公民言论自由，有新闻出版法律规范新闻出版行为，无需使用舆论监督一词，言论生态已可形成，自然产生对权力和一切强势者的舆论压力。我们之所以需要舆论监督这样一个说法，有意无意地回避了宪法中对公民言论权利的表述，表达的不过是正常舆论生态自然而然能够起到的作用之一，而已。

舆论监督之所以不是新闻学的一个概念，也不是国际新闻界采用过的一种说法，在于新闻以报道事实为追求，而本质上并不含有监督的主观故意。客观上，新闻在报道事实的时候，必然会冲突于强势力量，并非新闻惯以强者为敌，而是唯有强势力量有可能使新闻事实受到遮蔽。在任何一个社会中，强势者拥有更多的资源可以动用，也拥有更大的力量来左右事态，而弱势者基本难以做到这些。新闻服务于真相，服务于社会对真相的追寻，弱势者无以掩饰，往往也无需掩饰，而强势者有以掩饰，往往也需要掩饰。这便是新闻看上去是在行使监督权，而实际上新闻不过是满足人们的知情权而已。这就是为什么知情权是一个真实的概念，而舆论监督权，只是一个似是而非的“特色词语”。

这样想来，在法规中写入“舆论监督”，就有些令人不明所以。一个并不规范的说法，一个甚至多余的“特色词语”，似乎有变成法律用语、规范性用语的趋势，但人们对落实宪法所载明的言论权利，对实现公民的知情权却无所置辞，这

刘洪波：武汉《长江日报》评论部主任。

还算是一种“破冰”，只能让人对言论的状况感到悲哀。

也许，我这种想法，运之于现实，实在过于理想。显而易见地，我们虽能看到宪法中写明的公民言论权利，但并没有一部新闻出版法，故而新闻报道的权利会面临问题，所以文件也好、讲话也好、法规也好，说要“保障新闻舆论监督”，都觉得很有意义。在这个意义上讲地方立法写入舆论监督的进步，我也不妨承认一下吧，只是“写比不写好”罢了。

这类似于一种“代用品”。就像没有饭吃的时候，我们觉得能够“瓜菜代”也还可以。我们在公民言论权利的落实上存在问题，便以新闻舆论监督这样一个说法代用一下，既显明言论目的的衷心诚意，又免去了不求新闻法治化的尴尬。情势是如此难堪，以至于一个地方说干扰、阻止新闻依法监督要被问责，都值得称为“破冰”。

如果这是破冰，无异于说没有破冰的地方，对新闻媒体依法监督，依法干扰也好，非法干扰也好，可以完全不负责任。这是怎样的一种怪状，但新闻媒体无可奈何。而且我始终没有明白，所谓“新闻媒体依法监督”，可能只是一个习惯说法，具体依什么法，谁说得上来呢？新闻原来还没有法，媒体拂龙须、批逆鳞，有何依法可言？最多可能就是法无明禁，但“新闻有纪律”，法无明禁，纪律却可能有明文的、口头吹风的禁止的。

由此再来看昆明拟议中的地方立法，并不足以改变“新闻无法有纪律”的状态，所谓舆论监督，也就是媒体正常开展其报道和言论行为，将会更加顺畅一点吗？媒体的管理机关对媒体有何影响，媒体是否有胆、有力去监督权力机关和权力者，我看是不难想象。

新闻管理仍在权力结构之中，而非法律框架之内，宪法规定的公民言论权利如何落实仍然无法可依，再多的地方法规写上“舆论监督”，恐怕都没有实质意义，何况法律也多有不得执行的情况。当然，碰到一个卓异的长官，能够产生若干监督的佳话，但终究而言，这也是人亡政息，而非人亡法存。另一方面，长官兴趣，实在与地方法规写不写“舆论监督”关系也不大。

可能这都是丧气话，予谓不信，看舆论监督在昆明的表现吧，看昆明的媒体是不是会比别的地方监督更威猛一点，万一有个把佳话，再看看有没有“长效机制”。

作家狗子的换地之旅

阿 坚

作家狗子简介:狗子是外号,始于小学,响于文坛。其大名,贾新栩。男,1966年生。北京广播学院毕业。从中央电视台辞职后,南至深圳,西至西藏,拍摄、编配卡拉OK带。后又做过报纸编辑、大学教师、灾区志愿者,并加入中国作协。出版过小说《一个啤酒主义者的自白》、《北京病人》(与石康、张弛合著)、随笔集《活去吧》、《一个寄生虫的愤怒》。主演过电影《盒饭》、《下午狗叫》及话剧《大师采访记》。不爱自然风光,但喜欢深度旅行——即在一处住上几个月。虽是北京户口,但常常流落外地且不断换地。

1. 概说一下狗子之旅的原因

北京有房子、有爱他的姑娘,北京没有向他追账的、没有麻烦他的居委会派出所,可狗子就是在北京待不住。北京只是他的一个取款点、探亲点,取一取钱,排一排性欲,看一看父母,他就又奔火车站了。弄得想见他的朋友就得欲见先贱,专门去外地会他。他的老友张弛就说:还是狗子牛,谁想见他就得像不远千里的粉丝似的,屁颠屁颠儿地,我为会他,就去过崇明岛、北戴河、镇江、廊坊、邯郸,跟他喝场酒容易吗!

狗子自己就说过:我对自然风光一点也没有感觉,对名胜古迹也就那么回事,要说旅行,我就喜欢小城市的霓虹夜晚,我就喜欢操着方言的陌生面孔陪我喝酒。这话于他不乏道理。曾以"饭局明星"上过二百名明星榜(新浪网评选)的狗子若在京,天天会被哥几个招来喝酒——谁让他是啤酒主义大师的。他说了:那些老面孔太苍白了,就算后面有些思想也早让他挖尽了,酒局上一点新鲜感都没有,连玩笑都陈旧,我当然得躲到外地去,也不是不可以说,我的旅行是

阿坚:自由撰稿人。

被亲朋好友逼的。

80后诗人小招说：狗子去外地，其实是为了躲大酒，他号称啤酒主义，找他会酒的人太多了，他顶不住呀。狗子酒后，摔破过头、摔掉过半拉下巴、摔成过脑震荡，也被稀里糊涂揍过。他跟我说："这都是次要的，关键是我在北京基本没有时间思考写作，大部分时间都用来喝酒和醒酒，不能清醒地思考让我比胃痛还痛苦——这等于我没有自己的时间，我的时间都成了酒的了。"

狗子是学文的，也从过艺，但他好的却是哲学、宗教等形而上的东西。他去大学旁听研究生的哲学课，他又是磁带又是注释地研读佛经，他甚至和和尚辩论。他对我说过：我喜欢却又不擅长理论思考，憋在我的小屋里从事形而上的劳动对我难度大，天花板、窗帘还有你们在我家墙壁上的涂鸦我都看腻了。海德格尔可能在林中漫步有感觉，梭罗在野湖也有心得，我就喜欢不断变换的小城，仿佛能启发我想得深一点，有时一字不写，白白待一上午，我觉得也比在北京写出几千字要舒服。

2. 涉灾之旅——我来灾区，跟你们想的不一样

5·12地震后半个多月，狗子也参加了后小组的涉灾之旅。在废墟边小卖部的酒桌上，他和其他志愿者辩论起来。先是批判对方盲目的爱国热情会被不良势力利用，又阐述自己的观点：地震当然是天灾，我若赶上了我就认倒霉；我一

狗子

个穷写小说的，抗震救灾做不了什么，我就是来看看，我不来灾区，也会去其他地方旅行；舍己救人不是必需的，而救亲不救生是最自然的。

话是这么说，但狗子在灾区干的活最多。他后来是那个县的伤亡学生统计总编，没完没了的核对、填表，几次工作到夜深，而其他志愿者早就在街头喝啤酒了。有几天他住的帐篷外就是宰猪场。每早猪惨嚎的一个小时把他折磨得痛苦而深刻起来。他说："人是被一种不是故意的力量砸死的，而这些猪是被故意的力量杀死的。我想不通——你说人活着是为什么。"这以后，狗子不吃猪肉了。

他想去死亡学生最多的木鱼中学看看。特警检查时，他只需说是志愿者是去安抚遇难学生家长的就行，不料他话多，说自己是写东西的，又拿出作家证给人家看，结果被拒绝通行。这让他很郁闷，他说：我就是去了也不是去猎奇去接触刺激，我就是想去一般地感受一下，古今中外，青少年大规模地死亡的事多了。我问：是不是可以推进你的活着为什么的问题。他说：这问题是越推越远，越推越不好回答。

在灾区的青川县，狗子剃了一个带"青川"二字的发型，成为当地一景。过了几天，他又把那"青川"剃去了，成了光头。他说他受不了了，总有人拦着他说话甚至哭诉。我说那是灾民把你当青天大老爷了。我就亲眼见一个略有神经质且受灾并不重的妇女耗了他 3 小时和半只鸭子。

半个月后，他终于离开灾区，奔陕西会一位密宗师傅去了。

3. 沉默之旅——反对现代人的话多话废话无稽

几个月前，狗子在东单主演了话剧《大师采访记》，他常有大段自白，话多话废话无稽。用灰色形象来批判时代。话剧当然话多，而狗子日常又不擅言语，所以排这剧拗其本性，把他累得够戗。三年前，他就倡议搞了一个反对话语的旅行——沉默之旅。路线选在中朝边境的鸭绿江沿线。

不许说话，反对说话，说话罚款，大家自觉接受这个连续沉默 72 小时(三天三夜)的游戏。这个语言聒噪的时代，现在的人都会贫或说幽默了。狗子事先就说了：不说话，有也不说，必须说也不说，会找到一种新的思考气氛。而事后他说：这好像进行了一次哲学实验，从口头语言的动物变成了其他语言的动物。

实际上，由于惯性、下意识、酒后混沌，一行六人，都在连续的 72 小时里说了30至170个字的话。一字罚一元，狗子罚得最少。那几天里，大家互相或与外人以手语或笔语简短交流（比如买车票的车次、到站以及问路、投宿、砍价等）。当地街人以为来了一个盗窃团伙，旅馆或饭馆的人却因同情残疾人或是不耐烦我们的手语而打折让利。遇到一个好客的当地人，请我们吃鱼，与我们拼酒，向我们大侃。狗子给他写了一个问题：活着是为什么。那人哈哈大笑，说，活着就是为了瞎活着嘛。狗子立马举大碗啤酒尽之。

我觉得，狗子带后小组玩这个行为而不艺的旅行，是想让我们体验他的半哲半文半禁欲的思考状态。他喝高以后才能表达，酒不高时完全是哑巴。沉默之旅完成后，哥六个有抱怨，有赞许，大概意思是：一不说话吧，吃的也少，喝几瓶啤酒就醉，心里的东西散不出去呀，开始不是说装哑巴去洗浴中心玩嘛——屁！这一路连澡都没洗——拿朝鲜族的小妹骗我们；你（指狗子）呀不是拿了一笔试验动物学的经费来采我们的小样吧；（我）这是咱们后旅行最好玩最有意义的小组活动，"哑狗咬人要见肉"嘛。

4. 崇明岛大片社会主义旧风光

先秦前基本没有崇明岛，两晋因淤沙、发洪等原因，长江又冲出一条北道，即成全崇明野洲。明代有建制，当然此前渔樵也上岛，也弄了些庙呀像呀的。从上海火车站，转公交、又轮渡，上岛再坐公交，约三个小时才至崇岛西北的国营农场地址。一路所见，我心中竟有《社会主义好》的旋律以及俄苏老歌的散词儿。

崇岛之北部：大片连天的稻麦机耕地，有些像东北，有模糊的地平线；破败的农场红砖灰瓦房，老人在不冷的天穿个棉袄在门口择菜或发呆；那农场是县级单位（如公安分局等），却无洗浴中心，仅两三个理发室——有鲁豫大妇呼请客人、说便宜什么的——给二三十就行；没有网吧，有农场洗澡室，凭证五角，无证两元。我对狗子说：太舒服了，距上海市区直线20公里的地方，距老殖民地的外滩这么近的地方，就有一大片社会主义的风光，完全是50年前的苏联集体农庄的气氛。狗子说：我觉得太清静了，晚上7点后，没啥声音，大部分房是空的（年轻人早去岛外打工）；我读会儿、想会儿、再读会儿就下楼溜达会儿——每天都挺长的。我问：活着是为什么这事，找到答案了吧。他说瞎找吧——但岛上的啤酒我找遍了小店，也比北京贵多了，我改喝一元一斤的黄酒了。

狗子的房子，三室，月租带家具的，75元。屋内我见其做了不少装置小玩意，是能启啤酒的钉木结合物。他说：我手工不行，每天做一个酒启子，得出汗，有时手还被弄破了——但是好，我能从手工业工人的角度来琢磨问题了。

5. 赤脚之旅——狗子说我怕狗咬了我的脚

那是2007年的2月份，狗子参加后小组的赤足之旅。大家都是出家门就赤脚（没带鞋），但到了江西的寻乌见到他时，他竟穿着鞋且鞋带系得紧紧的。他这么解释：我怕邻居嫌我精神病，出门穿了鞋，一到街上就脱了，一路火车汽车都没穿，可从县城往乡下赶，尽是狗，地硌脚，狗追，我跑不快，我怕狗咬了我的脚，才穿上的，我认罚。赤足之旅的规矩是穿一分钟鞋罚一元，于是狗子脱了鞋，拿出几十元请大家吃饭。

旅行时有人哼唱台湾歌《赤足走在田埂上》，可我们走的乡村路，冰凉且不乏硬塑料和玻璃碴。狗子说：古代的地它没扎脚的东西呀，现代的垃圾当然得配现代的鞋了，我觉得赤脚之旅太做作了。有人对狗子说：你不是爱思考人生吗，赤脚能接着地气呀。当时也是在酒桌旁，怕凉而把脚盘在方凳上的狗子喝了几杯，说：思想在风中飘，答案也在风中，我对这破地没什么感觉。

因为脚心是纳凉的焦点，一周的赤脚结束后，有一人病重住院20天，另一人重感冒躺了一周。但狗子无恙，事后说：每天睡觉特享受，凉脚终于可以放进热被窝里，啥也不想，就是觉得舒服。我说：不想就对了，饥寒交迫的人不想哲学问题，饱暖才生思考的欲望呢，活着为什么，当然先是为了不冷不饿。狗子不以为然，说：你这样解释还是太俗了。

6. 禅山之旅——狗子常说我要出家

狗子常说我要出家，甚至有一次去承德地区寻找一个合适的小庙几天未归，竟被朋友说出家了。他电话关机，也被人说成是庙里不许打手机。一次酒局上又喝高了的狗子大喊“我要出家”，就被人接了一声“门儿”。于是大家一起喊：我要出家门儿。

2009年春，狗子和我们几人专去江西的云居山、百丈山、宝峰寺等几个禅宗圣地走访。事先他也说过：如果那个庙不特商业，对挂单的要求不是特严，我也不是不可以在庙里住上一两个月。在云居山的真如禅寺，他见树茂竹幽，禅房清净，且庙里可接受他这样的人挂单。他问：我可以不喝酒，但每天出庙门抽几根烟可以吧。庙里答：我们会安排你干活，让你忙得没有时间去庙门口。他问：我能不能单独住一间，交钱也没关系。庙里答：我们这不收钱，吃住都不收，但就是得遵守庙里的规矩、服从庙里的安排。他说：听说庙里有茶园，我可以采茶。对方说：也可能安排你去挑粪。我们在庙里见了方丈和一个某大学毕业戴眼镜的和尚。出了庙门狗子告诉我："我其实没做好出家的准备，我只是想换一个环境思考，比如庙或教堂，当然，如果那个法师或神父让我特顺眼，也不是不可以当当他的学生。"我说："没错，好学生都是挑老师的。"狗子历来怕狗，可庙里的一条小狗跟着我们，静静柔柔的。狗子说，这狗我不怕。

在百丈寺他又与一位年青的僧人攀谈了许久。事后狗子说："这和尚脸光很明朗，也诚实，说药膳其实就是晚饭——本应过午不食的；他说他出家是因遇见一和尚显得特光明自在；我觉得我没有那种心灵的冲动，我可能就得在抑郁迷茫、在酒与女人中慢慢地摸索，谁要对我说，你戒了烟、色、酒，苦修十年让你解惑得悟，这话凭什么能让我信呢？"

在宝峰寺转完，我们在旁边小饭馆听当地人有不少对和尚微词，说他们僧袍一脱去县城里做了什么，又做了什么（都是违轨之举）等。我们同行的一哥们又大讲了一通末法时代的种种情况后，他对狗子说：都不一定，在尘世间在市井里甚至在灯红酒绿间，可能就悟到了，在禅林里，在高僧大德身边，也可能永远不开窍，啥也不是。无独有偶，在张弛导演的电影《盒饭》里，贾新栩扮演的狗子，就有在洗浴中心三个陪洗女郎面前毅然决定出家的镜头。

小跋

笔者在写这文时，狗子从青岛打来电话，说：你来吧，这又是大海又是啤酒的，我一人受不了了。我说：我一去，你该没法独立思考活着到底是为什么了。他说：没事，想那个是一辈子的事，你最好明天就来，这儿啤酒便宜。我说行。

过度消费
——消费主义后的美国

阿米塔伊·伊兹欧尼/著　吴万伟/编译

有关如何应对经济危机的辩论大多集中在一个词——管理上。对此,我们很容易理解。众多企业的糟糕行为使我们陷入这样狼狈的境地。似乎很显然,避免未来经济灾难的方法是制定禁止此类行为的新规则,并强力实施。但现实要比这复杂得多。世界经济每天有数十亿的交易,不可能有足够的监督者、会计师、海关官员、警察来确保所有交易或大部分交易的正当进行。而且,那些被委托实施管理的人本身也不可能不受腐败的侵蚀,因此,他们也必须受到监督,要对其他人负责——而这其他人也需要受到一定的管理。由此,我们得出结论,管理不能成为尝试经济改革的关键。相反,我们需要的是更全面的东西:人们把不同的行为准则内在化,并且遵循这些准则,因为他们相信这样做是正确的。

这听起来可能有点牵强附会。众所周知,人们以合乎道德的方式行动主要是因为他们担心如果从事反社会的行为会遭受惩罚。但这个观点经不起严格的考察。大部分行为领域是在法律管辖之外的,我们经常做被人期待的事是因为我们关心和爱。这体现在我们关照小孩的方式(除了法律规定的非常低的要求外)、对待配偶的方式、做志愿者活动、参与公共生活等。而且,在法律涵盖的许多领域,被抓住的可能性非常低,即使被发现了,受到的惩罚也是令人吃惊的轻微。比如,只有1%的纳税申报受到审计,大部分作弊者不过是被要求补缴所"漏掉"的税款并加上利息。但是,大部分美国人都按规定纳税。阿兰·刘易斯(Alan Lewis)的经典著作《纳税心理学》的结论是,人们纳税并不是因为害怕政府,他们这么做是因为他们认为,税负是公平的,税款的使用是合法的。总而言之,文化的规范性价值起重要作用。当文化失败的时候,就需要管理跟上,但是

吴万伟:武汉科技大学外语学院副教授。

管理不能单独充当好行为的主要保障。

那么，在规范性文化中，我们要呼吁什么样的转型呢？要消除的或者至少要严格限制的东西是消费主义：对占有商品的着迷已经成为美国人生活的组织原则。消费主义不同于资本主义，也不同于消费。用亚伯拉罕·马斯洛(Abraham Maslow)的分层次的需要理论，可以很好地解释这个差别。这个等级体系的底部是基本的生理需要，一旦这些需要得到满足，更多的满足来自归属、爱、自尊以及最后的自我实现。只要消费集中在满足人的基本需要上——安全、住房、食物、衣服、健康、教育等，它就不是消费主义。但是当占有商品或者服务是为了满足更高的需要，消费就变成了消费主义，而消费主义是一种社会病。

这和经济危机的联系应该是非常明显的。以消费的冲动主宰公民心理的文化是这样一种文化，为了赚取用来消费的钱财，人们几乎愿意做任何事情，长时间的工作，贪婪的交易，甚至扭曲规则以便将收益最大化。他们将购买超过自己支付能力的房子，根本不考虑越来越多的信用卡债务问题。因此，似乎可以大胆地说，消费主义像其他东西一样，应该为当今的经济危机负责。但是，仅仅确定哪些是人们不应该做的，使人们不再迷恋于比邻居更多的生产和消费，这还不够。消费主义在我们的文化中处于核心地位，不可能神秘地消失。它需要被其他东西来替代。

显然，从消费主义转向其他是美国社会的一个戏剧性变化。但是这样巨大的文化变革远不是史无前例的。“好生活”定义的深刻转型在人类历史上从来就没有中断过。在资本主义精神横扫世界大部分地区之前，工作或商业活动都不被看做价值很高的职业，实际上，它们常常被委托给诸如犹太人这样被蔑视的少数群体。多个世纪以来，欧洲和日本的贵族认为，战争是受到高度推崇的职业。在中国，哲学、诗歌、绘画在文人学士兴盛时期备受尊重。宗教曾经是规范性文化的主要来源，后来，随着启蒙运动的发展，世俗的人道主义在世界某些地方被看做社会存在的基础。最近一些年，在俄国和中东地区，宗教价值的影响力显著增加(详细情况可以参考约翰·米克尔斯维特和艾德里安·伍德里奇的新书《上帝回来了》，虽然对很多人来说，他从来就没有离开)。事实上，并非所有这些变化都改善了人类的生存条件。关键在于这些变化尤其是在危机时期才有可能发生。

为了实现这种激进的变化，模仿20世纪60年代的反文化的信徒、早期社会主义者、禁欲的宗教法则追随者等既不必要，也非人们的意愿。所有这些人都通过拒绝整个资本主义工程来抗拒消费主义。相反，我们应该允许发展资本主义，尽管必须在清晰的、严格限制的边界内。这个立场不提倡批麻蒙灰的生活（圣经时代穿被撕裂的脏衣服表达悲伤悔改——译注），也不鼓励无私的利他主义。它并不主张穷人或者穷国满足于自己的命运，学会热爱自己的苦难，显然，资本主义经济必须足够强盛以便满足所有人的基本生存需要。但是它确实呼吁在消费和其他人类追求之间保持新的平衡。

有充分的证据证明，当消费被用来满足更高的需要，即超过基本生存需要时，它就变成了西西弗斯式无休止的苦役。一些研究已经显示，在年收入超过两万美元的许多国家，收入增加和幸福感增加没有相关关系。在二战后的美国，人均收入已经增加到三倍，但是生活幸福水平基本保持不变；日本人的收入自1958年以来增加了六倍，但其生活满意度仍然停滞不前。研究还显示，在资本主义社会，不管挣多少钱消费多少东西，许多人仍然感到不满意，即便不是明显的剥夺感，因为有人比他们挣钱或者花钱更多：相对的贫困而不是绝对的贫困才是最重要的因素。这是个问题，因为从定义上看，其消费比大众消费更多的不可能是多数人。不错，有时候确实很难说什么是基本消费品什么是地位消费品，地位消费品也可能转变为基本消费品（比如空调）。但是，我们注意到，没有人需要可充气的圣诞老人或者自家门前草坪上的塑料红鹳（这里的草坪甚至在灼热的夏天也绿草如茵）。没有人需要平面直角电视，更不要说钻石作为爱情的信物或者大师的绘画作为提高自尊的来源，这不是文化势利的问题。

必须指出的是，消费主义不仅影响富裕社会的上层阶级，而且影响到中产阶级和工人阶级中的许多人。整个社会的大部分人都相信，他们的工作仅仅能维持收支平衡，但是如果考察一下他们的购物清单和储藏间就会发现，他们把收入的大部分花在了地位商品上，比如名牌服装、“适当”的汽车以及其他他们并不真正需要的配套东西上。

这种心态似乎是美国文化不可分割的组成部分，抗拒它注定是徒劳的。但是当今的经济下滑或许导致了种种变化的开始。危机已经使人们在奢侈品比如钻石和时髦汽车的消费上减少了开支，减少假日、生日、婚礼、犹太人成人礼

(bar mitzvahs)等铺张浪费的庆祝活动,确定了领导工资待遇的最高限额。有些人已经接受工作时间缩短、工资减少、没有薪水的休假等做法。

到现在为止,大部分减缩开支的做法是非自愿的,是经济情况逼迫的结果。接下来需要做的是,帮助人们认识限制消费不是失败的表现,相反,它代表了人们从消费品崇拜中解脱,是抛弃消费主义的机会。那么,注意力应该集中在哪里? 用什么代替对消费品的崇拜?

能够最好地解释马斯洛层次需要理论的文化很难是杀死下金蛋的鹅的文化——既能够提供基本生存需要的商品经济，也不是只会用嘲笑消费回应对更高需要的要求的文化。它必须是赞美使人类繁荣的其他根源的文化,除了赞美对商品的占有欲外。能够担当此任的两个最明显的候选对象是对社群主义的追求和形而上学追求。

社群主义指的是在与他人的关系上投入时间和精力,包括家庭、朋友和社会共同体成员。这个术语也包括公共利益的服务,如志愿者活动、服兵役和政治。社群生活的核心不是利他主义而是相互依赖,从这个意义上讲,更深刻和更密切地卷入和他人的关系对给予者和接受者来说都是有回报的。实际上,数不清的研究显示社群主义追求培养深刻的满足感。一个对50岁男人的研究显示,那些有朋友的人更不容易患心脏病。另外一个研究显示,上年纪的人如果参加社区服务的话,其生活满意度更高。

形而上学追求指的是被广泛理解的精神活动,包括宗教活动、打坐、艺术活动。中国文人以诗歌、哲学和绘画为中心的生活方式就很能说明问题,但这种生活方式是受限制的,因为只有位于社会上层的少数精英才有资格享受,而且它部分是建立在剥削其他群体的基础上的。在现代社会,强调形而上学追求的人常常是消费有限的波希米亚人、初入道的艺术家和终身学习者。但是,这些人只占社会的很小一部分。显然,在一个从出于消费主义目的而消费转向通过形而上学工程满足更高人类需求的文化中，肯定有更多人有机会在这些追求中进行选择。

所有这些听起来似乎都太抽象了,更不要提乌托邦了。但是你可以在强调社群主义追求和形而上学追求的退休者中看到一种社会的先例。他们花费人生的最后几十年绘画,不是为市场或者画廊,而是一种自我表现和相互交流的方式，一种志愿者活动，在有些情况下就是去上课。当然，这些人已经工作过了，有资格过这样的生活。其他年龄段的人在退休前要想过这样的生活，就不得不缩短工作周或者工作日，或拒绝把工作带回家，或关掉“黑莓”(一种无线电子邮件收发设备——译注)，否则就贬低了工作在其生活中的核心地位。这实际上是每周工作35小时的法国人所追求的，其他“老”欧洲国家也在这么做。主流美国经济学家长期以来一直嘲笑这些社会，敦促他们现代化，他们宣称除非人们多消费，因而多生产，多工作，否则现代经济就无法生存。在一定程度上，他们尤其是英国人确实现代化了。可现在看来，这些国家似乎又要有新举措了。

一个为了其他组织原则贬低消费主义的社会不仅能防范经济灾难的威胁，培养更加幸福的民众，还有其他优势。比如，这样的社会消耗的物质资源更少，因而更符合环境保护的理念，而且能表现出更高程度的社会正义。

社会正义意味着财富的重新分配，把享受过多优势的那些人的部分财富给予非因个人责任而陷入弱势的人——这些人因为过去的非正义及其持久影响、技术变革、全球化、基因差别等形形色色的理由而陷入贫困。在自由社会中，重新分配之所以受到令人惊讶的限制，是因为支配“额外”资产的人恰恰是政治上有权势的人。把弱势群体组织起来推动社会正义强迫当权者屈服，这种做法在民主国家很少能取得成功，在其他国家也往往造成大规模的流血。所以就出现了这样的问题：有没有其他办法减少精英对财富重新分配的抗拒?

答案就在于，精英获得满足感的主要源泉不是占有更多的商品和服务，而是参加既不是劳作也不是资本密集型的活动，因而不需要花费很多金钱。社群主义活动要求个人的社会技能、交际技能、时间和精力。从原则上说，还有最低限度的物质和经济花费。这同样适用于形而上学等先验的活动，如祈祷、打坐、音乐、艺术、成人教育、体育等等。不错，消费主义已经让许多哲学追求变成了昂贵的活动。但是人们可以打破这种心态，在使用最低程度的商品和服务的情况下参与多数形而上学活动完全是可能的。一个人不需要穿设计师设计的服装照样可以欣赏落日，不需要穿名牌鞋子照样可以从徒步旅行中获益。用塑料制成的棋子下棋和用雕刻的红木象棋或者大理石象棋同样可以很开心。我可以肯定，如果和使用普通的圣经甚至用再生纸印刷的圣经的祈祷者相比的话，上帝并不会因为你祈祷的时候使用羊皮封面的圣经而听得就更认真。(威拉·

斯皮格曼的《七种快乐》是描述这种文化能繁荣的书之一)简而言之,那些拥抱这种生活方式的人会发现他们能得到更高水平的满足，即使他们放弃所支配的大部分多余财富。

就把这个理想付诸实践而言,现在的危机会成为导致文化转型的事件,还是成为消费主义工程中的小插曲？这是由社会来决定的,其决定方式是通过我所说的“民众道德对话”过程实现的。社会常常参与到民众有关是非的对话中。典型的是,在任何一个具体时间里,主导民众对话的只是一个或两个话题。最近的一些主要话题包括2003年入侵伊拉克的合法性问题、同性恋者是否应该被允许结婚的问题。在更早的几十年,民众讨论的话题是女权和少数民族的权利。民众对话涉及社会的千百万成员,他们在工作场所、家庭聚会、媒体、公共事件中相互交流看法。这些讨论常常引起充满激情的争吵,虽然没有明确的起点和终点,但很可能导致社会文化及其社会成员行为上的改变。

现在有关消费主义和人类繁荣的关系的民众对话时隐时现，它可能会像管理一样成为未来的热门话题。公共知识分子、专家学者、政治人物占据最有利的地位,能够把民众对话的焦点引导到这个话题上,最重要的是能确定民众讨论的适当范围。(文化变革的)主要挑战不是制定法律,而是让人们重新思考美好生活到底意味着什么。

民众就这个非常抽象的问题展开对话不过是个开端。如果要达成围绕消费主义的新共识,教育必须发挥关键的作用。常常宣称专心研究学术的学校实际上是形成社会价值观变革的主要场所。比如,许多学校给年轻人留下深刻的印象,教他们要尊重环境,不要种族歧视,要用和平方式化解分歧等。因此,人们没有理由认为学校不能赶走消费主义,提倡社群主义和形而上学价值观。穿着校服(对抗惹眼的消费)和强调社群服务是把这些观点转变为公共教育文化的两个方法。

对成年人来说,工作场所的变化在推广这些价值方面具有重要作用。对加班的限制,除非在特殊情况下(比如自然灾害),缩短工作周,更多的兼职和时间灵活的工作,更多的自由,在家工作,让员工随意着装因而避免在套装和其他昂贵服装上浪费金钱。所有这些小倡议都会鼓励美国人花费更多时间在工作之外的事情上。

最后，立法机构也可以发挥作用。通过征税打击人们买大房子的积极性，鼓励人们使用公共交通工具而不是私家车，乘坐民航飞机而不是乘私人飞机出行。政府也能通过确定行政高管的工资上限给消费主义以重击。

所有这些只是徒劳的、抽象的假设吗？不一定。很多虔诚的美国人已经在一定程度上拥抱了这种价值观的不同版本。那些因为世俗观念而参加社区服务的人也在同一条船上。一个名叫巴拉克·奥巴马的理想主义者(在大学毕业时)没有选择待遇优厚的职业,而是成了一名芝加哥的社区组织者。

我当然不期待大部分人在一夜之间摆脱消费主义心态。有些人即使在体验新价值观的水温时,可能另一只脚还留在传统价值体系里,就像那些上身穿鲜艳的运动装下身穿牛仔裤的人一样。还有一些人只是减少惹眼的消费,根本没有丝毫的内疚或者对遭到社会谴责的恐惧。社会转型是循序渐进的,它所需要的是,越来越多的人把当前的经济危机变成解放自己的机会,摆脱对消费品的着迷以及为此而付出的过量工作,一点一点地重新思考美好生活的新定义。

译自:"America after consumerism",by Amitai Etzioni.

网址:http://www.tnr.com/politics/story.html?id=80661c9c-9c63-4c9e-a293-6888fc845351&p=7

作者简介:阿米塔伊·伊兹欧尼(Amitai Etzioni),乔治·华盛顿大学社会学系教授,美国社会学协会会长,著有《积极的社会》。

译者注:本文的翻译得到作者的授权,承蒙作者的热情帮助,特此致谢。

从一本书看清代统治者汉化政策的成与败

王学泰

一

从一本书看一个朝代的兴衰似乎有大题小做之嫌，但这本清代中叶出版的专门收录旗人诗歌的《钦定熙朝雅颂集》，确有标志意义，因为它关系着清朝统治的一个最重要的政策——有控制的汉化政策的失控。

满洲入主中国，建立了以旗人统治为主体的清朝，统治长达267年（从入关算起）之久，为什么清室能以百十万人口的少数民族长期统治拥有数亿人口的汉族？其赖以成功的原因很多，但关键一点，在于它推行了有控制的汉化政策。当这个控制失灵的时候，清统治由盛而衰就成了不可避免的必然趋势。

努尔哈赤建立的八旗制度是一种军民合一的社会组织，它是由氏族部落制度发展来的。平时组织生产，战时全部壮丁都是兵。统一中国之后，清统治者面对广袤的土地和众多的民众，必然要承认汉族原有的统治方式，要用汉族原有的统治方法治理国家，那么必然也要接受原有那套意识形态及相应的一套操作科目，例如把孔孟之道、程朱理学视为立国之本，就要笼络汉族文人士大夫，搞礼贤下士，征召隐逸，开科取士等一套。谈论满洲的汉化不能忽视清廷统治的需要，这是自觉的，是在统治者实施的统治计划之中的。汉化能够顺利发展（特别在前期），是以统治阶级需求为前提的。

另外一种汉化是追随统治者入关广大满洲民众的汉化。满洲民众的汉化不是由其入关开始的，关外期间，在满汉的交往中，满洲人的汉化就开始了，因为文化走向与流水相反，它总是由低处向高处进展的。这是不自觉的，也不一定是统治者所首肯的。满洲民众的汉化包括语言、衣食、习俗乃至学习汉文、读汉文著作、写作诗文等。

王学泰：中国社会科学院文学研究所研究员。

努尔哈赤对于汉文化是敌视的,对于明儒生尤为憎恨,捉到即杀,曾说“种种可恶,皆在此辈”,切齿之声可闻。皇太极虽有所缓和,但对满洲人的汉化趋向也是十分警惕的。皇太极即位不久就说“我皇考太祖(努尔哈赤)以昔日辽金元不居其国,入处汉地,易世以后,皆成汉俗”(《太宗实录》卷3,天聪元年—1627),从而导致衰亡。崇德元年(1636)清廷力量扩展了,要与明朝争天下了,皇太极再次以金朝统治者汉化后变得软弱的例子教训统治集团的核心人物,说“先是儒臣巴克什达海库尔缠屡劝朕改满洲衣冠、效汉人服饰制度。朕不从、辄以为朕不纳谏”。其实怕的就是丢掉以“骑射”立国的传统,从而使国家衰弱不振,丧失战斗力,还争什么天下?(《太宗实录》卷32)

然而,文化是个整体,清统治者在学习汉语,学习孔孟之道、程朱理学的时候,汉文化的其他内容也随之而至。例如顺治就喜欢汉文化中的佛学,甚至达到要放弃至尊之位,剃度出家的程度;康熙则声称自己“素嗜文学,诸臣有以诗文献者,朕当浏览焉”。这还属于高档的,满洲贵族一旦读书识字、有了文化之后,对这些也会产生兴趣。至于广大满洲民众,当没有战事,他们从战争的阴影走出来,而又衣食不愁的时候,流行于坊间市井的各种通俗文艺作品,城镇中有闲阶级的物质和精神享乐的种种花样,都会对八旗子弟有强烈的吸引力。什么当接受什么不当接受呢?这就是个问题!另外,文化虽然要借助一定载体才得以体现,但究其实质来看,文化更像是一种氛围、一个场,处在这个“场”中,很难做到只取有用之物,屏除有害之物。“取其精华,弃其糟粕”,如果只停留在粗略的层面,还有一定道理;如果涉及精微,就很难一厢情愿。

入关后,八旗变为单纯的军事组织,八旗军成为职业军队。这个职业军队又来到了汉文化的“场”中,虽然八旗进入大城市后都建筑满城(北京则是八旗独居内城,汉人被驱逐到外城居住),把他们与汉人隔离开来,然而,彻底的隔离是不可能的。交往频繁的城市生活又岂是区区坊墙所能隔离开的。何况八旗子弟作为职业军人整个被朝廷包养起来,没有谋生压力,不事生产,又没有战争,整日游手好闲,彻底成为城市中顶尖的有闲阶级,于是,他们有了比汉人更多的机会接受汉文化中奢靡的消费文化,变得日益软化。

二

清朝最高统治者接受汉族传统的意识形态之后，马上就得到好处。例如源于氏族部落的八旗制度保留了军事民主因素，各旗旗主在国家的大政方针上都有一定的发言权，而且，努尔哈赤晚年特别强调“八固山王共理国政”的原则，能持此原则者才能继承他的帝位（见《满洲实录》卷7）。这样军事力量大的旗主必然对皇权构成威胁。皇太极主政时一直想要抑制、削弱各旗主的权力，但很困难。顺治初，正白旗主多尔衮以摄政王和皇叔父的身份独断专行，俨然太上皇。在他死后两个月顺治就能“籍其家，诛杀其党羽”，“削其尊号及其母妻追封，撤庙享”，甚至掘墓鞭尸，用的“阴谋篡弑”的罪名，凸现了皇权至上的意识。其后顺治将多尔衮统领的正白旗收归皇帝，加上原有的正黄旗、镶黄旗，是为“上三旗”，从此原来大致平等的“八旗”，逐渐产生了上下之分，旗人有功，从“下五旗”转到“上三旗”，这就是“抬旗”，并成为一种制度。这是汉化的第一个成果，也就是“尊君”，或者说是加强皇帝极权。这是一个很长、而且有起伏的一个过程，直到雍正期间才最后完成。清史学家孟森说：

> 太宗（皇太极）以来，苦心变革，渐抑制旗主之权，且逐次变革各旗之主，使不能据一旗以有主之名，使各旗属人，不能于皇帝之外，复认本人之有主。盖至世宗（雍正）朝而法禁大备，纯以汉族传统之治体为治体，而尤以儒家五伦之说压倒祖训，非戴孔孟以为道有常尊，不能折服各旗主之秉承于太祖（努尔哈赤）也。世宗制《朋党论》其时所谓“朋党”，实是各旗主属之名分。太祖所制为纲常，世宗乃破之为朋党，而卒无异言者，得力于尊孔为多也。（《清史讲义·第四章》）

所以有人认为清代统治者的“汉化”就是“儒化”，如果仅就意识形态来说也不是没有道理的。

三

顺治皇帝是喜欢汉文化的，为了统治新到手的江山也必须学习汉文化，可是在他临终之时，在遗诏中反思执政教训时还说，自己“渐习汉俗，于淳朴旧制，日有更张，以致国治未臻，民生未遂，此罪之一也”（《清史稿·世祖本纪》）。虽然“遗诏”中可能有周围满洲亲贵的意见，但应该说这是得到顺治皇帝的最后许可的。从汉化的进展中取得好处的同时，其负面效应一直是清统治者的梦魇，是他们内心深处的一个情结。为什么这样？因为江山来得太容易，太依靠人数不多的八旗子弟的奋斗，生怕汉化溶蚀了他们取天下的资本，即满洲人的“尊君亲上，朴诚忠敬”的优良传统。另外，从轻易取得大明天下的经验来看，清统治者也认为汉文化习俗只能使人软化，使满洲人丧失尚武功能。

康熙践位年龄很小，由满洲亲贵辅政，这些辅政大臣还是强调要坚持“祖宗成法”，要“率循祖制、咸复旧章”(《圣祖实录》)，因此改次汉制方面有所反复。康熙亲政后，情况大变，除了恢复了顺治期间的变革外，还实施“以汉治汉”的政策，倡导“以文教治天下”，崇尚理学。甚至康熙自己穿上了“儒服”以儒学领袖和天下师自居，并宣称“朕惟天生圣贤，作君作师。万世道统之传、即万世治统之所系也”(《四书解义·序》)。这种把“治统”“道统”合一在自己的身上的皇帝，历代还不多见。康熙内心对于“汉俗”是十分鄙视的，他常常批评汉人习俗鄙陋，并认为“汉人难治”，甚至连吃饭这类小事上都认为汉人就是不行，一天吃四五顿饭，不知节俭。但他从现实统治需要，也要与汉人及其文化习俗虚与委蛇，不过分地在习俗的小问题上过分挑剔，吹毛求疵。他说：“文臣中愿朕习汉俗者颇多，汉俗有何难学？一入汉俗，即大背祖父明训，朕誓不为此。”(《康熙起居注》)可见，康熙在统治上急速推行孔孟、程朱之道，加强皇权专制，同时拒绝与此无关的东西。因此从康熙开始是比较自觉地控制着汉化的进程及其内容的。

然而，有一利必有一弊，世间从来没有只有利、没有弊的好事。前面说了随着汉化速度加快，统治者担心的负面效应也产生了，清初诗人方文《都下竹枝词》咏及八旗云：“自昔旃裘与酪浆，而今啜茗又焚香。雄心渐向蛾眉老，争肯捐躯入战场。”惯于战场厮杀的八旗健儿进了城，灯红酒绿，一下子钻到温柔乡里，自然战斗力迅速下降。于是，“三藩之乱”时，清廷不得不借助张通、赵良栋来敉平叛乱。

统治者欢迎的“汉化”，即通过对儒道的尊崇，消除“满洲旧俗”中的各个旗主的权力，把权力集中到皇帝一人手中。到了雍正时期，这个过程基本完成，凸现在最高统治者面前的就是统治基础的稳固问题了。

雍正为人猜忌，他总是有点惴惴不安。虽然立国80余年，但他总是觉得汉人喜欢闹事，其“意中每似不愿太平安静者”，仍然不少，时时都有可能出点乱子。而"我满洲人等，因居汉地，不得已与本习日以相远"，没办法，住在汉人圈里就不能不受其影响。雍正觉得现在满洲人都以"读书""崇尚文艺"为荣，向汉俗靠拢，从而丢掉了看家的本领——弓马骑射，放松了从而武备，失去了八旗本来的优势。雍正告诫那些热衷学习汉文化的八旗子弟，让他们"学习满洲之武略骑射，勿但崇尚文艺、以致二者俱无成就，而以满洲之武略为可鄙也"(《世宗实录》)。他说崇尚汉文化，可能最后弄得"文不成，武不就"，还是守住"武略骑射"和"淳朴世风"好。

雍正不仅苦口婆心，谆谆教诲，而且还开始整饬旗务，通过行政手段对满洲人的汉化加紧控制。这种政策在声言不涉国家大政的小说《红楼梦》里都有反映。贾宝玉的书法、诗词都有点功力，清客都赞美，但受到其父贾政的呵斥。他要求老师"只是先把《四书》一气讲明背熟，是最要紧的"，"什么《诗经》古文，一概不用虚应故事"。对于"满洲世仆"的人家，先要明了忠君大节，《四书》就是关乎于此的，而熟读"《诗经》古文"，则是"崇尚文艺"了。由此可见雍正控制汉化的措施是在当时旗人中有影响的。

四

如果说顺治时期朝廷对于汉化无论是襄赞还是抵制都是缺少自觉的政策意识的，把汉化作为一种自觉的政策意识是从康熙开始的。雍正皇帝对汉化的控制意识加强了，开始了防堵；而到了乾隆时期，他继其父继续整顿旗务，把控制八旗汉化当做其中最重要的举措。他隐隐感到汉化的实质是"文人化"和"汉人化"，前者削弱了满洲的战斗力，没有"八旗健儿"的"骑射"，清朝不是要处在风雨中飘摇吗？后者更可怕了，如果旗人成了"汉人"，满洲皇室的基础又在哪儿呢？因此乾隆对控制汉化政策抓的最紧，力度更大，甚至不惜兴起大狱。

在整饬旗务过程中，乾隆要旗人重温皇太极昔日对满洲人的教导，强调旗人是旗人，要旗人特别是其中的满洲人自觉地有别于汉人；绝不能混同为一般老百姓，特别是汉族百姓。他认为满洲人有天生的好品质，"绝实忠诚、其尊君亲上、守法奉公。皆出乎天性。无一毫勉强"(《高宗实录》卷4)。守住这些不变就很好了，不要像寿陵余子一样，既没有学到邯郸人美妙的步履，又忘其故步。要保持原有习俗，就要坚持皇太极所强调的："学习骑射，娴熟国语(满语)，敦崇淳朴，屏去浮华”等四条。

四条中的“骑射”（武功）“国语”（满洲话）好懂。乾隆就是从这两条简单的抓起。在接见满洲臣工时，他常常用“清语”“清字”测验臣子们有没有忘本。不能用清语、清字的回答的，轻则“申饬”，重则撤职。另外，在满洲人、旗人如参与科举考试必先考弓马骑射。

“敦崇淳朴”需要解释一下。其实说透了就是忠于满洲皇帝，如果说汉族士大夫真的忠于满洲皇帝（在雍正、乾隆眼中，许多汉人是假忠），那还是通过儒家经典的教诲，懂得了“忠君”的意义，从而转换成忠于满洲皇帝行动的。而满洲人不是这样，他们忠于自己则是他们的本性，淳朴就是不假外力、不需要学习，自然形成的。显然，这是欺骗，是为了拉拢住八旗子弟的饰辞。

什么叫“浮华”？这含义更为广泛，凡是满洲人接受了为皇帝看着不顺眼的汉人习俗，都可以称之为“浮华”。比如写诗作文在汉族文人士大夫看来是件雅事，它又有怡情悦性的功能，遂成为文人的时尚。康熙、雍正、乾隆等几代皇帝也读历代文人士大夫的书，自然也羡慕汉族文人士大夫的生活。康熙、乾隆二人合起来12次江南之巡，内在的动机就有对汉族文士所肯定的山水之美的追求。雍正、乾隆都有穿戴汉族文人服饰的造像，有的还作“抚孤松而盘桓”状。但皇帝是皇帝，可以率性而为，他怎么“汉化”也没人敢有异议，谁也不敢说这是“浮华”，至于这些满洲世仆，穿汉人的衣服，改汉姓，不会说清语、写清字都是问题。这些都可以称做“浮华”。

乾隆特别厌恶身为满洲人而以文人自居，像钟音这样久任督抚大员的满洲官员，因为不关心武备，“自号文人”，也严加“申饬”。至于旗人写诗作文更被视为脱离满洲本业。二十五年，乾隆巡猎木兰，有被罢官的满洲翰林鼐郎阿，“亦效汉人献诗。考试又甚平庸，看来伊从前会试中式。必系夹带舞弊。而革职后自应悔过自责。果能熟习骑射、充补护军披甲后。仍不废其所学。朕闻之、或予以原官。或补授侍卫。俱未可定。今鼐郎阿、弃舍满洲本业。效尤汉人侥幸献诗。谅其诗亦必系假手代作。朕断不肯复加录用。使旗人效尤而行。满洲本业。益至废弛。将此通行传谕八旗。嗣后旗人务守满洲淳朴旧习。勤学骑射清语。断不可薰染汉人习气。流入浮华。致忘根本”（《高宗实录》卷620）。乾隆两个推论很可笑（“夹带舞弊”“假手代作”），但可见他对满洲人“文人化”的轻蔑，认为这是不可能的。

中国古代史上文字狱最厉害的就是乾隆时期，此间仅经由皇帝处理的文字大狱就有六七十起之多，其中也涉及满洲大臣。最典型的是胡中藻诗案中对广西巡抚满洲人鄂昌的惩罚。胡中藻曾是内阁学士，乾隆十五年(1750)向皇帝献其所著《坚磨生诗集》，二十年(1755)三月突然下了一道上谕，指责胡诗集中多有“悖逆”之词，胡中藻下狱。诗集中有与鄂昌唱和之作，遂株连鄂，抄了鄂昌的家，在鄂家发现了鄂昌自己写的诗和其他满洲人的诗集，乾隆觉得有典型意义，发了一道上谕：

> 谕满洲风俗，素以尊君亲上、朴诚忠敬为根本。自骑射之外，一切玩物丧志之事，皆无所渐染。乃近来多效汉人习气，往往稍解章句，即妄为诗歌。动以浮夸相尚，遂致古风日远。语言诞漫，渐成恶习。即如鄂昌身系满洲，世受国恩，乃任广西巡抚时，见胡中藻悖逆诗词，不但不知愤恨，且与之往复唱和，实为丧心之尤。今检其所作《塞上吟》，词句粗陋鄙率，难以言诗。而其背谬之甚者，且至称蒙古为“胡儿”。夫蒙古自我朝先世，即倾心归附，与满洲本属一体。乃目以“胡儿”，此与自加诋毁者何异？非忘本而何？又如鄂昌家查出塞尔赫《晓亭诗钞》内，有作明泰妾杜贞姬诗一首。初以明泰身遭不幸，本非其罪者，及查阅原案，始知明泰身为协领，侵蚀兵丁钱粮，其罪本即应正法，我皇考世宗宪皇帝，如天之仁，将伊解送宁夏，永远枷号，实属格外宽典。而塞尔赫所作《诗序》，但知赞其妾为贞姬，遂饰为雠家行刺等语。此直变乱黑白，不自知其矫诬矣。究之明泰今竟以占田谋杀二命正法，夫以如此恶人，而有贞姬为妾之理乎？夫满洲未经读书，素知尊君亲上之大义。即孔门以诗书垂教，亦必先以事君事父为重。若读书徒剽窃浮华，而不知敦本务实之道，岂孔门垂教之本意。况借以诋呵讽刺，居心日就险薄，不更为名教罪人耶？此等弊俗，断不可长。著将此通行传谕八旗，令其务崇敦朴旧规，毋失先民矩矱。倘有托名读书，无知妄作，哆口吟咏，自蹈嚣凌恶习者朕必重治其罪。(《高宗实录》卷485)

在乾隆看来，读书、写诗不仅不能使满洲人长进，反而堕落了，失去了原本有的“尊君亲上之大义”。从这道上谕中我们可以感受到他对“托名读书，无知妄作，哆口吟咏”的痛恨。最后鄂昌也被处死。为什么处理如此严重？他感到鄂昌的汉化滑到了“汉人化”的边缘了，竟称满洲人“二弟”（满洲未入关时为了与蒙古在团结一起与明朝征战，自命为刘先主即刘备，视蒙古为关公），蒙古为“胡儿”，这已经不仅仅是文人化削弱战斗力的问题了。

这道上谕在当时很有威力，必然加深旗人特别是满洲人对写诗作文危险性的认识。从这个案例可见乾隆在控制满洲汉化过程中手段之严酷。

五

古代汉族文人写诗不是情感生活的需要，许多社会交往中也需要诗。旗人汉化过程中写诗也成为很重要的一项。入关之前，汉化程度较深的满洲人就开始写诗，如小有名气的鄂貌图等。定鼎之后，满洲贵族有了优越的条件学习，除了声色犬马外，也有不少喜欢高雅情调、热衷于写诗作画的，出了不少有名的诗人。像胤禧（慎郡王）、揆叙、纳兰性德、岳瑞、文昭、博尔都、塞尔赫、永忠、永恩、弘晓、敦敏、敦诚等。许多人都有诗集传世，他们的诗作也被收入一些诗话（如《随园诗话》），或被汉族文士所编选的诗歌总集收录（如沈德潜编选的《国朝诗别裁》）。从入关到了乾隆末年已经有150年，出于各种动机，到此时汉人编选的清人诗歌选本，就我个人所寓目的就有二三十种之多，然而独独没有专门以满洲人、八旗人诗歌创作为收录对象的选本问世。这是为什么？其根本原因就是皇帝厌恶满洲人搞这些虚浮的东西。旗人自己写点诗文，自己刊刻一下，就周围的小圈子的人知道，一编成选本就显得格外招摇，害怕因此得罪。

然而，乾隆一死，情况很快就发生了变化。嘉庆九年（1804），内务府就刊刻了第一部旗人诗歌创作总集——《熙朝雅颂集》。此书共138卷，编辑者最初为满洲正黄旗的铁保，乾隆三十七年（1772）进士，也是屡任广东巡抚、浙江巡抚、两江总督的地方大员，乾隆在世说他“有大臣风”，是老练的官僚。他也好文，留心八旗文献，先辑成《白山诗介》50卷，一直不肯拿出，他懂得那会有危险，直到乾隆去世五年后，摸准了气候，才把编成的“八旗诗”献给嘉庆，不仅未受责备，还受到表彰，并赐名《熙朝雅颂集》。嘉庆皇帝为此书作序说：

> 夫言为心声，流露于篇章，散见于字句者，奚可不存？非存其诗，存其人也。非爱其诗律深沉，对偶亲切；爱其品端心正，勇敢之忱洋溢于楮墨间也。是崇文而未忘习武，若逐末舍本，流为纤靡曼声，非予命名“雅颂”之本

意。知干城御侮之意者，可与之言诗。图但与此函，侈言吟咏太平，不知开创之艰难，则予之命集，得不偿失，为耽逸恶劳之作俑，观其集者应谅予之苦心矣。

虽然为了与祖宗的说法“接轨”，也讲些“爱其品端心正”“崇文而未忘习武”这些空洞的“政治正确”的话，但方向变了。乾隆间的旗人诗何尝没有“品端心正”“崇文而未忘习武”的作品！皇帝之所以鸡蛋里挑骨头就是要刹住满洲“文人化”进而“汉人化”的这股风潮，牢牢地控制住汉化的进程。而到了嘉庆时这股力量控制不住了，嘉庆在这方面的自觉意识也差。其实乾隆时的严厉恰恰也就显露了控制不住的架势，嘉庆则干脆承认了这一点，似乎是要两者兼顾，汉化、文人化没关系，只要保持原来的底色就可以了。当然这也是一厢情愿。

这个集子里收录了一些乾隆时期犯忌人的作品，如前面说到过“塞尔赫”，他是努尔哈赤之弟穆尔哈齐的曾孙，《晓亭诗钞》乾隆说他的诗“变乱黑白”，而此集中收他的诗98首，对他十分推重。另外一个是鄂尔泰，查抄胡中藻案时，因为鄂尔泰与胡关系密切，而当时鄂尔泰已死，乾隆切齿地说：“使鄂尔泰此时尚在，必将伊革职，重治其罪，为大官植党者诫。”而此书选鄂尔泰诗75首。这些都是为乾隆所不容的。不过此时对于乾隆已经是“身后是非谁管得”了。

《熙朝雅颂集》标明“钦定”，黄缎子封面，绵白纸作衬，墨色鲜亮，刊刻精美，看起来真是赏心悦目。用现代的话来说，如此高调出版，那时谁知它是清统治者一项重要政策失控的标志呢？

多面的伯林，不仅仅生活在表层

薛华芸

20世纪重要的政治思想家以赛亚·伯林生于1909年，2009年是他的百年诞辰。中国人知道伯林实在是太晚了，我本人就是一例。我是研究西方哲学的，而且专攻20世纪英美哲学，但我于1986至1988年在牛津大学做访问研究时，身为该校乌尔弗森学院（Wolfson College）的成员，却不知道该学院是伯林一手筹建，并担任该学院的首任院长。在我的心目中，乌尔弗森学院光荣的学术史首先是达梅特和戴维森在此进行关于语言意义的实在论与反实在论的辩论。达梅特是我的导师，他与戴维森的争论是我研究的重点之一。在乌尔弗森学院两年，伯林的赫赫大名从来没有进入我的脑际。

中国人忽视伯林与忽视洛克、休谟、托克维尔等思想家有相同的原因：他们不像黑格尔那样提供庞大而无所不包的体系；他们的学说与叔本华、柏格森的学说不同，不求可爱，只求可信；他们的思想在宪政建设方面有教益，与乌托邦的畅想无缘。作为补课，我们对伯林应该多少知道一些，尤其是，伯林以政治思想史见长，他的论述既有洞见，也很中肯。伯林的观点当然不是高明得不得了，但对那些偏爱艰深晦涩理论而不免走火入魔的人来说，或许可以起一点解毒剂的作用。伯林曾经对人说过，他总是生活在表层，他的生活不可思议地平静，他快乐是因为他浅薄。确实，伯林的形象与有些人习惯性想象的思想家不同，他不像苏格拉底，被审讯、被迫害，最后为了自己的信念和尊严献出生命；他不像孔夫子，风尘仆仆、游说列国而到处不受欢迎，落魄如丧家之犬。在人类历史上，思想者的光辉往往与他们的苦难经历交织在一起。伯林不但学术生涯一帆风顺，而且出奇地好运，他出身于一个富裕的犹太人家庭，移居英国后，在牛津大学拿到奖学金，刚一毕业就在本校获得教职，紧接着获得万灵学院研究员职

薛华芸：中国社会科学院研究员。

位，这意味着进入了一个享有特权的精英圈。他人到中年就暴得大名，并在48岁时被册封为爵士。他一生过着养尊处优的生活，喜欢结交名人，在上流社交圈如鱼得水。他的生活常态，他的自白，非常容易使人把他的形象定格为一个脑满肠肥、志得意满的“中产阶级庸人”。

但是，伯林的性格和人格是复杂的、多面的，他并非一味沉溺于舒适的生活，他有幸存者的内疚感，他的幸福笼罩着不安的阴影，在回答他一生中最吃惊的事情是什么时，他回答说，那就是，在经历20世纪那么多可怕的事件之后，自己竟然还能如此平安、如此幸福地生活。一个有这么严厉的自我反省和自责精神的人，就算真是肤浅，那也一定是在严格、特殊的意义上说的。

伯林与诗人阿赫玛托娃的相会充分说明了他的价值和道义立场，显露了他的贵族化生活背后的热情。

伯林1945年以英国外交部官员身份访问莫斯科，怀着对俄罗斯文学书籍和文学家的兴趣，他专程去了一趟列宁格勒。当他听说有可能会见阿赫玛托娃时，他高兴和激动得说话都不利索了。可以说阿赫玛托娃是文学苦难的象征，她是著名的诗人和美人，文学沙龙里的明星，但在20世纪20年代遭遇到极大的不幸：她的头一个丈夫被污蔑谋害列宁而遭到处决，儿子被逮捕，她一度遭到流放，还失去了发表作品的权利。见面是危险的，当然后果对于女诗人更加严重。阿赫玛托娃急切地打听散落在西方国家的原来文学圈中朋友的下落，伯林的回答令她又惊又喜。他们向对方讲述自己的童年生活，讲述从小对文学的热爱，他们一下子就成为知心朋友，当阿赫玛托娃为伯林朗诵诗歌时，他几乎不能自持，只好站起身脸朝窗外，以掩饰自己的感情。

阿赫玛托娃因为拿不出任何像样的东西招待伯林而难为情，她只端出了一些土豆，而后来伯林回忆他们在黑暗的房间里映衬着炉火分食土豆的情景，却是兴味盎然。阿赫玛托娃倾诉自己的感情经历，熟人、朋友、同事之间的背叛和告发，当她讲到自己决心承受悲剧性命运，承担俄罗斯语言不朽诗神的使命时，伯林感到她坚定和骄傲得像个女王，他知道这是自我戏剧化强烈倾向的表现，但为这种情怀的真诚感动。他们在这种圣洁的氛围中交谈了一整夜，伯林强憋着不去上厕所，以免破坏气氛。当天色大明伯林返回旅馆时，他扑在床上，口中念念有词：“我爱上了，我爱上了”，这并不是说在那一夜他们在黑暗中有暧昧的举动或非分之念，而是表明伯林心潮澎湃。与阿赫玛托娃的见面是他一生中最重要的事件，使他的生活有重大转变。

经过伯林的不懈努力，牛津大学终于在1965年授予阿赫玛托娃荣誉学位。她来到牛津时，举止和谈吐威严得犹如女王，对于西方给予的荣誉，她视为理所当然、实至名归，以傲慢的态度表示感谢。她在大剧院用拉丁语致辞，说自己象征过去，抚慰现在，给未来以希望，她在豪华饭店接见世界各地赶来参拜她的俄罗斯人。伯林一直鞍前马后地张罗，心甘情愿、毫无怨言。读到这样的记述我心领神会，也许阿赫玛托娃有一点傲慢、做作、夸张，但那是我能理解的，而伯林的全心全意和谦恭令我感动，以至于可以原谅他平时贪图安逸与迷恋上流社会。

1965年，伯林不顾同事和朋友的劝告与反对，接受了建立一所新学院的使命。这明摆着是一件吃力不讨好的事：除了一块地皮，几乎什么都没有，他得离开漂亮、舒服、贵族化的万灵学院，离开学术研究和教学，搬进新址的破房，去从事募款、策划、指挥监督建筑、物色人员等行政和人事工作。有人说，他要把自己超凡才华和宝贵时间浪费在各种会议和协调中，简直不可思议。伯林知难而上，其动机包括为一批在牛津任教而在现有学院没有正式职位的科学家谋一个栖身之地，以及报答牛津大学多年来对自己的厚爱。他说，能为牛津大学干点实事，足慰平生，其意义超过发表三部优秀著作。

伯林现在可以充分施展他的交际才能和利用他平时积累的人脉关系了，他以牛津大学的科学和学术事业为理由进行游说，而他本人的投入是最令人信服的。他利用与美国人的良好关系从福特基金会得到巨额援助，又利用他的犹太人身份从犹太巨富乌尔弗森那里募得大笔款项，他为了把学院设计得端庄高雅，为了替学院招募人才，为了使学院的制度更加民主和平等，他耗尽了心血，几乎事必躬亲。

乌尔弗森学院的成功建立使人们惊叹，伯林的学术固然受到影响，但他表现出来的行政才干使人们吃惊和赞美。他只在院长的位置上干了一年，但整个过程表明了他的公益心、责任心、敢担风险和乐于奉献的精神。他具有多方面的才能，既是优秀的思想者，又能在实际行政事务方面大显身手。当然，他志不在官场，终身保持书生本色。

伯林与英美主流社会打成一片，他的犹太出身在他的立场、观点方面似乎不起作用，但细看之后可以发现，不论从研究兴趣、论述角度还是具体论点上看，他的犹太民族情结都非常浓，深入到骨髓、融化于血液，他的一些最深刻，需要精妙细致、体贴入微的眼光才能作出洞察和剖析的篇章，都涉及分析犹太人的心理和遭遇。这可能是不可避免的，我们在汉娜·阿伦特那里也会发现同样的现象。伯林的《狄斯累利、马克思及对认同的追求》就是一例。

伯林引述赫尔德的话说，与语言、宗教、共同的历史和记忆、长期生活于同一片土地等等相联系的归属感或自我身份认同，就像食物、住所、安全、生儿育女一样是人的基本需要。犹太人在欧洲是受压迫、受伤害的弱势人群，其中的佼佼者需要摆脱出身带来的不利，摆脱局外人的尴尬处境，他们需要一种新的身份。狄斯累利和马克思的父辈为生计所迫改宗基督教，平静地接受了同化。而这两位杰出人物对于自己到底是谁这个问题有更多的焦虑、更高的要求，他们要为自己的安身立命打造更牢靠的基地。

政治家、作家，曾任英国首相的狄斯累利克服先天障碍的方法是反其道而行之，他对自己的出身不但不掩饰，反而进行夸张，没完没了地谈它，赋予它极大的重要性。他装得比英国人更贵族、更讲究身份地位，更加民族主义。而马克思则相反，他做出毫不在意的样子，几乎不涉及这个问题，拒不承认自己因为出身遭到过歧视。如果说狄斯累利想尽量装扮成英国上流社会的成员，那么马克思则是让自己认同于工人无产者，只是，他对这个阶级并没有亲切感，它只是抽象的一个类。伯林说，狄斯累利和马克思两人的幻觉产生的原因之一是他们的心理和人格需要，他们需要找到自己的位置、确定自己的身份。他们都反叛父辈想跻身进入的中产阶级社会，极力反对自己出身的社会阶级。他们的努力是强悍的，但也付出了代价，他们看不见那些不那么痛苦，更用平常心的普通人所看到的许多东西。

作为政治哲学家，伯林在理论上的最大贡献，也是他的思想中最为人所知的，是他对“积极自由”与“消极自由”两种概念的区分。简单和直观地说，“消极自由”就是不受强制的自由，而“积极自由”则是“去做……”的自由。按照伯林的表述，“消极自由”针对的问题是：“人在什么范围内可以不受他人干涉做他有能力做的事？”“积极自由”针对的问题是：“什么东西或什么人控制或干涉人们，使他们做某些事情或成为某种人？”伯林认为，从概念和逻辑上说，这两种自由在出发点上并没有太大的区别，联系和重合之处甚多，但在实际的发展中，区别却越来越大，甚至分道扬镳。20世纪的历史表明，某些人、某些学说正是利用两种自由观念的混淆和大力扩展积极自由观念中潜藏的危险因素而导致了自由的丧失。从积极自由的观念出发，固然可以肯定“人应该是自己的主人，人只受自我的支配”，但按照某种哲学，许多人是被“低级”自我控制，实际上并没有享受自由，所以，真正的自由只能从把握了“高级”和“真实”自我的学说中得到，而精通这种哲学的先知、体现这种哲学的团体就处于教育人、改造人、强迫人的地位。

伯林的上述主张既得到热烈的反响和喝彩，又受到强烈的质疑。在西方，一些有影响的哲学家认为两种自由的区分不成立，积极自由和消极自由本来不过是自由的一体两面，任何自由都是这样一种单一的三元关系：X使Y自由从而可以做出Z。在中国情况也类似，有人认为伯林的学说有很大的启发性，有人认为它具有英国经验主义哲学的狭隘性和肤浅性，远不如与之对立的黑格尔哲学的博大、深刻。我认为，不管怎么说，伯林的学说不失为对“从自由出发而以失去自由终结”的辩证过程或异化过程的一种有洞察力的解释。

伯林还大力主张多元论，他认为，长期以来人们都有一种虚假的信念，认为各种可取的价值——比如真、善、美，又如自由、平等、博爱——是统一的，人们可以同时追求、得到它们，但实际上这不可能。各种价值其实是不可兼得的，顾此就要失彼，而且是不可公度的，也就是说，甚至找不到一种共同的尺度来衡量它们。他认为，只有承认了价值的多元性，人们才能够妥协和容忍，彼此相安地生活于一个社会。伯林的多元论为当代面临多元化世界的人们称赞，同时也受到一些人的批评，他们说，伯林的多元论容易滑向相对论，以至于自由、民主等等只是多元中的价值之一，不具有对其相反价值——奴役、专制——的优越性。在中国，人们对于多元的概念还是比较隔膜，发出的疑问往往是：自由和平等为什么不能同时兼得呢？

有人说，伯林的思想因为浅显才在中国广为流传，这话有几分道理，但这背后更重要的原因是，中国人因为吃够了那些“深刻”道理的苦头，才开始重视浅显的道理。

如果汉娜是有罪的,那谁是无罪的?

萧　武

我在影片《生死朗读》里看到的,就是赤裸裸的阶级斗争。正如有人讲的,如果不是那个马萨夫人写了一本书,这六个小小的纳粹集中营看守就不会成为一个事件。后现代主义认为,书写本身就是一种压制性的权力。马萨夫人们虽然曾经是纳粹集中营的阶下囚,但是战争一结束,他们马上就成了归来的胡汉三。通过书写,马萨夫人们的灾难记忆实际上被放大了。所以,在审判刚一开始时,检察官就问听众们,是不是看过马萨夫人的书。答案当然是很明确的,没看过这本书就不会来旁听这个审判了。正是通过这本书,听众们的情绪就被煽动起来了。所以,当汉娜走进法庭的时候,听众们就群起而攻之,骂她是纳粹。所以,这个审判看起来就不像是一个现如今搞法学的人推崇的法庭独立审判,而是类似人民公审大会那样的形式。面对这样的处境,汉娜和她的同伴们就已经被先在地判定为有罪了。从一开始,她们就已经输掉了这场官司。

所以她的律师要作的辩论就不是有罪无罪的辩护,而是罪轻罪重的辩护。在关于他的辩护中,最关键的是她们在挑选出三百人转移的时候,住在一个村子的教堂里,遇到空袭,里面的人想逃跑,但是汉娜和她的同伴没有给他们开门。如果仅仅是到这一步,那么汉娜跟其他五个人的罪名就是一样的。但她的其他五个同伴异口同声地指称,汉娜是她们的头儿。如果能证明这一点,那么她们六个人就不是平等的罪名了,她就成了主犯,而其他人只是从犯。而证明这一点的唯一证据是,在事后写给党卫军的报告是谁起草的。其他五个人一致指称,这个报告是汉娜起草的。检察官要求对笔迹,而当拿来纸笔的时候,汉娜却在沉默之后承认那个报告是她起草的。这样,她的罪名就被坐实了。于是,她们六个人就成了主犯与从犯的关系,汉娜被判处终身监禁,而其他五个人则只

萧武:自由撰稿人。

有四年半的徒刑。

从一开始的时候，我就搞不清楚汉娜为什么总是要别人为她朗读希腊、罗马、俄罗斯和德国的文学名著，一直到她开始服刑，并开始从 the 开始学写字的时候，我才明白，原来汉娜是个文盲。汉娜是个彻头彻尾的无产阶级，没有受过任何教育，所以她只能依靠别人为她朗读。这一点在法庭上陈述的时候，她实际上也讲到了，而且证人的证词也证明了这一点，包括那个幸存下来的马萨夫人的母亲。但是，这个关键的问题却被忽略过去了，无论是法官、律师，还是检察官，没有人问她为什么要让别人为她朗读。这个关键问题被忽略后，检察官要求对笔迹。如果是在证人作证词的时候就问她，为什么要让别人朗读，她回答自己不识字就是一个有效的证词。但是，当已经到了要求对笔迹的时候，即使汉娜说自己根本就不识字，又有谁会相信这是真的，而不是撒谎呢？

她的小情人伯格实际上是知道这一点的。但是他一直在道德与法律两种不同的正义之间作思想斗争。他看见了那个在法庭上义正词严、声泪俱下地指证汉娜有罪的中产阶级女人在进法庭之前谈笑风生的样子，也看见了她在法庭上的杰出表演，但是他一点也没有感觉。终于，当他试图倒向法律一边，准备向他的法学教授老师说出汉娜不识字这个真相的时候，却因为有其他的同学进来而放弃了。他为什么不能为自己深爱的人作证？原因很简单，在奥斯维辛之后，写诗是野蛮的。有了这样振聋发聩的名言，还有谁敢为已经被一本畅销书指证为纳粹的人作有利证词呢？如果他因为作证而被谴责为帮助纳粹，他就违背了“奥斯维辛之后，写诗是野蛮的”这一基本的政治正确，也就毁了他自己的大好前程。那时候他还是个没毕业的法学院学生，还没有开始他后来为富人服务的律师生涯。如果在还没毕业的时候，他就违背了这个已经被中产阶级社会确立为政治正确的基本的道德法则，那么他的法律即使学得再好，也不会有什么前途了。更何况，显然他也是已经同意汉娜有罪这个基本判断的。

所以，伯格在汉娜开始服刑之后不断地给汉娜寄录像带，并不仅是想帮汉娜识字，让她被启蒙，然后再开始反思自己的罪恶，从而救赎汉娜的灵魂；实际上，他也是在拯救自己的灵魂。他为了自己的前程而拒绝说出真相，而让汉娜所受到的刑罚超过了她所应得的限度。当然，作为一个体面的中产阶级，少年无知时期与一个比自己大很多岁的中年妇女的不伦之恋已经够让他觉得难堪了。所以,他拒绝到监狱去探视汉娜。汉娜快要出狱时,他终于答应去帮她安排生活,而当汉娜伸出手的时候,他却只是碰了一下就又缩回去了。是因为汉娜已经年老色衰,不再是那个风韵犹存的少妇了吗?显然不仅仅是因为这一点,因为汉娜对自己的罪恶毫无反省,而他仍然认为汉娜是有罪的。

所以汉娜最后没有打算出狱,在临出狱的时候上吊自杀了。她是死于对自己的罪恶的最终发现吗?显然不止是这一点。德国不是一直都承认在反犹问题上的罪恶的吗,为什么德国没有全国都自杀?如果说仅仅靠读书识字就能实现让一个人得到启蒙,就能对自己的罪恶产生负罪感,为什么那些曾为纳粹服务的著名学者们没有自杀,而是在短暂服刑之后,就仍然继续做自己的哲学王去了?所以,我认为汉娜并不是死于终于发现自己的罪恶无可宽恕,而是死于绝望。

汉娜是一个彻彻底底的无产阶级,不仅不识字,而且没有一个亲戚朋友。她之所以能犯下被称为无可饶恕的罪恶,原因正如她自己在法庭上的陈述,她难道就应该在西门子的工厂里待一辈子,而不能通过应征纳粹的集中营看守而稍微改善一下自己的生活处境吗?作为一个在西门子这样的现代资本主义机器上的小小的螺丝钉,汉娜显然已经学会了照章办事,一切都按照别人教给她的程序和规则来做事。所以,当检察官问她,为什么在三百个人被关在已经起火即将坍塌的教堂里,她却无动于衷地眼睁睁看着她们死去的时候,她的回答是,她没有别的选择,她只能这么做,她的职责就是不让他们逃走,如果她打开教堂的门,而现场出现混乱,她是无法交代的。她反问检察官说,如果换做是你,你会怎么做呢?

法官沉默了。为什么?很显然,如果换了检察官在那个处境下面,他是否能冒让犯人逃走的险,这也是很成问题的。因为这是资本主义机器教给他们的,他们只能这么做,而且是必须如此。如果她不这么做,犯人们出来,出现了混乱,那么她就要面临纳粹的惩罚,或者失业,或者被视为犹太人的同情者从而成为二战时期德国的全民公敌。有谁有权力要求她在这时候扮演一个英雄角色呢?对一个只能在庞大的资本主义机器下面求生存的小小的无产阶级,她有什么义务像汉高祖那样斩木为旗呢?她为什么不能做一个最不可能犯错误的选择?我又想起了那个著名的所谓的管理学的案例——加西亚的故事。这个著名的故事里的主人公加西亚真是个资产阶级的好走狗，得到老板送信的命令后，历经千难万险，他都没有忘记自己的使命，想尽一切办法，最终还是完成了任务。几乎没有哪个资产阶级不喜欢这样的员工，但是当这个员工以同样的逻辑为别人服务的时候，他就错了？

无产阶级最需要自由，但是除了自由也就一无所有了。在无产阶级革命还没有取得决定性胜利的时候，每个作为个体的无产阶级实际上都没有什么选择的机会，他必须珍惜每个为资产阶级卖命的机会。只有这样，他才能活下去。无产阶级作为一个整体的阶级，力量也许是强大的，但是作为个体，面对整个资产阶级国家机器，他当然是无能为力的。汉娜也是一样。当一个完整的资产阶级国家机器都没能阻止纳粹上台，整个日耳曼民族都陷入了集体的反犹狂热的时候，又凭什么要求汉娜必须当英雄，必须在那个决定她未来的命运的空袭之夜放弃自己作为一个战争机器的国家机器上的小螺丝钉的职责呢？看守犯人，对她来说，只是一个生存下去的饭碗，就像她后来做电车售票员一样。这个工作对她来说，无所谓善恶，无所谓道德，只是一个饭碗。她也许并不知道反犹会在几年后就成为如此十恶不赦的重大罪恶，要付出整个下半生的代价去赎罪，甚至她压根儿就不知道她在做的工作就是那个庞大的战争机器的反犹工作的一部分。

正所谓“兴，百姓苦，亡，百姓苦”，汉娜与无数她的德国无产阶级兄弟姐妹们一样，无论是纳粹政权，还是“我胡汉三又回来了”的新的资产阶级民主政权。纳粹当权前，她是西门子工厂的一个流水线工人；纳粹当权了，她是一个小小的集中营看守；纳粹倒台了，她也只是个小小的电车售票员。对她来说，马萨夫人们的生死荣辱显然是完全无所谓的。无论马萨夫人是曾经的富家小姐、纳粹集中营里的阶下囚，还是后来的畅销书作家，汉娜都只是流水线工人、监狱看守或者电车售票员。

虽然她也有梦想，也渴望阅读那些名著，渴望刻骨铭心的爱情，但是对一个必须为生存而努力的无产阶级汉娜来说，这些都是次要的。所以，她只能在监狱里已经不再用衣食发愁的时候，才能开始从拼写 the 开始学写字。里面有个很小很小的细节是，她学会写字条后，给伯格写的一个字条上说，要多给她一点爱情小说，那时她至少已经 50 岁了吧，但是她仍然像懵懂初开的少女一样，对言情小说有兴趣。她虽然是无产阶级,但同样渴望被承认,同样渴望得到别人的承认。所以,当伯格没和她上同一节车厢的时候,她表现得非常愤怒。她为什么会愿意跟一个比她小很多的小男孩发生感情?因为她从来就没能掌握过自己的命运,她的身体几乎是唯一她能做主的东西了。所以她不愿意被操纵,而是希望用自己的身体对别人的诱惑去操纵别人。

所以,我比较倾向于认为,她在那个夜晚没有打开教堂的门的时候跟她在监狱里学写字的时候一样,都不知道这样做是有罪的,这是在帮忙杀人,她都认为自己的内心是干净的、无罪的。但是,悲哀的是,她不识字,在资产阶级的法庭上,面对别人的有罪指控,她几乎作不出一点对自己有利的辩护。但她还是坚信自己是无罪的,至少她认为伯格应该知道她是无罪的。她在监狱里的生活显然是冰冷而寂寞的。伯格给她的录音带让她有了一点生存下去的勇气。她伸出的手并不是想要和伯格鸳梦重温,她当然知道自己早已经不是那个风情万种的少妇了,她只是希望在自己的风烛残年感受到一点温暖。但是伯格拒绝了。她终于明白,这个世界上没有人理解她,没有人相信她。所以,正如她曾经在法庭上无法承认一切罪行一样,她在生命的终点再次承认了自己的罪行,她把那个饼干罐子还给马萨夫人,就表明了这一点。所以,她并不仅仅是死于对自己的罪恶的最终发现,也是死于绝望,发现她的无产阶级命运已经被注定了,无法改变。

问题是,如果汉娜是有罪的,那么谁是无罪的?判她有罪的资产阶级国家机器吗?当纳粹在屠杀犹太人的时候,这个机器为什么没能阻止这罪恶的发生,而是只能在最后把账算在汉娜这样根本就与资产阶级国家机器毫无关系的人身上?如果说仅仅因为她在那个夜晚的决定是有罪的,那么她的罪名被加重,她得到的刑罚超过应得的限度,这又是谁的罪?

癫痫：生理的和宗教的“体验”

疾病的社会史之十

余凤高

古罗马的将军、政治家和独裁者朱里乌斯·恺撒（Julius Caesar，公元前100年—前44年）被公认是一位改变希腊—罗马世界的历史进程的人物。许多传记作家写他时，都强调他作为一个伟人，什么都跟常人不一样。例如罗马帝国早期的著名历史作家和传记作家盖乌斯·特兰克维鲁斯（Gaius Suetonius Tranquillus，约69/75—130后）描写他不但有过人的长相，“他身材高大，皮肤白皙，四肢匀称，面部稍胖，一双黑眼睛炯炯有神……”连“他骑的马也与众不同，四蹄颇像人脚，蹄张开时像人的脚趾。占卜者预言它的主人将统治世界”。但他患有一种怪病。威廉·莎士比亚在他的著名历史剧《裘力斯·恺撒》第一幕第二场，通过凯斯卡和勃鲁托斯两人的对话描述说，一次，马克·安东尼要献给他一顶王冠，虽然心里想接受，却仍一次次拒绝。于是众人热烈高声欢呼，“抛掷他们汗臭的睡帽，把他们令人作呕的气息散满在口中，结果几乎把恺撒熏死了；他一闻到这气息，便晕了过去倒在地上”；“嘴边冒着白沫，话都说不出来”。但不久就醒来，像正常的人一样，说“请各位原谅我是一个有病的人”。

恺撒患的是什么病呢？勃鲁托斯声称：恺撒素来就有这种倒下去的毛病。

这种所谓“倒下去的毛病（fallen disease）”，即是癫痫。又因为，除了恺撒，像罗马皇帝卡利古拉（Gaius Julius Caesar Augustus Germanicus，12—41）等人，都是癫痫患者，此病又有“（罗马）贵族病”之名。

莎士比亚对恺撒这病的描写并非虚构。特兰克维鲁斯说，恺撒临死前，时常突然晕倒，夜里做噩梦。他有两次在战事进行中癫痫发作。据史料记载，恺撒在战场上曾两次由于癫痫发作几乎严重影响到他的生命。另一次，当元老院要向他发布最高荣誉时，他坐在执政官的席位上，因为丧失意识，怎么也站立不起

余凤高：浙江省社会科学院研究员。

来,只是像对待普通市民那样地来迎接元老院议员。不过议员们并没有对他的这种举止表示不满。凯撒恢复意识后,立即回家,脱去衣服,伸出脖子,大声说,他准备让他的喉咙给任何一个想割的人去割。他解释说,他对元老院这样的态度,是由于他有病的关系,他是一个病人,患有这种病的人无法在大庭广众中站立着说话,病一发作,他们立即会感到头脑昏晕、手脚麻木,最后完全失去知觉。

癫痫是一种由于脑神经细胞过度兴奋而引起的脑性发作、惊厥性疾病,属于神经精神病一类。教科书描述它的症状一般分为三期:"先兆期" 仅几秒钟,患者腹部不适,出现眩晕和各种幻觉,身体局部抽动,头向一侧转动,或有无名的恐惧和濒死感。"抽搐期"里,病人先是全身肌肉强直性收缩,颈部和躯干自前屈转为反张,肘、腕和掌关节屈曲,拇指内收,双腿伸直,足内翻,呼吸暂停,脸色由苍白或充血转为青紫,双眼上翻,持续约 20 秒钟;随后,全身肌肉屈曲痉挛,继有短促的肌张力松弛,呈现一张一弛性交替抽动。最后是"痉挛后期或昏迷期",病人陷入昏迷或昏睡状态,呼吸逐渐平稳,脸色也逐渐转为正常,病人由昏迷、昏睡、意识模糊而转为清醒。时间约经数分钟和数小时不等。

有趣的是,癫痫发作时病人出现精神、意识、感觉或运动障碍,出现错觉、幻觉,包括幻听、幻视、幻嗅、幻味和耳鸣,过后却又像正常人一样,与人们平时所见到的其他疾病完全不同。古代的欧洲人不懂得这是阵发性脑神经细胞过度兴奋所致,感到非常奇怪,便把它解释为是因为有魔鬼附体,特别是受到神祇的差遣,才产生这种幻觉,以致称癫痫为"圣病(Sacred Disease)"。据《维基百科》,一些信仰"泛灵论"的原始部族更坚信癫痫患者是因为受到神灵的眷顾,可以被作为能通阴阳的萨满(shaman)而深受崇敬。

不错,人们平日见到的癫痫病人,也就是土话所说的"羊癫病"患者,往往是在公众场合突然躺倒在地,不省人事,醒来后也糊糊涂涂,像个傻瓜。确实,癫痫病人中很多都是白痴。但是就像很多学者说过的,天才和疯子只是一纸之隔,有些精神病人就是天才人物;癫痫病人中既有白痴,也有天才。著名的"心理分析"大师弗洛伊德就说:"那些癫痫症患者可以给人一个迟钝和发育受到抑制的印象,这种病往往伴有极明显的白痴现象和极严重的大脑缺陷,纵然这些并不是必不可少的临床症状。但是,某些程度不同的发作也会发生在一些智力发展良好的人身上,和有着过分的、经常失去控制的感情生活的人身上。"追溯历史，除恺撒、卡利古拉外，古代基督教的圣徒保罗、宗教改革家穆罕默德、俄国皇帝彼得大帝、法国国王查理五世，以及其他领域的重要人物苏格拉底、柏拉图、彼特拉克、陀思妥耶夫斯基等都是癫痫患者。

陀思妥耶夫斯基像

俄国作家费多尔·陀思妥耶夫斯基（1821—1881）的癫痫，可能有他精神病态父亲的遗传因素，更主要的则是精神上受到严重的刺激。陀氏的父亲是一个酒精瘾者，一副暴烈而冷酷的病态性格，对孩子和其他任何人都非常粗暴。父亲可能遗传给他儿子费多尔一副精神病人的脸容。著名作家巴纳耶夫的妻子阿芙多季娅·巴纳耶娃回忆说，年轻的陀思妥耶夫斯基身材瘦小，满头金发，脸上带着病容；那双不大的灰眼睛总是不安地从一个对象转到另一个对象上面，两片苍白的嘴唇神经质地抽搐着；明显是一个极端神经质的敏感的青年。巴纳耶娃还注意到他的多疑，他的急躁，和因为年纪轻和神经质的缘故而控制不住自己，常常急得脸色煞白，浑身发抖，以致一直器重他的才华的维萨里昂·别林斯基深感忧愁地说："他一定要去治病，这一切的发生都是由于神经受到刺激太厉害的缘故……"

虽然父亲的粗暴使陀氏一向都非常恨他，甚至一心希望他死。但是他真的死了，似乎又极大地刺激了他的神经。1839年，当陀氏获悉父亲被农民杀死之后，出现严重惊厥，昏了过去，是一次癫痫发作。这年他18岁，一般认为这是他第一次发作癫痫。但也有研究者相信，可能早在1831年他九岁时就曾发作过此病。此后，在通常的情况下，是一个月发作一次，有时甚至一周之内发作两次。在国外时，在心情比较平静的时候，加上气候条件比较好，也有一连三四个月不发作的时候。有研究者作过统计，从陀氏本人在札记中记述发作的1860年算起，

陀思妥耶夫斯基的妻子安娜·斯尼特金娜

至他1881年去世的20年里，陀氏总共发作癫痫102次，平均三星期一次。特别具有典型性的，据他的第二个妻子，原来为他做口授创作记录的安娜·斯尼特金娜回忆，一次是在参加音乐家和文艺庇护人维耶利戈尔斯基伯爵的名人云集的盛大晚会上，由于过于激动和震慑于上流社会隆重的接见礼仪，陀思妥耶夫斯基癫痫发作，昏了过去。还有一次记述得最详尽的是，一次，夫妇俩去安娜姐姐家吃饭。客人们走后，陀思妥耶夫斯基非常兴奋，正在跟她姐姐讲什么有趣的事，"突然之间，他话刚说了一半就停住了，脸色煞白，从沙发上欠了欠身子，接着便向我这边倾斜过来。我惊讶地看着他那变颜变色的脸，这时他猛地发出一声可怕的、非人的尖叫声，准确点说，是一声哀号。转眼间陀思妥耶夫斯基又开始向前倾倒。"后来，我曾有几十次听过这种'非人的'哀号，一般都是在癫痫病发作的开始。（马占芳等译）

在陀思妥耶夫斯基的小说《白痴》中，出身于没落贵族家庭的列夫·尼古拉耶维奇·梅诗金，穷困潦倒到无以为生的地步，且患有癫痫病。有位慈善家把他送往国外就医。小说开头，就写到梅诗金在国外的一家疗养院待了四年之后，从瑞士返回俄罗斯。他虽然相貌堂堂，天庭饱满，轮廓端正，但那毫无血色的惨白，使这位年轻人的整个面容显得憔悴不堪；加上他的一双碧蓝的大眼睛凝神专注，目光蕴藉，但似有隐痛，有些人根据这种奇异的表情一眼就能猜到此君患有癫痫症。梅诗金自己也告诉同一火车回国的伴侣，说他患有一种奇怪的神经系统病症，大概类乎羊痫风或舞蹈病，发作时要哆嗦、抽风，但瑞士的医生没治好它。

梅诗金是陀思妥耶夫斯基笔下一个带有自传性质的人物。格罗斯曼指出："为了使自己的主人公显得更加逼真，陀思妥耶夫斯基决心把本人的许多特点加在梅诗金公爵身上：他的疾病，他的外貌特征以及他的道德哲学观点。"很明显，梅诗金有关他发作癫痫前后的过程的叙述，就是陀思妥耶夫斯基本人的亲身经历。小说细致描述梅诗金公爵：

他的癫痫症几乎紧挨着每次发作之前总有那么一个阶段（除非不是醒着的时候发作），在忧郁、压抑和精神上的一片黑暗之中，他的大脑突然会不止一次地燃起转瞬即逝的光焰，他的生命力在不寻常的冲动之下会一下子全部动员起来。在那些持续时间不比闪电更长的瞬息中，生命的感觉、对自我的意识几乎增强十倍。思想和心灵被一种寻光所照亮，他所有的激动、所有的怀疑和所有的不安顿都告平复，化为最高级的安谧，充满明朗、和谐的欢悦和希望，充满理智和最终的答案。但这些即闪即逝的瞬间还只是发作随之真正开始的最后一秒钟（至多一秒钟）的前奏。而这一秒钟自然是最难熬的。事后，在已经恢复健康的状态下，他反复思量这短暂的时刻，常常对自己说："是反常的亢奋又怎么样？反正结果本身，反正产生感觉的时刻事后在健康状况下追忆和回顾起来，的确是最高级的和谐、最高级的美，能提供迄今为止闻所未闻、亦无人猜透的充实感和分寸感，使你觉得同最高级的生命综合物重归于好，在虔诚的极乐中与之融为一体。"……对此，他在发病过程结束后能够清醒地作出判断。这些瞬间仅仅是自我意识的高度强化——如果要用一个名词来表达这种状态的话，那就称之为自我意识，同时也是最直接的自我感受。既然那一秒钟，也就是发作前神志清醒的最后一刹那，他还来得及明确而自觉地对自己说："是的，为了这一刹那不妨付出一生！"

癫痫发作时的体验，还让陀思妥耶夫斯基在小说创作的结构上提供了启示，创作出独树一帜的"复调小说"。著名学者、研究陀思妥耶夫斯基的专家巴赫金分析说：

陀思妥耶夫斯基善于在同时共存和相互作用之中观察一切事物的这一不同凡响的艺术才能，是他伟大力量之所在，又是他巨大弱点之所在。这一擅长导致他对许许多多至为重要的东西视而不见，听而不闻，现实生活的众多方面没能进入他的艺术视野。但是另一方面，这种才能使他对此刻的世界有着异常敏锐的感受，在别人只看到一种或千篇一律事物的地方，他却能看到众多而且丰富多彩的事物。别人只看到一种思想的地方，他却能发现、能感触到两种思想——一分为二。别人只看到一种品格的地方,他却从中揭示出另一种相反品格的存在。一切看来平常的东西,在他的世界里变得复杂了,有了多种成分。在每一种声音里,他能听出两个相互争论的声音;在每一个表情里,他能看出消沉的神情,并立刻准备变为另一种相反的表情。在每一个手势里,他同时能觉察到十足的信心和疑惑不决;在每一个现象上,他能感知存在着深刻的双重性和多重含义。(白春仁等译)

大概这就是上天给予遭受肉体痛苦的癫痫病人的美好回报吧。

由于癫痫病是精神、意识、感觉障碍的突发性疾病,会出现包括幻听、幻视、幻嗅、幻味和耳鸣的错觉和幻觉,就会使病人可能想入非非,相信自己真的见到了什么非现实的事物,尤其在宗教徒癫痫病人身上,表现得更为离奇。他们在癫痫发作时,幻想中往往会觉得自己真的来到了平时日思夜想、孜孜以求的神的身边,或者得到了神的启示。一个著名的例子是患有癫痫病的罗马皇帝君士坦丁大帝,即君士坦丁一世(Constantine Ⅰ,约 280—377)。

受母亲圣海伦的影响,君士坦丁一世对基督教抱有深切的信念。在公元 324 年击败东罗马皇帝李锡尼的军队后,成为东西罗马的皇帝。决定定都拜占庭的时候,他就宣称,他完全是听从于神的旨意,才决定建都于此,兴建君士坦丁堡的。他把 12 年前的癫痫的幻觉说得更加神奇,说是公元 312 年入侵意大利的那次米尔维亚桥战役(Battle of Milvian Bridge)前夕,他见到天空有神示的十字符号,上书"In hoc signo vinces"(有它你将无往不胜),从而取得闪电式的胜利,最后成为西罗马帝国的皇帝。他总是将自己的成功归于基督教上帝的支持,并在历史上首次将基督教定为国教。

资 讯 Information

◇**上上人与下下人的文化** 万维新闻网刊载署名 Mouse One 的文章，题为《中国社会问题的病根——上人下人文化》。文章说“吃得苦中苦，方为人上人”，这就是中华民族的上人下人文化。远古思想家孔夫子“君君，臣臣，父父，子子”之说从理论上确立了封建等级制度并阐述了君与父（上人）对臣与子（下人）所具有的权威，而“君子，小人”之说则把人根据其品行、思想和修养分成君子和小人。于是，历来有权威、有话语权的人就有了君子、小人的鉴别权，他们也很方便地成了君子。而在社会底层的又没有话语权的人通常只能与小人画上等号。经过几千年封建社会的实践，社会地位高的人不仅有了毋庸置疑的权威，更有了不容挑战的道德和人格上的优越感。而社会地位低的人不仅要服从于这种权威，还要忍受道德审判和人格屈辱。换言之，上人高而贵，下人低而贱。低使生活多了磨难和艰辛，贱则是一条最沉重的精神枷锁。但这枷锁并非只套在下人身上，这是整个中华民族的枷锁。上人下人文化的特点是：（1）自卑是上人下人文化中的核心。（2）上人下人都是相对的。因为除了皇帝，没有真正的上人。（3）上人和下人精神上都带着同样的枷锁，心灵上都是这种文化的受压迫者。

中华人民共和国成立以后，人的社会地位完全由政治标准来划分。每次运动实际上都是一次造下人的运动。到“文化大革命”，任何一个人随时都可以成为下人。同一个人，瞬息间可以“上下”好几次。整个国家造下人造得力竭精殆，于是不得不在 20 世纪 70 年代末进行改革。

对金钱物质的崇拜和对繁荣的渴望，使富起来的人成了新时代的上人。财富和权力迅速合流。于是整个社会围着上人而转，让这些上人不仅富，而且贵。这样拼命地打造和疯狂地渲染，让下人们不能不心生自卑。富贵穷贱的思想和疯狂造上人运动是造成官员腐败，道德沦丧，上下造假，尔虞我诈，诚信危机，急功近利，精神空虚的主要原因之一。共和国前 30 年的造下人运动和后 30 年的造上人运动，尽管形式南辕北辙，但反映的却是同一个文化本质。在这样的文化背景下，经济再高速发展也不能解决社会和谐问题。相反只会进一步撕裂、扭曲这个社会。这种不和谐发展到一定程度，就可能会引起社会的恶性剧变，中国历史已经历了无数次这样充满暴力的剧变。它只是又一个恶性循环的开始。要建立和谐的、长久稳定的社会,必须摒弃上人下人文化。

一个自信、健康的人是一个能一直平视自己和他人的人。人的权利和人格尊严都是平等的。不能因为职位、贫富、出身、学历、地区、人种、年龄甚至长相等的不同而不同。一个吃了苦中苦的上人,一个受惯仰视的上人,是不会轻易校正自己的视力的。中国的历史表明,改变一个体制是何其难。但改变人们的思想要比改变一个体制更难。而最难的却是改变自我。

◇中国一些让人沉痛的世界排名 中国经济网发表同题文章,列举了一些让人沉痛的世界排名的重要数据:

1. 中国医疗公平性全球倒数第四。2000年,世界卫生组织在对成员国卫生筹资与分配公平性的评估排序中,中国位居第188位,在191个成员国中排名倒数第四位。

2. 从支付能力看中国现阶段大学学费为世界最高。从绝对数字上看,日本的教育总支出为8930英镑每人每年。以人均GDP计算,中国仅在1000美元上下,美国则为3.6万美元,日本也超过3.1万美元,分别是我们的36倍和31倍。从支付比例看,其支付11万元仅相当于我国居民支付3550元!而我国现阶段大学费用支出平均每年在1万元以上。从支付能力看,中国现阶段大学支出是世界最高的3倍以上!

3. 中国的城乡收入差距世界最高。中国社会科学院经济研究所经过数年跟踪所做出的一份全国性调查报告显示,近年,中国城镇居民的可支配收入没有涵盖城市居民所享有的各种实物补贴,如果把这些因素都考虑进去,估计城乡收入差距可能要达到四倍、五倍甚至是六倍。

4. 中国税务负担全球第二。在2005年《福布斯》发布的"全球2005税务负担指数报告"中,中国被列为第二位。

5. 中国"清廉指数"排名全球第71位。全球著名非营利性反腐败组织"透明国际"的《全球腐败年度报告》总结出"清廉指数"。2004年中国内地得分为3.4分,排名全球第71位。

6. 中国环境可持续指数在144个国家地区中仅排名133位。2005年瑞士达沃斯世界经济论坛期间正式对外发布的评估世界各国(地区)环境质量的"环境可持续指数"(ESI)显示,在全球144个国家和地区中,中国位列第133位。

7. 中国已成为世界上大气污染最严重的国家之一。根据世界卫生组织2008年公布的报告,在全球空气污染最严重的10个城市排名中,中国有包括北京在内的七个,山西省太原市名列第一。当前中国大气污染物排放总量居高不下,是世界上大气污染最为严重的国家之一。目前中国已有七成城市不适合居住。

8. 中国的矿难死亡人数占全世界矿难死亡总人数的80%。作为世界最大的产煤国,2004年,我国共产煤16.6亿吨,占世界的33.2%,但是全国的矿难死亡人数是6027人，占全世界矿难死亡总人数的80%。

9. 中国为全球自杀人数最多的国家。中国人口约占世界人口的1/5，自杀人数则占世界自杀人数的1/4，为全球自杀人数最多的国家。根据卫生部2003年发布的统计数字，我国每年至少有25万人死于自杀，有200万人自杀未遂。

10. 中国是全世界行政成本最高的国家。政治和行政问题专家、国家行政学院教授杜刚建说："中国是全世界行政成本最高的国家。"行政审批制度是造成高成本的主要原因之一，烦琐的行政审批程序直接导致政府行政成本最高。

11. 中国是世界上规定死刑罪名的绝对数量最多的国家。中国是至今保留死刑的国家，也是世界上规定死刑罪名的绝对数量最多的国家。我国1997年修订后的《刑法》，在42个条文中规定了69个死刑罪名。

12. 中国是世界上文盲半文盲数量最多的国家。我国15岁以上人口中，有1.8亿文盲半文盲，占总人口的15.88%。

◇**西方左翼知识界的危机**　《学术月刊》2008年2月号刊载刘康的同题文章说，我们可以从三个方面来看美国左翼知识界的危机。

首先，左翼最擅长的是批判与否定，这种全盘否定的僵化立场严重阻碍了左翼对新的文化现象缺少建构性的理论视野，使之难以敏锐地把握新的动向和问题，与时俱进，创意进取。与此同时，西方体制的强大力量用品牌化、明星化方式，逐渐销蚀左翼的草根平民立场，使之愈来愈趋向精英化。西方自启蒙运动以来都是坚持普世主义，也就是普遍人性论的观点。这些常识性的基本价值观都被后结构主义、解构主义解构了，被幽灵化了。所有左翼的、激进的思想，都以所谓的差异政治或认同政治来取代普遍人性论。西方左翼鼓吹的激进主义认同政治夸大文化差异，忽略人类共性，同时他们的精英主义立场也使之在大众舆论平台中沉默和失语，换来的是大众媒体上右翼的喧哗与喋喋不休，在大众心中强化的是以市场为圭臬的经济一体化全球化的普世主义天使，以及与之相对的各种原教旨主义、恐怖主义妖魔。左翼在学术象牙塔内对欧洲中心论猛烈地攻击，在大众传媒和主流社会舆论中却显得极其苍白无力。

第二，左翼理论批评的修辞越来越讲究，文辞越来越精致，内容却越来越空洞，社会关怀和社会批判锋芒越来越少。左翼思想家与社会、大众文化的距离越来越远。以斯洛文尼亚的学者齐泽克为例，他的论述显得颇有道理，一旦离开这个逻辑圈子，涉及真实的社会，就讲不出什么道理了，完全无法用实证和经验的证据来判断其普遍意义。他的左翼关怀没法落到实处，跟草根平民大众的生活脱节。在某种程度上，他在经受着德勒兹意义上的精神分裂的过程。

西方左翼的第三方面的危机来自于后冷战时代的社会与文化状况。西方主流媒体在宣传“世界是平的”之类的新自由主义理念的同时，对左翼知识分子展开全面攻击和嘲弄。而左翼的回应是越来越把自己封闭在日益艰涩的精英式密语中，拒绝与大众传媒对话，拒绝与右翼意识形态的通俗化代言者们交锋。根据差异政治的策略，每一个个人都有自己的角度，都可以用一种个案的特殊性来对抗普遍性。这是左翼的方法。而右翼采取的则是将本来是保护弱势群体的公共话语转化成一个捍卫个人利益的私人话语的策略。

美国著名文化研究学者劳伦斯·格罗斯伯格的分析一针见血：“左翼提倡民主，却坚持精英态度。左翼宣称为人民说话，但却无法运用通俗与大众的话语来有效坚持自己的立场。左翼越来越倾向于仅仅对信徒们布道，却无法修复左翼自己不断挖掘的与大众的鸿沟。左翼自认为是普罗米修斯，在世人眼中却越来越像西西弗斯。”在西方，左翼知识分子已经陷入了一种无力和边缘的状态。而在中国，我们现在需要的是重视中国文化研究的多学科、参与性、当代关怀以及对中国问题的议程设置。积极参与中国的文化创新、理论创新与知识创新，或许会给中国知识界带来不同于西方的选择。

◇**艰难时世的思想家**　多维新闻网发表记者纪群的特稿：艰难时世，看看我们能向哪些哲学大师求救。每逢形势不济，识时务者乃求诸哲人哲理。如今，随着信用危机毫无改善和阿富汗的伤亡人数持续上升，一些人开始从过去的伟大思想家身上寻找启发和安慰。

根据《纽约时报》的报道，全美2008年申请哲学专业的大学生大幅增加，人们对哲学兴趣的增加正好与这次经济衰退成对比。马克思和孔子等伟人在被美国人淡忘多年后，突然又“火”了起来。约翰·梅纳德·凯恩斯、亚当·斯密和马克思等伟大经济学家的著作也再次炙手可热。

孔子：这位于公元前479年逝世的伟大思想家和警句家又得到了新生，改头换面，并正式为中国的统治者所接受。孔子学院在海外散播着中国文化，他的哲理甚至成为监狱里犯人的必修课，对党政干部的优劣评价，也要视乎他能否遵守了孔子有关承担家庭负责和维持社会和谐的理念。最能说明孔子地位完全改变的，就是一部耗资1000万英镑的名为《孔子》的传记电影。如今，他的影响力要比任何时候都更强大，而他针对财富的短暂性质上的警句正是对当今次贷最好的控诉：“君子喻于义，小人喻于利。”

汉娜·阿伦特：在报道对纳粹战犯阿道夫·艾希曼的审讯时，阿伦特曾提出过“邪恶之平凡”的概念，意即历史上最邪恶的事情之所以能发生就是因为普通老百姓太天真，太容易信任领导的话。这提出一个令人不安，同时是永恒的问题，即邪恶到底是激进，还是不平常，或者还是普通人服从命令的结果。

辛普森老爹：“辛普森老爹”是一种令人宽慰的人类灾难，一个显然无可救药的角色，可是，尽管他不断犯下自找的低级错误，却又非常乐观。辛普森老爹还给《牛津英文字典》添加了"Doh"这个词，通常出现在当他伤到自己，显得比平常更愚蠢，或者某些非常糟糕，而且是因他而起的事情快要发生的时候——这一单字可以概括我们现今这段困难重重的时期。当我们穿着内裤，拿着啤酒倒在正在崩裂的生活沙发上时，我们只需要想想辛普森老爹的永世名言："没有什么问题大到不容忽视的。"

伊壁鸠鲁：伊壁鸠鲁主义并不仅仅是一个当世界面临危难时去狂欢的邀请函；相反，伊壁鸠鲁只是认为，因为我们影响事件的能力有限，不论事情的结果如何，自我的欲望必须节制，平和的心境可以帮助我们忍受痛苦。如果政府的扩大货币发行量让你感到不适，那么，伊壁鸠鲁墓志铭可能会有所帮助："我过去不是，我曾经一直是，我现在不是，我不在乎。"

J. M. 凯恩斯：凯恩斯主张用政府干涉来缓和经济衰退的影响，但是，20世纪70年代，当货币主义和稳定价格成为主流后，他的思想失宠了。如今，凯恩斯再次成为国王，"凯恩斯政策的突然复苏，一改过去几十年的正统政策"。假如凯恩斯地下有灵，可能会对世人重新认识自己的状况苦笑，因为他曾预言："那些相信自己不会受到任何知识影响的实干家们通常是某些已经去世的经济学家的奴隶。"

经济危机开始以来，《共产党宣言》的销售量上升了700%，《资本论》的销量增加了两倍。一家东京出版社正在出版漫画版的马克思《资本论》，以迎合那些喜欢用喜剧色彩来欣赏对资本主义的批判分析。一名中国制片人计划上演的音乐剧《资本论》，要以戏剧的方式来阐释马克思的理论。

孙子：中国军事战略家孙子是伊拉克战争初期被首选的哲学家，他的战争理念虽然已经历了25个世纪，但是，仍然反复地被战场上的指挥官们沿用，而且，甚至所有士兵都人手一册《孙子兵法》。鉴于伊拉克战场之后发生的事件，此起彼伏的抵抗，以及伊拉克和阿富汗无止境的战火，孙子的哲理似乎不再成为绝对无误的军事取胜的关键。事实上，战端一开启，可能我们就应当牢记孙子说过的一句话："兵者，国之大事，死生之地，存亡之道，不可不察也。故经之以五事……一曰道。"

尼科洛·马基雅维利：对于这位杰出的剧作家、诗人和政治哲学家，人们怀疑，他是一名地地道道的混蛋。他对权势不屑一顾的态度，以及为了维持权势的尔虞我诈的虚伪手段，可能在"高级幕僚"和"伪材料"的时代带着现代回音，但是，马基雅维利对谎言的热爱，以及毫无内疚感的表现，让人难以解释。"一名明智的统治者当守信会危害他自身的利益时，应该永远不守信，"这位马基雅维利思想的始作俑者如是写道。几乎再也找不到有其他的哲学家做出如此负面的形容。

◇傲慢与偏见：中国人与西方人 万维怡然博客题为《中国人与西方人》的文章谈道：傲慢一向似乎是西方人的专利。

20世纪90年代中叶,《华盛顿邮报》曾连篇累牍地刊载了系列专栏文章,其讨论的核心话题便是:下个世纪谁来养活中国人?这便生出了所谓的中国威胁论。看看那时的《华盛顿邮报》的世界新闻版面,几乎每天都有关于中国的报道。那镜头要么是一个街头乞丐,要么是一双西北农妇无助的眼神。回想十几二十年前,西方人心目中的中国人就是这副模样,穿着长袍,留着辫子,或顶好就是张艺谋影片中的西北大汉,衣不裹体,粗鲁无礼的神态。在他们的臆想中,中国仍然是个可怕的国家。这不能不归功于西方媒体的极富偏见的报道。正是精英尽显傲慢导致平民普生偏见。

随着中国经济的快速发展,中国人的"自豪感"也与日俱增。特别是近两年,全球经济形势低迷,中国却依然是长势见好。中国成功地举办北京奥运会,使国人的这种"自豪感"达到了顶峰。更确切地说,中国人也一天天变得"傲慢"起来。在清华大学执教的美籍副教授Chovanec曾撰文指出:20世纪80年代中期到中国时,给人感受最深的是中国人的谦虚。但今天,"傲慢"的心态正在侵蚀着中国人谦虚和务实的传统。许多中国公司的经理人已开始认为世界已没有什么可教给他们的了。许多中国人把当前的危机视为美国衰落的证据,并把它看做是中国接受世界新的经济超级大国地位的机遇。

中国民众所表现出来的对美国乃至西方国家的"偏见"更是有过之而无不及。你也许听说过张家界那位中国老太太的故事。她面对来自美国的游客,无限感慨:"你们美国人真可怜,没钱靠借钱过日子,真怕是哪天连饭也吃不上了吧!"在奥运会闭幕式后NBC男主播那段结束语发人深省。其大意是:中国通过奥运会所展示给世界的这种精神和风貌,已经让世界越来越不能忽视这个大国的存在和崛起。西方人在事实面前能够吐露真言,那么中国人是不是也该意识到世界需要中国,但中国的发展更需要世界。一个出口占GDP超出40%的国家,其经济发展的成败只会越来越多地依赖其贸易伙伴,客户就应该是上帝。从这个意义上说,中国人的傲慢与偏见是不是上演得太早了点儿呢?

(紫电、清霜辑录)

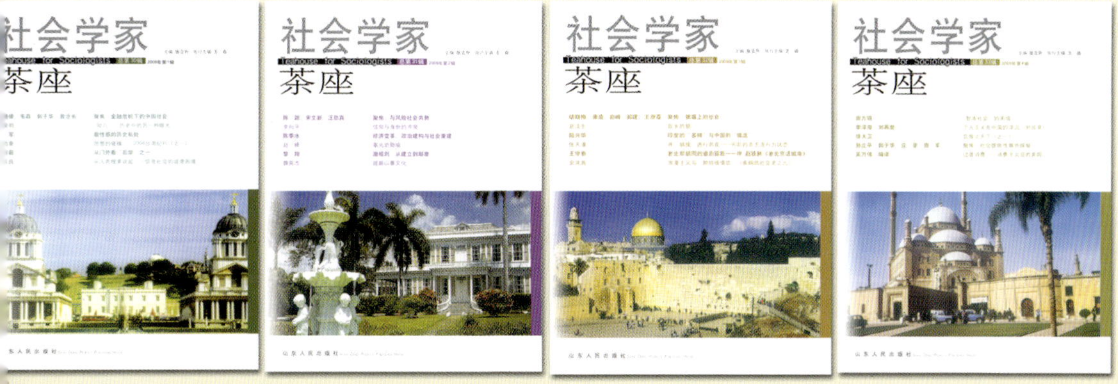

社会学家
Teahouse for Sociologists
茶座
社会学家
Teahouse for Sociologists
茶座
社会学家
Teahouse for Sociologists
茶座
社会学家
Teahouse for Sociologists
茶座

阅读引擎

在利益关系凸显、社会矛盾增多的情况下，我们这个社会需要形成一种关于社会矛盾和社会冲突的新理念新思维。这种新的理念和思维的核心内容是，一个好的体制和一个不好的体制的区别，不在于其中存在不存在社会矛盾或社会冲突，而是在于如下这样两点：第一，这个制度和社会能不能容纳冲突，容纳冲突的能力有多强；第二，有没有制度化的办法去解决矛盾和冲突。

孙立平：利益均衡机制与制度化之路

责任编辑/王海玲　马　洁

装帧设计/王世强　张丽娜

排版制作/刘冉冉

国内订阅：全国各地邮局　邮发代号：24—192

正常的社会、正常的国家，一方面要尊重个人的权利，尽可能让个人的潜力得到充分的发展，同时也要建立必要的公共权威和公共意识。片面的个人主义，只讲个人意识不讲公共意识，只带破坏性不带建设性。美国社会有一种巨大的资本，就是公民意识，或者说是公民责任感。美国是充分调动个人潜力而获得成功的国家，自由度很高，而它所以能维持下去，就是靠这种公民意识。这种公民意识就是对公共权威的尊重，即对法律和各种规则的尊重。

李泽厚、刘再复：个人主义在中国的浮沉（对谈录）

ISBN 978-7-209-05067-8

定价：14.00元

社会学家茶座

主编 张立升 执行主编 王 焱

Teahouse for Sociologists 总第34辑 2010年第1辑

周 雷	**味蕾上的城市**
李泽厚、刘再复	理念与情爱的冲突——对谈录
郭景萍、孙传钊、张慧瑜	**聚焦：社会记忆**
刘洪波	造城史诗与权力意志
易富贤、王建军	**人口偏见的来龙去脉**
余凤高	厌食症：从禁食到骨感美女（疾病的社会史之十一）

山东人民出版社 SHAN DONG PEOPLE'S PUBLISHING HOUSE

沙漠之都迪拜的狂热造城运动

迪拜的七星级奢华帆船酒店

迪拜街道

文见第28页《造城史诗与权力意志》

追寻逝去时光

题目借自法国作家普鲁斯特（1871～1922）的名著 A la Recherche du temps perdu。这部小说史上的巨著由多卷构成，其最后一卷直到作者去世时也未能完成。仅仅从书名也可以看出，它的主题是围绕时光的：从“逝去”到“追寻”再到“失而复得”。

记忆与遗忘就像是一对孪生兄弟，两者之间构成了一种张力。“我们每每竭力回顾往事，总是枉然，即便使出全部智力也徒劳无益。往事不在智力的范围之内”，因为时光的流逝，使得“人亡物丧，昔日的一切都已荡然无存”。普鲁斯特在小说中以其特有的精微细腻，分析了回忆的种种复杂机制。主人公马塞尔多年后重返上流社会，与一位时髦女子对话，竟然找不到任何共有的词汇。而他儿时生长的贡布雷村镇也成了一个全然陌生的异乡。最终蓦然唤醒他的记忆的，却是一种叫做小玛德莱娜的茶点的味道。时光隧道之门遂轰然开启，终于使那已经被历史尘沙淹埋了的往事再次重现。“已经流逝而去的时光，都从我的茶烟里喷薄而出。”

普鲁斯特为何如此执著于时光的流逝与追寻？

有文明史家认为，如果说希腊人是“空间的创立者”，那么犹太人就是“时间的创立者”。犹太人是最重视时间与记忆的人。普鲁斯特的母亲正是一位犹太人，少年时代他曾深深浸淫于犹太文化之中。只不过普鲁斯特追寻的是个人的记忆，而犹太民族重视的则是超越个人的历史文化记忆。这依赖于共同的文化载体。

“波兰灭，印度亡，犹太遗民散四方。”清朝末年一首新军的军歌曾这样唱到。希伯来语曾是古代犹太人的语言，《圣经·旧约》就是用这一语言写成的。然而历经两千年的亡国，不仅民族流散四方，他们的语言也早已死去。为了重建本民族的历史记忆，一位叫做本·耶胡达（1858~1922）的犹太人独自开始了复兴古希伯来语的努力。他不仅首先向家人然后向邻居大力推广和普及这一语言，而且亲自撰写教材，编纂辞书，出版报纸。正是经过他的努力，一种已死的语言竟又奇迹般的重生了。今天的以色列在全民族恢复了希伯来语，让那些浪迹天涯，漂泊四海，操着不同语言回归的人们，重建起本民族的语言文化。以至于有人说，如果古代犹太人的大卫王今天复活过来，也可以在特拉维夫的街头和人们自由地交谈。

语言的载体，就像是普鲁斯特笔下的茶点，召唤回了犹太民族共同的社会记忆。

在德国 Bergen-Belsen 集中营的旧址上，矗立着一座被纳粹屠杀的犹太死难者纪念碑，碑身上镶嵌着采自耶路撒冷的一片青石，上面用希伯来文铭刻着《旧约》中的诗句：“我的哀痛永志不忘。”

王　焱

2010 年元旦

目录

主编 张立升 执行主编 王 焱
项目负责人 王海玲 执行主编助理 王 萍
责任编辑 王海玲 马 洁
装帧设计 王世强 张丽娜
山东出版集团 山东人民出版社出版发行
网址 http://www.sd-book.com.cn
社址 济南市胜利大街 39 号 邮编 250001
编辑部电话(0531)82098006
E-mail:chazuo_shehui@hotmail.com
wanghl0501@126.com
发行部电话(0531)82098021
邮发代号 24-192

图书在版编目(CIP)数据
社会学家茶座.第 34 辑/张立升主编
济南:山东人民出版社,2010.1
ISBN 978-7-209-05171-2
Ⅰ.社... Ⅱ.张... Ⅲ.社会学—文集 Ⅳ.C91-53
中国版本图书馆 CIP 数据核字(2010)第 010552 号

山东新华印刷厂临沂厂印刷
16 开本(172×232 毫米) 10 印张 160 千字
2010 年 1 月第 1 版 2010 年 1 月第 1 次印刷
定价:14.00 元

我们该拥有怎样的生活

周　睿

还记得很多年前，在一次和朋友们的闲谈中，一个充满理想主义情怀和旺盛斗志的孩子对我说：等我以后有钱了，天天带我妈吃麦当劳。当时此话一出，立刻引起大家的开怀大笑。诚然，麦当劳作为西方一种便捷而时尚的生活方式，从闯进中国国门的那天起，便带有浓厚的贵族与上流的气息。那时，对于刚刚改革开放、开始放眼世界的中国民众来讲，麦当劳无疑是一种新鲜而又高档次的消费享受。满足的不仅仅是饥饿的胃口，更是一种崇尚时髦与现代的心理需求。直到很多年后，这个在美国作为最廉价街头快餐的麦当劳，还是很多中国百姓无福消受的奢侈品。多少孩子把进一次麦当劳、肯德基之类的快餐店作为值得期待和向其他人炫耀的经历，甚至成为和父母讨价还价讲条件时放弃原则的罪魁祸首。而到如今，虽然仍然并非任何普通人，所有阶层，所有地域，都能随便享受麦当劳与肯德基这样的西方就餐环境，然而金黄色的M标志和鲜红夺目的KFC字母却早已遍布中国的大街小巷。人们不再把麦当劳、肯德基作为象征高档次的生活方式，越来越多的普通百姓开始进进出出这一家家随处可见的快餐店，甚至成为出行、办事、逛街、旅游在外时，最便宜、便捷、放心，也是最容易找到的就餐之所。从披着西方华丽外衣的奢侈品，到街头巷尾随处可见的普通餐饮店，麦当劳在完成从流行时尚到平民化转身的同时，也暗示着中国经济的一日千里和百姓生活方式以及消费理念的转变。中国已经不可抑制地走向世界，融入现代性。

所谓的现代社会，是指以工业发展为标志，经济、政治、科学技术、文化生活高度发展的社会。现代社会从传统社会演变过来，但又具有新的特征，如工业化、都市化、教育普及、科学技术高度发展、组织管理科学化、通讯网络和交通运

周睿：中央民族大学社会学系2007级硕士研究生。

输的快速化。现代性来自西方,来源于资本主义生产方式所带来的物质生活的富足与科学技术的发展。在这个时代,伴随着人口空前的爆炸,资源掠夺性的开采,以及对经济发展近乎教徒般的疯狂崇拜,一种经济、理性、高效率的生活方式越来越统治着日常生活世界,即韦伯所说的"铁笼"。置身于"铁笼"中的人们,无法逃离,没有出口。自然选择了这样的方式整合人类,社会用这样的方式确保自身高效运转。科层制无疑是适合现代社会的最有利的方式,在有限的资源限制下,免去一切繁文缛节和因为人的因素所带来的不经济,节省一切时间和空间,以最理性的方式计算一切,维护这个愈发紧张和充满危机的世界。

随着国门的不断打开,中国不可避免地接受西方资本主义的冲击。全球化以不公平的方式发展, 而且它所带来的结果并不是完全正面的。任何时候,弱者都必须听命于强者。而在东西方文化的激烈碰撞中,意味着先进生产方式、领先科技水平、优质生活方式、高效科层管理模式的西方文化,成为暴力的掌权人,文明的领跑者。

于是,伴随着理性化的选择,社会的各个角落开始充斥着利益的计算与权衡。中国社会以急风暴雨的速度开始了一轮轮令人目不暇接的巨大转变。股市的跌宕起伏、楼市的腥风血雨、网络的铺天盖地,无疑都受到这股理性之风的影响,即以最便捷的途径获得最大的利益。人们急功近利,空虚浮躁,为利益铤而走险,不惜一切。人们被迫不约而同地走上一条无法选择的道路,那就是获得经济利益的最大化。因为这个社会界定成功与否的标准已经简化成了一串串数字。

与之相伴的是人们精神家园的日益荒芜。人们在日常纷繁复杂的生活战斗中,似乎越来越没有思考与反省的精力。而网络的兴起,更为人们省时省力地免去思考提供了便利的条件。从此,人们不必再费力思考世界、创造生活。人们的头脑逐渐失去原创性。有时这种原创性的失去甚至是被动的、强制的。一旦事件发生,当你还来不及主动思考的时候,便有四面八方侵袭而来的外部信息混淆试听、扰乱思维,使人失去独立的价值判断和独立的人格。曾经的创作时代,变成了复制、粘贴的时代,变成了百度、Google 的时代。人们可以离开书籍,却越来越离不开电脑和互联网。想象一下你的论文、申请书、公文、报告,甚至传递祝福与情感的手机短信,有多少是网络成品的拿来与借用,又有多少是发自内心的真情呼喊。

人们的审美也逐渐趋于快餐化。从诗歌、散文时代，到小说的通俗文学时代，到报纸新闻的读图时代，再到电影电视的大众娱乐时代，人们越来越不愿意把时间与精力花在高雅精神产品的享受上，而选择了以一种最简化、最经济的方式接受信息。再看看大学图书馆、自习室中，满眼尽是捧着雅思、托福、考研、公务员考试等工具书埋头苦读的莘莘学子。读书也带有了功利性而不是志趣的选择，同时也失去了读书带给人心灵的最纯真的美好感受。

纵观中国 30 年来的发展变化，反映的是一个后发国家不断追赶现代化进程的缩影。在西方理性化的科层制度的影响下，中国正在以一种大踏步的增长速度呈现给世人。资本主义高效、规范的理性化，无疑是符合历史演进规律的。就像有些动物注定要灭绝，有些语言注定要消失，有些艺术注定会失传，有些民族注定被遗忘一样，有些文明的进程也注定要被改写。既然选择了踏入现代性的旋涡，就注定要接受痛苦的挣扎以及为此付出的惨痛代价。某些无法使行动更经济的附属品便会因缺乏生长的土壤而凋敝，并最终淡出人们视野。这也是适者生存的永恒真理。

我们生活的世界正在产生一种前所未有的东西，即一个全球的世界性社会。我们是生活在这个社会中的第一代人，现在我们只能模糊地看清它的轮廓。这个世界性不是固定安全的，而是充满了焦虑，并被深深的分化所影响。我们中许多人都感受到很多我们无法控制的力量的控制。面对这样一个世界，我们该拥有怎样的生活？

一百多年前，韦伯便在《新教伦理与资本主义精神》的结尾为我们留下了这样深沉的感喟：

> 没人知道将来会是谁在这铁笼里生活，没人知道在这惊人的大发展的终点会不会又有全新的先知出现，没人知道会不会有一个老观念和旧理想的伟大再生。如果不会，那么会不会在某种骤发的妄自尊大情绪的掩饰下产生一种机械的麻木僵化呢？也没人知道。

我的美文

残　雪

关于什么是“美文”这件事，读者各有各的见解。气质不同，审美的情趣也不同。如果我说我自己的作品里头有一个不小的部分可以称为美文，我的老读者大概会同意这个看法。我的文学是向人的本质突进的文学，而这类文学的最高意境是纯粹的、具有高度哲理性的诗。我的作品里头除了以叙事为幌子来体现诗情的小说之外，还有一些小说和散文随笔是直接展现本质的，这些短篇和散文随笔其实就是纯诗。

将这类作品集中起来出一本书会带给我的新老读者一个最大的好处：可以缩短阅读劳动的时间。一般来说，读残雪的长篇简直就是暗无天日的艰苦劳动。而读这类短小的文章可以将劳动时间化为很多小块，却又并不影响你去收获诗情画意。我相信我的每一篇美文都会使你在辛苦劳动的同时获得某种精神享受，某种冥想的乐趣。而且这种享受和乐趣不会放下书本便马上消失，是可以长久回味的东西。我是一个有点特殊的作家，我自己就是自己作品的第一位读者，而且我也常写文学评论文章。我对于自己作品中的诗情是最为看重的，所以才想起来要出这样一本书。

能将小说写得像诗的作家应该是不多的，我很愿意强调自己这个方面的特长。这种技能就如书中在寸草不生的陨石山上放羊的那一对情侣的技能，全靠内部的精气来维持一种纯诗的意境。这种小说的难度并不低于我的长篇，但难度不会吓退残雪的读者，这件事在20多年里头已经得到了证实。我听说，从前他们同残雪的作品邂逅，吸引他们的正是这种具有高度哲理性的诗情。谁不愿意每天哪怕仅仅有一小段时间生活在诗一般的冥想之中呢？尤其是那些高素质的读者。

残雪：著名作家。

也许有的读者会问，那么你为什么不去写诗呢？我认为我很善于写这种将叙事与诗情结合起来的品种，我用奇诡的叙事将诗情浓缩，拨动心灵里面最隐秘的那些弦，将读者带进那种最新奇的、冒险性的体验。这是我同一般纯诗人不同的地方。这些小说和随笔虽然短小，但你必须高度集中你的精力去凝视，去冥想（即放下书本，闭上眼睛去发挥想象力），这样才会有收获。作品是一个能动的东西，只有互动才能进入诗的境界。所有理解作品的钥匙都在作品里面，不论是小说还是随笔，全身心投入的阅读是最好的阅读。

这本书里除了小说和随笔之外，还有一个部分是我的成长散文。这个部分写得明了易懂，但也是导向我那深奥的文学内核的。对于我的新读者来说，可以将这个部分看做阅读残雪作品之前的演习。那里头有我的基本的文学观，我的方法，我的深入黑暗灵魂的秘密武器。如果你能在阅读时将那些方法咬住不放，下一阶段的探索就会有一些把握。

阅读残雪不是一件轻松的事。就我自己阅读和我同类的作家的体验来说，我认为这种阅读也是最能提高和考验人的素质的。每一年我都要阅读一定数量的现代主义或有现代特征的经典文学作品，写下大量笔记。这种阅读引导着我内部的精神不断向上攀升。我相信除了那些国外的残雪读者外，在中国，和我有同样精神需求的读者一定也有不少，我的这本美文自选集（《残雪美文自选集——黑暗灵魂的舞蹈》，文汇出版社 2009 年版）就是为他们编选的。我自己首先感受了这些作品的直接纯粹之美，然后才推荐给我的读者。

味蕾上的城市

周 雷

一个城市是可以从味觉上被人喜欢，但是视觉上让人生厌的。重庆就是这样的城市，凡是去过这个城市的人也许会有这样的体会。四川人对中国食物的贡献的确巨大——不仅开创了食物的种类，而且富有创造性地改变了食物的形态，并进而将这些丰富的食物浸泡在各种配料制成的调料里，刺激人的味蕾。对于食辣的人群而言，这个城市是中国人味蕾的耶路撒冷。就我个人而言，我可以晚上睡在火锅里。

离开中国国土的日子，最让我思念的是中国的食物，这种感觉确实有些感官至上和物质主义，竟然排在乡愁和思亲之前，但是事实确实如此。

伦敦这座城市是中国人味蕾上的监狱吗？我想是的。

随着所谓的全球化，事实上各种风格化的世界食物都可以在伦敦找到，其实不仅是伦敦这样的大城市，其实早在钱锺书20世纪30年代的《围城》中，一个中国小县城就可以在“欧亚大饭店”这样一个地方想象一种食物的世界主义了。伦敦的食物自然也应该有这种世界主义的魄力，何况凭借其殖民天下的历史，早就在味蕾上见多识广，全世界各地的人都可以在伦敦找到自己的安身之所。

我并不是伦敦通，在伦敦的生活也仅仅一年不到，名副其实的伦敦浮生，但是我在描述一个城市的味蕾分布时，使用了人类学的田野方法——用我经常出没的地方来描述一个整体性事实。明确地说，就是我就读的伦敦政治经济学院以及周边我经常觅食的区域。我觉得就这些地方的生活经验，我已经可以拼出一个想象的伦敦味蕾地图。

最为典型的特点——和许多西方的食物美食观念类似，伦敦的食客偏爱甜食。在这个城市，最容易到手的食物就是各种甜食和甜味饮料——其中包括

周雷：伦敦政治经济学院志奋领学者，云南大学人类学博士生。

加糖和牛奶的咖啡（咖啡这种饮料完全应当单独辟出一个章节甚至一本书的篇幅来描述）。在学校的超市、学校食堂、周边的小卖部可以买到各种甜点、饼干、糕点、果脯、巧克力、冰激凌、七喜、可乐、奶茶。在伦敦政治经济学院方圆不到两平方公里的区域，至少有20家甜品店。甜食是一种能量食物和休闲食物，同时食物的甜味可以给疲惫的身体提供一个味蕾上的沙发，足以让一个牛肉等肉类消费的身体得到充分的休息。外国人如果喜欢对方，或是想感谢对方，也会说“你真甜(You are so sweet.)”，当然中国人也会有类似的表达，但是基本上是对孩子说的，成人之间要是如此称呼，多少有些腻人。外国人也会称呼很惹火的姑娘hot或者spicy，貌似他们很喜欢辣味，但是如果有在国外的主流超市购买辣酱的经验就会知道，所有的外国辣酱基本上都是甜辣的，但是即便是这样，外国人的烹饪中已经觉得这些调料的摄入能使味蕾得到充分的刺激。

在这一点上，中国人和外国人相反，甜味是一种让人慵懒的味道，咸味和辣味是让人恢复体力的主要味觉。凡是中国人都有这样的经验，长期吃甜食会感觉身上起腻，浑身乏力，这时候身体最渴望的是一种磨砺锋利的味觉刺激，能激发体能。所以中国人最为常见的零食是羊肉串、麻辣烫、花生米、咸菜，如果在云南便是小碗米线、烧豆腐、炸洋芋、烤茄子之类的东西，因为在中国人看来，这些都是不占内存但是能让味觉保持清醒的食物。所以这里有个有趣的词汇置换，当西方人称呼对方很甜的时候的确是发自味蕾的，但是在说对方hot的时候却在撒谎，因为他们清楚地知道自己根本受不了东方的辣味。中文在翻译辣椒的时候，往往chili和pepper不分，但实际上一个是辣椒，另一个就是中国人所说的菜椒，江西等地称为灯笼辣椒，现在由于园艺的进步，统一称其为彩椒。

我认为，西方人喜甜的味蕾实际上已经影响了他们的食物观念，西方人把甜味已经融合成一种食物品味和烹饪方式，基于此，大量甜品的生产过程其实是一种“甜味的狂欢”，牛奶、椰奶、巧克力、奶牛、黄油、洋葱、西红柿、果酱、蜂蜜、水果等所有可能产生甜味或可以产生有趣甜味的调料通通被融合在一起。这也造成一种中国人看起来很奇怪的现象，有些食物中放糖是可以接受的，比如水晶肉、糖醋排骨、拔丝之类的食物都用糖的甜味来提食物的感觉，在中国的烹饪中，甜是一种鲜味，尤其是江浙和上海一代，糖是当做一种味精来使用的。而在西餐中，许多将牛奶、黄油、糖、酒通通放在一起的烹饪方式，这在中国

伦敦政治经济学院屋顶上的咖啡厅。让学生从一入学就习惯在屋顶上思考，做屋顶上的骑兵。

人看来是很奇怪的，因为至少犯了几种中国烹饪的基本禁忌。以一个普通中国人的饮食经验而论，中国菜总体还是讲究色、香、味、形；西方食物在日常烹饪中将大量中国观念中有腥味的物品混在肉类中，并经过长时间烹煮，形成了一种很奇怪的汤味，食物也因为长时间的烹煮变成一堆糊里糊涂的酱，在视觉上不雅。

在伦敦政治经济学院，每天中午都有一家推崇素食的印度组织分发免费午餐，大约是一份菜和一份饭，外加一块蛋糕，许多学生的中饭是靠这种食物解决的。但是我远看这种食物就产生生理上的厌恶——因为它的用料是或黄或绿的调料，将菜煮成泥，浇在饭上，而且将冷蛋糕直接放在咸味的菜汤里。有一次我走进伦敦政经的 OLD BUILDING 电梯，随后挤上来两个学生，两个人一手托着一盘这种印度食物。电梯快关上的当儿，上来了一位教授，困惑地看着这两盘食物，他对着学生说道："有人说这是食物，我不敢肯定。"学生有些尴尬，说道："其实味道还行。"教授还是不饶人，皱着眉头说："看起来像厨房的一次事故。"凭心而论，能给学生长期提供免费午餐是一种很难得的社会福利，这点完全肯定。尽管有些学生领了饭后直接到伦敦政治经济学院最为豪华的 Shaw 图书馆用餐，有时还伴随着音乐会的演奏，但是这种白领化的用餐方式并没有改变这种食物在味蕾上给人造成的反感。学校的食堂基本上是这种烹制原理的翻版，只是在食材上稍微贵一些，加了一些肉类，但是通通是煮成肉泥然后浇在饭上，除此之外也可以选择西方的沙拉和面包。学校的食堂也提供中餐的炒菜，但是完全是对中餐的侮辱，排队等菜大约要花 30 分钟，食堂的厨师冷锅放菜，菜下了锅，像是跳进海水里游泳，等菜的鸡皮疙瘩被暗火蒸掉（西方的食堂很少能见中国的明火，造成热锅翻炒的效果基本上不可能，中文的“炒”字，从字面上就是火大菜少，在锅里迅速定型、入味，而西方的烹饪是将菜活活煮死），再加上各种莫名其妙的调料，甜味的番茄酱或是辣椒酱，有时甚至是先放菜后放油，油浇在菜上做点缀。

以上啰唆了一大堆试图说明，西方的甜食观念已经影响了其他所有菜品的呈现方式和烹煮方式。在西方的厨房中，常见的配置是各种烤箱和微波炉，食物在这种处理方式下，只是为了让它变熟，而非一种味觉上的考虑，因为西方的烹饪中将 sauce 视为味道的真正来源，借 sauce 的味道来品尝食物原汁原味的味道。但是中国的烹饪中，火是最重要的配置，从这个意义上，食物是一种味觉上的能量守恒，长时间烹煮一些食材，才能将食物中的营养解放出来，同时后加的调料是较为低级的做法，真正的厨艺是要将各种味道均匀而不冲突地融合到食物当中。所以中文中形容食物经常说“爽口”、“入味”、“香”，用不同的火煮出来的食物也会有不同的味道，如柴火、桃木、槐木、稻草等烧出来的火，对食物的营养和口味也是有重要影响的。中餐馆中，通常给煤气火加压加氧，造成一种火烧火燎的效果，火力不够在中餐的味觉中是致命的。在我生活的学生宿舍，我看到西方同学（英国人、意大利人、法国人、西班牙人）的烹饪方式基本在原理上没有例外，他们多被饮食文化中的甜味所影响，烹饪出一种“泛甜味”的饮食。

西方食物中的甜味崇拜事实上也影响了一个城市的景观。在我看来，甜味比咸味更“吸水”，在大量饱食之后，需要大量的淡水摄入来冲淡口腔和胃部的腻味和滞涩，于是西方人往往比中国人摄入更多的饮料：可乐、奶制品、奶茶、咖啡、啤酒、碳酸饮料、汽水、苏打水、能量饮料。从整个城市的空间构筑中，必须腾出足够的空间来容纳这些饮品区域，如果将饮品区想象为自然环境中的池塘，西方城市里的池塘和水潭遍布城市，并客观上构成一个城市的生境，它将绿地、lobby、走廊、街道边等冗余空间连接成一个整体性区域，成为当地人社交和公共生活的区间。在西方的饮品区，偏僻和死角的概念较中国的空间概念更模糊、更流动，因为中国人一般不会选择靠近厕所、靠近走廊、门边、门外，站在街边甚至坐在街边的地上饮酒或喝茶，但是西方的概念中，这些区域没有和边缘化、不洁、不适产生强的关联。在城市饮水的高峰期——下班之后(7点左右直至深夜)，西方人在自己的生活空间做出了一个明显的隔断，私人时间的主要部分就是饮水（包括饮酒)，同时进行私人的交谈，但是交谈的场所构成一个开敞的公共空间。

伦敦 Holborn 地铁口附近，上班族挑选"维生素"，提供后现代生活的能量。

此外，甜味崇拜客观上需要对能量的守恒找到社会学的解决方案。大量甜味的摄入，造成体内热量的增加，所以在西方的城市建筑内部，通常是和室外相反的，西方人喜欢在甜味和高能量摄入之后采用夏天装扮束(西方建筑的能耗从单一设计上比中国建筑更封闭、更守能，但是对保持中国饮食习惯的人来说，在西方建筑中办公和学习还是偏冷的，保持夏天装束并不舒适。同时中国人强调室内的通风、换气，良好的室内空间是和室外以某种方式联通的，以保证一种个体能量和自然能量的平衡)，同时对建筑外部空间存在一个潜在的心理要求，就是开敞通风与自然接通，因为热的体能需要在广场、草地、路旁等室外空间得到置换。西方食客的甜味偏好事实上还造成了一个城市的味蕾地图，具有典型的阶层性，食物的荤素搭配、能量搭配、口感、摄入方式、用餐的时间、食量、食物的品种、白领食物和蓝领食物构成了伦敦的一幅味蕾地图:围绕着泰晤士河，核心地带如泰德美术馆、环球大剧院等实际上构成一种社交性味蕾空间;围绕白领工作区、展览馆区域，一般都衍射出一个社交性味蕾空间。由于伦敦城市的国际性和空间的叠加，高端的饮食空间时常和低端饮食发生交错，形成一种味蕾的民主。而在中国，味蕾的地图是排他的，如果高档酒楼出现在地摊区域，或者与烧烤为邻，其高社会阶层属性将受到影响。但在伦敦,从大英博物馆走出,5分钟的步行时间内,可以找到任何一个阶层可以支付和愿意支付的食物。整体人群的高能量摄入也客观上造成了味蕾趋同的生理基础,因为不管上一顿吃的是半生牛排、土耳其kebab、青花菜还是薯条,都需要后续的饮料摄入。啤酒的低价高质客观上一定程度扁平化了英国社会,造成一个理论上的同侪空间。当一个人穿着短袖,站在门口抽烟,手里拿着一杯吉尼斯时,谁也无法判断他的真实社会身份。

所以从清淡、浓腻、生熟、荤素、甜辣(姑且将甜、辣看成一对反义词)这几组词,我们可以把伦敦常见的菜系粗略归成两个大类:第一类,印度、土耳其、中餐、泰餐、墨西哥餐,第二类,法国餐、英国fish & chip、美国快餐、意大利菜、日本餐。在这种分类中,辣味和浓烈无意中成为一种"专制饮食",甜味和清淡成为一种"民主饮食",原来辣味也有民主的原罪,改良民主似乎应从改善食谱做起。更细致地观察可以发现,在"专制饮食"中也渗透着一种全球化吊诡。

在中国的城市,几乎上任何一个省会都在觊觎一种超级城市、城市世界主义,他们都不约而同在不同的五年计划和2020年远景规划中,朝向一个想象中的现代化中国城市迈进,身后留下成堆的古城灰烬和旧城瓦砾。在昆明的一次田野调查中,我目睹了环滇池的超级高速景观路的修建过程——数百年的古村落被整体推平,将被改造成中国式水景园林景观。他们通过这种方式,向"东方的日内瓦"迈进。但是伴随着这种肉身的改造,一个更为私密和肉体的维度并没有改变,那便是这个城市的味觉。以昆明为例,这仍然是依靠韭菜、烤豆腐、饵块、米线、鸡爪、菌子、辣子、蘸水提供能量的城市,几乎所有的中国城市都在现实肉身和未来身体赋形(embodiment)这一维度,拥抱了一种纯粹西方化的城市景观,但是其另一半身体仍然停留在传统中,陶醉在浓烈、麻辣、壮阳、内脏烹调的饮食当中。耐人寻味的是,与食物整体反射的现实民主格局不同,这些"反西方"食物的享用过程是真正的民主:聚餐、自由讨论、辩论、无所不谈、日常所缺乏的歌唱、祝酒歌、私人生活、腹诽、筷子的使用、唾液在食品中的交换、对现代传播性疾病的现实藐视、罗马式的饕餮、柏拉图式的"舌头漫步",中国在舌头中满足了自己的民主欲望。

但是我还是很好奇,一个国际化、现代化、面向22世纪、全球化的中国城市的味蕾是什么样的?(What urbanization "tastes" like?)

被动词态分析

汤　军

被动语态是很平常的一种语言现象，也是很自然的一种社会现象。如：你被砸了，你被打了，你被刺激了，你被抛弃了，你被抢了，你被盗了，你被强奸了，你被撤职了，你被炒鱿鱼了，你被感动了……

而被动词态与被动语态不一样，它是一种很难说清楚的现象。这里的很难说清楚包括了几种情况：

一是不知道主语是谁。

如：被压迫。很难说，谁在压迫。只能说，是有一个体制、一个阶级、一个主义在压迫。但这么一说，就相当于无主语了。

二是知道主语是谁，却不知为何。

如：被代表。经常有人说，我代表广大群众谢谢×××的关怀。在这里，被代表确实有一个很明确的主语者，就是这个声称代表×××的人。

三是这种状态根本就不存在，却还可以"被"。

如：被解放。如今，被解放的概念已经很淡薄了，可还是有被解放的说法与纪年。虽然你不需要被解放，却一直有人想着要解放你，只是这样的想法很可笑罢了。

四是这是一种自相矛盾的被动状态。

如：被自杀。就是说自杀就自杀吧，还是被×××给自杀了。那么，到底这个被自杀的主语是自己呢，还是别人？都是，都不是，一定还有别的。

这些"被×××"词汇由于汉语语法逻辑上的障碍，因而不能归为被动语态，而只能叫被动词态了。被动词态不光是以上这些例子，还有很多就存在于我等的周围。一个被动的社会，一群群被动的老百姓、群众（其实是公民），怎么会不

汤军：自由撰稿人。

产生被动词态，怎么会不发生被动词态的语法逻辑呢？

再说到那个被动语态。汉语语法不区分主动语态与被动语态，也很有深意。因为这样一来，那个所谓的主语就会以为自己是主动的，是在做主人翁的事情，是有觉悟的，是积极向上的。即使感觉到自己是被动的，也至少面子上过得去啊。其实呢，他是被动的宾语，主语另有人在。譬如：

下岗人员从头再来；

思想解放；

群众发动起来了（很明显，少一个“被”）；

无产阶级专政；

百花齐放；

百家争鸣；

工农革命；

中国人民站起来了；

国有（国有制，其实是国被有制）；

国企改革；

……

既然主动、被动都那么不清晰，那么这被动词态和被动语态就更容易混淆了。混淆就混淆吧，也不是混淆一天两天了。显在的“被”，隐藏着的“被”，合乎逻辑的“被”，不合乎逻辑的“被”，反正都是被着，被啥不是被呢。

呵呵，这就是伟大的汉语当中的一个小秘密啦。

如今要想把话说清楚、说明白，确实很难。当下的汉语就像那个所有权难说的农村土地，就像那个产权不清的国有企业，也有着厘清源头、找到出处的必要。不如此，你就不知道在使用怎样的语法，在依据怎样的背景，在操持着怎样的话语，甚至连自己是主是客都不知道啦。

科举与学校

萧　武

按照宋朝开国初期延续的唐朝的制度，科举主要是考诗赋和经义，加上策论，但基本以诗赋和经义为主。到了王安石变法的时候，这个制度受到了强烈的质疑。按照王安石的看法，以诗赋和经义进身的人都是没用的腐儒，应该以策论为主。当时神宗对王安石言听计从，所以就同意了废除诗赋科，以策论为主。那时所谓的策论，题目基本就是我们今天历史考试中的"论述题"，要求考生按照自己对经义的理解，对题目中的历史事件发表看法。当然，这里主要考察的不是考生的背书能力，而是思维能力和对一个事情的看法是否符合儒家意识形态。当时的腐儒们不敢直言批评时政，主要都是通过对历史事件的评论来影射的，大多数人都会由此发挥开来，牵扯到当时的时政上去。

比如苏轼主考的时候考的就是一个关于汉武帝的题目。因为当时神宗正在西北开战，战线很长，耗费比较高，成了财政负担，大臣们都很反对，所以，苏轼的政敌们就弹劾说，苏轼是在以神宗比附汉武帝，有指斥圣躬的嫌疑。后来苏轼从翰林学士的位子上被罢免，这个就是理由中的一条。

其实王安石的看法远比策论重要得多。按照他对周礼的理解，在古代，是不通过科举考试来选拔人才的，这个制度很不好，应该通过学校教育来培养，所以必须在全国各地大办公费教育。后来康梁变法的时候也提过这个要求，而且付诸实行了。看起来好像是个发明创造，其实不是。比他们早了 900 年的王安石早就试验过了，效果并不好。

但是王安石的这个政策并没有实行到底。因为在全国开办学校需要时间，而在学校开办起来之前，科举考试还是不能废除。而他没等到学校办成，就已经被政敌们攻击被迫下台了。后来，他的政治继承人蔡京完全按照他的想法，

萧武：自由撰稿人。

废除了科举考试，在全国各地兴办了公费学校。而且，按照蔡京的建议，官府不仅出钱让读书人读书，为了让他们不为衣食忧，专心读书，官府还给每个学校都分配了一定数量的土地。虽然蔡京在宰相的位置上四起四落，但他的这个政策一直没有废除，一直到北宋被金军的铁蹄踏灭，这个政策还一直在延续。

神宗死后，新即位的哲宗还很小，由保守派的总后台向太后垂帘听政，一直被反对改革的保守派们寄予厚望的司马光成了宰相。在司马光的建议下，向太后和复辟了的保守派——元佑党人逐步废除了王安石变法时采取的政策，恢复了祖宗旧制。但是在是否应该恢复诗赋科的问题上，向太后有些拿不定主意。这时苏轼对向太后说了一句促使她下决心恢复诗赋科的话。苏轼说，人才养育，关键在于社会风气，而不在于以什么标准来考察，祖宗制定的这个制度不仅没有造成人才短缺，反而总是有人才不断出现，以诗赋进身的人才们也没有怎么坏朝廷的事，倒是以经义见长的王安石、吕惠卿变乱祖制，影响了社会的安定和谐。不幸的是，向太后恢复诗赋科后不久，她就死了，亲政的哲宗在大臣的蛊惑下又恢复了神宗时期的许多做法。到了徽宗时期，蔡京执政，干脆废除了科举，在全国开办免费学校。蔡京后来不仅没有培养出什么人才来，反而出现了大量的幸进小人，比如高俅、童贯等人。等到金军南下时，在河北和山西两大重要边防区几乎没有遇到任何像样的抵抗就迅速包围了汴梁。用苏轼的逻辑来说，就是风气早都坏了，小人得志，君子们早都要么被发配出去，要么隐居起来了。在位的不会干活，会干活的不得位，不亡何待?

科举制当然有它自己的合理性，否则它能延续1000多年吗?学校与科举是两种完全不同的逻辑。科举制假定，不是每个人都适合搞政治的，所以必须通过考试的方式把适合的人选拔出来。它是在所有人里面选拔能干、有用的人才，这是一个针对成品的考试，那些半成品是没有资格参加的。

而学校则完全不同。学校假定人的天赋都是一样的，学校不是在选拔人才，而是不管一个人的天资怎么样，都要培养成朝廷需要的政治家。这样的制度，难免会混进大量对政治完全没感觉而只是混生活的半成品来。这样的人大量在位，无事则已，有事当然不可能为朝廷分忧。其实最大也最重要的学校不是官府开办的免费学校，而是良好的社会风气。只要一个社会的风气是好的，自然会培养大量的人才，朝廷需要做的只是把自己需要的选拔出来。

人口偏见的来龙去脉

易富贤　王建军

国际顶级炒家、金融大鳄索罗斯认为，历史的“主要驱动力是人们的流行偏见”，左右历史的流行偏见具有“丰饶的谬误（fertile fallacy）”，认清这些“流行偏见”和谬误，就可以与其偕行，上下其手，获取厚利。

人口研究就是最容易被流行偏见和谬误所左右的学术领域。熊彼特在其不朽的巨著《经济分析史》中指出，经济学家迎面遇到的首要问题就是“人口问题”。英国古典经济学从斯密到穆勒之间三块基石之一的西尼尔，构造了一个四公理的经济体系，其中排第二的公理就是“人口公理”，李嘉图、穆勒和麦卡洛克都极为看重这一公理。西尼尔认为，有了这四条公理，就可以演绎出整个经济学体系。由此可见人口问题在经济学中的重要地位。

一

经济学中人口理论主要有两派：人口主义和反人口主义。“人口主义”居于长期和主流地位，即认为生活资料可以满足人口的增长。其中，最具代表性的“老人口主义”的观点就是亚当·斯密在《国富论》中的名言：“任何国家繁荣的最具有决定性的标志是其居民人数的增长”。“边际革命”的奠基人之一和洛桑学派的创始人瓦尔拉斯甚至认为：“如果一个社会首先注意扩大其资本，其人口就可以无限制地增加。”也就是中国两千多年前的思想家荀子所乐观估计的：如果一个社会治理得当，其财富可以“暴暴如山丘，不时焚烧，无所藏之”，完全可以满足人口增长的需要。现代经济的本质是过剩经济，所以我们可以周期性地看到小麦焚烧、牛奶倒掉一类暴殄天物的极端现象，使“生活资料的增长远跟不上人口增长”的“反人口主义”观点不攻自破。

易富贤：美国威斯康星大学妇产科系副研究员；王建军：工作于中国自然辩证法研究会。

经济学中的“反人口主义”通常处于短期和支流的地位，以至于它的代表——马尔萨斯的人口理论刚出现的时候，对学界来说，像“稻草人一样吓人一跳”。西方反人口主义的思想也有较深的渊源，非马尔萨斯所独创，在他之前的两百年间就有博特罗、配第、R. 华莱士、奥特斯，甚至富兰克林、米拉波、斯图亚特等很多经济学家阐述过与马尔萨斯类似的思想，以至于马克思愤怒地对马尔萨斯的人口理论“提出三种有关剽窃的指控”。最有意思的是 R. 华莱士，他反对共产主义的理由竟是：在共产主义社会里，人类的繁殖能力会使共产主义因人口过度拥挤而悲惨地终结。

马尔萨斯人口理论真正的过人之处在于他的数学表述，可惜“这个开创性的成就——整个人口理论史上值得赞扬的唯一成就”（熊彼特，1948），早在两千多年前就被中国先秦思想家韩非子明确地表述过了，可见，太阳底下真“没什么新东西”。

马尔萨斯因其反人口主义理论年纪轻轻的（1798 年，33 岁）暴得大名后，也自知漏洞颇多、谬误丰饶，所以，在几年后的第二版（1803 年版）中作了大幅度的修改，“用丢盔卸甲换来有秩序的退却”（熊彼特），他的理论“所剩下的只不过是一堆乱七八糟的事实，用来表明莫须有的规律之作用”（坎南）。有的经济史家甚至认为把他的《人口原理》可以改称为《国贫论》（夏尔·季德和斯利特等），正好和亚当·斯密的《国富论》形成对照，由此可见两种人口理论对立之尖锐。

二

如果人口理论之争只是停留在学者的书斋里或教授们的口角中，还无伤社会，顶多是茶杯里的风暴、核桃壳里的道场，只会吸引“小众”的眼球。但一俟变成人口政策和计划生育措施，其影响就不只是刀刀见血，而且是祸及子孙了。不幸的是，马尔萨斯一派的反人口主义观点起起落落一百多年之后，终于俘获到一位有资金实力和执行力的重量级传人，从而“溢出”象牙之塔，在全世界产生了广泛的“外部效应”，这个人就是大名鼎鼎的约翰·洛克菲勒三世。

洛克菲勒三世在其成长过程中深受优生学、人种理论和马尔萨斯主义的影响。他在 1950 年的东南亚之行中看到这些地区的人民生活在贫困之中，但人口却快速增长，触动极深。于是，这位“慈善家”便于 1952 年创办了人口理事会

(The Population Council),以减少发展中国家的人口增长、资助各国进行计划生育的研究和实践为宗旨,在国际上产生了很大的影响。

他从20世纪50年代开始,将加勒比海地区的波多黎各岛作为一个巨大的实验室,来检验他的大规模人口控制的想法。根据这个岛国的公共卫生部所作的调查,截至1965年,约35%的波多黎各育龄妇女做了永久性的绝育手术(世界第一,而印度当时只有3%,估计中国与印度差不多)。

1961年,约翰·洛克菲勒三世向联合国粮农组织发表了"第二次麦克杜格尔讲演"。洛克菲勒说:"在我看来,人口增长是当今社会仅次于核武器控制的头等大事。"

1966年,联合国大会通过一项决议,促请联合国系统的组织在人口方面提供技术援助。1967年,联合国秘书长设立了人口活动信托基金。1969年,该基金定名为联合国人口活动基金会。

昆虫的繁殖似乎印证了马尔萨斯的人口理论。1968年,美国斯坦福大学研究昆虫的科学家保罗·埃利希出版了著名的《人口爆炸》一书,他在书中认为:人口爆炸将导致环境污染,死亡率增加,寿命大幅缩短。预测在20世纪70年代和20世纪80年代会发生大饥荒,饿死数亿人。于是,他提出一系列控制人口的方法,希望世界人口减少5亿。他认为美国两亿人口已经是极为过剩了,建议美国首先以身作则,将人口从两亿萎缩至1.35亿。但美国现在的人口已超过3亿,肯定令他极其失望。《人口爆炸》和之后罗马俱乐部的《增长的极限》引起了公众的极大关注,被翻译成几十种语言,各卖出数百万册,掀起了一场全球控制人口的热潮。

1969年7月,约翰·洛克菲勒三世被尼克松总统任命为"人口增长与美国未来委员会"主席。洛克菲勒三世减少人口的实验和报告后来成为《基辛格报告》(《NSSM-200》)指导下的美国国务院的全球政策。1972年,基辛格的秘密计划开始实施的前几个月,约翰·洛克菲勒三世把他的报告呈交给美国总统。在大选之年,尼克松决定低调处理这份报告,因此这份报告没有引起媒体多大的注意。然而,这一报告的政策建议却得到高度重视。

1974年12月10日,美国国家安全委员会颁布了《国家安全研究备忘录第200号:世界人口增长对美国的安全及海外利益的意涵》(1974 National Security

Study Memorandum 200: Implications of Worldwide Population Growth for U.S. Security and Overseas Interests)，简称《NSSM-200》。《NSSM-200》报告是在亨利·基辛格主导下完成的，因此又称《基辛格报告》。

三

1975年11月，尼克松因水门事件被迫辞职。杰拉德·福特接替尼克松成为美国总统，任命纳尔逊·洛克菲勒为副总统。洛克菲勒的老朋友基辛格仍担任国务卿。至此美国进入了推行控制人口政策的最佳时期。福特一上任就立即签署了总统行政命令，使《NSSM-200》成为美国政府的官方外交政策。它首次将发展中国家的人口控制列为美国政府的一个明确的（秘密的）战略性国家安全重点。

美国决定起草该政策始于1974年在罗马尼亚布加勒斯特召开的联合国人口大会之后，在大会上，联合国未采纳美国的意见。美国的意见是由洛克菲勒基金会，更直接地说是由约翰·洛克菲勒三世提出的。意见的主要内容是实施"世界人口行动计划"，以大幅降低世界人口数量。这一计划受到天主教教会、除罗马尼亚之外的所有共产主义国家以及拉丁美洲和亚洲国家的坚决抵制。它们的抵制使美国的决策层意识到实施这个计划需要用一些隐蔽的手段。在这个背景下，基辛格被授权起草《NSSM-200》战略。

《NSSM-200》的中心思想是：世界越来越依赖于发展中国家的矿产资源供给，应确保美国从发展中国家通畅无阻地获取自然资源。为了保护美国的商业利益，该报告中列举了多种可能阻碍美国从发展中国家通畅地获取资源的因素，其中主要是人口因素。因此，只有大幅度减少发展中国家人口的数量，美国才能充分利用它们的原材料。而人口控制的重点应该放在最大的和人口增长最迅速的国家。

该报告制订了一个详细的控制发展中国家人口的计划。基辛格明确提出：美国要直接通过政府援助计划，将接受减少人口作为得到美国援助的先决条件；人口控制的关键是影响发展中国家的领导人；进行性教育，改变传统上的性的唯生殖目的论；强制性地实行计划生育；提高妇女就业率，从而减少她们养育孩子的时间和精力（中国妇女劳动参与率高达86%，高居全球第17位）。

美国著名经济学家威廉·恩道尔（Frederick William Engdahl）在《粮食战争》中指出："说白了，美国的新政策实际上就是'如果这些劣等人种妨碍我们获得充裕的廉价原材料，我们必须想办法除掉他们'。这就是《NSSM-200》的真正含义，它只不过是用了冠冕堂皇的官方语言来表述而已。"

在华盛顿高层看来，该报告一旦被公开或者泄露出去，不但会引起国内（尤其是宗教团体）的强烈反对，在国际上也会造成爆炸性影响。因此，根据《Kissinger Report-2004》总结出："整个实施过程中，美国必须掩盖其阴谋，而让人觉得美国的计划不是自私的而是利他的，否则有可能引起其他国家的强烈反应。美国必须隐瞒从发展中国家获得自然资源的真实意图，而说服发展中国家的领导人和民众相信：减少人口是符合他们自己的最大利益的。"

这个秘密一直保守了15年，直到与天主教教会有关联的一些组织采取私人法律行动，最终才迫使这份文件在1989年解密。20世纪90年代才供一些学者进行研究。

报告认为，有一些国家政府对计划生育根本不感兴趣，有一些则是政府对计划生育很感兴趣，且需要并欢迎更多的技术和资金援助。对于后者，应该在美国国际开发署人口计划项目进行资源分配时给予最优先考虑。20世纪90年代，这份报告就已经供学者研究，但是中国的人口学家们却有意无意地忽略这份报告，不像巴西那样将之公布于众。主流人口学家是"当事人"，心中应该有数，他们是："鱼游于沸鼎之中，燕巢于飞幕之上，不亦惑乎！"

由于政治和意识形态的原因，在一些宗教组织的建议下，布什政府2003年开始中断了对联合国人口基金的资助，但美国至今并没有放弃《NSSM-200》，反对的只是"强制"堕胎。

巴西自然资源丰富，气候良好，面积851万平方公里，相当于美国的91%。所以，在《NSSM-200》计划中特别强调了巴西的特殊地位："它在人口方面明显主导着（南美）大陆"，按以前的计划，它的人口到2000年就将超过美国。报告警告说，巴西人口如此迅速地增长意味着"在今后25年内，巴西在拉丁美洲和世界舞台上的势力和地位将日益上升"。

1991年，美国国家安全委员会在发展中国家人口控制目标秘密备忘录的有关信息在《巴西杂志》及巴西其他主要报刊上公开发表后，巴西卫生部开始对巴西妇女大规模绝育的报告进行调查。政府的这次调查是在国会的正式过问下开展的，由来自巴西立法机构各个政党的165位议员发起。巴西政府震惊地发现，约44%的年龄在14~55岁的巴西妇女已经永久性绝育。大多数年龄大一点的妇女在20世纪70年代中期《NSSM-20》计划刚启动时就做了永久性绝育手术。所有计划都是在美国国务院下属的美国国际开发署（USAID）的支持和指导下实施的。巴西政府抗议美国国际开发署的绝育计划"做过了头，完全没有必要"。一些报道称，这个绝育计划实施后，多达90%的所有非洲裔巴西妇女做了绝育手术，这意味着这个黑人人口仅次于尼日利亚的国家的黑人后代将面临灭绝。

泰国与巴西一样，也是被"自愿性"地实行了计划生育。1975年避孕率只有34%，结扎率为7.5%的泰国，到1996年避孕普及率达到了77%，结扎率达到34%。生育率从1975年的4.55下降到2009年的1.65。现在泰国的妇女劳动参与率也高达85%。由于年轻消费者不足，泰国很难启动内需，以致影响政局稳定，今后将面临严重的经济危机和老龄化危机。

1976年，印度总理英迪拉·甘地曾发起过一场控制人口增长的运动，结果遭到广大选民的强烈反对，在第二年的大选中，英迪拉·甘地遭到惨败，黯然下台。此后，历届政府都不敢轻易再碰这个敏感问题，以免重蹈英迪拉·甘地的覆辙，这反而使印度在人口问题上因祸得福。

伊朗自1989年开始采纳国际人口学家的建议，提倡只生二胎，其生育率直线下降，却受到联合国人口基金和国际主流人口学家的高度赞扬，并倡议其他穆斯林国家以伊朗为榜样。伊朗现在生育率已降低到1.7，伊朗总统后悔不已。

《NSSM-200》报告导致东欧、前苏联、日本、新加坡、中国香港等国家和地区人口增长率急剧下降，已造成严重的经济和社会问题。而许多发展中国家老化速度甚至超过了发达国家，这预示着这些地区不久就将面临更加严峻的社会和经济问题。

韩国、中国台湾20世纪60年代就开始提倡只生二胎，生育率在20世纪70年代、80年代直线下降，被国际主流人口学家和政治家们称赞为"少生快富"计划生育的典范。但是现在这两个地区的生育率只有1.1，远低于一个社会"世代更替"所需的2.1的水平，彻底丧失了可持续发展的能力。

不像基辛格政治上的深谋远虑，洛克菲勒三世和保罗·埃利希不但希望减少发展中国家的人口，而且也希望减少美国和盟国的人口，只是担心美国国内的反对而无法将他们的理论付诸实践。美国斯坦福大学的社会学家 Steven W. Mosher 就是一个激烈的反对者，他 1979 年、1980 年在中国调研（据说是当时唯一在中国从事社会学研究的西方学者）后回美国，递交了一份反对中国计划生育的报告，却被斯坦福大学（人口爆炸舆论的发源地）取消了博士学位。他后来担任人口研究所（Population Research Institute）所长，积极鼓励生育，并以身作则，和他的妻子 Vera 共生育了 9 个孩子。美国生育率能够保持在世代更替的水平（现在是 2.1 的生育率），有他们一份功劳。

一些明智的美国总统也不是完全认同《NSSM-200》的，如美国曾于 1986~1992 年（里根总统和老布什任总统期间）、2002~2008 年（小布什任总统期间）中断了对联合国人口基金的资助。《NSSM-200》也是在老布什时代被解密的。美国新总统奥巴马提名的驻华大使 Jon Huntsman 更有意思，他的中文名叫洪博培，1960 年出生，在台湾工作过，说一口流利的中文，曾任美国犹他州州长。他对生育权比普通人有更深的理解，因为他的父母（他父亲是 1937 年出生）就育有 9 个孩子。洪博培有 60 多个侄子和侄女。洪博培夫妇自己也有 7 个子女（自己生育了 5 个孩子，从中国和印度各收养了一个女儿），洪博培先生的中国女儿杨乐意是他于 1999 年从中国孤儿院里收养的一个被弃女婴。

洪博培夫妇与领养的中国女儿（左二）、印度女儿在一起

《NSSM-200》的目标是到2000年将世界人口增长减少5亿。现在看来这个目标已经超额完成了，光中国就少生了4亿人口（按中国官方公布的数字），这是中国对人类的贡献还是牺牲，尚有待历史裁断。

四

人口问题的复杂性远超出人们的想象，人们很容易被它的短期和表层现象所迷惑，而无视它的长期和深层结构，对人口"开刀"的后遗症往往要一两代人甚至更长时间以后才能明显地感觉到，连自认为"五百年都是第一！第一！第一！"的李敖，在嘲笑"日本人完蛋了，断子绝孙了，日本人就是少子化太严重，他们没有真正成为大国的条件"，同时却为中国的计划生育政策辩护时，他都不知道日本的"人口病"也是中国必患的，只不过是时间滞后一个阶段的五十步笑百步。

如果把世界各大国的人口"出生率"在坐标图上标出，其实，从20世纪60年代开始就都已像瀑布一样倾泻下来，但其后的"人口总量"倒可能还是上升的，因此能迷惑人20年。

社会越发达，生育率越低。易富贤研究发现联合国的"人类发展指数（HDI）"和"总和生育率（TFR）"之间存在直线相关关系，"人类发展指数"到0.5是个分水岭，低于0.5的国家生育率都极高，一旦人类发展指数超过0.5之后，生育率都将快速下降，中国正是"文革"后期（1974年左右）人类发展指数跨越0.5的，之后，即使没有计划生育政策，全国生育率也开始自然下泄。在经济发展和计划生育的双重作用下，中国生育率急剧下降，随之而来的人口问题的冲击将接踵而至：1999年以后，中国即进入老龄化社会；2030年以后，60岁以上的老年人口将达4亿；1997年以来，中国的"黄金劳动人口（18~35岁）"已经开始减少，今后"劳工荒"将更加严重；1998~2008年以后，小学、初中、高中、大学学生人数依次大幅减少，许多学校将面临破产；1996~2005年出生的男女性别比例严重失调（127:100），今后将有1/4以上的男子打光棍，即4000万男子将被判"无妻徒刑"；中国出生缺陷儿童的比例将占世界的20%。

中国人口的高峰期（具体时间颇有争议）一过，将出现愈益严重的"人口萎缩（population implosion）"，再加上沉重的养老压力和"未富先老"的社会前景，会决定性地扭转当今人口问题上的流行偏见，使计划生育观念成为“共诛之、共讨之”的对象。但生育率下降的趋势一旦形成，要想扭转却已是“风波未浩荡，花树已萧森”了，日、韩、台、港等地远低于“世代更替水平”的超低生育率就是不远之殷鉴。

不仅如此，熊彼特还发现人口问题中内含着“合成谬误（fallacy of composition）”，即单个家庭的贫困“最明显的原因是子女过多”，所有家庭都限制子女数目社会就会富有的“谬见”。这是一种局部正确总体未必正确的悖论，其复杂性已经超出本文讨论的范围。经济学中充满这种“合成谬误”的“陷阱”，使那些只见“毫末”不见“薪舆”的专家们碰壁或出丑，所以，凯恩斯说：“经济学是一门‘危险的科学’。”这种危险对个人只危及饭碗和面子，如果转化成政策，作用于社会，则会危及千家万户，甚至子孙后代，有决策权的专家、学者、政要们不可不慎。

在人口主义和反人口主义的两极之间还有一些经济学家持执中、调和的第三方观点，如贝卡利亚的“中道”立场，吉诺维西和维克赛尔的“最适度人口”的观点。凯恩斯也比较谨慎，他在20世纪之初详细研究了中国两千多年的人口变迁之后，一方面“认为中国人口对生存手段造成压力已经有许多世纪之久，这种看法是不正确的”；另一方面也认为：“在中国……宗教势力（指儒教——引者注）总是强有力地赞同子孙无限多就是好；但难以相信，如果有幸享受者如此之多，黄金时代真能重新再来？”（《凯恩斯评陈焕章的〈孔门理财学〉》，1912年12月）他也是扣两端而执中的。不过凯恩斯却忽略了一个事实，就是在古代中国，虽然千方百计鼓励生育，但是由于婴儿死亡率极高，数千年来中国人口没有大幅增加，一直波动在几千万之间，无从检验中国传统人口理论的实效。近代社会恰恰提供了实证。哥伦布1492年发现美洲后，美洲高产作物的陆续引入使得世界人口在近300年间快速增加。经济学家的思想已覆盖了人口问题的各种基本可能性，这三方的立场都言之成理、持之有据，三者的整合和互补正显示出人口问题的复杂性远超出人类理智的自负。人类的繁衍是极其复杂的有机整体，有自己的规律和动态结构，不知道理性的边界，越俎代庖地像“计划经济”一样的“计划人口”，最终也将备尝其苦果，只是这苦果经常是“期货”性质的。

造城史诗与权力意志

刘洪波

到处都是造城史诗

最近,《瞭望东方周刊》"造城市长耿彦波"的封面报道,报道了山西大同的造城运动。在大同,市长耿彦波正以超常规手段推进大拆大建,云冈石窟景区改造、城墙恢复、绿化工程、道路建设等等多个项目在同时推进。

按照耿彦波的设想,大同作为历史文化名城,应该在景观和文化感觉上"回到明朝",而且要一分为二,新城与老城分离:"文化名城,古韵新章。一轴双城,无限风光。传统与现代齐飞,人文共生态一体。奋皇城古都之余烈,振大同崛起之长策……"

诗情正在向现实转变,一个市长以大地山川为布景,以一座现实的城市为舞台,意行古今,笔走龙蛇,城市再造的史诗话剧正在上演。

其实,大同或许只是造城史诗的一个后来者。在中国,有太多的蓝图正在城市里变现,令人惊叹的"大手笔"不断书写。一次性拆除上十平方公里的街区,一次性规划几百平方公里的城市面积,一次性建造几十上百平方公里的城市新区,平地挖出几平方公里的湖泊,都是寻常的事情。

我曾经说过,今日世界上,以建筑而论,只有两片热土,一片是富产石油的阿拉伯湾,一片就是中国。

阿拉伯湾的造城运动,属于沙漠奇观,情似"一张白纸可写最新最美的图画";而中国的造城运动,实际上更加豪迈,是将已经高度密集居住的土地视为白纸来书写最新最美的图画,为此,征地与拆迁成为造城的附生景象。

刚刚看到消息:迪拜政府宣布,将负责迪拜世界(Dubai World)的重组,并要求债权人接受延期还款,引发全球股市下跌和新一轮金融波动。而迪拜世界

刘洪波:武汉《长江日报》评论部主任。

最负盛名的神话创作，就是海上人工奇迹“棕榈岛”。

人们纷纷预期，阿拉伯湾这片热土将冷淡下来。这样，或许中国真的就要成了唯一的热土了。城建史诗仍在继续描画，也仍将继续变现。

创作意图

世界上，人工最大的创作作品，永远是建筑，而建筑的最大集成是城市。

建筑被称为凝固的音乐或者静止的舞蹈，它分划晨昏，切割天际，改变景观，制造视觉。城市更是深入地影响乃至决定人类的行为、心理与生活。

造城运动，既是财富、智力、材料、技术、劳力的要素组合，也是显示意念、抱负与梦想的平台。城市以一种“总和形象”的形式，给人以感观刺激，这就是所谓“城市面貌”。客观上，它让人通过最外在的形式，判断一个地方的发展水平、精神气质。

本来，城市面貌应该是一个自然呈现的状态，但希望着意展现形象的人们，也由此找到了制造人工形象的舞台。这就是为什么城市社会经济的发展水平不足以满足城市的生计，却会有城管来驱逐街头生计，这也是为什么造城运动、景观大道，以及体量巨大、形状怪异的建筑会集中出现在人们的视野。

造城运动和新奇的建筑在叙说着什么？它不止是在说人类的设计理念是何其丰富和自由，而主要是在叙说“这里的社会发展是何其具有生机、开放精神和自由”，这就是“让世界了解某某，让某某走向世界”的意思。它要说明一个地方与世界的联结，通过这种联结表明地方的存在、重要，并在总体上构造“世界最具活力的地方”、“发展最快的地方”等形象。

建筑的体量、形状与城市规模的非正常（也就是褒义词所说的超常规）扩张，意在向观看者传达关于气魄、胸怀、财力、眼光等等隐含的信息。城市“长高了、长大了、长壮了”的不断重复与提醒，是要告诉你“发展”的迅速，并且用建筑和城市规模证明给你看。

个人作品还是集体创作

城市是个人作品吗？应当不是。城市是市民生活的总体，是人类活动的结晶。然而，如同“英雄创造历史”还是“人民创造历史”一样，现实的回答总是有多种可能的。

在中国，造城运动基本上决断于城市治理首脑——党政首长的意志，故而有“规划是市长的绘图员”的说法。市长是经常变化的，所以规划也是经常变化的，这就意味着，一座城市的样子，以及生活在一座城市里的人，都会成为个人创作的对象。

正如在大同造城运动的报道中所看到的，市长实际上宣告了过去的大同的“突然死亡”，而一个新的大同将会诞生。这个大同将是“回到明朝”的，而之所以要“回到明朝”，是因为在市长的心中，大同应当回到明朝。大同的城市景观与文化表征是否要回到过去，以及回到过去是否就要回到明朝，这取决于市长的判断。

把城市交给一个人进行创作，更准确地说，一个人把城市拿到手里进行创作，城市及市民的生活寄希望于个人，岂不是风险太大了吗？或许你相信某个人更加聪明，你相信某个职务必然意味着更加富有智慧，然而，你至少还要担心他偶然失手吧？城市交由个人大开大合地施展诗意、激情和抱负，岂不是类似赌博？施放这样的胜负手，赢，或者有大利，但万一输，情况又会如何？

至少，现在我们已经可以看到，中国的城市多么趋向于一致化。千城一面的重复创作，把分别谱写的造城史诗变成了换地方、无新意的平铺直叙。一波一波的时鲜在批发，现在的时令鲜品是“文化遗产”，复旧样式、旅游预期，开始隆重登场。

制造一座城市，决定无数人的生活方式，并且创造一种永存的面貌，这一定是非常具有诱惑性的事情。某种程度上，城市可以成为造城者的纪念碑，使个人得以不朽。

这并不是说，造城者是基于个人对不朽的欲望或者让无数人按自己意愿生活的目的，发动了造城运动。不是这样，我宁可相信他们的“事业心”，相信他们“造福大众”的真诚。如果说不朽和决定他人的生活是愉快的，也可以是一种附生品，一种隐匿的内驱力。

“没有时间等待”

造城史诗作为个人创作，总是急不可耐的。

湖南省落马的郴州市市委书记李大伦说过:“谁影响郴州一阵子,我就影响他一辈子。”这句话,后来有许多变种,只是改换地名而已。例如“谁影响嘉禾一阵子”,“谁影响资兴一阵子”等等,地名的改头换面,可以无限进行下去,而结果也同一,“我就影响他一辈子”。

这些话,几乎总是作为落马官员的荒唐,才得以透露。而其心态与做法,在没有落马的官员,同样有之。造城者总是“时不我待”的。

时间太有限了。耿彦波说:“我没有时间等待,所以拆迁不可以等待。”他没有时间等待,不只是按照年龄,即使他在大同工作至退休也不到10年,而且他只能希望“让我在大同起码干满一届”。这样的时间,对于完成城市再造这样的作品,实在太短暂。

另一个现实也加剧了紧迫感,每一个长官都会有自己的造城冲动和意愿。中国的现实是“新官不理旧账”。不但文化认识不一样,而且后任一般都不愿意在前任的阴影下生活。我们已经看到,不少地方,换一位市长就会有一套新的做法,将城市景象与发展轨迹摆到自己设定的图式上来,你建我拆故而常有。

没有时间等待,造城者必须决定城市面貌,而且在自己手上变成现实,否则就成为半拉子。“这几年冲过去也就过去了,冲不过去我就是历史的罪人。贷了那么多款,如果留下一个半拉子工程,不可想象!”

功魁或者祸首,豪杰或者枭雄,时间有限。时间有限,或者也有发展就是竞争、“不进则退,慢进也退”的因素,但这种因素占到多大分量,造城者个人的时间考虑占多大分量,不无疑虑。发展慢了,所以允许急,这也许是市民考虑问题的方式;时间少了,不能够不急,这大概才是造城者作为权力者考虑问题的方式。

谁将被牺牲

还会有人写《阿房宫赋》或者《五噫之歌》吗?似乎是没有。财力是如此丰厚,以至于建造比阿房宫更壮观的工程,也无须“举天下之力”。何况现在有金融体系,“向未来借钱”也完全可以。更重要的是,过去阿房宫意味着穷奢极欲,而现在,建设阿房宫意味着“发展”,寓意的变化,已经被生产出来了。

急迫创作的造城史诗,必然是摧枯拉朽、排山倒海的。气势恢弘,波澜壮阔,技术装备在进步,会战以前靠人海,现在不是这样了,推土机、翻斗车、水泥搅拌机、打桩机等等装备在完成拆和建的工程,乾坤挪移,只在一阵轰鸣之中。

所有被视为"影响一阵子"的因素,将要被排除。包括什么呢? 例如法律,如大同再造云冈石窟景区的过程中,要挖出一个巨大的湖泊,施工震动和建成后的水汽可能影响石窟造像,《文物保护法》需要工程应事先审批。但"没有时间等待",而且确有例证,如山西应县木塔,早需维修,但审批连年,方案未备,云冈景区再造要审批,又会如何? 于是在违法状态下,景区再造已经大干快上了。

还有人的生活,那些不幸住在造城运动需要的土地上的人,他们的生活便是摧枯拉朽被迅速推倒的对象。这就像把某类人定义为蟑螂或者病菌,就可以使清除变得心安理得。农民的地被征用,市民的房屋被拆迁,谈判是不存在的,只需要"做工作",做工作的方式,无非是"通知",最多是"通知到户"吧,如若不然,"强制拆迁"。拆是肯定的,但迁,迁往何处?这是枯木朽株们自己要解决的问题。拆迁的意思,就是拆掉,或者通过拆,你不得不迁,如此而已。

造城运动制造了新的景观,也制造出新的生活价格。造城需要资金,资金需要经营,土地必须卖出更高的价格,这才能够使造城顺利进行。为此,房地产价格将要抬升,拥有一处房屋将是十分昂贵的。

总体而言,现实地讲,造城是一种准战争状态,它不仅征用了土地,而且征用了法律和规范,征用了土地上人们的正常生活。不远的将来,它将让人们为拥有房屋而付出巨大代价。更长远地讲,它制造了城市的生活样式,人的居住、生活、交往半径等等,按照造城者的意愿而安排,城市不再是自然生长,不再是生态系统。

大多数人的态度

几乎所有摧枯拉朽、日新月异的造城史诗,都会收到喝彩。我并不认为掌声都是虚应故事,相反,我认为其中绝大多数应该是出自真诚。

"大变样了","变得认不出来了",这样的描述对一座城市来说,也许本质上值得伤感,但我们基本上认定也确实在赞美的意义上使用它们。这就是说,我们愿意看到城市变得不一样,变得认不出来,觉得这是好的。

变迁中,城市的房屋、街区后面有大量的记忆被拔掉,一些回忆成为绝响,怀念将无可依凭，一些人的社区将被重组，生活的温润将丧失。我想，这些都被作为“落后”而毫不顾惜地扫除了，不会被认为是损失。

就是这样，将“变化”当成了一种价值。变化与新造，被赋予了合法性，而旧的东西，是可以破除的。当然，我们还有“文物”的概念，造城遇上文物，或者还可商议一下，尽管结果可能是文物也不能“影响一阵子”。而更多的房子，以及房子组成的街区，那里面生活的人，有什么意义呢？那不是“文物”，只是“落后”。

“落后”是需要改变的，而且这种改变是谁都可以进行，谁都有义务进行，谁都应该支持的。

在“大变样”的过程中，可能被损害的有法律，这是相关部门比如文物保护法的相关部门的事情，这样的部门无法与造城者的权力相提并论，而且未必不能“商量”。可能被损害的人还有被征地和拆迁的人，他们当然是少数。当巨车隆隆开过时，发达景象掩盖了被碾者微弱的哀告。这被碾碎的，永远是少数人，就像你开着一辆车在街上横冲直撞，受害者也是少数人。再造毕竟不是“楚人一炬，可怜焦土”，使大部分人一日失去家园。所以，造城运动太容易获得“大多数市民支持”了。

大多数人都愿意看到“大变样”，那既区分了城市面貌的先进与落后，也寄托着他们对城市面貌与自己的生活品质的想象。哪怕仅仅是面貌变化，发展的意象与追求仍然能使人被史诗巨制激发骄傲与自豪。当然，“大多数人”都不会支持城市发展把谁的生活碾成齑粉，不过，少数人受损害时，多数人并不会目睹。

对造城史诗而言，多数人看到的将只是新面貌，而不是新面貌后面的事情，建设的辛劳也好，被拆者的无告也好。多数人是利益无关者，但自我想象中或者感觉中是造城的受益者，至少是“视觉得利者”，看到一个爽净，这是起码的。他们看到蓝图，“一日千里”的现实，以及光明美好的未来。他们看到了城市再造的壮剧与史诗，并将享用许诺中的前景。

至于包括房屋在内的生活代价，暂时不曾与造城挂起钩来。而造城对未来生活的影响，则未及展现，未来的人甚至还没有出生，因此也不知他们将何以面对某一代人、某一位造城者塞给他们的作品。

这就是为什么无论成建制化拆建的大手笔，清除街头生计的管理，还是无钱办福利有钱修景观的绿化,都能引来“大变样”的赞誉。

历史会有评价。是的,历史是会说话的,但是历史的话语中,不会有当时人的感受,如果有,也将声若游丝。这就是为什么孟姜女的眼泪永远遮掩不住长城的颂歌;这就是为什么数百万民工冬夏兼作、疲死无数的开凿,不在大运河的基本叙事框架之内,千秋大业与史诗巨作,就是这样抹去现实生活的意义。

造城作为城市博弈行为

当代中国的每一个造城行为,都很容易赢得当地市民大多数的支持,这不仅是基于“发展”和“大变样”已经成为新的意识形态,人们厌倦、恐惧于地方“不发展”、“慢发展”所造成的后果,而且显示了人们对地方与国家关系的认识。

自 1949 年以后,相当长的时间内,地方与国家的关系就是“全国一盘棋”。一个地方做什么,发展成什么样子,有多大发展,取决于这个地方在棋盘上的位置,而行棋者就是国家。这种行棋方式,可以使深山里造出一座城市,也可以使一座城市只生产一种物品,也可以使一座城市(如沿边沿海城市)长期得不到大型工程。

而改革开放形成了地方与国家的新的关系模式,那就是地方获得了较大的权力支配地方的发展。然而,支配权的授予并不是均等的,“一盘棋”开始按照“沿海优先”的战略来布局,这就意味着那里被授予更大的自主权,换句话说,就是“先富权”。

从经济全球化中的要素来讲,沿海本身具有地利的一面。加之自主权、试验权(也就是不遵守其他地区必须遵守的规矩的权利)的更充分授予,地区发展差异加大起来。而发展差异往往不被归结于“让一部分地区先富起来”,而是归结于“思想解放的差异”,这样,实际上形成了对按安排而未得快速发展的地方人们的素质的一种污名化。

造城运动中大量存在对当事人利益的剥夺和对各种法规的违背。后发展地区其实早已是一种“听命令吃亏”的心理。例如,大同造城运动中,人们对自己的城市有着“成于煤,败于煤”的深切痛悔。大同发展煤炭产业,这是作为国家战略布局而被决定的,而生产煤炭使这座城市在计划经济时代辉煌不已,但在今天已经越来越成为贫困的根源,这就是为什么大同人会产生巨大的不平衡感，他们从煤炭交易中没有获得相应的回报。这成了他们急欲图新、大拆大建、发展旅游的动力。

某种程度上，任何一个地方的造城运动，都是对国家不再“等、靠、要”，而自行上路的一种行动。这可以说是对国家扶持“丢掉幻想”，也可以说是“发挥主动性”。人们开始认为，按照国家要求，不去突破规定，发展就会变慢，而先突破规矩的，往往事后得到承认，并且被肯定为“思想解放，积极探索”。由此，地方与国家的关系被内在地重构了。现在是地方与地方之间相互竞争的时候，竞争中，不仅地方之间开始合纵连横，地方内部，人们也倾向于肯定和赞赏为地方利益而打破各种规范的行为。

至于治理行为对少数人的侵害，这一直都未曾被认为是一个问题，现在只是继续着，但侵害或者牺牲被认为必须付出的理由，则由“人民”、“阶级”等抽象的集体概念，变换到“城市发展”这相对具体的集体概念。集体概念压倒个人权利，则仍然被赋予合理性。

造城者人格

在媒体报道中，造城市长耿彦波是这样的：这是一个勤政的市长，每天只睡5小时，别的时间都在工作；又是一个清廉的市长，整天在大同的工地间奔波，如同农夫伺候他的田地；还是一个正派的市长，公心办事，不假私情；更是一个魄力超群的市长，改天换地，克日期成。

争议仍然是巨大的，以至于市民自发组织万人签名来表示支持他继续担任市长。这个行动表明，至少在传言中，争议已经严重到他是否能够继续担任市长的程度。这个行动，如果真是自发，也表明他在大同受欢迎的程度。《瞭望东方周刊》的记者在大同采访，传递出来的也是赞扬随处可闻而反对声音微弱。

造城运动在中国可以说遍地开花，人们对造城运动的主导者，一般地说，并不特别评价其人格，人们甚至一边设想造城行为中巨大的利益黑洞，一边仍然会支持通过造城运动来“加快发展”，或者证明已经加快了发展。

可以说，耿彦波作为一个市长，作为争议人物而出现，并不是大同的市民对他存在巨大争议，而是大同市民与大同之外的人产生了争议。

这样的情况，在仇和、吕日周、李连玉等官员那儿也同样存在。

大致上，这些官员在其治所，能够受到当地人相当热烈的好评乃至人格上的崇拜，而批评者大多来自旁观者，认为这些人身上有着巨大的人格缺陷，如独断专行、铁腕无情、简单粗暴、轻易侵害个人权利等等。争议发生以后，当地人会认为批评者不了解情况，不谙在中国办事的道理；而批评者认为当地人“当局者迷”、愚昧，乃至有“斯德哥尔摩综合征”。

基于“统治来源于治下多数人同意”的原则，我想，一个市长的去留与评价，应当由市民的态度决定，哪怕你认为那是“当局者迷”。旁观者再清，只是旁观者而已，并不能代替当地人生活，也不能决定当地人的感受，大同市民正因耿彦波的造城壮举而日益恢复往日的荣耀感。只是，他们并未得到过选择市长的机会，并无“同意或不同意”的选项，未曾有过两套城市发展纲领摆在他们面前，并由他们在充分对辩的基础上作决定。他们只是有机会在这一位与历任市长间作比较而已，一种迥然不同的风格能使他们耳目一新。纵使如此，一个被市民喝彩的市长，仍然胜过那些未获市民好评的市长。

这些受争议的地方长官，相较于大量未被关注的地方长官，可能确实具有更多的个人魅力。铁腕，并非只是这些被争议的地方长官才具有，实际上，在中国，“一把手”几乎都有“合法铁腕权”，只是如果铁腕未曾高调行事，则不被认为是问题，而高调行事者大概还做出一些“超常发展”举动，因而赢得政声。

造城权力意志

应当提出一个问题：在现代意义上评价权力，难道与王朝时代一样，看看是否勤政廉政就行？雄才大略后的哀号、突飞猛进后面的痛苦重要吗？

是的，对于市民来说，他们会认为一个官员勤政廉政就很好了，有雄才大略更是额外的庆幸。然而，这是什么意思呢？是现代官员本来只要像王朝时代的官员一样，还是应该感到伤感，现实已经使市民对官员如此不作要求？

人们只是观看市长的更换，观看市长的行为，而未能去选择和约束市长该怎样治理城市。治理，只是市长单方面的行为。而人们看到了变化，仅仅如此即已兴奋，而自己并不能决定变化的方向。他们只能对变化表示热烈回应，还是默然承受，好也罢，坏也罢，无法否决和制止变化的发生。

如前所述，“谁影响地方一阵子，我就影响他一辈子”这个口号的精髓，实际上在造城运动中处处体现，而只是那些落马官员，才会因奉行这一口号而受到批评，一般地，我们会说这是不惜一切求发展的魄力。

在落马贪官与能员干将的身上，体现了共同的权力背景。每个地方长官都可以导演壮阔的景象，震古烁今，纵贯古今，一个人、一座城、一个时代、一个世界……

一个能“集中力量办大事”的体制，使长官无所不能。无所不能，包括胡作非为，包括无所作为，也包括创作“史诗巨制”。而胡作非为与无所作为的情况是何其普遍，以至于如果一个官员去创作“史诗巨制”，我们会感到难能可贵，“史诗”的激越甚至使人忘记它与胡作非为和无所作为有着共同的权力背景。

张艺谋构造集体美学的趣癖，就是时代的艺术象征。就物质条件和技术能力而言，这确实是最好的时期。今非昔比的物力，与今昔类似的权力结合起来，什么人间奇迹与梦幻壮景都可以打造出来。

我去过很多城市，看过相似的景象，宽阔的大道笔直延伸，高楼如雨后春笋，总能感觉到那逢山过山、逢水过水的构图后面强大的权力意志和民众热情，每个城市都一样。

不少人在发展中坐进了监狱，这是一个问题。如果这个问题能够消除，那似乎就完美无比。然而，如果权力能够一抹不挡手地谱写史诗，又怎么能够避免腐败？但是佳话还是会产生，会被寄予希望。只是，就算廉洁的佳话是完全可信的，又怎么样呢？

一个市长或市委书记能够做成的事情，可能超过一个总统，这是造城运动、城建史诗的权力前提。我们既可以看到权力中的贪污荒淫，也可以看到混沌素餐，还能够看到各种震烁古今的宏伟景象。单论城建史诗好与不好，大概也只能与贪污与混沌相对而言，而这些都是强大的权力意志的不同表现。

毫不犹豫、毫不顾惜、毫不掩饰、毫不忸怩，城市对梦幻的追求肆无忌惮，“挡我者死，犯我者诛”，造城运动本身、造城运动的成果，都在显示一种权力豪情。造城史诗在这片热土上处处书写，而它不过是现代物力与前现代权力结合的产物。

流氓与地主:田野之旅

龚 翰

何以谓田野?就是当我们大脑癫疯的时候,总是会忧虑一些让我们难以忍受的但事实上又必然的场景,于是我们会带着普世主义的虔诚,装备现代精端的科学机器,一厢情愿地奔向急需解救的地方知识系统,然而地方系统的谦虚与愚昧,不得不去面对这种外来的情绪,并在生产中销蚀这种焦虑,使之紧张,变得迟缓,或者地方系统的复杂性和多样性,会将这种压力像垃圾一样堆积在村落的城墙外,更有甚者会在城墙的高楼上架起防御,冲击来犯的窃贼。但知识精英自诩克服自我中心意识和对地方宇宙观的控制,通过合法的编程,将地方的混沌用以优美的情调在远离村落的殿堂生活中展示我们发掘的一个地方知识系统病症,然而谦虚与病症所撞击的实践知识,事实是我们永远难以分辨和与之同步的,文本的清晰度也是村落难以企及的,知识精英自始至终成了这个剧本的导演和主角,在页面的注脚里面也难以发现村落的历史记忆,因此在这样一个癫疯与愚昧的悖论之间就找到了我们所发明的田野。虽然如此,但我还是会肯定田野的合法性和存在性,因为知识的表达需要一个牺牲品或祭祀品来犒劳我们一直顶礼膜拜的职业神圣性。

一

从中世纪传教士和探险家的奇闻轶事到马林诺夫斯基因一战爆发而落魄于英属巴布亚新几内亚东部的特罗布里恩德小岛上,写就洋洋40万字的"库拉圈"交换,歪打正着地开创了被后来人标签为人类学的马林诺夫斯基田野革命,至此田野就开始正式上演千奇百怪的剧目;从博厄斯因反对种族歧视和纳粹而倡导文化相对主义对自身犹太人的解救,到本尼迪克特因二战美国政府急

龚翰:上海大学文学院社会学系人类学专业2007级硕士研究生。

需了解日本国民性格而在本土通读日本的影视、文字、图片和报刊等，对其国民性归结为“菊与刀”的矛盾性隐语，在这样转换的次文本里面，就算本尼迪克特有锐利的洞察力能劈开满路的潜思维荆棘，就算研究成果顺乎大众甚至受到日本国民的赞赏，也难以让游离的田野得到神圣性的阐释；从布朗因英国殖民主义的扩张，在汤加岛和南非任教育长官，为英殖民地官员和传教士开设人类学讲座，成为殖民主义的“帮凶”，到列维·斯特劳斯因二战期间法国的沦陷而取道南美开始他所“讨厌的”旅行和探险，杂糅战后访问南亚的感受，写就《忧郁的热带》为所有游记敲响丧钟的游记；从利奇东南亚从军生涯际遇对缅甸东北部克钦人和掸人社会结构的“社会转换理论”与龚佩华所认为利奇忽视克钦族社会的自身不断生产能力之论，到玛格丽特·米德关于萨摩亚青春期的情绪是由文化造成的定论与德里克·弗里曼认为米德抱着“文化决定论”对待萨摩亚的资料，米德海受到萨摩亚人的“戏弄”之争；从格尔茨和其妻子身患痢疾，缺少自信的状态下进入巴厘人的村庄，饱受巴厘人的冷漠和不屑，到奈杰尔·巴利在西非多瓦悠所暗示的田野情景的陷阱，“天真”的人类学家如何面对“狡猾”的当地人；从费孝通在大瑶山因脚受伤回苏州姐姐家养伤期间对江村的经济调查，“无心插柳柳成荫”成为中国人类学田野的里程碑，到林耀华描述一个在历史硝烟和纷争的中的家族兴衰史，然而小说的记述，其金翼之家能否为马氏民族志的范畴一直是个争论，等等。

二

瞻前人之迹，田野之旅，如丝似风，其无不充斥着偶然性和机遇性，不管是马氏还是其弟子费孝通先生，田野都成为他们困境中的消费品，在悠闲和窘居的张力中，无须刻意地去雕琢和粉饰，而成就旷世之奇作。反之，我们可以推论，如果不是逆境中的偶遇，不知地方性命运何以境况，或者可以说与其说是人类学家发现和选择田野，倒不如说田野收留和成就了落魄的人类学家。因此我们没有必要去刻意追求理想中的田野圣地，带着奇妙的设想和早已预谋的证据去指责和奚落弱势的难堪的文化隐形人。其次，田野无处不在，当代市场经济下田野商品化大生产，使之几乎成为压缩和速溶食品，在大街小巷游窜和贩卖，各大商柜也是琳琅满目，洋洋大观。盗版或赝品之别早已不是我们要考虑的面向。然而由于地方性知识的开放性和流动性，情景的空间广延性，我们难以用内部人的思维来诠释交错纵横的话语与历史在特定结构的文化无意识。弗里德曼与利奇关于克钦人的政治经济之争，德里克·弗里曼与玛格丽特·米德关于萨摩亚青春期之争，威尔姆森与李关于卡拉哈里的历史和田野民族志之争，奥贝塞克与萨林斯关于库克船长之死的争论等等，正是人类学家的苦心经营，建构自己的一套话语逻辑，努力将原生态的绿色食品转化为更接近我们身体成长所需的养料。但是历史真实的永无止境性，知识再生产的分配不均衡性，以及文化习得的先天性差异等等，使田野为人类学家所建构，其手段和目的也是昭然若揭的。

三

那么田野是如何被压抑和建构的呢？田野是个体主观能动性的膨胀，还是社会生存延续的使命?这就类似于一个饥寒交迫的流氓是如何为生计和“标签”自己，不得不去“预谋”和“误闯”固守的地方系统所接踵而至的不幸和快慰。当一个背井离乡的民工或者游手好闲的流浪汉在一个陌生的城堡像灵魂一样游荡和穿梭时，他首先要找一个遮风挡雨的安乐窝，虽然是简居陋室，只有几个平方大小，或接近臭水沟或是地下室，也许这对于他们来说已是最大的欣慰，他们没有过多的奢求和期望。但是等待他们的饥饿和藐视还有众目的怀疑和鄙夷都是让他们难以承受的。当人际的触怒或社会的紧张，这些人将成为众矢之的，首当其冲，或许在中心型集权社会，他们可能是不洁的、危险的人物，在国家机器的程序里，这群人也成为重点防御的对象，也是最容易让地方官员所头疼的事情，或是像孔飞力的《叫魂》里面和尚、乞丐最终成为晚清帝国“剪辫案”的替罪羊，或是史景迁笔下的大国背后的小人物命运，王氏死了作为饿鬼，在村子里面游荡好几代，得不到安抚，也不可能被驱赶。当民工和流浪汉在受到大众的唾弃和社会制度的规训和惩罚的双重压迫时，他们在饥饿线上挣扎的生命稻草更是岌岌可危。如何在一个封闭的孤立无援的社会让自己生存下去，角色转变或者在他者的互位，成为他们唯一的生存策略，即良民做不成，就做寇匪与流氓。在强势的话语面前，更显示出葛兰西“霸权”的强盗逻辑，抽离出社会意识的媒介，不屑于地方的知识系统和计较道德与威望得失，而追求哈耶克所通向的资本自由经济时代物质和知识的利益最大化。流氓的结群和互联系统的生成，对地方系统的践踏，成为他们收敛财富的主要手段和工具。然而流氓的行动逻辑还是在国家机器的运转下受到法律和地方社会制度的约束，如何对裸露的非法榨取进行合法化庇护？山高皇帝远，在帝国权力渗透薄弱的村落，地方社会就是一个传统意义上的"国家"，流氓必须寻找利益相关者建立利益联盟，毫无疑问，地方社会的领主或地主成为最佳合作伙伴。流氓戴上的地方宇宙观的护身符，改变以往民工饱受欺凌的社会阶序，更是肆无忌惮地对社会大众强取豪夺，包括文化、宗教、艺术、建筑等等，破坏地方社会的秩序与再生产，再与地主利益均沾，以共享来完成奥森斯利益联盟的正当性。

四

对于地主来说，流氓是一个外来入侵者、文化痞子，就算利益均沾，但是流氓还是夺走了他一半的物质资源和知识实践。然而，地主作为一个地方绅士可能拥有强大的武装和人际网络关系，为何会害怕流氓，为什么会在失利境况还是选择和流氓合作，为什么不垒筑城墙抵制外来流氓？

首先，流氓的短期性和流动性所带来的不确定性遭遇，在一个持续系统里面的威慑力是不可言喻的。流氓常常来自外来的人口，脱离于乡规民约惩治框架，使其能在村落边缘游刃有余，对于难以进入的村落，采取偶尔骚扰和偷盗，在受到村落的集体防御之后，只能捡点芝麻小便宜落荒而逃，所以流氓对村的威胁可能是短暂的和流动性的。

而地主作为一个地方社会的绅士和铁腕，有保护地方社会治安责任和收受乡民财富的权力，地方社会作为地主的根基，不可移植的固有财产，一方面要保持传统不被破坏，或者流氓的破坏是地主所能忍受的限度；另一方面，地主要平衡内部的权力，稳固自己的地位和声望，需要一个强势联盟来剥削更多的文化资本，抵制宗族或村落内部豪绅的威胁，或是流氓给了地主一个维持传统的机会，或是地主给了流氓一次入侵的机会。利益联盟的建立打破了村落原有的生态人际和权力结构，地主可能继续维持了秩序和传统，但实际上流氓入侵后的村落已不是地主历史村落的领域，流氓可能最终得到了所需要的物质和地方知识，但实践知识和利益分割可能永远不能满足初衷所构想的阴谋。

其次，流氓身份地位潜在性的转换所带来的“财产”将湮没整个初衷。当流氓的财富积聚到地主的界限，有了房产和地产，在一个地方社会稳固下来，拥有一个地域的话语权和政治权，自己的社会结构得以生成转换，流氓也就成了地主，这样，流氓的地主也会再寻找新的利益相关者。而原先的地主，在和流氓的合作之后，其野蛮性和争夺性使自己也可能成为村落的流氓。地主的流氓和流氓的地主之间的再生成和结构化，形成地方社会的不断裂变和转换机制，最终地方社会系统所面临的是传统文化的崩溃和现代性的后果。

五

最终，“文化救赎”成为后现代在地主和流氓的旅程中招摇撞骗的幌子。当他们在发难和颠覆自己“前妻”的时候，不知道爱恨情仇能否用理性来绝断以往的纠结，其实历史的进程前赴后继，寻找新的爱人，就是等于放弃了爱的真谛，因为他已经在爱的面前失去了自己的尊严，且为世俗所鄙夷和抛弃。

但是全球化的语境下，他们没有权力选择逃避，生活上的落魄和社会的压力，使他们不得不在时空中找到一个合法性的连接点，在这个连接点上去沟通学术与良知、知识与愚昧，还有文明与野蛮。所以，知识分子为满足的自己的欲望或表达自己的情绪或职业的神圣性必须发明一个任其蹂躏又没有反抗力的文化场景，以彰显自己逻辑的科学性和更新自己在知识界的声望，然而当他们像流氓一样入侵地主，其旦夕祸福，包括自己还有受害者以及地方原生态是可想而知的。

"国进民退"对经济社会的影响

学术研讨会侧记

陈威威

中国政府为应对金融危机出台了十大产业振兴规划和经济刺激方案，然而向国有企业倾斜的政策，使这些资源大量流向国有垄断企业，公权的强大力量正在试图超出其合理边界。据不完全统计，全国公布的24个省市投资计划总额的核算已接近18万亿元，国进民退的差序格局在瞬间被放大，"计划体制变相复归"、"与30年改革开放背道而驰"、"国进民退猛于虎"等质疑成为社会热议的焦点。

2009年11月5日，天则经济研究所在北京召开了"'国进民退'对经济社会的影响"学术研讨会，来自各个方面的专家学者围绕这一问题展开了热烈的讨论。

一、国进民退的事实依据与程度

天则所学术委员会主席张曙光教授，首先谈到金融危机对国进民退的重要影响，是体现在认知和思想理念上的误读。他认为国进民退已不是个别事件、个别行业的偶发现象，而是涉及很多行业领域。不久前发生的群体性案例证实了目前国进民退"逆市场化"趋势的严重程度。张曙光列举了若干个案例作为依据，作了一个概括的描述。

1. 通钢7·24事件，多因一果。民营企业建龙集团并购国有企业通钢集团，但并购之后没有解决职工的安置问题。老牌国有钢企通化钢铁股份公司改制，吉林省政府2009年7月22日作出由民企建龙公司增资扩股，再次重组原为国有控股的通钢集团公司的决定，员工则被裁员、减薪。由此引发全厂职工不满而罢工，厂内7个高炉停产，而罢工一天损失达上亿元。矛盾由此激化，24日近

陈威威：中评网执行主编。

3000名职工及家属在通钢办公大楼前集会，建龙集团派驻通化钢铁股份公司现任总经理陈国军被围殴不治身亡。事件引起国内外媒体高度关注。行政划拨、无偿兼并加速了垄断。张曙光认为，各地方政府以资源整合、做大做强企业为名，以行政手段将脱钩后的企业强制性地无偿划拨给地方政府所属的企业集团，很多民企因经营困难缺少资金支持，迫于无奈被国有企业兼并收购。特别是国有控股公司，各利益主体在资产重组中博弈时，企业职工被排除在外，且未经被划拨企业职工的同意，进而失控导致了悲剧发生。

2. 山西煤炭企业重组，全国最大规模的煤炭资源整合和煤炭企业兼并重组。张曙光谈到起因：2009年4月初，由山西省政府对外公布的“10号文”，要求兼并重组后的煤炭企业，规模原则上不低于年产300万吨，单井规模原则上不低于90万吨，把现有2840家煤矿整合为1000家。此前以私人资本来山西开采煤矿的民企老板，正是山西省政府当年招商引资请进来的，浙商就有350家，而现在强制他们出局，是以私人资本不能占30%以上的股份为界，政府在其中充当了“定价者”的角色来作价。据很多煤老板讲，政府作价甚至还不及市场评估价格的一半。张曙光认为，地方政府的这种强制做法违背了法律规定，此前签订的合同是应受到法律保护的。以地方政府行为破坏合约，山西煤炭资源重组整合被指责侵犯私有财产，这些在山西投资500亿元、年产煤炭5000万吨的浙江煤老板们，联合律师和学者，成立了“山西煤矿兼并重组专家律师团”。政府强制整合的行为，是否违反《宪法》、《物权法》、《合同法》、《煤炭法》、《矿产资源法》、《公司法》以及《立法法》等相关法律规定？政府文件与法律法规的冲撞，使这一行为受到合法性质疑。

3. 地方政府争抢央企高额引资。各地方政府以优惠政策争夺四万亿的央企救市资金。湖南省政府与地方企业建立了专为央企服务的中央企业联谊会。上海市政府的目标是完成拜访20家央企，在大飞机和造船厂要拉央企到上海落户，甚至计划在上海建立一个专门为央企服务的政府部门。安徽省政府高层于8月2日在北京举办了和央企的对接会，要实现分得3000亿的引资计划，出席对接会的约有104家央企，其中50多家中央直管的大型央企的副总以上高管、20多位央企一二把手到会。安徽省政府一位官员透露，省里企业重组是“政治任务”，省内17个市要承担2500亿元、省属国企要承担500亿元的引资任务。此外，湖南、湖北、江苏、广东、四川、重庆等省市同样以对接会的方式推出竞争性产业，引资金额多以千亿计。

4. 央企国企投机房地产，争做地产业"巨无霸"。新起的地王背后大多有央企的背景，如富力地产以10.22亿竞得京东广渠门外的10号地，楼面单价1.5万元/平方米。而国资委监管的国有骨干企业，中化集团旗下的一家小型地产公司——方兴地产(中化旗下另有大型地产公司"远洋地产")，尚属地产界新秀，却轻轻一抬手便刷新了京城土地竞拍的最高总价和最高单价两项纪录，以40.6亿元的天价拿下广渠门的15号地，楼面价值平均1.6万元/平方米。更令人咋舌的是方兴地产的付款方式，通常出让合同的付款期宽限在半年以上，而方兴地产是40亿元资金一次性付清。这一豪阔之举，令该地块一夜间成为名副其实的"巨无霸地王"。张曙光谈道，现状还不止央企直接或迂回并购房地产公司，地方国企也大肆进入房地产业。如常州交通产业集团耗资32个亿得到大运河东的地块，大连港得到中山港地块。据任志强的估计，1998年国企房地产业约占8%，现在已超过了20%。现状迫使很多民营地产商退出，转作其他经营。行政垄断和金融垄断导致地产业成为"国进民退"最严重的一个行业。

5. 大型国企参股并购金融机构。在能源领域占据绝对资源优势的大型央企，如中石油、国家电网、宝钢等，地方国企如安徽出版集团、陕西延长石油集团，还有财政部代为行使监管的中国邮政集团，都是依赖垄断市场地位赢利丰厚但主业并不强大的国企。八家大型国企(航天集团、宝钢集团、中电财务、中再保集团、申能集团、航天财务、上海城投和广东高速)以投资者身份入股光大银行、光大证券，国有企业参与了垄断土地一级资源，引资规模近115亿元。IPO的上市扩股也引起社会与媒体的关注。张曙光强调，国有垄断金融业，国进民退就无法避免，民营银行却不以民营资本为主，而现行政策对单个股东的股权比例的上限不能超过10%，这意味着真正的民营资本中某个股东想私人办银行是不可能的。小额贷款公司只贷不存，经营规模被限，且资本金最低是两个亿，对外融资只能有50%。政府在对民营金融机构的投资方面设置准入障碍，中小企业融资艰难，众多弱势的中小股东没有任何利益诉求通道。

6. 新《邮政法》出台，抬高民企快递门槛。自2009年10月1日起施行的"注册资本准入"、"员工资格认证"、"邮政专营"等门槛的抬高，新《邮政法》把行业管理权交给了中国邮政，预计全国将有80%~90%的中小型民营快递企业关门歇业。而中国邮政长期以来在政企不分的体制下，难以分清在机构、人员、职能等方面哪些是政府行政管理职能，哪些又是企业经营管理职能。以往邮政行业管理机构有名无实。张教授认为，这些行为有可能形成垄断。新法的两大"邮政专营区"砍掉了民企快递的一大半业务量，划给了国企快递，又一场国企对民企利益的争夺战开场。中国快递咨询网数据显示，国内异地快递中，民营快递占有60%以上的商务信件市场份额；在国内同城商务信件中，民营快递占有80%以上。国有邮政快递企业全国约有5万名员工，仅占全国非邮政快递就业总量的约1/10。近20年来，全国已登记在册的民营快递企业5800多家，有50万名就业员工，其中90%以上是企业下岗人员、农民工、复转军人。近年来，我国网购市场呈爆发式增长，用户规模已达8788万。据统计，2008年全国个人网购销售额为1320亿元，由此带动的包裹快递量约5亿件，这当然是巨大的赢利来源。国企邮政若垄断快递业务，其现有的递寄能力，将会使全国超过总量50%的、数以亿计的快递件无法限时送达或被延期，此局面应该不是施行新《邮政法》的初衷。

二、表层原因与深层逻辑

清华大学公共管理学院的崔之元教授则认为，"国进民退"的标题不一定准确，他曾在多篇文章中以重庆为例，认为"国进民也进"更准确，重庆国资增值以后有了底气，可以做到国资增值与偿还于民并进。重庆汽摩行业的民企力帆集团的摩托车产品已打败日本的雅马哈，不仅成为中国第一，而且成为世界第一。他又举例，民企蒙牛乳业公司的牛根生是自愿引入国企中粮集团；民企万通地产集团的冯仑与泰达集团——天津第一大国有企业——的子公司泰达控股公司于2002年在天津开发区总公司、泰达集团和建设集团的基础上合并。这些都是国进民也进的成功案例。

中国政法大学商学院教授杨帆提出，用权力资本化的路数来分析这一现象，就容易达成共识，应当以经济学实证主义而不是简单化的价值判断如公有私有的意识形态理念来分析问题。中国的改革其实走的是权力资本化的路径。20世纪90年代发展起金融资本，2000年扩大到引入国际资本。至少到2006年，市场对国际资本全面准入，中国的权力资本化道路已走完。他认为市场化的改革差不多了，倒是应该反过头来看怎么加强宏观控制，加强立法，完善市场规则。相信这点是有共识的。权力已经完成它造就市场经济的任务，就应该退出。但是现在它不退，所以才有今天的会。

天则经济所理事长茅于轼认为，从历史的发展最原初的状态看，并没有什么国企。最原始的市场就是个人之间的交换，企业都是民营企业。国企产生的主要原因还是马克思的理论，这是他个人的理解。因此，在二战以后，按照马克思的设想，就出现了一大批以国家所有为主导或者垄断的这种结构，但是并没有搞成功。这不是一个非常复杂的理论问题。

独立学者秋风认为，首先是国进民退的“国”究竟是谁，就是政府。包括所有的国有化的国企以及国有企业的进入，驱逐民企背后的操作者不需要在幕后操作，国进民退的主角就是政府在进，事实显著，无须太多论证。在西方，20世纪40年代，英、法的国有化是在民主程序中进行的，包括尊重选民的想法，即便选民追求公平的意愿或向往有时是虚幻的，政府也必须去服从选民的意愿，然后通过立法加以推进，是通过国会以一个最高法律的形态进行立法，国有企业就整个国有化的目的、程序甚至包括这家国企设立的期限、治理的架构和利润分配，都会有一个相当明确的规定。而中国式的国有化程序是涉及几百亿的国有资产由省政府下发一个文件就去进行了，甚至连文件都不用下发就开始进行国有化了，更谈不上监督。一些经济学家在讨论中国历史时，常把前30年和后30年作截然相反的比较，如果我们将这60年来政府关于经济增长的作为一个意识形态的整体规划看，实际上60年一以贯之，没有根本变化。我们还是没有绕过杨小凯当年的问题——在没有建立一个民主宪政的体制时，市场化有没有可能进行？

中国社科院经济研究所的刘小玄认为，生产力增长的背后需要一个金融系统的有力支持，金融市场不放开，国有垄断的情况就不会改变，即便商品市场已放开，已经是自由竞争了，但却抵不上那背后的金融力量所起的决定性作用。政府用两个大措施，通过供销社统购统销把所有的民营企业的原料都掐死了，再有就是把民营的贷款掐死，这两头一掐，民营就只能公私合营了。现在政府把民营控制在高的成本和低的利益来源的基础上，就促成国企在高增长情况下适应贷款，生产力被带起来。而民企拿不到足够的贷款时，增长力自然慢下来，它背后的金融支持的力度差异是关键性原因。

国民经济改革研究所的王小鲁教授强调，资源性国企利润应该纳入公共财政，资源收益应当属于全民。像石油这样的资源性行业，既然它不可能形成完全竞争，就必然会有垄断存在，要么是国有垄断，要么是私人寡头垄断，所以需要有针对性地建立一个制度框架进行监督，以限制它利用垄断地位侵犯社会公众利益。原来的资源税一吨只象征性地交几块钱或几十块钱，没有形成一个合理的资源税体系。据说已经开始实行国企利润上交，但利润不是交给财政而是交给国资委。这利润变成在国有企业内部的循环。国有企业本来就是公共企业，资金是国家资金，企业的红利理所当然应该进入国家财政，进入公共分配，但是用在社会福利、公共医疗、教育和解决老百姓民生问题上的却没有。且不说10%或者15%的利润上交是不是比例太低了，国资委的职能是监督、管理国有资产的合理有效利用，不是一个经营性机构，不能再变成一个投资机构或分配资金的机构。

天则经济研究所所长盛洪教授谈道，国有企业每年没有交的国有土地的地租大概在1.4万亿，这是保守的估算。国有独资企业占有土地是白占的，不交地租。它们把土地出租而地租归它自己。还有国企利润不上交，这个事实太严重了。自1996年后未上交一分钱。2007年财政部和国资委发了文件，讨价还价后，国有企业上交10%的利润。但国资委的网站并未显示这个消息。另一个令人痛心的事实是，国家统计局的网站以往都有一项叫做国家财政分项目收入，其中有各项税收、企业收入、企业亏损补贴等公布的数字，但在企业收入一栏却是截止到2006年的数据，2007年以后竟然是空的——是零。但是企业亏损吃补贴一直有好几百亿。为什么没有？这绝不是技术性的问题。

垄断国企的平均工资数倍于民营企业，还拿期权、股权奖励。改革之初，国企职工的工资是控制的。所谓的国企奖金和利润挂钩，实际上这利润并不是真利润，而是归全民所有的利润。这实际上已形成了国企垄断利益集团。

三、短期影响和长期影响

中国人民大学的毛寿龙教授认为，国进民退最主要的推动是来自财政政策所及的范围，是推动国进而不是推动民进的。几十亿的金融贷款自然而然地就推动了国进民退。民营企业在这个领域里是弱势的，这一系列的政策包括减免税、退税，里面有很多的优惠政策，民企如何获得?比如内部有一个优惠政策，等到民企知道时早已经发生过了。

王小鲁教授认为，中小企业目前在信贷上普遍处于劣势是事实。中小型企业的社会职能作用非常重要，但因很少得到各级政府的优厚政策，面对中行、建行等大银行，它们当然贷不到款，处于融资、信贷劣势的小企业更是自生自灭。小型民间金融机构难以发展与民间小企业融资难，是相互连带的一个问题。只有中小型民间金融机构的壮大才能解决中小企业的发展。他认为，金融领域至少要形成一定程度的竞争。

刘小玄说中国应放开金融市场，加大力度推进金融市场的普惠制，至少要扭转对民营企业的歧视。他谈到近期媒体的一则消息，早已垮台成为历史的供销社，现在，要组建物流业的国有巨无霸大集团重新打造供销社。如果流通行业全部由国企集团控制，就有可能出现向计划经济回归的物资分配的规定。这个趋势值得警惕。

四、应对与建议

崔之元说，诺贝尔经济学奖得主詹姆斯·米德的建议是建立社会分红体制，让国有资产对全体人民有一个社会分红。他个人赞同米德的主张，认为建立自由社会主义，比现在的资本主义更加主张市场的竞争，而公有资本在市场上可起到重要作用，可通过公有资本增值促进整个宏观经济和微观民企的创业精神的发展。他同时强调，国有企业是全民所有，不是政府所有，人大应审查国资预算。

天则经济研究所的赵农则认为，在目前这样的国有制制度下建立自由社会主义恐怕只是一个幻想，这已被历史证明了。国有制只产生两种东西：要么全面的国有制导致计划经济，而计划经济最后导致全面专制和集权，何谈自由；另一种东西就是演化成官僚资本，像过去的四大家族腐败，最终社会失去控制。改革30年巨大的发展证明，打破了原有国有制和准国有制一统天下的格局，使得民营资本展开竞争，效率才有保障。国有资本导致大的腐败和特权，非但不能保证社会公正，反而对我们非常脆弱的法制和公正构成巨大威胁，并且会对未来政治体制改革形成更大的阻力，学者和社会各界应保持足够的警惕。

秋风认为，社会主义是一个非常伟大的理想，但谈及它的时候要非常小心，因为在中国的社会主义和世界其他制度的社会主义有着根本的区别，我们的社会主义市场经济、民营经济的体制有着完全不同的性质，尽管彼此共享某些概念。他提出两点质疑：第一，重庆赢利的国企是通过什么方式赢利的？是否拥有民营企业那样的效率？第二，再如中国工商银行是世界上赢利最好的银行之一，不同制度背景的银行在各项资源配置和有效利用的状况会大有区别，不应直接作简单比较。但国有企业赢利了跟我们跟民众有什么关系？比如，中国工商银行2008年获得900多亿的利润，这利润在谁手里？我们不仅没有拿到钱，而且不知道这个钱到哪儿去了。如果我们不能从制度上面对这个问题，那么这个社会主义市场经济其实就是垄断经济。

刘小玄回应国企分红的建议认为，从央企开始的垄断既得利益集团在不断地扩张势力，除了石油、电力等行业，它们还把势力扩张到其他大行业或竞争市场范围，很多的关联交易、集团内部交易等是通过集团公司内部化了。表面上看一百多家但势力遍布全国，庞大的子公司分公司、孙子、重孙子公司，至少几万家的结构使利益集团盘根错节地搅在一起，有垄断高利润的国有大集团公司的亏损在里面，内部交易调剂就可把盈亏做平，账永远查不清。举集团内一家普通的电力公司为例，高福利高工资很多年前就已做到，给每一个职工都买了一辆轿车，如此收入水平，可以想象它怎么会为社会拿出什么分红。不公平的竞争是导致国进民退的必然结果，金融市场的垄断从中起着重要作用。金融业如果是国有垄断，那么国进民退就无法避免。要扭转对民营企业的歧视性政策。

张跃文指出，现在浙江温州的一些销售建材、轻工产品的销售型企业，早于我们的国有企业，已经进入了非洲、南欧、塔吉克斯坦、吉尔吉斯斯坦，如果国内的宏观环境不适合发展，中小企业只有到国外去发展了。

多数学者预期，新一轮国进民退不会在短期内自行退潮，借用刘小玄转述一位民营企业家说过的话，来结束本篇侧记：

“我有一个梦想，以后不再分什么国有资产和民营资产。这个梦想不知道什么时候才能够实现？”

理念与情爱的冲突(对谈录)

刘再复　李泽厚

刘再复(以下简称刘):最近读了尊作《我的哲学提纲》,发现你有一个鲜为人知的观点,即认为"爱情可以多元化"。

李泽厚(以下简称李):哦,你注意到了?我在不显眼的地方提了一句,你是发现这句话的第二个人。在你之前,也有一位朋友发现了。这可能是要引起麻烦的一个观点。

刘:这一观念在西方不会引起麻烦,在中国恐怕会有许多人难以接受。

李:本来就被扣了十几顶帽子,这一回该又要添上一顶。

刘:最简单也是最庸俗的理解,大约会认为你想要复辟"多妻主义"。这就成了"封建阶级自由化"。

李:多妻构不成"主义",只是某种客观事实,如中国古代以及阿拉伯世界等等,各有其背景和原因,不能一律谴责。有趣的是,林语堂在20世纪30年代便认为中国传统的男人纳妾比现代西方的夫妇离婚要优越得多,这倒可说是"主义"了。既然允许男人有"第三者",那么当然也要允许女人有"第三者"。总之,多妻是指某种社会风习或制度,与性爱意义上的多元并不一定有直接联系,后者是一个非常复杂的问题。性爱中常常一方面是要求独占对方,同时自己又倾向多恋。男女均如此。这既有社会原因,又有生理原因。

刘:在人类的精神文化史上,以男性为中心的价值观、历史观、文化观一直占据统治地位,从柏拉图到尼采、叔本华,都是妇女的蔑视者,但是,尊重妇女、讴歌妇女的精神文化也形成很美的历史。尤其是在文学领域,荷马、但丁、莎士比亚、歌德、拜伦、普希金、托尔斯泰、曹雪芹等等都描写了非常迷人的妇女形象,如果没有这种妇女形象,世界历史实在太乏味了。

李:文学以情为本,离开妇女,文学就失去"本"的一大半。

刘:我在瑞典时,特别注意到20世纪早期北欧两大作家的争论,这就是挪威的易卜生(H. Ibsen)和瑞典的斯特林堡(A. Strindberg)的争论。易卜生是妇女解放的鼓动者,他的娜拉一直影响到我国的五四新文化运动,而斯特林堡则敌视妇女,其文化观念也是“女人祸水”的观念。但他们两位都是文学天才。

李:文学应当是最自由的,作家们可以把自己对世界的感受、体验和认识作极端性的表述,所以我们不否认他们两人各自的文学选择。但是,如果要我们作文化观念的选择,当然是站在易卜生的一边,只是我们也会像鲁迅那样提出理性的疑问:娜拉走后怎么办?

刘:对妇女是否尊重,是一种特别敏锐、特别有效的价值尺度。五四运动就张扬这一价值尺度,这一运动的文化先行者几乎都是以对妇女的态度来作为新旧文化营垒的分野。舒芜先生编辑了一本《女性的发现——知堂妇女论类抄》,收集了鲁迅、胡适、陈独秀、吴虞等人关于妇女问题的言论。其中,周作人对妇女的关注最长久,他晚年说:“鄙人读中国男子所为文,欲知其见识高下,有一捷法,即看其对佛法以及女人如何说法,即已了然无遁形矣。”他把对妇女的态度作为鉴别见识高下的尺度。

李:在中国现代作家中,我不大喜欢周作人,也不赞成现在许多人过分赞扬周作人,但赞成周作人特别尊重妇女的观念。我觉得所有的男人都应当尊重妇女,谁也没有什么特权,所以我对顾城杀妻特别反感:他以为他能写点诗就可以如此肆无忌惮、胡作非为,真是岂有此理,完全是罪犯。我认为他死有余辜,他倒聪明,自知不免一死而自杀,其实应由法庭判决他死刑才更好。但奇怪的是,他死后居然有那么多人怀念他,讴歌他。我当年也称赞过他的诗,但“原则问题”我是绝不让步的。

刘:顾城是只许州官放火,不许百姓点灯,只许自己情爱多元,不许妻子有多元情爱,实际上是个一元统治的情感暴虐主义者。

李:我认为爱情可以多元,就是要堵塞这种暴虐。中国的帝王贵族自己可以有三宫六院,妻妾成群,但不许妻妾有情人,一有迹象,则处以极刑。顾城不就是这种变形的暴君吗?他的妻子倒有情爱多元的襟怀,容得下英儿。

刘:邓拓说:“莫谓书生空议论,头颅掷处血斑斑。”真是如此。一种文化观念确实会影响到人的性格、行为、命运。绝对的一元论者,常常会干出血迹斑斑的暴行。

李：人是很复杂的。性、感情、爱欲，是很复杂的，不能简单化。过去和今天的一些伦理观念、道德准则，其实质与顾城这种简单的"一元化斧头"来解决问题相差不远。

刘：我是支持你的观点的。正因它复杂，所以应当尊重它的多种存在方式，不可用一种方式来代替和统一其他一切方式。以一种存在方式取代多种存在方式，就会形成对人性的摧残。封建时代的寡妇主义、节烈观念，就是一种绝对的情爱一元观，它要求妇女从一而终，嫁于一，从于一，死于一。丈夫一死，妇女便守节，当死人的殉葬品，当活着的情感僵尸，很悲惨。一元的情爱观，可以变成很残酷的专制。

李：你的这一理解，使我很高兴。五四新文化运动反对"三从四德"，提倡恋爱自由，反对守节"贞操"，完全正确。不应当否定五四的功绩，包括"破坏"封建一元的情爱观念、夫妻观念的功绩。一个活生生的生命，在丈夫死后，没有选择新配偶的权利，这还有什么对生命的尊重？一个妇女，结婚后情况发生变化，包括丈夫死亡这种变化而嫁给另一个男人，展开情爱的另一页，这就不只是一元，而是二元。倘若还变化，又离婚再嫁，也可理解，多元并不神秘。"从一而终"、"终身大事"都是在传统社会人际接触相对固定和狭窄的时代中形成的，在开放的现代社会中，生活接触面极大地扩展，男女产生恋爱的机遇和可能极大地增加，上述规则的失败理所当然。对下一代男女便不可能用上述标准去要求或规范，他（她）们的性行为、恋爱经验会丰富得多。如果"度"掌握得好，这绝非坏事；相反，它使人生更充实、更丰富、更有意义。我对青年男女只提三条：第一，不要得艾滋病；第二，不要怀孕或使人怀孕；第三，不要早结婚。当然还有一个前提，这就是必须两厢情愿，不能勉强对方。这看起来似乎太简单，其实做到也并不容易。当然，不过早结婚包括不过早有小孩，美国未成年的妈妈成为一大问题，按中国话说，简直是"造孽"。

刘：我想，多元的情爱观最重要的应当是充分尊重人们所选择的不同情爱方式，把这种选择视为不可干预、不可随意侵犯的私人生活权利。理、情、欲，这是人类生活的基本要素，这三种要素可以组合成各种不同的情爱方式，千差万别，不可能有统一的模式。

李：食、色，性也。关于食，研究得较多，财产制度、阶级斗争等等，都可说在

“食”的范围内,但“色”的问题却研究得极为不够。弗洛伊德开了个头,但太局限而且片面。在中国,更是如此,以前连弗洛伊德也不让谈。其实人的性爱情欲,既不全是动物性,又不脱离动物性。我讲人类的“情本体”,就是说人的情爱既不等于动物界的“欲”,也不等同于社会精神界所强调的“理”。所以就变得非常复杂。

刘:你所说的动物性情欲之外的东西,即人类广泛追求的东西,我曾用“广义情欲”这一概念来描述。这种广义情欲包括性欲,也包括性欲之外的各种情感需求。人类之所以复杂,就是他们追求动物性性欲之外的其他欲望,而且每个生命个体的情爱方式非常不同。

李:人类的爱,特别是男女的情爱,总是包含着性,性的吸引和性的快乐。纯粹的精神恋爱,柏拉图式的固然有,但究竟有多大意思,究竟有多少人愿意如此,我怀疑。没有性的吸引,很难说是男女情爱。但一般来说,人的性爱,又总包含着精神上、情感上的追求。人与动物的性爱之所以不同,就是因为人的性爱不是纯粹的生理本能,而是人化了的自然,也就是你曾说过的文化化了的性。这就是所谓“情”。“情”也就是“理”(理性)与“欲”(本能)的融合或结合,它具有多种形态,具有多种比例。有时性大于爱,有时爱大于性,有的爱扩大到几乎看不到性,有的性扩大到几乎看不到爱。总之,灵与肉在这里有多种多样不同的组合,性爱从而才丰富、多样而有光彩。夫妇的爱和情人的爱,就不能相互替代。中国只讲夫妇的爱,认为此外均属邪门;西方则要求夫妇之爱等于情人之爱,于是,现代离婚率极高,问题愈来愈严重。其实,可以有各种不同层次、不同比例、不同种类、不同程度、不同关系的性爱。我们不必为性爱的这种多样性、多元性感到害羞,而应当感到珍贵。

刘:动物的性行为,只是生理上的性行为;而人类的性行为,则不仅是生理上的,而且是心理的。有你所说的文化心理,也有潜意识的性心理。这里确有比例、比重的问题。但人的情爱方式的差异真是“千差万别”,难以言传,用“比例”、“比重”这种社会学的数量概念来描述也是不得已的,但确实也是一种办法。表面上看,都是爱,但其中“理”、“情”、“欲”比重就很不同。这不同,便形成不同方式。相对而言,法国的女权思想家西蒙·波伏娃与萨特的爱情方式,除了必不可少的性爱之外,就带有更多“理”的色彩,即与她的存在主义理念相关的色彩。他们相爱终生,而且爱得很真挚。但是,他们不正式结婚,各自保持自由独立状

波伏娃与萨特在一起讨论问题

态。按照波伏娃的观念，女人一旦依附某个男人就开始进入被奴役状态，所以她必须独立。然而，独立又不能只是柏拉图式的纯精神爱恋，因此，她和萨特又订了相聚契约，规定只能短期分离，不允许长时间独居。他们一生的情爱十分成功，中间虽发生过萨特和另一女人的情爱故事，但波伏娃在短暂的伤心之余还是理性地护卫住她和萨特的爱情。她的这种方式，显然是“理”的比重很大。萨特与波伏娃虽然都是作家，但从根本上说毕竟是思想家，观念可以控制住欲望，而同样生长在法国的大作家巴尔扎克可就不是这样。他是欲望大于理智，“欲”的比重较大。他和乌克兰贵妇韩斯卡夫人的情爱故事就足以证明这一点。美国作家朱妮塔·H. 弗洛伊德撰写过一本《女性与创作——巴尔扎克生活中的一个侧面》的书，描述了巴尔扎克和众多女人的关系，也描述了他和韩斯卡夫人的关系。巴尔扎克一生中共收到12000多封女人的信，但是，这位平庸的乌克兰贵妇人之所以会使巴尔扎克如痴如醉，以至把她视为“北极星”，为她付出15年的追求、等待，折腾到临终前几个月才赢得她的结婚许诺，这并不是有什么纯真的爱，而只是韩斯卡夫人有一份贵妇人的证书和一大笔可以替他偿还债务的财产。支配巴尔扎克的不能说没有爱情，但更多的是虚荣与财产的欲望。这段故事使人看到，一个处于现实层面上的伟大作家不过是一个凡人，然而，我们也不能因此就谴责甚至贬抑巴尔扎克的天才，而且他愿意在成千上万的女性仰慕者中作这样的选择，也无可厚非，因为在现实层面上，魔鬼般的债务毕竟是个问题。

李：关于巴尔扎克，我倒认为他是“理”（金钱计算，对利的理智考虑）控制了“欲”。他这种“爱情”（据你所介绍，我不知道这件事情的真相），层次很低。

刘：有些作家确实仰仗纯情并把纯情理想化而赢得伟大的成功，例如但丁之于贝亚德。但丁九岁时第一次见到贝亚德，而且见面之后便留下永恒的爱恋，以后，贝亚德的名字便成为他创作的动力。在《神曲》中，贝亚德是但丁进入天堂的领路人，而在创作中，她是推动但丁走向世界文学巅峰的精神女神。然而，在现实层面上的但丁并不是那么单纯，也不是在整个生命路程上把全部情感投给贝亚德一个人。在但丁的青年时代里，他也放浪过，风流过，到处寻找女人。他的《六十》一诗，就列举了他居住的城市中的60个美人，并由此而引起了一场风波。但是，正常的人类社会历史绝不会把此事放在但丁的档案里，绝不会愚蠢而残酷地苛求这位伟大的诗人。

李：这很正常。如我刚才所说，既可以有精神度很高的爱，也可以有精神度不高甚至很低的爱，完全可以并存，特别是男人更是如此。男人对所爱的女人常常一定有性行为的要求，对不爱的女人也可以有性行为或性要求。女人似乎不同，女人对所爱的男人不一定有性的要求，对不爱的男人则绝对不愿意有性行为。这当然是就一般来说，但这些问题都值得研究讨论。

刘：歌德认为没有爱情就没有生命。他认为人应当有"第二届的青春期"，他自己就有多届的青春期，七八次热烈的爱情历史。不过，每一次恋爱，都使歌德重返青春，而且使他把内心爆发出来的原始情感流入笔尖。他和19岁的贝蒂娜相爱的故事发生在他74岁的时候。贝蒂娜的母亲是歌德往昔的情人，他要从这位少女身上找回逝去的青春岁月。歌德82岁时完成了《浮士德》，而在83岁逝世前，他还为他真心爱过的女人们写下最后的一首爱情诗。如果没有多次爱情的激发，就没有歌德。与歌德相比，海明威的恋爱不说，正式结婚就有四次。如果在他生前，美国人坚守一元的情爱观，坚决谴责乃至打击他的第二次、第三次婚姻，那就产生不了海明威。在巴黎，我参观过一个展览室，这是雨果情人的展室，这在中国是难以想象的。情人已不合法，还要展示让人欣赏与瞻仰，更是不可思议。但是，如果没有雨果的情人，人类世界的文学宝库中，也许要减少许多美妙的篇章。一个规规矩矩的模范公民，也许可以当个好学究，但恐怕很难成为一个大作家。一个作家，即使在性行为上是极端保守的，但在性爱心理上也应当是活泼的，富有想象力的。

李：当然。我们也应注意情爱与文学艺术有各种不同的关系和情况。对于有些作家、艺术家来说，性爱是创作的动力，如你所说的歌德与海明威，等等。例如毕加索，就在数不清的女人身上得到灵感。但也不一定都这样，达·芬奇一生独身,鲁迅的生活也相当简单。这里有巨大的个性差异,陈独秀嫖妓很出名,胡适则似乎并不如此。

刘:在作家、艺术家中,有的把爱情当做目的,创作只是手段,所以创作时一再对情人声明:“我只为你而写作。”有的则相反,爱情恐怕只是手段,创作才是真正目的,例如乔治·桑(George Sand),她就始终把小说作为第一恋人。她的一生有许多恋人,但她整个身心日夜投入的是她的创作,因此,她的成就非凡,全集达到一百零五卷。

李:有的婚后才华发光,托尔斯泰的《战争与和平》等巨著是在婚后安宁幸福中写成的;有的则相反,婚后贫病交加而死亡。总的来说,作家在性爱上有更多的观察、思考和体验,其作品将会更加丰富。我反对婚姻与性爱上的随意性、不负责任和利己主义,但主张对性爱要宽容,不要太多地干预和指责个人的私生活,这不仅是对作家,应该包括所有的人。作家、艺术家在这方面并无特权,这一点我倒想强调一下,尽管作家、艺术家因为更加放任情感,风流韵事似乎更多一些。

刘:自然,“情爱多元”的观念不能只属于作家、艺术家,它应当是社会人生情感领域的普遍性原则。有这一原则,才有社会宽容。中国的情爱一元论,除了造成性神秘、性虐待、性摧残等许多反人性现象外,还造成中国的一种“特殊文化”,这就是牢狱文化。这种文化的特点就是没有私人生活空间,使人的存在方式就像牢狱。每一个人的私人生活空间都非常狭小,因为每一个人都生活在各种“围墙”之中,都生活在密集的监视之下。在城市里,这种监视深入到每一条小胡同。胡同里的马列主义老太太所组成的街道委员会像雷达似的对着每一个窗口,她们除了防范外国人之外,最重要的事就是窥视别人的私生活,而支配她们的行为原则与观念便是情爱的一元论。

李:在这种观念下,自然是“寡妇门前是非多”,自然是“男女之大防”,自然是对隐私生活进行无休止的侵犯。

刘:从牢狱文化中挣脱出来,不仅可使人性获得一种解放,而且也可以使社会减少很多虚伪。《儒林外史》就生动地揭露了这种虚伪。贾平凹的《废都》放在文化批评的层面,指责这部小说有点男性中心主义,把女人当玩物,做的完全是男人的白日梦,这不是没有道理的。但是,如果放在文学批评的视野上,则应肯定这部小说恢复中国的闲书传统，从根本上走出意识形态的阴影，而且，小说中所描写的性爱故事与劳伦斯等写性爱的作家不同，它没有劳伦斯笔下性爱的从容，相反，每次做爱都像游击队似的偷袭，匆匆忙忙地打一仗，无论在旅馆还是家里都是如此，这就写出没有私人生活空间的情爱困境，这是中国特有的牢狱般的情爱方式。

李：没有对于性爱的宽容，就不可避免如此。这种游击队实际非常可悲。

刘：是的，每一个游击队员都觉得自己在做贼，但又似乎有这种权利。鲁迅与许广平恋爱得那么久，受了那么多限制，最后他才发出"我可以爱"的声音。鲁迅要突破一元都那么难，何况别人？我们并不是以此例子来召唤妻妾制，而是说，像鲁迅这种情爱二元状况发生的时候，有它非常具体的原因和情况，有它的合理性，不可笼统地用情爱一元论来加以苛求。如果不是鲁迅，而是一个普通人发生这种情况，也应当理解，然后选择一种符合人情人性也符合人类基本道德原则的态度。

李：所以，我说不能简单化地对待情爱这种复杂问题。鲁迅一生极其严肃。他以最大的力量承受旧式婚姻的痛苦之后，作婚姻之外的情爱追求，并不破坏倒恰恰完善了他的整个生活态度和人生观念。

刘：我在六七年前写作《性格组合论》时，探讨过人性的复杂性，认为人性中灵与肉、性与爱有无数的组合形式，是无限的多，但我还是讲最后应归于一，又有一点多元归一的一元论味道。这一点，应作点新的思考。

李：其实无法归一。归于哪个"一"？统一于哪个"一"？过去的政治工作，企图做到这一点，结果是连恋爱也要向"组织"请示汇报，也要组织批准，夫妇吵架也找单位领导。这是极端荒谬的。1986 年，在上海一个会上，我说共产党应该是政治组织，是政党，如今搞成孔教会了，就包括这个意见在内。这当然与中共的历史背景（如长期的战争环境等）有关，苏共当年大概就不干涉这些私人生活。这与中国传统也有关系，所以我才提"孔教会"。

刘：这又使我想起《一九八四》这本有趣的书。这本书是欧韦尔（G. Orwell）在 1948 年写的，他预言在 1984 年可能出现的社会怪现象中就有一种性与政治统一的怪现象。本来纯属于私事的性爱也变成了公事，因此，一个完全政治化的女人，其性行为的"房事"，也只是为了两个目的：一是为了"生孩子"，二是"尽我们对党的责任”。因此，这种女人的身体便成了永远冰封的胴体，整个人变成一个系着“贞操带”的木偶。这种木偶除了四肢会动弹外，既没有思想，也没有情感。在这种预想社会里，性与罪是等同的。他描述道，就党的立场而言，爱情本属奢侈，但相较之下，色欲才是罪魁。党员要跟谁结婚，得事先呈报“婚委会”通过，有时申请书被退回来，非为其他理由，而是婚委会诸公觉得这对男女爱的只是对方的肉体，因此碍难照办。总之，男婚女嫁唯一被认可的目的就是制造“小同志”将来为党服务。基于这种理由，夫妇间把性行为视做一种令人厌烦的小手术，如灌肠子。这本书很有趣，我读的是刘绍铭教授的译本。

李：你讲的使我记起一个半真半假的笑话，话说“文革”中下乡女知青因为坚决执行毛主席的教导，“急贫下中农之所急”而接受了农村干部的强奸。我并不把这当做笑话。

刘：性爱的政治化与一元化，不仅使私人的生活空间几乎丧失，而且严重地影响现代文学尤其是革命文学的发展。性爱是文学的永恒主题之一，文学很难回避性爱。但是，到了“文化大革命”时期，文学对性就采取了完全排斥的态度，性变成意识形态的消解与对立因素。在《艳阳天》等小说中，男女的结合已没有什么性爱的内容。他们的结合，例如萧长春和焦淑红的结合，只是意识形态的结合，革命精神的结合。也就是说不是男女的结合，而是同志的结合。小说中明确地说明，他们（萧与焦）是没有爱情的爱情。

李：这就是性爱附属政治的模式。这一模式是现实政治一元化模式在文学中的宣传和表现。其实，初期革命文学对性爱并不是这种态度。这大概是在延安整风之后，丁玲的《我在霞村的时候》还不如此。

刘：革命文学的初期，也就是创造社、太阳社和左联时期，对性爱还是采取比较开放的态度。尽管那时也形成“革命+恋爱”的公式，但还是要把两者统一起来，当时写革命要表现理想主义，写性爱也表现理想主义，浪漫气息很浓，意识形态色彩也很明显。但后来革命与性爱的关系逐步紧张起来。革命者逐步发现性爱会腐蚀革命和危害革命理想主义，也就是感到性爱的私人品格难以和革命的公共性格融合为一，特别是难以和高大完美的、具有纯粹公共性格的英雄人物相协调。发现了这种不协调便产生紧张。解决紧张的办法，一是完全回避性爱，如样板戏那样，女英雄们都没有丈夫，即使有丈夫也不在场；另一种办法是使性爱完全精神化，即意识形态化，英雄既没有配偶，也不是人与人的结合，而是神与人的结合，也可说是神与神的崇拜者的结合。

李：20 世纪 80 年代之后，这种情况已得到改变。

刘：70 年代末，作家们又重新寻找《爱情的位置》（刘心武），重新发现《被爱情遗忘的角落》（张弦），重新唤起爱的记忆——《爱，是不能忘记的》（张洁）。到了 80 年代中期，文学表现性爱更是多种多样，真的可以说是多元化了。仅苏童一人，他所表现的性爱方式就可以列出数十种。

李：对于性爱，男女的生理—心理需求有差异。我们的作家不知道充分写了没有？我不是专家，无法多说。前面已提及，一般可以感到，女子的心理需求较重，男人的生理需求较重，这种差异也会形成性爱的多元和复杂。美国不久前所爆出的妻子割切丈夫生殖器的著名新闻，大概也表达了女人厌烦、憎恨男人过多的生理需求，所以许多女士同仇敌忾地支持这位女英雄。

刘：女子的心理比较细致，也更为复杂。我们可以在《红楼梦》中看到那种女子，一个一个的性爱心理，其实都比贾宝玉复杂，比起贾珍、贾蓉、贾琏这些花花公子就更加复杂。这些花花公子对性爱的生理需求显然大于心理需求。

李：而林黛玉、薛宝钗，包括王熙凤、晴雯、袭人等都是心理大于生理。《红楼梦》中的性爱有许多种，性与爱的比重各不相同，差距很大，所以很精彩。

刘：贾宝玉就是一个爱情多元主义者，一个泛爱者。他与许多女子的爱情很明显具有不同的色彩和不同的方式，而且情感的深浅也很不相同。他甚至有同性恋，他与秦钟的关系就不仅是朋友的关系，也包含着性的互相吸引。贾宝玉虽是一个爱情多元者，但并不是一个性乱者，不是“滥情人”。他的多元爱情恰恰表现出他的真性情，许多伪君子、伪道德家所没有的可爱的真性情。

李：贾宝玉的性爱至少包括三个方面：一是未婚的少女；二是已婚的少妇，包括对秦可卿、平儿、王熙凤，都包含着性爱，只是分量的轻重不同罢了；三是对男性少年。他的爱更多主要是表现在他与少女的关系，而与已婚少妇的关系，性的分量似乎更重一些。

刘：性与情两者又会相互影响、相互推进。宝玉因为与袭人朝夕相处，确实有爱，所以才发生“初试云雨情”。而发生性行为之后，两人的感情又深了一步，关系变得更加不同寻常了。当然，这也不可绝对化。宝玉与晴雯就没有发生过性行为，但是，他们的情感极深，晴雯临死时后悔自己只担当了一个虚名，早知今日，何必当初，她也为始终没有与宝玉发生性的交流而遗憾。可是，性有时与爱并没有什么关系，如妓女之性。

电影《菊豆》把性心理的复杂性表现得很精彩

李：可惜我们的中国文学，除了《红楼梦》外，太不善于描写性心理了。

刘：《金瓶梅》描写得很细致的是性动作、性行为，而不是性心理。我国的当代作家，很少能写好女性形象的，也是性爱心理写得不够精彩。这一方面不如西方的一些作家。现在有些年轻作家，对性心理描写有很大的进步，例如李锐对农民性心理的描写，就非常生动。他的《厚土》描写了山西这个极端贫穷的地区，性成为唯一的奢侈品，因此，性心理也非常特别，在其他国家的文学作品中难以见到。比李锐更年轻的苏童，他写的《南方的堕落》、《刺绣》、《妻妾成群》，对女子的性心理都有精彩的描写。还有刘恒的《伏羲伏羲》，后来改编成电影《菊豆》，对性心理的复杂性也表现得很精彩。李锐、刘恒的农民文学比起赵树理、高晓声的农民文学，其突破之处，可能就在这一点上。

李：文学的性爱主题和性爱描写已经多元，但一提到现实上，大家还是感到很突然。其实今天的中国，实际生活包括性生活，特别是年轻一代，恐怕已相当开放、多元，但就是不准公开说，不许研究讨论，这不好。

刘：现实总是缺少自由，所以作家才会通过文学去体验自由。

李：最后还想重复说一次，性爱是个复杂和深刻的问题，绝对不能简单化。如何对待各种不同的情爱，值得仔细研究。回到我们开头讲的夫妻情爱，夫妻之间就远不仅是性爱关系，而是长期朝夕生活所建立起来的相互支持、帮助、关怀、体贴、容忍、迁就等关系，它们体现在许许多多数不清说不尽的日常生活细节之中。看来似乎毫不重要，但这就是真实的、具体的“生活”。日常生活也就是这些穿衣吃饭中的许许多多琐碎事情，夫妇之间在这些事情中的紧密关系和由此而产生或形成的情感关系，是别人和别种情爱如情人的爱所不能替代的，这是双方在长期生活旅途中彼此给予对方的一种“恩惠”，所以我常说“夫妇恩”。这种“恩”就是一种很特殊的情爱。我在课堂上和美国学生说，“爱”不难，要长期和谐地生活在一起，就不那么容易了。他（她）们都同意地笑了。

此外，也要再重复一次，我说的“多元化”当然不只是对男性，对女性也一样。有人说男人多恋，女人单恋，这已为性心理学所否定。但如前所说，男女性心理也确有不同。而不管男女，个性差异在这方面更是特别显著、特别重要。人的生理、心理、气质、爱好等等不同特点会充分表现在性爱上，自然（生理）和社会（如观念）不同结构的个性复杂性，都会在这里展现、表达，所以不能强求一律。所有这些，都说明要慎重对待这一问题，并深入地进行研究。性爱中有好些矛盾和悖论，如一开头讲的“独占”与“多恋”以及双方感情支付的不均衡等等，都不能用政治的或某种既定的先验模式、伦理道德来简单处理。顾城杀妻就是这种简单处理的一个极端例子。2008 年美国一本畅销小说描写一位始终忠实于家庭的妻子与一位路过的单身汉的爱情故事，那么狂热（包括性行为描写）和执著，那位女主人公对丈夫、子女、家庭的情爱与对男人的“真正的”情爱极为痛苦地并存，在现代的生活背景下颇为苍凉。作者似乎力图把它升华到一个近乎宗教感情的高度，使我感到有点回到 19 世纪的味道。这种浪漫和温柔，在实际生活中，特别是美国，恐怕少有了，但它是“畅销书”，大家仍愿意读它。为什么？这一切都值得研究。

比英国《大宪章》更重要的传统

财经史话之一

薛　涌

1568年，在哈布斯堡王朝治下的尼德兰，自发的骚乱升级为由奥伦治亲王(Prince of Orange)威廉一世(William I)所领导的有组织的反叛。这场反叛，除了短暂的停战外，一直持续到1648年，被称为“80年战争”。其结果是由尼德兰北部地区各省组成的尼德兰联省共和国从哈布斯堡王朝治下的独立［这一地区主要包括相当于今天的荷兰、比利时、卢森堡以及法国和德国的部分领土。这些地区在16世纪哈布斯堡王朝统治下逐步统一。1548年，神圣罗马帝国的诏令和联省会议(the States General)的公檄宣布这一地区的17个省份为在一个主权之下的统一整体］。人类历史由此进入了“现代”。

“现代”的开端

遗憾的是，这一“80年战争”的意义几乎在我们“现代人”的记忆中被抹杀。人们谈起现代历史的开端，要么指向从1642年英国革命到1688年“光荣革命”所推动的君主立宪的政治变革，要么标出18世纪末的美国独立战争和法国大革命，或则着眼于18世纪末19世纪初的英国工业革命。殊不知，尼德兰联省共和国的成立，其意义几乎集上述历史分水岭于一身，并且早了一两个世纪，缔造了人类历史上第一个立足于共和政体的现代民族国家。英国革命弑君却未能结束君主制。法国革命由暴民政治而走向拿破仑帝制。共和作为民族国家的政体而立足，在大多数人看来还是美国革命的果实。其实，尼德兰联省共和国以几个小省份在被称为“世界帝国”的哈布斯堡王朝的边疆奋起独立，几乎是对抗大英帝国的美国独立战争的预演。其最终形成的各省分权的政体，为后来州权本位的美国提供了范本。我们不要忘记：英国是经过“光荣革命”而成为现代

薛涌：美国萨福克大学历史系助理教授。

国家的。这一光荣革命的发起者,正是来自尼德兰的奥伦治亲王威廉三世。以英国为中心的史学,总的来说,是英国人为了调解1642年革命后不断激进化的内争,在君主制和共和制之间寻求妥协,才从尼德兰邀请了威廉三世来当英王,成就了君主立宪,仿佛后者不过是英国史上的一个傀儡。实际上,是威廉三世自己精心策划暗度陈仓,跨过英吉利海峡,抢夺英格兰的王冠。从这个意义上说,光荣革命是发生在英格兰的尼德兰革命!

从经济史上看,尼德兰更是现代世界的先驱。16、17世纪的尼德兰具有当时世界上最先进的经济,创立了股票市场,是现代金融体系的奠基者。威廉三世之所以能攫夺英格兰的王冠,除了其政治韬略外,还在于他能利用尼德兰的金融网络举贷。他的成功,也把尼德兰的金融制度带进了英格兰。在此之前,英格兰对现代金融市场几乎一无所知。除此之外,英格兰的农业也因为学习了尼德兰的技术而发展出"农业革命",得以用不断减少的农业人口养活不断增长的非农业人口,突破了马尔萨斯"瓶颈",为需要大量城市产业大军的工业革命提供了先决条件。早在16世纪,尼德兰就已经超过威尼斯、热那亚,演进为世界最大的海洋贸易巨子之一。尼德兰一方面在家门口挑战哈布斯堡,一方面进军美洲。纽约就是荷兰人所创建的,华尔街(Wall Street)起源于当时荷兰人抵御印第安人所筑起的"城墙(wall)"。在亚洲,荷兰的东印度公司在17世纪比英国的东印度公司大得多,触角一直伸到东南亚、东亚。在郑成功之前,荷兰人占据了台湾。日本在德川幕府的锁国政策之下,唯一打交道的欧洲人就是荷兰人,乃至后来日本的西学叫"兰学"。在非洲,荷兰人的奴隶贸易也做得热火朝天。荷兰帝国主义,从这么一个被海潮围困的小小低洼地区很快就覆盖了全世界。

由于马克思对英国资本主义的经典研究,也因为英美是现代世界具有主宰性影响的民族国家,人们讨论现代历史总要追溯到英美,更有把欧陆传统和英美的盎格鲁撒克逊传统截然二分、视后者为自由民主和市场经济之正宗者。但是,无视尼德兰的历史,对现代民主政治和市场经济,特别是对宪政的财政基础很难有透彻的理解,对资本主义的全球扩张及其动力也无法全面洞察。具体而言,跳过尼德兰来讨论民主宪政和市场经济,有着两方面的缺陷:第一,过分集中于自《大宪章》到君主立宪的英格兰传统,即贵族议会对君权的制约,而忽视了金融市场的宪政功能。要知道,英王从自己的王室领地和传统特权中本有可以自由支配的收入。只有当这些收入不够用时，才会跑到议会要钱，才有议会对君权的限制问题。这里的关键还是财政。在这个方面，尼德兰传统和英格兰传统同样重要。第二，自 Joseph R. Strayer 于 1970 年出版了《现代国家的中世纪起源》(*On the Medieval Origins of the Modern State*)以来，西方主流学术界把西方的现代性直接追溯到中世纪。诚如 Strayer 所指出的，西方国家的构造，集中了帝国和城市国家的优点。帝国幅员广大，有军事强权，但仅能调动其中一小部分的臣民和资源；帝国的利益超越地方利益，因而大部分臣民对帝国的命运漠不关心，缺乏国家认同。城市国家则能更有效地调动人力资源，有很高比例的人口进行政治参与。这些人口对城市国家有着强烈的、自发的忠诚，乃至现代国家的"公民(citizen)"概念，就是从城市国家中那些拥有城市自由居民权利的市民概念中演化而来。这也是现代民族主义的重要起源。只可惜城市国家规模太小，无法把其共和体制扩展到城市之外，乃至每每被帝国所并吞(Strayer, 11–12)。不过，Strayer 并没有展示城市国家和帝国的具体结合过程。实际上，尼德兰主要是一个城市群的集合体，继承了意大利城市国家的共和制度和资本主义的经济，同时又超越了这些城市封闭排外的弱点，把城市国家转化为民族国家。这里的关键过程，发生在哈布斯堡尼德兰时代。哈布斯堡的帝国传统和独立城市的自治传统通过政府财政而融合，塑造了尼德兰民族国家的政治架构和认同。跳过这段历史，就无法了解城市的共和主义和市场经济制度对当今民族国家的民主宪政和资本主义有什么贡献。本文的立意则在于：民主宪政和资本主义是一对孪生兄弟。民主宪政除了其政治、思想的起源外，还有市场、金融的起源。《大宪章》以来的英格兰宪政传统固然为我们理解前者提供了丰富的资源，尼德兰则为我们认识后者提供了重要的契机。

近 30 多年来，西方学术界对此已经有相当充分的认识。1985 年，James D. Tracy 出版了《哈布斯堡尼德兰的金融革命》(*A Financial Revolution in the Habsburg Netherlands*)，以荷兰财政的历史贡献纠正了所谓现代金融体制从英国开始的俗见。他 2008 年又出版了《荷兰共和国的建立》(*The Founding of the Dutch Republic*)，概述了尼德兰的创生。1997 年，两位荷兰史学家 Jan de Vries (长期在加州大学伯克利分校执教)和 Ad van der Woude 合著出版了一本厚实的 1500~1815 年荷兰经济史《第一个现代经济》(*The First Modern Economy*)，对这一阶段的荷兰经济有百科全书式的叙述。另外，一些通观的入门书，如 Jonathan I. Israel 的牛津早期现代欧洲史系列之一《荷兰共和国》(*The Dutch Republic*)，以及荷兰学者 Maarten Prak 被译成英文的《十七世纪的荷兰共和国》(*The Dutch Republic in the Seventeenth Century*)等等，都颇值得一读。这些著述虽然还远远不够，但足以把尼德兰联省共和国奠定为"现代"世界的开端，为日后的新"兰学"开辟了发展的路径。

白银帝国的局限

尼德兰联省共和国的崛起，几乎是一个不可能的历史奇迹。首先，尼德兰面对的西班牙哈布斯堡王朝，是真正的世界帝国。16 世纪恰巧是这个帝国的顶峰。其君主查理五世(Charles V)不仅统治了西班牙以及附属于西班牙的美洲，而且还拥有南意大利的西西里、那不勒斯，以及从法国北部一直到尼德兰的勃艮底领地，并成为以奥地利为核心、覆盖中欧和东欧的神圣罗马帝国的皇帝，被当之无愧地称为"世界之帝"。这位查理五世东征西战，50 多岁就精疲力竭，不经搀扶几乎走不稳，于 1555 年退位，帝国由此一分为二。中欧和东欧的神圣罗马帝国归了弟弟费迪南一世；包括美洲、南意大利、勃艮底再加上西班牙的布斯堡王朝，则由儿子菲利普二世继承。分家后的西班牙哈布斯堡王朝统治着两千万人口，而且几乎垄断了美洲的白银，仍然是欧洲第一大帝国。再看尼德兰，不过是这个庞大帝国西北角一些小省份的松散联盟，人口不足 150 万。起事后群龙无首，到处请求封建王侯来做君主为自己提供保护。他们先后求到了英王伊丽莎白一世和法王亨利三世，但都被两者拒绝。最后万般无奈，才凑合成了共和体制。不仅如此，尼德兰地区经济发达，居民忙着赚钱，不愿意从军，在哈布斯堡治下长期靠雇佣军维持其安全；真到了保家卫国的时刻，其军队也往往不是训练有素的西班牙军队的对手。

不过，当战争阴差阳错地拖了 80 年时，战场上一城一地的得失就不那么至关重要了。真正决定胜败的，是双方支持这场持久战的财政实力。这是一场财政战争，或可以归结为以白银为代表的简单货币经济与股市所代表的现代信用经济的决斗。结果是尼德兰联省共和国获得独立，并成为 17 世纪欧洲最强盛的国家。西班牙帝国则丧失了世界霸主的地位，逐渐走向衰落之途。可以说，这就是股市战胜了白银，是现代的金融体系击败了旧王朝的传统财富。

旧王朝的传统财富，主要指君主利用手中的绝对权力掠夺搜刮社会资源。他们把这些资源在自己的财库中囤积，以为这样就算占有了世界的财富。比如史学之父希罗多德曾记载了雅典的智者和立法者梭伦东游，到了富甲一方的Lydia 王国。国王 Croesus 亲自引导梭伦参观他囤积的财宝，炫耀自己就是天下最富有、最有权力也是最幸福的人。如果从这样的观念出发，在16世纪西班牙王室无疑是天下财富和权力的中心。1492年，阿拉贡国王费迪南二世和卡斯蒂利亚女王伊沙贝拉（西班牙就是通过这两个君主的婚姻合并而成）进行了欧洲王室收益最丰的一次赌博，支持热那亚航海家哥伦布向西绕地球到达印度的探险。结果歪打正着：哥伦布没有发现印度，却发现了美洲。历史证明，美洲对于欧洲的价值远高于印度。到16世纪，美洲开采出大量的白银。西班牙自然先声夺人，几乎垄断了这一资源。从1540到1660年，总共有16900吨的白银和181吨的黄金从美洲和非洲进口到欧洲，其中1/4直接运到西班牙王室。根据保守的估计，这样的进口使欧洲的白银供应量到1660年为止增加了50%。从1500到1600年，卡斯蒂利亚的人口从450万增加到了600万，政府的财政收入以白银计则从51吨增加到了423吨。要知道，白银是当时的国际货币。掌握了白银，就好像操纵着一个印钞票的机器，需要钱就随时把机器启动。守着这一取之不尽的财源，谁能靠拼财力而把西班牙帝国给拼倒？

但是，西班牙王室却无法理解一个简单的现代货币观念：当你增加了货币的供应量时，货币本身就会贬值。钞票是如此，白银也是如此。白银确实戏剧性地增加了西班牙的财富。但是，随着白银在欧洲引起的“价格革命”，这些新增的财富在急剧的通货膨胀中就要打折扣了。另外，当时西班牙的哈布斯堡王朝和神圣罗马帝国合体占了半个欧洲，树大招风：东面面临奥斯曼帝国的威胁，北面有着马丁·路德的宗教改革所搅动的新教势力的挑战，家门口又有法国王室的竞争，来往于美洲的运银船则不断受到列强和海盗的骚扰。结果，整个帝国征战不息，最终美洲的白银远不够支付庞大的军费开支，王室财政很快陷入了赤字。

当拿着硬通货仍然要破产时，王室就只好借钱。但想想看：连美洲的白银都无法填满其胃口的君主，借起钱来将是个什么数字?！谁有富可敌国的财力，能一下子拿出那么多钱来借给这样的君主呢？事实上，当时在欧洲金融市场中生长出来的信用经济，已经能和白银这样的硬通货分庭抗礼。

我们不妨看一个简单的事实：美洲大发现使欧洲的白银供应量增加了50%，也就是说，追逐每一单位商品的硬通货大致增加了50%。如果把经济增长（也就是商品总量增多）计算在内，追逐单位商品的硬通货的增长则不到50%。但是，欧洲的物价上涨在大致同样一段时间并不仅仅是50%，而是200%。唯一可能解释这一百分比之间的差距的，是当时欧洲的非金属金融的周转数量和速度远超过了白银供应的增长（Macdonald, 121。这种新的金融技术，包括叫bill of exchange的信用转账支票、遍布西欧的商业银行网络等等。这主要归功于意大利商人在1300年以后的活动，到16世纪这些技术则日渐成熟，使许多交易可以绕开硬通货而通过信用达成。参见de Roover, 10–23, Hunt and Murray, 63–67。）

“价格革命”背后不仅是美洲的白银，还有一场金融革命。当时不仅是西班牙王室，欧洲的各类王侯、自治城市甚至包括教皇，都没有不借钱的。没有非常巨大的商业机构和金融体系，则很难支持这种“主权借贷”（这里用“主权借贷”而不是“国家借贷”，主要是因为中世纪的政治结构与今天民族国家的体制有所不同。那时的封建王国，并非现代意义上的国家，王国没有确定的边界。国王在自己的王国中，也没有通过一套官僚机器对社会进行管理的能力，手下的封臣贵族多是自立的。所以，一般国王征服一地，总是宣布对这块地方的“主权”，即保证这一地方对自己进行政治效忠，但并不一定可以调动这一地方的资源为自己服务。他在宣布自己的主权时，还经常要宣誓保证这块地方的“传统自由和特权”等等，等于和当地社会达成契约。这样，地方的管理就交给了地方社会。这些地方社会往往不直接向国王有规律地纳税，也没有承担偿还国王债务的责任）。

寻找微弱的象征意义

耿占春

不止是我一个人产生过这样的想法:离开自己现在的生活,去乡村,最好是去山村小学教一段书。我们怎么啦? 难道我现在不也在教书吗? 为什么教大学就没有去教乡村小学觉得有意义? 是的,在大学、在城市拿着不算低的工资报酬,比在乡村、山区小学从生活上说要好,但它唯独缺少有德行的生活或者只是它的"象征物"。

大学里的生活似乎不再缺少什么,可是缺少道德象征物:人文学科中的精髓,在大学管理科学和意识形态的双重支配下的教学生涯中,恰恰是最稀缺之物。在最好的情形下,人文知识在替代那不在场的象征物。或者更糟:是在遮蔽它。我们的内心充满了古典的和现代的各种经典著作的引文,就像在我们所写的文章里的情形。"引文"已经支配了内心生活:过多的引文甚至已经变成了一种饶舌,却再也不会按照任何一种简单的道理去生活。正是这样,我们才渴望以一种拥有精神生活象征物的方式成为不是自己的自己。

对象征或象征物的热爱不仅是诗人的习性。每个人都渴望从社会和历史中攫取这些象征物,因为只有这些象征物才能像护身符一样保佑我们,只有某些象征才能使人们获得不朽感。某些象征物就是通向永恒之门的硬币。我们渴望通过拥有或者接近象征,来拥有或接近永恒性。日常实践使我们趋向于利益,更深刻的实践使我们趋向于象征。没有象征或某些象征物,不朽性就没有任何可见的徽记。但在现代社会,在一个即使没有完全合理化、理性化至少也已经世俗化的世界上,或者坦白地说,在一个利益驱动的世界上,具有象征意义的事物是越来越稀缺了。受苦受难的生活的象征意义在减少,甚至已经演变为受苦的固有意义的反面;享乐的生活所拥有的意义资源无论怎样被消费社会所

耿占春:河南大学文学院教授。

大山里的孩子们

吹嘘，也仍然是贫乏的，享乐的生活只有极其可怜的象征意义。受苦的生活已经如同瘟疫使人唯恐避之不及，享乐的生活为人所羡慕却无疑不会为人所敬慕。

在崇高的象征物已经剩余不多的时代，小学仍然是一个象征物。小学，我们对它的伪装的热爱是对象征物的真实热爱。尤其是山区小学，言下之意是贫困地区的小学，和贫困的孩子们生活在一起，在今天仍然可能成为一种象征，具有社会伦理或文化价值上的象征意义。而生活的意义就来自于这样的象征作用，是我们所拥有的象征赋予人的生活以最终意义。它是最终决定对我们的个人生活进行叙事的要素。还有一些情况，如果一个人在有限的生命中没有找到这个象征，他还有可能把死亡最终变成一个具有象征意义的行为。这个象征物最终将要重新组织一个人的生活传记，使它意义丰富或贫乏。象征的存在使所有的叙述都指向它，暧昧的象征承担着脆弱的个人传记的叙事结构。“乡村小学”在某种意义上是一个矛盾概念的组合，无论在哪个历史时期，它都不缺少充分的文化象征内涵。“乡村小学”或“山村小学”是自然与文化完美结合的象征，是历史与自然的结合，在那里，一个人可能既进入历史叙述又在融入“纯洁的自然”之中。无论是晏阳初、维特根斯坦的传记，还是革命时期的电影都赋予乡村小学以充足的象征意味。相对于城市而言的乡村意味着自然和自然质朴的环境；相对于经济社会，乡村，尤其是“遥远的”山村具有抚慰心灵的象征功用，小学则是启蒙和教育的根本，在欠发达地区或国度里具有希望和拯救的意义。而对意义疲惫的个人来说，山村小学则是退隐与拯救行为的结合。它的意象里隐含着这么多的象征意义。在这样想象它的时候几乎是浪漫。因为我知道一个人不可能既得到了安逸的生活又得到只有付出代价才能得到的德行象征物。

可是,有许多人,比如甘肃的某个县至今仍有600多名代课教师每月只有40元到80元钱,他们在那些没有人愿意去的地方和孩子们厮守在一起。这是你向往的生活方式吗?当然不是。一个人生活在他出生的地方,读了中学或中师在自己的故乡教书,没有什么象征,也几乎不是什么德行:德行意味着你可以有别的选择而你选择了目前的困苦生活。原本的乡村教师是被剥夺,但还不是主动的"奉献"与"牺牲",因此与人们心中的德性无关。只有被剥夺变成了自觉自愿的,才会有德行实践。圣贤与奴隶的区别只是动机上不同而已。没有象征意义的快乐不会使人快乐得太久太甚,没有象征物的苦难,无论奴隶还是圣贤也都不会乐于承担。人不会为了受苦而受苦,他是为了在那样的生活中寻求微弱的象征意义。

可是如果一个已经世俗如我辈的人真的去了乡村小学,怀抱着对微弱的象征意义的寻求的意愿,那是我们自己需要被拯救,而不是那里的孩子们更需要拯救。一个人心底里不能不清楚:即使那里的孩子们学习得好,也无非是有一天能够过上你自己在今天有时已经深深厌倦的生活,而你给予他们的教育,无非是使他们有能力感受到你今天感受的这些性质的焦虑,或者使他们成为一个知识即财富的崇拜者。真正需要被拯救的不是别人而是你自身。但如果你去了那里,你却获得了一个拯救者的形象。但只有你自己知道你需要被拯救。是乡村教育,是乡村的孩子们拯救了你。你在那里拥有了"自然"与"历史"的某些象征,还拥有了"孩子"的象征意义:天真、纯洁。而这是你在如今的生活环境里所不拥有的,你借助孩子们接近了它。比之乡村与孩子给予你自己的这些精神的剩余物,你能够给予他们的知识几乎是赝品。如果你真的去了那里,你也应该让人知道你是一个被拯救者,而不是相反。否则,你就成了一个欺世盗名者。历史中已经有太多的被拯救者伪装成拯救者,甚至把这些转换成道德资本或权力资本。

可是我们如此愿意(或作为自我安慰)想象自己生活的这种可能的选择,不是恰恰因为我们目前的生存现状缺少德性吗?缺少象征是因为现在的生活使你体会不到意义,而意义的缺少实则是德性的匮乏。除了摆脱利益驱动的行为常规,我们的生活再也没有满足意义感的资源了? 符合现实理性或者符合利益需求的生活越来越陷于另外一种更加可怕的贫乏:象征和意义的贫乏。这是内心生活所需要的食粮。当然这样的匮乏感在那些孩子们看来是不真实的,在贫苦的人们看来更是一种奢侈。那些在历史中一度被当做象征物被人加以攫取的事物对自身的象征意义浑然不觉。不可否认的是,我们所谓合理的生活在合理化的同时已经抽空了生活的意义:维持生计,较好地维持着生计似乎也不是一个知识人(或念过一点书的人比如著名的堂吉珂德)的生活理想。但是,在现有的社会生活环境和职业方式中,除了它所提供的维持生计的报酬外,再也找不到可以满足生活意义感的任何东西。这样一些人的普遍体验是:生计已经不成问题,然而生活的意义感成为更加难以满足的问题。虽然还有写作,对其他人还有颜料、摄像机、越野车等等可以涂鸦的方式,可是德性、意义、思想甚至连文化也不是只是些写在纸上的东西。当文化的东西只存在于纸页上,当文化只成为谋生的职业,当各种型号的理想主义都成了靠旅行来实践的"生活在别处",岂不是文化的灭顶之灾?

然而,想象力或者可以成为一种自我安慰的生活的退路(相反,说是进取也罢),不是一再地延缓行为,推迟行动? 就像一千零一夜里的公主,叙事虚构延缓了判决。对德性生活的想象力——不是德行本身而是它的象征物的想象——一再地推迟了实践德性的行为。

甚至真正的难题还不止如此。德性实践不仅仅只是满足这样的道德想象力,去获得一种象征物。在一个较为自由的社会里,他可以有许多作为的方式,可是在统治权力关闭了社会政治空间的社会里,去和贫困的人们生活(暂时性的)在一起,甚至只是想象它就成为一些人在内心赎罪的一种方式。不,这也还不是事实:事实是,一个不自由的社会里,一个人实践德性生活的可能性和机会都更多而不是相反。可是为什么我们不去实践它? 比如去调查矿难,或者环境污染所产生的"污染难民",去珠三角调查平均每年有三万个断指人,他们甚至拿不到什么赔偿,还有——像薇依或巴枯宁那样和矿工们生活在一起。但我们只能这样想一想,就此打住,把可能的行动延搁下去,或者永久地悬置,行动会带来真正的戏剧,而这幕行动的戏剧对自己注定了要失败,不仅如此,甚至这样的失败只是对行动者个人而言够上悲剧的料。而在这个没正经的时代里,真正的悲剧会变味,会被人以喜剧的形式讲述,任何悲剧事件只要往人物的鼻子上抹一点白色就可以把他丑角化。对于行动者来说,悲剧令人胆怯,而喜剧化更令人不安。再说,一个人不会那样容易地就成为社会历史的某种文化象征,成为象征意味着要付出代价。事实上,我们是那么害怕成为象征物。因此,生活的戏剧性让位于想象力所体现的诗意。秘密是,这是最小的德行,因为在一个权力与资本甚至还被合法的与不合法的暴力所支配的世界里,这会是一个人获得德性的象征而付出最小代价的方式。这种方式近乎浪漫,去接近山水、自然和孩子们,乡村和想象的淳朴世界。充其量是自我安慰:在没有德性的社会里勉强给自己一点点象征性的东西,它看似不是很像德性?甚至这些,乡村小学这个象征,不也只是一个想象中的安慰之地?

即使这个最小的德行也不那么容易去实行,尤其当这样做还只是一个人内心寻求微弱的象征意义的行为,还没有成为社会普遍公认的象征时,在这个意义上,那些曾经在贫苦的乡村和孩子们在一起生活的人们仍然从内心赢得我的尊敬,而不是象征逻辑中的讽刺。有德行的生活似乎天然倾向于某种禁欲主义。而在一个日益为满足人的各种欲望而存在、为它创造各种满足形式的时代里,禁欲主义实践也是困难的,它意味着对快乐的感官生活的放弃,放弃你生活中有限的快乐。伟大的弥补是存在的,那就是当一个人获得那些象征意义时,不是快乐而是幸福。

我个人而言,也许我有时会忘却的秘密是:书斋里的安宁生活比有德行的生活还拥有更持久的魅力。其他的想象力不过是消除内疚的愿望而已。在冥想的生活和行动的生活之间,我的精神生活前辈已经为我作过了宿命论的选择。也许我一直想给予沉思生活一种德性的意义,而不是只把德行实践给予行动的世界。而这样做是企图寻求更为微弱的象征。在最微弱的象征意义上,沉思生活也有一点点德性:毕竟它也要求一个人放弃更多的感官愉悦,文本的快乐具有另外一副禁欲主义的面孔。

我们到底活在怎样一个时代里了？（上）

陆兴华

阿甘本论国家资本主义统治装置

意大利哲学家乔治·阿甘本（Giorgio Agamben）也许是我们时代最重要的哲学家。他的思想可能是我们时代对卡夫卡、海德格尔、本雅明和福柯的最可靠的接力。他最近十年的写作主要替我们回答了这些伟大思想家留给我们时代的两个无法回避的问题：

（1）什么是统治着我们的那个使我们在当代活得如此不爽的装置？

（2）我们到底活在怎样的一个时代？或我们怎样才能真切地活到我们自己的当代中？或我们应该怎样与这个时代保持一种独特的关系，才能成为真正的当代人，使自己真正历史地、本真地在场？

先来看阿甘本对第一个问题的回答：那个国家统治装置就是能捕捉、定位、决断、截获、塑造、控制或确保活着的存在者的姿势、行为或话语的 apparatus 或 dispositif。因此，不光监狱、疯人院、警戒塔、学校、忏悔、工厂、司法措施等等，而且笔、写作、文学、哲学、农业、卷烟、航行、电脑、手机而且（为什么不呢？）语言本身这一最古老的装置，也都是统治着我们的装置（《什么是装置？》，斯坦福大学出版社 2009 年版，第 14~15 页）。这个装置的危机，是我们的灾难。从华尔街开始的金融危机，就是我们已掉进的那个使我们身在其中却不明其底细而令我们莫名与恐怖万分的全球资本主义统治装置而不能自拔的明证。它一方面是对我们软硬兼施的全球集权主义；另一方面，又是控制着我们的欲望的每个端口的华尔街式资本主义统治的金融工具。那个装置空前地强大，而我们个人主体越来越虚幻，成为消费者面具下的僵尸和幽灵。

一边是有裸的生命的个人，一边是装置，中间作为第三等级，是主体。主体

陆兴华：上海同济大学人文学院欧洲文化研究院副教授。

只是一个活着的存在者与这个装置无情搏斗之后的结果。在这搏斗的过程中，一个个人一会儿是手机用户，一会儿又是网民，一会儿又是故事写作者，另一会儿又是探戈爱好者，过一会儿又成了反全球化的积极分子，写着全球革命的博客了，它是破碎、零乱和交替的了。这个叫做资本主义的国家统治装置越强大，主体就越容易成为幽灵，反而越被国家怀疑为恐怖分子。反正他越听话，什么票都投，看上去就越可疑。在后资本主义时代，国家资本主义统治装置越来越强大，主体则越来越虚幻和破碎。

在当下，这个装置的最具体的代表就是那些提供石油天然气、手机网络服务的高度垄断的被国外资本间接操纵的国家寡头公司，它们在越来越成为华尔街牵线的木偶的同时，也更无微不至地掌控我们的生命的各种形式。一方面，我们越来越离不开它们；另一方面，我们越来越被它们玩弄于股掌间，被它们抽剥。与它打交道，我们不知道是在跟谁玩。如今，连我们晚饭桌上的那一碗青椒炒肉丝，也被芝加哥大豆期货市场和华尔街的天然气炒家生生捏在了手中，我们嘴里的味道也要看那个装置来定。

于是，在这个媒体—消费社会里，个人的资本主义式生存成为一种很色情的被统治姿势：主体被自愿地捕捉到甚至主动扑到那个资本主义装置中。后者有时是银行和超市，有时叫按揭，有时叫医改，有时叫分配正义，有时叫新自由主义市场民主或个人自由。公民成为消费者，被粘到一张网上，像蜘蛛一样，还回眸向镜头一笑，我们已成为被全球跨国资本天天剪毛、挤奶的牛羊。我们知道这中间一定有什么不对劲了，不妙中，也觉得自己的行为一定是很暧昧、很病态，但我们反正无所谓了，道德辩护反正不是我们最急着关心的事了。感到有罪了，我们仍是一边说罪过罪过，一边继续照干不误。我们所做的一切，仿佛都增加了我们的这种罪感。这就是我们的资本主义式消

意大利哲学家乔治·阿甘本

费生存会如此色情的原因。我们是韦小宝式的人物:我们知道事情坏了,但照干不误,娱乐地去犯罪。我们甚至无法开始对自己的伦理处境的反思,因为我们先掉进这一资本主义装置中了。

两个描述这个国家资本主义统治装置的文本

文本一:杨芳洲《关于房价暴涨与都市畸形繁荣》:由于税收大部分都填了外汇占款这个因财富流失产生的窟窿,因此,各级政府巨额的行政管理费开支,只能从政府卖地、卖国企(包括银行)以及各种各样的执法钓鱼以及寻租中来。政府垄断着土地,通过卖地收取绝对地租和级差地租,无疑是其最重要的收入来源。在当前腐败发展势不可当的形势下,公仆们视这些"自己"划拉来的国家人民财富为自己的"可支配的收入",而不是取之于民用之于民。

政府强烈的卖地动机形成的房地产畸形繁荣,造成资源、土地配置严重失衡,城市空房大量增加和农用土地大量减少,造成触目惊心的巨大浪费。城市周边瓜果蔬菜用地急剧缩小导致农副产品价格大涨(北京 2009 年夏西瓜已涨到每斤一元以上,而 2007 年还只有四五毛钱),水资源(尤其北京和整个北方)将很快枯竭,环境污染及各种环境灾难将迅速发展而难以控制。

文本二:恩道尔《被"设计"的生活》:到现在为止,世界上还没有一家有声望的科学杂志发表关于这种病毒的严肃研究。例如,对被分离出来的甲型 H1N1 病毒的电子显微镜照片,也没有任何详细的描述。自从 2009 年 4 月份以来,死亡病例人数并不算多,对于死因并没有严格的证明是甲型 H1N1 所导致的,他们更多的是由于此前的致命疾病发作导致的死亡病例。但他们都被列入甲型 H1N1 死亡人数。直到今天,被 WHO 确定为 H1N1"症状"的那些症状都是普通感冒的症状——打喷嚏,咳嗽,流鼻涕,发烧。

然而全世界好像面临新的黑死病那样恐慌,好像不服用"达菲"、不打疫苗就活不下去了;那些药品都是现成的,制药巨头已经为我们准备好了。问题是,那些疫苗中含有助剂和氢氧化铝这样的缓释剂,有水银保鲜剂,都是高毒性物质,会引起孤独症、偏瘫甚至死亡。这些药物其实比它们所要治疗的疾病本身更加有害!

普通美国人也是受害者:那是世界上最完美的宣传机器——麦迪逊大

街——的广告技巧。最近情况正开始发生缓慢的变化。那些大权在握的私人精英,把自己的同胞当做试验转基因食品的小白鼠。他们从10年前就开始这样做了。华尔街的银行精英在知道泡沫快要破灭的时候,还去哄骗普通美国人买房子。现在人们开始觉醒,看出那个著名的美国之梦其实是一场噩梦,用债务和信用卡"融资"支持的噩梦。

我们正将自己玩进那个资本主义装置

地方政府一缺钱,就会像疯了一样,什么都敢做,谁都拿它没有办法。为了延活,它没什么东西好卖了,就卖地,地卖光了,就收财产税尤其是房产税,再不行就加高地税,实在不行,就在所得税之外再收人头税,再收各类印花税,还不行,说不定就剩下比如暴力拆迁。那时我们干什么?唐福珍般自焚?

政府要卖地,又要保证无限量印发虚币的银行不瘫痪,就要抬高地产价格,在这同时也将每一方都拉进被温水煮青蛙的状态。同时,由于都感到自己住的那个水泥盒子更值钱了,我们也就没话说了,其他的代价是管不了那么多了。我们甚至更起劲地去买它的房子,为了防止这个一样的手里同时拿着土地和银行的统治装置胡来,哪怕欠上一大笔钱。我们在被迫比贪婪。

阿甘本说,我们时代里,历史终结了,但那个空转着的国家资本主义统治机器仍莫名其妙地存在,像一具僵尸,以其可怕的神经惯性,仍在将我们拖入莫名其妙的可怖的未来,它搅出的人类未来要多可怕就将有多可怕。这个叫做国家资本主义统治装置的东西,目前以房价、手机、国际贸易和美容手术为形式,使我们身受其害,却仍不得不舍身去维护它的存在。在这个装置里,跨国公司、国家资本主义式经营、小资产阶级文化和旅游消费景观,像毒蘑菇一样继续着它们的灿烂。这个机器装置有其自身的惯性,由于它的存在,人类历史的延长将不再是去实现人的使命,而只是为了去维护这个装置的苟活。一旦将它的功能全部释放出来,这就会像一个人工心脏篡夺了人的身体的全部,我们就要为这颗心脏去活了。玩着手机时,你以为在摆置一个装置,代价却是:你被分配到一个手机号码,你从此成为像奶牛场里的被每月挤出一定数字的现金的被驯的猎物。你由这个号码而被隔离,你的政治身份由此成为黑户口,你的肉身彻底游离于政治之外,成为电子选票统计和电视收视率统计对象了。

从报上看到，移动通信运营商这样的国家垄断机构正成为色情内容的最大传播者。这一发现意义重大：我们最终明白，这个国家垄断装置原来是很阴险的，它帮助资本主义装置传播色情来谋利。而色情是最资本主义的东西。除了病态者和变态到疯狂者，观看者是在将自己放到最易被捕捉的资本主义式剥削的压迫的位置。色情的主角知道有人在窥淫自己，就用一种无所谓式的淡漠来保护自己，但色情观看者则是处在最主体最易受伤害和割裂的位置，是被资本主义装置捕捉到完全不能动弹的那一时刻。将色情落实到手机这个最典型的资本主义国家统治装置上，这是我们已用最快速度落入最黑厚的资本主义统治装置的明证。不出所料，民工阶层是手机色情的最大受害者。民工与手机的关系，是这一统治装置之狠毒的最好写照。

阿甘本在《各种亵渎》里这样评论资本主义色情：去色情的能力，证明人身上还有一种想要去亵渎去糟蹋的冲动。但资本主义正在阉割人的这种色情能力，它使色情明星的脸像高级时装模特或资产阶级贵妇那样地冷漠，不肯与观众达到哪怕一丝丝同谋或同情。(《各种亵渎》，Zone Books，2007 年，85~88)观众以为是在看色情，实际只在看一场高级时装秀。由此联想到我在好几个小县城的主汽车站看到过电视里放外国时装模特秀，那是硬要给进城的农民看。天下大概只有中国人是将时装秀当电视节目来看的。那是最老练最阴险的广告呀，是广告里的广告呀。手机里的色情实际上是百分百的资本主义广告呀！成功的广告就是色情。

个人的色情行为最离谱都不恶心，恶心的是国家资本主义统治装置对人的行为的捕捉和消费者的一百个愿意地被捕捉。移动通讯运营商本身才是那最令人恶心的色情装置。它什么都卖，计价精确到秒。它的运行机制才是真正恶心的色情，是该被铲除的。

色情本身在资产阶级社会中的作用实际上是正面的。那里，身体交往只能是色情的。可怕的是，要被追打的，总是民工们玩的色情，而不是时装杂志玩的色情。最病态的色情，也应该被看做一种扭曲的交往。由于性格和性倾向的不同，本来，人人在色情中又从自己的文化、政治和经济身份中走出，进入欲望的利比多层面的循环，总算也是一种半解放的交流。而由移动通讯运营商来张罗我们的欲望经济的利比多循环的阀门，也使得它适得其所，是它的深层功能。

现在,社会道德力量要来修理它了,我就要问怎么去修理这个装置了。你真要搞得倒它,我们的政治未来也就有把握。

国家资本主义统治机器，看来是我们在后冷战时期无可商量的全球政治未来后的全景结局。我们越来越依赖手机、大众媒体和专家。实际正表明,我们越来越将这一被福柯称做知识—权力—机构装置的国家当做神圣。当神圣,也就是保持距离,也就是说,为了省事,为了使政治不再那么赤裸裸和血淋淋,而假装是将它撇在了远处,任它自由自在。这个叫做国家资本主义统治装置的东西,对我们来说越来越神秘,越来越会用神话来掩盖其残酷暴力,使得暴力对我们更无微不至,成为日常生活的一部分——在我们的时代,这种例外状态成了常规,经色彩行和超市为形式存在于我们身上。

齐泽克论不要民主反而更能搞好资本主义

齐泽克最近写道(2009 年 11 月 9 日《纽约时报》):资本主义在中国爆炸式地发展着,很多人却仍相信某种政治民主将不可避免地在中国伸张。但要是中国当代的这种更高效的威权式、改革开放式资本主义生产证明是比西方的自由资本主义更高效、更高明的呢?要是在中国,自由民主不再是经济发展的自由伴随,而是成为对经济的阻碍了呢?那时将会对世界造成什么影响?

当代西方后现代主义哲学家齐泽克

齐泽克会有这种看法,可能是因为不肯认真理解我们的改革开放:我们是用资本主义方式来搞好我们的社会主义的,资本主义是用,社会主义是体,如果可以这么说的话。资本主义不是我们要的东西,虽然人总是越说不要的东西心底里可能是更要。中国人要搞一点儿资本主义,不是真的去搞，而是搞一点点，然后来将社会主义搞好。反正算盘是这样打的，但我们真的不知资本主义是不是可以这样搞一点点，而不是一搞就要大搞的，大搞了能不能收回来。

齐泽克说，当代中国证明了资本主义在没有民主的情况下可以搞得更欢，这一事实会令全世界极大地不安。他们为什么会不安？中国的这种用社会主义来搞资本主义式生产的情形打破了西方人原来的哪种政治期待、政治禁忌？

这个问题也应转问成长于20世纪七八十年代的中国知识分子，后者在80年代上大学，90年代进大学教书或出国，在新世纪10年里成为中国政治、经济和文化全球化的主角。我们原来对于中国的新世纪政治曾有怎样的一种期待？

总之，我们那时像相信教科书般地相信，中国经济成长以后，会进入文化繁荣和政治民主。但结果是，前来招待我们的，却是这个可恶的国家资本主义统治装置！

在没有西方人所理解的民主的状态下，中国的资本主义反而搞得比西方人所能想象的还要好。这一点令其余的世界不安，在于它使世界的政治未来更无可能得到那大结局中的意料中的皆大欢喜。

我们正急速堕进去的是西方人本以为自己能摆脱的那一资本主义装置。齐泽克在这篇文章里说，东欧人民以为只要有了资本主义，就会有民主和自由，以为有了民主和自由，就会有西方人在电影和广告里看到的那种幸福。但是，他们却只掉进一种比集权社会主义更滞胀和没劲的资本主义。东西欧人民的不满证明，集权国家人民内心里真的向往的可能是一种生态社会主义。人的状况在基本公正的制度里得到改善，生态环境会被集体地关注和照料。也许柏林墙倒塌和东欧的复辟根本不是资本主义的胜利，而是人民走向一种更广意义上的国际社会主义的第一步。事情根本还没有完呢。

社会记忆
——一种社会再生产的情感力量

郭景萍

“社会记忆”往往沦为社会学思想中的细节，不那么引人注目，甚至有时被“遗忘”，尽管这个细节很有社会学的缘分。涂尔干认为各种宗教仪式就是联结集体情感的社会记忆行动；滕尼斯觉得“记忆发挥着感激和忠诚的作用”，因而是联结共同体的纽带；西美尔把感激看做是人类的道德记忆，因而它“本质上更富有实践性和感情冲动性”；布迪厄讨论了身体记忆的问题，父母的文化举止可以为子女所模仿而成为一种惯习，这是社会记忆的传递过程，其结果是形成了身体化文化资本；被舒茨称为“库存知识”的是行动者在过去的生活历史中所形成的主观体验的沉淀物，对这种生活历史的记忆就构成了人的“生平情境”；吉尔兹开创了“深度描写”的显微研究法及求索与经验相近的“地方性知识”，于是普通人的社会记忆才进入社会研究的视野。

上述思想家对社会记忆的图谋由美国学者保罗·康纳顿变为正式的理论话语。保罗·康纳顿在其著作《社会如何记忆》中指出，记忆不仅属于人的个体官能，而且还存在叫做集体记忆或社会记忆的现象。社会记忆的提出是对传统记忆观的挑战，它认为记忆是社会建构的过程和结果，而不仅仅是机械地对所获信息进行编码、储存和提取，它更强调记忆过程中人的主体性、能动性的发挥，强调个人记忆的社会制约性。这就突破了传统上把记忆看做是生物学和心理学意义上的局限性，把记忆视为社会文化活动而非个人自然活动，从而超越个体记忆走向社会记忆。

一

对社会记忆可以从不同的角度进行研究。我们可以把社会记忆区分为两

郭景萍：广东商学院人文学院教授。

大类型:认知记忆和情感记忆。记忆既是一种认识活动,更是一种情感行为。一般地把社会记忆看做是知识社会学的一个分支,在情感社会学的理论中,社会记忆是缺席的。实际上,社会历史不仅是认识研究的对象,也是情感体验的对象。情感社会学关注社会记忆的情感价值,认为社会记忆是一种社会再生产的情感力量。

社会是一代一代变更的，社会记忆使社会历史代代相传。在这一过程中，情感让记忆变得鲜活起来,使得社会的再生产不是简单地复制,而是通过波澜起伏的变化方式获得社会的连续性。我们把情感生活当做记忆实践的核心特征。过去回忆的往事不一定是真实的,但一定是人们情感上所怀念的。人的记忆力的秘密何在？就在主要是用心而非脑去记忆。用具有情感力量的心灵记事,比用头脑或智力要好得多,后者是枯燥乏味的。举例来说,我们当中的绝大多数儿童时代的记忆力要强过成年后的记忆力，因为儿童是用心而非用脑去记忆。不能认为历史档案与社会记忆是同一的,历史档案是死的,是不可更改的认识的积累,社会记忆则是活生生的,它从情感的视角体验过去。

人们的社会情感具有多向度,它不仅重视现实,期待未来,也缅怀过去。过去的生活都存于我们的心中，我们会带着这些往事活下去，无论这些往事是愉快的,还是痛苦的。被时光带来又带走的一切都是造物主写给人间的情书，人们必须像阅读情书一样认真阅读历史,珍惜往事。每一个国家、每一个民族、每一个群体,都可视为记忆性的载体，都拥有各自共同的文化、道德、宗教、信仰、风俗等历史传统。社会被看成是一个“记忆的共同体”,它的一个突出特征是它的成员不会遗忘其历史，不会忘记那些体现其集体价值观的往事。社会记忆可以整合历史资源，梳理社会文脉；它是保存社会文化的载体，也是连接个人与社会的纽带。记忆的过程就像酿酒一样，时间越久就越香醇，传统文化由此源远流长。当今，文化怀旧已成为一种时尚、一种潮流。

二

社会记忆受社会经济、政治发展状况的制约，是其发展状况的因变量。一个社会记忆什么，遗忘什么，反映了该社会的主流价值观和所怀念的情感寄托对象。从情感社会学的角度，记忆可以分为愉快记忆（memories of cheer）与创伤记忆（memories of trauma）。社会记忆具有一种暧昧的意味。在记忆中，人们能反刍最美好的东西，也可能再现丑恶的东西。一个社会的情感记忆是愉快的还是伤痛的，反映了该社会历史发展的顺利或受挫折的程度。如十年动乱给中国社会带来了巨大灾难，给我国人民的心灵蒙上了沉重的阴影；人们对"文革"的社会记忆是沉痛的，不堪回首的。从某种意义上说，改革开放就是一场旨在使中国从十年动乱的毁灭性影响中恢复过来的社会运动。它不仅是人们痛苦记忆的释放过程，而且也是化伤痛记忆为积极建设力量的过程。对于给社会、给人民利益造成重大损失的事件，人们不希望再发生；而对于失去或逝去的美好事物，人们则希望恢复或重建。文艺复兴运动就是通过对古希腊、罗马文化艺术的复兴，张扬人文主义，反对中世纪禁欲主义，回归自然，回归人性，它反映了历史发展的要求，同时，也可以被视为是 14 至 16 世纪一场席卷整个欧洲的社会记忆运动。

三

社会如何保存和重现记忆？社会记忆是如何建立起来的？在这个问题上，社会学家们存在着两种不同的观点：第一种可称做断裂性观点，这种观点认为社会记忆并不是现在与过去的连接，而是现在对过去的重构，过去是按照现在的需要，通过社会建构来形塑的，因而也是断裂的。社会记忆与其说是基于过去，不如说是现在生产出来的，过去成为表述人们当下情感的有用的资源，社会记忆就是一种表意主义（presentism）。

另一种观点可称为连续性的,认为过去形塑了我们对现在的理解,而不是相反。正如前后的社会结构之间有着继承性一样,现在与过去有着千丝万缕、割舍不断的联系。人们不能选择过去,就像每个人不能选择自己的国家、选择自己的出身一样。如果对过去任意篡改或缺乏坚定的信仰,社会的团结和发展就会受到损害。这种观点更多强调的是记忆的惯性(inertia)。社会历史就如同有着巨大惯性的火车,按照自己的既定轨迹前进,这是一个持续不断的过程,社会记忆的惯性只不过是对这种社会历史发展惯性的反映。上述两种视角要避免其狭窄和偏执性,相互交叉和融合是很有必要的。社会记忆既不能割断历史,也不是对历史的机械复制,它具有传递历史和创造历史的作用。

既然社会记忆有传递历史和创造历史的作用,那么对它的激活和保存就显得非常重要。如前所述,社会记忆主要是社会成员对历史的一种情感体验过程;激活社会记忆就是唤起人们的社会情感。这种唤起主要有两类基本途径,一类途径由客观对象(物质文化遗产)唤起,如城市古老的建筑物、文物古迹、人物雕塑、英雄纪念碑和乡村古朴的庄园、古塔寺庙等,它们作为特殊的社会存在物,最大限度地尊重和保留了可能的真实的历史因素。过去的场景或历史的标识,都将引发人们的怀旧体验和"思古幽情",从中经历非常深刻的情感感受和历史洗礼。

另一种保留和唤起社会记忆的是人们加工创造的非物质文化遗产。从静态的物质文化到流动的非物质文化,需要创造一个历史与现实、时间和空间、心灵与身体相互渗透、相互融合的文化氛围,营造这样的氛围,是为了满足人们情感体验的需要。在社会面貌发生翻天覆地变化的今天,这些与四周现代面貌有着巨大反差的历史文化,能使我们游荡的灵魂找到精神的家园。

在历史时间不能倒流的情况下,对于历史文化的情感体验,为人们在动荡不安中寻求永恒和稳定开启了一条情感归属的道路。现代社会理性与技术的发展,将人分裂成了碎片,失去了完满性,人生的发展链条断裂在有限的特定时空,没有了过去,也看不到未来。根源于各种文化遗产的社会记忆能消解在现代性生存境遇中的人的生命和本质被割裂的倾向,激活世俗化的僵硬世界中人的感情的丰富性和生动性,从而超越有限的、被异化了的世界,去把握超时间的无限延展的属人本质。

四

社会成员对社会历史的情感体验，还可以通过主观头脑保留社会记忆、叙述记忆，以实现情感延续和寄托。在社会研究中，口述史、地方性知识、阐释学等方法就是主观的社会记忆方法。一件件往事就像积淀在人们脑海中的一个个熠熠生辉的亮点，不时地激起人们的回忆，引起人们的思考。主观性的社会记忆强调一种心灵感知性的深层描述及阐释，它是人的心灵与社会历史互动对话的结果，其目的与其说是对往事的客观回忆，不如说是期望达到人们之间的情感理解。社会记忆不是对过去的一种刻板的重现，或对过去的一种惟妙惟肖的描述，它更多地体现出人们的情感价值态度。社会记忆的过程是一个人的情感不断选择的过程，记忆总是嵌入在情感体验的框架中。人的情感意向参与了三重选择：选择性注意、选择性理解和选择性记忆。人们首先注意的是自己情感认同的事物，而把自己不喜欢的人或事排除在视野之外。其次是对这些事物加以理解，理解中既有理性的因素起作用，又掺杂很多情感的因素。经过理解，人们对事物形成一定的价值评价，评价高或评价低的事物往往对人的情感形成很大的震动和冲击，从而留下深刻的印象，这就会形成选择性记忆。社会发生的事千千万万，只有那些深刻影响人们思想、情感的事物才能在其脑海中留下浓墨重彩的画面，才能为人们所记忆，所保留，所珍藏。社会记忆正因它的选择性而闻名。这是因为，社会成员对往事有着不同的解释和情感期待，人们往往根据自身的利益、价值观念和情感偏好来给历史拍照。社会记忆如同相册，只是整合了在许多不同时刻和角度拍摄的即兴之景。人们通过社会记忆对往事进行诠释、再现、重塑和想象，决定了不同时期人们对待历史的态度和观念，也决定了对于未来的态度和观念。

社会记忆选择的结果使得一些往事对一些人是不可遗忘的，对另一些人又是不可能延续和面对的，这会形成社会人际关系的紧张和冲突。最明显的一个事例是代际之间的冲突，例如，上辈的忆苦思甜对下辈而言很难引起他们的共鸣，有时甚至使他们产生反感。还有就是恋人们分手后的冲突，提出分手的一方力图忘记过去，而不愿分手的另一方则留恋过去，这导致了前者的记忆倾向于贬低过去，而后者则会竭力美化过去，这两种记忆之间冲突的结果将导致双方情感的最终断裂。从宏观的角度看，新旧社会之间、传统社会与现代社会之间、处于不同发展阶段的社会之间,全球化过程中各种文明之间都会存在不同的社会记忆的龃龉。从某种意义上说,社会记忆冲突的存在是社会冲突产生的根源之一。例如,日本政要参拜靖国神社,极右势力无耻抵赖南京大屠杀暴行的言论甚嚣尘上,对遭受日本军国主义铁蹄蹂躏过的中国人民的感情是极大的伤害,对两国关系的发展带来了负面影响。当然每个国家的人都希望以自己国家的历史为荣,希望自己国家的历史辉煌灿烂。但事实上是不可能的,明智的人会选择从自己国家的负面历史中吸取教训。记忆不是为了播种仇恨。不种植仇恨,却应该记取和吸取历史教训。

社会记忆的冲突说明,社会记忆具有非中立性,社会在热烈追忆某些往事的同时必然冷漠某些往事。社会记忆的过程同时是一个社会忘却的过程,它要记住某些事则是以忘记某些事为前提的。尽管主观的社会记忆在一定程度上超越社会现实,但不能脱离社会现实。任何记忆都有着社会的框架,文化的背景。社会或者有意识地抑制和禁止某种记忆,或者有意识地提倡和张扬某种记忆,"记忆"既可以被有意删除,又可故意保留,比如某种仪式,某种节庆,都可能是一场有组织的使现存秩序合法化的记忆活动。社会记忆并非铁板一块,不可能形成统一的社会记忆,任何社会记忆的形成都是千差万别的记忆相互磨合的结果。

对于社会记忆,我们需要搞清楚"这是谁的记忆","记忆什么"以及"记忆如何被制造和利用"等基本问题。任何社会都存在着"记忆"和"反记忆"的斗争。"反记忆(Counter–Memory)"是福柯提出的概念,指那些挑战于主流记忆的记忆。因此争夺记忆反映了一种权力关系,对记忆的解释和支配反映了人们的社会地位。处于下层社会各种集体记忆很难存活下去,它会受到来自统治阶层的压制。然而,非主流的另类记忆具有一定的批判价值,是底层社会人们争夺话语霸权的表现。它的存在,为社会记忆增光添彩,使社会记忆变得更为真实,更贴近本色。也许,我们可以把社会记忆比喻为一条绵延奔腾的河,它存在于不同的记忆流动中。非主流记忆就像记忆河床下面的深流,不时搅动着浮在河床上的记忆主流,如此,社会记忆之河才得以鲜活。通过建立一种关于社会历史的记忆方式,可以让历史成为如同河水一样的活的资源,源源不断地输入现今的社会发展中去,让历史在人们的现实生活中复活。同时,人们的现实生活也创造社会记忆，社会记忆中记载着普通人的甜酸苦辣，正因为如此，非主流的记忆才显得纯粹和生动。

虽然世事多变，时过境迁，但以往的故事都已经深深地融入人们的记忆深处，通过种种文化符号传递和保留下来。社会记忆的传递过程是社会化的过程，社会记忆是一种社会化的方式。不同层次的群体，如家庭、地区、阶级、民族乃至人类整体，都以各自不同的方式保留着他们关于过去生活的社会记忆，这实际上就保留着他们认同的文化传统和价值观念，这是维系共同体情感的深厚凝聚力。一个忘记自己历史的民族同一个只有怀旧的民族一样是没有进步和希望的。在真实历史因素缺席的地方，则通过社会记忆的暗示或公示，提示历史的可能性。例如，很多国家都拥有自己的"烈士纪念日"。通过这些纪念，感知并铭记那些于危难中撑起民族脊梁的先辈，进而担当起自己对国家的道义和责任。

无论社会如何日新月异，将来如何发展，人们仍然需要社会记忆，这是因为人们需要不断与过去产生跨越时空的对话，以加强和巩固人们在情感上与这个社会的联系。这种不断进行的对话和互动，使每个社会呈现出自己独特的情感轨迹和心理轨迹，成为社会文化的积淀。社会的生活质量不仅是物质生活的质量，同时还包括社会的心理认同和情感归属。

一个有深度的社会是一个有着自己社会记忆的社会。社会记忆给社会打下的深深烙印，在文化上影响着这个社会，影响着生活在这个社会的居民，它还将影响这个社会的未来走向。哲学大师培根对于学科作过这样的分类："从这三种源泉——记忆、想象、理性——产生了三个产品：历史、诗和哲学。"我们可对培根的学科分类作个实践性补充，这个补充就是，社会记忆作为一种重要的情感生产力，不仅生产社会历史，而且生产社会的现实和未来。

记忆的歧义

孙传钊

尽管社会记忆研究没有学科限制，一般来说，知识社会学、历史社会学和社会心理学研究较多关注社会记忆论题，政治学或文化批评领域较少有人注意这个论题。近来出版的两本看似没有什么联系的书，却都涉及了同一个话题。

除了记忆，还需要思考

一本是汉娜·阿伦特的女弟子，也是最权威的阿伦特传记的作者伊丽莎白·扬—布鲁尔的《阿伦特为什么重要》(刘北成等译，译林出版社2009年版)。按照布鲁尔的阐释，阿伦特晚年之所以强调通过思考来辨别新事物的本质，就是因为光凭机械的回忆、寻找历史的类比、铭记历史教训，以免重蹈覆辙，是有其局限的。只有不断思考才能避免思想僵化，才能辨别善恶，正确认识新的现实。

当然，阿伦特看到记忆和简单历史类比的局限，并不是放弃她坚持的事实真理与理性真理相比更为重要的原则，而是因为阿伦特擅长分析具体的环境和历史，发掘人们“经历中没有先例的新事物”。“1971年，在评论五角大楼文件的文章《政治谎言》中，她首先讨论了政治史中一贯存在谎言的现象，之后，把注意力特别集中在纳粹政权谎言无所不在的新特征。”最后，把目光转向当时美国政府的官僚们，揭露他们制造谎言的新手法，企图用一种貌似科学论断、看似无害的谎言来否认不符合他们理论的事实。(参见《阿伦特为什么重要》，第6~7页)我想，阿伦特之所以要人们突破、否定简单、随意的历史类比方法，是出于她的历史偶然性的信仰，出于她的存在主义哲学观，即个别历史事件、历史状态中总有其与众不同的特征——处在过去与未来之间。我们今天分析当下面临的各种社会难题时，机械、简单的历史类比也显示出方法上的局限。比如，最近几

孙传钊：自由撰稿人。

年，追忆60多年前的学者、大师品格高尚、学术深邃的一类文章越来越多，几乎要成了今天研究20世纪的思想史、文化史、学术史的一个热点了。研究者们的根本目的，是要通过这种追忆表达来抨击、纠正眼前学术制度和学人学风腐败不堪的现状。但是，这些旧时代、旧体制的学界前辈的榜样，在今天学术界根本发挥不了他们的道德感召力，学术腐败日趋严重。人们在一个不同于往昔的新的社会环境之中，好像人人都已经处在一个难以完全摆脱的、无边无际的、肮脏的泥潭之中。所以，这类追忆文化人、学术人的历史研究，真要借题发挥、以史为鉴，逼近这30年来的学风腐败新特征或根源的话，还必须要抓住当今与前30年或者60年前学术界、教育界及其制度不同的、新的本质特征。

另一方面，也因为阿伦特重视人的记忆，认为记忆与思考有着紧密联系。

如果我们拒绝思考、记忆，虽然也能像极其普通的人那样生活，但那却是危险的事，对我们自己来说，实现人类最高级活动的能力——言说能力，将会受到很大损伤，自己使得自己的说话失去意义。不仅如此，对其他的人来说，本来应该具备高度的知性，现在也不得不作为一个丧失思考能力的人来生活。所以，无论对于自己，还是对于他人，这都具有极大的危险性。而且，假如我们拒绝记忆的话，我们做什么事情都会感到困难。比如，如果忘记了痛苦的经历，我们的勇气会成为极其盲目的东西。（引自日文版《责任と判断》，第114页）

阿伦特重视人的记忆，是“因为讨论记忆问题，也必定要进一步涉及一些恶的特征问题。——对于人来说，思考往事，是一种不断的深入，是寻找自己的根，让自己安定下来。这样做，即使发生受到时代精神、历史等诱惑的事件，也不会随波逐流。最大的邪恶，是无根的。没有根，也就没有限制，没有思考，所以它会蔓延到全世界”（同上书，第115页）。

阿伦特也曾指出，必须警惕有人通过绝对、彻底地强调记忆中事件的唯一性来达到获得道德上神圣性、美化自我的目的。她的《耶路撒冷的艾希曼》理论上的贡献之一，就是揭示了：即使真实记忆，也可能由于记忆者有目的的选择或强调真实的某一侧面而产生负面影响。该书涉及了这样一个引起西方学术界激烈争论、特别引起犹太人学者群体民族义愤的观点：以色列国家企图利用历史记忆在国际舞台上显示、证明构成其国家的犹太民族作为遭遇唯一大屠杀的受害者在道德上（政治上）必然的神圣性。除了阿伦特在该书中强调犹太人社区领袖配合纳粹种族灭绝行为之外，她对犹太复国主义者通过历史记忆获得道德上优势的批判，也是遭受群起而攻之的主要原因。

恶的记忆·善的诱惑

另一本书是《跨文化的对话》第23辑(江苏人民出版社2008年版)。这一辑中，由三篇与兹维坦·托多罗夫2007年深秋访问中国时在北大做《恶的记忆·善的向往》(也许译成《恶的记忆·善的诱惑》更妥帖)演讲有关的文章，组成一个“托多罗夫研究”专题。这一演讲中关于“记忆”的论述，是他同名著作《恶的记忆·善的诱惑》(Mémoire du Mal,Tentation du Bien,2000)相关部分的浓缩。在该书中，托多罗夫对历史记忆的伦理问题有深入分析和独特见解。

他对常被人们过度频繁援引的乔治·桑塔亚那的那句箴言——“忘记过去的人注定要重蹈覆辙”——可能产生的歧义与后果，抱有疑虑和警惕。在他看来，非民主制度社会里，因为权力通过消灭历史痕迹(如禁止和销毁书籍、拆除于己不利的纪念碑等等手段)、暴力惩罚的恐怖(对传播禁止的真实信息的人给以严厉法律惩罚)、特殊的言语修辞(如把屠杀、灭绝犹太人叫做“最终解决”)、制造极端的谎言等手段，控制人们的记忆和历史真相的叙述。还有，在这种社会里，公民也无权把握公共领域历史事迹显扬的各种手段(比如，民间历史博物馆、纪念馆、纪念碑的创建，在公共场合进行书面或口头历史追忆，等等)。因此，记忆者或历史学学者或被收买，或出于恐惧，就会放弃本来应该守卫真实的职责，或者隐瞒“事实”，或者制造虚假“事实”。所以，这种体制下追求真理的人们往往因为特别珍惜、关注被埋没了的记忆——历史证言，而过分强调记忆的重要性。今天的民主体制，虽然不能控制民众记忆和历史叙述，但是，即使美国那样的社会因为产业化了的大众文化泛滥，不仅真实信息被消费和物质享受所掩盖，而且也慢慢地使得民众远离真实的历史，远离人文主义的精品，忘却伟大的传统。从这一点上来看，记忆、继承优秀历史传统，对民主社会的公民来说也是弥足珍贵的。但是，托多罗夫认为，即使如此也不能“对记忆无条件的礼赞”。因为记忆与历史学研究一样，本身有三个阶段:(1)重新获得真实的事实，(2)意义的阐释，(3)利用前两个阶段的认知和阐释服务于现实公共生活。与前两个阶段分别相对应的是:记忆者或历史学家追求的分别是符合的真实和解释的真实。它们分别相当于阿伦特关于真理论述中的所谓"符合事实的真理与符合理性的真理"。就因为记忆"与自然范畴一样,历史本身并无意义,并不独自传授任何价值;意义与价值来自拷问和评判它们的人,所以同一事实可以接受相反的阐释,并可能从各自立场出发,分别为相互对立的政策提供论证服务"。于是,倘若记忆被"很好地使用于某一正确的事业,也并非重现历史"。

今天我们看待本国的历史也是如此,同样的历史真实,也可以为评判者的价值观所左右。不少人今天提倡旧时代的"北大精神"传统,然而,即使我们真实地把老北大的方方面面真实、详尽地回忆出来,人们因为立场、价值观的不同,不仅记忆选择的角度、侧重可以不同,结论可以众说纷纭,会使人眼花缭乱,也并非通常人们盛誉的所谓的"兼容并包"那样简单。记忆的选择、阐释和利用,与历史学研究一样,价值标准不可能与记忆或研究主体相分离,处于一种纯粹客观的状态。承认同一历史事实的前提下,所谓历史教训、以历史为鉴可能因人的价值观不同而南辕北辙。比如,希特勒在《餐桌谈话》中,谈起奥斯曼帝国青年土耳其党政府在一次大战期间对亚美尼亚人的屠杀,却强调那样的惨事,仅仅事隔 20 年,"今天还有谁记起那场屠杀呢?"斯大林在 20 世纪 30 年代大清洗时期,也对莫洛托夫等人说:"一二十年以后谁还会记起这些没有价值的家伙,就像伊凡大帝抹去的那些贵族的名字那样,现在还有谁想起?"他们提起过去,想到的是希望将来人们忘记他们今天的恶行。

何况,即使历史学学术研究,也就如马克·布洛赫所说,重现历史还得为历史学家的良心所支配。历史事件真相之所以不会自动产生,那是因为记忆内容的本身,还涉及需要由一个记忆者按照主观价值观,对往事、历史事件(事实)甄别、选择的问题。"价值观正确与否是能否作出忠实于历史真实记忆选择的一个根本要因。"(《恶的记忆·善的诱惑》,日文版,第 248 页)托多罗夫认为,20 世纪 60 年代法国许多左翼知识分子之所以否定苏联存在古拉格,并非记忆力有什么缺陷,而是信仰的意识形态禁止他们作出这种记忆选择。而在当纳粹的集中营毒气室已经被摧毁的 20 世纪 60 年代,这种对正存在着的古拉格的否认,比对曾存在过毒气室的否认更具有现实的危害性。(同上书,248 页)因此,不同的人获得记忆的一致性是很难的,它要超越无穷的差异,并被差异所建构。为了获得对记忆的解释的支配地位的斗争,源于社会、政治和文化利益的相互影响和冲突。获得很多人的记忆,往往是付出了很大代价的结构。福柯曾指出,记忆在竞争中是一个重要的因素,如果谁控制了人们的记忆,也就控制了他们的原动力。为了挑战民族国家对历史编纂的学科权力,福柯采用了“反记忆”的概念,指那些不同于统治话语和经常挑战统治话语的记忆。而群体可以使用过去的形象和与历史作斗争作为手段确立其权力,但同时也可能失去其权力。因为记忆无法将往事、历史完整地原样复原,所以,哈布瓦赫(Halbwachs)要强调集体记忆的当下性,认为人们头脑中的“过去”并不是客观实在的,而是一种社会性的建构。回忆永远是在回忆的对象成为过去之后。不同时代、时期的人们不可能对同一段“过去”形成同样的想法。

因为这种“当下性”,在某一历史时期,长期在强势暴力威胁社会环境下的人们,会丧失按照自我价值观选择记忆的能力。海伦娜对南非种族主义的研究发现:南非国家统治的暴力和残忍的国家政策长期实施的结果,危及国民的身体、心智,以及由此带来的南非人普遍对历史真实的追忆取保密、谎言和沉默态度,危及个人思考历史的基本能力,对集体的公共的历史构成了极大的影响。这种伤害的后果是,个体的历史记忆与官方历史结合起来,集体记忆建立在沉默和谎言的基础上,丧失了其真实性。但海伦娜同时也指出,这种沉默、谎言与暴力的共谋不会完全取得成功,因为还有一些建立在个人良知上的记忆,会与集体和官方记忆“交战”。个人的行动可能是不合逻辑、琐碎和软弱的。但是,另一方面,个人单独的讲述和写作不管怎么细小,尽管“个人的细节(Human detail)”通常看起来是不重要的,但是它们在与他者相遇,而且也与这个世界互动,个人历史意向的表述会修改、转化甚至重建公共记忆,尽管记忆也受到了伤害。(转引自郑广怀:《社会记忆理论和研究述评》)

忘却有时是必要的

社会学家鲍曼(Bauman)在《流动的现代性》中曾指出,历史是一个学习的过程,也是一个忘记的过程,而且记忆正因它的选择性而闻名。托多罗夫在论述中也批评将记忆正面功能绝对化。他认为,由于记忆必然是人为筛选,忘却并非是与记忆完全对立的东西。“忘却”(消去)的反义词是“保存”,而不是“记忆”。记忆是保存与忘却相互作用的结果。要完全把历史、过去复原是不可能的，如果过去、历史能够完全保存的话，那也是可怕的。如博尔赫斯(Jorge Luis Borges)的小说《博闻强记的富内斯》的主人翁，就因“庞杂而又无所不容的记忆”带来了不可回避也无法挽回的悲剧性命运。记忆者的“人为选择的特征保留下来，其他的都慢慢地退行，从而最后忘却了。如果不加选择地保存，也等于没有记忆”。我们记得行恶者的恶行是因为他们这些行径留在我们的一些记忆的要素上，而不是他们的全部行为。我们对记忆有所选择；相反，权力行恶者也同样如此，只是不正当地控制和剥夺了应该由人们自由选择记忆要素的权利。因此，从这个意义上来说，记忆与忘却不仅不对立，记忆正包含着忘却，部分忘却是不可缺少的(《恶的记忆·善的诱惑》日文版，第170~180页)。其实，早先普鲁斯特在《追忆似水年华》中，也曾把记忆分为对立的“非意愿记忆”与“意愿记忆”。意愿中掺杂主观价值判断。本雅明也看到了这一点，曾说“遗忘是个大容器”，我们要警惕的“记忆”也同样可能是个杂乱无章的大容器。

记忆是保存与忘却相互作用的结果，明显的事如最近10多年，俄罗斯当局把国家共识(民族共识和民族认同)建立在这种叙述上的尝试是完全成功的。实际上，塑造战争神话就是要压制人们对古拉格的记忆，重新命名和压制人们对非理性的不公正的苏维埃体制下的苦难受害者的记忆。战争神话的“大熔炉”把屠杀者和受害者等同起来，把整个社会团结起来对付德国这个共同的敌人。这种英雄叙事把从前的罪恶都掩埋下来，提供了“苏维埃人民新国家”的真实基础。战争神话的最重要功能(它的成功一直延续到今天)就是让俄罗斯人相信古拉格不过是英雄的苏维埃历史上的小插曲而已。(迪纳·卡帕瓦:《被遗忘的历史:后苏联社会的哥特式的道德》，吴万伟译，引自天益网)这种民族认同的人造记忆或遗忘功能一再被人沿用。另一方面，记忆会带来仇恨、报复的反应，而这种报复却是人类相互残杀的重要诱因。比如，法国民族主义文人巴雷斯、贝矶等人以1871年战败的历史记忆煽动民众不要忘却往昔仇敌，催发了第一次世界大战的爆发。希特勒向国民宣传不忘凡尔赛条约耻辱，使得其战争为国民作为正当的决策而拥护。20世纪90年代巴尔干半岛上的屠杀也是唤醒记忆后实施的，其实是唤起仇恨和复仇的结果。这种唤起复仇的记忆，现实也是处于完全被过去的支配下。因此，托多罗夫指出，在有些场合，与“恶的记忆”相比，忘却也是人类需要的一种记忆的选择。

记忆的神圣化与庸俗化

托多罗夫认为，因为价值观与选择主体难以分离，所以“恶的记忆”是必然产生于神圣化与庸俗化这两个暗礁之间：或者神圣化，即把记忆彻底地孤立起来，把某一历史事件绝对成无可比拟的圣物、圣人；或者就是随意庸俗化，在记忆的过程中肆意把现在等同于过去，随意地进行历史类比。由于“善的诱惑”，人们为了获得道德上的收益，喜欢在记忆中突出建立功勋的、施善的英雄或无辜、善良的受害者。托多罗夫举例说，在原子弹投下广岛50周年的时候，美国参加二次大战的老战士们对强调国内开展的核爆炸惨状的纪念活动提出抗议，因为这种活动使他们失去英雄的光环，成了要对屠杀负起责任的人。相反，广岛和整个日本举行同样的50周年纪念活动，却完全把自己打扮成单纯受害者的角色。20世纪90年代后构成托多罗夫伦理思想的理论基础之一的反善恶二元对立论，也贯穿在他对记忆的分析中。他推崇二战时期法国抵抗运动勇敢女战士、学者热尔梅娜·蒂利咏的伦理观克服了记忆的神圣化与庸俗化：

一方面，她避免把过去神圣化，避免把她熟悉的事件辉煌地孤立起来，视其他地方发生或以后发生的其他事件都不能与其相比拟，把任何将该事件与世界其他地方发生相关联的做法一概看做亵渎行为。呼唤过去是为了显示服务，并非是为了过去而培植过去。另一方面，她也避免步入庸俗化的泥潭：事件并不能重复，我们不能简单地把过去的状态简单地搬到现在，而放弃应该永远引领我们前进的大原则，如正义和同情等原则。（《跨文化的对话》第23辑，第173页）

蒂利咏把追求阿尔及利亚独立解放战士与当年抵抗运动老战士一样看做是为正义而战，拒绝把他们叫做“恐怖分子”。而那些当年抵抗运动英雄老战士因为铭记被纳粹占领的耻辱，都又在印度支那战场和阿尔及利亚战争中为国家冲锋献身。敌和友、善与恶难以简单分辨。因为法国军队捍卫国家权利名义下的杀戮和殖民地解放战士以自由、独立名义杀人，似乎双方都很理直气壮。但是，蒂利咏不是道德虚无主义或价值相对主义的信仰者，她认为即使这样，并不能改变这样事实：“双方伤亡的是活生生的个人”（同上书，172页）。

受害者同时是加害者

上述蒂利咏的观点和实践，曾引起不少二战期间法国抵抗运动老战士的无比愤怒。同样原因,《耶路撒冷的艾希曼》因为批评以色列当局把记忆的神圣化,提起受害者的伦理问题,犹太人社区领袖配合纳粹屠杀的往事,成为阿伦特一生中最被人们争议的著作。为坚持这些观点,她差点与汉斯·约纳斯绝交,还失去了自青年时代以来就结成深厚友情的许多老朋友。阿伦特在《耶路撒冷的艾希曼》中提出的受害者对极权主义体制顺从甚至主动合作的伦理问题,虽然20世纪60年代引来不少争议和指责,但是这样的事例之后不断在大量回忆录等见证文本中出现,至少证实了阿伦特问题意识并非捕风捉影。

极权主义体制的受害者同时是加害者的问题,恰恰是人们往往要回避的又难以回避的问题。欧美这类"见证文学"及其研究最大的价值不是在于文学性,而是其道德意义:人类能辨认苦难的存在与根源,共同担负起伦理责任,分担他者苦难,具有维系社会正义和团结的作用。这类人类灾难见证(如对纳粹的大屠杀思考)能对普通公民道德判断和政治行动产生积极作用。

然而,一个社会完全失去民主社会中不可缺少的个人伦理自律——民主社会存在第一条件的同时,建立在个人自律基础上的公共领域内的自律和约束也荡然无存了,当政者可以随意解释或改变任何法规,任何法定规则,都有无数例外。于是造成了人格特征都是"两重化":认知与行为实践分离。于是,受害者往往又是这个体制的维护者,甚至在另一些公共生活领域充当加害者。这种不正派的社会还因此能够恶性循环长久延续。坚持道德自律的人、拒绝"两重化"的公民就会被作为不顺应体制的"敌人"得到惩罚,几近绝迹。社会政治生活中不仅"告密"、"检举"盛行,由于告密能获得升迁和利益,人们都以他人的苦难作为自己的愉悦。因为人对死亡的恐怖胜于对自由的渴望,包括知识分子在内,人们都失去自律的伦理规则。在《独裁体制下的个人责任》一文中,阿伦特说,这种丧失道德自律的人们,不仅是感觉到暴力的威胁才屈服、追随纳粹运动,不少人实际上是怕赶不上新时代起点"历史的步伐"而主动地参与。所以,诱惑与威胁一样,同样能使人丧失道德思考和判断的能力。在法庭上,因为自己受到威胁或利诱才行恶只能作为威胁、利诱者犯罪的证言,但是这不能成为自己屈服道德上正当性的理由。那些拒绝在公共领域与纳粹配合的人们,是仅有的还能用自己的头脑依据原先的善恶标准作出道德判断的人们,他们的良心不会自动地随波逐流地转换。这些坚持习惯的道德准则的人们,也就是质问自己，不愿意自己与自己（良心）过不去、下决断的人们（日文版《责任と判断》，第55页）。托多罗夫在《面临极端》、《失去家园的人》等著作中也指出，在这种社会体制下，并非人人都犯有同样程度的恶行，甚至面临极端困境时，能够坚持内在良知、表现出令人感到意外英雄壮举的却可能是默默无闻的普通小人物。因此，建立在个人良知上的真实记忆，对于国家、民族身份认同的集体记忆来说，是弥足珍贵的。

另外，托多罗夫在书中提出关于历史追忆中一些应该注意的问题，我想这些对我国公共知识分子进行历史追忆时也是值得注意的，这里略陈三点：其一，在记忆、寻求20世纪发生极端邪恶的悲惨事件真相时，与考察人们逆来顺受的行为相比，更要关注、追忆那些与恶行积极斗争抵抗者、人类生存救济者的高尚、英雄行为。这些人物和行为具有道德号召力。其二，今天我们要警惕后学（后现代和后殖民理论）的盛行，道德价值相对主义和虚无主义对记忆主体的影响。托多罗夫赞赏雷蒙·阿隆在价值观上调和了列奥·斯特劳斯绝对论与马克斯·韦伯相对论之间的对立，认为即使因为文化的多元，即使不存在绝对真理，但是人类也有超越历史的、普遍的共同价值标准。其三，记忆，特别是记忆民族苦难史，有着个人认同自己族群、民族归属——身份同一性的功能，这本也无可非议。但是，问题是其激发的民族主义往往出自神圣化的记忆，对同一归属的人的苦难、自身的不幸特别关注，无视其他族群、民族的苦难史。但是，如果能把这种关注迁移到其他族群、民族，那么，问题是功能认同的迁移，就更能体现记忆本身正义的价值。比如，日本民族纪念广岛原子弹悲剧，也同样重视南京大屠杀；美国犹太人在不忘纳粹屠杀的同时，也关注非洲裔美国人的历史才更具有和平意义的象征。这也是因为人类也有超越历史的、普遍的共同价值标准。

总之，阿伦特、托多罗夫在思考历史记忆时，都不忘继承从笛卡尔、斯宾诺莎、莱布尼茨到康德伦理思想之传统——试图解决个体自由与义务化的主体规约矛盾，都认识到即使在民主社会里，道德价值观依然是与我们当下的记忆和历史研究——历史教训、以史为鉴不能分割的一环。

从《建国大业》与《风声》看两种革命历史叙事

张慧瑜

1.《建国大业》和《风声》的意义

2009年为国庆60周年献礼的影片中，有两部影片格外引人注目：一部是中影集团投资的《建国大业》，一部是华谊兄弟投资的《风声》。两部电影在十一黄金周期间基本上平分了都市影院空间及票房。其他如《天安门》、《战争中的女人》、《惊天动地》等献礼片，无论在放映时段还是放映场次上都处在绝对边缘的位置，这与其说是主旋律受到影院放映市场的排斥，不如说只有那些大公司（不管国有还是民营）、大制作（大明星和大场面）的具有市场保证和商业品质的影片才有可能让民营化的影院公司“心甘情愿”地分配银幕资源。这样两部被政府重点推荐并获得市场好评的影片，不仅成为中国电影产业逐渐繁荣的标识（巨额电影票房收入），而且打破了主旋律与商业片的界限，改写了主旋律没有票房的惯例，成为各方（国家、市场、观众）皆大欢喜的影片。

《建国大业》表面上看起来类似于20世纪80年代末期《开国大典》式的主旋律，仅从中影集团的国企背景及所拍摄的题材就可以看出是典型的献礼片，但从使用大牌明星以及地毯式的宣传却又像十足的商业大片，这种主旋律与商业大片的悖论及其对悖论的和谐共存也成为《建国大业》被津津乐道的话题。而《风声》无论从资金来源还是影片类型都属于商业片，但也被作为重点推荐的献礼片，讲述了地下工作者在敌人严刑拷打面前宁死不屈的革命精神。这种主旋律的商业大片化和商业大片的主旋律化，使得80年代所形成的主旋律与商业片的两种电影分类方式开始失效，或者说曾经建立在资金（国家出资与民营资本）以及叙述类型（主旋律基本上是革命历史故事，商业片的目标则是莫谈国事的娱乐片）上的对立被消解和弥合。正如《建国大业》的策划及导演韩

张慧瑜：工作于中国艺术研究院影视研究所。

三平既是占据中国电影产业半壁江山的中影集团的董事长，又是影片的制片人，国家与资本可以如此“亲密无间”。而《风声》选取谍战剧的类型是华谊兄弟这一民营电影公司的龙头企业在国庆这个特殊的空间中实现的主旋律与商业的完美嫁接。这种既能吻合主旋律所代表的官方意识形态，又能获得以都市青年为主体的电影观众认可的现象，已经说明80年代以来官方叙述的脱节与市场经济的隐形书写之间找到了恰当的结合点，一种有效的主流意识形态或者说可以被人们由衷认可的主流讲述开始浮现出来。

2.《建国大业》与新革命历史剧

《建国大业》的成功说明，昔日依靠红头文件才能保证票房的重大革命历史题材终于不再是票房毒药。这与主旋律在80年代的出现或被命名及其叙述困境有关。七八十年代之交，为了确立改革开放的合法性而形成了一种对革命历史的反思和批判（如80年代中前期出现的伤痕、历史文化反思运动、寻根热、文化热，这些争论的前提是对左翼历史及其历史文化根源的大清算），与此同时，80年代中后期为了维护政党执政的延续性而出现了专门讲述革命历史故事的主旋律（1987年成立了重大和革命历史题材领导小组，被认为是主旋律电影正式出现的标志，也使得80年代中后期形成政治电影/主旋律，商业电影/娱乐片，艺术电影/探索片三种相互对立的电影类型），尽管这种主流叙述的内在冲突或自我分裂本身是七八十年代之交“拨乱反正”的官方叙述的产物。经历80年代末的政治风波之后，主旋律作为确认执政合法性的功能更为凸显。90年代的主旋律为了获得人们的认同不断地调整叙述策略，进行了英雄模范人物的苦情戏化/人性化（如《焦裕禄》1990年、《蒋筑英》1992年、《孔繁森》1995年、《离开雷锋的日子》1997年）、红色故事的异域化（如《红樱桃》1995年、《紫日》2001年）或借用外国人/他者的目光来讲述红色故事（如《红河谷》1996年、《红色恋人》1998年、《黄河绝恋》1999年）等不同的尝试，但是这些改写依然很难获得市场及观众的认可。再加上90年代中期到新世纪之初是中国电影经历好莱坞引进、体制转轨等一系列“内忧外患”的时期，直到2002年国产大片才逐步孕育和呼唤出以都市中产阶级或小资阶层为主体的电影观众，从而带动国内票房逐渐回暖。这种八九十年代以来主旋律叙述的内在困境，不仅仅因为自身叙述缺少娱乐或商业色彩，更为重要的是，这种以革命历史为核心的主流意识形态讲述无法整合改革时代以市场经济为主的现代化共识，从而呈现一种悬置和与时代脱节的状态。

新世纪以来，人们对于革命历史故事却获得了新的认同。这种由衷的接受并非始自《建国大业》，而是自 2002 年以来就不断地有《激情燃烧的岁月》(2002 年)、《亮剑》(2005 年)、《狼毒花》(2007 年)等“新革命历史剧”热播。这种比电影更为大众的电视肥皂剧不期然地实现了一种对革命历史故事的有效讲述(《激情燃烧的岁月》作为不被看好的小成本电视剧却意外走红，一度成为社会讨论的热点话题)。借助这类草莽英雄式的传奇故事(正如报道中指出的，这些传奇英雄都是“草莽出身，投身行伍，娶了一个‘小资情调’的革命女青年，引发诸多家庭矛盾，‘文革’遭难、复出……从《激情燃烧的岁月》中的石光荣，到《历史的天空》中的姜大牙，再到《亮剑》中的李云龙，当红色经典翻拍剧屡遭滑铁卢时，将主旋律‘另类’了一把的红色原创剧却为我们开创了一个荧屏‘新英雄主义’时代”，参见《你拼你的绝活，我找我的娱乐》，《中国青年报》，2005 年 12 月 12 日)，50 年代到 70 年代的历史变成了“激情燃烧”的怀旧空间。这些“新革命历史剧”虽然在多重意义上消解了 50 年代到 70 年代所确立的革命历史故事的“政治”含义(暂且不讨论在 50 年代到 70 年代内部依然存在着 17 年与“文革”对革命历史叙述的激烈冲突)，但更重要的是，左翼历史不再是 80 年代新启蒙主义视野下国家暴政及压抑个人自由的集权专制的负面历史，反而获得了一种正面讲述革命历史的可能性。这些正面讲述的革命历史故事并非完全倒置 80 年代“告别革命”的逻辑，而是成功吸纳了 80 年代对于革命历史的批判。正如石光荣(《激情燃烧的岁月》)、姜大牙(《历史的天空》)、李云龙(《亮剑》)、常发(《狼毒花》)等这些带有江湖气、土气的革命领袖，既与 50 年代到 70 年代关于中共军队作为“土八路”以弱胜强的辉煌历史相吻合，又与 80 年代中后期一些新历史小说把革命历史中的英雄改写为具有血性而又铮铮硬骨的江湖/英雄(如《红高粱》)一致，如果说前者与共产党以游击战为主体的有中国特色的武装革命之路有关，那么后者恰好是为了消解外来的革命/政治对本土改造的无效，而这些草莽英雄就成为耦合这样两种叙述的结合点。进而 90 年代已经在大众文化中浮现出来的两种逻辑——由毛泽东热、红色歌曲翻唱、“现实主义冲击波”、《切·格瓦拉》小剧场话剧为代表的左翼怀旧和主要由知识分子受难史组成的反右畅销书以及 80 年末期以来的新历史小说对 20 世纪左翼历史及政治运动的批判[如 90 年代之初以现当代中国史为背景的《活着》(1992 年)、《霸王别姬》(1992 年)及《蓝风筝》(1993 年)]——弥合起来,共同拼贴成一组充满了激情与血渍的革命年代。

3.《风声》与反特故事

与“新革命历史剧”、《建国大业》相关但又略有不同的是,《风声》从属于另外一种革命历史故事,在 50 年代至 70 年代的中国电影史中被称为反特片或地下工作者故事,在香港电影脉络中被称为“卧底”故事,而好莱坞的说法则是“间谍片”。这种叙述类型并非在冷战年代出现却被冷战逻辑所借重并打上了冷战印痕,这类故事往往结合侦探、悬疑、推理等不同的类型,使得在冷战年代成为对立双方深受观众喜爱的叙述类型。冷战中的西方阵营最为著名的间谍片是 007 系列。个人主义英雄詹姆斯·邦德总能深入敌穴,化危险于无形,出色地完成任务,把敌人的邪恶阴谋破坏掉。与此相对,在社会主义阵营苏联也有许多化装侦察、找到冒名顶替的敌方特务的惊险故事,如《锄奸记》(1944 年)、《侦察员的功勋》(1947 年)、《山中防哨》(1954 年译制)、《蓝箭》(1959 年译制)等,还有朝鲜电影《看不见的战线》(1965 年)以及 50 年代至 70 年代中国电影史中那些耳熟能详的反特电影,如《国庆十点钟》(1956 年)、《羊城暗哨》(1957 年)、《永不消逝的电波》(1958 年)、《英雄虎胆》(1958 年)、《冰山上的来客》(1963 年)、《霓虹灯下的哨兵》(1964 年)、《秘密图纸》(1965 年),就连作为样板戏的经典剧目《沙家浜》(1970 年)、《红灯记》(1970 年)、《智取威虎山》(1970 年)等也基本上使用地下工作者的故事来论述革命者的勇敢与机智。七八十年代转型时期,也出现了《黑三角》(1977 年)、《保密局的枪声》(1979 年)、《蓝色档案》(1980 年)等反特影片。

反特片或间谍电影虽然是冷战时代双方叙述各自意识形态的最佳类型,但有趣的悖论在于,这种正义与邪恶的对立以及正义战胜邪恶的“必然”并非影片叙述的结果,反而是截然对立的意识形态成为故事得以成立的前提。也就是说这些间谍故事与其说在论述冷战双方的合法性,不如说正义与黑暗、自我与敌人是先于故事而存在的。对于敌我双方的间谍来说，正义性与间谍职业本身无关（地下党和特务都是职业间谍），只在于各自双方所属的意识形态阵营。而对于观众来说，对勇敢智谋的地下党（经常是英俊潇洒的男人）的认同和对处处与人民为敌、阴险狡诈的特务（往往是妩媚妖娆的女性）的憎恶，是为了确立截然对立的意识形态逻辑。因此，冷战双方往往采用完全相同的叙述策略，只要颠倒彼此双方的身份就可以实现各自的意识形态表述。在这个意义上，间谍故事似乎是最政治、最具有意识形态的影片，同时又是最不具有意识形态说教性的影片。间谍故事得以叙述的基本前提是一种二元对立、势不两立的结构，否则地下工作者、卧底就失去了伪装成他者的情节动力。可以说，只要存在着二项对立式，这种身份转换的故事就可以被讲述，正如香港的卧底故事基本上都是警匪片。这也使得间谍片带有冷战痕迹同时又具有去冷战的潜力。

对于50年代至70年代的中国左翼文化来说，反特故事还充当着一种特殊的意识形态功能。在50年代至70年代，个人/英雄的叙述与人民作为历史主体的叙述之间存在着巨大的裂隙（暂且不讨论以现代小说为载体的现代性叙述与作为现代主体的个人叙述之间的内在关系）。个人或英雄的故事往往要被讲述为个人/主体成长为革命者或认同于革命道路的故事，如《董存瑞》（1955年）、《青春之歌》（1959年）、《红色娘子军》（1962年）等，个人要消融在人民、阶级、国家的集体秩序之中。而这些反特片却不期然地使得这种论述的裂隙弥合起来。因为这些深入虎穴或化装侦察的地下工作者都是个人主义的英雄，与此同时这种行为的革命性又是先在的、无可置疑的。所以，反特故事在强调个人服从于国家、集体、阶级的左翼叙述中有效地安置或者说开辟了一种个人/英雄讲述的可能性，也想象性地解决了个人命运与人民作为历史主体的叙述之间的内在矛盾。

中国七八十年代转折时期曾经出现大量的反特电影，如《神圣的使命》（1979年）、《戴手铐的旅客》（1980年）等。在这些反特故事中，国共两党的对立已经不是叙述的前提，孤单英雄变成了被“四人帮”陷害、冤枉的正义之士，敌人则变成了“四人帮”及其毒害的同伙。而更多的反特故事被改写为具有娱乐和商业色彩的警匪片或侦探片故事，如《猎字99号》（1978年）、《405谋杀案》（1979年）、《神秘的大佛》（1980年）、《R4之谜》（1982年）等。80年代中后期反特片基本上销声匿迹，直到2004年以后尤其是2007年《暗算》的成功，重新掀起了间谍片的拍摄热潮，不仅50年代至70年代的经典反特片全部被翻拍，而且还创作了许多新的反特故事。如2009年初《潜伏》再度获得一致好评，“潜伏”也取代了“卧底”成为对间谍的新称呼，《潜伏》可以看成是对两种革命历史故事的嫁接，就是个人的成长故事（军统特务余泽成转变为地下党）与《地下尖兵》或《永不消失的电波》的故事（假扮夫妻隐藏的故事）。这些谍战故事的出现与2004年广电总局禁止在黄金时间播放涉案剧以及禁止“戏说红色经典”有着密切的关系，间谍片这种既带有惊险、悬疑又具有革命历史故事双重特征的叙述类型成为填补“红色经典”改编和涉案、侦探剧的最佳替代物。于是，这些能够带来收视率的反特故事逐渐取代《激情燃烧的岁月》，成为当下讲述革命历史故事最为重要的电视剧类型，即使不是反特片而讲述国共现代历史的《人间正道是沧桑》也主要借用谍战故事来作为国共对立的情节主部。在这个意义上，反特片所具有的主旋律与商业的双重潜质被恰当地发挥出来。

同时，这些冷战时代的谍战故事也成为最近几年全球流行的电影种类。不过，后冷战时代的谍战片发生了一些有趣的变化。如007系列表面上似乎依然讲述邦德如何一次次孤军奋战拯救世界于危难之中的故事，但变化在于，曾经作为冷战敌手的苏联及社会主义阵营的解体，使得邦德施展机智与力量的空间变成了那些试图毁灭或操纵世界的野心家，尽管这些野心家依然多出现在俄国、中东、中国等旧有的冷战阵营。另外，也出现了双重或多重间谍的故事，卧底或地下工作者的身份变得游离和不确定，或者说处在一种“无间道”的暧昧之中。如2007年有荷兰电影《黑皮书》和华人导演李安拍摄的《色戒》，分别讲述二战期间盟军女间谍色诱纳粹占领军，或汪伪特务却最终爱上敌方军官的故事，间谍故事成为个人（化装成女性的个人）被卷入大历史的悲剧。正是在谍战故事拥有国内、国际双重市场预期的前景下，《风声》成为首部国产谍战大片。

《风声》改编自近几年来以创作“解密”题材闻名的作家麦家的同名小说，相似情节已经被电视剧《暗算》第三部所拍摄，但《风声》对小说及其电视剧版作为了一些修改。麦家的作品如《暗算》、《解密》等，基本上讲述了各种数学、数字天赋的人如何解译密码的故事。无论是《暗算》中的瞎子阿柄、数学天才黄依依还是《解密》中的大头鬼容金珍，都是具有特异或特殊能力的人物，他们挑战极限，不断破译敌方隐藏的电台和各种高深莫测的密码。这些故事非常恰当地完成一种意识形态询唤，就是一种个人天才的故事与国家利益之间的有效结合，既把个人的才能发挥到极致，同时也为国家利益心甘情愿地做无名英雄。这与反特片在50年代至70年代的集体/阶级的总体性叙述中内在包容一种个人主义的幻想正好相反，是在个人传奇故事中实现个人与国家利益的亲密结合，从而改写了80年代以来关于国家/政党政治对于个人自由的剥脱、强制、压制的叙述。

《风声》与此不同，基本上属于反特片的脉络。如果说在50年代至70年代存在着两种反特片，一种是讲述新中国成立前地下工作者“潜伏”到敌后的故事，另一种则是讲述新中国成立后我公安人员找到敌方特务的故事，对于第一种类型，观众早就知道谁是地下工作者，故事主要讲述如何获得敌人信任以及如何蒙蔽敌人完成任务（地下党如何经受敌人的考验是情节看点），而第二种故事则主要是寻找隐藏最深的敌方特工的故事（直到最后时刻最不起眼的人往往是隐藏最深的特务）。《风声》显然结合了这样两种故事类型，却修正了两种叙述的基本策略，把《暗算》中“潜伏”故事变成了“捉内鬼”的故事，不是我方来寻找敌方特务，而是敌方来捉我方潜伏的“内鬼”。

不仅仅如此，《风声》的小说版和电影版已然改写了冷战时代的谍战故事。与敌我双方对立的反特故事不同，小说《风声》采用了多重叙述角度，上部《东风》选取了共产党的说法，下部《西方》则使用国民党的说法（如同《人间正道是沧桑》中的国共兄弟一家亲，《风声》是国共夫妻反目）。有趣的问题不在于彼此说法的冲突，而在于这种卧底者、潜伏者想尽一切办法传递情报甚至不惜牺牲自己的精神被书写为一种背叛和利用的故事。尤其是潜伏汪伪政府的军统特务顾晓梦把女地下党李宁玉利用自己完成任务以及李宁玉哥哥的老潘借夫妻身份动员顾晓梦倒戈，被叙述为一种女性情谊和夫妻情分的背叛，这某种程度上把政治信仰、卧底的伪装作为一种对儿女私情的伤害。与此相似，电影版《风声》把敌人寻找的地下党由李宁玉换成了顾晓梦，李宁玉则成为一个忧伤、专业的译码专家，与政治没有任何瓜葛，完全不卷入敌人与地下党的争斗，虽然她也是被怀疑的对象，但最终她是不谙世事的，甚至对顾晓梦处心积虑地隐藏自己充满了不理解。这样一个似乎处在敌我权力结构之外的角色为后冷战的观众提供了进入二元对立结构的中性位置。李宁玉这样一个无辜的、被卷入历史的位置，既可以见证顾晓梦等地下党的宁死不屈的伟大，同时也可以用她打顾晓梦的耳光而质疑、原谅间谍/卧底/特务对自我身份的隐瞒与欺骗。

此外，《风声》还使用了红色经典改编的惯常策略，如同90年代中后期出现、新世纪以来大量翻拍的红色经典改编剧基本上采取把旧有文本中被压抑的欲望释放出来，把崇高政治信仰转移为欲望、个人、民间伦理的动力。这也是80年代对左翼历史的去革命化的消解策略，比如用历史的偶然以及爱情的动力来取代革命信仰的崇高，这种消解策略使得这些说教的、政治性的红色文本变成了桃色文本、粉丝文本，尽管2004年广电总局下达了红色经典剧禁止戏说的文件。但是，这些改编策略却被新创作的革命历史剧及谍战剧所借用。在这个意义上，这些去革命化的表述又成为一种对革命历史的重建。对于电影《风声》来说，被强化和凸显的不是欲望的动力，而是把这些如《烈火中永生》等狱中革命者宁死不屈的故事改写为一种施虐与受虐的故事，使得原小说中以计谋和推理为主的智斗变成了刑房中的肉体及精神刑法（正如对《风声》最多的批评是行刑过程太过残酷）。这种策略或许也借鉴了一种战后欧洲电影中把纳粹情爱化或虐恋化的书写方式（早在1995年《红樱桃》中就讲述了一个变态的集中营德国纳粹军官在中国革命孤女背上刺青的故事），刑具不再是观众熟悉是老虎凳、辣椒水，而变成了心理折磨、鞭笞、电击、针灸等新花样，与《色戒》相似的是，这种刑房/行房的欲望场景成为这些电影宣传的最大噱头和看点，酷刑剧照也成为电影上映前最为重要的宣传海报。

究竟是什么样的历史动力导致观众接受这些革命历史故事的重新讲述呢？这种具有高度模式化的新革命历史剧及反特剧为主旋律和商业片的汇合提供了适当的叙述空间，人们从中既可以看到英雄人物的传奇、为了政治信仰的牺牲精神，也可以看到惊险、刺激的暴力及性爱场景。除了这些文本自身的原因，恐怕与新世纪以来尤其是在大国崛起、复兴之路的背景中，中国作为大国、强国的现代身份终于改写了近代史以来被动挨打以及作为革命中国的身份，从而可以把曾经作为异质性的革命历史纳入对现代化的自我确认之中有很大关系。

民主的复归与民主制的重建

李小科

前不久,国内两位具有上层背景的官员学者分别在不同的场合讲到“民主是个好东西”和“民主是个不坏的东西”,并在国内知识界引起了很大的反响和讨论。在“民主”早已成为文明的象征,并已经以“人民民主专政”和“民主集中制”的形式被写进我们的党宪和党章的情况下,还依旧需要来讨论其“好”与“坏”,虽然多少有点让人匪夷所思,但它毕竟又一次引起人们对“民主”的广泛关注,这也不失为一件好事。

然而,关注不一定意味着理论上的进步或突破。反思近几年来国内对“民主”的讨论和研究,仍然没有走出对“民主”一词的“误解”和“滥用”。以古典见长的学者,固守对民主作“希腊式”的字面理解,认为民主天生就是“暴民”统治,是所有政体中最坏的形式;许多科班政治科学出身的学者,则满足于达尔(Robert Dahl)对民主的理解(达尔区分了“理想民主”和“现实民主”,并提出理想民主的五项标准——有效的参与,投票的平等,充分的知情,对议程的最终控制,成年人的公民资格,以及代表现实民主的多项制度——选举官员,自由而公正的选举,表达意见的自由,广泛的选举权,竞选官职的权利,可供选择的信息,社团的自治等)。一般的宣传家们,则更着迷于“民主管理”、“民主决策”、“民主监督”、“民主执政”,“人民当家作主”或“一事一议”式的套语。总之,人们基本是在自己乐于接受的意义上理解、解释和使用着“民主”,用它指称和言说着不同甚至是截然相反的东西。这样做的结果是,“民主”几乎成为又一个无所不包的却又没有定指的术语。

面对众说纷纭的“民主”混乱以及当下对社会和谐和稳定发展的诉求,我们有必要熟悉和了解一种能够从较高的理论层面,能够将众多的“民主”协调统一

李小科:中共中央党校哲学部副教授。

起来的学说。哈耶克的“抽象规则选择”民主说,也许有益于我们对理解现代民主的把握,并对我们倡导的民主政治和法治建设有所启迪。

哈耶克关于民主的基本观点,大体可以概括为以下几点:第一,相对于自由而言,民主只是实现自由和保障权利的手段,而非终极的、绝对的价值或目的。第二,如果民主意味着坚持“多数表决(the decision of majority)”这一原则,那么现代民主不是人们通常理解的和当下在许多国家流行的简单“多数决”。“多数决”意义上的民主,只对普遍规则(原则)的选择有效,在此意义之外的“多数决”是对民主的误解和滥用。第三,如果“人民主权(popular sovereignty)”是民主的核心,那么它也只是普遍原则(法律)限制下的“主权”。与此相承,民主政府(领导)绝不应是权力无限的政府(领导),而应是法治下的有限政府,不加限制的“人民主权”和“民主政府”很容易演变成雅各宾式的“多数暴政”。

一、自由与民主的关系

哈耶克最著名的四部政治法律著作均是围绕自由展开的。《通往奴役之路》提醒人们注意,自由正在被一些“好心办坏事”的人篡改;改变了原意的“自由”,即“新自由”(实为实现自由所需的各种物质条件和福利保障),有可能将人们带上通往奴役的“康庄大道”。在《自由秩序原理》中,哈耶克重申了自由的本意,自由与法律的关系以及自由在福利国家的被侵蚀。他重申,自由只能是个体的自由;真正的自由指的是“一个人处在不受另一个人专断意志或其他一些人专断意志强制的状态”;自由“意味着个体具有某些切实受到保障的私域,意味着他的生活环境中存有一系列不能受他人干涉的境况(circumstances)”;通常被人们冠以“自由”而称道的各种“(自由)权利(liberties)”,其实只是自由在特定领域的表现形式,或是实现自由所需要的条件;自由不是许多人通常所理解的不受限制,相反,自由的获取源于对法律强制的认可和接受;自由离不开法律,但并不是所有的“法律”都保障自由。在《法律、立法和自由》中,哈耶克首先(第一卷)对“法律”作了“还原”,认为本来意义上的法律指那些从传统和习俗中演化而来的正当行为规则,即我们今天所说的私法,只有这种意义上的法律才是保障自由的法律。今天,政府为了实现特定的明确目的,经由“立法”机关(或议会)配合而制定和颁布的各项措施性的“条例”和“规章”,虽然也被穿上了“法律”的外衣，其实是对“法律”一词的“劫持”，它们在变相侵蚀和剥夺着个体的自由。其次，哈耶克批驳了与自由同样“好听”、其实与自由背道而驰的“社会(分配)正义”。在此基础上，他分析了在当下西方流行的“民主制度”的弊端和许多第三世界国家“民主”实验失败的原因，并设计出了一套理想的宪法模式，以期从制度设计层面，通过规范议会的民主“立法”和限制“民主政府(democratic government)”当局的行政“民主”来复归民主，重建现代民主制。在《致命的自负》中，哈耶克通过倡导“有限理性”(理性就是让人们知道自己的限度)，挖空了某些“全知全能”的神人试图自负地“替民做主”这一神话的根基，并充分论证了，追求与自由背道而驰的“命令”和“齐整划一”系人类文明进化中的“返祖”现象。

从以上的叙述看，自由是哈耶克思想的核心，是贯穿其作品的主线，民主只是出于对自由制度的寻求和建立，在《法律、立法和自由》的第三卷才得到突显。因此，相对于自由来说，自由的制度民主本身不是一个终极的、绝对的价值。也就是说，民主只是手段，自由才是目的，民主的价值取决于它对自由提供了多大程度的保障。在哈耶克看来，虽然民主本身并非自由，但比较而论，“民主是保障自由的最为重要的手段之一。是人类迄今发现的唯一以和平地更替政府的方法”。

就此而言，我们如果要对民主进行“好”与“坏”的评价，就要看民主在多大程度上能促使或保障个体的自由。能切实促进或保障个体自由的民主，就是“好东西”；相反，消减或压制个体自由的“民主”，肯定是“坏东西”。借用另外两位著名政治思想家的话来说就是，“只要自由的民主(liberal democracy)死了，民主也就死了”，“对民主的信奉，预设了对某种高于民主的东西的信奉”。

二、当下“民主(制)”的弊端及其成因

稳定和秩序是社会的常态，而稳定和秩序的取得靠的是社会成员对普遍认同的规则的遵守。在哈耶克看来，作为“多数决”原则的现代民主，其本意是一个社会中的成员根据多数人的意见，从多种(至少有两种备选方案)规则中挑选出一种为大家以后都必须认可和遵守的普遍规则，也就是说，“多数决”原则意义上的民主，只适合于决定何种规则为人们必须普遍遵守的正当行为规则，除此意义之外的“多数决”都是对民主的误解和滥用。但是，在当下的政治话

语中，民主要么被理解为“平等”，要么将“多数决”方法当做一种“放之四海而皆真”的策略，想当然地运用于许多并非对规则进行选择的选择，用于对具体目标和实现目标所能采取的措施的选择，甚至突破政治学的界限被不加限定地使用到“非政府性质的组织”，如教育、医疗、军事和商业机构等相关的事务中。就此而言，被许多媒体和“学者”赞赏的“一事一议，一事一决”并不符合现代民主的理念。这里需要特别说明的是，通常被看做是民主象征的领导人“民主选举”，并非有的政治理论研究者所理解的、临时措施意义上的“多数决”在起作用那么简单。事实上，支撑这种选举的是一套用来规范领导职位更替、权力和平移交和政府平稳过渡的一套比较成熟和完善的“规则”，是由于此前人们已经根据普遍规则意义上的本意民主选择了这套权力更替规则，同时放弃了历史上曾经持续很久的遗传或指定规则。如果是简单的“多数决”，一个享有较高民意支持的“伟人”就可一直在位执政，拿美国来说，基辛格有可能当美国总统，里根也可以连任！如果是简单的“多数决”，一个领导人也就可以随时根据民意被“多数决”下台。

另一方面，“民主”二字在当今许多人的心目中更多指的还是“以特定制度形式体现出来的民主（制）”，甚至包括那些自诩民主实为极权的体制。当然，人们首先想到的是在当下西方许多“民主国家”盛行的“权力分割”和代议制。其次是由许多第三世界国家，尤其是拉美和非洲国家，从少数“民主国家”那里嫁接和移植过去的夹生“民主制”。只有极少数人将其也理解为类似曾将希特勒送上最高统治地位的那套选举程序，以及一些只在其国名中使用了类似“民主”字眼的极权国家的国体和政体。

第三种“民主”的弊端显而易见。对民主抱有无端偏见的部分知识人士、极端仇视民主的极权者以及为其辩护的谎言制造者们，也不时地将拿它作为嘲讽和揭露“民主之‘恶’”的历史证据。有必要说明的是，在国号中使用“民主”与这个国家究竟是否是民主国家完全是两码事。至于上面的第二种情况，主要是由于这些国家长期挣扎在经济停滞、政局不稳或战乱不断等局面时，担心民主制的推行将威胁自己的权威或损害自身既得利益的统治者，将它看做民主不适宜在发展中国家推行的借口和托辞。但哈耶克认为，“民主制”在这些国家失败，并不能说明民主的失败或民主的“不可行（inapplicable）”，反而证明真正的民主并不仅仅是它们已经移植的那些表面东西，证明“特定民主架构（the institutions of democracy）一度在西方运行良好，是以不加质疑地接受另外一些特定原则为前提条件的”。在哈耶克看来，新兴国家民主实验失败的原因，在于“这些国家缺乏早已经植根于欧洲国家的‘法治（the Rule of Law）’理念，它们虽采用了欧洲国家的民主构架，但没有吸收支撑这些构架的信念和信心”；它们虽然也可能有一部像模像样的宪法，但是却不具有强有力的“宪政传统（constitutional tradition）”。

哈耶克着重将笔墨用在对当下盛行于许多西方国家的“民主制（形式）”显现出来的诸多弊端的分析。首先是民主背离了与自由的关系，即由原来意义上的、用以保障个体自由的一种辅助性手段，演变为一种服务于不受限制的“公权”的制度。这种民主制度虽然体现了立法、行政、司法诸权力的分割等，但它忽略和遗忘了如此设计的目的。以孟德斯鸠为代表的思想家们及美国宪法制定者，他们在倡导和践行将公共权力加以分割制衡的时候，其初衷是为了捍卫和保障极容易被公权（政府掌握和拥有的权力）威胁和侵蚀的个体自由，并不是为权力分割而分割权力。在他们的逻辑中，公权之上有私权（自由），政府之上有法律（私法）。

如上所述，民主只限于对普遍原则的选择和取舍；与此相应的民主制，接受高于其上的“自由规则”（nomos，另译“内部规则”，即本来意义上的法律之源）的约束。人们对民主的不当扩展，沦为政府“用多数同意的方式解决任何特定问题”的一种策略和制度设计，民主纯粹“成为一种政体（a form of government），且在这种政体中，统治机关不再受任何限制”。这最终也导致法律由抽象的、不为任何明确的特定目的服务的普遍规则，沦落为一大堆政令（decrees），统治权正变得愈来愈不受普遍正当行为规则意义上的法律的限制，从而继“行政主权”之后，出现了超越和凌驾于法律之上的“议会主权（parliamentary sovereignty）”，甚至是“党派主权”。

人们过去提防的只是“朕即国家”式的行政专权，以为有代议机构在制约和监督着政府的行为，就可以高枕无忧。然而，由民选的议员组成议会，由议会通过投票，按照多数议员的意见立法的思维模式，实际上是把代表人民参政议政的代议机关奉为另一种“至上的意志”，使议会“不但成了最高的，而且成为不受限制的权威”。最典型的是，议会往往为了实现特定目的，根据“多数人的意见”堂而皇之地制定出旨在肆意剥夺一小部分人自由、生命和财产的措施来，用措施置换和替代法律。很明显，这种立法权力的滥用比其他权力的滥用产生出了更为可怕、更为恶劣的后果。原因在于，在具体的某件事上的多数人意见，很有可能是原本只是少数的许多利益集团和党派为自己谋取一时的利益而形成的一种共谋。这样，议会在形式和程序成为“至上意志”和“最高权威”的同时，从神圣的“立法者”，一步一步地演变为给行政当局制定目标和下达任务的“决策者”，并被各种利益群体操纵，最终堕落为各种利益群体的共谋和准政府机构的手里工具（the apparatus of para-government）。

显而易见，当初追求的“人民主权”和由此成立的“人民代表立法会”，实际上却成了权力主权和党派立法，民主制自此成为十足的权力制。哈耶克据此认为，没有法治传统和宪政背景的民主（制）直接导致了“极权民主（totalitarian democracy）”以及会由此衍生的“平民表决的独裁（plebiscitary dictatorship）”。我们完全可以用“议会即民，民即议会；议会即法，法即议会；议会行政化，行政议会化”来概括哈耶克认为当下民主制存在的弊端。

三、现代民主制的重建

哈耶克不满人们在民主观念问题上搞“多数决”崇拜而忘却自由，批评当下民主制以权力为中心但忽视对议会权力的制约，认为当下的许多民主国家虽立宪法却不搞宪政。为了解决这些问题，并长久性地捍卫和保障（个体的）自由，他试图从观念和制度两个层面重建现代民主制。

就观念而言，他重申“一种”自由，细分两种秩序、两种规则、两种法律和两种立法机构。“一种”自由就是指，自由没有种类之分，只有个体所能感受的不受法律以外肆意干涉和强制的程度（extent）。两种秩序是指，与自由相契合的自生自发秩序和源于命令性强迫和压制的僵死秩序，前者激发个体的创造并赋予个体以更大程度上的自由，而后者则以牺牲个体的创造性和社会的长远发展为代价。两种规则分别指，前者是从源远流长的社会习惯和日常规范中深化出来的、普遍的正当行为规则，而后者是特定组织在特定阶段为了实现特定目的而制造规则；前者为维护个体的自由，后者可能为限制个体自由打开方便之门。两种法律分别是指基于正当行为规则的私法(包括商法和刑法),以及非宪政状态下的立法机关根据行政或多数人利益诉求而通过任何方案，尽管它们很可能多么的违反人性。两种立法机关分别是指,从为人们长期所认可和尊奉的普遍正当行为规则中整理和甄选真正意义上的(即狭义的)法律的纯粹立法机关,以及由民选议员采用简单的“多数决”方法通过方案即成(广义上的和被曲解的)法律的政治治理议会。

在制度层面，哈耶克提出了一部融其政治经济法律思想于一体的理想宪法,以期对现代民主制进行重建。

哈耶克将当下西方的“问题”民主制称为两层制,即宪法层和政府层,在两层制的构架中,并没有对司职“立法权”的议会进行必要而合理地限制,从而让民主制授人以柄。哈耶克对现代民主制的重建,就是从改造立法会开始的。

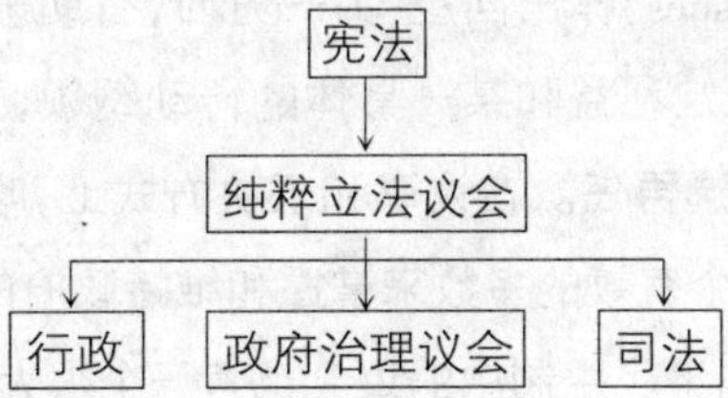

三层制宪法架构

如图所示,哈耶克根据他对法律的理解和划分,将当下民主制中的立法机构分成纯粹立法议会(Legislation Assembly)和政府治理议会(Governmental Assembly)。前者负责对那些从自由社会中自生自发的各种规则进行整理和总结。其议员在尊重多数民众对某一类行为所持意见(opinions)的基础上,认定那些能切实维护和保障个体自由的规则,那些有利于实现自生自发秩序、有利于维持社会动态稳定、有利于社会长远稳定和可持续发展的规则为正当行为规则,并通过“立法”程序将其加以确认,使其成为所有成员和组织(包括政府治理议会)在非紧急状态下都不能违背的“最高权威”。也就是说,纯粹立法议会制定和修改哈耶克所说的原来意义上的法律,即抽象、普遍的正当行为规则。它不考虑民众在某件具体的事情上的期待或愿望，它也不是实现某种具体目标的工具或手段。它考虑的是永久性的规则及其对所有人的影响,而不是这些规则对特定人群或特定个体的影响。从这个意义上讲,纯粹立法议会的功能有点类似当下美国联邦最高法院的那九个“老男人”依其判例进行“造法”时所发挥的作用。

哈耶克理想民主制中的政府治理议会，在许多方面，尤其是在“立法”任务、议员构成与换届选举等方面，与当下民主制的议会有较多的相似之处。政府治理议会以服务政府治理为己任，根据民众的某些具体目标或愿望，向政府提出某种行动纲领或规划，以期有效地实现一些具体的目标。它是民众表达各种具体利益(interests)诉求的机构。在这里，各种利益群体通过各自选出的代言人相互博弈，以“立法”(在很大程度上是行政性的立法)的形式，以尽可能地满足各种利益群体的利益需求。如果说纯粹立法议会的议员们追求的是正直(probity)和智慧(wisdom)，那么政府治理议会的议员们看重的是利益(interests)和效率(effectiveness)。政府治理议会的议员通过选举进行周期性轮换，一方面能及时对选民的主观愿望(wishes)作出回应；另一方面，有助于他们结成不同的党派团体，代表党派支持特定利益和某一具体的行动纲领，遵守党派的纪律，尽力实现承诺，以期获得再选再任。在议事和表决方式上，哈耶克赞成多数制而反对比例制，以确保有一个有效的多数来掌握和维持政府的运行。

政治治理议会与当下民主制中的议会也有一个很大的区别。那就是，前者“所作的所有决定，将遵守纯粹立法议会已经通过和制定的正当行为规则，尤其是它不能给公民下达或发布任何直接或必然违背正当行为规则的命令(orders)”。哈耶克同时指出，在规则允许的范围内，政府也像没有违反私法规则(正当行为规则)的个体公民一样是“完全的主人”，它可以动员和组织政府的各个部门，决定委托给政府供其处置和使用的一切物质和人力资源。

哈耶克重建现代民主制的另外一个重要举措，就是设立一个独立的宪法法院，以裁决可能发生在纯粹立法议会与政府治理议会之间的争议，即由宪法法院划定规则，在正当行为规则与政府组织规则和政府治理动作规则之间进行必要的划界。其人员由职业法官和一些从纯粹立法议会和政府治理议会退下来的议员组成。宪法法院可以摸索和构建自己的一套体系规则，但须遵循自己此前的判例，而对判例的推翻无论在人们看来有多么必要，仍须遵守宪法规定的修正程序。哈耶克特别强调，宪法法院不是裁决哪个议会有权采取某种行动，而是裁决两个议会皆通过或无权采取哪些特定种类的强制措施。这一点与当下的美国联邦最高法院和德国宪法法院针对议会所通过的法律而展开的司法复审极为类似。

哈耶克的理想民主制(理想宪法)是对当下流行的民主制的改造,吸收和容纳了当下民主制中有关权力制衡的精华。它剔除了传统民主制中遗留的无限政府,破除了被人们盲目祭拜已久的神圣主权。也就是说,在哈耶克的民主制中,根本就不存在什么不受限制的主权。如果非要用“主权”这个概念,那就只好说是“法律主权(the sovereignty of law)”了。

任何社会都有可能面临和遭受非常态即紧急状态的挑战,如重大自然灾害和非法群体事件的突发,外敌的入侵,宪法条款的空白等。而大凡拥有权力的人都伺机使自己的权力扩大,紧急状态容易为权力僭越提供良机,这就需要宪法尽可能地考虑到这种情况。哈耶克重建民主制的又一个举措,就是明确紧急状态权力的授予和收回程序,以防紧急状态的被滥用。哈耶克认为,防止紧急状态权力被滥用的最好办法是,宣布紧急状态和使用紧急状态权力者不能同为一个机构。哈耶克对民主制的重建还涉及财税制度的改革。他的建议是,由纯粹立法议会制定向公民筹资或分摊税收的普遍比例原则,而由政治治理议会根据需要,确定所需开支的数额和具体用途。

哈耶克对民主和民主制的重建,主要针对和关注的是为当下西方许多国家普遍采纳的民主(制)。从表面上看,他所谈及的问题似乎离我们很遥远,但是,他在对相关问题进行论述的过程中所体现出来的诸多理念,却与我们正在进行的政治文明建设有着重要的联系和深刻的启迪。它至少提醒我们,我们在基层民主建设中推行的“一事一议”虽有其合理之处,但它既非民主的精华,也非民主制发展的方向。现实中存在的诸多立法,在很大程度上仍停留在“行业立法”或“部门立法”的层面,与真正的法治所倡导和要求的立法还不可同日而语。

儒家宪政，还是社会民主？

成　庆

1968年，时已82岁的著名哲学家张东荪被捕，三年后，他在秦城监狱去世，一代哲学家、政治活动家从此消失在历史尘埃之中。相比而言，当年与张东荪并称“二张”的另一位国社党（后改为社民党）同僚——张君劢，命运也并不顺遂。根据张氏女儿王张敦华的回忆，尽管担任国社党党魁多年，但未治任何产业，他在流亡美国后一直为生计所困扰，为获得养老金福利，他夜以继日地为《世界日报》撰写社论，也因此落下了严重的胃病，经过多次手术后，终因劳累过度病逝于旧金山的一个疗养院，晚景不可谓不凄凉。

张君劢去世后，他的好朋友，新儒家的代表人物——徐复观送上一副挽联，上书“一代宪章空有愿”，叹息其毕生为中国宪政奔走，亲自起草了多部民国宪法，最终却不能看到宪政落叶生根。不过在1946年因为政见而与张君劢分道扬镳的张东荪，尽管人留内地，也未能实现其“新型民主”的理想，反倒是落得身陷囹圄的结局，让人欷歔。

社民党在1946年的分裂，算得上是中国近代社会民主主义走向没落的一个标志性事件。表面上看，其直接导火索是社民党是否参加制宪国大的问题，按照张君劢事后的说法，当时社民党内许多人等着国大召开后谋得一官半职，这种内部利益的压力让他这位党魁不胜困扰。张东荪身居党内，不可能看不到党内错综复杂的利益斗争。张东荪在国大之前，就已托人转告张君劢不要与国民党靠的太近，在国大召开前夕，蒋匀田就曾经与张东荪解释过张君劢的苦衷，但是张东荪一言回之：“事关国家前途，不应只困于个人的成败心理，以定最后之计。”

此时的张东荪已经陆续完成了《思想与社会》与《理性与民主》两书，他的

成庆：华东师范大学历史系博士生。

"中间性的政治路线"也已经呼之欲出。1944 年初,张东荪让叶笃义将自己的《思想与社会》的手稿从北平带到重庆,准备出版,并且同时还叮嘱送一份给周恩来和张闻天。相比而言,张君劢仍然在孜孜于他的自由主义宪政理想,参加国大固然有社民党的利益考虑,但是制宪理想对于张君劢的吸引力同样难以抵挡,有如当年柏拉图所面对的"叙拉古的诱惑"。

此时的张君劢,仍然认为 1946 年的制宪国大是一次党派妥协的时机,借此可以依靠精英分子的参政来建立起一套宪政制度,然后再凭借这套权力分散的制度和民众权利的觉醒来监督国民党。

而在张东荪看来,这一场国大只不过是国民党控制下的政治分赃游戏而已,各民主党派根本无法有效制约国民党的权力滥用,国民党作为代表豪门资本和官僚资本的政党,也根本没有实现民主的意愿,在这样的国大框架下所进行的宪政实验最终只是"宫廷政治"的另一次重演而已。

张东荪和张君劢的决裂,当然并非是对于"立宪政治"的否定,毕竟他们二人从 1907 年相识开始,一直都以宪政主义作为目标,追求的就是用政党去参与政治,限制政府权力。但是与张君劢一生紧扣"立宪"不同,张东荪的政治理念变化则显得复杂许多,这一点甚至可与"以善变闻名"的梁启超相提并论。

张君劢以 "中华民国宪法之父"闻名,总爱说自己"哲学喜欢德国的,政治喜欢英国的",他哲学上信奉康德,政治上则奉英国宪政为圭臬。他以康德的"绝对律令"作为人生意义的依据,还试图融合康德的二元论和阳明心学。通俗一点讲,张君劢心目中理想的个人是一个道德化的个体,有理性、有知识、拥有道德勇气,是自我决断、自我负责的个人。正是在这样的哲学观指引下,他所理解的"人权"就不是一张简单的权利清单,而是包含了个人自由意志和尊严,这里可以清楚地看到儒家"人格主义"的鲜明印记。

不过在政治上,张君劢与哈耶克式那种以市场作为自发秩序的自由主义是南辕北辙,他青睐的是当年风靡英国的工党社会主义者拉斯基。拉氏一生思想多变,从早期的多元主义到后来的马克思主义,自有其脉络可循。不过当时张君劢最初最为看重的是拉氏将国家、社会与个人平等对待的多元论。张君劢设想的自由主义宪政制度是这样一番图景:国家的权力统一有力、执行有效,个人在国家保障的秩序下自由发展,社会之所以重要,是因为它涉及"生计"和社会公道问题,处理不当容易引发“社会革命”。

因而对于张君劢这位自由宪政的主张者而言,“社会”这个在现代自由主义论述中最为重要的一环,居然被简化成一个纯粹的经济空间,社会自身无法独立于国家,也不具备拥有对抗国家的正当性,国家和个人自由才是至高无上的,社会本身没有任何政治的分量与地位。

张君劢有这样的思路,自然与他受黑格尔影响有莫大的关联。黑格尔认为,市民社会是独立的经济活动领域,但并不自足,不仅市民社会内部的经济过程需要接受国家的发号施令,而且在道德上也要接受国家的“指令”才能避免自我毁灭。黑格尔并不认为具有“经济性格”的市民社会能保证政治秩序的形成,因此,在他的国家/社会架构中,国家的位置最高,它代表了最高的道德秩序和政治秩序,有如万神殿。正是在这一路“反资本主义”的思路指引下,加之张君劢身上的“重义轻利”的儒家气质,使得他对 “社会”的描述总是一笔轻轻带过。

相比来看,张东荪对于“社会”的认知要复杂许多。早在基尔特社会主义在中国流行之时,他与梁启超就开始不遗余力地进行鼓吹,认为新兴社会出现的“小资产阶级市民”们可以转化为“伦理的市民”,从而开辟一条国民政治参与的道路。话说回来,20 世纪 90 年代那场席卷知识界的“市民社会”大讨论,如今看来也只能算是老调重弹。

从“伦理的市民”走向“革命”与“阶级斗争”,毕竟需要跨越深深的理论与实践鸿沟,因此,张东荪的政治方案尽管已经埋藏下“激进的种子”,但他一直没有真正敞开胸怀,拥抱苏俄式的革命道路,他和一干马克思主义者的争论也只停留在是先发展实业,还是先革命的道路选择上。相比陈独秀等人以无产阶级革命争夺政权的思路,张东荪的立场无疑是渐进与改良的。

不过这种“温和性”也是岌岌可危的,随着抗战胜利后国内政局的日趋恶化,张东荪虽然一面仍然主张“中间政治路线”,试图调和国共之间的政治分歧,并且在思想上同时容纳资本主义与社会主义,但是他的“革命”诉求其实已经难以按捺。1948 年 7 月 20 日,他在《北大半月刊》上发表《纪念闻李二先生——民主与革命的关系》,提出“民主主义与革命就一件事,换言之,即民主主义本来有革命性的”,将其在时局的逼迫下认同革命的主张坦露得淋漓尽致,他甚至以一种直面历史现实的口吻说道:“历史上所有民主的实现没有不是由于流血所换的。不流血的革命只是革命的例外，而不是常规。”

这种“激进”的政治言论，在张君劢那里是难以寻觅的，尽管张君劢不乏政治参与的热情与坚强意志，但他对于“武力政治”有一种天生的反感，这一点贯穿于他一生的政治实践。这或许与张君劢身上强烈的儒家知识精英主义气质相关，他的门生江勇振曾如此总结张氏的政治哲学：那是一种“有道德、有知识的秀异分子鞠躬尽瘁于上，而自由解放的国民如众星拱月一般勤奋不懈于下，上下和谐不已的政治哲学”。

与张君劢的这种“得君行道”的精英宪政主义不同，张东荪青睐的是杜威、卢梭的平民主义政治哲学。他针对民主反对派认为普通人智识水平不高，因而不能实现民主的观点，反驳说：“民主政治的好处，就是给人民以实习的机会。”这种“觉民行道”的政治重建方案与张君劢的看法之间，存在着一条隐秘的精英主义与平民主义的冲突线索。这种内在紧张至今仍然萦绕在许多中国知识分子的头脑之中。

从思想史的脉络看，当年张君劢留学德国，引介魏玛宪法，在德国见证了魏玛民国的失败，而且他在30年代所出版的《立国之道》中也提出过警告：“国人所应深思者，即议会政治之病，在意在德，以议会权力行使之不当，制宪议会于灭亡。”相比那位一直思索魏玛民宪为何“无力抵抗自由主义之敌人”的卡尔·施米特，张君劢的诊断也可算是切中要害：议会“清谈”致使权力分散，无法进行政治的决断，最终导致自身的瓦解。

不过法律对于张君劢而言，自身并没有独立的价值，宪法最终都要与国家联系起来考虑才能解释。他接受了费希特的文化民族主义，把国家看做是一种民族精神，包括有“民族情爱”、“民族智力”与“民族意力”。他在1933写下《民族复兴运动》一文，如此描写他心目中的民族意识：

> 民族意识所谓民族，概括言之，即居民之同宗教、同言语、同习惯、同血统，且当共患难者也。民族犹如个人，个人生于天地间，不能离物质与精神，民族亦然。一方为地理气候之所造成，他方则有其宗教学术与政制方面之精神产物。人之所以异于动物者在有意识。民族之所以为民族，亦在于意识。故民族意识，乃民族之第一基本也。

这种将民族“精神化”、“浪漫化”的做法，其实就是想以“国家”充当某种神秘的意义提供者和政治正当性的源泉。

在施米特眼里，所谓现代宪政就是一次关于“政治正当性”的决断，无论是人民主权还是其他正当性方案，它必须标明“敌人”与“朋友”的身份。但对于张君劢而言，议会制的不足需要国家权力的介入，而国家就是前述的那种“道德化、精神化”的最高秩序。从这个角度上看，施米特其实和张君劢都可被归入政治右翼思想家的阵营，而前者的视阈甚至要比后者更为现代，毕竟施米特看到了“人民主权”的大势所趋，而张君劢仍然沉浸在“文化民族主义”的前现代氛围之中。

当然，这种“儒家宪政说”实际上也是康梁一路下来的重要思想传统。从历史情境中作一番同情性的理解，他们看到的是晚清以降的心灵秩序的荒芜，社会伦理秩序的崩溃，民初的政治乱象。这才使得他们试图寻找到一揽子的政治秩序与心灵秩序的解决方案。但毕竟时代无情，无论是康有为的“孔教会”、梁启超的“文化民族主义”，还是张君劢的“民族意识说”，都已经无法扭转这个民主潮流。

张东荪看到了民主潮流的大趋势，因此他开始思考的是儒家的士大夫如何往“公民”转化的问题。他认为，儒家传统的律己精神可以在道德层面上介入政治生活，以民主主义为信仰之标的，以自我的道德热情来追寻作为一种文化的民主价值。因此，中国民主之建立必须托命于“士”，因为士有两种长处：一是理性主义，二是道德主义，他们可以承担西方公民社会中的“公民”角色，依靠“公民美德(civic virtue)”投入到政治生活中去，并且通过教育来培养市民的理智能力，最终达成民主主义文化的普及。他认为在中国，只有士才能完成向公民角色的转换。

这番“卓见”无疑凸显出这两位患难数十年的朋友之间的思想分歧，也可以清晰地探明他们在1946年的决裂背后其实已经是“两条路线的差异”，势难共容。就在20世纪40年代，张东荪写下他的代表作《民主主义与社会主义》，在书中，他声称民主与社会主义可以并行不悖，并无矛盾。不过他当时可能并没有意识到，思想实验其实无法与现实政治相提并论，他将要面对的远非是一场理论的辩驳，而是一场他根本无法想象的政治运动。

有史以来最伟大的思想家——休谟

巴格尼 / 著　吴万伟 / 编译

大卫·休谟(David Hume)应该被看做有史以来最好的哲学家,虽然他没有马克思的辛辣尖刻和萨特的装腔作势。

苏格兰人啊，帮助你们18世纪的同胞大卫·休谟戴上有史以来最伟大的哲学家的帽子是你们表现爱国热情的义务。首先,赤裸裸的民族主义和认真的理性思考共同得出此项结论:在所有的杰出思想家中,休谟是最好的。如果怀疑是出于民族偏见,我想说我这样说是作为非苏格兰人说的，就像爱丁堡公爵不是苏格兰人一样。

英国广播公司4频道(Radio 4)《我们的时代》(In Our Time)栏目正在进行一项调查,看看谁是最伟大的哲学家。虽然主持人梅文·布雷格(Melvyn Bragg)已经说漏了嘴表明马克思一直领先,消息灵通人士告诉我休谟紧紧跟在后面,这位苏格兰最伟大的头脑仍然有希望获胜。

休谟甚至成为挑战者本身就表明了他的哲学的力量和投票支持他的人的智慧,因为他缺乏一个公众英雄的所有必要素质。马克思有一些振聋发聩的经典语言,如"宗教是蛊惑人民的鸦片","各尽所能,按需分配","要么这个人死了,要么我的表停了"。(必须承认,最后一句是格鲁求·马克思(Groucho)说的,不是卡尔·马克思说的)相反,休谟最著名的话完全把没经验者给难住了。他的智慧体现在"毁灭整个世界也不愿意碰伤我的指头并不和理性相违背"这句话,当然你若看不出来,是可以原谅的。

让·保罗·萨特(Jean-Paul Sartre)因为形象迷人占尽优势。不管和历史事实是否相符,有数不清的诸如左岸咖啡馆,Gauloise牌香烟,黑色高圆翻领等的浪漫故事,充满绝望和自由的深刻谈话等。相反,休谟在画室玩弹子游戏,

吴万伟:武汉科技大学外语学院副教授。

大卫·休谟(David Hume)

陪伴母亲。

克尔恺郭尔和加缪的神秘色彩由于他们英年早逝的悲惨结局而更加引人注目。休谟65岁死于肠癌,没有痛苦,情绪正常,实在没有什么死后博得大名的操作空间。确实,普通老百姓对这个人的了解实在不多,也许除了唱的歌词"大卫·休谟胜过(耗尽)叔本华和黑格尔"以外。

然而,休谟顽强地留在人们心中,被许多人奉为最伟大的哲学家。我们能否更进一步说他是全世界最伟大的哲学家呢?我想是可以的。不仅仅是因为相比他所处的时代现在更需要休谟的哲学研究途径。

休谟1711年出生在爱丁堡,当时正是启蒙运动的初期,也是英格兰、苏格兰合并成为大不列颠的初期。苏格兰的哲学由于科学的成功正在转型,这个转型不是建立在抽象的理论上,而是建立在世界现实状况的经验主义观察上。一下子,大陆思想家笛卡儿和斯宾诺莎的抽象思考好像无可救药地和他们试图解释的现实世界脱节。哲学必须得切近自然,它的推理要根源于实践经验。

休谟正是帮助把哲学引导到这条新道路上的许多人之一。然而,这条道路也是一条向来都受到怀疑主义威胁的非常不确定的道路。柏拉图和笛卡儿超越怀疑的哲学梦想已经一去不复返了,取而代之的是需要学会和怀疑共处但并不被怀疑所左右。休谟的独特天才就在于向我们显示如何做到这一点。

休谟实践了自己的哲学观点。虽然在他的哲学思辨中常常被它们的怀疑主义色彩所困扰,但是,当他重新加入人类同伴并玩起弹子游戏,这些担心不久就烟消云散了。虽然看起来很肤浅,但实际上是一种成熟的认可,即那些声称是虚无主义者的人其实是装模作样:没有人是真正什么都不相信的。

休谟所讲的正是与当今我们密切相关的,因为确定性只能在宗教极端主义者那里才能找到,不确定性很可能堕入后现代相对主义和智慧无政府主义的泥沼。在这个气候下,我们如何解决诸如基因细胞研究、安乐死、公民自由和公民安全等的激烈争论的伦理难题？在科学产生这么多问题的时候，我们如何相信科学？在东西方建立信赖的基础瓦解的情况下，如何解决东西意识形态的冲突？我们需要的是休谟式的途径：在不确定性的海洋上提供一个能够漂浮在上面的智慧的压舱物。

想一想伦理价值问题。休谟在许多关键问题上和道德怀疑主义者观点一致，他不相信建立绝对的道德价值是可能的。宗教当然不能提供这些，因为根本没有办法让我们相信宗教教义或其领袖的权威。不能因为宗教说这是对的那是错的，我们就说这是对的那是错的，而是因为我们有足够的理由相信它是对还是错。

在宗教和教派林立的当今世界，休谟的怀疑主义比以往显得更加聪明。如果我们要接受某个宗教的指导，我们需要理由。单说“相信我，我是牧师”已经不够，不仅仅因为每个主教都说同性恋是可以接受的，但仍有人声称这些所多玛城居民（sodomites，叛逆分子）将会在地狱的烈火中为自己的罪行付出代价。

道德价值同样不能用纯粹的理性来说明。休谟把只能被理性证实的真理称之为“有关观念关系的东西”，再次表明他无法创造一个容易上口的范畴的怪异本领。数学就是这样一个例子，因为数字或符号代表二加二等于四。同样的，你不需要对每一个单身者进行调查就知道他们都是没结婚的人。

休谟认为道德问题显然不能归于这个范畴。你不能仅靠弄明白这些词的意思就知道 Asbos（旨在打击反社会规范行为的命令）是否对公民自由造成了无法接受的限制。你同样也无法仅仅靠断定“合法性”和“战争”的意思就解决认为战争是正义性的还是非正义性的争执。道德辩论不是数学，争论无法通过纯理论来解决。

因此，不管是宗教还是理性都无法建立道德确定性。那么这是否意味着我们成了人们谴责的没有道德感的人，对你来说是正确的在我看来未必是正确的，谁也没有资格批评别人的道德观？有些人可能觉得这个观点非常吸引人，因为它绝对宽容。但是物极必反，绝对的宽容是让人讨厌的。达尔福尔（Darfur）大屠杀对苏丹受害者来说就不是正确的。反战示威者并不认为入侵伊拉克对布什和布莱尔来说是对的，对他们来说是错的，他们就认为战争是不对的。

幸运的是，休谟的观点并没有把我们带到道德无政府主义。除了宗教和纯理论外,还有一条知识的路线。关于事实的问题可以通过对现实世界的观察得到解决。所以,如果你想知道水在什么温度沸腾,只要进行实验就能找到,坐在椅子上思考"水"和"沸腾"的意思根本就办不到。

然而,事实问题从来没有被证明是毫无疑问的。你得承认科学并不是确定的,但是,毕竟比迷信更可靠。虽然从前的哲学家要求确定性,休谟则试图将不确定性制定等级。很明显,道德原则比物理定律更加不确定,正确与错误不能像能量或质量一样进行观察或测量。相反,道德事实需要人们用感情和怜悯来确定。当我们说折磨人是错误的,我们不是要指定折磨本身的某种特征,而是表达我们对折磨的反应。而且,这些感情是人类自然的反应。移情是人类的共性,这使得人们对是非有着共同的看法。感情可能受到经历、社会、理性的影响,但是并不仅仅是其中任何一个因素的简单产物。因此有这样让人好奇的说法:"毁灭整个世界也不愿意碰伤我的指头并不和理性相违背。"换句话说,让我们从毁灭整个世界的想法退却的不是理性的讨论而是人类的情感。

休谟解决当今道德难题的策略,将首先向我们显示如何拒绝接受宗教领袖提出的任何绝对的原则,接着显示任何道德原则需要不言自明,或证明是正确的。清除所有的虚假的绝对性,我们将开始辨认共同的人类本能,以促使我们运用自己的理性来发现充满矛盾和复杂性的前进道路。这正是现代伦理学前进的方向。人们无法确定绝对性的起点,因为不是所有的人都认可。相反,他们需要从把我们团结起来的东西入手。

休谟的天才在于他把显示我们理解局限的冷酷智慧和对引导我们前行的有限的智慧资源的清醒认识结合了起来。难怪休谟的理论不被众人吹捧,不需要传奇般的生活、浪漫色彩的死亡或巧妙的口号就可以长久存在。投票选择休谟就是投票支持能够战胜我们时代的怀疑主义,同时避免教条主义的唯一哲学家。

译自:"The Greatest Thinker in the world……ever" By Julian Baggini。

网址:http://www.sundayherald.com/print50415。

社会秩序是如何可能的

王国伟

弗朗西斯·福山在《大分裂——人类本性与社会秩序的重建》一书中，敏锐地揭示了由第三次科技革命引发的人类社会深刻的变革，与社会物质的进步相反，人类的道德秩序发生了大分裂。围绕社会秩序是如何形成的这一时代的根本问题，福山通过追溯人类社会秩序的来源及其演变的逻辑，试图从根本上寻求超越大分裂、重建人类社会秩序的路径。福山研究社会秩序的内在逻辑，对于转型中国的社会秩序研究具有重要的借鉴意义。

一、进步与破裂：技术变革与社会大分裂

自20世纪60年代以来，西方发达国家相继爆发了第三次科技革命浪潮，新的生产工具和信息技术的发明和广泛运用，标志着人类逐步由工业社会转变为信息社会或后工业社会。这是人类继从狩猎、采集社会转变为农业社会，从农业社会转变为工业后的第三次社会的转变。同前两次社会转变一样，"第三次浪潮"的来临必将引发全面而深刻的社会变革。与新技术革命引发持续经济增长相反，人类的社会和道德生活领域中却产生了"大分裂"：不断加剧的社会犯罪，逐渐破裂的家庭结构，日益萎缩的信任半径等。在福山看来，由科技进步衍生的人类劳动性质的改变、生物医学技术的进步、性别角色的改变以及个人主义文化的兴起，不断侵蚀着维系传统社会的纽带、道德观念、社会规范、社会信任和社会资本，成为造就社会大分裂的根源。

在技术、经济及社会变革的压力下，整个社会的秩序也面临前所未有的挑战。作为维持社会秩序的规范已经被瓦解，个人成为尼采所说的不受约束的"超人"，因此社会规范和准则的建立就显得非常重要，问题的关键是要建立什

王国伟：中国人民大学社会学系博士研究生。

么样的规范。福山秉持着一种相对主义文化观，所以他摒弃了建立绝对文化规范的意向，转而主张一种构成社会资本的规范观。在他看来，“社会资本就是一个群体成员共有的一套非正式的、允许他们之间进行合作的价值观或准则”。这种社会资本不仅会使经济的发展受益，更为关键的是对创立“健康文明社会至关重要”。福山既然将社会资本看成规则的重要内容，那么由这种社会资本所形成的秩序应该是一种道德秩序或精神秩序。由此观之，大分裂实质是人类道德秩序或精神秩序的分裂。

面对混乱的社会秩序，福山看到了政府通过公共政策控制大分裂的努力，也发现了亚洲文化对维护社会规范、缓和大分裂的积极作用。但他还是坚持认为，公共政策和文化只能使国家对大分裂的速度和程度进行控制，人类面临的大分裂已是不可避免。更为重要的是，这种努力也不能解决人类“21 世纪如何建立社会秩序的问题”。福山虽然对人类的现状给出了略带有宿命式的诊断，但是他并没有放弃进一步寻求重建人类社会秩序的努力。

二、人性与理性:支撑社会秩序的基础

道德秩序的大分裂，已经使人类处于进退维谷的境地，唯有追溯人类社会秩序的根源，才能从根本上寻求弥合大分裂的药方。因此，福山绕开了大分裂给当代社会造成的影响，转而提出了一个更为根本的问题：人类社会秩序从何而来？又如何演变发展？

在福山看来，无论是社会资本还是社会秩序都拥有两大支撑基础：第一是源于生物学基础的人性，它具有建立社会准则的能力。在此基础上，人类具有与生俱来的认知结构、乱伦禁忌以及亲属间的选择性合作和互惠性合作的能力。因此，社会资本和社会秩序实际上是人类一种本能的“东西”被创造出来。但是在特定文化环境中，社会秩序往往不是人性的产物，而是文化塑造的结果，这就是社会秩序的另一种来源，超越了人类自然基础的理性。人类拥有以理性的方式自发产生解决合作问题的能力，也就是说，社会秩序是“理性人”之间横向的谈判、争论和对话过程的结果，以此形成了自发的社会秩序。与此同时，他并没有否认在现代社会，秩序通常是自上而下的等级制权威建构的结果。这一点在经典社会学大师马克斯·韦伯看来，人类社会秩序是由传统型统治和魅力型

统治向法理型统治转变的过程，其实质是社会生活的理性化和制度化，国家所制定的正式法律是人类社会秩序的主要来源。但是相比较而言，福山更加强调人类社会秩序来源的自然性和自生自发性。基于以上对社会秩序来源的讨论，福山根据规范连续体和理性连续体两个标准将人类行为规范划分为四个象限，分别代表着人类规范的四种理想类型：由理性和等级制方式产生的政治性规范、由理性和自发性方式形成的自组织规范、由非理性和等级制方式的产生的宗教性规范以及由非理性和自发性方式形成的自然的规范。在此基础上，分别衍生了四种不同类型的社会秩序：自发性的社会秩序、政治性的社会秩序、宗教性的社会秩序和自然性的社会秩序。如下图所示：

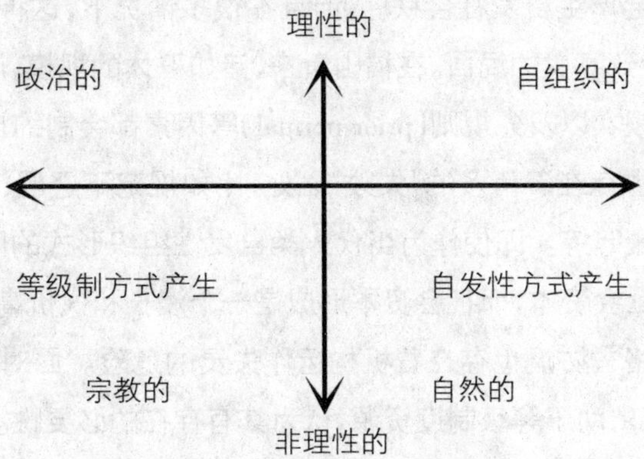

人类社会规范的理想类型图

尽管由国家自上而下建构社会规范是现代社会秩序的主要来源，福山仍然坚持认为人类通过协商、讨价还价自下而上自发形成社会规范的方式并不会消失。尤其当官僚制等级制在人类政治和经济领域开始走向衰落时，那种非正式的、自我组织协作方式——网络，将会成为解决组织内部高度分权协调问题的机制，由此产生的社会资本是自发秩序形成的重要源泉。这是因为网络是建立在共有的价值观念和非正式的规范基础之上的，是介于传统市场和等级制度之间的组织形式。正是在这个意义上，福山将网络视为一种信任道德关系，体现的是社会资本。基于网络所蕴含的非正式规范和价值观念，正改变着传统等级制组织中信息的流通方式和信任低下的难题，而且对于信息技术产业的发展发挥着极为重要的作用。因此，通过非正式的社会网络所形成的社会资本,成为现代社会自生自发秩序生成的机制。

三、对立与融合:自发秩序与等级秩序的选择

在塑造社会秩序的规范来源上，福山质疑了那种现代社会规范主要来源于等级制权威(政府部门)的观点,坚持认为人类通过谈判、协商自下而上形成社会规范、解决自我组织问题,产生自发社会秩序不仅可能,而且在等级制组织日趋衰落和网络逐渐兴起的背景下,通过嵌入网络中的社会资本,成为现代社会自发社会秩序形成的机制。但是经过经济学家 Garrett Hardin 和政治学家 Elinor Ostrom 对“公共资源悲剧”问题的研究,福山敏锐地意识到只有在某些特定的条件下才会产生自发社会秩序,而且在很多情况下,这种秩序要么是无法实现,要么会导致不良的局面。在福山看来,诸如群体的规模、成员的身份界限、成员间交往的频次以及先规则(prior normal)等因素都会制约自发秩序的形成。而且自发秩序也存在着诸多的“失败”之处,比如规范不透明、无法纠正非公正权力的行使问题等等。即使作为当代人类自发性组织形式的网络,也高度依赖于嵌入其中的社会资本,而社会资本形成是一个漫长和代价高昂的过程。在有些领域通过网络去协调也存在着机构运作失灵的危险。面对自发社会秩序的缺陷,福山转而求助于等级制度资源,认为其有存在的必要性。在他看来,在社会资本缺失的条件下,人类的等级制是低信任度社会组织起来的唯一方法,而且在某些领域通过等级制控制要比网络协调显得更加有效率。福山还从人类本性和情感满足的角度阐明了等级制存在的合理性。

福山作为新保守主义的代表人物，既承认了人类自发社会秩序的弊端与局限性,又肯定了等级秩序存在的合理性与必然性,以一种比较温和的立场消解自由主义与保守主义之间的对立,转而寻求两者的融合。正如他所言,“社会秩序都将永远从等级制和自发性这两种混合源泉中产生出来”。但问题的关键是,如何消解两者之间的对立呢?这是一个学术立场的问题。在这个问题上,福山丝毫没有掩饰其对自发秩序的“偏好”。他认为,国家在弥补自发秩序缺陷和局限方面,可以提供公共财产保护,为由市场交换产生自发秩序创造条件;通过国家立法创立规范,可以扩大社会信任半径;经由领袖的魅力额可以创造社会秩序所需要的美德以及基于等级森严的宗教可以塑造和规范。由此可见,福山

是以人类自发秩序为基础，通过等级秩序弥补自发秩序局限的方式，综合了自由主义和保守主义观点，寻求一种“广泛的人类合作秩序”。

四、回归与超越：社会秩序重建的逻辑

福山开篇便指出，当前人类社会面临的紧迫问题是由技术进步引发的人类精神秩序的大分裂。但是他随即却将此问题“悬置”起来，转而从根本上追问人类社会秩序的源泉，在此基础上努力寻求一种多元的合作秩序的达成。这实质上已经涉及从根本上超越大分裂的问题，福山通过人类秩序的大建构直接给出了自己的回答。

但是，福山所说的社会秩序的重建有着独特的指向性，仅仅是指整个社会领域中精神或道德秩序的重建。因此在他看来，人类社会秩序重建的过程，不是等级制权威的重建，而是在后工业社会基础上重新确认诚实、互惠习惯并扩大信任半径的过程。显然，福山是要在一个技术环境已经发生改变的条件下，通过重新确立道德准则，恢复社会资本，以此作为实现社会秩序重建的路径。

即便如此，这也将是一个极其复杂和艰难的过程，福山明确地意识到这一点，仍然坚信人类精神秩序的重建是可能的。在他看来，尽管资本主义文化、资本主义国家以及市场经济行为不可避免地会破坏道德规范，侵蚀社会资本，但新的规范和道德行为也会被建构出来，这将构成社会资本形成的基础。在社会秩序的重建中，福山坚信新的社会秩序将会分别来源于人类行为规范的四种理想类型，无论是公共政策，还是宗教活动，甚至人类的本性都将成为人类精神秩序重建的资源。在这个问题上，福山再一次同保守主义站在了一起，肯定了社会规范的保守主义发展趋势。面对社会道德秩序的兴衰涨落，福山最终给出了一个多少有些令人无奈的答案，显然他知道：如不若此，将别无他途！

福山以人类社会生活和道德生活正遭受的大分裂作为研究的起点，以追溯人类社会秩序的来源及其当代嬗变的逻辑为主线，以寻求社会秩序的大重建为终结。其自始至终关注的核心议题是当代人类社会秩序何以可能的问题。这是一个让思想家们着迷和困惑的老问题，但福山从不同的研究路径给出了新的解释。福山认为，人类社会秩序主要是社会规则的结果。规则的被摧毁和缺失，是引发西方社会和精神生活大分裂的直接原因。这一切都源于第三次科

技革命所引发的不受约束的个人主义文化，它打破了传统的道德观念、价值准则和行为准则。不仅如此，还摧毁了形成共同价值观念和规范的基础——团体。因此，对社会规范的理解，是通向理解福山社会秩序研究路径的关键。

纵观全文，福山所论述的规范不仅仅是指正式的法律、规章和制度，当然他也很少在这个意义上使用"规范"一词。在更多的场合，规范是一种非正式意义上的，包括道德观念、价值规范、行为准则、宗教活动、风俗惯例等都是规范的重要内容。与他对社会规范的理解相一致，福山在追溯社会规范的来源时，虽然建构了人类行为规范的四种理想类型，但是与等级制权威（现代国家）建构的正式规范相比，那种通过讨价还价、明确协商、由下而上自发形成的非正式规范更具有基础性，也更受福山的青睐和重视。但是，福山并没有因此而误入极端，正如前文所述，他选择了以自发性规则为基础融合等级制权威（正式的）规则的策略。基于福山对社会规则的理解，在这种非正式的社会规范基础上所形成的社会秩序，必然是建立在他所一再强调的道德观念、价值规范、行为准则、宗教活动、风俗惯例等基础之上的带有强烈道德色彩的感性社会秩序。同时，以这种自发的感性社会秩序为基础融合等级秩序，这样就形成了福山所说的广泛的"合作"秩序。

至此，在"社会秩序何以可能"这一问题的探讨上，福山显然迥异于霍布斯，他不像霍布斯那样，主张通过建立强大的利维坦（国家），来结束人与人之间的"敌对"状态。相反，在福山那里国家（等级制权威）的"介入"非常有限，国家只是作为弥补非正式规范的局限性而存在。另一方面，福山的人类自生自发的社会秩序同哈耶克主张的"人类合作的扩展秩序"也有所不同。尽管两人都赞成社会秩序的自发性，都看到了这种感性社会秩序存在的合理性，比较而言，哈耶克是一个彻底的自由主义者，绝对地反对国家干预，而福山则显得温和，主张在人类自发秩序基础上与等级秩序结成"联姻"，寻求两者的"合作"。正是在同诸多学术流派的对话中，福山为"社会秩序何以可能的"的问题指出了不同的出路，从而实现了对他们的超越。

福山对这一问题讨论的意义还在于，他给我们展示了从人的精神、道德、社会资本等内在性角度研究社会秩序的可能性。这一研究思路对于研究拥有深厚儒家传统，尤其是身处转型之中的中国社会具有重要的理论与现实意义。

人类永不消停的“战争”与生存焦虑

张天潘

一本描述1918年大流感的书——《地球上的最后一座小镇》中真是生逢其时，本书在美出版之际，正逢亚洲禽流感疫情蔓延，病毒学家们警告大众，人类正面临新一波的流感爆发。因此，1918年流感也重新自历史中浮现，挤上焦点新闻版面。正如作者自己说的：我原先以为这部小说会因为它陌生的主题而引起读者的兴趣，没想到突然间它的主题竟然变得非常切合当下的现实了。这样的巧合，并非事前能够安排，也全然出乎我们的预料。如今被翻译到中国内地之时（该书中文版于2009年10月由译林出版社出版），也赶上了甲流最肆虐的时期，无疑也给它带来了“时势造畅销书”的最大可能性。这本书虽然是一本小说，却有助于人类对于疾病特别是流行病的彻底反思。

一、疾病“战争”下的脆弱、恐惧与无知

《疾病的隐喻》的作者、美国著名女作家、评论家苏珊·桑塔格说过，每个降临世间的人都拥有双重公民身份：其一属于健康王国，另一则属于疾病王国。《地球上的最后一座小镇》里，那座封闭起来成为孤岛的小镇则很形象地塑造出了她笔下的一个小王国。她认为这是一个自古就有的疾病的隐喻，在隐喻中，患者和疾病都被妖魔化。不过现在看来，对于流行性疾病，并不是被妖魔化不被妖魔化的问题，而是在于人类在这样的疾病面前的无知、恐惧与脆弱，正如小镇里的居民在死亡的威胁下茫然无措，无所适从那样。

一部2009年新电影《解冻》，也是讲述了这样一个故事：几个生态学专家在北极考察，偶然发现了冰川解冻后复苏的远古猛犸大象身上的寄生虫。面对可怕的寄生虫，其中项目主持教授决定让寄生虫寄生在自己身上，欲利用这个寄

张天潘：福州大学社会学系2007级硕士研究生。

生虫教训人类对于冰川融化的漠不关心。后来在他女儿的努力下，制止了这一冒险行为。她女儿回到家乡后，开始了这种宣传，却在社会上引起了广泛的质疑与嘲讽。但在社会的嘲讽声还未平息，一只从北极飞来的带寄生虫的小鸟，被一条宠物狗给吃了。此后，人类的一场大灾难降临了。而具有强烈吊诡意味的是，这部电影被认定为限制级恐怖电影，变成吓唬人的纯艺术加工与创作——这也正如这部电影里那位死里逃生的教授的女儿，从北极回归社会后所做的灾难警世努力被重重质疑与嘲讽一样，把这部电影的警示意义和深刻主题给消解殆尽了。其实，我以为，这部电影很好地说明我前面提到的几个词汇：无知、恐惧与脆弱。人类的无知，指的是非要灾难来临，才真的会意识到问题的严重性，否则，都是各自享受着现代化的一切成果，并且还十分健忘。其实，针对《地球上的最后一座小镇》这本小说故事发生的背景，《大流感：最致命瘟疫的史诗》[（美）巴里著，钟扬、赵佳媛、刘念译，上海科技教育出版社 2008 年 12 月出版]一书作了较好的分析，更可以验证人类在疾病前面的无知。书中说到，1918 年大流感之后，在许多世界最优秀的研究者做出两年超乎寻常、并且孜孜不倦的努力之后，1920 年，韦尔奇心灰意冷地预言道："我想这场流行病很可能已经过去，而我们对这种疾病的控制并不比 1889 年疾病流行时的人们熟练多少。这是个耻辱，却是事实。"

而恐惧则是来自于人类自身的脆弱以及寄生虫或者病毒的凶猛程度，一旦闯入了病毒的领地人类就被传染了，那么将在恐惧与病毒的双重攻击下，不堪一击。和人类相比，病毒这种生命形式拥有超强的适应能力和变异能力，能适应不同环境下的生存，它很古老，甚至比人类的历史还早很多，就这样安静地在这个地球上繁衍。很多时候是自大的我们闯入了它们的领地才引起不可预计的后果。《逼近的瘟疫》[（美）劳里·加勒特著，杨岐鸣、杨宁译，三联书店 2008

年6月出版]中说:"希望改造世界,改变人性,以便创造一种自我选择的生活方式,这种选择将引起许多难以预知的后果。人类的前途注定要继续成为一种赌博,因为大自然会在某个预料不到的时间,以某种预想不到的方式进行反击。"

二、"疾病改变历史"的可能

苏珊·桑塔格那句话,其实很值得解读,它深刻地指出,号称万物之灵的人类一出生,就陷入了疾病王国,成为疾病的俘虏,意味着从始至终与疾病之间不可能得到和平共处的,要对抗就必将是一辈子的战争。而更为愁人的是,这战争是代代相传的,是人类非生存即灭亡的恒久战争。在人类文明史上,瘟疫、鼠疫、麻风病、天花、霍乱、疯牛病、SARS病毒、禽流感,还有如今正在肆虐的甲流和变种甲流,以及艾滋病毒等等短期或长期笼罩的凶猛病毒,都让我们陷入时有时无的恐惧之中。甚至这些疾病一度几近或者可能已经消灭了一方的人群,如中世纪的黑死病造成欧洲有1/3的人死于这场浩劫,还有玛雅文明消逝的传染病之说,真可谓"疾病改变历史"。

说起"疾病改变历史",先引用一个小故事:公元1812年,法国皇帝拿破仑发数十万精锐之师,征讨俄罗斯,发誓"永久结束北方巨人"。但令皇帝沮丧的是,历史并没有因为梦想而改变。后来能够重新踏上法国土地的法国士兵不足六千人,步兵步履蹒跚,骑兵摇摇欲坠,能派上用场的还不到一千人。一般认为,让拿破仑大丢颜面的,是俄国寒冷的冬天以及撤退不当,但是有没有另外一种对这一历史的解释呢?拿破仑这个不世出的军事天才,前期战无不胜,攻无不克,当了皇帝以后却是屡战屡败,尽管也曾屡败屡战,但结果却是一次再次丢掉皇位,终老荒岛。前后差别如此之大,不能不引起人们的注意。诸如欧洲势力、属下不力等因素,传统史学已经讲述得很多了,但偏偏有人别出心裁,认为是法国皇帝的龙体造成了自己的失败,具体说来,就是他的痔疮导致了他的滑铁卢,进而改变了法国以至世界的历史——痔疮改变了世界史。

这种像是野史的轻松表述,是卡特赖特与比迪斯合著的《疾病改变历史》[(英)卡特赖特著,陈仲丹等译,山东画报出版社2004年出版]一书试图要表观的一种观察角度。作者讲了许多故事,从疾病的角度来看待社会史,着重阐述疾病对于社会历史发展的影响,他们认为:"在特别强调历史的社会学方面的因素时，有必要审视那些疾病曾经产生重要影响的时段，尤其是在其重要性被大多数传统的历史学家忽视或误解的时候。”

这本书，还表达了更多令人耳目一新的观点：罗马的衰落居然与瘟疫有关，因为瘟疫导致罗马人出生率下降，大量人死亡，才让日耳曼人进入罗马军团，也让天主教能够有传播的土壤；俄国沙皇尼古拉的皇储阿列克赛患有血友病，结果来自西伯利亚的巫师拉斯普廷干预了朝政，最终导致了沙皇独裁制度的终结；而黑死病改变了英国的封建制度，以及为天主教失去对欧洲的统治埋下了伏笔；希特勒年轻时有妄想症，这种症状一步步地把他推向人类恶魔的位置等等。书中也展示了和《大流感：最致命瘟疫的史诗》相似的，但却不是大家都知道的常识：原来到了近几十年，战场上因为敌人杀戮死亡的人数才与因疾病杀死的人数差不多。而以前，一场战争中死亡的人绝大多数没有那么英勇，而是死于疾病。

人类与疾病的关系，其实才是真正的永久战争，正如《地球上的最后一座小镇》的作者在给本书的台湾译本写作的中文版序中所言：“1918 年的流感本为天然灾害，但人类的愚行却加遽了它的严重性。政府忙于打仗，未能投入足够的资源来保护大众的健康；战时的言论检查使得报纸媒体报喜不报忧；社会大众互不信任而彼此猜忌，不愿对有需要的人伸出援手。”那时的人们没有意识到，他们手头正在忙活着的世界大战，其实只是国与国或者由国组成的集团之间的战争，而没去重视的流感，才是一场更为艰苦、悲惨、绝望的战争：1917 年至 1918 年，流感在全世界杀死了一亿人，甚至更多，其中小说故事的发生国——美国，被杀死了两千万人。

三、人类永不消停的生存焦虑

写下《美丽新世界》的赫胥黎曾经感慨“医学已经进步到不再有人健康了”，但是，试想如果没有医学，人类在疾病前面就更加脆弱了。不过，尽管如此，在人类和疾病的长跑比赛中，人类始终是占下风的。世界卫生组织 2007 年曾发布报告说，目前全球新型疾病暴发之快前所未有，平均每年一种新疾病。由于新型疾病正逐渐具有更强的抗药性，医学发展赶不上疾病的变化，人类健康面临严重威胁。

举个大家都正在关注的例子，甲流，其实就是流感的一种，但是到如今为止，流感有多少种了呢？我们来看看，流感病毒大致分 A、B、C 三种类型，不过要加上各种变异的类型组合，就不知道有多少种了。而目前甲流病毒变异病例又在挪威、香港被发现，仿佛像是在和人类打“游击战”，或者是玩“躲猫猫”——于是，人类的生存焦虑便难以消退。

不过实际上，人类社会如今面临的灾难，其实不仅仅只有传染疾病，还有更多的现代风险，这是我们应该注意到并且要郑重提出来的。德国著名社会学家乌尔里希·贝克是最早提出“风险社会”这个概念，他认为，风险社会的突出特征有两个：一是具有不断扩散的人为不确定性逻辑，二是导致了现有社会结构、制度以及关系向更加复杂、偶然和分裂状态转变。所以，现在的风险与古代的风险不同，是现代化、现代性本身的结果。风险社会的风险包括经济的、政治的，如恐怖活动、社会冲突；生态的，如生物链断裂、环境恶化；技术的，如核技术的、化学的、生物的风险。这些风险是现代化的产物，是人为的风险，这种风险与以前的自然风险如地震、洪涝干旱、饥荒等明显不同。

但是，贝尔或许没有考虑到，21 世纪的人类，面临的却是现代风险和传统风险的双层夹击，因为如影随形的传统风险，并没有随着科技的进步而被人类战胜，更没有被强大的现代风险“竞争下岗”，反而形成了二者错综复杂的强强联合。就如现在的甲流，现代社会下的全球村频繁流动，将原来并不能够在全球范围内扩散的疾病，升级为难以控制的全球扩散，这个地球真的变成了“最后的一座小镇”。

至于《地球上的最后一座小镇》被很多关注乃至放大的人性问题，我想，这几乎是人类在面对战争或者死亡等等之时，人们最喜欢去探讨的问题。但实际上，我认为，这种人性不是人的本性，而是所有动物的一种本性（人也表现出了动物性）。其实，人性在灾难面前，无论是光辉还是暗淡，都是无关紧要的，最紧要的是，如何不让疾病特别是传染病，成为一场难以遏制的灾难，如何在萌芽之时用技术的手段，全人类团结合作，把未来的噩梦隔离开来。对这个议题的探讨，比人性如何如何来得更具意义，更具现实感。

黑恶势力猖獗的三个原因

冼　岩

湖南长沙的“地下出警队”，一段时日来成为公众的热议话题，也再次将黑恶势力猖獗的现实，呈现在对此未有切身体验的大多数公众面前。

不止长沙，也不仅限于单纯的经济领域，黑社会的“地下出警”、“地下110”在很多地区是普遍现象。他们的业务范围，大到替人暴力索债、报复行凶、干扰选举，小到插手车辆刮蹭、宅基地、争水抢电等纠纷，甚至有人连自家小孩子被别的孩子打了，也借助“地下出警队”解决。在此之前，媒体对河北邯郸等地的情况曾作过深入报道。但是，问题依然没有给出答案：为什么黑恶势力如此猖獗，而且屡禁不止？为什么它们能够介入司法机关的职能领域？为什么有那么多人求助于黑恶势力？

本文试图回答这一问题。在经济学家那里，人只是抽象的、具有某种偏好的数字，但在现实社会，人具有多样性复杂性，“人上一万，千奇百怪”。总有一些人，他们在体质上比较强健，性格上比较强悍，如果这些人恰恰又处身于社会底层，除了体质、性格的特点外，再难有其他优势，也难以找到更好的出路，这些人就可能成为滋生黑恶势力的社会基础。

黑恶势力总是首先滋生于社会底层，所以他们的存活成本低，对恶劣环境的适应性强，生命力顽强。即使在改革开放前的一元社会，也不能禁绝黑恶势力的增长。今天人们所熟知的“顽主”、“教头”、“混混”等，就是当时黑恶势力的表现形态。改革开放以来，国家放松了对社会的全面掌控，但仍然限制正常的民间结社。在这种情况下，正常的公民社会就像娇贵的花朵，适应不了依然严酷的空气和土壤环境；而适应性强的黑社会组织则像杂草，不需要多少养分就能疯长，快速填补着国家放松管制后退出的空间。同样因为来自底层，黑恶势

冼岩：凯迪网络《中间地带》栏目主持。

力具有很强的抗执法能力。不管是原来的专政手段，还是现在的司法、行政手段，有效性都是建立在对象的恐惧基础上的，“民不畏死，奈何以死惧之？”对于拘留、逮捕乃至坐牢等惩罚，一般中产阶级白领人士当然会为之战战兢兢，避之唯恐不及，但对底层黑社会成员来说，这可能只是家常便饭，甚至还帮他们解决了一日三餐的难题。法律惩罚在他们这里，失去了威慑的力量。这也是不少地方的司法机关对黑恶势力听之任之的原因之一：警力是有限的，自然会遵循有效配置的原则。费力不讨好的事，人们会有意无意地作出回避。

黑恶势力的主要特征，是拥有不受国家控制的私人暴力。由于掌握这种特殊的稀缺资源，黑恶势力只要能够生存下来，就可能成为各种各样人利用的工具。由于黑恶势力本身的趋利特性，他们更倾向于将影响力向着以权、钱为坐标的社会之上层延伸——首先是进行交换，以暴力换取权力的庇护和金钱的滋养，最后成为上层某些权、钱势力的专属工具。在这里，金钱能提供养分，权力既能提供养分，又能充当保护伞。所以，权黑组合比钱黑组合更强大、更稳固，而最强大稳固的，无疑是权钱黑的超级组合。

舆论不应该过分强调“地下出警队”满足了一些人正当需要的那一面。对黑恶势力来说，它们本身只是唯利是图的工具，不管用途之正当还是不正当；碰巧用于正当，只是一种偶然。对那些正当需求得不到满足的人来说，即使没有“断绝对黑社会之需求”这一考量，也应该尽可能为之提供正当的满足途径，这是政府的公共职责之一。只不过，“职责”一说只是抽象的道理，政府要真正践行这种职责，还需拥有相应的资源和手段。很多问题，都是由于政府执法手段和资源的有限，只能有选择地进行配置造成的。苍蝇不叮无缝的蛋，每种根深蒂固的弊端背后，都需要一种客观必要性作为自己不被汰除的理由。公职人员的弄权、以权谋私、权钱交易等行为，往往都是依附在这种公共资源有限的合理性基础上的。要解决这些问题，不是仅仅一句“提高政府效率”就可实现的。在市场化、多元化的背景下，政府行为的有效半径已大幅收缩，必须借助民间社会的力量才能完成全面覆盖。

对恶劣生存环境的高适应性、抗法律性、工具性决定了黑恶势力在当下中国有着广阔的生存空间。从邯郸到重庆到长沙，黑恶势力猖獗所构筑的惊心画面，可能在很长时间内还不会退出公众的视线。在土壤没有根本改良的情况下，黑恶势力随时可能卷土重来，政治高压却不可能永不松懈。一些人质疑重庆“打黑”的“罪名先定”，称可能会影响司法公正。其实，仅靠司法公正，不可能解决黑社会问题。否则，司法制度完善的意大利，就不会有近1/4的人生活在黑社会的阴影之下；美国、加拿大等法治之邦，也不会仍存留许多黑社会的“保留地”。在黑恶势力猖獗之时，通过政治力量的介入，强化打击的力度，实践证明是有益的。即使只能治标于一时，也比连“标”都治不了要好。如果担忧由此可能影响司法程序的公正和人权保护，那么这种担忧在司法和人权健全的社会是必要的，而在当下中国人权保护普遍不足的现状下，对人权的强调和保护，个人认为，更应从弱势群体或普通人入手。

虽然根除黑恶势力是不可能的，但扼制其影响力和削弱其危害性则是可能的。如果黑社会的存在被遏止在底层，纵然它随生随发，也终究危害有限，就像美、加等西方国家一样。因此，“打黑”的重心应是阻止其向权、钱坐标的上层延伸，打击重点应放在雇佣、保护黑恶势力的腐败官员和不法商人身上。只要没有权力的庇护，没有金钱的支撑，黑恶势力就会失去能量。在底层，它们只能滋生，不能壮大，将重新沦为野草，虽然有碍观瞻，但害不了多少人。因此，就社会治理而言，不妨将黑恶势力视为权力腐败和商业犯罪的一种特殊分类与表现形式。

既然黑，就见不得光，离不开保护伞的遮挡。因此，在权、钱之中，既能提供养分，又能充当保护伞的腐败官员，比不法商人的作用更关键，危害更大。增强“打黑”效果的正确策略，应该是深挖保护伞。重庆“打黑”之所以显得有声有色，不同凡响，就在于挖出了司法局原局长文强，公安局原副局长彭长健等厅局级保护伞。但是，在黎强一案中，被当做保护伞而坐在被告席上的，只是重庆市沙坪坝区运管所原所长肖庆隆、重庆市巴南区公路运输管理所原副所长蒋洪和重庆市信访办来访二处原处长姜春艳。前两人坚持认为，自己不过是跑腿的，他们根本没有审批运营线路和运营指标的权力。可见，真正的保护伞其实另有其人，显然，重庆司法部门还挖得不深，除恶未尽，这未免令人遗憾。

作家张弛的尴尬之旅

莫 斯

张弛简介：曾就学北京外国语学院英语专业，后赴藏任自治区旅游外事局翻译兼向导。20世纪80年代末至90年代中期，写诗、写小说，也策划画展，参与“幸存者”俱乐部。近十年，写作、编导、演电影、电视及广告，成立能力有限文化公司并入中国作协。出版小说《夜行动物馆》、《我们都去海拉尔》，随笔《像草一样不能自拔》、《发乎于情，止于非礼》、《另类令我累》。主要影视作品，电影《盒饭》(任编导)，纪录片《饭盒》。油画作品《斗彩之鸟》、《跳水》、《灭火》等。策划或参与后小组的旅行活动还有：不许说不之旅(模仿奴才时代)、不许笑之旅(旨在讽刺假正经、伪道统)、嘉定新三屠之旅(为了民族酒业大团结)等。

另外，酒量大，酒类杂，酒后擅藏族、鲜族、“文革”歌舞，擅画速写送在座。擅逗哏，接下茬儿常出新意。大胖子，大孝子，爱狗如子，也爱狗子，也爱女子。得罪过很多人，扬言“我不怕当一个坏人”。

1. 朋友们抄了张弛的老家

人生何处不尴尬，踏遍天涯觅黑花。学英语出身的张弛当然熟悉现代欧诗中“湿漉漉黑色花瓣”的意象深度，里面至少有一层意思是黑色幽默。在公主岭市的辽河之岸，张弛在爷爷坟前焚纸叩头——因为他腰太粗、肚太大，加上腿短，跪着竟像趴着。他虔诚着，大家的笑也憋着。可是焚纸时燎着了干燥的野草，火扑过来，张弛连滚带爬地躲开。他掸掸身上的土，嘲道：“野火烧不尽呀，我上坟都这么红红火火呀。”

抄老家之旅是“后小组”的系列之旅，即每个哥们的老家都要被朋友“调查”一遍，如祖坟祠堂家谱，祖先轶事尤其是恶劣方面，抄就抄个底儿掉。张弛是革

莫斯：诗人。

军出身，按说新中国成立前他老家应很苦吧，并不。我们访问了当地一些老人，得知：他爷爷是乡村郎中，为人好学，喜欢新鲜事物，伪满时当地已有西医，盘尼西林有时比方子还管用。他爷爷既望闻切问也会打针，在河东河西小有名气，家中也小康，因为他奶奶还抽大烟呢。

本来“调查”到这儿，应见好就收呀。爷奶的祖屋也看了，爷爷的药匣子也得到了。但张弛偏问：“我爷爷活得还够寿数，我奶奶怎么就死得早呢？”于是当地一老人讲了：他奶奶抽大烟，后来心口痛，他爷爷就给她打青霉素，往胸口上打，给打死了。反正我们笑对张弛说：“你奶奶是被你爷爷打针打死的，是不是你爷爷那时不想要你奶奶了。”张弛讪讪说：“待考，我奶奶是不是青霉素过敏呢？我也懂点医，我就从来不对我老婆劝医劝药，让她自己上医院，现在看来是英明的，我可不愿成为我爷爷那样的人。不过，我在西藏带团时，是命令过兽医用兽药给人打过针。”

辽河两岸的农业风光和贫穷故土，让张弛感叹：“我怎么就成了城里的文化人了呢！”公主岭农科所的一座砖房，十多年前曾出过一个搅动全国的人物。我们在农科所里转悠，有人调侃张弛：“公主岭你算第二号名人吧?”张弛摆手，说：“千万别把我当第二号，我跟邪教无关，我哪号也不号，我没号。”

2. 张口就说“我是孙子”、“我是小人”的张弛

不少人都说张弛很狂，罕见他说软话谦语——万一说了，也没准三翻四抖后是更狂之语或是设的套把你绕进去了不能自拔。但是在河北的滦平县境，滦河岸的古塔之下，杨三姐告状的衙门之侧，名吃兔肉锅店内，我都听见也看见张弛一会一口一个“我是孙子”，一会儿又一口一个“我是傻B”。

那是后小组在滦平搞的自卑之旅，即参加的组员以抓揪儿的方式，抓到自己凡开口必须说的谦语自卑语；每过一小时重新抓阄，也就是尽量把小人、吝啬鬼、傻B、孙子、奴才都当一遍；但6个阄里也有一个好阄——老子。张弛运气不好，很少抽到“老子”。在那家老两口开的脏兮兮又香滚滚的兔肉锅店，抽到“孙子”签的张弛，很谦卑地一边自称“孙子”一边给大家倒酒。一个80后的小孩子倒抽到“老子”——他也颐指气使地对张弛说：“老子爱吃兔头，给老子夹过来。”我当时担心张弛出戏，把一个大嘴巴送过去。不料张弛愣了一下，眼神由恶

变善，笑眯眯地对那小后生说："孙子我给您留着呢，不过兔头吃多了嘴唇容易豁。"

自卑之旅的规则另有：若发语时未带上抽到的那个谦词须罚酒一杯或罚款两元。不是没有参加者是失误还是故意不说而甘愿被罚。再一条规则，是任何人沉默不许超过两分钟。按张弛的酒量或钱包容量，他完全可以用酒用钱代替孙子。我们算过，一个人一小时须说 30 个自卑之词。而且大家也一致默契：说"孙子我"时不许昂头挺胸以及利用共鸣，须点头哈腰且声音谄媚。张弛真是个好演员，电视台真没看走眼。

事后跟张弛聊自卑之旅，他说：现代社会的狂人太多了，不怕真狂，但多少人是假狂、傻狂、虚狂；本事大的狂人，有的是狂在心里，表面上可以很谦卑；咱们后小组这帮都挺狂的，玩玩自卑之旅，自己煞一煞威风，可能比游戏深刻些。于是我们又半诙谐地商量搞一个"自信训练之旅"，专门向组织自卑的人收费，每人按签抽一些狂词的自称，如爷爷我、朕、本帅、本总理等。

3. 在电影《盒饭》不变换的外景地

张弛自称是向导，在路上带我们玩了一个《盒饭》。哪有什么计划的外景地，基本就是现找、现忽悠、现拍、现跑、现流浪。云居寺附近一座石头山顶上有八块兀石，他说正好拍古观象台；乡良某小区的仿欧大门，他说拍在凯旋门打架那场戏；机场附近环铁道边，他让哥几个站在飞驰的火车边诵波德里奈尔，还愣说这火车是他租的。

《盒饭》这部故事片的编导是张弛，这明似他领着大家玩的一个后风格的游戏，充满了解构现代、幽默人性的意味。拍这戏，也是在不断的旅行中，若问明天在哪儿拍呢，多半得到的回答是，走着瞧。比如在顺义的农地上开起大型联合收割机的体会不劳而获的感觉，比如在房山的废矿玩自行车接力喝啤酒，比如在营场地的大垃圾场学鹤飞学狼嗥以展现每个人身上的动物性，比如在上方山的盘山路上让不会开的人开拖拉机，关键还是让大家坐在上面唱情歌。

张弛自信地对大家说：这戏一拍完，大家都要练一练在红地毯上走道，学一两句法语，戛纳在等着咱们呢。因我是管后勤的，我问：戛纳太远，这几天的中饭晚饭在哪儿吃呢？张胖说：电影《盒饭》嘛，当然以吃盒饭为主，至于外景地，要尽量选择离哥们开的餐厅近的地方，咱们不白吃，给人家打上鸣谢。吃得太次，酒又得自费，哥几个只好叫有钱的大款朋友来探班。

剧组来到了河北涞水的一处废弃的高尔夫球场，草坡平缓，四面峰峦。人家让拍吗？先进去再说。进去就拍，看场的人以为是旅游者拍着玩，张弛故意不用监视器，没料到，一会雇的一群羊以及十几个当地农民都来入戏了。看场的人不干了。张弛亲切又忧伤地跟人家苦口婆心，说"最后10分钟"。3个最后10分钟后，人家急了说要打110。撤呗。张弛事后说："要不是我看最后一遍可以过，我真可以给那个看场的大妈跪下。"在房山拒马河拍的另一场戏，天寒水冻(12月)，要拍涉水及落水，前两遍拍得不太理想，第三遍的"开机"已经喊了，不料拍着拍着，摄像机的镜头里出现了几个村干部模样的人。他们大喊："不许拍！办手续了吗？"原来他们想要两三千的风景费。可两三千够剧组吃喝好几天呢。乞求高抬贵手未果后，张胖尴尬地领着大家撤。可再也没有找到更理想又不收费的河段。试映看到那场涉河落水的片段时，张弛说：再好的电影也有遗憾，没关系，咱们这《盒饭》思想和手法太伟大了。

张弛带着《盒饭》到首尔旅行了一圈，哥儿几个等着他带回些美元或韩币。在接风宴上，张弛说：我觉得外国人对中国电影审美有些阴暗，他们更喜欢下层的、脏的、变态、粗暴反动的东西，像《盒饭》这么光明大方、睿智隽永的东西，他们不相信中国人能拍出来——哥儿几个别急，我会带着《盒饭》再跑跑，换回比盒饭高级的大餐。

4. 打赌之旅中他学了董存瑞

打赌之旅，是在河北隆化和内蒙克什克腾旗之间玩的。人生是不是一场赌博，一连串的，至少它像吧。大到选择婚姻、职业以及信仰，小到山野路口择向、篦街挑馆子、借给半熟之人钱款等。在去往隆化闷热的火车上，张弛说：大多数人都有赌徒心理，反正我有，其实敢赌的人充满自信，咱们搞打赌之旅虽有些做作，但也是纯粹的游戏，好玩呀，这比搓麻将、斗地主、划拳丰富多了。火车上，我们互相就开始赌了，或赌隔座姑娘的职业，或赌车上啤酒的价格，或赌在京某友正在做什么(可电话求证)，或赌列车长会不会背八荣八耻，或赌今晚电视国际新闻第一条是啥。

打赌之旅的规则是:每人每天必须打九次赌也应九次赌;每日评出最佳三个赌,有奖;奖惩是象征性的,输一赌罚一元或一杯啤酒;旅资 AA,个人嗜好的消费须自理。张弛肯定是出赌应赌最多的。一般人,比如出赌“前面三百米肯定有饭馆”,如大家无异意,这赌流产。而张弛有时出一赌,两种答复中他要你挑剩的。比如他说:我赌咱们拐进那胡同碰见的第一个人是男的——怎么没人敢赌,那我猜是女的。

大家到了当年董存瑞炸碉堡的遗址(已修复)前,还差一百多米到时,大家互赌了,它开不开门,收不收费,新修复二桥头堡让不让进,里面有哪些伟人的题词等。一会儿,小赌结果就出来了,没啥意思,聊胜于无。张弛花 20 元,租来浅灰色的解放军战士服和一个模拟炸药包。他太胖,上衣勉强穿上了——有哥们说:“我敢打赌当年解放军战士包括军官也没这么胖的。”那战士的裤子张弛在大家帮助下套上了,但文明扣一个也系不上——张胖说:“就那么开着吧,我敢打赌董存瑞当年多羡慕胖子!”当张弛在桥头堡下举着“炸药包”、咧着裤子的小便缝时,有人已赌他喊的是什么口号了。结果参赌者都输了,他喊的既不是董的原话,也不是后来的解构版,他喊的是:“为了我的毛驴,‘莎士比亚’万岁!”(“莎士比亚”是求知俚语)

我们一行住进隆化的一家小宾馆。翌日早欲离开时,前台说:“房费你们结了,但你们昨晚有一人上三楼特殊消费的账还没结。”大家面面相觑,没人承认。张弛忍不住笑,对我小声说:“我知道是谁,但我不打赌,因为没有难度。”店中的保安拦着不让我们走,又让大厅中一个七八岁的小孩说:“小二,上去让你妈下来看看是谁。”于是一个大妈下来指认了那个消费者。我们用公款补交了那笔费用。张胖又对我说:"我敢打赌,他不会主动还上的。"

5. 临机逃脱之旅

这是张弛独自完成的旅行佳作或是旅行恶作。2009 年 5 月,艾画家在德国的卡赛尔组织大型中国艺术活动,主题叫"童话",但我们底下称之为"千人炕"。那活动有约一千中国人免费参加。张弛也是一个组的组长。他和他的组员们不厌其烦地办了护照登记,又被留在国内的朋友饯行了若干次。大家都知道张弛有恐高症、恐封闭症。他家住高层,从来不坐电梯,他偶尔坐的几次飞机,也是登机前先把自己灌晕,甚至也有临机逃脱之举止。至于与朋友们坐着坐着火车,他忽然半道下车而花大钱打的去目的地,这样的事有也好几次。

他说过:"飞机就是一个大铝壳子,在绝对能摔死人的地方呼呼地走,我人在机舱里,但眼睛好像在舱外看着这大铝壳子玩悬的。"人问:"这次去卡塞尔,你不会临时变卦吧。"张胖说:"哪能呢,好几千元一张的机票都定了,再说我是组长还得带队呢。老艾是我哥们儿,我也得去接待呀,我在飞机上,可以不停地喝酒,可以斗地主。"

话是这么说。张弛与组员们上了飞机后,自己又悄悄下了飞机,发短信告诉组员他心脏病要犯了去不成了。事后也不是没人说:老艾玩的是大型艺术,而张弛借势自己玩了一个行为,叫"我们都去卡赛尔"。

无独有偶,四年前张弛出过一本小说《我们都去海拉尔》。书出版之前,他根本没去过海拉尔,并且这本书跟海拉尔一点关系都没有。不是没有欲去呼伦贝尔大草原的人买了这本书想当旅行参考,后觉上当了。我们都去海拉尔,这话本是一个有关火车与情爱的段子。不过书出之后,海拉尔驻京办的人看到了,说是既然你书都写《我们都去海拉尔》却没去过那就请你去吧,张弛带 20 多人去了,并且归京后,也总是"我们都去海拉尔驻京办"。干吗呀,手把肉、蒙古王呗。

6. 在西藏做导游时的麻烦

张弛大肚遮腿、长耳垂肩、笑唇朝上,有些像戴眼镜的弥勒佛。但 18 年前,他还是个瘦猴。看他现在这个样子,走道稳如老奶奶,爬山慢得像抱着一个大

张弛在西藏

桶，谁也想不到20世纪80年代中期，他在西藏当过两年野外导游。什么珠峰大本营、樟本口岸、纳木错等绝对是令山野爱好者炫耀的地方，张弛作为导游和翻译都去过若干次——那不是为旅行和探险，那是工作。张胖不怎么跟人提他的西藏经历，是有什么不可告人吗？

因为问，他才讲一些。并且他说："现在人老爱拿去过西藏说事，去过绒布寺又怎么了，就算登上珠峰也没什么值得狂喜的吧。"张弛给我讲了些他在西藏带队时遇到的尴尬事。

一次是他带一个德国团（他学的是英语，也会简单的德语），旅行到定日时已是半夜。一个团员因高原不适而突患心脏病。可医院早已关门，张弛也慌了——怎么才能救他的命呢？张弛挨家挨户去敲门，终于敲出一位兽医——人家说我只会给牲口看病。张弛说：外国人身体好得都跟牲口似的，你药量减半就是了。兽用针头打进了兽用药，那老外缓过来了。张弛说："老外在西藏旅行时猝死的例子很多，当时我也是急了，人家死马当成活马医，我就来了个活人当成活马医呗。"

一次是他和同事去樟木口岸准备接一个丹麦团，赶上大雪，弃车步行，海拔降低后，又进了蚂蟥林。未吸血的蚂蟥在树叶上很细小。一只跳到同事头发里，晚间那同事觉得头皮痒，一挠，挠下一条食指粗的黯红蚂蟥，一踩，叭！炸了一地血。

张弛会跳西藏舞，也爱说金珠玛咪。原来一次他被困在樟木与嘉措拉的雪山上，眼看山谷黑了，只一抹夕阳红挂在雪峰之顶。温度也骤降了……终于解放军出现在远处的山坡上，金珠玛咪来救他们了。张弛说我当时就给亲人、救命恩人唱了一曲《金珠玛咪亚古都》。

山南某处盛产朱砂，在80年代中期也没有什么统一管理。张弛带一对外国夫妇去那旅行，在产朱砂的岩壁上刮敲下不少朱砂。老外很兴奋，也付出了过多的体力劳动。晚间那女老外忽然大出血，张弛赶紧叫车送病人去医院。医生问那男老外以及张弛，张弛除了翻译那男老外的话外，又跟大夫说：可能她朱砂装得太多了。

张弛有好多年没回过西藏了。我说：现在火车通了，宾馆好了，到处都通柏油路了，八廓街的酒吧也多了，不回去看看？他说：你没听说，“学古琴，拜喇嘛，坐着火车去拉萨”是新时代的三大俗么，我去不去拉萨无所谓，有事就去呗。虽然我去西藏有些经历，但没必要搞怀旧游，我喜欢领导人爱说的一句话，就是，向前看，我前面的大山大水还多着呢。

谈起火车，张弛津津乐道的是电影《盒饭》中，火车飞驰而咫尺之侧有他的演员在背诵：……让黑暗降临，让钟声吟诵，时间过去了，而我没有移动。他又说：这绝对是一个大景，让有的人坐这趟火车旅行去吧，而我们就成为车窗外一个不动的诗的风景。我忽悠他：你牛呀，不善于旅行，善于当伟大的风景，你想让人旅行你呀！

饮食之天下(之二)

徐大卫

四、美食的神圣化

在国民生活水平提高、重视休闲生活的今天,美食的鉴赏和寻访,俨然成为生活美学的一环,是一种国民品味须知,甚至是种具有社会压力的义务。报章杂志和广电节目中的美食评鉴,是建构此美食文化的重要推手,它在大众消费的规模上,将美食精品化、艺术化、神圣化,这是值得探究的现象。晚近十余年来,台湾的电视台引进了大批日本美食节目,以其活泼的呈现方式和专精的达人路线,开启了观众的新眼界,带动了餐饮业的新潮流。下面我介绍几个例子:《电视冠军》、《料理东西军》和《生活一级棒》,前两者可由"土豆网"(http://www.tudou.com/)查询并收看。

首先是《电视冠军》(1992~2008)。这个节目每次以一个主题,来设计复杂困难的比赛,激荡出各参赛者在该领域的专精表现。主题的范围很广,包括大胃王、食物、工艺、温泉、搜藏品等各种日常普及或稀奇古怪的东西。在和食物有关的单元中,比赛内容和指向的参赛者有两类:一是创作者,由实际从事食品生产的专业厨师,针对节目所指定的题目进行烹调创作;二是消费者,由业余但鉴赏力超强的美食家,以物品的精微细节,判断其种属、组成和来历(有时创作者也得接受这种考验,例如食材鉴别)。由于是竞赛,比一般的美食介绍要来的紧张刺激,不过有时太过注重细节到了神经质、拜物教的程度,似乎丧失了单纯喜爱美食的乐趣。而在节目包装上,由艺人主持和评论,加上大量的观众席不时对比赛过程发出惊呼,颇能烘托出热闹气氛,以及比赛者和作品的神圣光环。另一个节目《生活一级棒》不以比赛见长,重点在寻访各地的名店、名厨和美食,以及著名的上游食材产地与生产者。后面这一项,将观众的目光从餐厅、

徐大卫:美国弗吉尼亚大学社会学系博士研究生。

餐点等终端商品，移到原始食材上（菜品、肉品、调味料等），而且周游全国，下乡寻找其著名产地。节目以“名人”来称呼，在生产该食材方面有卓越建树和口碑的人士，他们可能是农夫、渔夫或酿酒人等底层劳动者，在具有优质资源的环境里，以精妙独到的技艺，培育或捕捉到最好的食材。这种观照的社会学意涵就在于，镜头远离了都市丛林、典雅餐厅与打扮整齐的厨师们，转而去正视、欣赏“乡间”与“底层”的价值。

在这两个节目里有几个与美食造神运动相关的元素：（1）综艺性：由艺人主持和评论，充分运用他们在娱乐、幽默和炒热气氛等方面的长处，来增加节目色彩。（2）影音形象：对食品进行漂亮的放大特写，成为夸张诱人的‘欲望凝视’（不同于艺术欣赏上有距离的纯粹凝视）。主持人试吃时露出陶醉、赞叹的表情，将不可见的味觉感转化为可见的正面讯息。（3）信息量：由名人或 VCR 旁白，对食材或食品的原理、做法、特色进行专门介绍，但是主持人或来宾仍会从消费者的角度提出他们自己的看法。两相参照而组成一套丰富诱人的评论文本，与上述的影音效果一同烘托出食品的意象和价值。（4）达人精神：节目对拥有登峰造极手艺的达人或名人，都投注高度的肯定和崇拜。这在升学主义、文凭社会里，多少能提升各行各业包括手工艺家或底层劳动者的社会声望，使卓越的工艺技术和辛勤的身体劳动也能获得一定的尊敬、欣赏和感恩。

不过，最能以综艺和竞赛手法将美食意象推到极致的，当属《料理东西军》。它是日本读卖电视台于 1997~2005 年推出的美食综艺节目。其内容和流程是：（a）每集有两位大厨师参赛，各推出一道相近但略有不同的菜单（例如，炖牛肉 VS.炖猪肉、大阪烧 VS.广岛烧、酱油拉面 VS.盐味拉面）。节目先以 VCR 介绍该餐点的内涵与特色，再拉回现场，厨师展示其所带来的丰富豪华食材，随即开始在棚内现场烹调。（b）比赛方式是，七位艺人来宾在烹调过程中的不同阶段，对其进行投票，最后于食品完成时决选胜负。胜方厨师为投票给他的来宾供应该食品，让他们现场吃完；败方撤收，其拥护者也吃不到东西（这其实蛮古怪）。节目的两位主持人是资深谐星，其立场已先天决定好，在烹调过程中可由该方厨师提供试吃各种食材。（c）比赛过程中，每位厨师的食材中会有一样来历不凡的品项，节目特别针对它进行产地和生产者的报道，厨师也会将此食材弄成小样品让来宾试吃。烹调近终了时，会有另一段 VCR，分别介绍两位厨师的名人同业，所做的相同菜肴（当然做法都不尽相同），作为“拉拉队”。

本节目在综艺、影音和信息量等各方面都有极好表现。它的核心焦点在于，将厨师烹饪一道餐点的完整过程从头到尾作了精彩的追踪和呈现。这和欣赏艺术的原理是类似的：消费者要充分欣赏一项艺术品，就必须尽可能了解艺术品的创作过程，去了解生产者所投入的智慧和辛劳，这是诠释学的基本。而本节目呈现该过程的方式，堪称一绝。首先，竞赛式的设计，令厨师使出浑身解数，设法秀出自己最好的一面，互相争锋；镜头则以适当节奏，轮流报导两位厨师的进度或阶段性成果，制造高潮迭起的亢奋感。其次，两位主持人和七位艺人（晚期的制作又加上一般民众的名额），得在适当时机或关键爆点——例如厨师开始添加豪华食材时，或秀出阶段性成品的瞬间发表想法和评论，也不乏夸张的表情和惊呼。他们的评论未必专业，但起码要有点内容，能指出食物的特色。艺人之间分成不同阵营，以诙谐的口吻互亏、搞笑、挑衅，也是炒热气氛的催化剂。最后，上文（b）谈到的古怪的胜败设计，使败方的损失非常惨重，对厨师和拥护的来宾都是一场空。此风险也成为来宾们的紧张来源。

在两位厨师的创作和艺人来宾的讨论中，节目以螺旋状的进程往前推动。随着时间的流逝、成果的即将到来，一步步累积、酝酿来宾与观众的情绪能量，夹杂着期待、紧张、饥饿、兴奋、踌躇和风险焦虑，各种复杂矛盾的心理，节节升高且互相强化。直到完成最终成品，进行胜负投票，终于获得解放，双方各自承担后果。整体来说，这就是以综艺化、竞赛化、戏剧化、拜物教化等方式所营造的宛如嘉年华般的极限快感。吊诡的是，食物的气味和口感，我们观众是无从感知的，只能被影音形象、语言讯息和来宾的集体喧腾炒作，所催眠洗脑，接受了“对象不在场”的圣性光环，以及令人感动到“有为者亦若是”的达人精神。

除了书报和电视外，也有以饮食为主题的漫画作品，例如《中华一番》、《将太的寿司》、《美味大挑战》等。大都是类似的逻辑，以诱人图像、细腻文字，以及充满竞争、挑战、追求极致的情节，来建构饮食拜物教。世界各民族都有登峰造极的精湛技艺，但是日本人似乎很愿意在大众媒体中，以盛大的热情去宣扬、炒作它。相形之下，西方的美食节目，例如英国人奥立佛（Jamie Oliver）的《原味厨房》，就比较自然随性。

五、饮食的暴力本质

饮食是生物体为了延续生命所进行的摄取外界物资的活动。不同于艺术品、服饰或玩具，生物体消费食物的方式，就是将它毁坏，侵吞到自己的身体里。文明的进程，使饮食精致化，吃东西不再只是满足口腹之欲，而需要用心去品味去鉴赏，而往艺术的境界靠拢。尤其在上层的高级美食与餐桌礼仪中——例如法国菜或怀食料理——食物的分量不一定很多，但在色、香、味各方面精益求精，也要求消费者细细品味而非狼吞虎咽，在悠闲漫长的时间里，享受"延迟的快感"。这都是将饮食的层次从生物本能往大脑或"心灵"境界提升的态势。

可是，不管再怎么精致化，还是不能抹消、掩盖饮食的暴力本质。厨师用最好的技艺去烹调，老饕用最复杂的心智去品尝，终究是把东西破坏、吃了下去。它的上游真相，仍然是对自然界动植物的杀害。渔夫们猎捕海中生物，就人类的立场来看，固然是底层身体劳动者为生存而与自然搏斗；但就猎物而言，则是生命被威胁和剥夺，去为人类的生命和"品味"服务。更不消说，牧人挑选最好的环境和饲料来养殖家畜，当然也不是为了它们的生活快乐，而是为了养出口感最好的肉品。

佛教主张吃素，有两个可能的理由：一是不杀生，二是避免动物痛苦。两者都有疑义。若说不杀生，那么食用植物难道不是杀生吗？若说避免痛苦，那么以科学方法将禽畜安乐死，是否就可化解呢？其次，如前文提过的，有人基于种种原因不吃猫狗或保育动物，然而这些区分不过是人类以自己的眼光，一种现代的图腾禁忌强加在动物身上，而与动物本身的意愿无关。我们必须承认一个事实：除了生物链底层的生产者外，大部分生物体的生存都是建立在其他生物体的毁坏或死亡之上的。生存的代价就是他者的死亡，正负相抵。人类猎食动物的行为，就如同狮子老虎或艾滋病毒所做的一样，而我们的技术和效率还更为精良。甚至，这在人类社会内部也是一样的，人与人之间在政治、经济、心理、象征等各层面上"弱肉强食"，从亡命天涯的古惑仔到西装革履的资本家与政客都是如此。与这事实相矛盾的是，人类对所谓"人权"的无限上纲的神圣化，毫无反思地执著于自身生命的保全，而无法忍受任何损失和风险。这种意识形态，对照于人类对他者的实际上的残酷作为，实在是太虚伪了。

厌食症:从禁食到骨感美女

疾病的社会史之十一

余凤高

1908 年,奥地利考古学家约瑟夫·松巴赛(Josef Szombathy,1853~1943)在下奥地利克里姆附近一个维伦多夫小村子的旧石器时代遗址上发现一座高 11.1 厘米的女性小雕像,属于大约公元前 24000 年至 22000 年间的作品。人类学家研究认为,远古先民为尊重生殖女神,均对她冠以"维纳斯(Venus of Willendurf)"之称,据此,考古史按其出土地址,将这座小雕像命名为"维伦多夫的维纳斯(Venus of Willendurf)"。

这是由一块卵形石灰石雕刻而成的艺术品,雕像的女性乳房、臀部、腹部都十分突出。研究者相信,原始人常带此类小型雕刻品在身边,作为护身符,以佑护族群繁衍延续。作品特别刻画女性形体的丰满肥硕,是为了象征她具有旺盛的生育能力。

人体美的首要标准是青春、健康和活力。对早期的人类来说,优秀的女子必须有旺盛的生育能力,使种族日益昌盛。一个女子,臀部肥大,就意味着她的骨盆宽大,能容许大头颅的下一代降生,而高级种族的头颅都是比较大的;一个女子,胸部发达、乳房饱满,才能担负起哺乳健康下一代的任务。因此,在他们看来,这样的女子才是合乎理想的,所以是美的。"维伦多夫的维纳斯"就是上古人类眼中的"美神"。除"维伦多夫的维纳斯"外,图宾根大学考古学家尼古拉斯·康拉德教授领导的研究组 2008 年在德国西南部谢林根发现的一座三万五千年到四万年前的"谢林根的维纳斯(Venus of Schelklingen)"小雕像,和后来的"劳塞尔的维纳斯(Venus of Laussel)"等,大多也都这样突出性征丰满的形象。

古代的希腊人把肉体的完美看成是神明的特性,这完美的基本标志是"发育好、比例匀称",男的体格健全、动作矫健、擅长各种运动,如雕刻家米隆(My-

余凤高:浙江省社会科学研究院研究员。

ron)的《掷铁饼者》；女的应全身合乎黄金分割，肌肤丰润、体态柔美，如“米洛的维纳斯”。

文艺复兴继承了古希腊的人体美观念。瑞士历史学家雅各布·布克哈特在他的名著《意大利文艺复兴时期的文化》中论“人的外貌的描写”时，根据有关史料，详尽转述了文艺复兴时期判断人体的美丑，包括身材、发肤、眼鼻等方面的标准，要求有宽大饱满的前胸、长短适度的两肩、圆而没有颈窝的脖颈、浓密而卷曲的头发，等等。其中最需要注意的是，布克哈特不止一次提到，他们强调美的女性应该是“皮肤白皙洁净（candida），但不惨白（bianchezza）”，“鼻的下部必须比耳朵的颜色略浅，但不是没有血色的白”（傅雷译），表明他们认为人体的美应该是健康的，而不能是病态的。

从黄金分割的美学价值看，几千年实践下来的0.618:1的比例表明，无论对建筑、艺术品，或是对人来说，这样的“黄金矩形”都是最匀称、最合乎适度的。从整个人体或四肢、脸形来看，太高、太矮、太长、太短、太胖、太瘦都算不得匀称和适度。研究者相信，《蒙娜丽莎》的脸是合乎黄金分割率的。中国古代战国后期楚国的辞赋作家宋玉《登徒子好色赋》中以“增之一分则太长，减之一分则太短；施粉则太白，施朱则太赤；眉如翠羽，肌如白雪；腰如束素，齿如旱贝；嫣然一笑，惑阳城，迷下蔡”来写他的一位邻家女子，则可说是对女性美的最好的描述。所谓“环肥燕瘦”绝不是说杨玉环过于肥胖、赵飞燕过于瘦小，而是指在适度中一个略微丰满些，一个更显苗条。但是与此相反的是，总是有一些人，出于各种原因，或者偏爱病态的美，因担心“过量的”食物会使人肥胖臃肿，因而一味禁食，最后从禁食、忌食发展到厌食，甚至成为一种病症：厌食症。

多年来，一直认为厌食症是近几十年里才发现的病症。但是，《圣厌食症》的作者，当代的德国学者鲁道夫·贝尔（Rudolph M. Bell）相信，中世纪的一些基督教女圣徒实际上也患有厌食症。这些圣徒坚信，一个人的肉体不过是一张躯壳，灵魂才是不朽的。为了表明肉体和灵魂的分离，表明自己对上帝和基督的忠诚，她们除圣餐外，绝不进食别的食物。意大利的两位修女，出身于福利尼奥一个富有家庭的福利尼奥的安吉罗（Angelo of Foligno,1248~1309）和锡耶纳一位诗人的女儿凯塞琳（Catherine of Siena,1347~1380）都拒绝进食，就是最典型的例子。锡耶纳的凯塞琳除圣餐外，每天只吃一勺香草，或喝病人的溃疡，也就

意大利修女凯塞琳

是疮疤里的脓汁，吃病人身上的虱子和溃疡结落的痂。据说，她竟然声称这些"食物""犹如食用圣餐一样的甜美"。另一位意大利修女，圣韦洛尼卡(Saint Veronica, 1660~1727)甚至什么都不吃，只是嚼五颗橘子的籽，作为有如祭坛上的酒代表基督的血，将这籽看成是代表耶稣被钉死在十字架上受的五处伤。法国尼韦勒(现属比利时)的修女奥兰治的玛丽(Marie of Oignies,1177~1213)和比利时佛兰芒的拿扎路的比阿特丽斯(Beatrice of Nazareth, 1200~1268)都说不仅一闻到肉香就要呕吐，而且些微食物的气息都会使她的喉管闭塞。此类例子还可以举出很多。

中国古代有些虔诚的僧人和尼姑，无疑也有类似的情况。他们荤戒一切食物，甚至也会一闻到荤腥气息就呕吐，最后因极度营养不良、严重贫血，全身肌肤萎黄，面部和四肢浮肿，即所谓的"黄胖病"，可能就是厌食症的表征。这是宗教的原因。更多的厌食则是由美的观念造成的。

19世纪，特别是维多利亚时代(1850~1900)，普遍的女性美标准是纤巧体形中的曲线美。基于这一观念，必须要收缩腹部，而忌其突出。为此，许多中产阶级和上层阶级的女子通常都要以紧身衣(corset)来保持自己的体形。奥地利作家斯蒂芬·茨威格在他的《昨日的世界——一个欧洲人的回忆》中形容说，女性穿上这种"鲸鱼须骨紧身衣，活像马蜂的细腰"，同时又"把女性最主要的特征——胸脯炫耀地让人看得一目了然"，好像是有意要求女人成为男人的"猎物"(舒昌善等译)。从当时的一些淑女的肖像画都可以看到这副模样。但仅仅这样还不够，如果不注意饮食的话，身体还会胖起来的。于是，一些女子只好禁食，尽量少吃。禁食成风后，就产生一批所谓的"禁食女孩(Fasting Girls)"。

禁食女孩一般是指维多利亚时代青春期前的某些女孩，据说她们不吃任何食物和其他的滋养品，却能无限长时间地活下去。自然，这不合乎科学实际。有“威尔士禁食女孩”之称的萨拉·雅可布(Sarah Jacob,1857~1869)是历史上最著名的禁食女孩。她是威尔士的卡马森郡人。她的父母都是农民，他们心地单纯，但没有受过教育，思想愚昧，虔诚宗教。此前，萨拉身体健康，人也聪明，听说还会写诗。她读的书都是宗教读物，最坚信的就是《圣经》。她是一个非常美丽的孩子，据当地的牧师埃文·琼斯(Rev. Evan Jones)的证词，是“一个好女孩”。

萨拉声称自己在12岁之后就没有吃过任何食物了。据说她每天都不过喝几滴水，就活下来；并遵照基督教义，对照圣徒，作为自己的行为准则。牧师，可能就是埃文·琼斯，起初有些怀疑，后来相信这是真的。于是，萨拉便以“威尔士禁食女孩”之名，声誉传遍全英国，被看做是一个非凡之人，收到数以千计的礼物和捐赠。但医生们渐渐对她所说的情况发生怀疑，主要是伦敦的医生和专家宣称这不可能是真的，说她两年里不吃东西而活下来一定是捏造的骗局。最后医生们要求让她在医院的监护下，看她所说的禁食情况是否真实。1869年，经萨拉的父母同意，在著名的盖伊医院(Guy’s Hospital)的护士严格监视下进行一次测试。没有指示护士，即使她想吃也不给她食物，只要求她们认真观察，把她的一举一动都记录下来。这样，两周后，萨拉就表现出明显的饥饿状态，并出现麻痹、痉挛等病状。牧师告诉她父母，说萨拉极度衰弱，必须让护士给她吃东西。但是遭到她父母的反对，甚至当女孩已经都快要饿死了，她的父母仍然拒绝给女儿进食，他们坚持说此前经常见她这种样子，不吃东西不会有什么的。几天后，萨拉·雅可布死于饥饿，因为她暗中吃下的一点点食物实际上已经消耗殆尽，她再也无法在医生监护之下活下去了。

萨拉·雅可布死后，英国一代名医威廉·古尔(Sir William Gull)将她的病情正式定名为“神经性厌食症(anorexia nervosa)”。而萨拉的父母则遭到忽视孩子的生命和非法杀人的指控，被判入狱6个月。

另一个维多利亚禁食女孩莫莉·范谢尔(Mollie Fabcher,1846/1848？~1910/1916？)因声言长期不吃或只吃极少的食品而有“不可思议的布鲁克林女孩”(Brooklyn Enigma)之称。莫莉少时进校后即被公认是一名优等生。16岁那年诊断她消化不良，17岁左右传说她已曾戒食7个星期了，随后即两眼失明和卧床不起。这样，在此后的40多年里，她右手和右脚都陷入麻痹，除心跳外，全身的自然功能也都消退,常常感觉不到脉搏的搏动,而且身体冰冷。但是在如此的状态下,传说她却表现出超人的视力和"通感",如在能黑暗中分辨颜色,写出漂亮的字迹,找到丢失的物件。她还宣称,她能阅读书刊,若集中心智,还能预测事故的发生,因而获"不可思议的女孩"之名。她的名声虽然持续了 14 年之久,但医生和人们还是感到不信,希望进行测试其真实性,只是未能实行。

这类禁食女孩的事例还有很多。

实际上,传说中的"禁食女孩"大都不可能做到真正的"禁食",声称"禁食"只是一种时尚。1889 年,《波士顿环球报》以《谁动了冷土豆? ——玛丽·沃克医生谈禁食女孩吃炸面饼圈》(Who Took the Cold Potato? Dr. Mary Walker Says the Fasting Girl Bit a Doughnut)为题报道了这么一件事。沃克医生说,以(加拿大)"廷威克女孩 (Tingwick Girl)" 而闻名的约瑟芬·玛丽·贝达德(Josephine Marie Bedard)是骗人的传说:"在旅馆里,我找到她的衣服,发现一只衣袋里有一个已经被咬过一口的炸面饼圈……禁食那天, 我吃过为我准备的中饭……我在一只盘子里剩了三片烤土豆。等我回去时,发现有一片已经没有了……却见约瑟芬用手帕掩住她的嘴巴。" 沃克医生问怎么会有这种事,"我责备她后,她突然放声哭了"。

禁食女孩的所谓禁食也只能带给那些女孩肉体和精神的极大损害, 她们的某些所谓惊人的表现,往往不过是在极度虚弱下发生的幻觉。

19 世纪浪漫主义时期,一种类似的审美观念流行一时。

浪漫主义既是一种感情方式,也是一种审美情调。浪漫主义艺术家热衷强烈的炽情,赞赏特异的美,又喜欢奇异,这包括德国浪漫主义先驱歌德所指出的"病态",和美国学者威廉·费尔普斯所鉴定的"感伤的情调"。

人类的祖先出于自卫的需要,逐渐进化而成为群居动物,但其本能仍残存着孤独感,并一直被遗传继承了下来。19 世纪动荡不安的生活,造成西方人的厌倦情绪和忧郁感。也许还有基督教禁欲主义的压制,使得浪漫主义有关病态美的意识在人性和人类环境的深处得以滋生或找到共鸣, 从而把与自己心灵深层中的孤独、厌倦、忧郁情绪相联系的事物看成都是美的。法国诗人夏尔·波特莱尔以"社会上最有意思的东西——一个女人的面容"为对象来谈美时,最清楚不过地表达出了这种病态心理。他认为,"美"就是"能够同时满足感官并引起愁思的迷蒙梦境的;它暗示着忧郁,疲倦,甚至餍腻之感;或者暗示着相反的感觉——一种热忱,一种生活的愿望,同失意或绝望所产生的沉闷心情中的怨恨相混合”。

什么人的面容才会使人感受到愁思、忧郁、疲倦、餍腻、沉闷、怨恨、失意、绝望呢?唯有有病的或者病态的人,而这些人中间,主要是瘦削、惨白、委靡不振的肺结核病人才最有效地给人以如此的“美”感。浪漫主义是时代的影响,同时反过来也影响着时代的风尚。事实就是从这时起,以肺结核病人的憔悴、瘦削的体形为特征的人体渐渐被视为是“美”的,并越来越盛行,最后演变成为一种时髦。到了20世纪末,“骨感美人”竟成为许多女子的目标,一些女性刻意追求自己体形的柔弱、纤细和苍白,为的是显得或是冷艳,或是酷味,或是性感,以达到一种独特的美。

当然,这是需要付出代价的。

因为担心发胖,本来就不敢多进食。为了塑造身体的纤细、苗条,追逐者更努力控制饮食,从减少和不进食高脂肪、高蛋白、高热量的食物,只吃一只香蕉、一只苹果之类,继而到不敢进食,最后变为厌食。加上饮食不定时、生活不规律,于是越来越影响食欲,最后从厌食一步步酿成一种疾病:厌食症。

厌食症虽是生理上的,更大程度是神经性的疾病。发病的特征是长期拒绝进食或维持正常的体重,对肥胖有深切的恐惧,对自体形象的扭曲的想象使病人总是认为自己的躯体超重而身心受累,尽管实际上并不存在任何引发体重急剧下降的因素。于是,这类病人即使已经非常瘦削了,仍会坚持认为自己超重,且否认或尽量隐瞒自己的病情,拒绝承认自己缺乏营养,不肯接受治疗。如今,患此病的大多是部分以体形示人为业的女模特、女演员等演艺界的年轻女性,从某一个特定角度来看,这可能已经成为她们的职业病。别看这些人,当她们在T型台或舞台、银幕上,好像那么的光彩照人,受尽粉丝的追捧,其实她们的生活是很痛苦的,她们这种疾病的并发症包括低血压、低体温、嗜睡、便秘甚至闭经和歇斯底里等症状,有一些的命运很是可怜,最后悲惨地死去。美国的歌星卡伦·卡彭特短促的一生是有典型性的。

卡伦·卡彭特(Karen Anna Carpenter,1950~1983)是20世纪70年代美国最轰动的音乐家之一。她一入舞台就立刻让观众入迷,深受他们的喜爱。成千上万的人被她演唱的一首首经典歌曲所振奋。电视台特约她出演主角，多个全国性的甚至世界性的杂志以她作为封面像。但是就在她的荣誉和幸运达到高峰的时候，她的生命也已处在垂死的边缘。卡伦·卡彭特的病是由严重的神经性厌食症导致的。

据她兄弟、也是歌唱家的理查德回忆，卡伦·卡彭特原是"一个丰满的少女"，只是作为歌唱家，她希望自己站立在台上演唱时，让人看到有一身纤细、苗条的体形。于是从1967年起，她开始"节食"，按她医生的规定，以"水饮(water diet)"即喝冷水来减重，使她的体重从140磅减到120磅。当她减到115磅时，朋友们告诉她，她看起来已经很好了。但是她回答说，这还不过刚刚开始，她希望再减。到了1975年秋，卡伦的体重减到了80磅。但她还每天服用12片甲状腺制剂(thyroid pill)来减重，并将吃下的食物呕吐掉一些。如此一来，卡伦的身体就显得非常虚弱，以至常常不得不在演出的间歇躺下来休息。这年，一次在拉斯维加斯演唱《世界的顶端》时，卡伦突然出现虚脱状态：躺倒在地，脸色惨白，呼吸表浅，大汗淋漓，把观众和她家人吓坏了。这次的虚脱使卡伦才认识到自己的情况十分严重。她去找医生，并开始相信不会有什么的。但是实际上，她仍然患病，是因进食太少、缺乏睡眠、又服用过量的泻药和对未来的焦虑造成的疾病。

1983年2月4日上午8点51分，卡伦·卡彭特的母亲发现她赤裸着身子，倒在衣柜旁的地板上，已经失去知觉。卡伦被急速送往医院抢救，一个小时后，就死了，死因是厌食症引起的心搏停止。这年，卡伦年仅32岁，体重是108磅。

虽然以往就曾出现过这些神经性厌食症，但如今此类病人就更多了。20世纪80年代起，许多医治饮食疾病的诊所也应运而生、陆续开张，但是仍旧很难改变厌食症患者饮食的习惯和观念，尤其是在她们周围的其他人都是持这种饮食习惯的纤巧、苗条的女人时。现在，许多年轻女子都迷恋于节制饮食，把它当做是成为模特儿和好名声的途径。据1984年《魅力》杂志(*Glamor*)对3300名18至35岁的女性作的一次调查，她们中75‰的人都认为自己过胖，虽然实际上只有25‰的超重。对上层阶级的女性来说，纤巧苗条是最主要的，而充斥在电视、电影、杂志、广告中的却都是她们这样的形象。尽管出现卡伦·卡彭特这样的悲剧，而且禁止过于瘦削的模特儿作广告出任商品代言人，但为追求纤巧苗条而禁食之风一时还很难停息。

资 讯 Information

◇盘点人类十大未完成的冒险 美国《时代》周刊最近刊载同题文章说，人类目前已经完成的许多重大探险活动，改变了人类的世界观，但茫茫宇宙仍有许多地区和领域人类尚未抵达，人类正计划而未完成的十大探险活动有：

1. 发射载人飞船前往火星。探索火星将揭开一些微生物的生活方式，而这一成果将成为最伟大的科学发现之一。但是仅从地球飞向火星就需要大约7个月的时间，宇航员可能遭受宇宙辐射的危险，同时将带来令人吃惊的后勤问题。

2. 探索南太平洋马里亚纳海沟。马里亚纳海沟是世界海洋的最深处，可以吞下整个珠穆朗玛峰。探索海底可以发现在高压和黑暗环境中存活的未知生物，还可以帮助人类形成对板块构造和地震活动的新看法。

3. 联系外星人。从1999年开始，全球超过500万人加入"搜索外星人(SETI)"科学家启动的SETI@Home项目。国际宇航科学院已经成立常务委员会，告诉政治领导人在发现外星人信号时应采取的行动。

4. 勘探巴布亚新几内亚。巴布亚新几内亚岛是世界上尚未勘探的地区之一。岛上大多数人居住在沿海的低洼地区，而偏远的内陆地区存在许多未在地图上标明的热带雨林、山地和火山。

5. 飞抵月球、南极。月球、南极是人类在月球上理想的前哨基地。位于月球南极地区的沙克尔顿火山口几乎持续得到太阳光的照射，可以为未来的探险者提供太阳能。位于月球南极的艾肯盆地是月球上最大的撞击坑，可能存在冰。

6. 潜入达连地堑。连接南北美洲的泛美公路到达巴拿马和哥伦比亚边境时会突然中断，这里有一个叫做达连地堑的丛林。这个丛林不仅包括雨林，还包括沼泽，没有任何道路设施，官方限制外国游客进入。达连地堑是地球上未知的区域之一。哥伦比亚武装分子经常在此出没，绑架游客索取赎金。

7. 探索地球内部。探索地球内部可以帮助我们预测地震和海啸，同时也会形成关于气候变化的新观念。但是这种探索只能等到科技进步，允许人们承受地球内部灼热的温度和高压的时候才能进行。

8. 进入格陵兰岛东北部。格陵兰岛东北部大部分地区未被人类勘察的主要原因是进入该地区的成本非常高，一些山峰从未有人攀登，该岛附近还有一些由巨型冰川形成的海岛。

9. 到达南极洲底部。实际上,我们并没有真正到达南极洲,只是到达了覆盖在南极洲上面的冰面。卫星地图显示,冰面以下存在世界第二大湖泊、河流、洞穴和土地。南极洲可能存在未知的生物。

10. 穿越过去未来进行时间旅行。爱因斯坦的狭义相对论将时间和空间结合在一起形成时空,并没有杜绝时间旅行这种可能性。斯蒂芬·霍金也曾提出一些理论。时间旅行将是最大的冒险活动,会完全改变我们对万物的看法和观念。

◇**特殊利益集团已成复兴大患** 《人民日报》前副总编辑周瑞金近日在中国治理与选举网站上发表长文说,伴随"国进民退"和普通民营企业受到贬抑,部分国有垄断企业以及不少具有官员背景的强势民营企业,以公权力为靠山和保护伞,肆无忌惮地赚取超额利润,寻求非法资本回报。

文章认为,"特殊利益集团" 势力坐大,还表现在他们寻找政治代言人,收买专家为其垄断行为辩护,制造话语权,并已成功地给自己涂抹了一层意识形态合法色彩:他们对上打着保卫"国家经济安全"、"产业安全" 等冠冕堂皇的口号索取政策保护,对下玩弄"国际惯例"和"中国特色"这两手盘剥消费者,上下要挟,左右逢源。最为严重的是"特殊利益集团"对政法系统的渗透。他们对社会公平和普通民众的伤害,对共产党执政宗旨的践踏,对政府公信力的玷污,正在造成严重后果。权力、资本和资源的结合还会导致权贵集团粗暴地垄断经济增长成果,放肆地侵占平民百姓的利益,这恰恰又容易成为社会矛盾的爆发点。

文章指出,有些地方和职能部门常借维稳之名,任意夸大社会上某些不和谐、不稳定因素,以换取更多的财政投入,制造政绩。同时,在维稳防乱的旗帜下,一些地方把那些普通而复杂的利益矛盾政治化,上纲上线,超常规地强化各种传统的管理机制,遏制普通老百姓正当的利益诉求,无视和拖延社会深层矛盾的解决,无期限地推迟本该进行的社会管理体制和政治管理体制改革。

文章强调,正是邓小平、叶剑英、陈云等老一辈革命家在改革开放初期勇于与传统政治经济利益结构分离,毅然放弃自己参与缔造的传统理念和执政手法,壮士断臂,大破大立,才开启了中华民族复兴的伟大进程。因此,领导层要痛下决心,拿出老一辈革命家改革开放初期的勇气,与只图眼前灯红酒绿而不管将来洪水滔天的"特殊利益集团"毅然分离,要像明史记载的那样:"救一路哭,不当复计一家哭!"以推进基层民主,遏制基层权力失控,以反思维稳逻辑维护长治久安。

◇**西方国家是如何反垄断的** 《企业家信息》杂志最近刊载同题文章说,美国于1890年制定了《夏曼反托拉斯法》,可称得上世界反垄断法的开山祖师。但由于该法条文过简,又未设立专门的监督机构,使得它形同虚设。于是美国又于1914年9月和10月分别颁布了新的反垄新法——《联邦交易委员会法》和《库雷顿法》。前者主要是设立了联邦交易委员会这样一个反垄断法的监督机构；后者则公布了 26 条禁止垄断的条文，其主旨是禁止差别价格，禁止共谋交易，禁止一个银行的董事兼任其他银行的董事，禁止持股公司及类似持股公司的活动。

德国（西德）1957 年制定的《禁止限制竞争的法案》第一条规定"原则上禁止影响市场机制正常发挥作用的卡特尔的存在"，特别强调允许"只在法律适用地域以外的地区限制竞争"的输出卡特尔的存在，反映了西德外向型的经济发展战略。

英国于 1956 年制定了《限制交易常规法案》，规定企业任何形式的集中、合并或联合均必须在事前登记，登记官把企业的申请提交法院，由法院审议其合理性，然后作出许可或取缔的判决。1973 年又制定了《公正交易法案》，设立了保护自由竞争、保护消费者利益的专门机构——公正交易厅，并规定市场占有率超过 25%的企业持有其他公司股票要接受审查等条文。

日本在美国的操纵下于 1947 年 4 月制定《关于禁止独家垄断及确保公正交易的法案》（"独禁法"），禁止独家垄断，禁止任何形式的限制公平交易的行为。另外，对企业的合并、让渡也作出了种种限制，并设立了独禁法的执行、监督机构——公正交易委员会。该法由于带有强烈的美国反垄断法的色彩，许多企业视若无睹，很快失效。1949 年，日本政府对其作了首次修改，对兼任其他公司董事等规定有所缓和。1953 年再次修改，取消了无条件禁止卡特尔的条款，补充了一些有利于卡特尔自由化的法规。此后 20 年中，日本的卡特尔发展较迅猛，有的人甚至把日本称为"卡特尔列岛"。1973 年末，日本成立了"禁止垄断研究会"，该会公布了独禁法的修改案骨架。可认为这是第三次修改独禁法的开端，主要内容增加了对秘密的地下卡特尔的罚金制、对垄断程度高的部门的产品加强价格管理，规定了大公司持有其他公司股票的最大限额，规定了兼营持股公司的持股数额等。草案公布后，赞成者与反对者相持不下。直到 1977 年，福日内阁再度提交国会方被通过。

无疑，西方国家的反垄断法律对实现社会的总体和谐起到了一定的作用，值得借鉴。

◇中国特色的社会达尔文主义向何处去 万维读者网络"梦中不知身是客"的博客载文说，最近，在本人的博客文章《谁把涂序新博士推下了大楼？》后面，一则署名野云的跟帖把一个不幸自杀身亡的人说成是"渣滓和次品"，咒骂他"死有余辜"，把这个悲剧说成是"社会自我清理的行为"。更令人吃惊的是，浏览众多网站，发现对这个不幸事件抱类似态度的人并不在少数，只是有人用比较隐讳的语言表达出来罢了。

涂序新轻生，忧郁症可能是一个关键因素。因此，按照常理，人们应该做的是抱着对死者的同情和怜悯检讨造成悲剧的原因，甚至想到自己当负起的一份责任，努力避免再发生类似的悲剧。野云对死者的谴责甚至幸灾乐祸是一种很不厚道的行为。但是，这种观点独独放到当代中国社会这个大环境中，却很说得过去。这是典型的社会达尔文主义的观点。

从"野云"类对死者的轻蔑和冷酷态度可以看出这种伪学说在中国多么根深蒂固,对国人的影响有多么大。中国在甲午战争中惨败后,救亡图存一直是中国政治文化精英鼓吹的要务。尽管当时多数中国知识分子并不真正理解生物进化论,但是他们都坚定地相信人类社会和自然界一样遵从着弱肉强食的强权逻辑,淘汰弱者是这种逻辑的自然结果。

在社会达尔文主义的支配下,中国人的精神世界发生了很大变化,中国社会发生了严重的异化。儒家学说强调的"仁者爱人"信条被抛弃,一切传统伦理道德都不得不让位于这种救亡图存的"民族大义"。自从20世纪50年代,经历过多次的政治文化运动,残酷消灭"社会渣滓"的阶级斗争,个人的生命价值和尊严被压缩至于无形,甚至可以任意被牺牲和剥夺。时至今日,中国社会盛行的冷漠的个人主义、成者为王败者为寇的成功学都是这种学说盛行的结果。这种学说指导下的人们把人性的恶发挥到极限,从而造成了腐败横行、诚信丧失、道德败坏、笑贫不笑娼的社会乱象。

中国自80年代改革开放以后,鼓励"一部分人先富起来",社会达尔文主义更加风行。谁先富起来谁就是强者,而不管他采取什么手段致富。时至今日,当贫富差距达到了令人震惊的地步,有些人仍然在用社会达尔文主义理论作辩护,认为是"夸大"、"炒作",甚至认为:"我们不应该抱怨贫富差距,而恰恰应该感谢它。贫富差距激励着人们创造更多的财富,也给了人们努力上进的动力。要让所有的人感觉公平,是根本不可能的,因为有竞争就有胜负。"这就是自我标榜"社会良知守护者"的某些中国知识精英的真面目!这是一群虚伪的、缺德的,既没有人文情怀、更没有完整人格的堕落群体。他们鼓吹竞争,却对社会上的不公平行为、腐败行为视而不见,甚至为之大唱赞歌。他们认为贫富悬殊甚至腐败和专制都是中国社会发展和现代化必要的代价。他们强调一部分人的权利、自由和尊严,却藐视社会上绝大多数人的权利、自由与尊严。他们泯灭人性、张扬兽性,对弱者不仅毫无同情之心,却必欲除之而后快。

按照社会达尔文主义的标准,像涂序新这样的健康、聪明、勤奋的人应该属于强者才是。可是,他不但不属于"强者",反而属于弱者,因为他不懂中国学术圈的竞争规则,"水土不服",书生意气,不懂得关系学、潜规则,不懂得行贿受贿,巴结逢迎。因此,他不是"适者",不能生存是正常的。

社会达尔文主义者认为,资源分配是按照"各取所值"的原则,个人必须根据自己对社会的贡献获取资源,他们相信社会在完全竞争之下,就可以满足"效率"与"公平"的要求。

中国社会是一个极不公平的社会,根本不存在"同一条起跑线",很多人被长期剥夺了本应享有的人身权利。触目惊心的腐败、权钱勾结使得财富迅速集中于少数有权有势或者投靠权势者手中,而大量非法聚敛的财富既不是用来扩大再生产,创造就业机会,也没有用来周济穷人,而是被肆意挥霍掉了，或者转移到了国外。

◇**西方错爱中国的"中产阶级"** 《大公报》2009 年 11 月 26 日刊载同题文章说，中国新兴的中产阶级被世界赋予了填补美国内需空白、拯救世界经济的厚望，甚至还被视为决定中国未来发展路线"最重要的力量"。但事实表明，西方的感觉是错的。

美国布鲁金斯学会学者题为《奥巴马的中国之行：与中产阶级结成关系》的文章认为，从长期来看，决定中国发展路线的各种力量中，没有任何一支力量会比中国中产阶级的兴起更重要，这可能会对中国生活的方方面面产生广泛影响。在所有美中之间存在的问题中，一个越来越多样性和多元化的中国中产阶级，可能在政策制定过程中发挥更大的作用。有西方研究机构认为，一个典型的中国中产家庭是人均可支配年收入在 2400 美元到 1.6 万美元之间，目前约有 7500 万至 8000 万中国家庭符合这一标准。以一家三口计，则中国中产阶级在 2 亿到 2.5 亿人之间。

文章认为，事实上，西方用自身的价值观来套用中国的情况是非常片面的。中国的现实情况是并没有一个西方特定的所谓中产阶级，只能说中国是存在着中等收入者或者中等收入阶层。处于萌芽期的中国中产阶级之所以正在被寄予厚望，是因为随着美国失业率的上升和储蓄率的上升，全世界都希望中国消费者能填补美国留下的需求真空，促进经济复苏。

在美国，有人将年收入在 10 万到 20 万美元的家庭归入中产阶级行列。在 2008 年的总统大选中，奥巴马承诺不向年收入 25 万美元以下的美国中产阶级增税。按照这个标准，美国中产阶级至少占人口的 95%以上。

文章说，在英国媒体和中学的教学文案中，中产阶级除了财富，还要具备优雅、休闲两个主要特征。相比之下，中国的中产阶级有些粗放，有些辛劳，还有些张扬并缺乏安全感，对社会进步和道德建设方面的推动力不足。如果财富增加只意味着占有的社会资源和公共权力的增长，那么这些中等收入者很有可能成为社会新的不稳定因素。文章指出，事实上，西方对中国所谓的中产阶级抱有政治上的期望是非常不靠谱的。过去一百多年，在西方社会发生的几次民主化浪潮中，根本看不到中产阶级的影子。况且，中国的中等收入者不是一个独立存在的阶层，而是渗透、分散在各个阶层与行业之中，如知识化的工人、办企业的农民等，他们所拥有的价值体系是西方很难理解的。

（紫电、清霜辑录）

《“婚活”时代》：剩男剩女的婚姻指南

“婚活”是结婚活动的略语，即为了结婚之最终目的而进行的种种活动。

在日本，不进行“婚活”便无法结婚。“婚活”正在成为青年男女们积极的生活态度，给自己主动创造赢得爱情的良机，积极推荐自己，像找工作一样找对象！

由日本著名社会学家山田昌弘与少子化评论家白河桃子联袂推出的《“婚活”时代》一书，2008年3月一经出版便成为日本的畅销书。书中提出的“婚活”一词，不仅占据了日本媒体的显著位置，也在剩男剩女们的内心一角敲响了警钟。在此书中，作者分析了日本正以惊人的速度在不断地晚婚化、非婚化的现状和原因，并宣布日本已经进入“婚活”时代。

我们可以预测，中国不久的将来也会以大城市为中心出现越来越多想结婚而无法结婚的人群，中国也要迎来“婚活”成为必要的时代。

剩男剩女们，加入“婚活”的行列吧！

《“婚活”时代》，山东人民出版社2010年1月出版，定价：24.80元

ISBN：978-7-209-05131-6

邮购汇款地址（免邮购费）：济南市胜利大街39号山东人民出版社发行部收

邮编：250001　　邮购咨询电话：0531-82098021　　联系人：宋先生

阅读引擎

阿拉伯湾的造城运动，属于沙漠奇观，情似“一张白纸可写最新最美的图画”；而中国的造城运动，实际上更加豪迈，是将已经高度密集居住的土地视为白纸来书写最新最美的图画，为此，征地与拆迁成为造城的附生景象。

刘洪波：造城史诗与权力意志

责任编辑/王海玲　马　洁

装帧设计/王世强　张丽娜

排版制作/刘冉冉

国内订阅：全国各地邮局　邮发代号：24—192

在哈布斯堡王朝治下的尼德兰，当由奥伦治亲王威廉一世所领导的战争阴差阳错地拖了80年时，战场上一城一地的得失就不那么至关重要。真正决定胜败的，是双方支持这场持久战的财政实力。这是一场财政战争，或可以归结为以白银为代表的简单货币经济与股市所代表的现代信用经济的决斗。结果是尼德兰联省共和国获得独立，并成为17世纪欧洲最强盛的国家。西班牙帝国则丧失了世界霸主的地位，逐渐走向衰落之途。可以说，这就是股市战胜了白银，是现代的金融体系击败了旧王朝的传统财富。

薛涌：比英国《大宪章》更重要的传统（财经史话之一）

ISBN 978-7-209-05171-2

定价：14.00元

社会学家茶座

主编 张立升 执行主编 王 焱

Teahouse for Sociologists 总第35辑 2010年第2辑

郭于华、许章润、刘平、周心捷 **聚焦：破解“黑社会”之谜**

薛 涌 王权的成败取决于金融市场（财经史话之二）

汤 军 足球向左，足协向右——闲论中国足球的意识形态

陈水生 利益集团的两张面孔

陈蓉霞 自私的基因，自私的策略

余凤高 疾病与王权（疾病的社会史之十二）

山东人民出版社 SHAN DONG PEOPLE'S PUBLISHING HOUSE

瓦尔登湖

梭罗的小木屋

（文见第4页《瓦尔登湖》）

人鬼情未了

冯梦龙的《喻世明言》里有一篇《杨思温燕山逢故人》，说的是北宋沦亡之后，在北方异族统治下苟且偷生的杨思温偶遇一女子，不想正是他的结拜兄弟韩思寿的妻子郑意娘。别后，他又遇到来北方出使的韩思寿，这才得知郑意娘当年落入金人之手后，早已自杀身死登录鬼簿了。小说后半部，已成鬼魅的意娘为了与丈夫一诉阳世情缘，竟然再次还魂相见。话本借宋代遗民的乱世际遇，演绎了一出人鬼相恋哀婉缠绵的故事。其中女鬼郑意娘的“太平之世，人鬼相分；今日之世，人鬼相杂”一语，读了不由得让人生出一种惊心动魄之感。

哈佛大学王德威教授的《历史迷思与文学记忆》一文，由此挖掘出中国古典鬼魅传奇中的一个重要母题，即“古典中国叙事史中一个相当反讽的现象。古典说部中充斥着怪力乱神的描写，无时或已。这似乎暗示历史上‘太平之世，人鬼相分’的时代难得一见，反倒是‘人鬼相杂’成为常态。鬼魅流窜于人间，提醒我们历史的裂变创伤，总是未有尽时”。他进而指出，出现人鬼争道，乃是由于社会失序，天地倒错，致使“种种逾越情理的力量四下蔓延”，以至“死生交错，人鬼同途”。作为文学教授，作者论述的乃是古今小说中的鬼魅叙述与历史社会的关系，但却引申出一番精彩绝伦的大议论，让人浮想联翩，吟味流连不已。

魔鬼作为一个文化符号，无论东方西方，在不同的历史语境内指称着不同的事物。也许正如启蒙哲学大师康德说的，正因为人性是由弯曲之木构成，所以人与鬼不仅在文明演进的悠悠历史中共舞千年，而且必将与人永远相随。

由俗世中的人鬼相杂，神魔难分，更让人联想到，这其实正映照出现代社会价值领域中的神魔纠缠。在马克斯·韦伯的眼中，由于上帝已死，诸神退位，人耶鬼耶，神耶魔耶，完全取决于主体的价值判断。这正是自我置身于神魔难辨、人鬼混杂的现代处境。尽管在韦伯的世界图景里，作为人类宿命的世界文明理性化的进程，是一个祛除巫魅的过程，但在那些法理型统治尚未能完全建立起来的地方，有时也会逆转成召唤妖魔的过程。

进而言之，在韦伯看来，无论现代世界如何理性化，但是以政治为志业的人，因其以权力及暴力为底线，因此，无法避免与魔鬼的力量交往，而未必知其是神是魔。由此推论，有政治处就有魔鬼出没。一个泛政治化的全能政治社会，必然是一个魑魅魍魉到处流窜的社会。那么，如何能够分辨我们所奉的是真正的神祇而非魔鬼的化身呢？博学如韦伯，也未能给我们留下现成答案。或许，我们只有寄望于那些秉持责任伦理的以政治为志业的政治家，以自身的行动来回答这一现代人的天问了。

王　焱

2010年清明节前

目 录

主编 张立升 **执行主编** 王 焱

项目负责人 王海玲 **执行主编助理** 王 萍

责任编辑 王海玲 马 洁

装帧设计 王世强 张丽娜

山东出版集团 山东人民出版社出版发行

网址 http://www.sd-book.com.cn

社址 济南市胜利大街 39 号 **邮编** 250001

编辑部电话（0531）82098006

E-mail: chazuo_shehui@hotmail.com

wanghl0501@126.com

发行部电话（0531）82098021

邮发代号 24-192

图书在版编目（CIP）数据

社会学家茶座.第 35 辑/张立升主编

济南：山东人民出版社，2010.5

ISBN 978-7-209-05310-5

Ⅰ.社… Ⅱ.张… Ⅲ.社会学—文集 Ⅳ.C91-53

中国版本图书馆 CIP 数据核字（2010）第 071006 号

山东临沂新华印刷集团有限公司印刷

16 开本（172×232 毫米） 10 印张 160 千字

2010 年 5 月第 1 版 2010 年 5 月第 1 次印刷

定价：14.00 元

瓦尔登湖

贾西津

梭罗的“瓦尔登湖”就在波士顿附近的小镇康科德(Concord),离开美国之前,和久居美国的朋友Dan去见证了闻名已久的瓦尔登湖。

开车20分钟,沿着两侧被绿茵覆盖的公路,在康科德和林肯(Lincoln)两镇交会处的丛林间见到一个简单的停车护栏,旁边立着一块小牌子“瓦尔登湖州立保护区”。拐进小道,里面有一片停车场,三五辆车泊在那里。环绕湖边的都是树,不密,不高,也不稀有。在目光可及的几棵树之间,是一间灰色的木屋,屋顶有一段短粗的砖红烟囱。门外树前,一个铜铸的人像,斜挎着背包,凝视着自己眼前张开的左手,如同捧着一卷无形的书,朴实无华:这就是梭罗和他写作《瓦尔登湖》时自建的木屋。

在这样一间木屋里,从1845年7月4日到1847年9月6日,梭罗独自住了两年又两个月:“当我写下以下的这些篇章,我独自地居住在树林里,离任何人烟所在一英里以外,我自己搭建的房子中。在马萨诸塞康科德的瓦尔登湖畔,仅仅依靠我自己的双手来生活。”他称之为一个试验——过一种简单的生活。

Dan说:“梭罗在此只住了两年,但完成了一桩心愿。其实人生一次有意义的时间,远胜过绵绵百年。梭罗的书那么受欢迎,说明在很多人的心中,也向往那种宁静、简单的生活和朴实的价值。只不过只有梭罗当真去实践它了。梦想是最直接的,却只有最简单的人肯去追求它。”

“是啊,”我说,如果把我们生活的地球放到其他行星、太阳、遥远的星宿、银河系、宇宙之中……一个一个的比例看过去,地球是那么小,很快就不见了;再回过头来看,人每天在为什么纷争呢?这个世界本来有太多的东西可去追寻,大自然的美、宇宙的奥妙、未知的神奇,有无限的可能性足以发掘人的能力。放

贾西津:清华大学公共管理学院副教授,清华大学NGO研究所副所长。

开视界看，那种‘与天斗与地斗与人斗’的纷纷扰扰到底有多大？”

Dan 赞同地说：“人类很渺小，但要走出自己的视野却最难。抽出身看，站在历史角度看，就不容易那么偏执；越是局限在自己的井口里，就越容易把头顶的那一块天看得特别大、特别重。所以说，宽容心的养成也是一种文明。”

回首在美国的一年，让我感触最大的，不是什么思想家的新奇理论、政治家五花八门的政见，恰恰是生活之中一些最平常最普通的事情，比如人们见了面相互微笑打招呼，家人总是当众相互欣赏称赞，街边的弹唱者对自己的作为充满骄傲，孩子毫无顾忌地发表自己对政治对社会的见解，交通规则不说禁止抢行，而是告诉你要礼让行人……生活那样平和，人与人的关系很简单。

Dan 跟我讲起了一位朋友和他讲过的趣事。那位朋友刚到美国，人家见面都和他微笑打招呼，自己很奇怪，谁也不理，后来习惯了也会主动跟人打招呼；回到中国后，他习惯性地和人见面也微笑着打招呼，别人却无人理睬，他反倒觉得奇怪。这是一个有趣的“文化休克”。

作为从国内来的临时访客，我能理解，我自己也有这种感觉。其实人与人之间的感知、交流是一种直觉的、自然的表达，人作为生命会有这种正常反应的冲动。在一个放松的环境下，人与人的关系就比较轻松、幽默；社会越是政治化，太严肃，一举一动都要深思熟虑，自然的幽默的倾向很容易被压抑，久之就成了一种习惯或者文化。自由的环境激发生命，也激发人的创造性。这对一个社会是非常重要的。社会关系简单、真实、正常的生活，是鼓励个体的表达的，

瓦尔登湖畔

这才是自由孕育的最大的美。

“当然，反过来，自由也有赖于个人责任。自由文化是一种个体文化。所以你看到美国人从很小的时候，就从家庭、学校、社会接受到公民教育，培养独立思考、如何自我选择及自我帮助、如何尊重相互的规则，自由是需要学习的。”

Dan 说得没错，想起我沿波士顿、费城、华盛顿的旅程，去看宪法中心、自由钟、国家文献馆等历史所在，几乎每每发现自己被孩子群环绕，他们是在“生命、自由、追求幸福的权利”、“我们人民”、权利故事、司法实验之中成长起来的，难怪自由是他们的母语。自由是不能被给予的。个人主义有一个基本信念：没有天上掉下来的馅饼。所以，每个人要为自己负责，也只能为自己负责。

Dan 继续说：“在美国生活你会发现，人的观念非常细致、具体化，做事、表达都在人与人之间。集体主义容易产生宏大叙事、大概念、含义模糊。比如说公司管理，交代一件事情的简单备忘，也会写得一条一条，清清楚楚、一目了然，对方一看就知道怎么做。法律文本也是，一份小合同，方方面面都交代到，什么都事先说明白。虽然不公的做法总会有，但在规则上确实比较到位。”

对此，我深有感触。这其实也就是法治的真谛了。人们事先商定规则，彼此知道对方的行为逻辑，规则有持续性、可预期性，所以生活才能有预期，社会有信任，每个人在有基本游戏规则可循下可以尽量自由地去追求自己喜欢的东西。其实自由、法治、民主，不是什么政治意识形态之争，它们首先是人与人的行为规则，是生活习惯。我在美国看到大的 NGO，完全相当于参议院、众议院、行政、司法的运作结构，群体之间处理相互关系也是权力分立制衡，生活中尊重彼此的空间和共同确立的规则，越来越意识到这些原则不只属于政治。

Dan 说：“政治制度也是人们之间相互规范的一种体现。比如民主是一套协调众人偏好的规则，但是如果大家没有对规则的基本尊重，再完善的规则又有什么作用呢？中国人团体里往往能观察到一种现象，首先是没有用规则议事的概念或习惯，通俗地说就是不懂怎么开会。其次，即使表决通过决议，也不见得能执行，会后还是各持己见。最后，比较严重的结果就是内争不休，甚至分裂。对规则的尊重，其实后面的真正含义是人与人之间的彼此尊重、包容。著名的罗伯特议事规则的书名是《做大做强的金科玉律》，要做大做强首先就要有彼此尊重、包容的开放精神。”

我觉得,Dan说的例子是对所谓民主水土不服的一个很好解释。我们总说民主是好东西,但又说移植了就是灾难。问题在哪里呢?不是民主选举带来的问题,而是不懂民主选举带来的问题。赢者操纵程序难以令人信服,输者不肯接受结局认赌服输,大家缺乏对基本游戏规则的尊重,才以街头运动解决。前苏联也是,制度可以一夜之间宣布转变,人们的语言习惯、行为规则、思维惯性却不能,结果日常运作不足以支持民主自由的价值,悄悄又向集权回滑。苏东的民主指数就发生高升缓退的现象。给我们的经验教训是什么?严防民主种子的发芽,还是加快改良土壤?如果不赶快加强公民教育、学习民主原则、开放思想、实践规则、增进经验,恐怕永远只能说好东西我们受用不起。对中国发展民主而言,最大的挑战是缺乏体验。没有日常生活之中的契约、对话、妥协、宽容、价值多元,民主制度会很难运行起来。

我对Dan说:"我经常想中国的宪法、人大制度等很多东西为什么如同虚设。后来重温美国的立宪和制度演进过程才意识到,是制度发生过程的本身、而不是制度的名义,决定了它的实际效果。比如美国宪法是大量辩论、投票、利益均衡、各方力量讨价还价的结果,当落为文字的时候,才能'生效'。"

他回答我说:"美国的历史有很多值得书写的地方,不过美国文化也有自己的问题。不同的文明有各自的表达,有自己的语言,我们也要意识到这个方面。"

立足于美国社会内部,确实也有太多可以反思的东西:比如不断扩充的政府,自由权利以反恐为名受到的威胁,两党独大的选举政治,诸多的社会问题等等。正如韦伯悲观地看到人类"理性的牢笼",福柯说过疯癫的历史就是我们把邻人界定为疯癫以证明自己的理性,这些对人类社会的批判与反思自然发人深省,但其体味与语言应用太细致,以至直接拿到法庭的理性审判或是精神病医生与患者的关系协调层次上应用,可能完全产生混乱。我深知自己所能触及的只是一些最基本的底线问题,比如真实的信仰和表达如何免于恐惧,每个人应有基本的人格尊严等等,更深的反思当然是可以讨论的,但那不是站在政治立场层面,也不是处在常识的层面。

Dan继续说:"每个文明都有自己的问题。比如美国最初的移民与土著人的关系,就是一个躲不开的历史尴尬,所以美国人修建了博物馆,展示这段历史,让后人知道自己的过去,从而审视未来的发展。犹太人纪念馆也是,前几天华盛顿的大屠杀纪念馆发生白人种族主义者枪击案，就重新提醒了人们这些文化的内在冲突。”

我深有感触：批判虽然总是否定某种东西，批判力却让人更深入一种文明。每个文明都有自己的问题，不去面对自己的问题，不去看自己的历史，不能反思自己，那才是最可悲的。

Dan表示赞同：“苏格拉底说，未经过审视的生活是不值得过的。一个文明要有历史，要有记忆，要有对自我的反思，要有批判力，才能有未来。不仅是对历史的反思，也包括对现实的批判。批判性地生活也是一种生活态度。比如美国人传统上对政府不信任，所以想方设法分权、制衡，限制权力，政府越小越好。中国是反之，假设政府是可信的，政府要权力大才是好事。”

对政府及政治权力的警觉，与其说是对政府表现的反应，不如说是先入为主的假设。有一个调查显示，中国人对政府的信任度远远高于其他国家，而且对离自己生活越远、层级越高的政府越信任，对越是身边的越不信任，对社会自发组织的信任度最低。美国的情况正好相反。

“写《瓦尔登湖》的梭罗还写过一本书，《公民不服从》。个体权利的保持和对政府权力的警觉与制约，是一个公民不断意识与争取的过程，即使对于美国的历史也是如此。自由总是会有被侵蚀的危险，自由的社会并不是说自由存在于那里，而是说人们更具有自由意识和对自由权利的守护。”

说起来自由并不总是递进的。我刚看过一本书《志愿城市》，原来在18~19世纪英国城市化的过程中，更早在10~11世纪的欧洲，在社会公共事务、规划、公共设施等方面全都靠志愿机制建成，很多城市基本是在没有政府的情况下建设起来的。现在美国的政府也越来越大了，权力越来越集中，是开国之际的国父们始料不及的。不知道如果美国制度再发展几千年，是不是也会变成集权社会。权力的自我集中的本性真是强大啊，电影《浪潮》反映的“世界离独裁只有5天”一

美国作家亨利·戴维·梭罗

点儿也不是戏言。

我们继而谈到中国的文化。这使我想起很多自己的体会。中国文化的确有过很多精彩，但当文化成为一个权力选择的过程，我们已经不知道什么是自己的文化传统了。好像中国五千年只出了一个叫孔子的祖宗。英语文献中也有无数大家，但再重要的人物也只是历史的一颗明珠，而不是整个历史的版权所有者。大家读康德，但是中学生同样可以批判康德，一个人和伟大的思想之间是对话，不是膜拜，这样后一代才总受到伟大思想的提升而站得更高，而不是用一层层人搭作祭祖的阶梯。在哈佛大学举办的中华人民共和国成立60周年研讨会上，来自维也纳的历史学教授苏珊娜讲得很好，她从历史来看未来。在中国的近代史中，“中国性”确实是比共产主义、资本主义等更重要的一个解释概念。所谓中国特色的社会主义，中国特色的市场经济，中国特色的民主，其实其中国性的部分都比社会主义、市场经济、民主等概念的原意更能说明社会的实质运作制度。

什么是自由？我曾经用这个问题问过很多人，中国的，美国的，发现当人们在争论自由好还是不好的时候，他们脑中指向的完全是不同的目的。在我迄今得到的所有答案中，有一个让我印象最为深刻。这就是：自由就是如你所信地生活。

我问Dan，自由是你想做什么就做什么吗？他说，不能这样说。你在自己所信的生活里，能够自由地遵循你内心的信仰，才可以说是自由的。他的话让我理解了他对信仰和言论自由的坚持。在他眼里，离开自由的信仰，再优越的生活也算不得好的生活。连自己都不信仰的生活，怎么可能是值得过的呢？康德把自由与理性相连，人作为理性的存在物，自由意志使其拥有自我选择的生活。

Dan也谈到了信仰：“西方的文化其实有着很深的信仰基础，美国的信仰程度更高，有一个调查发现美国是发达国家中宗教性最强的。比如我们都知道美国《独立宣言》中的名言‘人人生而平等’，其实什么是‘生而平等’？它的原文是‘被（造物者）造得平等（are created equal）’，是上帝创造人的理念，是人在上帝面前的平等。那种神圣性、不可侵犯性，不是人生而平等的宣称可以传达的。”

我觉得，人性、理性、神性本来就是贯穿西方文明的线索。看待近代民主、自由、科学，也只有理解其内在的逻辑关系和价值平衡，才不会走向极端，以美好的名义制造出人为的灾难。比如，没有自由的底线，一切权力都交由集体的决策，这种决策如果可以任意侵犯个人的基本尊严、自由权利，民主形式也会带来多数人暴政。

Dan 对近代中国的历史颇有感触，认为："近代中国太急于赶超了，一直有一种屈辱的反击心态，国家尊严、民族富强，总是压过人的、价值的追求。我觉得走近西方社会生活，那些政治观点的差异反而不重要了，反差最大的，是感受到人性的美，制度安排的科学性精美，它们是需要时间沉淀的。对于中国而言，其实还谈不到现代政治理论的左右之争，它首要的问题，是如何走出'改天换地'的革命情怀、'人间天堂'的幻觉兴奋，慢慢生长理性、人的意识、底线价值，恢复常识(common sense)。"

"所以信仰和表达的自由，以及人之为人的尊严，是最基本的，是民主也不可以侵犯的底线。"我这样想。

"对，如己所信表达的权利，免于恐惧的自由，是一个社会处于正常的前提。走近自由，我觉得好像经历一个心理治疗的过程，慢慢面对自己的病，回到人，回到简单。"

"我知道，瓦尔登湖上的很多困惑，是有人类存在就会有的，每个文明永远有解决不了的问题。但瓦尔登湖，是我心里最真实的地方。我希望我也能在这样的小屋住下，安静地思考。"我说。

"可梭罗最后还是回到了社区。"Dan 微笑着。

"无论离开还是回去，他实现了自己选择的生活。瓦尔登湖是梭罗的，他是这片清净的发现者。我们只不过是观访他的游客。"

"让你这样一说，不是扫了我们的兴致？"

"但我们每个人可以有自己的瓦尔登湖。自己选择的生活，生命自由的创造。"

因袭的重担

于爱群

昨天，先生的同事凯蒂和她的Partner(同伴)来家里做客。凯蒂是一位美国华裔，身材娇小，江南女子的模样。说话声音柔柔的，英语语速很快，有时我听不懂。她的Partner凯瑞是美国人，个子很高，留很短的头发，像我们常说的"假小子"，但笑起来却十分害羞，也不怎么说话。——这是一对同性恋人。

凯蒂刚刚从一所美国名牌大学毕业，在伯克利找到了第一份工作。吃饭时闲聊，凯蒂讲起了她的家世。她出生在江苏，两岁的时候，她的父亲从江苏到美国来留学，两年后毕业，选择留了下来。4岁时，她随母亲一起来美国和她的父亲团聚。一家人就在旧金山湾区扎下了根。

凯蒂和凯瑞是高中同学，在一个球队打球时认识的。算起来，两个人相好已经8年，虽然她们现在也不过20多岁。我们边吃边聊。到最后，我终于艰难地问出了绕在嘴边好久的问题:你父母对你们的关系能接受吗?我很想知道，一对从中国大陆来美留学又留在美国的父母，会怎么看待自己的女儿是同性恋者这件事。

果然，两个人一起摇头。凯蒂说，最初，她的父母非常吃惊，非常伤心，根本无法接受这个事实，也完全拒绝见凯瑞。但是凯蒂很坚定，搬出了家，和凯瑞住在一起。大学毕业后，两个人到市政厅领取了同性Partner的关系证明，就是无法律效力地承认同性婚姻的官方文件。9月份，她们还要举行婚礼。婚礼定在××举行。两个人邀请了80位亲戚朋友同事参加。她对父母说:"我很希望你们来参加我的婚礼。但是如果你们不来，婚礼也一样会举行。反正我这辈子就举行这么一次婚礼，来不来你们看着办吧。"

凯蒂是家中的独生女，一直深得父母疼爱。在最初的震惊之后，父母还是接

于爱群:中央电视台记者。

受了两个人的关系，最终决定出席她们的婚礼。在这段艰难的时期，凯瑞的父母起了很大的作用。他们很开通地接纳了凯蒂，还常常打电话给凯蒂的父母，邀请他们相聚，劝说他们接受两个孩子的选择。

一年前，凯蒂因为要完成毕业实验，和凯瑞一起去了中国，顺便回江苏老家探望了自己的祖父母和一大堆亲戚。这也是凯瑞第一次去中国。两个人玩得很开心。我问她们，你对老家的亲戚公开了你们的关系吗？她们又一起摇头：不可能，不可能。

一边听她们的故事，我一边在想着凯蒂的父母。从凯蒂的年龄推算，她的父亲应该属于改革开放后第一波出国留学热中的一个。先是一个人出来，异国他乡，举目无亲，囊中羞涩，语言也不行；两年后，又想尽办法把妻子女儿接出来。慢慢地，一家人在这片陌生的土地上立住了脚。这期间，一定有为旁人所不能了解的辛酸和困苦。但是在旁人眼里，他们是成功的。20 多年的打拼，拼来了较好的工作，较好的住房，一定的社会地位，孩子送进了美国一流的大学。——这不就是一般人向往的海外移民生活吗？

然而，当他们的女儿第一次把恋人领回家时，当他们发现这个“恋人”也是一个女孩儿时，他们会怎么想呢？

这完全不在他们的想象之内，也不在我们的文化传承之内。他们会不会对自己所谓的成功人生产生幻灭感？

我想起李安 1992 年的电影《喜宴》。一个移民美国的台湾青年男子伟同，一直对父母隐瞒着自己有一位同性恋人的事实。为了让不断催促自己结婚以传续香火的父母安心，他决定和一位大陆来的非法移民女子假结婚，以解除来自家庭的压力。结果父母欣喜过望，决定来美国主持婚礼，搞得赵文瑄演的这位帅哥手足无措。这里面已经涉足了中国根深蒂固的、以传宗接代为目的的婚姻文化与美国开放的、多元的两性或同性文化之间的矛盾，并以此产生戏剧冲突。电影中，父母所代表的传统的、也是所谓正统的“男大当婚、女大当嫁”的观念，是作为一种绝对的威权而存在的，两代人并没有直接的观念对撞。作为晚辈的伟同甚至根本不敢告知父母自己的真实想法，而只是一味地瞒、一味地退让。如今，像凯蒂这样，父母来自中国的第二代移民已经成长起来。他们接受美国教育长大，更自我，更自信，完全没有父母一辈来自母国的观念束缚。现在，面临两难选择、内心纠缠不休的，是父母一辈。

有意思的是，凯蒂父母的年龄正和《喜宴》中赵文瑄扮演的青年男子相似，他们同是小时候接受中国教育、成年之后移居美国的第一代移民。年轻时，他们面临着和父母的观念矛盾；及至年长，还要面对和下一代的代际冲突。这是在两代人中、两种文化冲突中辗转的一代人。命中注定，这代人将不断遭遇观念的冲撞、情感的撕扯，这也许是第一代移民需要付出的代价。当然，代际矛盾哪里都存在，只是加上了移民海外的背景，地域文化的差异叠加在代际冲突之上，就变得更加复杂，更加艰难。

如果凯蒂的父母不出国，情况会怎样呢？我是说，凯蒂还会是一个同性恋者吗？如果同性恋倾向真的是基因决定，命中注定，无法改变，她在国内的命运又将如何呢？她还有胆量公开两个人的关系吗？她的父母还会这样开通地随她们去吗？

写到这里，我不禁想，这是一个多好的纪录片题材啊！

凯蒂有幸生长在北加州旧金山湾区。即使在美国，这一地区也是以开放、多元、前卫而著称的，分不清种族、分不清年龄、分不清性别。有一位朋友开玩笑地称，走在旧金山街上，既搞不清迎面走来的是男是女，也搞不清他们喜欢男的还是女的。旧金山号称同性恋人的“麦加圣地”，卡斯特罗街区更是以同性恋者聚居而成为旅游胜地。一年一度的“同志骄傲大游行”，是世界上最负盛名的游行之一。几年前，现任市长纽森刚上任，马上宣布同性恋在旧金山可以结婚。当然，他这么说并没有什么法律效力，但足以表明同性恋者在这里得到社会的接纳和宽容。

凯蒂成长及至成年的时代，正是处在这样的社会环境中。所以她可以很坦然地公开自己的性取向，大方地向朋友介绍凯瑞，带她到同事家做客，还要举行婚礼。而她那来自中国大陆的父母，浸润在这样的环境中，最终也接受了她的选择。

鲁迅在《怎样做父亲》中希望做父母的人，能够“自己背着因袭的重担，肩扛住了黑暗的闸门，放他们到宽阔光明的地方去”。这“因袭的重担”到底有多重，能否肩得住，还真的和环境关系极大。

学术为业或者学术为命

宋丰田

从事学术是一项危险的行业。为什么这么说呢？柏拉图、尼采们经过自己的学术总结拒绝了生活中的爱，苏格拉底将自己的哲学在人间践行反而因言获罪，所以说从事学术是一项危险的行业，不能不慎重从事。

韦伯曾经做过“以学术为业”的演讲，那么什么是以学术为业呢？首先“业”这个词在《新教伦理与资本主义精神》一书中已经得到了很好的阐释，并不仅仅是“职业”的“业”，更多的是具有“天职(calling)”的结果和表现。正像韦伯谈道的：“一个人对天职负有责任——乃是资产阶级文化的社会伦理中最具代表性的东西，而且在某种意义上说，它是资产阶级文化的根本基础。”它是一种对职业活动内容的义务，一种为响应“召唤”所尽的义务。这就好像但丁的《神曲》中地狱的入口处写着：这里拒绝一切欲望，这里没有任何希望。当真正将学术与自己的生命体验结合起来，学术的世界上升为自己的整个生活世界，学术的价值准则也是自己生活中的价值底线，那么生活也就跟随着学术进入了苦行僧式的炼狱中，因为学术中的价值准则必然要和生活中的规则产生紧张与冲突。学术要求价值中立，但是生活却必须要你选择。生活是一个人甚至是一群人的武装，生活就是政治，就是斗争，但是学术却理应是纯洁的。这或许也是许多学者选择献身学术就像将自己献祭给了上帝的原因，因为上帝和学术说白了有共通性，同样的不受尘世的沾染，同样的是社会的局外存在，同样的是对社会生活没有任何权力所指，它们都是生活最顶端的最精致的提炼。为什么称学校为“象牙塔”呢?象牙塔就具有修道院和寺院的意味，一种苦行僧式的生存状态，甚至可以说是禁欲般的牺牲，唯一不同的是：修士们以牺牲自己的理性为代价供奉着上帝，而选择以学术为命的学者却是将自己的感性献祭给了他们所信

宋丰田：福州大学社会学系研究生。

奉的一方净土。

马克斯·韦伯
德国著名社会学家、哲学家

我们这里的分析，其实并未完全遵循韦伯关于“学术为业”的定义。我们这里的“业”有了两层分析言路：职业的“业”和“业报”的“业”。前者就是现今大多数学者只是靠“玩学术”谋生的饭碗而已，后者却具有一种“命定主义”的意味。

托尔斯泰至死都在追问：在这个世界上，生命还有“终极意义”吗？我们接着这个问句说：学术能给予我们生活意义问题的澄明吗？生活中尤其是精神生活中生产出的一切，我们只能捕捉到最微小的一点，有些人尤其是学者们自信能够抓住这个世界的终极依据，并借此能够将自己打扮成先知甚至是上帝的面貌向世人传递福音。在上帝死了之后，这个世界进入到了“诸神纷争”的状态，在生活意义观的战国时代，学者们加入到了发现生活意义甚至是创立价值观的行列之中。但是正像王小波调侃过的：我认为，在人类的一切智能活动里，没有比作价值判断更简单的事了。假如你是只公兔子，就有作出价值判断的能力——大灰狼坏，母兔子好，然而兔子就不知道九九表，此种事实表明，一些缺乏其他能力的人为什么特别热爱价值领域的简单化判断，因为这是最容易的事情。

那么学者该做些什么，是应该教书育人，坚守本分，守护着自己的学术天空，还是在讲台上讲出自己的价值指向，甚至是“唆使”着自己的学子们也要遵照自己的价值观行事呢？传道、授业、解惑，这是古时对一个教师甚至学者的道德规定，先不考虑它在古代的合理性，如若是在今天的话，传道、授业、解惑还有没有其存在的可能呢？在当下这样一个诸神纷争的时代，学术甚至科学能不能给这个世界一个合理的终极依据呢？人生在世是不是需要学术给予我们一个意义观的澄明？这些都是疑问。倘若我们可以在学术甚或科学中发现终极的价值观所在，那么学者也就有了成为先知的可能。但是很明显的是，科学不涉及终极关怀，那些所谓的古典学问中的“通向真实存在之路”，“通向艺术的真实道路”,“通向真正的自然之路”,“通向真正的上帝之路”,“通向真正的幸福之路”,都已经成为不可能的神话。在这个已经“去魅”后的世界里,所谓的“神秘之路通往内心”,外部世界的澄明难道仅仅成为个体内心的坚守?生活世界中的神秘性、终极性还有没有探讨的可能?这不是我们今天的话题,今天的指向是学术或者科学已经不能给予这个世界终极价值指涉,学者作为传教士的职责也就不可能成立,所谓“传道、授业、解惑”的“传道”在这里也失去了立足的依据。

当然,我们在海德格尔那里看到了学者成为生活世界中“先知”的可能性——“诗意的栖居于大地上”。在这个上帝已故的去魅世界中,没有人也没有偶像能作为人类存在的尺度,人只有靠自己走上寻找澄明的路,在那条路上,没有教我们什么是“超人”的查拉图斯特拉。这是海德格尔看到的“诸神纷争”中,人应该存在的面貌——只有寻找那“大渴望”的真实的人,在这条路上,渴望就是那“遥远之切近的痛苦”,任何的生活意义观在这里都成了大渴望,都成了遥远之切近的痛苦。但是海德格尔的矛盾就是,他说过“大地上没有尺度”这句话,既然大地上没有尺度,那么我们该从哪里去汲取寻找“真实存在”的力量呢?

海德格尔一直在追问谁是尼采的查拉图斯特拉,因为查拉图斯特拉是为众生寻找和教导生存依据的“蹚过大海而一尘不染的”教师,“我,查拉图斯特拉,生命的辩护人,痛苦的辩护人,循环的辩护人——我呼唤你,我那最深邃的思想”。这就是查拉图斯特拉,是尼采的查拉图斯特拉,是教导人成为“超人”的教师。但是查拉图斯特拉也被海德格尔悬置起来了。在海德格尔那里,人类必须靠超越形而上学,靠揭示被存在者所遮蔽的存在实现人诗意的栖居。海德格尔认为一个学者必须要有思想,而思想是什么呢?

“当我们亲自思忖时,我们才通达那召唤思想的东西,而为了让这样一种尝试获得成功,我们就必须准备学习思想。”

“一旦我们投身于这种学习,我们也就已经承认了我们还不能够有思想。唯当我们喜欢那个本身有待思虑的东西时,我们才能够有思想。”

海德格尔认为一个学者所应该做的,就是投身于存在中,用全身心的“诗”与“思”去获取思想,但是科学无思想或者说科学不思想,“因为从其行为方式及其辅助手段来看,科学从来就不能思考——亦即不能以思想家的方式思考”。如果我们把学者定义为科学家的话,这里当然是传统意义上的科学家,包括人文学者在内的实证主义家们。很显然，我们照样得出了前面的结论：学者不能作为先知存在，或者说学者不是发现价值观、创立价值观，并想在讲坛上推行自己的价值观的人。

海德格尔发现了学者“思”的可能性，这必须通过彻底的超越传统的形而上学，解蔽存在者所遮蔽的存在才能够达到“诗”与“思”的境界，返归传统是海德格尔提供的一种思路，希腊先贤们将自己的思想植入生活中，在真实的存在中发现了语言和思想的真实居所，但是要想在这个现代社会的“技术座架”中实现对传统形而上学的超越，还需要走很长的路，真实的澄明的存在也不是一天就可以找到的，所以“思想”仍然待在她的王国里戴着面纱嘲笑着现世人类的无用功。在这个人类已无从再思的时代，学者应该做些什么，去发现真正的思，或者教书育人？

在学术史乃至政治史上，海德格尔一直是一个有争议的人物。对于海德格尔失身于纳粹阵营，就连最崇拜他的学生也无法理解这种行为。同样作为大名鼎鼎的政治法学家施密特也成为纳粹的御用法学家。这些本应该最能够体现和发扬学术独立精神的“伟大”学者们，缘何选择了被世人所唾弃的纳粹政治呢？海德格尔没有告诉我们，甚至连辩解都没有去做，他最终选择了隐居于深山之中专心著述。而施密特却运用自己法学家的辩论能力和专业特长得以逃脱了法律的制裁。

海德格尔，德国哲学家，20世纪存在主义哲学的创始人和主要代表之一。

学术的独立和人文学者的独立精神是不是两码事呢？学术是中立的，这在韦伯那里早已论证了无数遍，但是学术的运用却是有价值取向的。“价值中立”和“价值关联”在这里也许并不冲突，并且在韦伯的分析视角下得到了一个很好的融合，但是那只是“理想类型”而已，社会现实中真能做到这一点是很难的。

中国的知识分子呢？源于文人骨子里的道统情结、良知和责任感，是知识分子在人格上的自我命名。但是按照我们上文的分析，知识分子已经承担不起传授价值观的责任，无情的生活现实将一切终极依据抛进了资本主义的宇宙，生活中预设了如此之多的所谓潜规则，也为人预设了推卸的理由，只要稍稍退一步就能退到那些理由的荫庇之下。于是不管是学者还是普通人，心理上就受到慰藉，良心就被这些预设的理由颤巍巍地保护着，再也经不起现时代的敲打。达摩克利斯之剑悬在中国知识分子的头顶之上，使人颤颤巍巍，汗不敢出，终极依据的追寻也只能化作笑谈。我们在这个并不澄明的公共领域中寻找着公共知识分子，但是放眼望去，何其渺茫。究其原因，到底为何?汉娜·阿伦特在《黑暗时代》中说道："即使是在最黑暗的时代中，我们也有权去期待一种启明(illumination)，这种启明或许并不来自理论和概念，而更多的来自一种不确定的、闪烁而又经常很微弱的光亮。这光亮源于某些男人和女人，源于他们的生命和作品，它们在几乎所有情况下都点燃着，并把光散射到他们在尘世所拥有的生命所及的全部范围。"这些星星之火是不是应该由当前的中国学者们去点燃呢？我们能不能承担起时代的使命呢？

齐格蒙特·鲍曼在《立法者与阐释者》中讲道，现代知识分子主要是充当了立法者的角色或者以立法者自居，而在后现代，立法者趋于没落，兴起的是阐释者。这里提到了"自居"一词，也就是说学者们并不是"被"成为立法者的，很明显的是，学者们选择"立法者"的角色命名是自我认同的表现。在中国传统知识分子的内心中，一直有着"王者师"的自我期许，王者师、立法者有何不同，这也就要涉及中西方学者的内心坚守的问题。在顾准的寻根探源中，立法者(law-giver)有两种状态，这当然都是在古希腊的环境下得以产生的：其一是编撰法典、使之成文化，并予以公布的政治家和法学家，如雅典的德拉孔和西西里的卡达斯等；第二种意思也是大家最为熟悉的梭伦改制、来库古改革中的这两位男主角，他们都是各自城邦中的最高行政执政官，同时也身兼法律制定者。提到中国的立法者，可能就会让人想到："中国数千年来未闻有立法之事，唯求之于两千年上，其有足与来库古、梭伦相仿者，于齐则得一管子，于秦则得一商君。"齐国的管仲，秦国的商鞅，咱们在这首先不是要解决处于中西社会政治中心的这些立法者们，主要是要探讨鲍曼的"立法者"和传统意义上的立法者到底有何不同。顾准所梳理的立法者是政治社会的立法者，是社会学和政治学意义上的，对社会结构和政治结构的立法，而很显然鲍曼的立法者是人类精神和心灵的立法者。正如康德所说:唯一能打动我的是天上的繁星和地上的道德法则。为什么现今社会学者的“立法者”身份逐渐向“阐释者”转变呢？立法者可以决定什么是普遍有效的知识,可以决定甚至是制定道德准则,他们不受地方的、传统的知识系统的束缚,创立普遍有效的尺度,作为立法者的知识分子拥有巨大的权利。而阐释者的角色却“由形成解释性话语的活动构成”,阐释者并不是选出共有的价值观,并不是指定宏大的社会有效系统,他们不是生活在宏大叙事中,而是要带着显微镜去认识社会、解剖社会、阐释社会,“王者师”的情操将被置于一边,宏观视角向微观视角的转移可以看做是其中的奥妙之处。正如福柯所言:普遍的知识分子已经没有了依据,现在只剩下了专门的知识分子。

处于当今时代知识人被分工的甚至是“碎片化的”社会,整体论的、系统论的价值观和据此为生的学者群体,已经不再适合现今这个世界。知识分子的道德坚守似乎只能在课堂之外发挥作用，课堂上的他们应该坚守着教书育人的本分,成为科学知识的传授者,而不是道德法则的建构者。社会的纷乱复杂需要的不是先知,不是牧师,不是王者师,不是道德立法者,而是随时带着冰冷的解剖刀上路的阐释者们。公众需要的也不是嘈杂无序无标准的意见辩论,不是公共领域内如酱缸般混乱的话语权利争斗,不是话语大棒,不是甜言蜜语,而是对社会的真知灼见。公众需要的是这样的知识分子:能够靠自己的理性带领大众认清这个纷乱的社会,防止大众迷失在扭曲的沟通中的知识分子,是能够带领大众走向自我启蒙的学者,而不是让大众“被启蒙”的无良学者们。

卑贱的大学

翟一达

“卑”是自我的心理认识，自己看不起自己，在人家面前抬不起头来。“贱”是对方的评价，多少带着些鄙夷的态度。现在，这里的大学以及大学各方面的延伸都可以用“卑贱”二字来形容，它还跪着，尽管我们这个国家在60年前就已经站起来了。大学的工具化是表现之一。在这里，大学被作为政府的一个部门来使用，并且把大学作为实现国家经济增长和解决就业问题的工具。通货紧缩时期，人们的消费意愿不足，为拉动经济增长，之前就有人鼓吹“教育产业化”，也搞了“大学扩招”。然后呢，大学规模扩张，超常规“扩招”带来的后果是大学毕业生就业困难。面对就业困境，居然以“研究生扩招”来吸纳大学毕业生，把他们继续留在校园中，延缓他们进入社会的时间，缓解就业压力。

研究生学位教育居然也成为一种交易工具，作为鼓励大学毕业生到特定地区和行业工作的回报。政府直接把学校的招生权力拿过来作为政策工具在使用，那么各大学对自己需要招收多少研究生来从事学术研究工作心里到底有没有底？现在，研究生教育已经批量式生产了，一个导师名下带着十几个甚至几十个学生，却还要不停地扩招。今天我们看到的是研究生学位的泛滥、贬值。也许有人说，在国外硕士学位无关痛痒，同样也没有含金量，以此为中国“人为贬值”硕士学位“正名”。但是需要注意的最大不同是，政府对研究生招生的政策意向太浓，社会政策性太强，学校毫无应有的自主性。

卑贱的大学不仅学位泛滥，在整个社会中，学位还成为一种满足虚荣心的符号，发挥了其异化的功能。博士学位的真实意义，不过是证明该学位获得者在本领域就某个问题进行了深入的研究，达到了一定的学术水平。除了这个特定的领域，博士未见得比寻常人更能胜任其他工作。但是在我们这里，博士成

翟一达：东京大学人文社会系研究科访问学者。

了“神”，似乎什么工作都能胜任，都比其他人做得好。这是一种虚荣的符号。特别是在政府部门，一些人把学位水平理解为仕途升迁的筹码和资本，读博士并不是为了作什么学术研究，真正的目的在于将来凭借它得到更快的提拔。这是整个社会对博士学位教育的扭曲。

2009年9月公布的重庆市半数区县一把手“读博”的新闻并不稀罕，这样的事实已经发生了很多年，当今许多的官员都“在职”获得了博士学位。实际情况是，在职的官员们需要花很多的时间来做自己的本职工作，听课、写论文的时间很有限，甚至有些人最终找“枪手”代写学位论文。通常，大学的教育可以粗略划分为学术定向和职业定向。既然这些官员们不是为了今后从事学术研究，从提高工作能力的角度出发回到大学接受“再教育”，那么他们也不一定要以博士学位为目标，那些短期、实用、灵活的课程可能会更有益处。毕竟，攻读博士学位需要花费很多的时间和精力，而绝非“儿戏”。把博士学位教育“儿戏化”，是一个国家大学“卑贱化”的深刻表现。对于为官员们写论文的“代笔者”一方而言，不是拿了人家的钱财好处，就是能够为某位领导代笔而荣幸。知识分子们丢失了起码的自尊和荣辱感。对于这些官员来说，读一个博士学位，从入学到答辩毕业简直太轻松、太容易了。大学成了权力的仆役，政府的行政力量真是把触角伸得太长了。

卑贱的大学只能导致整个学术氛围的恶俗化。从教授到研究生，泛滥着对学术成果的抄袭。当我批评南方某大学校长的抄袭行为时，该校毕业的学生理直气壮地“响应”我：“何必大惊小怪，抄袭在中国什么地方没有?”如果每一位国人都将“抄袭”视为“理所当然”、“见怪不怪”的话，那真是太悲哀了，拿什么去拯救这一团黑暗的风气？当抄袭被发现后，一些学校又“上下齐心”、遮遮掩掩，最后使此事不了了之。在国外，抄袭剽窃是要辞职的，否则你就为这所学校、这个院系抹黑，其他教员也无法与抄袭者继续共事，抄袭者不辞职，只能大家走。学术在教员心中是神圣的，大家对学术有一种敬畏感。对于大学而言，“求真”是最基本的要求。但在我们这里，只要有领导袒护你，有政府高官挺你，怎么抄都没有事，而且谁也扳不倒。行政对学术的影响力之大，超出了它应有的范围。相对而言，学术已经沦为彻底的卑贱。

因为行政权力的“独大”，为评职称、拉课题，一些人就给领导们送红包。后来发现送红包太公开，就请对方的家属去旅游，搞得越来越隐蔽。另外，一些教授让自己的学生写论文，堂而皇之地把自己的名字落上，而且还找来一批莫名其妙的人，都加在论文的作者栏里。这样腐败、恶俗的大学学术氛围，不是一两个人造成的，有着其存在、维系的土壤。

大学的行政化十足，越来越像衙门，领导们俨然把自己当起了官僚。殊不知，大学内无论什么“长”都是为教师和学生服务的，没什么了不起，应该逐步建立、实行任期轮换制。在中国的大学里面，一些行政人员经常给教授和学生脸色看，不是为大家服务而是利用手中的那点“权力”有意为难他们。大学行政人员的服务精神有待提高。现在许多大学都有对教授教学质量的考评，笔者认为，行政人员的工作也应纳入考评范围中，接受教师和学生的评价。目前，大学的改革落后于我们整个社会的改革进程，对教师实行绩效考评当然有必要，同时对教辅后勤这一块也要进行改革。

其他一些国家的大学都有自己的章程，学校依据章程对学校进行管理。政府的行政力量从来不能干涉学校的事务，否则会遭到全社会的抨击，这是一个共识。私立大学如此，国立、公立大学亦然。对于后者，虽然它们的教育经费主要来源于政府拨款，但这个原则同样有效。政府不会因为自己拨款资助了国立、公立大学，就要求对方听任摆布。这些作为教育投入的财政资金是广大纳税人的钱，政府只是代为管理，政府无权干涉大学的各项正常活动。因此，政治对学校的干预很少发生。学校是一个学术研究的地方，各大学也应尽力维持自己的中立性，不与政治发生关系。教员和学生的政治倾向是作为“个体意义”上的个人选择和权利，受到宪法的保护，与学校的整体无关。这样的体制就培育了学校的自由气氛和神圣感。这样的大学不是附庸，也不卑贱。

今天，我们的硕士、博士培养量世界第一，论文发表数量也是世界第一。在这些形式主义的背后，却是大学内外环境的欠佳，大学内部个人自身的修持也很缺乏。王小波写的那位我不认识的“老校长”曾感叹：“象牙塔早就倒掉了。清高、人格和操守早就没有了。”这已经不是个别人的感叹了，我们今日的大学真是让人失望。这样的大学气象，恕我直言，很难与曾经有过的大学的辉煌相比，更不要说今日的世界一流大学。

作为大学内部的人员，除了我们每一个人要加强自己的内在修持外，从整体意义上，首要的目标是要治疗大学的“卑贱病”，扶它站起来，不要再下跪。大学必须按照的大学的逻辑来办事。大学的逻辑就是要重视学术和大学自身的声誉。如果以此作为大学各项制度和政策制定的出发点，怎么可能会随意发生抄袭、虚报成果、学术官僚当道、滥用科研经费、在入学和学位授予上为官员提供便利等现象？对这种大学精神的维护不能指望官僚，官僚的行动逻辑是往上“爬”，从来不会从大学的长远利益出发来思考和行动。我们只能期待大学的真正主人们——教授和学生，来自觉捍卫这些原则。但是，外部环境、大学的非独立性为情况的改善增加了重重困难。

1917年蔡元培先生赴北京大学任职时，“针对当时北大教师不研究学问，学生为做官而学习的现状”，提出“大学者，研究高深学问者也”的主张。今日大学改革的关键是要还大学以它本来的面目，让它成为一个独立的学术研究机构。外部要减少行政权力对大学的干预，大学内部也要去行政化，突出教师和学生的主体地位。在此基础上，才能实现由真正懂教育的人而非官僚来管理大学，确保大学的各项决策从学术和大学的声誉出发来制定，而非贯彻行政命令或执行政治决议。只有在这样的状况下，大学才能不再“卑贱”。

不过也有欣喜之事。深圳市正在筹办的南方科技大学似乎为中国大学精神的重建带来了一丝光明，其校长朱清时先生清楚地发出了大学要“去官化、去行政化”的主张。这是一个积极的信号。希望南方科技大学，不仅要在大学内部取消行政人员的行政级别，增加服务意识，还要从外部减少行政的干预，增强大学独立于政治的自主性。深圳特区这个“敢为天下先”的城市，曾为中国改革的“排头兵”，今天同样寄希望于在深圳这片土地上的南方科技大学，但愿能够为中国的大学改革探索新路。

这些年来，我们国家的改革取得了举世瞩目的成就，对大学也需要继续深化改革。改革的方向应该是对大学去行政化，建立和维护大学的独立自主性，按照大学的逻辑来办大学，让大学成为独立的学术研究机构。在旧势力控制的环境中，发出新声音当然不容易，搞不好还会被顽固的土壤同化。但是，我们每一位的心中不是还信仰着光明，总希望事情能变好吗？这样的民意期待，会唤起更广泛的关注，与改革的实践者一道去推动大学的“去卑贱化”。

神话、传说与历史

曲　风

"神话"与"传说"究竟是两个意义完全不同的概念还是意义接近的概念,许多研究中国上古史的学者往往忽略了这个不应忽略的问题。更多的时候,人们更喜欢把"传说"看做是"神话"的同义词,当然,也可以把"神话"看做是"传说"的同义词。比如说到有关发生在夏商周以前的"三皇五帝"的故事,有人称之为"神话",有人称之为"传说",还有的人两个词一起用,称之为"神话传说"。

笔者认为,这是两个意义截然不同的概念,这是一个无论从字面上还是从本质上都是可以说清楚的问题。从字面上来说,神话其实就是有关神的故事,它具有幻想的性质,是对一种幻象的描述,同时涉及对一些与人类生存与宿命有关的重大课题的形而上的回答,比如宇宙起源、人类与万物的起源、罪恶与惩罚、英雄与魔鬼、天堂与地狱、灾难与重建、神的世界与世界的结构、人与神的关系等等。"神话"是个新词,来自于英语的 myth,古代文献把我们认为是神话的东西称为"怪"、"神"、"谐"、"异"等,但"怪"、"神"、"谐"、"异"的概念范畴要比现在的"神话"广泛,包括今日所说的"神话"。传说则是另外一种意思,它的本义是指口耳相传的历史故事,是历史上发生过的事情,是人的事情,只不过因为没有文字记载,被后人传走了样子,甚至掺杂进了不少与"神话"相似的成分,但基本的线路应该是真实的。但是,根据中国古代流传下来的有限的文字资料,人们并不容易区分出哪些材料与幻象有关,哪些材料与历史有关,所以,多年以来人们将"传说"与"神话"混为一谈并不是概念本身的问题,而是在对历史的认知上出现了难以解决的问题。

20 世纪 20 年代,中国历史学界出现了疑古思潮,以著名史学家顾颉刚先生为首的学者完成了七大卷的《古史辩》。他们的主要观点是,中国古代有关伏

曲风:美国阿拉斯加大学人类学博士。

羲、神农、炎帝、黄帝、尧、舜、禹、汤等祖先的故事，越到后来内容就越丰富，说明这些历史传说是后人编造出来的，而且越造越多，也越造越复杂，所以"三皇五帝"时代的故事不过是战国秦汉的一些人造伪的结果。这就是所谓的"层累地造成的古史"观。

疑古思潮最大的影响之一是否认了传说在历史研究中的价值，这一过于偏激的认识很快就得到了纠正。1943 年，著名古史学家、考古学家、新中国成立后(1949 年)担任中国科学院考古研究所研究员的徐旭生先生出版了《中国古史的传说时代》，对当时笼罩在中国学术界上空的疑古思潮进行了挑战，专门采用传说故事，通过对有限文献资料的分析研究，得出了中国上古时期存在着华夏、东夷和苗蛮三大集团的结论，并对洪水的发生、"五帝"的起源、炎黄前的历史作出了考证。在他看来，之所以时代越晚近传说故事越丰富，乃同文字的成熟程度有关。文字在初期不成熟，所以对传说的记录就简单；而当文字越来越成熟，字数越来越多，文字的使用越来越广泛，又有专人作整理、记录的工作时，体现在文字中的传说内容就会越来越丰富。在书中，他还特意提到了"神话"与"传说"的区别，也因此将书定名为"中国古史的传说时代"。因为他强调"三皇五帝"传说的历史性，所以在他那里，将"神话"概念与"传说"概念区分开来便成为一件可能的事情。

实际上，夏代之前的集团领袖并不限于所谓的"三""五"八人，在彼时，也无"皇"与"帝"之谓。从古文献上的记载来看，"三皇五帝"的说法始出于战国后期。春秋时期与战国前期的《左传》、《国语》、《论语》、《墨子》、《孟子》等书中全无"五帝"称谓。还有，"三皇""五帝"之说自产生开始，不同的文献对于谁是"三皇"谁是"五帝"口径并不统一，如有的文献将神农氏炎帝列为"三皇"之一，但有的文献却将其置于"五帝"之列。据徐旭生先生的研究，战国后期，"五行"观念风行，人们认为宇宙万物均由金木水火土五种基本元素构成，出于祭祀仪式的需要，人们把祖先崇拜也纳入"五行"的大系统之中，除了有意挑选三位人祖与神圣之数"三"相配之外，又挑选了五位人祖与"五行"相配，遂成"五帝"之说。由于不同文献有着不同的挑选方法，因而各家说法不一，尽管如此，"三皇五帝"时代上的大体时序却并不混乱，且表现出惊人的一致性，其基本时序为：燧人氏、伏羲氏(太昊)、神农氏(炎帝)、少昊(挚)、颛顼、帝喾(高辛氏)、尧、舜、禹、启。

由此可见，至晚自战国后期开始，传说时代的历史进入宗教仪式的系统之中，人祖因而走上神坛而成为神主，这就意味着传说此时不得不接受一个神话化的过程。这也是今日的许多学者将“三皇五帝”既视为神话同时又视为传说的重要原因之一。一般说来，先秦史学界有一种正统的说法，认为商周时代，尤其是周代在文化上存在着一个“神话历史化”的现象，就是说，由于历史意识的发端，人们将本为神话的“三皇五帝”故事纳入历史编纂之中。但笔者认为，这种认识只是道出了文化的表象，未能揭露本质。如果我们可以确认“三皇五帝”为真实的历史，其准确的说法应该是：在漫长的历史进程中，由于文字的缺乏或者不成熟，人们依赖“口耳”记录历史，因而历史在某种程度上首先被传说化了；进入战国时代（也许更早），由于祖先崇拜的兴盛与“五行”学说的风行，人祖进入祭祀仪式中，传说化了的历史因而又经历了一个被神话化了的过程。正是历史的传说化与传说的神话化将后人对史前历史的认知引入到了迷雾之中。

从20世纪80年代开始，许多考古学者致力于将史前传说与考古发现结合起来研究，至今已成果卓著。考古学以其科学性揭露了“三皇五帝”的故事并非古人们的胡乱编造，而是有据可考的史实。著名考古学家、古文字学家李学勤先生依据考古学的研究成果，在20世纪90年代得出了“走出疑古时代”的结论。1987年5月，河南的考古人员在濮阳县西水坡发现一座长达4米多、形制特别、头圆脚方的史前墓葬，有三人随葬，墓主两侧分别用蚌壳摆塑了一龙一虎。墓葬规格之高说明墓主人非寻常之辈。墓主人的胸骨、脊椎大部分缺失，左手自前臂中部断折不存，胸椎、肋骨、腰椎、手腕均可见整齐的斩断痕迹，说明人体受到了肢解。有关学者认为这些特征

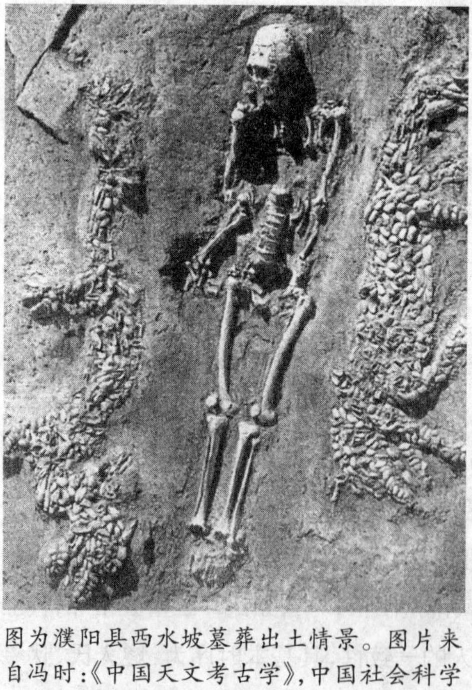

图为濮阳县西水坡墓葬出土情景。图片来自冯时：《中国天文考古学》，中国社会科学出版社2007年版。

山西临汾陶寺出土的面积超大型的文化遗址是一处具有“王都”的城邑。图为陶寺中期小城祭祀区内的一处大型建筑，图片来自《中国文化遗产》，2004 年 3 月创刊号。

同古史记载中的蚩尤事迹一致，因而认定该人就是与炎黄联盟战败并被俘杀害的东夷集团的首领蚩尤。再比如，根据文献资料中“五帝”的背景，已故著名考古学家、北京大学教授苏秉琦先生认为，5000 多年前的辽西红山文化的时空框架与黄帝集团的前半段活动相吻合，因而将红山文化界定为黄帝集团的文化。近来，一位名叫王先胜的四川学者在网上连续发表了约 60 万字的《炎黄大战的考古学研究》，充分利用几十年来的考古发现和研究，结合文献，细致地复原了炎、黄、蚩大战的那段扑朔迷离的历史，其较为缜密的推理、较为系统的论述以及资料采集和引用的全面性、论述中客观性与独特性兼顾等特点使他的研究具有很强的说服力。山西省襄汾县的陶寺出土了夏代之前的大型城址，时代与尧舜相当。考古学家在一个陶扁壶上发现了“文尧”二字，结合《水经注》“尧都平阳”（山西临汾古称）的记载，推断陶寺很可能就是尧都。从遗址早中期文化内涵的变化上分析，尧舜间的“禅让”应是一个真实的历史事件。

目前，学术界已就文献中传说的历史真实性达成了共识，同时，考古发现与研究为我们将神话与传说剥离开带来了实际上的可操作性。需要补充的是，学者们普遍认为，蚩尤、尧、舜、禹等人可能是单独的人物，但炎帝、黄帝却与之不同，不是单独的人，更可能是一个集团的代称，也是一个时代的代称。

社会学视角中的“黑社会”

郭于华

黑社会概念尚含混不清，黑社会现象已层出不穷

伴随着社会转型，人们愈发感受到种种风险的存在，诸如遭遇团伙犯罪，生命财产受到侵害，拆迁或维权过程中常有“不明身份”者的暴力行为等等，加上近期重庆的“打黑运动”，“黑社会”作为一种社会现象已经进入公众的生活和视野。然而，作为一种法律概念和社会概念，“黑社会”在我们社会中的面目尚不十分清楚。

我国的立法和司法机构似乎并不认为中国已经存在典型的黑社会组织，在官方话语中通常使用的概念是“黑社会性质的犯罪组织”、“带有黑社会性质的团伙”等，据《刑法》第二百九十四条规定：组织、领导和积极参加以暴力、威胁或者其他手段，有组织地进行违法犯罪活动，称霸一方，为非作恶，欺压、残害群众，严重破坏经济、社会生活秩序的黑社会性质的组织的，处三年以上十年以下有期徒刑；其他参加的，处三年以下有期徒刑、拘役、管制或者剥夺政治权利。

根据九届全国人大常委会第二十七次会议通过的对《刑法》第二百九十四条第一款的解释，黑社会性质组织应同时具备以下特征：（一）形成较稳定的犯罪组织，人数较多，有明确的组织者、领导者，骨干成员基本固定；（二）有组织地通过违法犯罪活动或者其他手段获取经济利益，有一定的经济实力，以支持该组织的活动；（三）以暴力、威胁或者其他手段，有组织地多次进行违法犯罪活动，为非作恶，欺压、残害群众；（四）通过实施违法犯罪活动，或者利用国家工作人员的包庇或者纵容，称霸一方，在一定区域或者行业内，形成非法控制或者重大影响，严重破坏经济、社会秩序。

2000年12月10日，最高人民法院出台的《关于审理黑社会性质组织犯罪

郭于华：清华大学社会学系教授。

案件具体应用法律若干问题的解释》对“黑社会性质组织”作了如下具体规定：(一)组织结构比较严密，人数较多，有比较明确的组织者、领导者，骨干成员基本固定，有较为严格的组织纪律；(二)通过违法犯罪活动或者其他手段获取经济利益，具有一定的经济实力；(三)通过贿赂、威胁等手段，引诱、逼迫国家工作人员参加黑社会性质活动，或者为其提供非法保护；(四)在一定区域或者行业范围内，以暴力、威胁、滋扰等手段，大肆进行敲诈勒索、欺行霸市、聚众斗殴、寻衅滋事、故意伤害等违法犯罪活动，严重破坏经济、社会和生活秩序(参见曹国君：《关于黑社会性质组织认定的几个问题》，http://www.lunwentianxia.com/product.free.7475385.1/)。

不难发现，上述对法律条文的解释——“称霸一方”、“为非作恶”、“大肆敲诈”也好，“欺行霸市”、“聚众斗殴”、“寻衅滋事”也罢，多是形容词和描述性语言，很难将“黑社会性质的组织”和“带有黑社会性质的犯罪”界定清楚。至于有人将“中国黑社会组织”区分为劫匪型、打手型、地霸型、欺行霸市型、走私贩毒型、高利放债型等六种类型，则更类似于武林江湖之说，并不能说明黑社会的本质和危害。由此不免让人产生疑问，在黑社会的法律判定和社会界定尚含混不清的情况下，“打黑”又该如何进行呢？

黑社会也是社会

按照社会上主流话语的判断，黑社会组织是一种独立于正常社会、具有反社会的价值观念、文化心理和具有严密组织形式的犯罪团体，是严重破坏经济、社会生活秩序的反社会组织。将黑社会定义为反社会组织或具有非社会的性质，可能会影响我们认识其真正的组织特性和运作机制。众所周知，人是社会性动物，社会性是人的本质属性。不独人类，许多动物也是靠社会性才能生存、繁衍。人类社会或社群内部有着复杂的结构、等级、规则和观念，并构成与外部世界的联系和互动。社会性的存在即成为社会的人才能获取必要的生存资源和保护自身的权利，就此而言，以获取和保护利益为目标的黑社会，其性质也不是反社会或非社会的，它仍然是人的社会属性的体现，无论其具体形式是帮、会，还是团、伙，都只不过是人的社会属性的非正常体现，即相对于正常社会的存在。在相当多的社会情境下，黑社会的滋生或猖獗，正是因为缺少正常的社会保护,社会底层、弱势群体、流民、生存绝望者只能求助于黑社会组织,参与其中或者接受其保护。

已成为社会学经典的《街角社会:一个意大利人贫民区的社会结构》,是美国芝加哥学派代表人物之一的威廉·富特·怀特在20世纪30年代对波士顿一个意大利人贫民区的非法团伙的研究成果。他通过与“街角社会”的密切互动和参与观察,深入细致地描述和分析了一个美籍意大利人社区的社会结构、帮派的社会基础、社会空间、内部的等级、互动与规则、与外部社会和政治的关系等。怀特在谈到科纳维尔的非法团伙时用的是“帮”这一概念,他发现“街角帮”的形成和作用其实在于该移民社区中人们的社会性需求:一方面在社区内部,“帮”组织了各种社交活动——形成同龄群体、结交女孩,以及保龄球、棒球、戏剧演出等社会互动形式,怀特所描述的一次团伙之间的冲突,起因竟是由于某一帮“找不到聚会场所”;而另一方面,“帮”作为有组织的社会,也和外部世界即美国主流社会发生联系,如参与政治活动,成员的向上流动或者受到某种刻板印象的歧视(参见威廉·富特·怀特:《街角社会:一个意大利人贫民区的社会结构》,黄育馥译,商务印书馆1994年版)。作为“街角帮”的非法团伙,在上流社会眼中与黑社会(underworld society)类似,但实际上亦是特定人群社会生活的组织形式。

黑社会之“黑”在于其缺少正式的合法性,带有地下性质,通常在法律行使不到的地方活动,但既然是“社会”,则有组织性,甚至可以组织严密,有章有法,纪律严明。为了使其能够生存和持续,黑社会亦需获得非正式的社会认可的合法性并遵守某些社会规则,此即所谓“盗亦有道”。

如果从一个组织的视角来看,黑社会与一般的社会组织存在趋同性,我们知道,任何社会都是一个有组织的社会。人们的生活不是各自孤立的行为,而是需要通过与其他人的交往互动而实现的,即是在“组织”的框架中进行的。各种组织存在着相似的结构,“经济学通常从效率机制和交易成本角度进行分析,而制度学派则强调组织的制度环境,提出合法性机制的解释框架——社会的法律制度、文化期待、价值观念作为人们广为接受的社会事实,具有强大的约束力量,规范着人们的行为”(参见周雪光:《组织社会学十讲》,社会科学文献出版社2003年版,第65~91页)。

纵观古今中外的黑社会或黑社会性质的组织，恐怕不难发现它们的一些组织特征。例如，其发生过程多以制度性弊端突显、法制不昌、战乱、动荡或社会断裂作为条件。许多黑社会组织的成员都并非大奸大恶之人，而只不过是在巨大的社会矛盾和社会不公正面前无法正常生活，无法保护自己权益的社会下层民众。从历史上看，无论是官逼民反造就的水泊梁山，还是清末民初以来各地的“匪患”，甚至闻名世界、屡剿不灭的意大利黑手党，都需从一个社会结构的视角加以分析。黑社会是被抛出正式社会结构之外的社会，是非法存在的社会，但其也是社会组织，其内部的高度组织化、有规则和纪律、行动的有效使之对整个社会产生重要影响。无论是杀人越货、为非作歹，还是劫富济贫、除暴安良，其搅动整个社会、带给人们巨大不安的现实是让人无法忽视的。

黑社会通常具有的另一个突出特点是其与正式制度和官府的复杂关系。其形式无论是啸聚于山林的土匪，还是居住于市井的帮派，都或多或少地与官府相勾连，有时是被清剿的对象，亦时常被招安或被利用，甚至形成民众所深恶痛绝的官匪一家、兵匪一家、警匪一家的情形。即使在声称已经清除了黑社会组织、至今仍然不认为有典型黑社会存在的中国社会主义社会，与正式权力勾结的黑社会性质的组织甚至一些基层政府的黑恶化也已经不容忽视地提上了治理的议程。

不健康的社会肌体上的毒瘤

中国当前的“黑社会”问题，无论我们称之为“黑社会性质的犯罪组织”，还是“带有黑社会性质的团伙”，都已经是摆在全社会面前的客观事实。黑社会是社会肌体上的毒瘤、恶疾，而且是不健康的社会肌体上的恶疾。如果用一个病理学概念作为比喻，就如同生命有机体的免疾系统出了问题，其正常功能丧失，无法抵御细菌、病毒，因而导致社会的癌症和顽症，且无法通过治标例如切除法而治愈。

对黑社会一定要将其放在体制或制度背景下才能看清其实质。中国当下所处总体性社会或称为后总体性社会，政府的力量和控制空前强大，市场亦受到权力的支配和影响，而社会受到权力与市场的合力挤压，空间狭小，力量十分薄弱甚至阙如。在此情境下正常的社会生活与社会组织必然十分稀缺和弱小，国家、市场、社会的三维均衡态势无从形成。这些社会结构性特点正是黑社会现象产生的土壤和条件。

在一个病态的社会中，人们首先发现的是社会信任不复存在，特别是公信力丧失，而且越是来自官方的、专家的、权威的信息和说法，公众就越是不相信。人们日渐发现，不仅身边的男人靠不住，女人靠不住，兄弟靠不住，公司靠不住，而且领导也靠不住，组织更靠不住。信任结构崩塌带来的明显后果首先是社会交易成本激增，社会交换和社会生活无法正常进行。这样的市场环境、社会生态会让生活于其中的人们不堪其累，因为即使最普通的需求的满足也会让人感觉处处是陷阱、防不胜防。没有足够的“精明”，只能自认倒霉。此外，就整个社会而言，没有合理而有效的制度保证契约信用关系和规范的市场，人们只好诉诸暴力，以暴力维持秩序，或者依靠暴力组织得到保护，而这必然带来黑社会的兴起。

孙立平在前几年即提出防止社会生活“西西里化”或“那不勒斯化”，即是从社会信任问题着眼的。在这两个以意大利黑手党活动猖獗而著称的地区，人们普遍地缺乏相互信任，在这种自私和缺乏信任的社会中，由于不存在最基本的公认规则和信任，缺少正常的社会交往方式，人们若想在交换和竞争中获取利益或处于有利位置，只能仰仗暴力和暴力组织。“他们在争夺中最现实的目标不是战胜对手，而是伤害对手。人们唯一的目标，就是从比自己地位高的人那里寻找特权，向跟自己地位相同的人强行要求特权，并把最小的一部分分给地位低的群体。”而黑手党的组织和行动方式无疑是最适应这种环境的。黑手党的成功“不仅在于它能够防御性地应对信任的缺乏，而且也能使用残忍的、必要的暴力手段，通过不断地排外，把不信任变成有利的行动。它最重要的行为就是在尽可能大的领域内垄断尽可能多的资源”。黑手党作为一种独特的社会组织，造就了当地畸形的社会规则与秩序，“一种以强化不信任为机制、以暴力为基础的相对稳定的社会结构”。暴力成了社会运作的主要机制，而同时存在的黑社会规则又在一定程度上减少了暴力的使用。因为仅有暴力的威胁还不够，合作必须依赖于经济利益这个更强有力的武器。而在群体内部，当面临被捕或生命威胁时，团结一致能减少违法活动的风险；在群体外部，则可以形成更广泛的经济联系，如通过腐蚀公务员、向参选者提供支持等方式获取更大的利益。这就是黑手党参与社会生活的最基本原则（参见孙立平:《90年代中期以来中国社会结构演变的新趋势》、《转型与断裂:改革以来中国社会结构的变迁》)。

不难想象,由黑社会组织来控制经济秩序和社会生活,必然使丛林法则盛行于社会,不可避免地带来整个社会的西西里化。

其次,中国社会最危险的、引起人们忧心忡忡的是从各类打黑报道中看到的权力自身的黑恶化,以及由权力黑恶化所导致的社会溃败。权力的黑恶化主要体现为某些地方权力部门和基层官员的流氓化、犯罪化,亦即黑社会化。

体制内的违法犯罪行为，一方面是指权力部门以违法的甚至犯罪的方式"执法",近年来层出不穷、匪夷所思的案例诸如"处女卖淫"、"夫妻嫖娼"、"纸币开锈"，一连串的 "躲猫死"、"洗澡死"、"做梦死"、"掉床死"、"发烧死"、"自缢死"，凡此种种均可视为权力失控而造成的犯罪。权力的黑恶化不仅破坏了正常的社会秩序,而且使自身丧失其合法性,进而失去司法行政体制的社会公信力,导致尖锐的官民对立和社会冲突。事实已经表明,社会上每次群体性事件的背后几乎都有上述"离奇"之举作为导火线。

权力黑恶化的另一重要表现是正式权力与黑社会的勾结。人们屡屡发现，一些政府部门在处理某些遭遇民众反抗的棘手事件时,雇用流氓、打手、混混等类黑社会成员,例如反抗拆迁、业主维权等活动,进行到一定阶段时总会有类似于黑社会人员出面打、砸、抢、烧,造成流血事件。基层政权与黑社会的勾结,一方面完全可能使原本尚不成形的黑社会组织壮大起来，另一方面当然是基层政权自身的流氓化、黑恶化。此外,一些官员与资方代表共同出入酒楼、夜总会、洗浴中心,动辄一掷千金、吆五喝六甚至欺行霸市,全然一副黑社会做派;更有一些地方不乏政府官员或执法人员与黑社会团伙合作,参股投资、提供保护开夜总会或参与走私等违法犯罪活动。已经被打击的多个黑社会性质的团伙犯罪案件中,都不难看到官员甚至是相当高级别官员的身影。

不受制约的权力必然带来自身的腐败,而且导致整个社会的溃败。我在几年前的"黑砖窑"事件时曾经分析过失控的权力会带来整个社会生态的恶化:谋利型权力的运作逻辑是,有利则逐利、争利、夺利,无利则放任和放弃。21世纪的奴隶制黑砖窑现象是基层政权以黑社会方式丧心病狂地逐利，同时上级部门因无利而放任和渎职所造成的。如果没有权力的黑恶化,人性不会变得如此邪恶，人心不会如此麻木，资本之恶也不至于发挥到如此淋漓尽致。制度、文化、人性恶性互动，共同在“黑窑”中沦陷。这是权力腐败导致底层生态的丛林化和整个社会生态恶化的典型个案。

从根本上治理黑社会问题，需要依靠法制建设和社会建设。黑社会的产生缘于法治不兴。如果不依法治理，即使是正式权力使用非法手段去对付黑社会，也会把“打黑”变成“黑打”。此外，正常健康社会的发育是消除黑社会土壤的治本之策。如前所述，权力不受制约是导致权力与黑社会勾结和权力自身黑恶化的主要原因，而能够制约权力的重要结构性维度就是社会，公民的社会权利要靠法律保护，要在社会参与中才能落实。公民社会的建设，正常的社会组织和社会生活是消除黑社会现象的前提与环境，公民社会建设、公共意识形成、公开公正的社会机制才能对权力有所限制。其中的道理十分简单：没有公开透明，只会是暗箱操作；缺少公民社会，黑社会的滋长也就不足为怪了。

当前的中国社会面临着双重的组织困境：一方面是公民社会受到权力与市场的连手压迫不能正常形成、发育，其生存缺少必要的合法性；另一方面则是权力的腐败和为所欲为。人的本质属性——社会性与权力控制社会、限制社会正常发育之间存在着巨大张力，黑社会现象频发即是其表现之一。有鉴于此，唯有实行宪政民主，推进政体改革，权利制衡权力，建设公民社会，认同普世价值，汇入文明主流，从制度变革入手，建立制度、文化、人性的良性互动机制，开放社会空间，形成正常的公共生活，才有可能抑制权力腐败与社会溃败，从根本上解决黑社会问题。

惩治黑恶势力与保卫社会五说

许章润

一、说黑恶势力

当下中国社会的确存在黑恶势力。晚近以来，市场化进程依次深入，国家在某些方面容忍社会自主空间成长，分合之间，收拾不及，同时也就埋伏了权钱勾结的制度条件，使得黑恶势力死灰复燃，卷土重来。值此社会转型、制度交接之际，但凡正式制度无心无力之地，私人力量就会乘虚而入，提供正式制度所不能提供的某种公共物品。首先是“秩序”，而不论是什么样的秩序。但是，综观全局，我认为，言“黑恶势力”易，说“黑社会”难。在下之所以不太愿意使用“黑社会”一词，就在于从“恶势力”或者“黑恶势力”到“黑社会”尚有一定距离，不宜将它们混为一谈。“黑社会”的特征在于具有一定的组织形态和分工系统，掌控相当层面的资源供应，担当了一定时空内的秩序提供者的角色，已然构成对于正式制度的重大挑战。而“恶势力”呢，不过欺行霸市，欺男霸女，流氓阿飞，“打打杀杀”而已。因而，以“黑恶势力”一言以蔽之，允称恰切。整个中华大地，不论城市还是乡村，随时随处，多少都存在此种情形，可能愈是经济发达地区，其情愈甚呢！

其次是“黑恶势力”的核心在于权钱勾兑。打打杀杀的蟊贼各地都有，为害一方，不足为奇，只要公权力真出动，即刻土崩瓦解。“恶势力”之所以成为“黑恶势力”，是因为所有的恶势力背后都有权力网络支撑，所以才敢、才会、才能横行无忌。若无此种叫做“权力”的东西做靠山，没有包括公安、工商、税务、城管等一系列公共权力部门的一干人马收取贿赂，甘为后盾，那么黑恶势力就根本无法长大，更无法呼风唤雨。让我们这些普通公民深感震惊，认为“真黑”的，不是蟊贼们的横行霸道，而是隐藏其后的公共权力的私性化、恶质化与准黑化，以致

许章润：清华大学法学院教授。

"官黑不分",你中有我,我中有你,亲如一家了。这才是真正令人恐怖之处呀!

二、说保卫社会

由此得出的一个重要主题,就是必须保卫社会,保卫我们这个社会赖以存续的基本伦理,捍卫这个社会的基本信用关系,在此基础上同时建设中国政治,形成真正的良制和良治。

当下中国基本社会伦理和信用关系惨遭涂炭。凡一社会之构成,必以基本社会关系及其信用为基础,它们不仅构成了这个社会的基础,蔚为秩序的基石,轻易不能破坏,而且,其所蕴涵的人类基本情感,更是人之所以为人的特质,更是万万不可羞辱的,虽法律而避涉,虽公权不得染指。"夫子夫妻得相为隐"与"夫妻得免于当庭指控对方为罪的作证义务",旨在捍卫基本人伦,保护基本的社会伦理关系,故为其义;其他种种,如牧师与忏悔者之间,医生与患者之间,师生之间,律师与被告之间,构成了基本的信托关系,得谓这个社会的基本关系,亦为其意。这种基本关系使得一个人在公共生活与私生活范畴之外,至少还有一种可以退缩的托庇之处,获得了一方暂时安置心灵的避难之所。譬如,某人身负罪责,内心充盈罪恶感,煎熬之下,于教堂向牧师告解和忏悔,借以疏解罪恶,则牧师不得告发,蔚为天则,也是俗世法律所能容忍的。否则,教堂之内尚且无信,人间岂非地狱。又如,既已成为被告,身处公共权力钳制之下,身心必受相当限制,但通过委托律师代言,完成受限个体,一个孤独的个人与公共权力较量的职责,在讨价还价的博弈过程中获致基本的平衡关系,体现的是现代法制的基本德性。而更重要的是,经此安排,给予自己和社会以安全感,昭示整个社会,即便身陷铁窗,但是乾坤朗朗,一切都将在阳光下成长。置此情形下,除非法定的重大特殊情节,否则,律师不得告发自己的委托人,反之亦然,蔚为铁则。否则,信用何存?哪里还有基本的安全呢?也就因此,律师拿人钱财替人消灾,一切替自己的委托人着想,一切替自己的委托人说话,既是天职,也是法则。

凡此基本信托关系,奠定了社会的基础,在赋予相互信任、罗织互惠关系的同时,为此人世营造了一方避难之所。破坏这一信用关系,就是破坏社会本身,不仅整个社会势必蔓延着普遍的不安全感,而且,这个社会自此不再是个具有稳定预期的社会,也不再是个安全的社会。甚至,它使得我们感到这个社会不再适合人类,而哀莫大于人生意义由此泯灭。也正因此,惩治黑恶势力首在恢复基本的社会信用关系,保护这个社会赖以存续的基本伦理条件,这也就是在保卫我们赖以生存的家园。

当今中国,虽然仍属“历史三峡”,转型未竟,便是非常时段,但就基本社会生活条件和普通大众的心态而言,毕竟已经步入常态社会与日常政治之境,依靠的是坚定而有序的“慢慢来”,在逐渐转型中,期竟于成。因此,一切措置均当顺应这一历史属性,摈弃运动式的大起大落,更不应为了伸张权力意志,将作为权力基础的民主法制大框架视若无物。的确,“决断”是政治的本质,蔚为政治家的天职,但“决断”是统一的政治共同体主权者的意志行为,与“运动式执法”存在天壤之别。

三、说改善政治

常态社会中的“法律活动”强调的是和平与理性,而非“雷霆万钧”,这也就是随着社会稳定,“严打”逐步退场的原因。有意思的是,“依法打击”一词本身,意味着要特别依循程序正义,使得哪怕是通过“法律工具”解决权力中心主义头疼的核心问题,也要有一层法制主义的外衣。不管基于何种权力意志,一旦将“法律途径”提上议程,就只能按照这一“途径”往下走,该怎么走就怎么走,很可能走到一定程度,为法律理性的自主性所决定,这条道会向另一方向延伸,而不受权力中心主义思路的控制。否则,会使政治决断所凭恃的道义资源和正当性流失尽净。

的确,权力意志作为一种希望获得自我强化、秉获自我正当性的存在,本身具有极大的张力,必然借助包括司法程序在内的一切制度工具来实现自己的意图。但是,问题在于,司法程序同样是一种权力,承载着第三方执法的全民期待,本身自有一套理性存焉。借由司法程序来实现权力意志,则权力意志需与后者达成妥协,不可完全无视其自主品格,予取予夺。现实表明,比起惩治黑恶势力,包括特殊权力意志在内的公共权力的正当性基础缺失,更是当下中国政治进程中的中心问题。

如何让正义获得充分彰显,不仅是技艺,而且是德性。比方说“打黑”,就一般民众来说,多数都很支持,问题是如何使得此番正当性获得证实,而启动司法程序,原本就在"证实",以便于各方博弈中达成善果。

四、说律师

行文至此,必须说到律师们了。是的,整体而言,当下中国律师群体的社会信誉不高,就如教师、医生、官员、商人与和尚,社会信誉都不高。此为事实,有目共睹,想遮挡也遮挡不住。但是,律师的社会信誉度欠佳,并非中国一家现象,美国如此,其他成熟的法治国家似乎亦且如此,说明除了个人操守,还有制度安排的共性,律师不过为此"共性"的担受者而已。有个笑话说,三人同坐一列车厢,各为祖国物产丰裕而自豪。古巴汉子正在喷云吐雾,整支雪茄只吸一口就扔了,自言这玩意儿咱国多着呢!美国佬见势不甘,脱手将邻座男子扔出窗外,宣示本国盛产律师,随便扔一个小意思,玩玩。

本来,"律师"是一种制度存在,其制度功能及其正当性需要放诸不同特定层面,分别观照。否则,仅凭观感或者某种社会态度,不免全民喊打。换言之,不能将一般民众对于律师的个人操守和品行的评价,与律师作为一个制度的存在混为一谈。从个人私德角度对于律师所作所为的评价,与律师之为一种制度存在的正当性论证,以及对于一种制度的功能追求和道义评价,均需恰予分际,始望有的放矢。此如华尔街银行家或者白宫政客,大众多不信任,但绝不能因此否认市场经济和民主政治。在特定的具体个案中,律师出于逐利动机,替一个"很坏的人"讲话,恰恰是我们这个社会的制度设计。他帮一个"很坏的人"说话,意味着不至于使得再生坏端,是当下制度所能容忍的,也是人世"进步"的结果,为的是彰显制度本身平等对待每一个公民的政治德性,既在防止枉纵,也在昭示提供公共物品的良善制度用意。律师不幸于此担当制度链条中的这一角色,一如政客博弈于议院,或者银行家投机于市场,各守其规,天经地义,无可厚非。

当今世界,指望律师成为道德楷模是强人所难。和尚、神父、修女们庶几乎得能担当这一指望,律师一介俗世打工的,多半以赢利为目的,哪能做道德楷模呢!过去,教师在某种程度上还可能接近于道德楷模,但如今也早已世俗化,不复夫子当年了。

五、说民粹主义

随着中国改革进程的深入，各种核心矛盾逐渐浮现出来，已然到了最后的攻坚阶段。所攻者何？体制也，特别是政体也。而近年来行政应对多多，体制性变革却举步维艰，大众的不满日积夜蓄，伴随着"精英寡头化"的，是愈益严重的"草根民粹化"。

置此情形之下，为了应对大众对于贪官的愤恨，对于为富不仁的愤懑，杀贪官，杀为富不仁，杀巧取豪夺的，多少暂时屏蔽、消隐和转移了部分社会矛盾。以此观之，"打黑"不仅打击了黑恶势力，而且杀贪官正好迎合了大众心理，一时间舆情高涨。其深层的背景则是，当今中国政治舞台上出现了三种倾向：一是民粹主义，通过民生倾斜，因应高涨的民意政治和维权政治。毕竟，"老百姓闹事"，每年近十万起的"群体性事件"，不可等闲视之。二是通过惩治贪官，收拾自家队伍，否则，溃疡扩展，肢体不保。三是承认权贵资本主义的现实，默认权贵阶级的为所欲为，时加劝诫"不要过分"而已。

秋风教授建议大律师们做一些公益事业，也捐一点钱出来，以拉近与一般民众的关系，改善律师的社会形象。其实，这也是个民粹主义取径。一方面，这些事当然要做，赶紧做，哪怕只是有钱人的一种姿态，旨在迎合民粹，但做比不做要好。另一方面，必须明确，精英们有责任为大众服务，尽社会职责，未必全然只在迎合民粹。本来，社会的存续和健康成长，需要养育自己的精英阶层。精英们的职责之一，就是致力于更高层次的社会价值的建构，并且使得这种价值成为精英和民众分享的理念，引领社会理性运行。

今日中国社会的一个严重问题就在于主流价值匮缺，而恰恰是在主流价值问题上，政府的倡导具有一定意义，但却非政府倡导就能够解决的，更非政府所能包办的。一方面，真正的主流价值没有获得倡导，不见形成；另一方面，官方倡导的主流价值又不被大家所认同。当此时刻，精英的良知、理性和教养，应当发挥应有的昭示作用。可惜，晚近以来，士绅阶级陨灭，新型知识分子阶层几遭顿挫，特别是几十年来三翻四覆的政治运动，精英阶层被迫消解，精英意识似乎也荡然无存。晚近30年的持续世俗化进程与"告别崇高"运动，不仅消解了"宏大话语"的魔魅，而且销蚀了整个社会的理想主义。时至今日，虽有上层阶级，却无精英阶层，更缺精英的良知、理性和教养，真是危乎殆哉！因此，容忍精英阶层的发育,特别是重建精英阶层的历史观和道义精神,同样是中国社会的当务之急。

本来,社会分层例属正常,亦且正当。贤愚差等,贫富有别,是社会的常态,无法拉平。但是,起点平等、程序正义和对于弱势群体的社会救助,同样是天经地义,而这就是社会正义,也是政治正义。从政治正义来讲,你是富家翁,我是穷光蛋,可谓社会现实,但我们拥有一个共同的身份,即我们都是国民,也都是公民,至少在权利资格的意义上是平等的。而这就是政治正义。

也正是因为社会分层的不可避免,所以才用政治正义来弥补社会正义的不足,正如运用法律正义以落实、救济社会正义和政治正义,形成制衡而又互补的公义格局。面对权贵阶级花150万元请一个大牌的律师为自己辩护,而穷人"有理无钱莫进来"的窘境,法律正义出场,于是有公益律师之类的行头招摇过市。换言之,社会正义的不足以政治正义弥补,政治正义的缺陷用法律正义来襄助。如此这般,才能有望社会和解,实现社会团结,而非社会冷战。

综上而言,保卫社会就是保护基本的社会信用关系和社会伦理,强调社会团结与社会和谐,循沿常态之道,包括法制,解决社会矛盾。首先是立足常态社会和日常政治这一现实,围绕着逐步营建宪法政治打转才是。而且,根本而言,法制没有到位,问题不在法律,而在民主。没有民主作为政治基础,法制胡可独行?!

青红帮是怎样由白变黑的

刘　平

历史的烟尘，已经离我们渐去渐远；但历史的魔力却总是那么顽强地影响着我们的生活。

2003年2月下旬的一天，我南下广东作客家历史的调查。当晚在台山市某个偏远乡镇，镇领导把我带到了下属另一个镇，参加欢迎一批马来西亚华侨回乡投资观光的宴会。因为自己研究民间结社的缘故，不免问起同桌客人有关海外洪门的事情。宴会后，一位同桌长者走来与我握手，我微微一惊：他的握法有来历——中指抵在我的掌心，我急忙以我的中指抵住他的掌心。他脸色有些严肃，问道：

"兄弟从何处来？"

我答："……！"

又问："兄弟往何处去？"

我答："……！"

"知道高溪庙吗？""知道红花亭吗？""知道金兰结义诗吗？"我一一回答。

长者脸色释然："你也是'私会党'的？内地也有'私会党'？"

我微微一笑："我是研究'私会党'的。"

他开怀大笑："那也是兄弟。走！上楼喝酒！"（随即叫人搬了几箱啤酒到住处）

这是我这些年来研究民间结社（尤其是那些所谓"邪教"、"黑社会"）遇到的最有趣味的情景之一。我在那个镇上住了几日，当晚喝酒时与他有过很多"盘问"对答，得知他是"私会党"中的"草鞋"（东南亚华人社会把三合会称为"私会党"，"草鞋"乃会中职位），他也讲述了不少早年打打杀杀的故事。至今我还保存

刘平：山东大学历史文化学院教授。

着他送与我的记录在练习册上的、有东南亚华人特色的洪门盘问诗句。

说到私会党，也许人们会感到陌生，但说到清帮、洪帮或青红帮，大家就不免与黑社会联系起来了。

1949年以前，青红帮在中国社会中扮演着重要角色，所谓"青帮一条线，红帮一大片"，就是其蔓延发展的形象写照。

一、源流

清帮，又称"安清帮"、"安清道友"等，后来因为"红帮"的出现，一般统称为青帮。关于其具体起源于何时、何人所创、名称由来，史料并无明确记载，但清帮的出现与承运漕粮有关。清承明制，每年从江南经大运河运送粮米进京，清帮就产生于运送漕粮的漕船水手中。一般认为清帮的产生与罗教在漕运水手中的流传有着密切关系。

据《清帮秘籍》（一般称为"通漕"或"通草"）的记载，明代罗清是其始祖（一说取帮名为"清"，即纪念始祖之意），又因罗清曾拜金纯为师，故推金纯为第一代祖师。《清帮秘籍》的记载很多源于《罗教宝卷》，也说明罗教在水手中的流传与清帮的形成有密切关系。据称，对清帮出现起到关键作用的是翁岩、钱坚、潘清三人："（康熙帝）传旨午朝门外张挂皇榜，招募义士，护国匡漕。……翁、钱、潘三位老祖揭下皇榜……康熙皇帝旨下，命三位义士领帮匡漕，潘祖为正统，翁祖为左统，钱祖为右统。三祖受了皇帝圣旨，领运通漕，名为安清帮。""雍正四年，船齐下水，开始运粮。翁、钱、潘三祖因人类不齐，殊难约束，经何公（漕督何立帮）奏明，恩准三祖各开山门，广收弟子，支配各船服务。再由徒传徒，人才日众。……全帮合力合心，漕运于斯为盛。昔日递运艰难，人畏其险；今则交通便利，人赖以安，故定帮名曰安清。"（均据《通漕全书》卷1）。

为了约束水手，加强各船帮联系，翁、钱、潘三人向其师陆逵请示，陆以24字作为帮内家谱，即"清净道德、文成佛法、能仁智慧、本来自性、圆明行理、大通悟学"。其中，前三辈在清帮未成立前使用，从"德"字起立帮。至光绪十七年（1891），因帮绪流衍，清帮又有后24字辈分，即"万象皈依、戒律传宝、化度心回、临持广泰、普门开放、光照乾坤"。

当时充当漕运水手的主要是北方失地农民。在南粮北运的过程中，粮船要经过重重关卡及运丁的盘剥。为了保护、争夺自己的利益，水手间开始以船帮为单位进行秘密结社。当时的船帮主要以地域为单位，如嘉兴白粮帮（简称嘉白帮）、安庆帮等（据称最多有128帮半，每帮十数、数十条船不等）。船帮秘密结社据说最早由安庆帮开始，到嘉庆年间，安庆帮水手在原来的船帮组织之外又成立了一种秘密结社，称为“安庆道友”，亦称“安清道友会”、“安庆帮”、“庆帮”（另外一种说法，“安清道友会”是苏北安东、清河一带水手的结社）。这是一个比船帮水手组织更为健全的结社，成员已经不局限于粮船水手，运河沿线的盐枭、青皮光蛋、捻匪多有投身其中者。作为早期清帮的代表，安清道友会的组织形式逐渐扩散到各地粮帮组织，人们多称之为“安清帮”、“清帮”。

洪门是天地会的自称。天地会后来演化出三合会、三点会、哥老会等多种名目，因流传日广，人们称为洪帮。作为清代最重要的民间秘密结社，天地会最初发源于福建地区。关于天地会的起源与性质，学界历来争讼不断，光是有关其起源的说法就有十数种之多，后来逐渐聚集于两种说法：一是“康熙十三年（1674）说”，创立宗旨乃是民族革命性质的“反清复明”，主要根据是洪门内部文书中的传说；第二，“乾隆二十六年（1761）说”，认为天地会是由洪二和尚万提喜所创，创立宗旨乃是阶级斗争性质的“互助抗暴”，主要根据是清代档案。问题是，两说所涉年代相隔久远，性质互异，看来，争论还将继续，但并不妨碍普通人对天地会—洪门的看法——人们更愿意以天地会内部文书的种种传说推演出各种扑朔迷离的故事。

相传，清军入闽，郑成功率军抵抗清军，后来因为在大陆难以立足，便进军台湾，赶走荷兰人，据以“反清复明”，并在台湾成立“汉留”组织（赓续汉族苗裔，“反清兴汉”）。顺治十八年，郑成功与部将在金台山结义，成立金台山明远堂，因异姓结拜，一拜天为父，二拜地为母，故名之为天地会。台湾抗清失败后，郑成功部下将天地会文书封入铁箱，沉入海底。若干年后，铁箱被渔民捞起，适遇“少林五祖”起兵反清失败，得到《海底》（洪门秘籍），借为反清依据。后来洪门尊始祖朱洪英（虚构人物，模拟朱洪武后代）为“文宗”（一说文宗为史可法），郑成功为“武宗”。

乾隆五十一年（1786），林爽文领导台湾天地会大起义，震惊清廷。在遭到残酷镇压后，天地会变化多种名称，向闽粤赣、云贵川不断发展，并与民间教派尤其是四川地区的"啯噜"(产生于嘉庆川楚白莲教起义时期的盗匪武装)发生一定程度的融合,形成哥老会。同治年间,湘淮楚军镇压太平军,哥老会在军中大行其道,后来,湘淮楚各军渐次裁撤,散兵游勇流散江湖,哥老会遂一发不可收拾。清末,发源于天地会的哥老会在云贵川地区称为"袍哥",长江中下游仍然叫做哥老会,又叫洪帮。哥老会与仍然活跃于两广的三合会、三点会都自称洪门。

二、发展

清帮本为漕运行帮会社,洪帮、洪门本系民间秘密结社,原本互不关联,因为咸丰初年太平军兴,两个互不关联的结社开始相遇并发生变异,至清末,由于其蔓延广泛,人们开始以颜色的"青"、"红"来称呼其名,即青帮(清帮)与红帮(洪帮)。

清帮在19世纪中晚期逐渐由漕运水手的行帮会社转化为由水手、盐枭与游民地痞等混合的民间结社。

咸丰三年(1853),太平军攻占南京、扬州,运河运输中断,从道光年间开始实行的海运完全取代漕运,同时清廷实行"漕粮改折"(将漕粮折色为银钱),大批水手纤夫失业。其出路大约有以下数端:一是官方给资遣散,二是官方招募为水勇,三是加入太平军和捻军,但更多的是流落江湖,从事各种非法活动。据《山东军兴纪略》卷二记载:"(漕运中断后)纤夫游民数十万,无可仰食,丰北黄河连年溃决,饥民亦数万,弱者转沟壑,壮者沦而为匪,剽劫益炽。"另据光绪二年(1876)《申报》称:"粮船停废,其族无以为生,即散处各州县,名曰站码头,萃聚亡命,藐法殃民。初犹淮海一带,千百成群,今则蔓延江南北郡县,无地无之。立字派,别尊卑,逞凶肆恶,结为死党。"失去运河依托的漕粮水手积极开辟旱码头,从事各种活动以获得稳定的经济来源,其中大宗便是贩卖私盐——在漕运过程中,粮船水手夹带私货牟利的现象屡见不鲜,私货中又以私盐为最(因当时"淮盐"与"芦盐"的质量不同、地区差价的缘故,19世纪的私盐问题成为运河两淮地区的痼疾)。在贩卖私盐的过程中,清帮水手逐渐与两淮盐枭私贩及各码头流氓穷光蛋融合,使其组织迅速在运河沿线(北上东北,南至浙闽赣)以及长江中下游一带的水旱码头、城乡地区蔓延开来。因为清帮主要在运河沿线发展,故称为"清(青)帮一条线"。

同样,在东南地区,因一口通商变为五口通商,尤其是太平军兴,传统社会经济网络被打破,更多的人口被抛离土地。太平军兴起后,吸收了大量天地会成员加入(称为"花旗军");另一方面,湘淮军崛起的同时,带有互助色彩的哥老会也在军中四散蔓延,有的洪门秘籍甚至指称左宗棠为洪门"总大哥"。等到左宗棠进军西北,"湖湘子弟满天山"的情景一变而为"洪(红)帮一大片"了——除了两广地区的三合会、三点会外,整个西南与西北以及长江中下游也都成了"洪家天下"。

哥老会在湘淮各军中的扩散有其深刻的原因。湘淮各军迅速崛起,但其体制决定了军中的诸多弊端:战争残酷,兵勇伤病无助,死无葬身之地。故而,为了求得互助、心理安慰,讲究江湖义气、互助友爱的哥老会在湘淮各军中迅速扩张,"一曰在营会聚之时,打仗则互相救援,有事则免人欺凌;二曰在营离散之后,贫困而遇同会,可周衣食,孤行而遇同会,可免抢劫,因此同心入会"(《曾文正公文集》批牍卷3)。据称,哥老会对湘军的渗透最早出现于鲍超的霆军,王闿运称:"哥老会者,本起四川,游民相结为兄弟,约缓急必相助。军兴,而鲍超营中多四川人,相效为之,湘军亦多有。"(王闿运:《湘军志》、《湖南防守篇》,第二十五)以至后来"楚师千万,无一人不有结盟拜兄弟之事"(李榕:《十三峰书屋批牍》卷1)。关于哥老会在各军蔓延的情况,左宗棠是这样描述的:"近年哥老会匪,结盟聚党,凡官军驻扎处所,潜随诱煽,江楚黔蜀,所在皆有,陕甘尤炽,竟有军营武职人员保至二三品者。公然入会,訾不畏法,殊可诧异。"清廷也为之忧虑:"可见该会匪潜滋暗长,实为乱阶,若不严行查禁,养痈遗患,为害曷可胜言。各路军营武职大员,以积功历保官阶,俨厕冠裳之列,乃竟甘心入会,形同叛逆,实属罪不容诛。"(均见《清穆宗实录》卷210)

同治三年(1864),天京陷落,曾国藩开始裁撤湘军。在镇压捻军、平定西北后,李鸿章的淮军、左宗棠的楚军等也相继裁撤。中国历史的一个有趣现象是,脱离了土地的农民是很难"敛手归农"的——尤其是在"同治中兴"后那个并不安定的年代。故而,湘淮楚各军的裁撤为哥老会的发展提供了新的机会:一是流向附近城市谋生;二是在各种社会动乱中充当主角(比如诸多"教案"中都可看到哥老会的身影,还有就是占山为王);三是从事各种非法活动,尤其是在长江上下贩卖鸦片。19世纪末，沿长江贩卖鸦片的红帮与沿运河贩卖私盐的青帮开始在芜湖、南京、镇江、扬州地区发生融合。

三、合流

就组织传承而言，青帮较多地吸收了民间秘密教派的成分，以师徒相传的方式发展；红帮的发展则以团结兄弟、结会树党的方式流传。如果从立帮宗旨来说，青帮帮助朝廷运输漕粮，标榜“安清”；红帮标榜“反清复明”，在大量进入城市之前，其日常行为就以打家劫舍等非法活动为主。所以，从理论上来说，在清代的大部分时间里，青红两帮是势不两立、水火不容的。红帮有言：“由清转洪，披红挂彩；由洪转清，剥皮抽筋”，此之谓也。

问题是，不说咸丰三年漕运终结前青帮就参与了诸多非法活动，漕运终结后更是胆大妄为，四散蔓延，其活动在许多方面与红帮的活动具有重叠性。两者之间发生融合，主要是经济利益的推动。青帮在两淮地区所贩私盐都要装船运往长江流域红帮势力所在的码头，同样，红帮走私的鸦片运往沿海各个码头也要借助于青帮势力。两帮交往愈多，合作愈密，合流也就顺理成章。青红帮合流的大致情况是：第一，本帮成员加入对方帮会，成为名副其实的青红帮分子；第二，青帮仿效红帮，采用红帮的一些仪式和组织形式；第三，在许多活动中，青红不分。

青帮与红帮的合流始于19世纪末的长江下游，关键人物是两淮及长江下游的青帮首领和盐枭头目徐宝山。

徐宝山，名怀礼，丹徒南门人，生于1866年，其父是一家竹店的老板。徐宝山少时曾在竹店做生意，15岁时其父病逝。徐宝山生性豪放，无心经商务农，无人管束后愈加无忌，游食四方。他身高力大，精于剑术，擅长枪法，年纪轻轻就在镇江、扬州一带帮会、盐枭中以豪侠闻名，人称“徐老虎”。徐宝山先是投奔盐枭大头目孙七，后来独树一帜，占据十二圩和七濠口，成为青帮兴武泗帮首领，属“礼”字辈。徐宝山在拥有一定势力后并没有满足，而是时刻盘算着如何扩大势力。他听说泰州城内有个名为任春山的红帮首领，便带领心腹前往结交，两人一拍即合，结为异姓兄弟，同时互相介绍加入对方帮会，并决定合开洪门山头，从两人名字中各取一字，名为“春宝山”，这意味着青红帮在某些地区完成了组织上的合流。徐宝山后来投靠清朝，专事缉私，但其行动对象都是从事贩私贩毒的旧友新交，故而警匪一家，猫鼠同窝，青红帮在其区域内往来自如。

笔者在 1993 年撰写的一篇文章中说到，19 世纪末年，青红帮在镇扬宁芜地区合流，并沿长江、运河、太湖一线向东推进；20 世纪初期，青红帮势力已在上海站稳脚跟。要补充说明的是，上海在近代中国的城市化运动中无疑具有领导地位，因为其活跃的经济贸易能力，不但吸收了长江流域的巨额财富，也吸引了各地前往谋生的各色人等。流民无产者为主的青红帮厕身其中并大展手脚就成了一件很自然的事情。

到 20 世纪 20 年代，“青红不分家”已成为一个人尽皆知的事实。1927 年 3 月，上海青红帮头目黄金荣、杜月笙组建“中华共进会”，其目的是联合青红两帮成员，与蒋介石合作。4 月 12 日，青红帮成员进攻上海工人纠察队，协助蒋介石镇压上海工人起义并屠杀共产党人。“四•一二政变”也在一定程度上标志着青红帮合流的最终完成。

需要说明的是，青红帮的合流，只是一定程度的合流。从进入民国以后的情况来看，青帮无论是在城市还是乡村的发展，都已远远超过红帮，有青帮秘籍甚至号称其帮众达到一亿。

四、“黑化”

“红帮西溯江，青帮南入湖，率其群丑，分道而驰，贩盐则为枭，无盐可贩则聚赌，赌不胜则为盗，盗不足则掳勒索诈，无所不至。”这是 1905 年上海《中外日报》对当时青红帮的一段评论。目前人们对于青红帮的认识，往往视为“黑社会”。确实，将 20 世纪前期活跃于中国的青红帮称为黑社会并无不妥，但在许多具体问题上要加以具体分析。

早期青红帮都是民间秘密结社，尽管主要从事各种非法活动，但我们也要看到，在腐朽堕落的君主专制制度下，他们在反对外国入侵、反对封建压迫、领导参与工人运动、争取自己的生存利益方面并非一无是处。进入 20 世纪，青红帮势力急剧发展，广泛吸收各阶层人士加入其中，渗透于社会、政治、经济、军事、文化等各个行业，对中国社会产生巨大影响。从青红帮从事的各种具体活动来看，其组织已经逐渐黑社会化，故可以称为“黑化的青红帮”。

进入近代,青红帮主要从事私盐、鸦片走私与盗匪等各种非法活动。民国时期,青红帮在各大中城市更是横行无忌。拿上海来说,青红帮的主要经济来源集中于鸦片、娼妓、赌场、偷盗、拐骗以及欺行霸市。这里以上海青红帮与"黄赌毒"的关系为例。

当时,"十里洋场"的上海,赌场、烟馆、妓院比比皆是,控制这些行业的头目基本上为青红帮分子。20 世纪 20 年代,身跨青红两帮的黄金荣是法租界的捕房督察长,法租界内的鸦片烟馆全部由他"保护",各烟馆每支烟枪每天要向青帮头目交纳 3 角保险费,头目再集中交给黄金荣,就此一项,黄金荣每月收入在 8 万元以上。杜月笙在发迹之前曾贩卖鸦片,其"小八股党"、"三鑫公司"就是著名的贩毒组织,他和黄金荣、张啸林一起控制了从上海到长江中下游地区鸦片的贩运走私活动。

赌博也是民国时期青红帮的重要财源。青红帮成员与赌博的关系不仅表现在参与赌博活动方面,更主要的是他们把赌博当做一种产业来经营。民国时期,上海的公共租界、法租界内都有很多赌场,大部分都由青红帮控制,其余也都在青红帮的保护之下。

民国时期上海的妓女问题非常严重，当时的妓女数量居世界各大城市之首。上海的妓院按等级分为书寓、长三堂子、么二、野鸡妓女、宁波堂子、咸水妹、跑堂口、花烟间、钉棚、咸肉庄等。妓女则按年龄、姿色等分布在大大小小不同等级的妓院中,各妓院后面大多以青红帮为保护伞。

至于青红帮在民国时期乡村中的情况,可以说同样包罗了各种非法活动。

本文的目的在于把青帮、红帮、"黑化的青红帮"作为一种社会现象来描述。至于青红帮是否就是黑社会,那是另外一个问题,因为无论是从青帮还是红帮的具体发展来说,他们与中国政治的关系绝非一个"黑社会"的名词可以概括的。

何谓黑社会性质组织?

周心捷

根据现行法律和政策,现阶段我国大陆还没有出现黑社会犯罪,只存在黑社会性质组织。无疑,黑社会性质组织是一具有中国特色的法律名词。尽管《中华人民共和国刑法》(以下简称《刑法》)对黑社会性质组织进行了原则性界定,最高人民法院和全国人民代表大会常务委员会先后出台了司法解释和立法解释,由于黑社会性质组织犯罪的构成要件和所涉及的法律关系较为复杂,对黑社会性质组织的认定在实践中争议仍较大。最近最高人民法院、最高人民检察院、公安部在北京召开了办理黑社会性质组织犯罪案件座谈会,对黑社会性质组织的认定达成了若干一致意见。

一、黑社会性质组织的《刑法》规定

1997年3月14日,第八届全国人民代表大会第五次会议修订的《刑法》在第二百九十四条增设了黑社会性质犯罪条款。最高立法机关基于"目前在我国明显的、典型的黑社会犯罪还没有出现,但带有黑社会性质的犯罪集团已经出现,横行乡里、称霸一方,欺压、残害群众的有组织犯罪时有出现。另外也发现有境外黑社会组织成员入境进行违法行动"的现状而增设该条款。

根据新修订《刑法》第二百九十四条第一款的规定,黑社会性质组织是指"以暴力、威胁或者其他手段,有组织地进行违法犯罪活动,称霸一方,为非作恶,欺压残害群众,严重破坏经济、社会生活秩序的组织"。应该说,这一原则性的界定较全面而深刻地剖析了黑社会性质组织的内涵。主要表现为:用规范性的术语"以暴力、威胁或者其他手段"具体描述了黑社会性质组织犯罪的行为特征;"有组织地进行违法犯罪活动",巧妙地将黑社会性质组织犯罪纳入有组织

周心捷:广东警官学院刑事侦查学副教授。

犯罪的范畴，与国际接轨；“称霸一方，为非作恶，欺压残害群众”形象描绘了黑社会性质组织犯罪的本质特征；“严重破坏经济、社会生活秩序”全面总结了黑社会性质组织犯罪的危害。同时，也应该看到，“称霸一方，为非作恶，欺压残害群众”的用词过于笼统抽象，缺乏统一标准，在司法实践中容易导致分歧。

二、黑社会性质组织的司法解释

为加强黑社会性质组织犯罪案件的审理，推进全国“打黑除恶”专项斗争，2000 年 12 月 4 日，最高人民法院在全国“打黑除恶”专项斗争开展前夕出台《关于审理黑社会性质组织犯罪的案件具体应用法律若干问题的解释》(以下简称《司法解释》)，明确规定黑社会性质组织一般应具备以下特征：(一)组织结构比较严密，人数较多，有比较明确的组织者、领导者，骨干成员基本固定，有较为严格的组织纪律；(二)通过违法犯罪活动或其他手段获取经济利益，具有一定的经济实力；(三)通过贿赂、威胁等手段，引诱、逼迫国家工作人员参加黑社会组织活动，或者为其提供非法保护；(四)在一定区域或行业范围内，以暴力、威胁、滋扰等手段，大肆进行敲诈勒索、欺行霸市、聚众斗殴、寻衅滋事、故意伤害等违法犯罪活动，严重破坏经济社会秩序。

《司法解释》将国家工作人员参与犯罪活动或者提供非法保护作为黑社会性质组织的一大特征，主要是出于以下因素考量：从当时“打黑除恶”专项斗争的情况看，这是划分黑社会性质的组织和流氓恶势力犯罪团伙的主要界限。如果没有这一界限，可能会造成认定黑社会性质组织很多的情况，还可能会造成“打黑”斗争中发现这样的组织，只满足于打击浮在面上的犯罪分子，不再深挖幕后的国家工作人员，不利于铲除支持黑社会性质组织的基础和“官匪勾结”的腐败现象。《司法解释》认为划分这一界限，不存在影响打击力度的问题。按照《刑法》规定，对于不属于黑社会性质组织的其他犯罪集团，只要他们实施了犯罪行为，都可以依照《刑法》的规定予以严厉打击，判处重刑，甚至死刑。

三、黑社会性质组织的立法解释

《司法解释》出台后，在司法实践中司法机关对黑社会性质组织是否应具有《司法解释》的第三个特征，即要有国家工作人员参与犯罪活动或者为犯罪活动提供非法保护，有不同认识。2001 年 11 月，最高人民检察院向全国人大常委会提出对《刑法》第二百九十四条第一款规定中“黑社会性质组织”的含义作法律解释的要求。

根据《中华人民共和国立法法》第四十四条的规定，全国人大常委会法制工作委员会对上述问题专门听取了最高人民检察院的意见，又与中央政法委员会、最高人民检察院、最高人民法院、公安部及法律专家多次进行研究。有的部门和法律专家认为，应将国家工作人员参与犯罪活动或者提供非法保护作为黑社会性质组织的特征。从近期“打黑除恶”专项斗争的情况看，这是划分黑社会性质组织和流氓恶势力犯罪团伙的主要界限。有的部门认为，最高人民法院对《刑法》的规定扩大解释，影响了打击的力度。有的部门提出，在查办黑社会性质组织犯罪案件中，有些已查明有国家工作人员参加或者提供非法保护，但有的不一定有这种情形，建议法律解释的规定能适应“打黑”斗争的需要。经研究认为，在一般情况下，犯罪分子要在一定区域或者行业内，形成非法控制或者重大影响，如果没有国家机关工作人员的包庇或者纵容是难以实现的，但也不能排除尚未取得国家机关工作人员的包庇或者纵容，通过有组织地实施多次犯罪活动形成黑社会性质组织的情形。

为有利于司法机关正确适用法律，打击具有黑社会性质组织的犯罪活动，2002 年 4 月 24 日，第九届全国人民代表大会常务委员会第二十七次会议作出了《全国人民代表大会常务委员会关于〈中华人民共和国刑法〉第二百九十四条第一款的解释（草案）》（以下称《立法解释》）的说明，对黑社会性质组织进行了立法解释。明确规定《刑法》第二百九十四条第一款规定的黑社会性质组织应同时具备以下特征：（一）形成较稳定的犯罪组织，有明确的组织者、领导者，骨干成员基本固定，人数较多；（二）有组织地通过违法犯罪活动或者其他手段获取经济利益，具有一定的经济实力，以支持该组织的活动；（三）以暴力、威胁或者其他手段，有组织地多次进行违法犯罪活动，为非作恶，欺压、残害群众；（四）通过实施违法犯罪活动，或者利用国家工作人员的包庇或者纵容，称霸一方，在一定区域或者行业内，形成非法控制或者重大影响，严重破坏经济、社会生活秩序。（简称为组织特征、经济特征、行为特征和危害性特征，笔者注）

《立法解释》有力地解决了司法实践中司法机关对黑社会性质组织是否应

具有《司法解释》的第三个特征，即要有国家工作人员参与犯罪活动或者为犯罪活动提供非法保护的不同认识问题。《立法解释》认为，在一般情况下，犯罪分子要在一定区域或者行业内形成非法控制或者重大影响，如果没有国家机关工作人员的包庇或者纵容是难以实现的，但也不能排除尚未取得国家机关工作人员的包庇或者纵容，通过有组织地实施多次犯罪活动形成黑社会性质组织的情形。总之，是否具有国家机关工作人员的包庇或者纵容并不是形成黑社会性质组织的必要条件。《立法解释》和《司法解释》的最大区别在于前者将“保护伞特征”作为选择性特征，而非必备性要素。

四、《座谈会纪要》关于黑社会性质组织的认定

为正确理解和适用《刑法》、《立法解释》、《司法解释》关于黑社会性质组织犯罪的有关规定，依法及时、准确、有力地惩治黑社会性质组织犯罪，最高人民法院、最高人民检察院、公安部于 2009 年 7 月 15 日在北京召开了办理黑社会性质组织犯罪案件座谈会，并于 2009 年 12 月 9 日印发《最高人民法院、最高人民检察院、公安部办理黑社会性质组织犯罪案件座谈会纪要》（以下称《座谈会纪要》）。

会议认为，自 1997 年《刑法》增设黑社会性质组织犯罪的规定以来，全国人大常委会、最高人民法院分别作出了《立法解释》和《司法解释》，对于指导司法实践发挥了重要作用。会议对黑社会性质组织的认定取得了以下一致意见：认为黑社会性质组织必须同时具备《立法解释》中规定的组织特征、经济特征、行为特征和危害性特征。由于实践中许多黑社会性质组织并非这“四个特征”都很明显，因此，在具体认定时，应根据立法本意，认真审查、分析黑社会性质组织四个特征相互间的内在联系，准确评价涉案犯罪组织所造成的社会危害，确保不枉不纵。

关于组织特征，《座谈会纪要》认为：黑社会性质组织不仅有明确的组织者、领导者，骨干成员基本固定，而且组织结构较为稳定，并有比较明确的层级和职责分工。当前，一些黑社会性质组织为了增强隐蔽性，往往采取各种手段制造“人员频繁更替、组织结构松散”的假象。因此，在办案时，要特别注意审查组织者、领导者，以及对组织运行、活动起着突出作用的积极参加者等骨干成员是否

基本固定，联系是否紧密，不要被其组织形式的表象所左右。

关于经济特征，《座谈会纪要》认为，一定的经济实力是黑社会性质组织坐大成势、称霸一方的基础。由于不同地区的经济发展水平、不同行业的利润空间均存在很大差异，加之黑社会性质组织存在、发展的时间也各有不同，因此，在办案时不能一般性地要求黑社会性质组织所具有的经济实力必须达到特定规模或特定数额。此外，黑社会性质组织的敛财方式也具有多样性。实践中，黑社会性质组织不仅会通过实施赌博、敲诈、贩毒等违法犯罪活动攫取经济利益，而且还往往会通过开办公司、企业等方式“以商养黑”、“以黑护商”。因此，无论其财产是通过非法手段聚敛，还是通过合法的方式获取，只要将其中部分或全部用于违法犯罪活动或者维系犯罪组织的生存、发展即可。

关于行为特征，《座谈会纪要》认为，暴力性、胁迫性和有组织性是黑社会性质组织行为方式的主要特征，但有时也会采取一些“其他手段”。根据司法实践经验、《立法解释》中的规定，“其他手段”主要包括：以暴力、威胁为基础，在利用组织势力和影响已对他人形成心理强制或威慑的情况下，进行所谓的谈判、协商、调解。

关于危害性特征，《座谈会纪要》认为，称霸一方，在一定区域或者行业内，形成非法控制或者重大影响，从而严重危害经济、社会生活秩序，是黑社会性质组织的本质特征，也是黑社会性质组织区别于一般犯罪集团的关键所在。对于“一定区域”的理解和把握：区域的大小具有相对性，且黑社会性质组织非法控制和影响的对象并不是区域本身，而是在一定区域中生活的人，以及该区域内的经济、社会生活秩序。对于“一定行业”的理解和把握：黑社会性质组织所控制和影响的行业，既包括合法行业，也包括黄、赌、毒等非法行业，这些行业一般涉及生产、流通、交换、消费等一个或多个市场环节。

五、解读黑社会性质组织

如何理解和把握《立法解释》所规定的四大特征是认定黑社会性质组织的核心。从构成要素上分析，前三个特征（组织特征、经济特征和行为特征）是黑社会性质组织的一般特征，而第四个特征（危害性特征）才是黑社会性质组织的根本特征。认定某犯罪集团是否是黑社会性质组织，最关键的是看其是否完全具备“通过实施违法犯罪活动，或者利用国家工作人员的包庇或者纵容，称霸一方，在一定区域或者行业内，形成非法控制或者重大影响，严重破坏经济、社会生活秩序”这一根本特征，而危害性特征是通过组织特征、经济特征和行为特征表现出来的。在认定黑社会性质组织时，形而上学地从组织特征、经济特征和行为特征等方面来考查是非理性的。事实上，我们不可能找出哪怕两个组织特征、经济特征和行为特征完全一样的黑社会性质组织，只有危害性特征是一切黑社会性质组织必须而且必然具备的根本特征。总之，《立法解释》规定的组织特征、经济特征和行为特征只是构成黑社会性质组织的充分条件，危害性特征才是必要条件。

实际上，要正确认知黑社会性质组织，必先科学认知黑社会组织。黑社会组织一词，从词法上看，它属于会意性偏正式词组。从字面上讲，“黑”指秘密的、非法的，与白(公开的，合法的)相对而言。社会组织指具有“社会”的某些特征的组织，例如有一定的成员构成，制定了一定的规章制度，能够获得持续的经济来源等。正如黑手党，在西方反黑专家眼里，它是一个界限模糊的次社会体系。与其说是一个在特定社会文化背景中产生的非正式组织，倒不如说它是一个拥有自己的入伙仪式、章程、活动方式和等级的秘密社团，黑手党家庭几乎构成了一个准社会团体。在这个小天地里，人口、经济、社会、政治诸方面的运转，同一个广义的社会无异。

目前，对黑社会组织的认识普遍存在一种误区。一提到黑社会组织，就只能想起西方的黑手党、港澳地区的新义安和民国时期的青帮、袍哥等，这种僵化的教条主义认识观无疑是不客观的。应该意识到，不同的历史时期，不同的社会经济条件会产生不同的黑社会组织。如果总是以黑手党、青帮之类作为标准来衡量某犯罪集团是否属于黑社会组织是荒唐的。即使是黑手党，意大利西西里岛的“我们的事业(Cosa nostra)”、“卡莫拉(Camorra)”、“恩德朗盖塔(Ndrangheta)”和“圣冠联盟(Nscu)”也各有特点，美国纽约的黑手党五大家族卢凯塞家族(Lucchese family)、博南诺家族(Bonanno family)、甘比诺家族(Gambino family)、吉诺维斯家族(Genovese family)和科洛博家族(Colombo family)也不尽相同。即使在民国时期，黑社会组织也不仅只有青帮、袍哥等臭名昭著的帮会组织，同时还有大大小小、林林总总的黑社会组织。

现阶段，在黑社会组织一词中间加入“性质”二字，似乎可以减少大家谈黑色变的社会心理，似乎可以缓和日益严峻的社会治安形势的社会评价，这实际上是对黑社会组织认识过于神秘和拔高。港澳地区对黑社会组织的界定，对于我们认知黑社会组织具有一定的参考和借鉴价值。在香港，根据香港法例第一百五十一章《社团条例》第十八条非法社团之规定，凡使用任何三合会仪式，或采用或使用任何三合会名衔或术语的社团，均当做三合会社团(即属黑社会组织，笔者注)。在澳门，根据澳门法律第 6/97/M 号即《有组织犯罪法》第一章第一条的规定：为取得不法利益或好处所成立的所有组织而其存在是以协议或协定或其他途径表现出来，特别是从事下列一项或多项罪行者(共 21 项，笔者注)，概视为黑社会组织。可以看出，港澳地区对黑社会组织设置的门槛不高，在实践中，这种“低标准、宽要求”对于打击黑社会犯罪具有积极作用。

总之，黑社会组织充其量不过是拥有一定成员，通过暴力、威胁、阴谋等手段，在一定区域或者行业区为非作恶、称霸一方的地下势力而已。其实质就是企图在现存社会中制造法外秩序，形成第二社会，即所谓“黑社会”。作为罪恶势力，多数情形下难以见光，只有在动荡的年代它才会得到各种社会势力的拉拢和利用，在一定时期内显得“风光”和“神奇”。民国时期上海青帮大亨杜月笙曾将黑社会组织比喻为“夜壶”，真是精辟之至。

对于黑社会组织的认知，不应人为拔高；对于黑社会组织的理解，不应自我僵化。黑社会组织在我国的沉渣泛起是不以人们的良好意志为转移的。应该承认，中国大陆已出现黑社会组织。

传统中的庙堂与江湖

柳士同

中国的传统文化历来就分为“庙堂”和“江湖”两个方面，这两方面既不能混为一谈，又不能截然分开。应该说，二者是既有为主的又有为辅的，既相悖又相容，既时常冲突又互相渗透，从而构成我们日常所津津乐道的“文化传统”。

刘再复先生对《三国演义》和《水浒传》的批判应该说是十分中肯的，这两部“古典名著”，在价值观上的确“问题极大”，“它导致权术、暴力的疯狂游戏和智慧的变质，其对中国的世道人心造成的危害及巨大破坏，完全是致命性的和粉碎性的”。如此评判丝毫也不过分，更谈不上危言耸听，因为直到今天，我们还在张扬这种“权术”和“暴力”的价值观，还把这两部“古典名著”当做“经典”，一而再、再而三地在各种讲坛上大肆宣讲，一而再、再而三地改编成电影和电视连续剧，任其在社会上广泛传播和渗透。一种弱肉强食、“有枪就是草头王”的流氓政治却能一统江湖，并在民间广泛流传了千百年，怎么能不引起我们的深思呢？这种流氓政治实际上与庙堂的主流意识并无多大区别，二者有着直接的血缘关系。“三国”也好，“水浒”也好，所极力彰显的不正是作为主流意识形态的“忠”和“义”吗？庙堂之上的皇帝宣称要以“忠孝仁义”治天下，江湖之中的草寇也是以“忠义”二字来招兵买马取悦民众，就其价值观念而言，庙堂和江湖实在没有什么本质的不同。这样，若如刘先生所言，不批孔子而专批《三国演义》和《水浒传》，则未必能使新文化运动一帆风顺，不出现失误和偏差。

统治中国人思想的主流意识形态，正是以“忠孝仁义”为内核的孔孟之道。从庙堂到江湖，儒家思想影响之大，可以说是遍及上自帝王将相下至黎民百姓，早已渗透到每一个炎黄子孙的血液之中。别说“三国”中的那些“英雄”，刘、关、张也好，诸葛亮也好，即使是“水浒”中的众首领，哪一个没受儒家文化的影响与

柳士同：作家，现居青岛。

熏陶，哪一个不是从儒家文化中汲取思想资源的?只不过身在庙堂者更加虚伪，身处江湖者更加无赖一些罢了。

曹操、孙权和刘备厮杀多年，不惜生灵涂炭，为的是什么? 不就是为了自己一家独霸天下吗?梁山“好汉”为什么打家劫舍，与朝廷作对?不就是为了获得与朝廷大臣相当的待遇吗? 这些，实际上都可以从孔子那儿找到资源。这些军阀和草莽，大多都是以儒家思想为圭臬的——这一点在诸葛亮和宋江的身上表现得最为明显。诸葛亮本人就是一个“达则兼济天下，穷则独善其身”的大儒，读读杜甫那些赞誉孔明的诗篇即可明了。在魏晋以后的文人心目中，诸葛亮已经成为他们崇拜的偶像，寄予着他们的政治理想。历代儒生一个个都巴不得今生今世能遇到一个刘备那样的“明主”，从而成为诸葛亮那样的“忠臣”，用满腹的诗书去“鞠躬尽瘁”，以报答主子的“知遇之恩”。在两千多年漫长的皇权专制社会里，恐怕没有比儒家等级森严的“礼”更能激发人的权欲，并把不择手段获取权力当做一件再名正言顺不过的事情了。孔子毕其一生所崇尚的等级制度，不啻为各路不得志的“英雄”提供了一个从“人下人”转换成“人上人”的合乎“礼”的价值规范。中国历经数不清的朝代和帝王，其中真正出身贵族的并不多，而那些游民乃至流氓一旦称帝，就那么容易实现身份转换，这大概就是其中的原因吧。刘备虽说号称“皇室之胄”，其实不过是一介游走江湖的小贩。他的从起事到称帝，上承“本家”老祖宗刘邦，下接千年之后的朱元璋，一脉相承，同属一个由江湖嬗变到庙堂的文化谱系。至于梁山好汉一百单八将，还没等“杀到东京”“夺了鸟位”呢，就已经排好“座次”了。

早在1913年，中国民主革命的先行者宋教仁先生就对中国的传统文化(或曰“文化传统”)作出了理性的判断，将其分别界定为“君师合一”的庙堂文化和“流氓政治”的江湖文化，并鲜明地提出“以人道主义去君权之专制”，“以科学知识去神权之迷信”的正确主张。这是很有见地的，因为无论是中国的庙堂文化还是江湖文化，都很难衍生出现代的民主与科学来。

两千多年来，儒家学说早已形成一个完整的系统，早已成为中国皇权社会的主流意识形态，它的崇尚和维护等级制度、它为每一个在位统治者所用的功利主义，从来就没有改变过。孔子也好，孟子也好，他们所游说的对象是谁? 是各国的君王，他们是把希望完全寄托在这些国君身上。国君们是否领情是一回事，而他们矢志不移地为国君服务却是无疑的。就拿我们许多学者所津津乐道的“民本主义”来说吧，难道不是孟子替国君作想才提出来的吗?在古代，对于任何一个国家来讲，最重要的莫过于人(或者说“民”更为恰当)。正如他老人家所言:“治于人者食人，治人者食于人，天下之通义也。”所有的“劳心者”也就是“君子”、“大人”，全得靠“劳力者”也就是“小人”、“野人”来供养啊！不仅得有人种地，还得有人打仗，所谓“耕战”这两件大事，全得指望黎民百姓去做。在古代社会，拥有大量的人口，乃是保证国家统治的前提，所以孔子才告诫诸侯大夫们“远人不服，则修文德以来之”——这也正是“本”的实质所在，“民为贵”的实质所在！因此，在那个“春秋无义战”的时代，掠夺人口往往比掠夺土地更为重要，即使土地被敌国侵占了，也要想方设法把成群结队的难民带走。勾践“十年生聚”，不就是把复仇的希望寄托在大量繁殖人口上了吗？没有人替他去冲锋陷阵，他如何能雪“会稽之耻”？所谓“民本主义”与现代社会倡导的“人文主义”绝不是一码事，不可同日而语。

爱因斯坦就曾说过:“国家是为人而建的，而人不是为国家而生存。”人才是至高无上的。在现代公民社会，人不仅仅是“本”，更重要的就是“目的”本身——既是我们思想的出发点，又是我们行为的目的。我们所做的一切，都是为了人，为了人的生命、人的自由、人的价值、人的权利以及人的尊严。这些价值观念，从儒家学说中很难找到资源，能找到的恐怕都是些与其相悖的东西。胡适先生将五四新文化运动比做欧洲的文艺复兴，可谓深得人文主义的真髓。

究其根本，传统中的庙堂文化与江湖文化，不过是一枚硬币的两面而已。

王权的成败取决于金融市场

（财经史话之二）

薛　涌

“封建”的复杂性

那么，这样的金融体系从何而生？又怎么能够在欧洲的封建秩序乃至封建秩序解体的乱局中发展？要理解这些问题，我们就必须检讨欧洲中世纪的政治、社会和经济。

中世纪是多种秩序的组合，简单地把欧洲中世纪概括为封建社会具有极强的误导性。比如，地处西欧、南欧的先进地区，至少就有三种主要的秩序：以王侯的军事权力和土地资源为基础的封建秩序，以贸易网络为核心的自治城市或者城市国家的商业秩序，以基督教为支撑的宗教秩序。中世纪的终结，和这些秩序之中或之间的矛盾、冲突有关。尼德兰对哈布斯堡王朝的“80年战争”，一个重要的理由就是路德“宗教改革”所引起的传统宗教秩序的崩解。讨论这一问题超出本文之范围，不妨略过。我们需要集中分析的是另一个关键因素，即曾经彼此镶嵌在一起并有互补功能的封建秩序和城市秩序的对抗与脱节。

先说说封建秩序。“封建”一词的恶名，大概源于法国大革命。1789年8月11日大革命的“国民议会”庄严宣布：“彻底废除封建政体！”这就把“封建”等同于自由的敌人。后来经马克思，“封建”在俗见中更被定义为资本主义以前的落后社会形态。

与此相对照的，则是一个被浪漫化的封建传统。在这个传统中，“封建”体现着人的自由与尊严以及捍卫这种自由与尊严的勇气，其最原始的意义是人与人之间互惠的纽带。这种社会关系，来自被称为西方自由传统发源地的“日耳曼森林”。罗马史学家塔西陀在1世纪末记述日耳曼人的社会文化时，描述

薛涌：美国萨福克大学历史系助理教授，美国耶鲁大学博士。

了一种叫 comitatus 的军事习俗。这种 comitatus 实际上是战场上首领和其扈从组成的战斗军团。在这种军团中，首领必须为自己的将士提供榜样，身先士卒，英勇绝伦。其将士们也当争先恐后地效仿首领，为之死拼。临阵脱逃，特别是在首领战死后自己活着回来，在日耳曼部落中被视为奇耻大辱、生不如死。在这种关系中，首领和将士都是有不可剥夺的个人荣誉的自由战士，除了在战场上的指挥与被指挥的关系外，彼此的关系本质上是平等的。这种关系，颇像古希腊城邦的步兵，带有强烈的原始民主色彩。长期以来，西方有不少人将 comitatus 当成是封建之起源。不仅德国人以这种勇武的自由斗士的后人自居，英国人也称自己的祖先乃渡过英吉利海峡的日耳曼人，使盎格鲁撒克逊的英格兰充满了 comitatus 的情操，仿佛自己身上都流淌着自由的血液。直到最近 Steven Fanning 出来挑战此说，考证出 comitatus 乃为从塔西陀到后世学者所共同创造的不实之神话（Fanning, 17~38）。

不过，即使 comitatus 完全是个神话，这样的神话也和把“封建”视为自由之敌的神话一样，反映着神话的创造者和传播者的价值观念。法国大革命所面对的，是“朕即国家”的绝对王权。这种绝对王权，体现了中世纪以来王室不断凌驾于封臣而独大的趋势，因而革命者把专制君主视为封建的必然结果，把波旁王朝视为旧制度登峰造极的产物，要对之彻底摧毁。另一方面，封建还另有传统，即从君臣关系中发展出来的君主与国民之间的宪政关系。秉承这一传统的人免不了要在“封建”中发掘自由的源泉。comitatus 也许被夸张附会。不过，把“封建”说成是基于战场上的纽带而发展出的社会制度安排，则并不离谱儿。在这种安排中，首领和其扈从们就成了领主或君主（lord）和封臣（vassal）。后者向前者宣誓效忠，前者为后者提供保护，并给后者一块封地（fief），作为可以继承的永久资产。

这种纽带或制度的目标之一确实是捍卫自由。在西方的语言中，“自由”（不论是 freedom 还是 liberty）的第一个意思都是免除被奴役。在古代的战争中，胜者不是将败者杀死，就是将之卖为奴隶。在这种情况下，大家自愿宣誓效忠君主，团结求生，以达到不被外族征服的目标，此乃寻求自由之本能。视死如归地跟随首领在战场上拼杀，也颇有“不自由、毋宁死”的气概。君主权力的合法性，也就是建立在他能保护大家的这种自由的基础上。比如 732 年卡洛林

(Carolingian)家族的首领 Charles Martel 在位于现在法国中部的 Poitiers 的一战中击败了已经征服了伊比利亚半岛并正在北上的阿拉伯军队，吉本等西方史学家欢呼这一战是世界历史的转折点，Charles Martel 从穆斯林手中拯救了基督教世界。当时的西班牙史官则称欧洲人是 Charles Martel 的法兰克人，甚至“法兰克(Frank)”这一词也有了免于被奴役的“自由”的含义。卡洛林家族很快取代统治法兰克的墨洛温(Merovingian)王朝而立，最后发展为查理曼帝国。查理曼帝国瓦解后，其中的一个支脉传到了德意志国王奥托一世。他于 953 年击败长期侵扰德意志的马扎尔人(匈牙利人)，立即被欢呼为“欧洲的解放者”(或译做“使欧洲自由的人”)，并由此建立了足够的权威，加冕为神圣罗马帝国的皇帝(Bloch, xix; Macdonald, 61)。

可见，封建关系在中世纪衍生出一套政治哲学。由《大宪章》所代表的宪政传统正是以这种哲学为基础的。甚至后来专制君主崛起，在扩张自己的权力时也很难打破这一政治哲学的牢笼。首先，君主权力的合法性在于为自由提供秩序。比如，欧洲的皇帝和中国的皇帝有一个很大的不同。从严格的法理上讲，欧洲的皇帝要被选举出来。虽然后来选举越来越名存实亡，但这个制度从来没有被正式废止过，由贵族组成的选举团也一直存在。当外敌入侵、自由受到威胁时，君主就成了军事统帅，所有封臣都有义务率领自己的军队、动员自己的资源，在君主的领导下作战。在和平时期，君主亦有维持基本社会秩序的责任。大家彼此如果有冲突，不得擅自举兵征伐，而要接受君主这个公共权力的调停和仲裁，以保证“国王的和平(King's peace)”(“国王的和平”在英格兰成为国王法庭的司法行政范围这方面的专门研究有 Frederick Andrew Inderwick 所著的 *The King's Peace: A Historical Sketch of the English Law Courts*)。

第二，内外基本的和平维持以后，大家自然可以回家各自享受自己的“自由”。也就是说，封臣对自己的封地有独立自主的权利，君主无权干预。特别重要的是，从希腊罗马到中世纪，欧洲的传统大多把纳税(主要是直接税)视为被征服者对征服者的义务，是被奴役的标志。自由人当然是不应该纳税的了。在某种情况下，征收若干间接税(比如关税、商税等等)还是可以的。毕竟商业活动有赖于国王所维持的公共秩序，你不可能关在家里自己和自己做生意。既然国王投入资源维持了这种秩序，自然应该从这种秩序中分享若干利益。这属于国王的传统权利。但是,征收人头税、财产税等等直接税,则仿佛暴君打上家门来掠夺,是奴役的形式。君主和封臣之间可以互赠礼物,这些礼物有时也许比税还重,或者成了变相的税收,但在法理上不能和税收混为一谈。

第三,上述两个原则自然引出了一个最重要的政治合法性问题:国王的权限是什么?这一权限首先要从财政权限上来界定。封建传统日后是走向宪政还是专制君主,都和对这一问题的解答有关。中世纪欧洲最有影响的一句政治名言是:“国王要靠自己来过活。”意思是,在外敌入侵的情况下,国王有权力调动公共资源来捍卫大家的自由。如果国王纯粹为了自己的利益而兴兵生事,那么就只能动用自己的资源,和其封臣没有关系。所以,国王的收入一般被分成“惯常(ordinary)”和“非常(extraordinary)”收入。所谓惯常收入,主要指的是国王从自己的领地或者从自己的一些传统权利(比如征收若干商税、关税的权利)中获得的收入,基本上可以由国王自主支配。但是,如果有紧急情况,国王自己的资源不够用,就要请求封臣们贡献给他一些“非常收入”。这就等于向下面人要钱,和税收已经非常接近了。封臣是否答应出这笔钱,则要取决于国王能否说服封臣们:钱之所用关系到每个人的利益,所支持的是公共权威的行使,不是为君主一己之私(随着中世纪经济的发展,国王领地相对贬值,公共开支则越来越多,乃至国王没有新的税收则无法履行其责任。见1910年版 *The Encyclopedia Britannica*, Volume X, 350~351, Finance 条)。比如一些王侯对十字军东征特别热心。这除了宗教热情外,还在于君主可以乘机扩大自己的权力。因为在教皇的支持下,他们很容易把远征穆斯林、讨伐异教徒正当化为公共事业,可以借机向封臣们索取大量的资源。中世纪欧洲君主特别好战,和扩大“非常收入”的念头也有紧密关系。日后演化出的议会投票决定给国王多少预算,这预算所涉及的也是国王的“非常收入”。欧洲大陆的许多君王最终突破了封建关系的束缚,成为专制君主。英格兰则自《大宪章》而发展出议会,捍卫了贵族们的传统封建权利。后来美国独立战争时的“无代议权就不纳税(no taxation without representation)”,本质上也是从控制国王“非常收入”的精神而来,虽然那时所反抗的直接对象是英国议会。说封建传统是宪政之源,并非夸大其词。

帝王背后的金融

但是，仅仅靠封建传统、靠《大宪章》，很难发展出宪政民主来。比如，美洲的发现，一度使西班牙王室的金库里填满了白银。最初是王室出资支持哥伦布的冒险，美洲更不在贵族们的领地之内。这张天上掉下来的大馅饼，自然也属于国王的"惯常收入"。有了这笔财富，国王就不必再依靠"非常收入"，还要国会干什么？还用得着向自己的封臣征求什么意见？国王可以依靠这么庞大的财政资源招兵买马，势力大了以后把不听话的封臣们都收拾掉，建立自己的绝对权力。英国王室在和罗马教廷翻脸后，大规模地没收教产，将之变成王室的"惯常收入"。如果经营得当，英王也可以不必去国会要求"非常收入"。

所幸的是，这些王室并不像我们这样有后知之明，不能充分理解国家财政的意义。他们迅速把手里的钱都挥霍一空，再有危机就必须借贷。在这个时刻我们就可以看出：除了封建传统外，对国王权力的另一大约束就是金融市场。自中世纪后期以来，欧洲王权的成败，很大程度上要依靠金融市场。16 到 18 世纪现代国家崛起的过程中，在金融市场上的竞争中，专制君主很难成功，至少很难竞争得过宪政国家。因为这种金融市场，属于独立城市或城市国家的商业秩序，而独立城市或城市国家的共和自治和宪政体制非常契合，和专制君主则势同水火。

首先要看看国王为什么会受金融市场的约束。国王的财源，主要在其所控制的土地。中世纪农业生产力发展水平非常低，农民能生产出来的剩余产品非常有限。国王即使拥有绝对权力、竭泽而渔地搜刮，每年能在农民的温饱水平之上压榨出来的财富也非常有限，更不用说遇到天灾、青黄不接的时候了。塔西陀在描述日耳曼人的习俗时还特别指出，这些嗜血的勇士很难被说服去辛辛苦苦地种地，耐心等一年收成再决定自己如何过活。从这种日耳曼的传统里出来的封建君主，自然也不习惯看着田里的庄稼而精打细算。最关键的是，中世纪征战不休。战争并不管你有没有钱来筹办军队。如果战争找到你头上，那就是个生死存亡的问题，必须准备足够的资源应战。可惜，一场战争需要的经费经常超出国王几年的收入。即使他向封臣要来"非常收入"，还是无法对付这样的危机。甚至有时国王突然成了战俘，对方开出天价要其王室和封臣赎回，谁还能等得及地里的庄稼成熟呢？这时，他们唯一的办法就是借贷。

这时能拿得出钱来的，只有几大商业集团。这些商业集团都集中于先进地区的城市。自 11 世纪以来，随着十字军的东征，东方贸易开始繁盛。意大利北部几个城市，如威尼斯、热那亚、佛罗伦萨等等，在封建秩序的夹缝中崛起为独立的城市国家，其经济已经非常资本主义化，所创造的财富和封建经济不可同日而语，培育了一系列大商业公司，拿得出足够的资金。讨论这些城市国家，需要另文细述，这里只提三个要点：第一，这些城市国家等于是中世纪欧洲的“华尔街”，发明了许多先进的金融技术，如汇票（bill of exchange，或可译做“银行券”）等等，给欧洲主要王室以及教皇提供大笔的信贷服务。第二，这些城市国家同样面临不断的战争，并且也因为战争而频频陷入破产之境地，需要大肆举债。在这一过程中，这些城市国家率先发展出一套发放国债的技术。这两点合在一起，渐渐形成了欧洲初期的金融市场。第三，中世纪金融史家 Raymond de Doover 精要地把 1300 年前后作为欧洲贸易、金融史的分水岭。在此以前，从地中海到大西洋的海路未通，连接北意大利和西北欧“低地国家”这两大经济核心的是经过法国境内的陆路，结果发展出香槟地区的贸易集市，附近艾拉斯（Arras）等地的商人集团变得非常有实力。艾拉斯的商人经常放贷，甚至给城市政府放贷，但没有证据显示他们经营储蓄存款业务，他们只是把自己做生意赚来的钱拿去放高利贷而已。但到了 1300 年以后，从地中海到大西洋的海路打通，意大利商人迅速渗透到北欧特别是“低地国家”。他们不仅放贷，而且接收存款。也就是说，他们像现代的银行那样，把客户存在自己这里的钱拿去贷款。这样金融市场的资金流转就有了革命性的增长。这些意大利商业集团在主要城市设有代理业务，形成一个银行网络，远距离运用汇票（bill of exchange）结算，而不用运送现金，大幅度降低了贸易的成本，也使其有了极其强大的资金动员能力。当时给几个王权贷款的，主要是这些意大利的金融集团。

中世纪国王们的雄心，多是摆脱封建关系的束缚，驯服手下的贵族，建立自己的绝对权力。他们和世界其他地区的君主一样，希望自己掌握天下的财富，岂肯可怜巴巴地向人借钱？更何况，这些商人放贷给你，图的是非常高的利息。国王为了拿到贷款，经常不得不把自己未来几年的财政收入抵押给商人。这也就等于说，商人趁国王之危买断了其财政系统，把未来几年的税收直接装进自己的腰包，成为巨型的包税人。这样一来，国王越是贷款，丧失的未来收入越多，自己的权力越小。所以，大部分国王，都把这种商人视为高利贷者，尽量不上他们的圈套；即使不小心掉进去，也要尽早挣脱。赖账者有之，对自己的债主（特别是犹太人）横加政治宗教破坏、置之于死地以逃脱债务者有之。

不过，不管君主们如何敌视这些向自己放高利贷的“奸商”，他们最终还是不得不依靠他们。道理很简单，从13、14世纪以来，这种由城市所创造的商业和金融体系已经形成超越国家的网络，其财政动员能力为任何王室所不及。在王权竞争的年代，你不用他们别人也会用。一旦别人运用他们的金融体系筹集了更多的财政资源，短期内就会势力大增，威胁你的生存；最后你为了竞争也不得不赶紧去拉贷款。所以，没有一个政府可以离开这些大财团的金融服务而生存。这里最经典的例子，就是我们提到的“世界之帝”查理五世被选举为神圣罗马帝国皇帝的过程。

查理五世的崛起，是因为一系列出奇的好运气。其命运似乎印证了哈布斯堡王朝的家训：“奥地利的命运就是主宰世界！”他的祖父是神圣罗马帝国皇帝马克西米连一世（Maximilian I），父亲是勃艮底公爵“美男腓力（Philip the Handsome）”，他的母亲乔安娜（Joanna）则是统治西班牙帝国的阿拉贡国王费迪南和卡斯蒂利亚女王伊沙贝拉之女。1506年父亲死亡，年仅6岁的查理从父亲手里继承了勃艮第。勃艮第本是欧洲一大诸侯，辗转变成法国之一部分，被法王约翰二世分封给其小儿子“勇者腓力（Philip the Bold）”。“勇者腓力”再和佛兰德的公爵联姻，控制了佛兰德地区（大致相当于现在的比利时）。他的儿子和孙子又再接再厉，获取了荷兰等北方领土。也正是在这一过程中，强大的勃艮第成为法王室的竞争对手，频频联合英王和法王作战。但日后战事不顺，此系最后仅剩一女流玛丽。法王立即利用血缘关系宣布对她的监护权，要并吞其领地。但这位玛丽立即和当时的神圣罗马帝国皇帝之子马克西米连（Maximilian）结婚，保证了其独立，并生下查理五世之父“美男腓力”。

查理继承了勃艮第后十年，即1516年，他的外祖母伊沙贝拉女王去世，把庞大的西班牙帝国留给他和他那位心智不正常的母亲乔安娜共治，他渐渐成了真正的统治者。到这个时刻，至少从版图上看，查理已经成为欧洲最有势力的君主。紧接着在1519年，其祖父马克西米连去世，神圣罗马帝国的皇冠似乎又唾手可得。这时，他最大的竞争对手法王弗兰西斯一世（Francis I）再也坐不住了,也根据自己和神圣罗马帝国的血缘关系来竞争这一皇帝宝座。另一个有资格的候选人,则是查理的弟弟费迪南。如前所述,欧洲皇帝仍有选举产生的制度。在皇家血亲几个相持不下时,选举就有一锤定音之效。面对这样的僵局,几位皇帝候选人开始了对选举人贿选的竞争。查理先从的奥格斯堡(Augsburg) 的德意志银行家(也是欧洲最大的银行家)Jacob Fugger 那里要来贷款,出价 9.3 万德意志弗罗林(Gernan florins),弗兰西斯一世立即加价,把这个数目乘上 30,并为此抵押了自己一年半的岁入。可惜,由于支持他的银行声誉不足,选举人将信将疑。最后,查理胜出,出价 85 万德意志弗罗林,其中有 54 万德意志弗罗林为 Jacob Fugger 所筹集。Jacob Fugger 则以此换得了丰厚的商务特权。最后查理成功地加冕为神圣罗马帝国的皇帝,就在于他打赢了一场金融战争。金融决定王权或皇权之成败,由此也可窥一斑。

我们到底活在怎样一个时代里了?(中)

陆兴华

现实一:我们处在一个共识与复辟时代

法国哲学家雅克·朗西埃(Jacques Rancière)认为,后民主时代的共识秩序,就是财产统治和专家知识统治。在这样的秩序中,现代大众社会中个人的无限制的欲望,通过大众媒体和超市,来对社会进行权力网络式的统治,后者被我们称为共识民主。先前,哲学家哈贝马斯企图证明,这种统治在理性的引导下,尤其在交往理性的日常运用中,会具有更多的合法性,酒吧到沙龙到公共媒体到议会之间,有一开明理性贯通。但朗西埃提醒我们,这种理性共识只在推动一种诸众对于我们的无名统治。共和政体下和社群政治下的深层结构,那一财产和知识秩序,是金钱和我们这个大众传媒统治社会中的专家知识对我们的统治,共同构成我们时代的新的统治秩序。(《对民主的恨》,La fabrique,2005 年,第 7 页)它是我们安在自己头上的新国家资本主义统治装置了。

这一回环是一种错的历史,还是坏的历史?一种不好的历史可以回头重新结算,救赎会来恢复全面的正义。如果它是一种坏的历史,那它反正已毫无疑问被强加到我们头上。无论是对于西方,还是对于处于世界资本主义系统边缘的第三世界的中国,这同样是不幸的。

自 1968 年之后,我们的批判和谴责的目标已经改变:消费,万恶的消费,永远是我们的同一个批判目标了。消费对我们的统治,不就是马克思说的商品对我们的统治?无限制的发展原则,不就是资本主义的基本原则?但我们对于资本主义制度的怨恨,正在使这因果逻辑颠倒。我们批判的是那一主导全球之系统;用这一系统,我们才能解释个人行为。是的,连消费的无产阶级也成了让剥削者先用梦想来养活他们,以便被进一步剥削的受害者。

陆兴华:上海同济大学人文学院欧洲文化研究院副教授。

在当代,当我们用马克思主义去谴责这一资本主义全球剥削机器时,我们面对着这样一种逆转:成为主导之全球系统的受害者的,不是个人了。反过来看,正是这些个人才造成消费的“民主专制”对我们的统治。资本的增长原则、商品的生产和流通类型,成了那些消费者的罪恶,尤其是那些不大有消费能力的人的罪恶:越穷的人越被我们的大众媒体发现是污染和环境生态的破坏者。

民主人是一个无餍足地吞噬商品、人权和电视景观的人,而资本主义的利润法则就是靠着这些工具一功能人来统治世界的。谴责一种经济和国家系统,那是在要求改造它。但谁可以来这样要求呢?不就是那些责备没有将他们喂饱的消费者或民主人?所以,我们得回到这一逻辑的开端。系统之恶在今天是这系统统治下的个人的恶。那些反对金融寡头和国家寡头的人,自己也正是贪得无厌的消费民主的消费者:你从中可以看到我们令人绝望的解放事业。

我们是我们自己的苦难的罪人,国家资本主义装置使我们成了自己的受害者!

在今天,无论在巴黎、纽约还是上海,我们见到最多的,是年轻的民主消费者的彩色机器人般的画像:像填鸭般自喂爆米花,盯着电视里的人造现实,做着安全的 safe sex,领着国家的社会救济,坚持着个人自己的差异权利,紧抱反资本主义或另搞全球化这一幻觉。资本主义制度的谴责者要面对的,首先是这些人,得先对他们的胃口,他们的所谓的改革政策才可着手。他们是有罪的,正如这些民主消费者是有罪的,但前者的罪则更重,因为他们利用了一种无法治疗的恶来进一步作恶和修恶,用别人身上的恶来作恶,利用民主之恶来作恶,所以,他们是绝对地有罪的。可以算做一种民主的反人类罪行。(朗西埃:《民主之恨》,第 93~99 页)在这个国家资本主义统治装置里,民主正在使民主不可能。

工业现代化向金融资本主义倒退,生产被消费引导的资本主义世界里,我们更找不到那革命代理人无产阶级了。这一可怕的主导系统正在使那些新预言家、公共知识分子所要去拯救和解放的民主消费者成为最主要的作恶者!作大恶者为了他们的统治,故意怂恿那些受害者去作恶。我们的社会科学正在促成一种由最流行的智性所主导的共识、哈贝马斯式的理性交往后达到的生态主义式的共识:世界的经济运动在向我们证明一种历史必然性,我们最好还是适时而行,主动去迎合世界经济潮流,为此而不惜搭上世界社会主义革命的末来。这是可鄙的。市场在全球到处凯旋。这成为我们中国的新的历史必然性，它使我们的委琐的政治立场变得雄辩。

这是我们在今天要坚持马克思主义理念时头一个需要面对的难题。怎么启蒙无产阶级，从中找到新的最有力量的政治主体呢？

我们见到的不论是西方还是东方的当代民主都是矛盾的：一方面要承认人民主权中人民的最终选择权；另一方面，统治寡头知道，他们对于社会问题的解决，是要由科学专家来批改和评分的。民族国家的边界限制与国际资本的无限制的扩张又是一对矛盾：既被这无边财富的对于人民的利益而迷惑，但又必须为了民族国家的人民的局部利益，而反对这种国际资本的自由部署。统治寡头们只能依赖专家来定夺本来是属于全民利益的事儿。这种由媒体资本和专家知识来实现的新寡头统治越来越集中到一小撮人手上。这种寡头是可替换的，它像早餐店里的面包品牌，这种我们头上的统治的乖戾，不是由消费者式的选民的朝三暮四造成的，而是由这一叫做现代民主的矛盾的代表机制决定的。

这就是共识时代，我们上瘾于它的快感确保装置了：我想要从你身上得到的快感，与你想从我身上得到的快感一样的。我对你做的，正好是你渴望我对你做的，这就是服务，这就是我们学校里在教和被教的东西。我们之间的社会契约已变成一种色情，且是最自由的那一种版本：你爽么？爽的。她说：你就这样继续搞我吧，我愿意，我想要，我这样最爽，就这样来得更猛烈些吧。我要的也是你想要的。我们是一架架性欲机器，我们互相取悦，相互消费，相互服务。我们打扮得像是在出演未来主义式的科幻色情片《第五元素》的乌克兰名模。我们需要预订一些为了高潮而专门在床上讲的故事，我们的爱的流水作业里总需要一点更辣的酱的刺激，我们另需一点点快乐的理由，以便去挤尽每一个快感的最后汁液后说出那过程（《共识时代年录》，Seuil，2005年，第39页）。爽，但残酷，这就是国家资本主义统治装置下的共识秩序的气候。这是萨德式的残酷：必须造成欲望之间的不平等，这才有落差，才有快速的上窜或回落，才有晕眩，才有爽。这也是一种不管三七二十一的搞定：总假定你要我给你什么的，我给你了，还怕你不要吗？机器的力量和人类的欲望之间被定出细密的契约，在欲望之间实现最无缝的液压连动装置。总有更多的做爱机会和办法，因为有了机器的尤其是汽车的帮助。汽车是我们的欲望的飞镖，是我们欲望烘托着的那一玩意儿:它为我们的快感而高兴地去被挤皱、压扁、毁灭和燃烧。它被付诸我们的欲望。当代资本主义滋养着它自己的乌托邦:这是一种关于逃避了悲惨的生活的乌托邦,一种不带痛苦的消费的生活,仿佛完全是在母亲和子宫里度过一样。(《共识时代年录》,第 149 页)我们要让自己相信是生活在这样的安全感中。

我们已经在被一个资本、得意洋洋的大众民主或软集体主义式的不可见的世界政府统治着。我们见着了这样一种曙光:一个资本的自我调控来统治的星球之乌托邦。我们一方面感到自己的岌岌可危,另一方面又因此容忍寡头政府对我们得寸进尺。

我们(东西方一起)是从斯大林式政治集权主义一步走进了共识政治。这是右派对于非右派的胜利,是现实主义又一次战胜了乌托邦(朗西埃:《异议》,Galilee,1995 年,第 170 页)。我们的治体的表现,就是那一共识系统,其中,政治是介于一种舆论政权和权利政治之间的。

但民主不是议会政权或权利国家,也不是一种社会国家,不是个人主义的统治,或群众的统治。民主,一般地说是对政治的降服形式,如果人们说的政治不是对于身体的组织,不是地点、权力和功能的动员的话。更精确地说,民主是对共同体内的身体组织之秩序的独特的打乱,这种身体组织反映在人们提出的治体中。教育安排了我们的社会位置,娱乐在安排我们的精神位置,大众传媒里的立场游戏安排了我们的政治位置。

它就是一个建立在共识上的多元社会,它的脉搏就是一种快感—政治式经济。利益的获得和欲望的满足,这就是我们的奋斗的目标,一有不如意,我们不是去针对制度和秩序安排之残酷,而是找替罪羊,就是去恨他者,赤裸裸地,不顾一切地去恨。(朗西埃:《政治的边缘》,Gallimard,1998 年,第 54~55 页)。什么都允许,什么都宽容,我们面对的是政治之互相冲突的再现的不断加深。在这样一个分析哲学家塞尔和文学哲学家罗蒂都想达到的自由主义社会里,所有人都是发言者,他们讨论然后达成契约,这中间不妨改变规则,使正常的规则和特例的公约定型。这是一个共识的乌托邦,没有战斗,只有解决,只有 performance,只有交易。所有人都只是为了自己的利益而与其他人谈判别来修改规则。(《政治的边缘》,第 180~181 页)

在这样的社会里,每一个人都是承包商,都在为自己的利益而拼命地为别人服务。惩罚只是怨你不好玩，不能通过你的命运和奋斗而去向别人讲出一个好故事，不能改变别人甚至整个社会的趣味，使这种趣味有利于自己被较高地评价。没有压迫，没有斗争，没有战争，终结或失败只是 game over。改变社会，首先是改变我们人与人之间的契约，如果不成功，就用一种 liberal ironism 来慰藉自己：继续讲出更好玩的关于自我的故事。

这种乌托邦对我们的害处不在于它多缥缈，而在于它与别的乌托邦没有两样！这是一个共识的乌托邦：每一个人都有户口，都有福利，都有保险，都有权利，都有机会，不再有新的政治主体冲入，无产阶级也在理论上被给予参发的政治参与，文学也从此只成为寓言……

我们这个小资产阶级统治秩序下的共识社会，是亚里士多德的关于政治必须由中产阶级来执行的乌托邦的真正实现。在其中，大多数人太穷，没有政治的手段，少部分人富有，有政治的手段，但无心思来搞政治。这样的状态里，总进行着一种虚拟的战争，两造追求着不同的目标：穷人去争自由，富人要美德。穷人和富人是在这样的交错里去寻求共同事物，一个要获取，而另一个人要幸福，这个要物质利益，那个要想象之投资。双方在争夺政治场域的那个中间地带。城邦的政治中心被中产阶级、中间阶级占据，被那不穷也不富、悠游于社会空间与政治空间的阶级占据。(《政治的边缘》，第 38 页)

在这样的背景中，到底是政治集权式专制，还是金融寡头式专制，被落实在个人头上，是没有区别的。被封闭在小弄弄、私利之愚衷里的个人沉迷于其细碎的思想，只感到那种无法诉诸集体力量的个人全然的无力。这正是专制的温床。公民的小气的思想、气得跺脚，义愤但又无力反抗，正适合专制者来搞温水煮青蛙式的共识与和谐。而学者专家最多只是用一些哲学和社会学的乌托邦，来给我们画饼充饥。在获得政治平等前，我们先掉进了社会的陷阱：先必须将我们从这样的大众传媒—消费社会里解放出来。

现实二：我们只有一个现实了，那就是经济

换句话说，一切都被压在财富的没商量的权力之下了。正是这一财富的权力的无限制，这种无限制的压人的威严，成为当代权力核心的定针。一如我们在金融危机中看到的，少数人，实际上是一些肇事者，那些平时在幕后的阴谋家，在那危急时刻都冒了出来，以救火的名义，来公然篡夺人民的权力，来替我们拯救经济。

财富的布排和权力科学的专家式指导，已成为从西方到中国的共识民主和共识政治的特色。共识民主就是一种没有对抗的民主，大众的不满由寡头统治集团通过一种专家科学来解决，是与学者商量来定断，由那些有资格来统治的人来评定；大众的政治热情被疏导成为一种私下里的自我中心的激情；大众不痛不痒于公共利益，从选举中抽身，或用选举来打发政治。

经济是公开向人类开战，不光打击了我们的生命的可能性，而且也要来摧毁我们的自救的可能性。经济的需要压倒了人的存在的需要。经济变成金融，金融变成少数人玩弄和吞噬国家未来资源的手段。我们被要求扩大内需，去消费我们本已饱足的东西，借一些美妙的景观，去向往那些我们根本不可能得到的东西。

在这样的秩序里，科学不再是用来理解世界或改进其中的某些部分了。它被要求立刻解释所发生的一切，为它找到理由。为了应付社会要求于它的无尽的解释和辩护需求，它只好无私了。医疗在今天已不是在为人类的健康奋斗，因为它对于人类的病理环境无能为力，反对这个病态环境，就是在反对国家，至少是在反对制药行业了。药不是用来治和救，而是用来消费的。很多情况下，我们是被吃药的。我们有真病，得不到理睬，没什么病，它也想来治我们，我们只能去生它需要我们去治的病了。

即使是成功的经济行为，也只是在舍弃了所有历史目标后的一种短期评价（我们当前沉迷于此，来安抚我们自己身上的历史任务的缺失），仿佛自然生命本身和对它的呵护成了人类最后的历史任务似的，如果我们还可以将这一档次的行动当做“任务”来看，而不只是一些不作为、迁延的话。我们没有了自己的历史目标，是因为我们进入历史的终结，我们的经济目标也只是为了使每一个身体被在物质和生理上照顾得更好。

在这种经济中，我们是将我们当做一群会产生剩余价值、使用价值的牛羊来对待了！在经济全球化里，每一个人都只是这样被榨取的对象，被各种来路的资本莫名其妙地剥削和剥夺。

那些传统上属于人的“潜能科学”的举动，如诗歌、宗教和哲学，过去照黑格尔—科耶夫和海德格尔看,是要帮我们清醒于各人民的历史—政治使命的,如今都已堕落为文化景观和私人经验,被当做了文化产业。面对这一亏蚀,留给人类的唯一还有点严肃的任务只是:去挑起重担,对人类的生物生命作"总体的管理",也就是说对人的动物性作总体的更进一步的、更高的开发利用。基因、全球经济和人道主义意识形态是这一过程的三个相连的方面,在这一过程中,后历史的人类仿佛担起了关于它自己的生理学的担子,将它当做了最终的、非政治的权柄。(its last, impolitical mandate,阿甘本:《开放的人和动物》,Meridian, 2003年,第77页)。

当然,落到这样一种境地的人类,在海德格尔看来,是不再对动物的提示式开放开放的了,而只是努力在每一领域去开放和保住那些未开放,以使自己不对人类自己的提示式开放保持开放,忘记其 humanitas,使存在成为其特别的破禁者(makes being its specific disinhibitor)。后历史政治堕落为这样的生物政治,逃出纳粹和斯大林式政治集权主义政治, 我们是落进了经济全球化下的软集权主义之中。

现实三:我们第三世界的成功者也只轮到一种塑料充气的现实

经由大众媒体,我们的记忆和过去被胡乱筛选和编织,一层浓雾一样地虚假笼罩着全社会。这是一种没有任何回应的微笑的虚假,它只是持续地在那里微笑,不为什么地微笑。它太塑料了。

我们的政治、科学、司法和艺术系统,就成为一层不对我们作任何回应的微笑的虚假。赵本山的幽默,成为我们时代最黑色的幽默:赵本山也被玩了,他还以为是玩了我们,实际是他被玩着地来玩我们。日子好起来了,又过年了:也就是更多的黑矿里被压死更多的无名的民工来造出比马云的"江南会"更漂亮、更高端(只有几十人被允许进入,年费两百万)的私人会所。而连马云们也做梦都不会想到,资本主义宗教发展到了现在,轮到他的高端别墅,也只能是"塑料充气"式的了,就像我们广大的看客只能敲着塑料充气棒来欢呼歌星和球星的出场了一样。马云的别墅里再也不会发生"蝴蝶梦"了。他们家的保姆从高档超市里搬回来的,也只是一大堆塑料充气什么的了:那是更商品的商品,也就是说,比塑料充气还更塑料充气。摊开一地,就像被儿童的毁灭意志摆弄过的一地玩具一样。

在塑料充气时代里，第三世界的人民和第一世界里的劳动阶级享受到的，就是这种塑料充气的××。而我们还真以为日子是像赵本山说的那样过得越来越好呢。

一切都方便和 instant，可共时在场，中国人或伊拉克人民要民主，也可以由技术最先进的跨国公司空投一个议会大厦下来解决。塑料充气的议会大厦，据德国哲学家史罗克戴说，应该由美军 B-52 轰炸机与炸弹一块儿空投，这样，尸体还未收拾，就可紧接着投票搞民主了，通过国际上最有名的公关公司搞出橙色革命，在乌克兰大帐篷式议会大厦里讨论和表决。这将多么大快人心！世界就真的像美国人认为的那样对我们美好了。

在沙漠中空投下塑料充气的议会大厦之后，再将充气泵放在空调房间，再在空调外装柴油发电机，再在发电机旁派来站岗的美国海军陆战队战士，再给战士准备地方著名夜宵和香艳按摩女，美国民主就可在伊拉克扎根了。它也的确这样地在那里扎根。

资本主义让第一阶级喝上香槟和抽上雪茄，吸毒和玩性变态，轮到第三世界人民那里，哪怕是第一阶级也只能遭遇这种塑料充气式民主里的塑料充气式商品。我们第三世界的统治阶级再没有大片的领海和庄园可以去掠夺式地占领。第三世界的亿万富翁们唯一的冒险，就是将幼小的子女送到资本主义装置的狼牙上，到加利福尼亚去买被房产经纪忽悠而成的有毒别墅，去澳门赌场输它个几千万。真的，不是嫌我们中国新富们没出息，真的是没有让他们施展拳脚的世界历史地盘，他们的道具都是塑料充气的了。

利益集团的两张面孔

陈水生

2009年3月13日,《中国新闻周刊》刊发了一篇《中国民间浮现游说集团,多渠道向人大诉求权益》的长文,报道了全国"两会"期间相关利益集团及其代言人向政府有关部门及人大、政协委员提案、游说的过程。早在1988年,党内理论权威郑必坚就在《人民日报》撰文分析经济结构的变化所带来的利益关系调整和利益集团问题。在这个话题沉寂近20年后,2006年10月,新华社《瞭望》新闻周刊发表了题为《警惕部门利益膨胀》的文章,引起了社会广泛关注,"特殊利益集团"一时间成为全国媒体口诛笔伐的对象。长期以来,利益集团在中国政治生活中一直是个禁忌,游说活动则离我们远之又远。现在,利益集团与游说就这么静悄悄地进入了我们的政治生活,而且发挥着越来越显著的作用。近30年来,官方和媒体对利益集团的讳莫如深,无形中愈发增添了利益集团的神秘感:有人对其出现欢欣鼓舞,有人视其为洪水猛兽;有人对其大唱赞歌,有人对其大肆批判;有人说它是"天使",有人咒它为"魔鬼"。那么,利益集团究竟有着怎样复杂的两面性呢?

利益集团的素描

利益集团在西方国家早已有之,且无处不在,尤以美国最为典型。早在美国建国之初,国父们就对"集团"的活动深表忧虑,并公开反对"党争"和集团活动。在詹姆斯·麦迪逊看来,党争就是一些公民"团结在一起,被某种共同情感或利益所驱使,反对其他公民的权利,或者反对社会的永久的和集体的利益"。党争煽动人们"彼此仇恨",使人们"更有意于触怒和压迫对方,而无意于为公益而合作"。无疑,麦迪逊眼中看到的是一个"怪兽式"的利益集团,并断定它的存

陈水生:复旦大学国际关系与公共事务学院博士生。

在和发展会威胁到民主政治和公共利益。如果说国父们对利益集团的认识颇有点先见之明的话，毋宁说他们只看到了利益集团的一面，而忽略了它的另一面。西方国家民主政治的发展历程，特别是美国的历史和经验已经证明了利益集团这个"政治怪物"不仅没有将美国引向灾难境地，反而成为推动美国民主政治发展进步的强大力量。

20世纪50年代，美国著名的政治学者戴维·杜鲁门率先站了出来，开始为利益集团正名。杜鲁门一反人们对利益集团的世俗偏见，认为集团是美国民主过程中基本的和积极的成分。他将集团视为观察现代政治现象的基本出发点，把美国政治和政府描绘成不同利益集团相互作用和讨价还价的复杂结合物。杜鲁门的理论观点在学术界产生了很大影响，20世纪50年代因此而成为美国"利益集团理论的黄金时代"。

所谓利益集团，是指为实现集团的特定目标和共同利益，在政治过程中采取集体行动的组织化的群体。利益集团的典型特征有三个：一是具有共同利益和目标，利益集团即为了追求和实现这种共同利益而存在，但此处的利益不局限于物质利益，价值观、权力、威望、影响力等都包含在内，现代政治学集团理论奠基人阿瑟·本特利就认为"不存在没有其利益的集团"；二是必须是组织化的群体，组织化成为测量利益集团力量的重要指标；三是集体行动，为了实现特定目标，利益集团一般会采取一定策略介入政治过程，从而影响政治权力和公共政策。利益集团的性质和特征决定了其行为逻辑会以集团利益为出发点，因而它的运作将围绕集团利益而展开，从而有可能引发与公共利益的冲突。

利益集团的影响

厄尔·拉瑟姆指出："集团利益和集团行为在经济行为和政治行为中都是首要力量。"就现实观之，利益集团在政治过程中扮演的角色似乎有点矛盾。一方面，它们能为政府和社会之间的政治沟通提供一种渠道，利益团体的中介角色可以保护公民免受国家机制的压迫；同时，利益团体还能提供训练场所，让公民学习民主政治技能与价值。另一方面，其消极影响也不可小视。对现代民主政治而言，利益集团容易与地方主义、官商勾结联系在一起，极力谋求集团私利，特别是非法的私利，从而危害社会公共利益以及基本公平和正义。利益集团的双重影响，在利益表达与公共政策中表现最为明显。

利益集团与利益表达

在一个多元竞争的社会，利益分化不可避免，利益表达因此成为民主社会的关键环节。在政治过程中，不同团体和个人基于各自的需求和利益而支持相应的政党和政治候选人，从而平衡治理结构，影响公共政策，并最终决定利益分配。可以说，利益表达是现代利益政治的核心机制。就一个健全的现代民主国家而言，必须要有公正通畅的利益表达机制和通道，舍此则无法建立一个公正有序的政治参与秩序以及和谐稳定的社会体系。美国著名政治学者加布里埃尔·阿尔蒙德总结了利益集团进行利益表达的合法的接近渠道：通过个人联系来接近政治上层人物；精英人物代理；正式的和机构性的接触渠道，主要包括大众传播工具、政党、立法机构、内阁和行政机构。

利益集团的利益表达具有非均衡性。利益集团因其在政治、经济和知识等方面的禀赋差异决定了其在利益表达中的不同作用和影响。一方面，利益集团通过组织化的集体行动可以为集团成员带来较大收益，有利于集团成员的利益表达；另一方面，那些强势的利益集团因为其优势，往往能采用“超常”手段和方式影响利益表达，从而在利益表达中形成“垄断”或“独占”，威胁和损害其他利益集团和公民的利益。

利益集团与公共政策

公共政策是“价值权威性分配”的重要手段，是政府代表的公共权力，综合平衡不同阶层和集团利益，对价值和资源进行分配的过程。公共政策的有效性和公正性关系到公共利益与公众权利的合理分配。利益集团对公共政策的影响因其具备的资源和要素不同而呈现出一定差异，这些差异又会影响利益集团对公共政策的不同效用，从而带来积极或消极的影响。第一，利益集团在成员方面的差异导致政府会更加认真地对待大集团，“集团的权力或压力的大小大致上是与其人数多少成比例的，较大的、较一般的利益通常总能战胜较小的、较狭隘的特殊利益”。第二，利益集团之间会结成利益联盟，从而比单独行动的集团具备更大的影响力。第三，资金充裕的利益集团可以雇用永久性的专业人员，在选举过程中支持政党和候选人的竞争。第四，利益集团与政治系统的良好关系网络使其更容易接近权力中心和政策制定中心，从而对政策的各个环节施加影响。

利益集团对公共政策的影响体现在两个方面：首先，利益集团在资源、信息、权力等方面的优势，使它们比一般组织和个人具有更大的影响力，从而可能把持、操控甚至"俘获"公共政策。利益集团之所以能在政策过程中发挥重要作用，主要是因为其拥有其他人得不到或很少得到的信息与强大的组织资源和政治资源，从而更容易对政策过程施加影响。其次，利益集团通过组织化的方式介入公共政策过程，一方面可以为集团成员利益服务，保护其不受政府和其他利益集团的侵犯；同时，不同利益集团在公共政策过程中相互竞争，使公共问题转化为公共议程，有利于公共政策更加透明化、公开化，一定程度上有利于防止政府官员和少数利益集团合谋，保护普通民众的利益。但是难题在于，整个社会必须有多元的利益集团来代表不同群体的利益，并能够制约强势利益集团之间以及它们与政府之间的"共谋"，这就需要制度化结构予以约束，并加强对利益集团的治理。

总之，在民主政治体系中，利益集团的信息和权力资源等方面的优势使其成为政策系统中的重要一员，从而发挥着其他群体和个人无法产生的影响和作用。为了更好地规避利益集团在利益表达和公共政策过程中的消极影响，发挥其积极作用，需要探寻利益集团的治理之策。

利益集团的治理

人们对利益集团的态度存在着明显的分野。在美国，许多知名学者都热情赞同或乐意接受利益集团活动的结果，他们多数认为利益集团一般能相互制约，从而保证最终结果不至于特别有利于社会的某一成员而对其他成员造成不应有的伤害。但也有人针锋相对地指出，利益集团的天性决定了其运作逻辑会突破这一界限，特别是那些强势利益集团容易操控大部分的政治权力，威胁普通民众的权利，损害他们的合法利益。

对中国来说，利益集团虽然带着神秘感姗姗来迟，但终究进入了我们的政治生活。利益集团既是现代民主政治的产物，也是人类社会发展的必然，它既非“洪水猛兽”,也非“温情绵羊”。因而,明智的做法既不是逃避,也不是去消灭它,而是在分析和认识其真面目的基础上驾驭它。正如200多年前詹姆斯·麦迪逊所言:“利益集团是一种必要的恶,最好是控制它而不是消灭它。”

因此,治理利益集团可从以下几个方面进行努力:一是转变观念,利益集团并不是西方资本主义国家的特殊产物,而是人类社会文明发展的结果,利益集团既是中国社会发展的必然,也是社会发展进步的必需,因而,要正视利益集团在中国的出现和发展;二是对利益集团的运作进行制度化的规制与管理;三是运用制衡理念培育多元竞争的利益集团有序成长,相互制约;四是构建开放化的政治过程来规范政治权力和利益集团的关系;五是发展公民权利和公民社会对抗利益集团。唯有如此,利益集团才不至于演变为“政治怪兽”,而成为中国民主政治系统中有序和谐的一分子。

由上可见,首先,利益集团的性质和特征决定了它在利益导向上面临着集团利益与公共利益的冲突,即集团性与公共性的价值分歧;其次,在运作过程中,利益集团面临着封闭性和开放性的路径分野;再次,在结果影响上,利益集团面临积极和消极的效用分流;最后,利益集团的治理成效取决于放任与制衡的策略分殊。总之,利益集团成为天使还是魔鬼,取决于它生存的制度环境。

“为什么受伤的总是我”

张慧瑜

在电视中看到某个“防止电信诈骗”的宣传短片，以一个中年妇女相信手机中奖为例告诫人们不要轻易上当受骗。但是短片并没有直接讲述这个被欺骗的故事，而是首先讲述了这个中年妇女被公司辞退的故事。画面一开始就是该女士拿着对讲机“现场”指挥工人检修设备，随后这个忙碌的下层管理人员突然被经理叫到办公室。经理在肯定她工作成绩的同时，交给她一个厚厚的信封。拿着信封，该女士喜笑颜开，接着经理又说，由于金融危机，公司效益不景气，她明天就不用来上班了。在漠然与惊愕中，中年妇女离开了公司大楼。走在回家（“失业”）路上的她，突然收到一则短信，告知她的手机号中了某香港上市公司的大奖，让她确定身份后领奖。在半信半疑中，影片插入一个闪回段落，是住在四合院里的老街坊买彩票中奖而高高兴兴地去领1万块奖金的场景。在这种由邻里所示范的中奖先例下，中年女士拨通了该上市公司的电话，声音优美的女电话接线员拿着事先准备好的脚本假装认真地核对了中年女士的信息之后，告知她得了36万元大奖，并答应半小时内就把钱转到她的银行账户。半小时后，该女士去银行查询，惊喜地发现ATM机上显示自己的银行卡上真的有36万元，只是无法取出钱来。于是该女士打电话询问，接线员说必须先支付1.8万元税费才能取到钱。既然已经亲眼看到了卡上的巨额奖金，该女士就匆忙赶回家，取来积蓄缴上了税费。但当她再次到ATM机上查询时，却发现奖金已经不翼而飞，影片结束于该女士再一次垂头丧气地离开银行大楼。最终人民警察出来评价此事，指出中年“退休”妇女（明明是失业，却被说成是退休）之所以容易被短信、电话等诈骗，一方面是因为她们有贪图小便宜的不良心理（36万元恐怕也不是“小便宜”），另一方面因为她们掌管着家里的小金库（不知道失业妇

张慧瑜：工作于中国艺术研究院影视研究所。

女的小金库里有多少银子？）。所以，为了防止受骗，一是不要有占便宜的思想，二是多向亲戚朋友咨询。

这个类似经常在公共汽车、营业厅、候车室移动播放的介绍“生活小常识”的短片是非常简单和直白的，尤其是配上“人民警察”这个看护人的权威解读，意义似乎也很明确，就是告诫大家、“要狠斗‘贪’字一闪念”，没有贪心或“一夜暴富”的念头就不会上当受骗，这种说教如同主题绘画的标题一样试图固定、引导观众解读的路径。不过，看似简单的“公益短片”其实并不简单，如为什么要在这个诈骗的故事前面讲述一段下岗、失业的故事呢？为什么在该女士迟疑和犹豫的时候，要在闪回中插入老街坊中彩票的故事呢？为什么警察没有解释该女士第一次在**ATM**机上看到的**36**万元钱是怎么回事呢（犯罪分子是如何做到的，我非常好奇）？为什么受伤的总是“我”这样的女性呢？这种失业与受骗的双重故事在互相指涉中完成了有效的意识形态运作，也许越粗糙、越日常的叙述越铭刻着这个时代“无意识”呈现的意识形态书写的痕迹。

“失业”=“受骗”吗？

无论是讲评人，还是短片的名字，都假装这只是一个电信诈骗的案例，而没有提到这种受骗与之前的失业究竟有没有关系，这显然与影像自身的叙述存在着矛盾。因为从影像叙述的时间顺序来说，这是一个先失业后受骗的故事，或者说，这是一种因失业而受骗的因果情节律，失业是导致受骗的重要诱因，正是在突然遭遇的“失业”震惊中，该女士相信了“中奖”的神话，也许该女士由“意外”失业联想到“意外”中奖。如果说失业是真实的话，那么中奖也有可能是真实的。结果中奖是虚假的，而且作为权威叙事人也“盖棺定论”**ATM**机上的钱是假的。如果说中奖是一种虚假的行为，那么失业却是毋庸置疑的。在这里，一种意识形态的修辞术开始运作，失业的故事被转喻为受骗的故事。

对于中年女士来说，失业和受骗是两次误认的结果。第一次，在经理办公室中，她“看见”了厚厚的信封，以为自己工作努力受到了嘉奖，就在满怀欣喜之时，却被告知这厚厚的信封是她“最后的晚餐”；第二次，当她“看见”**ATM**机中的巨款时，以为自己真的中了奖，就在缴完税之后发现这串数字不过是空中楼阁。看得见的银行存款，却变成了虚拟的信号，被莫名的力量所操纵，该女士虽然看见了，却完全不知道这种虚拟的钱是如何划到自己卡上，又是如何消失的。就如同第一个故事中的金融危机为什么会影响到自己的工作一样，在第二个故事中，该女士依然不知道为什么虚拟的钱币会消失。如果说因为金融危机的客观状况而造成的“失业”与她自身无关，那么第二次中奖风波却是完全因为她自己的原因，一种被讲评人归结为“性别”（女性）和“年龄”（老年）的本质缺陷导致了她的受骗。而短片没有说出的主题在于正是这种固有的人性缺陷也导致了她的失业，在这个意义上，受骗不过是为了印证失业的合理性，为该女士以及金融危机下失业的人们提供一种心理解释，从而把某种社会结构的问题转移为一种个人的内在“本质”缺陷。正如“一切都是自己惹的祸”，她以为看见了，其实没有看见，或者说她以为看明白了，其实她什么也没有明白。

因此，这次受骗更像该女士说服自己相信失业的心理剧。也就是说，她想让这次略显弱智的欺骗作为自己失业的“合理化解释”，并且让金融危机下的观众反思自己是不是也像这位头脑发蒙的中年妇女一样傻呢？这就把一种社会制度和结构的问题转喻为一种人性的议题，一种贪婪的本性，而且是弱者的本性。这就倒置了这个短片按照时间顺序所完成的一种因失业而受骗的因果逻辑，变成了因为受骗所以失业的自我抚慰。这种“受骗”的感觉难道不正是金融危机时代那些遭受资产泡沫的股民、房奴们所感受到的基本情感吗？在这个意义上，与其说是失业导致了该女士的受骗，不如说是该女士的受骗导致了她的失业。

说出“真相”?

如果沿着这种把失业解读为一种受骗的路径，那么失业也就变成一种受骗，一种被归结为自己人性缺陷的受骗。在这个意义上，失业被转喻为一种受骗，该女士通过受骗再一次体验猝然降临的失业。换一个角度来看，这种短信、电话受骗的故事又何尝不是金融危机的最佳隐喻呢？

在失业的故事中，该女士并非因为自己工作不努力而被解雇，尽管这并非金融公司，但金融危机已然影响到实体经济，该女士用自己的劳动换回了工资。如果说这是一种劳动创造价值的实体经济的逻辑，那么在受骗的故事中，该女士遭遇的恰好是一种金融资本的诈骗。在受骗的故事中，金融资本或虚拟资本的功能开始显现出来。导致中年妇女上当的最为直接的诱因是她清晰地看到 ATM 机上显示的"数字",这份意外获得的资金回报,就如同中了彩票一样"神奇",而金融资本的秘密恰好正是建立在这种"神奇"的神话之上。金融资本之所以如此吸引投资者,就在于一夜暴富的神话和无止境的利润率。正如那个电话员所告知的,"你中奖啦"。这种神话很快就破灭了,这就如同金融危机一般,投机资本的钱瞬间蒸发和消失。从这个角度来说,受骗恰好成为对金融危机的一种解释。君不见在金融危机之后,华尔街投资家以及普通投资人的贪婪被认为是导致这次金融海啸的罪魁祸首吗,而最先被绳之以法的也是庞氏诈骗案,其作案手法与手机中奖如出一辙。从这里可以看出,并非只有中年妇女才具有贪小便宜的人性弱点,金融大鳄也是如此。在这个意义上,与其说是中年妇女贪婪才上当受骗,不如说是这些来无影去无踪的虚拟资本坑害了她。

有趣的是,在该女士刚刚收到中奖短信时,画面中突然插入一个闪回段落:在一个四合院中,某位老街坊(像个退休的老头)说中了一万元彩票,在迟疑("这个老家伙也会中奖")和羡慕("为什么我就中不了")中,邻居们看着他兴高采烈地去兑奖。于是中年女士开始相信自己也会中奖,因为老街坊能中奖,所以"我"也能中奖。在中奖的几率上,处在同一空间和阶层的他们应该具有相似的可能性。中彩票、得奖也是新自由主义时代支撑下的金融资本说服中下层阶级改变自我命运的神话,尽管这种神话的"神话性"已经昭然若揭,但是却成为危机时代唯一能够被讲述的"白日梦"。2009 年初获得奥斯卡最佳影片的《贫民窟的百万富翁》,讲述的就是一个穷小子"意外"获得百万奖金的故事,来自印度贫民窟的小演员也因此获得人生的改变。对于他们来说,这个奥斯卡大奖就是他们的"幸运图章",这种中奖的神话依然是抚慰遭受打击的美国中产阶级的良药,正如《蜗居》中姐姐海萍也做着中彩票的梦来买房子。这种中奖式的"一夜暴富"不在于去论述资本在金融杠杆中获得超额利润,而在于成为弱势群体、底层人获得上升空间的"空中楼阁"。

这种赌博式的白日梦所实现的意识形态效果,不仅把富裕、财富的拥有建筑在"人人平等"的运气之上("彩票面前人人平等"是机会平等的最佳写照,也是彩票式"公平"的体现),而且为成功与失败提供了合理化解释:好运气就会拥有好人生,上当受骗只能是自己命不好。这种应该认命和活该的逻辑也成为金融危机中说服人们接受现实的意识形态。正如灾难片《2012》依然把这种金融海啸的“人祸”转移为一种无法控制的“天灾”，能否登上诺亚方舟，除了拿白花花的银子来买票外，还需要自己的运气。影片最后雨过天晴，“人类”的幸运儿走到甲板，等待新一轮抽奖的开始。在这个意义上，这艘象征着人类希望和最后留居地的资本主义“大船”，不仅不是人们的灾难之源，而且是希望所在。正如当好莱坞的评委们把奥斯卡奖颁给《贫民窟的百万富翁》时，如同那个幸运的印度童星一样怀有白日梦的美国中产阶级再一次由金融海啸的受害者/制造者变成了拯救者。

“为什么受伤的总是我”(她者的意识形态功能)

作为经历双重“失业”或双重“欺骗”的中年妇女，可以用一句歌词来形容：“为什么受伤的总是我，到底我是做错了什么”。这个“我”就是在性别、年龄处在双重边缘状态的或许处在更年期的中年女性。如果翻开近期沸沸扬扬的诸多事件，可以发现女性再一次成为苦难、困境的主角：讲述“房奴故事”的《蜗居》是海萍海藻姐妹，“一个女人的燃烧瓶和政府铲车的拆迁大战”中是海归潘蓉，为抵制强制拆迁而自焚死亡的成都女企业家唐福珍，上海海事大学也是女研究生自杀，当然还有这个“虚构”的无名的中年妇女。为什么这么多女性再一次成为故事的主角？显然她们不是巾帼英雄花木兰，而是那些被命运捉弄的苦命人。

“房奴故事”《蜗居》中的海萍海藻两姐妹

这个受伤的"我"或匿名的"她"几乎在20世纪中国每一次社会转型或文化危机中出现。在五四时代,"她"是出走"玩偶之家"的娜拉,是一代知识分子的理想自我,与此同时,"她"也是鲁迅笔下的祥林嫂、单四嫂子等,也就是说,在五四时代,女性已经担当着双重功能:一方面是冲突封建枷锁的"新女性"(也是离开封建大家庭的"新青年");另一方面又是封建礼教的受害者,是"哀其不幸,怒其不争"的"她者"。在这里,"她者"已经成为两种有效的社会修辞,小资产阶级的理想镜像和被压迫、被剥削的客体。一方面,小资产阶级(知识分子)具有软弱、动摇、伤感等女性特质;另一方面,这些被压迫的、受到剥削的女性又是小资产阶级同情和怜悯的对象。在20世纪30年代左翼文化取得霸权的时代,"她"是《神女》、《新女性》、《马路天使》和"摩登女郎","她"是可怜的、需要被救助的对象,也是社会底层及困难的象征;在五六十年代,"她"是白毛女、林道静、吴琼花、竺春花,是由被迫害的对象逐渐获得自我意识,变成"不爱红装爱武装"的当代"花木兰";在八九十年代之交,是《妈妈,再爱我一次》,是《渴望》中"好人一生不能平安"的刘慧芳;而90年代中期,在"分享(社会)艰难"的叙述中是下岗女工和《漂亮妈妈》。

可以说,伴随着中国现代史及革命史,女性始终充当着重要的意识形态功能,尤其是在社会危机的时刻,受伤的女性给社会、阶级的弱势戴上性别的假面。也许当外敌入侵之时,花木兰的故事可以成为替父/兄从军的"匹夫有责"的询唤;而当危机来自内部之时,这些女性又成为负载社会灾难的最佳修辞,观众在同情中看到同样受伤的自己,又在怜悯中看到比自己更弱的她者,从而心安理得地接受这并不如意的现实。

从资源驱动到创新驱动

——我看大学生就业难的出路

邹云龙

判断某个社会未来的就业形势，就长期而言，是对“社会演化”的某种预期。一般情况下，相对于稳态市场社会来说，预测转型社会的就业形势更为困难。因为变量越多的社会意味着越少的可预期性。同时，几乎是必然地，在越少的长期可预期性面前，人们就越多地关注短期预期，从而将基本问题转向短期目标，最终习惯于“就事论事”。例如在2009年底的时候，我们总是关注2010年。

当前的大学生就业问题并不是由本轮危机引发而来，此前经济持续多年的高速增长和大学生就业形势日益严峻的反差足以证明这一点。造成大学生“就业难”的原因，自始至今，其本质没有发生太大的改变，依旧是总量而不是由总量派生的结构性问题。与这一论断密切联系着的，是下列几项事实：(1)中国经济还没有明显发生从“资源驱动”阶段向着“创新驱动”阶段的转变；(2)十年来，大学毕业生的规模翻了几番，但是，人力资本供给规模的变动并不是由需求规模的变动引发的，而且也并未引发需求规模的相应变动；在(1)和(2)的共同作用下导致事实(3)，即高等教育输出的人力资本在规模上远远超过了“资源驱动”经济对之需求的上限。

从上述事实出发，我们不难推测：在非市场诱致的变迁过程中，社会投放到高等教育机构中的巨大资源，虽然被不断地转化为“人力资本”注入“经济发动机”之中，但由于某些原因，并没有成功地推动经济增长模式从“资源驱动”转变为“创新驱动”或“人力资本驱动”，故而整个社会出现巨大的人力资本剩余，造成“才不能尽其用”的大学生就业问题。而且，只要“创新驱动”和它所必须嵌入

邹云龙：东北师范大学思想政治教育研究中心副教授。

的“人类合作的扩展秩序”依旧没有成为经济发展的主要特征,我们迟早还会遭遇更大的就业困难，除非政府的经济政策和就业政策早日结束相互背离的状态,例如打破垄断和焕发民营经济的活力。我们还可以继续推测:2010 年,政府将出台更多的就业促进政策，但是就业问题的主要指标在短期内不会因政府的应急努力而恢复到阈值以下。故而,我们预期 2010 年大学生就业问题不会出现基于经济内生的和可持续的根本性好转。大学生“就业难”问题既不会因为世界金融危机的波及而在实质上变得更坏，也不会因它的消退而在实质上变得更好。真正的危机,其实就根植于我们的本土,它从未远离,一直矗立在我们面前,虽然我们努力地忽略它。

在基于“帕累托改善”原则所能够提出的任何建议之前,让我们再次回顾迈克尔·波特在《国家竞争优势》中对发展中国家的告诫:廉价本土资源的优势通常因资源瓶颈(资源枯竭和人口老龄化)和被效仿(如越南和印度)而转瞬即逝,对忧患的置若罔闻只会导致安危相易。负责任的长期经济政策,应当鼓励本土经济尽早从“资源驱动”阶段转换到“创新驱动”的发展阶段上来。波特在多年前的告诫,今天读来仍发人深省。与此相适应,负责任的就业政策,必须彻底放弃“头痛医头,脚痛医脚”的短期思维,努力寻求大学生就业与“创新驱动”相互促进的合题——鼓励人力资本流向创造性的生产活动当中去。而且,只要是着眼长期的建议,对 2010 年同样是重要的,因为任何长期目标都必须通过连贯和一致的不懈努力来实现。

综上,本文的第一个建议是:把政策的重点从鼓励他们到体制内和农村去转向鼓励他们投身民营经济。近几年来,鼓励毕业生下基层的政策此起彼伏,全国性的就有西部计划、三支一扶、特岗计划、村官计划、科研助理、选调生和毕业生从军等等。这些政策都具有相似的特点:第一,动员并耗费了大量的社会资源,导致政策成本十分昂贵;第二,占多数的周转性就业岗位只是暂时延缓了就业压力,势必在未来造成“新债老债一起还”的局面;第三,多数岗位是转移而来,这种“拆东墙补西墙”的做法部分地挤占了非大学生劳动者的就业岗位;第四,大部分岗位是“可耗尽性”而不是“可再生性”的,导致此类政策在未来难以为继。目前,经过诸多政策的热点轮换,体制内的安置潜力几乎被挖掘殆尽。因此,必须尽早地把政策的重点转移到民营经济领域,立刻采取比当前更加行之有效的措施，鼓励优秀的大学毕业生参与到企业家的创新活动中去。

第二个建议是：把制度创新的重点从“保护公民就业的权利”迅速转向“保护公民创造利润的权利”。这个建议其实并无新意，制度经济学已反复论证过。一个追求发展的市场社会，之所以必须首先强调“保护公民创造利润的权利”，而不是“保护公民就业的权利”，是因为没有前者，后者在逻辑上只能是无本之木。我们知道，就业机会是并且只能是千千万万个企业家开展创造性生产活动的产物，在一个没有“恒产”的社会里，不可能有创造财富的“恒心”。同样，在一个创业和经营环境恶劣的社会里，宝贵的企业家能力将被诱导到非生产性活动当中，从而导致就业机会的创造受到普遍的压抑。能够把被隔绝在“布罗代尔钟罩”里的企业家能力解放出来并诱导到创造性生产活动当中的力量，正是被“创新驱动”迫切需要的“人类合作的扩展秩序”。其中的核心部分，就是“保护公民创造利润的权利”以及与之密切相关的制度设计。

第三个建议是：加快推进以创新为导向的教育改革，把大学毕业生的整体创新能力提高到与其人力资本密度相称的水平上。众所周知，以单位人口中大学生所占比例的统计指标衡量，中国经济的人力资本密度在十年来迅速增加。但是，人力资本大国并不必然导致人力资本强国。由于创新型人才依然相对匮乏，创新能力瓶颈必将限制“资源驱动”向着“创新驱动”的调整速度，使之无法高于瓶颈允许的水平。“创新驱动”无非要求两种创新能力：一个是“钱学森问题”意义上的技术创新能力，一个是熊彼特“企业家”意义上的制度创新能力。我们的社会能否开发和保持这两种创新能力，端赖于大学能否提供“鼓励每一个人在每一个方向上创新”的教育。

以上基于长期预期的行动建议，虽然早已被反复提出，但实际的行动速度仍然严重滞后于在技术上完全可行的速度。的确，不论是教育学还是经济学问题，它们在中国的社会实践中全部是政治经济学问题，因而牵扯了过多的复杂性。另一方面，那些基于短期预期提出的行动建议，尽管已经被迅速落实，但收效甚微。尽管这些建议出于善意，但仅凭计谋上的聪明怎么可能绕过中国经济发展的本质性问题呢？在这一问题的看法上，我完全同意汪丁丁在评价经济学的中国实践时所说的那样，绝不相信“历史会这样廉价地被创造出来”。

现代女性的双重人格

高永平

现代妇女解放运动已经走过一百多个年头,应当说是取得了巨大的成就。在世界上大多数国家,妇女已经取得了与男子平等的法律地位。妇女进入了男子可以进入的所有职业领域,而且,在几乎所有的职业领域中都涌现出了一大批杰出的职业妇女。这说明,只要拥有平等的机会,妇女在任何方面都可以做出和男子同样的成就。当然,男女平等的状况距离理想状态还非常遥远,至今很多女性还在忍受着各种各样的职业歧视和社会歧视,更不要说非洲、南亚和阿拉伯世界里妇女悲惨的命运。在亚洲,中国大陆是妇女解放运动成绩最突出的国家。即便是和日本、韩国、新加坡和中国台湾相比,中国的男女平等状况都是最好的。但是,近年来男女平等状况出现了明显的倒退。这主要体现为女大学生就业难,男女工资差距的拉大,以及越来越严重的"傍大款"、"包二奶"等社会现象上。如果说,前者体现的是职业领域的男女不平等,而后者主要体现的则是婚姻家庭领域的男女不平等。本文将说明,婚姻家庭领域的男女不平等,是比职业领域的男女不平等更为深刻、更为根本的社会不平等。这主要是因为,如果说职业领域的男女不平等主要是因外在因素而起的话,那么,家庭领域里的男女不平等,则更多地源于女性的内在因素,亦即她们的心理特质、社会态度和家庭观念。

用后现代的语言来说,任何不平等都是不平等双方的共谋。对于各个社会各种形式的社会不平等,不仅仅是占据强势地位的阶级或阶层拥护那个不平等的社会制度,处于弱势地位的阶级或阶层,也在拥护这个制度。其实,这是一种社会常态,否则任何不平等的社会制度都不会存在下去,一旦被压迫的一方不再拥护现有的社会制度,其结果必然是社会骚乱、社会动荡甚至社会革命。

高永平:首都师范大学历史学院副教授。

这一规律用在男女平等领域再适合不过了。君不见在中东经常出现的人体炸弹事件中,实施这些恐怖行为的竟然是一些妙龄女郎。这一事实让人震惊的原因是，她们的袭击对象往往是那些试图改变其文化传统和社会制度的西方人士和西方团体,也就是说,她们其实是在为维护一个极端压迫她们的制度而献身！如果没有对她们要维护的文化传统和社会制度的强烈认同,她们是不会贡献出生命的。如果说人体炸弹的例子过于极端,下文将提供日常生活中的一些例子。

女性客体化的共谋

从人类进入文明社会的那一天起,女性被歧视、被压迫、被剥削的历史就开始了。男人对女人进行歧视、迫害和剥削的文化和制度工具,就是"女性客体化"。所谓女性客体化,说白了就是把女人不当人看待。女人不具备独立的人格,往往是作为男人的附属而存在的。这一理念集中地体现在中国传统的"三从"上:"在家从父,出嫁从夫,夫死从子。"日本历史学家滋贺秀三曾经把中国传统社会的夫妻关系定义为"夫妻一体"。他说,在夫妻关系中,妻子的人格是隐藏在丈夫的人格之中的,只有丈夫去世,妻子的人格才能够显现出来。女性被客体化的社会现象俯拾即是。例如,在所有传统社会,女性不具备独立的财产权,特别是不能够拥有不动产。在几乎所有的婚姻安排中,妻子都是作为一个"物"而存在的，彩礼则是夫家向新娘父亲支付的养育成本。在中国传统文化中,女性如果不是作为妻子,她甚至"死无葬身之地"。上述短语绝不是一种修辞的用法,它是一个真实的描述:终老娘家的女儿不会被允许进入家族的祖坟,只能葬身于乱坟冈中。

可悲的是,这一套"女性客体化"的文化和制度在很大程度上得到了被压迫者——女人们的认同。历史上只有极少数杰出女性曾经对此提出过异议。女性认同男尊女卑观念的社会现象俯拾皆是。例如,在中国传统社会,不只是男人,几乎所有的女人也都重男轻女。在一个女人生育一个女孩后,对她歧视最重的往往也是另一个女人——她的婆婆。那么女性为什么认同这一套文化制度安排呢？其实,并不是像人们所想象的那样,不平等的制度完全依靠暴力来维护。仅仅依靠暴力维护的制度都不是长久的制度,也不是成功的社会制度。哪怕是再不平等、再不公正的社会制度，正像前文所说的那样，都需要统治双方的某种共谋。这里所说的共谋，其实就是双方的某种同意、某种默认、某种利在其中。但问题是，社会是怎样得到这种同意或者认同的？很简单，就是统治双方都必须从制度的运作中获得某种好处、某种益处。也许有人会问，那些在制度中遭受压迫和剥削的人们能从制度中获得哪门子好处呢？而这正是问题的症结所在。

弱势阶级从制度中获得的好处有两种：一种是实实在在的好处，如经济利益或者舒适；另一种是虚拟的好处，这种虚拟的好处可能是某种心理满足，也可能是某种超越性的好处，如来世获得超度。先说超越性的好处。这种情况主要发生在宗教社会里。例如，在印度社会，那些低种姓的人们之所以能对自己受人歧视和压迫的现状安之若素，就是为他们认为自己这样做可以在来生轮回为更高种姓的人。在中世纪的欧洲，之所以有那么多人购买一文不值的赎罪券（其实就是一种赤裸裸的剥削），就是为了自己死后能进入天堂。那么，实实在在的好处又有哪些呢？例如，在欧洲很多国家的历史上，只有贵族有成为骑士的权利，农奴是没有权利参与战争的。对于农奴来说，这未尝不是一种获得：他们终生不用为战死沙场而忧虑。在两性之间的不平等关系上，女性所获得的好处就和农奴从封建贵族制度中所获得的益处相类似。

好处之一：不奋斗的借口

那么，女性从传统文化和社会制度中获得了哪些好处呢？首先，传统文化给了女性不努力奋斗的借口。我们都知道，人是有惰性的，人本性都不愿意努力而愿意坐享其成。如果能够找到合理的理由，每一个人都不想艰苦劳作。有些人为了逃避和偷懒而装病，我们很多人都亲身体会过这种感受。甚至有一些精神疾病（如癔病）迁延不愈的原因就是患者能够从患病中获得好处——逃避正常人的社会责任，虽然这种逃避是下意识的，患者并不承认。传统文化对于男女两性的行为期待大相径庭。几乎所有的文化都期望男子努力奋斗，一个不努力奋斗且一事无成的男人会受到世人的耻笑。对于女人则不同，一个女人可以心安理得地享受父兄或者丈夫的奋斗成果，即使生活穷困潦倒，人们耻笑的也是她家的男人而不是她自己。其次，传统文化给了女性示弱和宣泄情绪的特权。作为男人，有一句话叫做“打碎了牙齿往肚里咽”，男人是不能在他人面前表现自己的软弱的。另外，男人还不能运用最重要的情绪宣泄手段——哭泣。俗话说“男儿有泪不轻弹”，哭泣的男子会被其他男人、也会被女人所耻笑。科学研究表明，所有的身心疾病，如高血压、冠心病、恶性肿瘤等，男人的发病率都高于女子，无法宣泄情绪可能是非常重要的原因。当然，世界上任何所得都必须用付出来换取，女性的上述所得付出的是平等和尊严的代价。

传统的婚姻文化和制度都是“女性客体化”的具体体现。几乎所有的社会通行的都是“上攀婚”的婚姻习俗。所谓上攀婚，是人们在择偶时遵循的一种原则，即男性配偶在各种社会性状和一些自然性状上要高于女性配偶。这些性状包括年龄、身高、收入、学历和社会地位。我们发现，除了年龄和身高外，上述性状反映的都是社会成就或社会地位。人们在择偶时对女性的要求则往往是相貌、身体健康状况、生育能力和性情。人们对于女性的能力是不看重的，所谓“女子无才便是德”。可以看出，在婚姻市场上，女性主要地是以自身的自然性状和男人的社会性状进行交换（郎才女貌）。至于男人的两项被期望高于女人的自然性状——身高和年龄，则和另一种文化习俗有关。即在两性关系中，人们更多地把男女两性之间的关系比喻为“男尊女卑”的辈分关系，而不是“女尊男卑”的辈分关系。例如，我们会把一对情侣比喻成“哥哥妹妹”而不是“姐姐弟弟”。而且，在日常的夫妻关系中，夫妻俩扮演的也是“男尊女卑”的辈分关系。正如我们在各种影视作品中多看到的那样，几乎都是女人在向男人撒娇——孩子对长辈行为的模拟——而几乎看不到男人向女人做出同样的行为。女性用自然性状和男人社会性状的交换，其本质是把自己的人格当成了客体，当成了商品。或者用一句难听的话，她们把自己卖掉了。

可是现在问题来了，这个问题是由社会的现代化和伴随现代化而兴起的妇女解放运动带来的。妇女解放运动宣称，女人和男人是完全平等的存在，她们应该享有与男人平等的权利、平等的机会和平等的社会地位。不过问题是，正如我们前文所说，任何的权利和地位都必须用付出来换取。这个付出，就是责任。不过女权主义者所提倡的这桩公平交易（以责任换尊严）进行得并不顺利，主要的原因是，文化的力量、文化的惯性太过强大了。女性的行为方式、社会态度和家庭观念是在上万年的时间内形成的，即使再经过上百年的时间，这种文化惯性仍然不可能被逆转。更何况，我们每天的社会生活都在对这些行为方式、社会态度和家庭观念进行着成功的复制。所有的社会化主体，包括父母家人、学校、工作单位和新闻媒体，都在对我们的年轻人进行着性别角色的社会化。而且，这种社会化背后所贯彻的社会观念——至少在两性关系这一点上，基本上都是传统的。

两难的抉择

于是，所有的女性都面临着一种两难的选择。她们想获得与男人平等的权利、机会和地位，可是这些社会地位是需要个人的努力来争取的。我们知道，现代社会的一个重要的特点即是社会地位的自致性，也就是说，在理想状态下，大多数社会地位都必须靠自身的素质或成就来换取。可是，传统文化和习俗却告诉她们，你们可以通过另一种省力的方式获得生活中所有的好东西，这个方式就是婚姻或者其他的性关系。当然，并不是所有的女性都拥有和男人进行交换的资本——年轻和美貌。而那些确实拥有这些资源的女性，则不能不被这样的前景所动心：嫁一个有权有钱的男人，自己什么都有了。于是我们就有了这样的说法："学得好不如嫁得好。"

但是，大多数社会通行的都是"单偶制"的婚姻制度，即使再有钱的男人，也不能娶"三妻六妾"，于是就有了"包二奶"和"傍大款"的现象。在这样的关系中，双方各有所得：男人用金钱或者权势换取了多于一份的性资源，而女人则用自己的青春和美貌不费吹灰之力地换来了社会上所有的好东西：奢侈、豪华、风光。但是她们在夜深人静的时候，也会思考自己的人生价值问题。她们毕竟是受过现代教育的新一代，不可能不受到现代观念的影响。自主、自力、自强，她们何尝不想身体力行呢？毕竟，眼下的好日子是以做人的尊严和天天看别人脸色行事的屈辱换来的呀！这就是现代女性的双重人格或者叫做人格分裂。如果她选择了那样一种生活，这一人格分裂就会时时撕扯着她。

职业领域的女性同样忍受着这一人格分裂的折磨。职业领域是一个"适者生存"的世界。由于大多数公司和组织都在追求利益的最大化，大多数的老板和上司都会依据一个人的能力来决定他的升迁。而女性由于承担了人类再生产的艰巨任务，她们把大量的时间和精力放在养育孩子和家庭生活上，自然不足以在能力上与不承担这项责任的男同事相竞争。不过话又说回来，也没有哪一个老板和上司仅仅依据一个人的能力来决定他的升迁。因为人不仅仅是理性的动物，甚至主要地不是理性的动物。他还会在决定一个人的升迁的时候考虑其他的因素，如个人的好恶、彼此之间的关系等等。于是一部分女性的机会来了，她们试图复制或者模拟在性关系中间的两性角色。很多女性通过出卖色相来换取职业上的发展和升迁。

对于那些通过努力和业绩升上高级职位的职业女性来说，这一人格分裂的折磨则正好相反，她们的任何一次升迁都会被人说成是出卖色相的结果，特别是对那些相貌出色的职业女性来说。久而久之，她们也会对正常的热情、友谊与打情骂俏之间的分寸感到疑惑。她们不能不感叹，要想摆脱一个人的性别角色（职业领域本应如此）竟然是如此之难。

女性受双重人格折磨最苦的还是在婚姻家庭领域。总的来说，嫁入豪门或者充当外室的毕竟是少数，大多数人还是选一个门当户对的丈夫结婚。这个丈夫可能在各方面都比自己略好一些，但相差不是太大。当然，这是指双方在择偶时的差距。问题是，生活总是在继续，情况总是在变化，随着时间的推移，夫妻双方之间的相对优势就会发生改变。可能出现的情况有两种：第一种情况是丈夫发达了，升官发财，于是就具有上文所说的购买额外的性资源的能力。这时，就会有许多美女盯上这个所谓的成功者。对于他的结发妻子来说，这些潜在的竞争者就像是一个个试图“摘桃子”的人，她可不能眼睁睁地看着自己辛辛苦苦培养起来的胜利果实被他人摘走。于是，这个女人就像是一个天天防贼的守财奴，其内心之焦

职业女性受到双重人格的折磨

虑可想而知。不过，拥有一个成功的丈夫的中年女性的焦虑倒不是源于本文所说的双重人格。第二种情况的女人才真正体味到双重人格之苦。这是与第一种情况相反的情况，即随着时间的推移，妻子比丈夫在社会和事业上更加成功(在现代社会，这种情况会越来越多)。在这种情况下，受折磨的就不仅仅是妻子，而是夫妻双方了。

由于这种“妻强夫弱”的情况恰恰和社会期待相反，夫妻两个人都会感到不舒服。依据传统的夫妻模式，养家糊口的应该的丈夫而不是妻子。可是现在有的妻子比丈夫成功，换言之，有的妻子的收入可能高于甚至远远高于丈夫。这个做丈夫的常常感到颜面无光，他的压抑往往会以各种形式变相地发泄出来(社会规范不允许他直接宣泄)，如暴力、酗酒等等。可怜的女人除了在职场承受各种压力外，回到家里还要忍受丈夫的恶语相向甚至暴力伤害。

不过，这个女人真正的痛苦却是来自自己的内心。由于她从小所经历的社会化在她的内心潜移默化地印上了“夫强妻弱”的定式，看到一个各方面都不如自己的丈夫，她会打心眼里瞧不起这个不争气的丈夫。而传统的爱情心理是，女人对男人的爱情是“敬”，男人对女人的爱情是“怜”。一个失去了对其敬意的男人，女人是爱不起来的。况且，自己身在职场，身旁满是优秀的成功男士，对自己丈夫的鄙视就会慢慢地变成“恨”，“恨铁不成钢”之“恨”与“怨恨”兼而有之。研究发现，“妻强夫弱”的婚姻是最不稳定的婚姻，这种夫妻的离婚率远远高于“夫强妻弱”的婚姻。还有的研究显示，最稳定的家庭是丈夫和妻子的收入是4∶3的家庭。这种情况下，丈夫的收入还没有多到可以去购买额外的性资源，而妻子的收入也没有超过丈夫，符合通常的社会期待。

收入超过丈夫的妻子最深刻的内心痛苦还是来自于本文所说的双重人格。一个女人嫁给一个男人，在她的内心里，其实还是把这桩婚姻视为一桩交易，自己把自己嫁了出去，就是要从丈夫那里换取相应的供养和社会地位。这就是俗话所说的：“嫁汉嫁汉，穿衣吃饭。”可是，当妻子比丈夫收入还多的时候，女人感到自己做了一桩赔本的买卖。我把自己嫁给了你，反而倒是我养活你，这就好像卖掉了自己一件心爱的宝贝却又向买宝人倒找了钱款。如果是丈夫和孩子享受自己的奋斗成果还罢了，如果是丈夫的家人也可能会“沾光”，就尤其不能让她忍受了。

这样的女人整天就在“主体”与“客体”的身份角色之间挣扎。作为主体时，她觉得自己应当享受作为一个人平等的权利与地位，她不能再接受传统上的“妻”或“媳”的角色义务，她要为自己争取权利和尊严。可是传统文化所强加给她的“客体意识”又让她感到内心极不平衡。我凭什么卖了自己还要养活买了我的人？她在两种角色之间挣扎，其实就是在传统与现代之间挣扎。她的美好期望是能够获得传统与现代两种好处，但这显然是不可能的。在传统的观念看来，妻子花丈夫的钱，受丈夫供养是天经地义的，而相反的情况却会让她心烦意乱。很多女性在家庭经济问题上都持有这样的想法：“我挣的钱是我的，你挣的钱也是我的，但我挣的钱不是你的。”这句话是对女性主客体双重人格的生动写照。

时代总是在前进，人民大众总是最伟大的创造者。目前在很多年轻人的家庭里，一些新的家庭经济安排开始出现。最常见的就是所谓的家庭经济“AA制”。在这样的家庭里，夫妻双方各自拥有收入的所有权和支配权，遇有重大花销如购房、购车、子女教育等，则由双方共同出资。这是从根本上对传统的家庭关系的颠覆。在这样的家庭关系中，完全消除了买卖婚姻的遗迹，夫妻双方完全以平等的身份定义对方。当然，这样做的缺点是，夫妻双方可能缺少了一种休戚与共，患难一体的感觉，这会让持有传统观点的人感到“一家人不像一家人”。但是，随着这样的家庭越来越多，也就会有越来越多的孩子在这样的家庭社会化中成长起来。总有一天，所有的女性都会摆脱“主客体双重人格症”的折磨。

单身的烦恼

克里斯托弗·奥莱特／著　吴万伟／编译

莱布尼茨终生未婚。50岁的时候他曾考虑结婚，但是意中人请他再考虑考虑，莱布尼茨考虑的结果，就是决定一辈子不结婚。

——Bernard Fontenelle

1994年《纽约客》上有篇文章评论马克思主义哲学家路易·阿尔都塞（Louis Althusser）勒死妻子的报道。假深刻的文学批评家乔治·斯坦纳（George Steiner）纳闷为什么马克思主义哲学家花费这么长时间才把这个婆娘干掉呢？斯坦纳写道："或许哲学家本来就应该勒死妻子。"苏格拉底妻子的名字已经成为无知和强悍的女人的代名词，哲学是超凡脱俗的、深奥难解的、极端利己主义者的最爱。身体是绝对逻辑和形而上学思考的敌人。思想家生活在纯粹性的虚幻中，推理命题像白光一样犀利。婚姻是吃喝拉撒、各种账单、垃圾处理和吵闹喧嚣。在柏拉图夫人或者苏格拉底夫人或者度蜜月的维特根斯坦等说法中就存在一些庸俗的甚至荒谬的东西。没有接受陪审团的建议，法官同意判处阿尔都塞不足三年精神病院监禁的处罚。

斯坦纳无疑话里有话，但是像所有有效的讽刺一样，存在一定的真理性。这位单身哲学家认为婚姻不仅会剥夺一个人的自由，消耗他的钱财，腐蚀生活中的浪漫，而且还会成为十足的障碍，正如终身未婚的罗伯特·柏顿（Robert Burton）在他的《忧郁的剖析》(1621)》中写道：

> 让人非常悲哀的是，婚姻是枷锁，是奴役，是追求所有美好事业的障碍。"他娶了老婆，所以不能来"，这是一个礁石，许多人因而得救了，但许多人被漂走了。不是说婚姻本身就是罪恶或者麻烦不断，而是充满幸福、

吴万伟：武汉科技大学外语学院副教授。

让上帝开心的好事，但是对于不慎重的、耽于酒色的人，它是可怕的灾难，比地狱本身更可怕百倍。既然在婚姻状态中有这么多危险，那就保持现状好了。结婚好，不结婚更好。再考虑一下单身是多么幸福，多么安全，多么美好，简直如天堂一般。

伯顿博士不是第一个也不是最后一个指出婚姻是追求所有美好事业的障碍的人。大仲马说："女人激发我们做大事，却阻碍我们实现理想。"辛辣的尼采相信婚姻是哲学探索的障碍（如果不是笼统地说女人的话）。最重要的作家、艺术家、哲学家都是单身汉，或者至少在某方面是像阿伯拉尔（法国中世纪神学家）、富兰克林、卢梭、弥尔顿、托马斯·潘恩、莎士比亚那样的单身汉，这是一个众所周知的事实。

弗朗西斯·培根（不是单身汉，不过他可能希望自己是）写道："当然，最伟大的作品，对于公众来说最伟大的美德是来自没有结婚没有孩子的人。"门肯曾经建议恢复一天一美元的单身税（成为单身汉就值那么多钱），也宣扬单身的优越性。不过对于门肯来说，是单身汉的大智慧和创造性才让他保持独身的，而不是相反。"单身汉逃避结婚的能力不过证明了他比较能摆脱自身性别的多愁善感而已，换句话说，他更接近于认清异性的本质。他能战胜女人的事业，因为他自身配备了和她们一样的设备。"谁能否认一个简单的著名单身汉目录读起来就像西方文明建筑师的登记表呢？

终身未婚的德国哲学家、科学家莱布尼茨

皮埃尔·培尔，法国哲学家；约翰奈斯·勃拉姆斯，德国作曲家；贝多芬，德国作曲家；卡萨诺瓦，意大利作家；肖邦，波兰音乐家；哥白尼，波兰天文学家；欧仁·德拉克洛瓦，法国画家；笛卡儿，法国哲学家；福楼拜，法国小说家；伽利略，意大利科学家；爱德华·吉本，英国历史学家；梵高，荷兰画家；奥立夫·哥尔德斯密，英国作家；霍布斯，英国哲学家；贺拉斯，古罗马诗人；大卫·休谟，英国哲学家；华盛顿·欧文，美国作家；亨利·詹姆斯，美国作家；卡夫卡，奥地利小说家；康德，德国哲学家；克尔凯郭尔，丹麦哲学家；查尔斯·兰姆，英国散文家；劳伦斯，英国小说家；莱布尼茨，德国哲学家；约翰·洛克，英国哲学家；米开朗琪罗，意大利雕塑家；尼采，德国哲学家；牛顿，英国科学家；帕斯卡，法国数学家；亚历山大·蒲伯，英国诗人；普鲁斯特，法国诗人；乔治·桑塔耶纳，美国哲学家；舒伯特，德国作曲家；斯宾诺莎，荷兰哲学家；叔本华，德国哲学家；赫伯特·斯宾塞，英国哲学家；亚当·斯密，英国哲学家；司汤达，法国小说家；乔纳森·斯威夫特，英国小说家；亨利·大卫·梭罗，美国作家；达芬奇，意大利画家；伏尔泰，法国哲学家；路德维希·维特根斯坦，奥地利哲学家。

同样的，许多（表面上的）单身的中世纪僧侣和神学家，如托马斯·阿奎那、邓斯·司各特、奥康的威廉、德西德里乌斯·伊拉斯谟、迈克尔·塞尔维特，在把欧洲从黑暗时代的教会统治下拉出来，在开辟文艺复兴和启蒙运动的道路中发挥了关键作用。

几年前，一个著名的日本研究者分析了280个著名的数学家、物理学家、化学家、生物学家的传记资料后发现，所有人在专业领域的高峰期都在20多岁，从那以后，他们的学术生涯就开始走下坡路。已婚科学家在创造性方面的下降尤其严重。但是，终身未婚的科学家仍然能把创造性和生产能力保持到50多岁。该研究者对采访者说："科学家倾向于一结婚就'停止'科学研究了，就像罪犯结婚后就不再犯罪了一样。"有个理论说已婚男人缺乏继续努力的生物演化理由（也就是吸引女性），虽然他们有可能同样也缺乏必要的时间和独处的环境。

英国哲学家、思想家弗兰西斯·培根

单身生活或许对于哥白尼或者教皇是好的、有利的，但是前清教徒的观念，即单身汉是社会的威胁难道就没有一点道理吗？随笔作家乔治·吉尔德就这样认为。他在《赤裸的流浪者》的书中写道："单身汉和其他人相比，总体上说是贫穷和神经质的，更容易陷入犯罪、吸毒和暴力的泥沼。他更容易陷入债务、饮酒、事故中，也更容易患性病。除非他结婚，否则注定要过霍布斯式的生活：孤独、邋遢、野蛮、短命。"(显然，吉尔德没有看过《谁怕弗吉尼亚·沃尔夫？》)

但是单身是坏消息的观点在保守派和女权主义者中都很盛行。在《性和命运：人类生产的政治》中，格美因·格里尔(Germaine Greer)注意到，"人类社会中受到最严重威胁的群体，就像动物社会中一样，是没有伴侣的男性。没有伴侣的男性比已婚男人更可能卷入监狱或者精神病院或者死亡。他在工作中更不容易被提拔，往往被看做有风险，不值得信赖"。而且，研究者斯蒂芬·库茨发现把婚姻描述为理想生活方式的男人比女人多，单身男性在感情上比女性更痛苦。

从整个历史上看，单身汉往往被看做社会的颠覆力量，是对"现行社会秩序的威胁"(Phillip Lopate 的术语)，是遭到社会排斥的人，是与社会格格不入的贱民。《单身的快乐和福气》的作者乔治·艾德注意到超过 30 岁以上的单身汉被认定有罪。按照霍华德·查达科夫的《单身汉时代》的说法，在清教徒的新英格兰，那些沉醉于"自私的、奢侈的孤独生活"的人被迫作为客人生活在"有良好秩序的家庭"，还要支付单身税。

艾德写到，单身汉不仅不被信任，还是个"逃避兵役者"或者"逃避责任者"，放弃了传统的养家糊口角色，成为被拒移民者。或者如另外一个能言善辩者说的那样："单身汉是自私的、不地道的家伙，欺骗一些女性离了婚，却拒绝娶人家。"担任公职的单身汉还被看做严重的缺陷，比已婚同行的待遇低多了。万斯·巴卡德在他 1962 年的书《金字塔攀登者》中说："一般来说，单身汉往往遭到谨慎对待，尤其是当评价者对他不是很熟悉的话。不过，地位最糟糕的人是 36 岁以上的单身汉。调查者纳闷他为什么不结婚？是否因为他不能生育，他是否一个老处男？他不能和别人友好相处吗？"相反，已婚男人是可靠的、稳定的力量，不仅仅因为塔列朗让人印象深刻的话语："一个结婚的男人会拼命赚钱养家。"

时代已经变了，但是单身汉的优势没有多大变化。近来那些高级主管正在考虑第二次、第三次的离婚，被看做缺陷的是已婚男人。老爸不能加班，因为他已经答应要带儿子看足球赛，或者带女儿上芭蕾学习班。他不愿意离开城市，因为夫人一直发脾气嫌他出差太多，总是提醒她自己也有工作，他怎么能总期待她做所有家务？相反，单身汉被认为没有多少责任（除了或许作为晚会主人）可以随时加班，或者顶已婚同事的缺，尤其是单位里被诽谤的母亲们。

一个长期以来的神话认为单身汉是了解女性的专家，这个传奇得到门肯的鼓励，他说："单身汉对女人的了解比已婚男人还多，如果不是这样，他们可能也结婚了。"就我所知，从来没有一项研究试图确定为什么男人不结婚，虽然这些单身汉中最不愿意的人似乎拥有一个共同的特征：对于女性根深蒂固的和持久不变的玩世不恭。不是因为单身汉对于女性的魅力和诱惑有彻底的免疫力，他不过是比普通男人有更大的抗衡力，或许还结合了对婚姻幸福的深刻恐惧。这种玩世不恭根源于数不清的婚姻失败和痛苦解体的故事。在成功渡过神圣婚姻风暴的50%的伴侣中间，只有38%的人说他们的婚姻是美满的。但是不管多么失败和沮丧，幸福的未婚男人并不反对爱情。可能性更大的情况是，他可能把爱情理想化了而不是把结婚对象理想化了。歌德说："爱情是理想，婚姻是现实，把现实和理想混淆不可能不受到惩罚。"今天的人际关系专家警告说婚姻一定要被当做工作来对待。有一个婚姻问题专家说："当你把在工作场所使用的工作策略用到家庭时，你肯定会非常成功。"这让人联想到罗伯特·柏顿的话："婚姻是医治浪漫爱情的最后的和最好的药方。"

为什么单身汉不能像一屋子的记者那样玩世不恭呢？他的男性朋友永远要称赞他伟大的财富。"单身汉总得到已婚男人悄悄的鼓励和赞同，这是人人皆知的事实吗？"艾德问。但是还有很多没有说的东西。单身汉的已婚朋友很少谈到他们的麻烦，虽然他们的眼睛暴露出根深蒂固的悲哀和孤单，并不仅仅是因为没有得到满足的渴望男性伙伴陪伴的愿望。契诃夫警告说："如果你害怕孤独，就不要结婚。"

人们普遍相信女性比男性更容易适应单身生活。在高中，没有男朋友的生活对于女生的社会地位的打击是毁灭性的，在大学程度上可能稍弱些。但是，对于有些人，这个污名在她上了大学后逐渐淡化，因为她开始呈现职业女性的形象，她太忙，太重要了，无法忍受家庭和孩子的拖累。今天，随着许多受教育的女性被期待把独立性(经济上或是性关系上)放在婚姻之上,单身男性也感受到同样的影响。从前单身汉的最好女友可能施加压力要求情郎结婚,今天则认为攀登公司阶梯、突破局限地发散思维、打破玻璃天花板(无形的歧视)更重要。婚姻,孩子,谁有时间管这些啊?而且,任公司销售部副经理的女士一天早上醒来突然意识到自己已经45岁了,她能够领养一个埃塞俄比亚儿童。

新研究甚至发现女性更适合单身生活因为她们往往能培养更密切和更真诚的关系,往往建设性地使用业余时间,不会到迪斯科舞厅徒劳地勾引19岁的大个子,而是攻读更高的学位,从事志愿者活动,扮演给予他人关爱的角色。这样的研究典型地忽视了男人许多重要的慈善贡献,不管是已婚的还是单身的,他们总是伟大的志愿者。你可以想象一下是谁组成了地方消防队的志愿者,是谁志愿到海外作战,或者在纪念日游行的时候戴上土耳其帽,驾驶微型汽车?

如果今天的姑娘们宣称独立,单身汉们仍然无望地依靠女性。吉尔德认为:"单身汉生活总体上说不是好的生活方式。单身失败的关键是男人对于女人生物学上的依赖性,这个深刻程度绝非女权主义者或者男子沙文主义者所能理解的。"他认为男人需要婚姻来获得心理上的稳定性。婚姻或一夫一妻制增强了你存活和繁殖后代的可能性,这是我们的基因要求我们的东西。一般来说,他的生活也更幸福,更长寿。没有了女人,男人回归到原来的朋友圈中,夏天的夜晚抽烟,喝酒,对着月亮号叫。首先,所有男人都需要感受到自己有用,有价值。这只能意味着一件事。

当过了20年后,民意调查者问男人,男性对他们来说意味着什么时,一般的回答是它意味着养家糊口的好人。女权主义者可能对这种古怪的家长制的想法忍不住笑出声来,但是女性拒绝认真对待男性的自我概念一直是两性间互相不信任的主要根源。成功的妻子,我的意思是经济上比丈夫挣钱还多的女人,破坏了男人和女人对于男子汉的概念。不管她承认不承认,一个带回家的钱比她的配偶更多的妇女,往往比较少地考虑男人的感受,至少在下意识情况下。甚至女权主义者也不情愿地承认这个事实。一个影响很大的人际关系治疗师告诉英国报纸说,今天的女人已经厌烦了充当挣钱者的角色,但是她们不敢承认自己渴望一个挣钱比她多的男人,因为这让她们返回到30年前的职场。治疗师说:"她们内心里渴望得到男人照顾。"吉尔德赞同:"一般来说,成功的女人要求她的男人比她更成功。"追求成功的职业女性结婚更晚,离婚更多(真正的成功者组成离婚者的俱乐部)。因此,她们对于男人的要求比从前更高了,虽然隐藏地很巧妙,但是不可避免。

如果婚姻确实是没有多少回报的高风险赌博，这么多的年轻人走向婚姻殿堂不是很奇怪吗？今天二三十多岁的同居者心安理得地认为既然他们的关系像阿喀琉斯一样是临时的,不能持久的,为什么要投入那么多呢？一旦不可避免地出现问题后,他们就分手,省得想着依赖结婚仪式或者坚实的感情。这种态度上的深刻变化体现在众多描述现代关系的新术语上,比如"试婚",以及引申出来的"试婚妻子/丈夫"。现在人们已经想当然地认为第一次婚姻不过是热身活动,是大赛前的实战练习。年纪大的成功男人大都换了新的妻子。虽然这个现象持续存在，但是今天的女性在抛弃伴侣这个负担时已经不再犹豫不决,也不像早期女性那样倾向于做出妥协或者调整不现实的浪漫期待。与此同时,男性已经接受他不再需要屈服于婚姻才能延续他的基因。或者对于无过错离婚,今天的"孩子般的父亲"或许播撒了种子,然后继续前行,然后遭遇中年危机。所有这些都逃不过敏锐的单身汉的眼睛,他只能表现出不满和荒唐。

曾经有人认为女性作为母亲和妻子的双重角色，在调教年轻男性睾丸素刺激的多余能量上发挥了关键的作用。"女性一直是道德的载体和下一代的塑造者,在我看来,这比一星期在律师事务所工作60小时的重要性大多了。"罗伯特·博克说。辛克莱·刘易斯在1922年的小说《巴比特》(Babbitt)中描述了女性的文明影响的值得记忆的塑像:"母亲通过擀面杖矫正了父亲的庸俗。"弗朗西斯·培根爵士认为:"妻子和孩子是人性的纪律,单身汉更残酷和冷心肠。(当严厉的审讯者是不错的选择)因为他们的善良一面很少被唤起。"乔治·吉尔德同样指出:"男人需要和女人持久的纽带来约束自己过文明的生活,否则,他们就成为社会和自己的威胁,很容易短命和过破坏性的生活。"啊,这要看女人了,我觉得。我怀疑在典型的《女孩也疯狂》影碟中刻画的同居者模糊的文明状态,除了让他们发火或者感到骚扰外,对于今天的男人有多大的影响。实际上不难做出这样的判断,当今女性比男性更需要好的文明传统的影响。

戏剧评论家和《单身生活》的作者乔治·内森看到这样的观念可能会觉得很可笑,像现代的、后青春期的哈克·贝里芬这样的单身汉要求女性"让他变得文明起来”。即使到了50年代，在曼哈顿，内森所说的有学问的高雅的单身汉也是历史了。除了个别著名的例外，正如我们知道的，是男性创造了西方文明，尤其是科学和艺术。男人总是成为最好的战士、发明家、科学家、作曲家。在群体中观察到的不文明行为，常常是在没有父亲或者没有父亲般的人物在场的情况下出现的，而不是缺乏女性文明影响的缘故。真相是年轻男人蔑视母亲抓住他不放的手。他试图第一个抓住机会切断围裙的绳子，陶醉于自己的男子汉幻想中。在这个过程中，他需要和寻求男人的方向。

人们很容易采取对于单身汉的偶像观点，视之为听天由命的玩世不恭者，不可救药的浪漫主义者，有无尽悲伤和世故的人，讨厌女性的唱歌讲故事的酒吧狂欢者。但是说到单身群体，还没有一个统一的形象突显出来。洛帕特总结说：“有人发现单身生活让人羡慕，有人表示同情，两者或许都对，因为单身生活方式既丰富又贫瘠，既兴奋又恬静。”还有什么比老单身培养的单相思爱情的记忆更让人悲伤和甜蜜的呢？华盛顿·欧文对于这种心态非常熟悉：

> 对已婚男人，他们的浪漫史在结婚后很可能衰落。对于单身汉，虽然它可能趋于安静和麻木，但是它从来不会熄灭。它总有可能再次爆发闪现短暂的光亮。尤其可能出现在乡间的春天的早晨，或者在冬天的夜晚，一个人孤独地坐在房间里的火堆边谈论婚姻问题。

除了个别著名的男人或者女人外，所有人都注定要被人遗忘，但是孤独的、没有孩子的单身汉被人遗忘得最快，甚至在他还活着的时候就已经被遗忘了。这就是享受单身贵族生活快乐的代价。在《睡谷的传说》的最后一段里，欧文评论老校长伊卡伯德·克莱恩奇怪消失后的情景时说：“因为他是单身汉，没有借任何人的钱，谁也懒得考虑他。”在我看来，这个故事的寓意就是，单身汉们，如果你希望别人记住你，一定要到处借债。

译自：“Bachelorhood And Its Discontents”by Christopher Orlet (July 2008), http://www.newenglishreview.org/custpage.cfm/frm/22098/sec_id/22098.

文学研究与社会理念

耿占春

当文学研究不可规避地涉及某个历史时期、某种社会理念时，这种研究是否能够从文学自身——如同文学这个概念本身意味着一种推崇创造性的、自由的、没有先例或不尊崇先例的话语——汲取或构建某种社会理念？事实上，正是这一点使文学在自身的历史中一直保持着对现存世界的批评性意图。可遗憾的是，在文学研究领域，以及在关于中国社会现代性的研究领域，思想资源的贫乏竟然使它们把过去某个社会时期理想化，并且将其贫乏的理念认做文学的乌托邦。

当一些文学研究者把17年小说中的世界，当做中国社会某个时期的农村现实经验时，或者把小说的叙述当做社会的真实再现时，显然忽视了一切文学的虚构性。不经形式与符号中介，文学并不能发挥对现实的解释作用。文学研究中值得进行解释的恰恰不是文学文本所再现的“现实”，而是它的象征与符号系统所建构的世界。被忘记的还有文学与历史叙述为权力所左右这一事实。这些小说是否完全是作家自发的文学叙述，还是被意识形态长期教化所致，这些因素都没有被研究者的天真态度所考虑。而这种天真态度，也发生在一些有影响的社会思想研究者之中。强制性的意识形态及其阶级斗争或国家暴力维系着的制度中，具体的历史事实和生活经验被抽空了，代之以“现代性”或“社会主义”这样的纯粹是“观念史”的概念，似乎这些概念还像处在18、19世纪时那样纯洁，似乎这些概念从来没有被制度化，或者遭遇丧失信誉的失败。这些“研究”只是在这个“主义”和那个“主义”之间进行抽象的纯洁的论述，并且保证自身一直占据道德的制高点。

可是陷阱就在这里，如果这种研究真的只是在纯理念的层面，或者只是为

耿占春：河南大学文学院教授。

了研究各种社会乌托邦思想的发生,研究社会理想所潜在的社会伦理意义,或者其研究仅仅涉及一种观念史,自然就不至于如此令人感到社会伦理的不安,恰恰在于这种思潮想论述的是我们置身其中的历史、我们所生活的社会。既然可以用纯粹理念的优越性批判资本主义的制度实践,那么也可以用纯粹理念的抽象性来替代置换“纯粹理念”的制度实践的悲惨境遇。而在今天的研究者笔下,这种主义的制度形式及其罪责轻轻松松地就从他们的视野里溜掉了,当一切真实的悲惨经验在冠冕堂皇的概念中被清洗掉之后,这个声名狼藉的东西不知怎么现在又潜回思想的盲区,几乎不用隐名埋姓,装作一副纯洁无邪的样子,就干起了历史公诉人的不合法勾当。

把某个时期描述和定义为一种理想的社会,或者把这个历史时期界定为一种“反抗资本主义现代性”的“另一种现代性”,都只不过是以更低级、粗糙的技术与物质世界反对另外一种得到较高发展的技术与物质世界,同样地,也是以更多暴力的上层建筑来反对已经赢得了较高的社会自治水平的上层建筑。无论在技术与物质生活中,还是社会自治与文化创造领域,那个时期都离“现代性”极其遥远。它实在没有进入“反现代性”的任何可能性,更无任何现实性。把那样一种双重匮乏的社会追认为反现代性的现代性,并不是一种尊重社会历史与集体记忆的思想方法。

在这一思潮与研究领域,如果大量的社会历史事态和一般民众的经验并不怎么支持其观点,那么,在一些文学研究者那里,那一时期的文学显然能够继续给自己帮忙,因为文学自身根深蒂固的浪漫主义和乌托邦因素,与“政治浪漫主义”和社会乌托邦精神之间本就有着某种亲和力。以最为善意的写作与阅读动机揣测,17 年小说中的农民和农村社会最令具有某些倾向的人们感兴趣的,恐怕就是“农民当家做主人”之类的叙述。但它是意识形态的承诺,是农民的愿望(其实它超越了世代农民自身的愿望,有人真实地替他们当家做主已经足够),却并非是真实的社会现实。在经过了某种社会变革之后,17 年文学仍然具有的文学的、社会伦理的剩余价值是什么呢?它真的如一些研究者所想象的是农民和农村曾经的天堂吗?那就不仅是天真,甚至是不顾经历过那个时代的人们被伤害的经验与记忆了。

一

如果不把某个显然有着灾难性的体制问题的时期理想化，我们就不能寻找到有益的社会理念吗？显然不是如此。从一种错误的社会实践中也可能提取一种有教益的理念，但无须把某种有明显制度罪错的历史时期（甚至还没有认真加以清算的历史）当做理想的天堂，或作为一种文学乌托邦思想的依据。在建构某些有益的社会理念时，我们需要保持对历史的批判意识，不把失去的昨天理想化，我们应该仍然具有产生社会理念的能力。况且，这一建制及其幽灵至今仍然纠缠和阻碍着社会的改良。

17 年文学之所以能够给一些研究者以内心感动，其中最主要的可能是一种社会伦理感情，是 20 世纪 50 年代农民生活的某种社会化，即底层社会的社会化，或许应该更恰当地说，是农村、农民、农业的“国家化”。虽然农业合作化运动、人民公社制度在政治、经济实践上已经失败了，这已成为一种历史事实，然而，在农村社会，在某些时刻，它以这样的方式创造了农民、农村的社会化，创造了农民们——这些在传统社会里一直没有社会化形式，没有社会交往，没有社会化的生活和社会权利目标的人们——的某种“社会化”或“国家化”。这是合作化、集体化或“组织起来”的魅力。组织起来主要为人们提供了一种瞬间的精神上的利益，而非长久的经济利益。将农民组织起来，就是赋予他们的生存一种社会化形式，使他们的组织成为社会体系中的一种制度形式。即使农民的组织在后来的实践中并没有能够使农民和乡村社会产生实质上的自治，在社会化或组织化的初期，他们还是获得了因为一种组织形式带来的“集体”感受。对于底层社会的成员来说，成为某种社会化组织中的一员，是具有安全感、社会价值或支持力量的良好意识。集体感、组织起来的感受就是带给这些没有社会化的人们的最大精神利益。

17 年文学中具有真实性的思想因素不是农民真的“当家做主人”，而是在某种程度上，即使通过意识形态话语也仍然有所体现的农民生活和乡村社会的社会化。互助组、合作社等组织形式在开始的时候激发了农民的集体意识，激活了他们的某种有限的社会意识以及对更加广泛的社会生活进程的了解和参与意识，尽管并没有这个阶级的人们真实有效的参与方式。

更生活化的一些组织形式的发明，如农民协会、妇女协会、扫盲班、儿童团等，使农民在传统的耕作生活之外接触到一个本不属于他们的世界，政治与文化，责任与希望。而传统的生产劳动，一种低贱的谋生方式，至少没有那么高尚意义的生产形式被组织进一种社会化的活动之中。组织形式在某种历史时刻提升了劳动的意义和价值，使劳作具有单纯谋生之外的社会价值，是蕴藏在农民的社会化之中的最具魅力的事情。

贫困不仅仅是一种经济指标所定义所描述的事实，并不只是缺少生活资料与生产资料，或拥有极少的金钱与财产，同时也是另外一种状况的陈述：一个人或一个群体的社会化程度之低，贫困意味着没有社会交往，没有社会交往的空间与媒介，处在与其他阶层、与社会的其他主要领域的隔离状态。没有沟通渠道，没有沟通方式，也没有交流能力。贫困是指社会交流与社会交往的贫困，穷人也是指没有能力参与社会化生活的人们。在此意义上，贫困的观念要深刻得多。

从"社会化"的意识形态效果来看，50年代的乡村不仅有了农民协会、妇女协会、扫盲班、儿童团等这些社会化形式，更主要的是，由于从国家政治中心蔓延到乡村的"阶级斗争"，农村也得以"参与"（热烈旁观）到当时国家的社会主要事态之中，表面上看，甚至与城市、与首都的革命事业同步，甚至虚假地参与到权力中心的一切事件中，通过广播、电影队、宣传队以及文艺宣传队等文化宣传形式，农民和农村得以与城市一起分享社会事件、社会实践。最高指示在一夜之间就从首都传达到最偏远的农村。这些似乎都直接提高了农民对社会的认知与认同。在此前提下，农民的生产劳动尽管十分艰辛，也被意识形态美化成"革命事业"或"阶级斗争"的一部分，一个主要组成部分，无论什么职业都是"干革命"。尽管生产效率越来越低下，由于生产的组织形式，由于以集体形式进行的生产活动，由于赋予生产的"革命"意义，农民本来低贱的生产、原始的生产也被赋予经济价值以外的社会意义，具有革命的象征意义。

二

与注意到17年的乡村社会化的精神价值相关的，值得反省的也是它的社会化问题。尽管在作为社会化过程的17年及其文学叙述中也有类似于农民协会，有移风易俗、扫盲识字等社会化活动，然而，总的看来，农民和农村的社会化却有很多非自主、非自治性的因素。17年小说和我们真实经历过的农民社会化方式本身提供的都不是一个理想答案，而是一个值得研究批评的问题。在户籍制度和粮食统购统销政策下，农民事实上处于被剥夺状态。农民的"主人公"感和权利感主要是通过国家最高权力所操纵的畸形的"阶级斗争"来体现的，在普遍贫困的农村制造出阶级差别，制造出阶级区分，不是依靠真实的社会、政治、经济地位的差异。通过土地改革、镇压反革命、肃反等历次运动，在所谓地主富农早已被剥夺一空之后，在基本上共同贫困、几乎是普遍贫困的状况下，阶级区分主要依靠的是"血统论"，在普遍贫困的乡村制造出人为的阶级区分和阶级斗争。

这样的阶级斗争成为农村长期的社会化活动，社会化问题，使农民得以参与其中，尽管这种手段满足了一部分人虚假的主人公感或权利感——当然，别忘了——前提是虚假的：阶级斗争。农民和农村的社会化纯粹是意识形态的，即充满欺骗意识。因为，这一切还在遮掩着农民普遍的被剥夺的真实命运。就经济生活而言，"国家化"带来的是粮食统购统销政策、刚性的户籍制和农民身份的世袭制，是对农民权利的剥夺。50年代以来乡村社会化和组织化充满意识形态的欺骗，当这种阶级斗争被宣布结束之时，农民才像堂·吉诃德骑士一样结束了虚假的斗争生活，回到他们本来的平淡无奇状态。

尽管如此，这些意识形态化的实践仍然提供了一种农民和农村的社会化方式。至少，在50年代末大饥饿来临之前，乡村生活的集体感（而非真实存在过的集体或组织形式）仍然是令人留恋的，除了集体劳动、集体扫盲等，还有政治化的集体集会、集体庆祝、集体检查等等，这些集体仪式还是为底层的人们提供了一种社群感，至少提供了一种庞大的社会群体仪式，这一切短暂地甚至是麻醉性地升华了他们卑微的日常生活。而"革命"为人们包括为农民提供了大量的节庆感和频繁盛大的政治仪式所带来的欢欣感。甚至可以说，在某些时刻，虚假的主人公感、共同体的感情、被升华的日常生活几乎化为人们真实的感情。

因此，也不难理解，隔山观火的人们仍然能够把这些糟糕而荒谬的现实当做一种人类社会的美好愿景。这些集体化的社会事态一直是令欧美左派感到无穷魅力的事物。因而，大部分欧洲的左翼知识分子长期向往苏联的集体农庄,也就是浪漫主义文学与乌托邦思想逻辑之中的社会奇迹了。

为了这样的集体农庄,为了他们心目中劳动的神圣意义,许多前往参观的欧洲知识分子闭眼不看它的阴暗面。在这些左翼知识分子心目中,劳动的社会化意义、劳动的自我实现的意义、劳动的组织形式和集体主义精神的显现,高过了人们为此而遭遇的一切苦难,甚至包括组织它的形式。当然,他们是不会乐意留在这样的集体之中度过他们的理想生活的,他们寻求的是政治观光客的感受,是社会浪漫主义的异域之旅的瞬间自欺式的感动,他们在手握返程票的情况下无限热爱这个理想国,以便在亲眼目睹了理想之后继续批判罪恶的资本主义与个人主义,而对集体农庄大唱赞歌。对他们和今天的新左来说,这一切显然比资本主义和市场经济来得浪漫,以至于遮蔽了那种制度形式下人们的真实感受,人们的苦难与屈辱。

三

然而,对于今天的思考来说,即使我们不同意欧洲老左的天真态度,也不会满意于农民和农村社会化程度的减低,而是不满于乡村社会化进程的取消。农民的相对贫困,农村社会的相对封闭,几乎处在非自愿的被隔离状态,被还原为一些纯粹的个体劳动者,这才是人们真正应该关心和提出的问题。从这样的社会语境出发,我能够理解一些研究者对底层社会的关心,以及在17年文学中寻找资源的诱因。然而,他们的结论是缺少反思的。这种批判立场指向了改革开放,却没有指向更缺少社会批评空间的17年。相反,他们经常把17年不恰当地理想化,作为批判目前社会状况的思想资源,而不愿意看到只有社会的更加开放才是解决改革所遇到的社会问题的出路,而不是回到把过去理想化的老路上去。

社会日益加剧的贫富分化这一状况,使底层社会、使一般民众感到极度的不满,应该是新左立场的基本感受,也是这一话语对相当一批负有社会伦理义愤的青年学子具有感召力的一个经验语境。没有令人惊叹的迅速分化的经济状况,这一话语在青年人中就没有如此多的呼应。这是改革最失败之处:即使经济状况发生了如此巨大的变化,一些人仍然怀念改革开放前的意识形态统治,这意味着改革没有建构起符合自身目标的迥然不同于旧意识形态的社会理念。然而重新将17年理想化的一个问题在于，社会存在如此巨大和迅速加大的贫富差异，恰恰是由于社会没有自治组织和自治力量以形成对资本和权力的制衡所致。

在17年和“文革”时期，尽管为农民和农村创造了组织形式，却不是他们的自我组织和出于维护自身利益的自发性组织，而是被组织起来被利用的；虽然给了农民更多的参与社会进程的感觉，却没有因为参与而提升农民的社会地位；虽然农民和农村在革命中拥有了某种话语和交流场所，却没有他们自己的话语，他们一直在背诵最高指示和意识形态话语，事实上他们并不是真实的话语主体。农民和农村的社会化，它曾经有的社会组织形式，并没有真实地引导农民与乡村社会的自治，相反，乡村的自治结构与社会伦理基础被“革命”运动相当彻底地毁坏了。

乡村的凋敝不仅是经济的，还是社会化程度的降低，这可能是目前乡村建设所遇到的重要课题。除了已经被边缘化的经济生活之外，要恢复乡村生活，恢复乡村的自治，使之能够具有一种适合乡村生活的真实的社会化形式，乡村生活需要被再社会化，再组织化。然而乡村社会组织不应该是国家最高权力机制的直接延伸，更不能是意识形态化的，而是乡村社会自治形式的社会化和组织化。这些自治形式除了乡村政治权力的自治组织形式之外，更多的、更基础的自治组织更应该是多元的，经济、教育、医疗以及其他自主、自治、自助的社会组织形式。

在一个真正的宪政国家，一个受宪法保护的自主自由的个体，尤其是这个社会的精英阶层，也许并不十分需要这样的集体，不特别需要自治组织或某种共同体的感受。但底层社会的民众，他们渴望着形成一种组织或集体，唯有如此，才能维护他们自身的利益，才能以集体的形式被社会的其他阶层或权力阶级所关注。

对今日的农村来说，甚至远不只是农民，劳动的堕落是一切形式的堕落中最彻底的，劳动彻底变成了谋生手段，劳动除了它的经济交换价值，再也没有任何其他价值。作为所有劳动中最劳累、笨重的体力劳作，农业生产成为低贱的社会标志。劳动既没有韦伯所说的现代西方社会早期的“新教伦理”内涵，也没有了17年文学中所具有的革命意义或其他社会伦理意义。劳动既无宗教意义，也无美感或道德感。不劳动或休闲成为这个以消费为目的、以消费为时尚的社会的价值。在这样的语境中，劳动尤其是艰辛的体力劳动是屈辱、受罚的印记。当劳动尤其是体力劳动被社会定义为“劳动惩罚”、“劳动改造”或“关牛棚”时，劳动就彻底被低贱化了。劳动是自我表达、本质力量对象化的思想内涵就被彻底消除了。

而在马克思那里，对资本主义的批判主要不是建立在工资、利润和剥削基础上的经济逻辑，不只是分配的不公正和贫富差异的社会正义问题，而是资本主义社会使劳动堕落了，劳动与报酬直接相关，劳动变成了工资、价格中的一个因素，而非人的生活意义的实现途径。资本主义的工业化大生产甚至比封建社会的手工艺劳动还要缺少人性。这是马克思思想中的一种没有被充分认知的秘密力量，一种关于劳动社会的乌托邦思想。劳动的再社会化不仅是社会对劳动的组织，而是可能赋予劳动的社会意义。这不只是中国社会才存在的问题，自然也不是从短期政治和经济利益出发所考虑的问题。如果说在文学的乌托邦思想中有一种永久性的批判意义的话，如果这种批判总是与任何现存制度相左的话，对劳动自身意义的关心应该成为这个理想国的核心价值。然而，这种劳动的理想国，比文学中浪漫主义的爱情离我们更加遥远。

四

应该得出的结论不是改革开放不如农业合作化和人民公社时期的不顾悲惨历史经验的荒谬结论，值得向往的也不是那些饥饿贫困的时期中如焰火般出现过的人们的狂欢感和虚幻的权利欣快症，从中提出的问题也许应该是农村、农民生活的重新社会化问题，是农民对他们置身其中的社会和共同体事业的参与问题，如何使人们自我治理自己置身其中的乡村社会，如何使农民有渠道、有能力参与更广泛的社会生活进程，而不只是以上访形式消极地、被迫地参与社会事务。改革的不彻底所积累、引发的社会问题也不应归咎于改革本身的过错。

不是只有以所谓农村的阶级斗争形式才能产生乡村社会的社会化，并非没有了所谓你死我活的阶级斗争，农民和农村生活就失去了实现真实自治的组织形式，或者劳动就不能够重新具有纯粹经济价值之外的意义。在所有这一切之中，劳动价值的恢复是最困难的事情。然而，作为一种理念，真正意义上的劳动应该保持着它的思想魅力。农民和农村的社会化确乎是值得人们去关切的事情。

这一普遍的不满意味着改革不能仅仅满足于解决人们的温饱问题。如果说在高度意识形态化时期还能够为农村、农民创造一种社会化的方式，为他们提供一种社会交流、交往和参与的方式，尽管包含着意识形态欺骗性，那么，在今天，即使他们比过去在经济上富足了，但是却失去了他们生活的社会化形式，失去了社会交流与交往的领域，处在与其他社会群体隔离的封闭状态，那肯定不是农民的愿望。如果被剥夺了社会化、被阻断了社会交流与社会交往的渠道，取消了他们表述自身问题、愿望的正当形式，取消了他们自主地自觉地参与到共同体之中的一切权利，农民就成为真正的贫穷阶层，即使实现温饱也不能改变缺乏社会交往、社会参与的贫贱感。一个庞大的群体就会处在社会的共同体之外，成为一种离心的力量。事实上，任何没有被社会化的社群、任何被剥夺了积极的社会参与、被剥夺了合法的社会交流与自主表达的群体，都会演变为这样的消极力量。哈贝马斯在他的著作中将此称为物质生产力之外的、不可或缺的社会的“交往生产力”。

当今中国乡村社会，如果还是一种“社会”的话，就应该发展出一种社会化形式，创造出乡村社会的交往形式，以及建立在此基础上的自我治理形式。包括农民内部的交流交往形式，农民与其他社会领域的交流与交往形式，农民参与社会进程的能力，才能最终使农民、农村摆脱现在这种封闭性、孤立性，才能真正摆脱社会学意义上的贫困。

农村、农民孤立于社会共同体的实践之外，除了农业劳动，除了外出务工，政治、文化上消失的交往与交流形式或许还没有被创造出来。他们的一生都被隔离于这些活动之外，成为一种封闭的生存。如同贫民窟、难民营，那里的贫困不只是缺少食物，而是缺少社会交往，缺少社会成员都应该有的社会权利。我们的社会中也缺少他们的言语。贫民窟是贫困问题的一个突出的例证：真正的贫困不只是温饱问题，这一点有时或常常在难民营中也能够解决，然而，不易解决的却是人们的社会化，这意味着首先“创造”或提供他们的社会交往、表达所需要的话语空间。

今天任何一种孤立于社会进程、孤立于社会交往形式之外的人群都被打上了“贫贱”阶级的烙印。这是今天一部分在物质上并不贫穷然而依旧属于社会底层的人们充满社会失败感的原因。在某种程度上说，这也是激进左派情绪在青年群体中具有某种感召力的原因。因为我们的社会生活被什么力量取消了社会化（这种力量不仅仅是市场经济），取消了公共空间或公民社会，个人甚至是知识阶层都被还原为在市场上谋生的经济原子。在这一对社会众多阶层普遍的“去社会化”的控制策略中，取消了人们进行社会协作和参与公共事务的合法空间，取消了人们的社会交往。在所谓市场经济条件下，把人们置于经济生活的个体原子，几乎把一切社会阶层的人们消解、简化为谋生的经济人，简化为纯粹为了吃喝玩乐的生物性存在。应该说，这种状况的出现并不是市场经济的单一作用，而显然是出于一种去社会化的意识形态制度的控制策略。与其将人们普遍“贫贱化”的“去社会化”后果视为市场经济或改革开放的结果，不如将其视为社会建制尚未改革所致，或许更加接近事实。

如果说改革开放以来的社会尚没有创造出人们参与社会进程的真实形式，没有创造出一种非压抑性的和有效的社会交往形式，17 年文学就更没有塑造出合适人们今天生存状态和社会诉求的语言。今天社会进程中出现的问题，不可能以更低级阶段的粗糙物质水平和充满暴力的制度理想化来解决，无须将一种意识形态制品夸大到违背历史真实的程度，也无须将 17 年文学中建立在所谓阶级斗争假设上的社会化叙述再次理想化。

一个寻求乡村社会再度社会化的真实努力，除了意识形态化及其已失败的制度形式之外，农村实现真实自治的组织形式是否可能？农民、农村和农业生产的社会化是否有新的途径？在自然生态思想的语境中，农业生产劳动的再度升华、一种非强制性的关于劳动的伦理与审美意义是否有可能出现，即使在十分遥远的未来？这一切，在避免将一个充满罪错的昨天理想化为天堂，也是有可能进行探索的理念。即使作为一种社会理想仍是十分遥远的事物，也能够在文学话语中展开一种社会学的想象力。在曾经存在的、业已失败的制度理念与现存的制度理念中作出非此即彼的选择，并不是我们的希望所在，我们所希望的在于发展出更加民主的、自治性的社会理念，能够由某些群体进行自主选择的、非强制性的制度实践。

足球向左，足协向右

——论中国足球的意识形态

汤 军

一

足球原本是一种游戏。噢喔哦，那只是一场游戏一场梦。可在中国，它从来就不是个游戏，所以就经常地被游戏。游戏应该是快乐的，但中国足球却怎么也快乐不起来。每次看国足踢球，就如同看斗牛场上的斗牛。每次都很悲壮，这当然比所谓的快乐足球更刺激、更爽。从这个角度来说，我爱中国足球。它给了我更多的反思，中国足球凭什么就能有这么多、这么深刻的悲壮呢？上帝、老天爷凭啥就这么偏爱中国足球呢？

看着一茬茬的队员从年轻时的超白金到后来的超垃圾，甚至千夫指，让我感慨自己能活这么久真是好啊。一次次的伤心足球场，一回回的愚蠢失败，无不让心中的五星红旗落寞神伤。它还没有升起来，就又一次落下。到底何时才有升顶的景象？骂可以到吐血，哭可以到无泪。但血泪可以再生，伤疤可以愈合。之后，又会怎样呢？就算国足成了落水狗、乏走狗，也是国人宠豢出来的，自然要继续牵下去。

关于狗的比喻，还是国足领队蔚少辉的比喻更为精妙。他这样说：

> 新一届国家队必须具备打不垮的钢铁意志，我们对球员的要求不仅仅是技术层面上的，精神层面的一点也不能含糊。老百姓为什么那么爱解放军，就是因为解放军在最危险的时候从不退缩。新一届国家队必须要有解放军那样的团队意识，要让外界看到场上11个人和场下所有相关人士一起在战斗。不能做疯狗，不管是疯狗还是病狗都是有病，要做没病但却强悍无比的猎狗。

呵呵，连疯狗、病狗、猎狗都出来了，看来不仅仅是悲壮，还要学《动物世界》

汤军：自由撰稿人。

里的视死如归。这已经不是在踢球,而是把足球队当成了插入敌后的小分队了。不如让八一队代表国家去踢算了,可结果如何可想而知,败得会更惨。

不免要提到一个如今依旧非常普遍的现象，就是中国的战争政治在 1949 年以后被沿用到了社会各行各业当中,史称“各条战线”。在这各条战线上,又以体育战线为最具有小规模战役的特征。让贺龙当第一个体委主任,就是这个原因吧。

> 在昆明春训的蜜月期过后,蔚少辉与朱广沪就有许多矛盾产生。3月份国家队广州集训,蔚少辉在全队会议上则讲出了这样的高论:年轻队员要听老队员的,老队员要听核心队员的,核心队员要听两位队长的,队长要听主教练的,主教练要听领队的,领队要听足协领导的。已经公然把主教练降格为自已的下属。3月 25 日在澳门出席中乌比赛赛前新闻发布会,蔚少辉竟然坐在了主席台上，而国家队主教练朱广沪竟然和队员一起坐在主席台下。(搜狐体育,http://sports.sohu.com/20070510/n249950559.shtml)

自从毛泽东三湾改编以来,将支部建在连上的方法就沿袭至今。今天的连队不仅仅是军队，还包括了各支运动队。而领队就是一支足球队里的党代表,其自以为是书记也不为过。这样的一份自我认同使得领队的权力可小可大,往小里说就是个管后勤的,往大里说代表了政治正确。正如党不是服务于政府的,而是领导政府的。一个党代表怎么能甘心仅仅给食堂大师傅做思想政治工作呢?

国足的一次次失利,只是主教练的责任,不是领队的责任。正如政府工作没做好,与党无关。你只是心太软,心太软,把所有问题都自己扛。教练在前台,领队在后台，所以蔚领队上一次主席台那么令人不习惯。不过正是他的上台,说明了中国籍的主教练不过是孙子。这也就是为什么一定要聘请洋教练,即使他是阿里汉。

曾记否,当年大连实德俱乐部的徐明与深圳健力宝俱乐部的张海(已入狱闭关)举义旗,以中国足球之黑为借口,与中国足协对着干,联合了一些小俱乐部准备单干，大有讨还足球权利的架势。一群足记忙活着鞍前马后地独立报道,媒体的长筒短炮将此事件轰炸得似乎是山雨欲来了。而后来的结局也是中国式的。体育总局领导找徐明谈话，深圳健力宝俱乐部发声明说张海是个骗子。足协常务副主席阎世铎一番关于“谁更黑”的慷慨陈词，把黑与白一起推到了无间道上。

CCTV 最漂亮的政论与最煽情的纪录片都是在批判足球。类似的口诛不仅是骂槐式的发泄，而且也是指桑般的笔伐。这至少比什么借古讽今要强得多。骂足球的肯定比踢足球的多得多。很多人以骂而火，但中国足球并没有火。虽然如此，中国人还是从足球运动中得到了很多、很多。而中国足球最有趣的事情总是发生在足球之外。

中国足协，无论怎么讽刺这个部门都不为过。只是一路嬉笑怒骂下来，究竟所为何物，到底是嘲笑了谁，是否其中也包括自己？不把这些弄明白，我们依旧是摸着足球过河。

中国足球体制应当说是完备的，这么说的角度不是与世界足球相比，而是与我们自己的社会体制相媲美。

足协是一个行政机构，各地也有足协，还有很多个类似企业的俱乐部。此外，还有各年龄段的少年队与青年队、各体校的足球班、各个足球学校，都归其管理或指导。俨然一个典型的行政机构体系。后来，这个体系成了一个大大的托拉斯，搞起了经营，就类似改革开放。

作为一个经营者，足协所获得的利润并非与中国足球的水平成正比。即使中国足球的世界排名一路下滑，足协仍然能钵满盆盈。只要他们能把国内联赛办好，自娱自乐也是可以的，但他们没有这样做。从甲 A 到中超不过换了个更加响亮的名头，对黑哨、赌球无力治理或牵连有加，为了世界杯与奥运会而任意改变国内赛制，还要搞可笑的南北分区，从来不因工作失误而向球迷道歉（因为主教练在前台可以下课）。这一切都像极了改革与腐败的关系。

中国足球，因其关乎世界第一运动，并且市场化很早，还与国家荣誉及没有硝烟的战争密切相关，而备受国人瞩目。中国其他的运动项目都处在不断积累当中，唯有足球积累半天也能一夜之间回到旧社会。中国足球的规律确与其他运动大相径庭，具有一种很魔幻的鬼魅气息：

逢韩日不胜，打平即可出线之怪圈圈，黑色五分钟，净胜球不胜，不胜则汰之保平争胜，外国草皮更好论，临场念抗日诗歌，南北分区论，中国特色足球理论，超白金一代，等。

这些，才是中国足球最有意思的地方！

若要细致地分析它们，非得专业人士不可。但即便不识庐山真面目，也能看出一二来。能证明荒谬制度的，是荒谬的现象。当一而再、再而三地如此荒谬，就自然而然把目光转移到中国足协这群人身上去，这个体制身上去。行政足球害人不浅。推而广之，行政文学、行政电影、行政艺术，都有一肚子苦水啊。这些行政的东东浪费了无数的人才、激情与金钱，换来的仅仅是不尽长江滚滚来。

中国足协应当继续保留，就如同岳飞庙前的那几尊铁铸的跪像。它作为这个时代的中国的耻辱，应当永远跪在中国球迷面前。中国足协就是应该这样保持下去，以便让世人不断谩骂、分析，从中找出中国政治体制的影子与缺陷，为以后的政体改革留下笑柄一样的活档案。

二

足球是22个人参加的对抗竞技运动，是运动中最复杂的一种，自然需要很多战略战术，更需要运动员的个人素质和教练员的运动思想。

运动思想包括战略和战术两种。从战术看，中国足球似乎并不缺乏。苏永舜主张拉丁，高丰文要求力量，曾雪麟青睐欧洲拉丁派，霍顿喜欢平行站位，米卢说我们要快乐足球，徐根宝有抢逼围，金志扬总结了小快灵，还有两翼齐飞、一高一快等。后来居上的闫掌门曾开展过一场关于中国足球风格的大讨论，非常类似于建设具有中国特色的社会主义了。于是沈祥福提出了“沈氏三段论”：前场学荷兰，中场学巴西，后场学意大利。

这么多的战术风格，中国足球早就晕菜了。还记得那遥远的蹴鞠时代吗，还记得回邯郸的路怎么走吗，还记得足球要从娃娃抓起吗，还记得人是怎么进化来的吗？

还是朱文，也还是在小说《把穷人统统打昏》里说：

> 现在我向你隆重介绍这辆和我相伴了11年的自行车，凤凰二八，黑色，没有铃铛，没有挡泥板，没有停车架，没有后刹，只有前刹，属于那种不锁扔在火车站前的广场上也没人捡的破车，却装有一只价格昂贵的最新式的防盗锁。我的同事讽刺说，我用这把锁把车拴着是为了防止别人把锁

偷走。但是我要为我的伴作证，当年她很年轻，当年她很漂亮。11 年来她在我的身下任劳任怨，让我觉得很舒服，而且安全。

听说由于邮递员的职业病是睾丸水肿和前列腺炎，所以政府正鼓励招收没有睾丸也没有前列腺的女性做邮递员。我认为这么归咎于自行车是没有道理的，只要注意你的姿势就不会有问题。你看我已经骑了 11 年了，我的车快垮了，而我什么事也没有。相反有时没骑车步行我倒真有点不习惯，尤其是膝关节那里总觉得别扭，深一脚浅一脚的，像个学步的孩子。在中国这样一个自行车王国里，两只脚不听使唤的现象就表现得特别严重，所以中国的足球始终上不去。但是应该指出的是，这是进化，而不是退化。按照达尔文的理论，可以设想未来的人类，为了更方便地滚来滚去，人的两条腿将慢慢萎缩，最终变成两只可爱的风火轮。

既然没有坚持住自己子虚乌有的风格传统，那么领导足球的不二法门就是以精神鼓舞人，寻找榜样，建立事迹，充分洗脑，口号满天。

每以意志品质为激励，为何不对足球之黑进行切实的治理呢？由此可见，这样的精神激励实在是临时抱佛脚而已。一旦败了，就来个教训总结——那些教练、队员从小就写惯了这样的玩意儿。当然，在这方面还是有榜样的，那就是朝鲜足球——金达莱正在盛开。只要我们一日踢不过朝鲜，就可以多一日奉其为师。至少政治正确，令人想起抗美援朝。

他(谢亚龙)俨然把球员休息室当成了爱国主义教育基地

典型的行政干部谢亚龙在国足亚洲杯最后一场中乌之战前，进行了一次别开生面的思想动员。他引用了《水浒传》之中“武松打虎”的典故：“希望球员们拿出大无畏的勇气与胆量来面对这场生死恶战。”但这场比赛不是武松打虎，而是虎吞武松。于是在比赛后，谢亚龙到更衣室吟诵了抗日名将吉鸿昌临刑前写的那首诗：“恨不抗日死，留作今日羞。国破尚如此，我何惜此头。”他俨然把球员休息室当成了爱国主义教育基地。

对于中国队的非意外的意外死亡以及创造了有“屎”以来最有“粪”量的战绩，谢亚龙直言：“我们本来是应该可以出线的，但是我们可能因为心态的原因没有出线，这就是心急必有所失。反过来，如果我们每一场都能以这种饱满的、全力以赴的精神去面对，拿出一种中华民族最困难时候的精神去奋斗，下半时我们就会更早地入球，就会奠定我们胜利的基础。”

可惜的是，思想教育这一套越来越不灵光了。我倒是建议中国足协聘请于丹去做思想顾问，以其独特的淡定理论或许能使国足的临门一脚更有道不远人的方向感。

三

说到中国足球的战略思想，不得不说中国的竞技运动战略。后者和中国的国际政治战略密不可分，至今依然，70年代的乒乓外交，80年代的女排精神，如今的奥运（世界杯）战略。足协受体育总局领导，自然地中国足球也就因循着这样的运动战略来培养人才、组织联赛、进行国际比赛，以世界杯及奥运会之四年周而复始，连同其领导人也是这样来来去去。

而中国足球的战略思想就是建立在这个周期上的，和国家的五年发展计划很相似，姑且就叫它“四战略”。这样的“四战略”或许和大学的四年教育期很吻合，却根本未考虑基于知识素质之上的体育素质。我国运动员总是先运动后深造，正好与国外相反，也正好违背了人才的金字塔原理。这样的举国体育体制还是在迎合竞技体育战略，而非着眼在全民体育发展上。如今北京理工大学队打入了甲级联赛，是个好兆头，也仅此而已。

“四战略”简单明了，每个身陷其中者都明确自己的任务、责任，啥时候有大笔的奖金，何时能崭露头角，甚至什么时候就要下台了。这样的战略也注定了在战术上的斗转星移，四年就要换套新大法，要不然怎么让世人觉得耳目一新、重新焕发足球青春呢？

若说中国足球还有什么风格，那就是这个“四”了。所以，中国队特别喜欢打442。在“四战略”的背后，是中国足球的意识形态在灵魂附体。那么，中国足球的意识形态又是什么呢?

中国足球只和商业联姻,并取得了一些GDP上的成绩,就沾沾自喜起来。但它始终没有把知本放到核心的位置,还是一副党管政办的姿态,也丝毫没有法治上的突破。说实在的,这样的足球环境状态甚至还比不上中国当下的社会形态。

对于黑赌毒,一旦揭露出来必将带出更多的震荡,使中国足协完全失去公信力。于是就要回避,于是就只能以"四战略"下的各个具体目标用成绩说话。向成绩要政绩,用成绩去遮盖污染与浊流。看看那些足协副主席出现在各个国字号球队的赛场上,就能明了他们内心之焦急,就能看到一个金玉其外的包装在一点点织起来的同时也一点点地烂掉。而这个金玉其外的包装,就是中国足球的意识形态。

于是,中国足协还是应当保留,就如同侏罗纪的恐龙标本。它作为这个时代的一个体制象征,有着深不可测的研究价值。而前文中朱文小说里的那辆破自行车,正是中国特有意识形态的极端写照。中国足球,就一直骑在那上面没下来。

如今,足坛反腐扫赌打黑风暴终于刮了起来,南勇、杨一民也已落马,大眼李承鹏等人所著的《中国足球内幕》业已出版,国足的恐韩症在教练高洪波的指点下也被医治。这一切似乎来得如此之快,却又如此之晚。那些锒铛入狱者被一个破烂体制牺牲掉,或许这也是足球意识形态的功劳。殊不知,足坛就是政坛的缩影。

《蜗居》映照出的世道人心

萧 武

有人说，《蜗居》是这十年来最好、最能反映社会现实的片子。虽然未必是十年来最好，但可以肯定的是，《蜗居》确实是个好片子。《蜗居》是一面很好的镜子，照出了当下的中国社会与人心。

高房价改变中国

《蜗居》的主题是两个：买房和"二奶"。前面十集主要是叙述和反映高昂房价使在大城市生活的普通年轻人的生活压力之大。

一般的看法都是，高房价是中国在高速的现代化、城市化过程中必经的一个阶段。但《蜗居》却给观众提供了完全不同的解释。这个电视剧在不经意间揭露了不少房地产商与官员勾结、操纵房价的真相。宋思明在与房地产商的几次谈话中，都谈到了如何将一个商业价值很小的楼盘变成一个远远高出其本来价值的楼盘的操作手法。这些见不得光的事情，突然被暴露到了光天化日之下，触及了房地产商的利益。所以，2009 年 12 月 11 日出版的《21 世纪经济报道》援引了一个北京电视台内部工作人员的话说，北京电视台停播《蜗居》的真正原因是"被房地产商公关了"。

按照中国社会科学院最近发布的《2010 年中国经济蓝皮书》的估计，在目前的情况下，至少有 85%的中国家庭买不起房子。以上海为例，2009 年 12 月第一周，上海的住宅每平方米的周平均价格已经超过了两万元，由此，不难想象出在上海生活的普通年轻人买房的压力之大。《蜗居》中的女主角海萍就被这种压力压得精神变态了。为了买房，她节衣缩食，尽可能地节省一切能够节省的开支，甚至到了经常饿肚子的程度。换句话说，她和丈夫努力工作，拼命赚钱，

萧武：自由撰稿人。

一切都是为了房子，他们的所有收入都完全贡献给了房子。

房子压榨着海萍这样的人生活的每一分剩余，这就是当前中国所面临的现实状况。郎咸平曾经说过，2007 年房市和股市的爆炸式增长并不是因为中国经济的基本面越来越好，而是因为，相比于房地产和金融的利润，实业的利润越来越微薄了，实业实际上已经沦落到了为房地产业和金融业打工的地位。因此，实业资本越来越多地转投到房地产业和金融业中来，才造成了 2007 年到 2008 年前三个季度的股市疯狂和房价狂飙。也就是说，房地产业实际上不仅压榨了海萍这样的人，也在一定程度上攫取了实业资本的相当一部分利润。

由此再进一步，就是近来不少有识之士已经提醒过的，中国原本就说不上强大的中间阶层正在被房地产压垮，越来越多本来已经进入中间阶层的人，又被高房价挤压到社会下层去了。这样，中国社会的结构也在变化，贫富分化问题日益突出，社会矛盾也越来越尖锐。2009 年出现的对富二代的多次强烈社会反响，就是在这种背景下产生的。

由于房价之高已经完全超出了普通工薪阶层所能承受的限度，所以许多年轻人对自己的未来预期很低，至少在毕业三年内不大会考虑买房结婚、成家立业的事情。所以，网上有一个大概出自“80 后”的手笔的对《蜗居》的评论说：“60 后有房有车，是成功人士，现在生活最幸福；70 后赶在房价大涨之前买了房子结了婚，还有希望，所以还在挣扎；80 后最惨，房子买不起了，女人也被 60 后抢走了。”“80 后”本来就是一个成长背景很特殊的群体，已经带来了许多社会

为了买房子而节衣缩食的海萍夫妇

问题,高房价让他们对自己的未来几乎绝望,他们对生活的态度就变得更加游戏,更加消极。而当这种绝望积聚到一定程度后,很有可能会转化为反抗的动力。

通往“二奶”之路

不仅如此,海萍还把她的压力转嫁到了她身边人的身上。她丈夫起初试图抗拒这种强加给他的生活压力,尽可能地希望不去考虑买房的问题,让自己生活得轻松一点。但在海萍长期的精神压力之下,他终于也被逼上了犯罪的道路。按照许多人的看法,海萍不仅把自己的家庭逼到了毁灭的边缘,也改变了她妹妹海藻的生活轨迹。她妹妹为了帮她筹钱,与自己的男朋友逐渐走向分手,她也在懵懵懂懂之中走上了“二奶”的道路。

不过,海藻走上“二奶”道路,究竟是不是海萍转嫁而来的压力,这一点还可以再讨论。值得注意的是,在海萍的丈夫因为犯罪而要吃官司的时候,海萍和海藻的反应完全不同。海萍说,就是砸锅卖铁,无论如何也要请最好的律师来打这场官司,让丈夫解脱出来。而海藻的反应则恰恰相反。她劝告海萍说,你不是一直吵着要和他离婚吗?这是最好的机会。这个简短的对话反映出两个人完全不同的价值观。

对海萍来说,有房子是为了让家庭变得更好,但她很清楚,家庭的本质是人,而不是房子。房子是承载家庭的空间,但家庭本质上仍然是一种社会关系,是由人组建的。一个家庭可以没有房子,只要人还在一起,家庭就仍然是完整的;人不在一起了,即使有房子,也不再是家庭了,而只是房子。正因为在海萍的价值观里家庭仍然是最重要的,所以,当房子和人出现矛盾的时候,她的反应就是首先要保住人。这种价值观背后是对爱情的朴素坚持和对生活的认真态度。

而海藻的价值观却与此相反。她之所以会劝海萍离婚,是因为她对爱情、对生活所抱的完全是一种机会主义的态度。在她的价值观里,人是次要的,而物质是最重要的。她可以没有爱情,但是物质生活必须要有保证。

剧中有一个情节,很值得细细品味。当宋思明的妻子知道丈夫与海藻的事情后,第一次找到海藻谈话时,海藻显然对自己破坏了别人的家庭毫无愧疚,也没有打算认真地与对方谈她们如何处理目前的状况，而是不断地在心里念叨，如何才能保住她的脸。因为她知道，对她来说，最重要的就是脸。有这张脸在，爱情没了可以再找，家庭没了可以重建，没了宋思明还可以有张思明、刘思明。

古人云，知过则改，善莫大焉。但是在海藻的身上，我们看到的完全是另一幅景象。她从一开始就很清楚地知道，她与宋思明发生关系意味着在道义上背叛了她的男朋友小贝，在道德上是应该受到谴责的“小三”，但她的良心对此毫无反应。她对小贝表现出来的更多的是一种不知道如何相处的尴尬，而面对宋思明的妻子，她首先想到的也是对方会不会在身体上伤害她。而且，她在与宋思明“翻云覆雨”的时候，还充满戏谑地调侃了一句：“从此我就正式步入‘二奶’生涯啦！”这样的生活态度，无论对自己，对生活，还是对别人，都是完全不负责任的。在她的价值观里，道德完全是缺席的，是非、善恶、美丑、对错的界限很模糊，甚至完全不存在。

更值得担心的是，在这部电视剧引起的广泛社会反响中，很大一部分人对海藻不仅没有加以道德谴责，反而都显得很理解、很同情。有网友评论说，如果他是海藻，也会和海藻作一样的选择。因为，如果在海藻40岁的时候，小贝变成了宋思明，那么海藻虽然失去了爱情，但至少还有一套房子；如果她与小贝分手，而她最终也与宋思明分手了，那么她仍然有宋思明给她的钱和房子；但如果守着小贝，而小贝在40岁的时候仍然一无所有，那么海藻就要变成一个一无所有的女人，既没有爱情，也没有房子和钱。

但这个评论却忘记了假设一个情况，如果在海藻和小贝40岁的时候，他们仍然保持着爱情，虽然没有房子，但一样可以过得很幸福。他们之所以没有设想这种情况，是因为：第一，他们不相信海藻与小贝的爱情会在40岁之后仍会继续，对爱情持悲观态度；第二，他们对自己能在这个社会里通过自己的努力改变命运也很悲观；第三，他们下意识地认为，没有房子的爱情不会幸福。

而这样的人，如果面临海藻这样的选择，很难作出与海藻不同的选择。

“就差钱”的逻辑:从“大腕”到“春晚”

曾念长

赵本山及其春晚团队在2009年推出《不差钱》之后,却未能在2010年的央视春晚再续《就差钱》。盘点近年来央视春晚的赵氏作品,从“卖拐三部曲”到“白云黑土系列”,我们可以发现“系列创作”是赵本山的一个基本策略。因此,年前就被媒体盯上的《就差钱》本应成为2010年央视春晚的一大看点,也符合观众的心理预期。但是《就差钱》并没有上春晚,取而代之的是一个被广告插播肢解得惨不忍睹的节目——《捐助》。

毫无疑问,赵本山对于一年一度的央视春晚而言,显得太重要了。媒体对此有一个通俗的说法:看春晚就为等赵本山。但是观众的这种精神依赖却在本年度春晚之后转化为民意汹汹。人们首先对《捐助》节目植入过多商业广告提出了抗议,继而引发对央视春晚夜进6.5亿广告收入的质疑。有趣的是,当《捐助》横遭唾沫的时候,在辽宁卫视春晚节目中播出的《就差钱》却获得热捧。我们将这一对参照物联系起来就会发现,《捐助》乃至整个春晚被商业广告所累就是一个现实版的“就差钱”,它与虚构版的《就差钱》形成“互文”关系,成为人们解读21世纪初叶国家意识形态与商业意识形态相互打量和渗透的两份精彩素材。

长期以来,国家意识形态主管部门对各级电视台的商业广告采取了自上而下的围剿策略,2009年国家广电总局对电视购物节目的大整顿就是在这样的意识形态冲突背景下发生的。作为中国官本位体系下最高级别的官办媒体,央视始终是国内媒体抵抗过度商业化的表率。但是资料显示,近几年以来,正襟危坐的央视也无法抵挡商业风情的撩拨,一步步向商业化广告敞开大门。以央视春晚为例,2002年、2006年、2009年的广告收入分别为2亿、4亿和6亿。

曾念长:福州大学社会学系研究生。

在这些大跃进的数字背后，还隐藏着不易被人察觉的央视价值观之改变——从单一的国家意识形态服务转向国家意识形态和商业意识形态两者并重的双向服务。在改变的过程中，地方台在某种程度上成了央视的引导者。有两个细节相当耐人寻味：其一，湖南卫视有《超女快男》，央视则推出《星光大道》；其二，地方台普遍在电视剧中插播广告，而今央视黄金档电视剧也开始效法。当央视一步步被商业广告吞噬的时候，我们是不是可以说：这是商业意识形态对国家意识形态发动的一种自下而上的反围剿呢？

有意思的是，来自央视的"就差钱"信号并没有得到人们的善意理解和接受，而是引发了一场颇具声势的全民批评。根据腾讯网调查显示，超九成被调查者对 2010 年央视春晚的广告数量表示不能接受。吊诡的是，人们对于电视节目中铺天盖地的广告插播早已司空见惯，而对央视的商业广告却显得相当苛刻。这正是央视的两难处境："就差钱"已成为这个时代的宏大命题，而人们却把央视想象成是一个坚定的"不差钱"扮演者。

笔者注意到，在官方版的《就差钱》出来之前，早已有山寨版的《就差钱》在网络上局部流传。这部恶搞性质的"就差钱"小品是网民根据 2009 年央视春晚版的《不差钱》通过改编台词并模仿配音而成的，其中有这么一句经典的台词：这社会就差钱了！

"就差钱"已成为当代中国商业意识形态中最精彩的一个话语碎片，它是人们对这个时代的货币哲学进行不断反刍之后折射出来的一种言说欲望。

"就差钱"已成为当代中国商业意识形态中最精彩的一个话语碎片

冯小刚导演的2002年贺岁片《大腕》是一部关于“就差钱”的经典叙事电影。影片讲述一位蜚声国际的大导演在中国拍一部电影时陷入了灵感的困境，于是寄托于私人摄影师尤优能够为其举办一场喜剧葬礼，以重新获得电影创作的灵感。揽过这活儿的尤优即刻投入喜剧葬礼的筹备中，但葬礼经费谁来支付呢？陷入“就差钱”困境的尤优只能通过广告招商来解决经费问题，而国际级大导演的商业价值让这场广告招商陷入疯狂的争夺赛中，尤优不得不像央视春晚一样拒绝了蜂拥而来的一部分广告商。

从“大腕”到“春晚”，是“就差钱”的商业逻辑在中国不断演进的两个镜像。《大腕》形成于21世纪零零年代中国新经济的上升期，商业化广告以一种亢奋的姿态挤进中国社会的每个角落，因此我们可以在《大碗》这部电影中明显感受到“就差钱”的商业狂欢。而以娱乐大腕的“喜剧葬礼”为叙事焦点，显示了零零年代前期的“就差钱”逻辑只盛行在商业意识形态领域；但到了零零年代末壹拾年代初，当央视春晚被大面积植入商业广告的时候，“就差钱”的逻辑已挺入国家意识形态的阵地。值得一提的是，2010年央视春晚是在过去一年“国进民退”的大背景下导演出来的，而央视选择在这一时刻放开了商业广告的大门，则恰恰成了“国进民退”的一个生动注脚。它不仅仅表明国家最高级别的官办媒体也开始玩起了“就差钱”的商业游戏，而且预示了未来一个时段内国家社会与商业社会的某种古怪结合。

自私的基因，自私的策略

陈蓉霞

据说有一首乐曲，听过的人会忍不住自杀，世上居然存在如此令人绝望心碎的音乐，其真实性似可怀疑。不过确实存在这样一本书，读过之后，它的一名出版商三天没有睡好觉；还有读者问作者，他在早上怎么还有起床的勇气；更有一位老师写信责备作者，他怎么能写这样的书呢，因为他的一位学生读完该书之后，因认识到生活的无比空虚和渺茫而泪流满面、伤心欲绝。这本书，就是道金斯的《自私的基因》。道金斯本人也因该书的走俏而一举成名。

大致说来，道金斯的论证思路如下：所有的生物，都是自然选择的产物。而自然选择的定义就是：基因的差别性生存。具体说来，基因的使命就在于尽可能多地繁殖或复制自身的后代。但复制总免不了有差错，这样它的后代相互之间就会存在分化或变异。变异带来了竞争，因为相对于特定的环境而言，有些变异更适应，于是它就会有更多的生存机会，从而把那些不利的变异淘汰出局，其结果就是基因的差别性生存。因此我们也可把自然选择比做是一把筛子，它犹如大浪淘沙般地去芜存菁。在此过程中，每一个基因为使自身的后代达到最大化，不择手段地淘汰竞争对手，基因的自私性源出于此。

不过裸露的基因难以让自己生存下来，更谈不上有效的复制。能够生存至今的基因必定都为自己构造了一个精致的载体，用道金斯的术语来说，就是生存机器，通常我们则称之为“个体”。病毒可说是裸露的基因，但病毒无法单独生存，它必须寄居于个体之中才能生存并且繁衍。如此说来，个体的生存其实就是为了服务于体内的基因，反过来说，正是基因决定了个体的结构及其功能。人类也不例外，甚至我们的行为在很大程度上也听命于我们体内基因的调控。

为了在竞争中脱颖而出，基因不得不各显神通，演化出最佳策略。以性别

陈蓉霞：上海师范大学哲学学院教授。

为例，如何定义雌雄？对于高等动物，尤其是哺乳动物来说，有个约定俗成的标准：雄性通过生殖器官把精子送入雌性体内，胚胎在雌性体内孕育。但对于更多其他物种来说，雌雄标准就不那么好定了。比如鱼类，无论雌雄都把生殖细胞排出体外，洒向水中。上述的雌雄定义就难再见效。但若观察生殖细胞，我们则可如此定义雌雄：体形小、活动力强、数量多的为雄性，称之为精子；反之则为雌性，称之为卵子。卵细胞内含有营养物质——卵黄，因而体形更大些，爬行类、鸟类的卵细胞，也称做蛋，其卵黄是如此发达，以至足够为发育中的幼体提供长达数周的营养。

不过某些更原始的生命，比如真菌类，它们所产生的生殖细胞就没有上述分化，生物学家称之为同型配子。因而真菌就无所谓雌雄，尽管它们也行有性生殖，可见有性生殖（性交）要早于性别分化（雌雄）。在演化过程中，某些个体所产生的配子恰好多贮存了些营养物质，受精后它们的后代就有了更多的生存机会，它们就是卵细胞的祖先；某些个体见有机可乘，在产生配子的过程中，干脆在数量和灵活性上做文章，让其主动出击，专门寻找那些体形更大的配子，它们就是精子的祖先。至于那些特色不明显的配子看来就被淘汰了。可见性别起源的过程其实也就是两种生殖策略各自分化并完善的过程。从此雌雄结成一对欢喜冤家，必须配合才能受精。

雌雄各自不同的策略不仅体现在精子和卵细胞的构造中，更体现在个体不同的行为上。雌雄的结合好比是合作投资一家公司，赢利就是子女。但雌性的投资额更大些，因为卵子中还含有卵黄，哺乳动物的雌性就更不用说了，漫长的怀孕期以及哺乳更是一笔不菲的投资。这就决定了雄性更具乱交倾向，哪怕广种薄收呢，因为精子较为廉价；雌性在挑选配偶时则更为谨慎挑剔，因为一旦投资失败，她所要承担的损失远大于雄性。因此受精之后，雌性还不得不承担起抚育者的角色，若“鸡飞蛋打”对雌性更是一场悲剧。尽管正当母鸡孵蛋之际，公鸡也许又在寻找新的交配机会了。

但鱼类却是例外，很多鱼类是由雄性承担抚育角色。这一看似反常的行为依然符合基因的自私本性。这是因为，鱼类生活在水中，其交配模式是体外受精，亦即雌雄个体直接把生殖细胞排向水里。这就引出一个问题：该谁先排出生殖细胞？答案是雌性。假设雄性先排出精子，而雌性却未及时跟进排出卵子，精子就浪费了，因为精子体轻容易散失；相反，若雌性先排出卵子，卵子因体重而不易散失，足可等待雄性随后的排精。就是这短短的几秒钟时差，足以让雌性在排卵之后迅速逃之夭夭，留下雄性不得不接管抚育任务。

上述现象令我们不得不承认，雌雄之间的联盟是利益博弈的结果。民间的谚语看似无情，却道出了某种真情：夫妻本是同林鸟，大难到来各自飞。在家庭这一利益共同体中，由于雌性的投资更多，因而母亲对于子女（亦即赢利结果）也就更为在乎。在人类生活中，母爱也常常比父爱来得更为深情。同样有民谚为证：宁要讨饭娘，不跟做官爹。

但是且慢，难道基因还会算计且知道什么是最佳策略？基因当然不会算计，所以道金斯在此所用的“策略”仅是比喻，它专门指在自然选择筛选之下，得到保存的那些行为。达尔文在南非时曾观察到有一种蜂类，它捕捉毛虫并令其昏迷，以便给未来的幼蜂当做食物。就是依靠这样的本能，这种蜂类得以代代相传。这一现象曾让达尔文困惑，因为蜂类并不知道这种行为的后果，莫非它真是出自于神的设计？但正是对这一现象的思索让达尔文接近正确的答案。达尔文的解释是，蜂类偶然做出这一行为，却有利于后代的生存，于是具有这种行为的个体得以繁衍，不具此种行为的个体则绝种，这就是自然选择的逻辑。它无须有意算计，仅借助于偶然性和优胜劣汰，有序乃从无序中而来。自达尔文以来，生物学家正是在此意义上解读所有的适应现象。因此，当道金斯等动物行为学家借助“策略”一词来描述这种适应现象时，我们必须切记，此策略乃是自然选择的逻辑，与有意算计无关。因此，当道金斯用“自私”一词来形容基因的策略时，也仅是一种比喻性的描述，并非指基因就是恶的化身。

在《自私的基因》中，道金斯还专门讨论了进化上的稳定策略（ESS），意即一个群体中的大部分成员所采用的某种策略。设想一种最简单的情况，鹰代表进攻策略，鸽代表和平策略。当一个群体的成员全部采用鹰策略时，结果就是搏斗至死；相反，当全部采用鸽策略时，彼此能够友好相处。但问题在于，此时群体中只要出现一个异类，当大家都打得不可开交时，它却袖手旁观、退让三分；或者当大家都彬彬有礼时，它却主动出击。结果可以想象，这一异类必定所向无敌大获成功。然而当群体中充满它的后代时，则又回到相反的局面。可见这种情况并不是进化上的稳定策略。根据计算，当这两种策略之比为 1/6 的鹰对 5/6 的鸽时，达到平衡，此即进化上的稳定策略。此时的群体也处于稳定或和谐之中。但需强调，这种稳定的维持并不是出于群体利益的需要，而是每一个体的自私考虑。比如，生物界一般不会出现同类相食的情况，著名的动物行为学家洛伦兹将此解释为出于群体利益的需要，同种动物自然不会自相残杀。但若从稳定策略出发，虎与虎之间互相吞食，必定会以两败俱伤而告终，显然这不是稳定策略。对于羊来说，与捕食者搏斗的个体也只能沦为对方的美食而绝种，因而及时逃走就是羊的稳定策略。这就是食肉动物和食草动物各自采用的稳定策略，可见其出发点是基于个体而非群体利益的算计。

人类社会中同样不乏这样的例子。比如，中国制造的廉价产品倾销欧美各国。如果出于更高的国家利益，企业之间似乎应该达成价格同盟，规定不准廉价出口。但事实上，各企业出于对自身利益的追逐，反而竞相压价，以扩大出口份额。要改变这种恶性竞争，良策决非由国家来制定统一价格，而是通过法律来规范各企业的行为，例如制定并落实环保措施，出台最低工资标准等，以迫使企业放弃廉价策略，走向良性竞争。

当然鹰和鸽的策略过于简单。还有一种更为复杂的情况，假设除鹰和鸽之外，还存在第三种策略：一报还一报型。它的行为总是先表现得如同鸽，若对方也是鸽，双方则继续友好相处；但若对方是鹰，它就以牙还牙。计算机模拟表明，最后胜出的是一报还一报型，亦即它将作为一种稳定策略而占据主导地位。可以想象，这种策略存在的前提是：博弈次数必须足够多而不是单次搞定。这就验证了一个基本的生活常识：一锤子买卖容易滋生欺骗行为。所谓路遥知马力，日久见人心，说的也是同一道理。

由于生物的进化是一个极其漫长的过程，足以为各方的博弈提供无数次机会。道金斯在书中举了不少这方面的例子。比如，海洋里有若干种小鱼虾，靠为大鱼做清洁工作来谋生。大鱼张开嘴巴，让小鱼游进游出为它剔牙、清理鱼鳃，小鱼借此而美餐一顿。这种共生现象就是生物界的互助行为。自从达尔文提出自然选择理论以来，一种质疑批评声不绝如缕：自然选择过多重视个体间的竞争现象，从而忽略了互助行为；生物界似乎要比达尔文所揭示的世界更为温情脉脉，更少血腥味。但事实上，达尔文理论同样重视这种互助现象的存在，只是解释有所不同：个体间的互助不是出自于利它美德，而是自私本性。那些永远张口就吃掉小鱼的大鱼，最后也许就死于寄生虫感染；而那些不做清洗工作、趁机咬上一口就溜的小鱼，也许更有可能被惹急的大鱼吃掉。经历无数次的博弈，只有互相合作的个体才得以代代繁衍，生存至今。也就是说，凭借自私的本性，同样可以演化出利它的行为。

也许我们可以用下述词语来概括三种策略：自私、利他和自利。一个全部由自私或利他个体组成的群体是不稳定的。理由如鹰—鸽对弈策略所述。前者必然会走向灭绝；后者必然会被偶然出现的自私者钻尽空子，当这样的自私者充满群体时，等待它的也只能是全军覆灭的结局。仅当存在第三种策略，亦即自利，或者说是有条件的利他，并且当它占上风时，群体才能够维持稳定。一个和谐的群体或社会必然是自利者的天下。就此而言，自利才是美德，由此导出的自由主义者的底线就是：在不侵犯他人利益的前提下，争取自身利益的最大化。因此，当有人标榜自己“一心为公”或倡导公众要“大公无私”时，大众必须警惕其背后的自私意图。还需强调的是，上述类型在群体中的多寡取决于特定条件。真正的洁身自好（或作恶多端）者仅是少数，大多数的个体都是“见风使舵”的机会主义者，当自私者可以一再得逞时，就会滋生越多的自私者，直至群体走向不稳定而崩溃。因此，就建立和谐社会而言，外在约束，也就是一种特定的环境，远比内在良知更重要。

尽管对道金斯来说，“自私”在某种意义上仅是一种比喻性的说法，并非意味着基因的本性就是恶。但问题在于，若人性只不过是对基因本性的反映，人与人之间仅依赖相互算计的策略而维系，这样的人生，想想都让人不寒而栗。难怪读者在读完《自私的基因》后，会如此绝望甚至厌恶人生。想必道金斯也不愿正视如此冷酷的人生，因而他在最后添加了一个振奋人心的结尾：“在这个世界上，只有我们，我们人类，能够反抗自私的复制基因的暴政。”但相对于整部书的论证力度，光是这一表态，似乎不足以令人信服：人类，凭借何种功德或能力能够克服基因强加于我们的自私本性？为此，道金斯发明了“觅母”一词，来描述人类特有的文化现象，以此与我们体内的基因相抗衡。并且道金斯还寄希望于“我们自觉的预见能力，我们在想象中模拟未来的能力，能够防止我们纵容盲目的复制基因而干出那些最坏的、过分的自私行为”。在道金斯看来，“我们至少已经具备了精神上的力量去照顾我们的长期自私利益而不仅仅是短期自私利益”。

这种在想象中模拟未来的能力其实也就是人类的理性能力，一种出自于理性算计后的行为才是我们日常所说的策略。人类向来珍爱自己的理性，视其为一种无与伦比的才能，一种足以傲视群雄的资本，可见道金斯也不例外。用马克思的话来说，最高明的蜜蜂和最蹩脚的工程师之间的区别在于，后者在建筑之前已有了一幅设计图纸。显然我们习惯于把理性凌驾于本能之上，轻视本能，只因本能是盲目的、无意识行为的结果，其实动物行为学家所谓的策略就是本能。

但事实上，在漫长的进化史上，理性的出现近在咫尺，其时间之短几乎可以忽略。相形之下，经自然选择筛选而沉淀的本能反倒更为可靠。有一种重要的本能，那就是情感。在《自私的基因》中，道金斯只字不提情感的作用。然而依达尔文所见，我们万分珍视的道德恰恰来源于情感。道德的可贵，乃在于它的非算计性，因此道德与情感本为同根生，有着天然的渊源。与此同时，人生的全部意义仅在于：为情所累。用达尔文的话来说：“爱得越深，折磨也就越深，但没有爱的生活，好比是一片沙漠。”尽管有爱就有痛，但我们宁可承受这爱恨交加的人生。我们天然地深信，生活中的快乐和爱要远远超出痛苦和恨，理由正如达尔文所说，否则生命怎么可能延续下来呢？

于是，关于情感与道德的关系，构成笔者下一篇文章的主题。

方舟船票:灾难面前谁得救

张杨波

方舟船票:从"价高者得"到"人人平等"

影片《2012》是美国著名导演罗兰·艾默里奇(Roland Emmerich)2009年推出的一部关于全球毁灭主题的力作(此前他执导过《独立日》和《后天》等著名影片)。它讲述的是在2012年世界末日来临之前,主人公杰克逊·柯蒂斯(约翰·库萨克饰)带着家人挣扎求生的离奇经历。据有关报道,《2012》在全球105个国家和地区上映,第一周的票房就达到了两亿美元,同时也成为我国2009年的票房总冠军,票房收入达到4.60亿元。这部影片在带来巨额商业利润价值的同时,或许更多的是在给我们讲述一种事件发生的可能性,地球是否会有那么一天要来临,如果有的话,人类该何去何从?

从众多的后续新闻报道和互联网资料来看,由《2012》引发的的世界末日是否来临一度吸引了人们的眼球,不少专家为此花了很大力气为人们讲述其中的科学知识。地球是否有毁灭的一天,或许只是一种科学假说,但是如果借此可以启发人们对自身生存环境的思考,那么它带给我们的就不仅仅是商业价值。在影片中,除了精彩逼真的灾难剧照和对剧中各类人物形象的细腻刻画,我想令大家更难以忘怀的是,当方舟建造完毕并开始航行的时候,众多难民一起涌向方舟争先恐后上船的景象,这种情况最后甚至发展为已经上船的人和没有上船的人之间的激烈冲突。这种画面展现的是当人类在面对灾难的时候,到底是坚持"价高者得",还是"人人平等"的原则。我不止一次在想,假如真的有这么一天,我们又该如何抉择?谁能上船谁不能上船,又该怎么上船,这些话题应该是《2012》留给我们继续深思的地方。当人们还在为影片中的科技元素争论不休的时候,我到想从社会学的角度来谈一些看法。

张杨波:武汉大学社会学系教师。

灾难大片《2012》剧照

说得具体一些，在灾难面前，人类或许就此全部灭亡或者说有一少部分人活了下来，那么有限的生存机会对于每一个人来讲是否是平等的。按理说，人人都有谋求生存的平等权利，这是影片中艾德里安博士一直感到矛盾的地方。他想尽可能救更多的难民，然而有限的方舟数量却远远不够。方舟承载的难民数量就是为数不多的生存机会，这些机会对于所有人来讲应该是平等的。但是这种平等并不仅仅是文本上的规定或口号上的宣传，当它回归到具体生活领域的时候，就涉及如何操作的难题。比如说，人们会按照什么方式来获得生存机会，是采用掷骰子的随机选择还是市场交换原则抑或"妇女儿童优先"的道德原则等。

然而，正如大家所看到的，《2012》前半部分展示的是各国高级政要或经济精英通过权力或金钱方式获得稀缺的方舟船票（价值10亿欧元）。这种稀缺资源（生存机会）的分配逻辑是在既有社会秩序下形成的，那就是公平交换原则——"价高者得"，这种价要么是金钱要么是权力。可是，当人们知道生存机会不多的时候，这种原则可能就不起作用了。在影片后半部分，由于某些特殊原因，经过筛选的一部分难民却不能全部上船，谁去谁留成为考验全人类道德法则的天平。在艾德里安博士的一再坚持下，经过各国政要的协商讨论，最后一致作出抉择，"所有人都是平等的，都有平等的生存机会"。这个转变不仅是生存原则从"价高者得"到"人人平等"逻辑的转换，更重要的是，在灾难面前，人们是否可以做出利他的行为。当然，影片的结局起码让人感到很欣慰，可是，当我们回过头来再想一想，这些奔赴方舟基地的受难人群是如何被选出来的，类似杰克逊一家人的情况又有多少呢？

生存机会获得的社会分层逻辑

或许《2012》中讲述的这种毁灭性灾难对我们来说还比较遥远，然而由它所折射出来的论题便是"灾难面前，谁被得救"。这是当前很多灾难影片着力刻画的主题，由此我想到了十余年前看过的电影《泰坦尼克号》。这部影片由于对杰克与罗斯之间凄美爱情的成功描绘，成为留给当时人们的一段美好集体记忆，即使现在重新看也仍能牵动不少人敏感的神经。本文想说的是，《泰坦尼克号》不只是一部电影，它确实反映了曾经发生过的一场海难。在那场海难中，有人遇难了，有人活下来了，这对于每个人来讲是否只是一个随机的结果？问题没有那么简单。现在已经有学者对当年社会等级与沉船死亡率之间的关系作了细致分析，发现不同社会等级之间（主要是按照乘客乘坐的舱位等级）的幸存率有明显的差异。例如，一等舱的票价是三等舱的10倍，而幸存率也比后者高出近40%。另外，数据也没有显示"妇女儿童优先"的生存机会原则，因为三等舱儿童的死亡率高达73%，这种关系被称之为"泰坦尼克定律"。清华大学社会学系的景军教授在讨论中国社会艾滋病风险论题时，就用该定律来指称社会等级决定风险的差异并决定风险降临之后的伤害差异（见表1，景军：《泰坦尼克定律：中国艾滋病风险分析》，《社会学研究》2006年第5期）。说得更广泛一点，不论是艾滋病风险还是各类自然灾难，不同等级的社会群体在避免、抵御灾难时有明显差异。

影片《2012》主人公杰克逊·柯蒂斯

表 1　泰坦尼克定律的依据:舱位等级与死亡和幸存的相关

舱位	票价	舱位人数	死亡数	死亡率	幸存数	幸存率	儿童死亡情况	舱位装备
一等舱	30 英镑(最高 870 英镑)	319	119	37%	220	63%	一等舱儿童 7 人,死 1 人	安置了救生艇地点
二等舱	12 英镑	269	152	57%	117	43%	二等舱儿童 25 人,全部幸存	安置了救生艇地点
三等舱	3 英镑	699	527	75%	172	25%	三等舱儿童 75 人,死亡 55 人	没有救生艇

说明:本文作者在原图基础上作了补充,我建议有兴趣的读者参看原文。

不管是《2012》还是《泰坦尼克号》,不管是方舟船票还是救生艇,不管是杜撰出来的世界末日还是真实发生过的海难,人类在巨大的自然灾难面前,如何分配稀缺的生存机会就成为挑战我们道德抉择的关键。当然,《2012》在影片结尾以一种人道化的方式解决了这个难题,可是从《泰坦尼克号》中所得到的数据可能才真正揭示了生活的本来面目。我们很希望能得到《2012》的完美结局,然而与《泰坦尼克号》类似的情况可能在生活中却一再上演。这些讨论为我们从社会学视角来认识灾难现象提供了一个不错的切入点，即不同的社会群体在避免灾难、抵御灾难和灾后恢复能力上各有不同,原因就在于人们由于自身能力或外在制度原因的差异其实具备了不同的获取生存机会的条件。

灾难现象:一个社会学的视角

由这两部电影引出的话题便是对灾难面前生存机会分配的讨论。关于灾难现象的探索，尤其是历史学学科给我们提供了中国乃至世界各地详细的史料,不过本文旨在尝试从社会学的视角来重新理解灾难现象。例如关于成灾与受灾的讨论,前者指灾害形成的外部原因和条件,而后者则指由于不同地区间经济状况、人口密度及灾害预报的差异,可能面对同样的灾难,但各地的受灾情况却不一样。例如两个地区都遭遇了地震,然而第二个地区由于防灾及时有效,降低了地震的不利影响,但第一个地区的情况就糟糕多了。对于这种差异,或许可以从两地政府的组织动员、灾情预报及地震知识的宣传上来找到解释,而社会学在这些方面就能大有作为。

当然,对于灾难现象的社会学分析,不止一种理论视角,而本文只是从社会分层的角度来考察不同类型的人群在避免灾难(灾前)、抵御灾难(灾中)和灾后恢复(灾后)方面的差异,这些差异的根源在于不同人群拥有不同的社会资源。

从避免灾难来看,尽管有一些灾难对人类来讲是全面性、毁灭性的,例如地震、海啸或核泄漏等,但对于那些非全面性或毁灭性的灾难,不同的人群由于拥有不同的社会资源(收入、权力乃至信息资源等),因而具备了避免此类灾难的不同能力。这里仅以山西煤矿所引发的环境污染(空气污染、水污染、土地污染等)和导致的土地塌陷为例。南京大学社会学系的张玉林教授曾指出,山西境内由于煤矿所导致的各种灾难已经在一些地区波及开来,而不同的人群采取了不同的行动,其中尤为明显的是一些富裕群体纷纷外迁他地,而普通百姓却只能留在当地深受其害。产生这种差异的原因就在于第一类群体具有较强的经济资源和信息符号资源,他们可以通过在外地购房来避免灾难对自身的影响(参见张玉林:《另一种不平等:环境战争与灾难分配》,《绿叶》2009年第4期)。这里的观点可以细分为两个方面:第一是对灾难的主观认知状况,面对同样的灾难隐患,社会精英群体可能会有更敏锐的察觉或较高的感知力;第二则是避免灾难的客观能力,除了有能力认识到灾难发生的可能性,同时还要具备避免这种危害的能力。比如说当前城市内存在的空气污染会对每个人产生不利的影响,然而,一些人却可以通过购买空气净化器在局部环境来降低这种不好的影响。要做出这样的行为需要两个前提:一是认识到了这种危害,二是有能力去避免它。简言之,这两个前提在不同人群分布中的差异会直接影响他们避难方面的不同。

接下来,从抵御灾难这个方面看,或许每一个人都会受到某种灾难的影响。然而,不同人群由于拥有社会资源(收入、权力或符号资源等)的差异具备了不同的抗灾能力。比如说在雪灾的时候,受灾地区的蔬菜价格往往会上涨,这无疑会加重普通百姓的生活成本,但是这对于那些富裕群体来说可能并不是太大的问题。由于收入差异和市场交换的原则,富人可以凭借收入从市场中获得资源来消除灾难的影响。值得一提的是,除了收入差异外,不同群体的社会网络差异也会影响人们抵御灾难的能力。

美国斯坦福大学社会学系的周雪光教授曾在一篇评论中谈到,芝加哥市在1995年发生的一场高温灾难中却让两个社区老人的死亡率产生了很大的差异，其中一个重要原因就在于拉美裔社区的老人有丰富的社会网络支持，有效地抵御了这场高温灾难，而非洲裔社区有不少老年人在没有得到有效帮助的时候困死在房屋里（周雪光：《芝加哥“热浪”的社会学启迪》，《社会学研究》2006年第4期）。从这个角度看，在灾难发生后，如果只是由受灾地区的居民采取自救的方式，那么无疑会给那些处于中低收入的居民群体带来很大压力，而富人受到的不利影响可能没有那么严重。在这时，各级政府出台相关的政策就成为降低弱势群体受灾影响的重要力量。简言之，如果富裕群体凭借收入依赖市场支持的话，那么贫穷居民就更需要来自政府的援助。当然，不同类型群体抵御灾难的能力和灾难的破坏程度也有关系，那些毁灭性的灾难将会波及更多不同类型的人群。

除此之外，不同人群在灾后的恢复能力可能也存在一些差异。有一些灾难对所有人都会产生严重的影响，但在灾难过后，人们由于拥有社会资源状况的差异，以及在依赖国家、市场乃至社会网络上的不同，灾后的恢复能力可能也有差异。例如在2008年四川“汶川地震”之后，受灾地区的居民开始重建住房。由于国家投入不足，当地民众开始通过自由存款、银行贷款乃至亲友借款等方式来筹措资金，但结果却导致民众根据各自的市场能力进行了新一轮的财富分配，导致财富向农村精英阶层聚集（徐晓军：《震后贫困村住房重建中的财富分配与流动——以四川省为例》，《华中师范大学学报》（社会科学版）2009年第4期）。我想之所以会出现这种情况，原因就在于不同的社会群体在地震之前本身就在收入、权力等方面有差异，这些差异在灾后重建的过程中可能再生产出来，结果将进一步拉大不同阶层群体的差距。

灾难不会选择性地只伤害某一类群体，可是，由于不同人群在收入、职业乃至信息资源上的不同，使得灾难在人群中的分布呈现出选择性的后果。那些处于社会中低阶层的群体往往更容易受到伤害，这种伤害的后果和他们所占有的阶层位置之间有密切的联系。说得具体一点，财富聚集于社会上层，灾难聚集于社会下层。这是社会学关注灾难现象的重要分析视角。

影片《2012》的结尾带给我们的是一种让人振奋的结局，可是现实生活中的一些情况可能展现的是另外一套运作逻辑。灾难面前，生存机会的分配与社会等级的差异有明显联系，由这种联系引申出来的便是对灾难现象的社会学分析。文章从避免灾难、抗击灾难和灾后恢复三个方面的论述，指出对于灾难的探索一定要和当前的社会分层研究论题结合在一起。如果说在此之前，我们的注意力更多的是放在不断增长的社会财富如何在不同群体之间进行分配，那么现在关于灾难分配的讨论同样也需要遵循这样的思路。

把生存机会分配给了谁、又是如何分配的，这些过程并不是随机的，而是和不同群体的阶层位置紧密联系在一起的。财富分配与灾难分配背后都打着明显的社会分层烙印。认识到这一点，我们就不会像以前那样简单地认为灾难对每个人来讲是随机的结果，而是会将职业、性别、种族等方面形成的不同社会群体作为重要的考量因素。承认了“泰坦尼克定律”，那么弱势群体在灾难过程中会面临更大的困难就不只是一个假设，而是一个严峻的现实，各级政府在出台相关的救灾措施的时候就需要重点考虑这些因素，只有这样才能真正达到救灾的目的。

新书推介

本书是山东工商学院《城乡老年人孤独感的社会学研究》课题组五年来研究的一个成果。课题组运用微观的实证社会学研究方法，对山东省烟台市老龄化程度最高的五个农村社区和四个城市社区进行了问卷调查和个案访谈，获得了大量的第一手数据，分析并比较研究了城乡老年人的经济收入、健康自评、患病状况、医疗保障、居住安排、亲子相互支持模式、社会人际关系网、生活满意度和孤独感等，在众多方面获得了全新的发现并得出了有意义的结论。

本书既可以作为了解城乡老年人生活细节的知识读物，也可以为养老政策和法律的制定提供参考依据，同时，也可作为专业老龄化研究的一个样本供参考。

《城乡人口老龄化与老龄问题研究》，林明鲜、刘永策主编，24.5 万字，定价：28.00 元
山东人民出版社 2010 年 1 月出版

李端端

（扬州美女杂写之一）

韦明铧

苏小小、李师师、崔莺莺、陈圆圆……这些用叠字做名字的莺莺燕燕般的古代美女，几乎尽人皆知。而在以出美女闻名的扬州，历史上也曾有过李端端、毛惜惜、柳依依、陈素素等风流美人。每个美人的身后，都有一段故事。

这些美人的名字都爱用叠字，与今天常见的芳芳、媛媛相似。这种有趣的现象也其来有自。有记载的，可以追溯到汉代，如翟宣的后母名叫练练。唐代最流行此风，敦煌文书中就有李仙仙、张介介等名。明人郎瑛《七修类稿》卷二十四“唐双名美人”条历数道：

> 元稹妾名莺莺，张祐妾名燕燕，柳将军爱妓名真真，张建封舞伎名盼盼。又，善歌之妓曰好好、端端、灼灼、惜惜。钱唐杨氏曰爱爱，武氏曰赛赛，范氏曰燕燕。天宝中贵人妾曰盈盈，大历中才人张红红、薛琼琼，杨虞卿妾英英。不知唐时何以要取双名耶？

叠字大抵是闺中小名，父兄唤之，以示亲昵，叫惯了便不忍再改，除非有特殊的需求。唐人最不拘小节，所以女子也不以公开呼唤小名为意，犹如今日上海里弄中的妇人身着内衣拖鞋上街一样。联想到清人程梦星《虹桥竹枝词》中“梨红杏白休轻唤，帘底防人认小名”之句，便觉得清人与唐人的境界相去太远。但是，历代流传下来的用叠字为名的女子，社会地位大多不高。像《唐语林》中的郑举举，《北里志》中的王苏苏、王莲莲、张住住，《梦粱录》中的唐安安、季惜惜、吕双双、胡怜怜、沈盼盼、普安安、徐双双、熊保保，《青楼集》中的李心心、于盼盼、于心心、魏道道、赵真真、汪怜怜、顾山山、孙秀秀等，无一不是风尘中人。只有极少数例外，如《辽史》说，辽景宗的萧皇后小字燕燕，辽天祚帝的文妃小字瑟瑟。前者还有个大名叫绰，后者就一直唤做瑟瑟。

韦明铧：扬州市文化研究所所长，一级作家。

我要说的是唐代扬州美人李端端。

唐代扬州繁华绝伦，谚称“扬一益二”，意为在长安、洛阳之外，天下的好去处就要数扬州第一，益州(成都)第二。其时天下二分明月、十里春风，均为扬州独占。话说当日扬州有个歌楼善和坊，善和坊有个美人李端端，只因诗人崔涯写诗议论她的皮肤黑白，所以无端产生一段佳话，一直传颂至今。崔涯《嘲李端端》诗云：

黄昏不语不知行，鼻似烟囱耳似铛。

独把象牙梳掠鬓，昆仑顶上月初生。

天黑时如不说话，便不知道她的到来。她的鼻子好似烟囱，耳朵好像锅底。一把象牙梳子插在她的头上，远望恰如墨色的山顶初生一弯新月。诗传开后，正走红的李端端顿时门庭冷落，车马稀少。她忧郁成疾，琢磨着在崔涯必经之地跪拜迎候，痛哭陈情。诗人被她感动，又写了一首《重赠端端》，诗云：

觅得骅骝被绣鞍，善和坊里娶端端。

扬州近日无双价，一朵能行白牡丹。

赶快买来良马好鞍，到善和坊把美人李端端娶回家吧！近来扬州市上最昂贵的，莫过于那朵能够行走的白牡丹李端端了。有了诗人的这一褒扬，李端端门前立马恢复了往日的喧闹，款爷、豪绅纷至沓来。

这段著名的掌故，出自唐人范摅《云溪友议》卷五：

崔涯者，吴楚之狂生也，与张祜齐名。每题一诗于倡肆，无不诵之于衢路。誉之则车马继来，毁之则杯盘失错。嘲一妓曰：“虽得苏方木，犹贪玳瑁皮。怀胎十个月，生下昆仑儿。”又曰：“布袍披袄火烧毡，纸补箜篌麻接弦。更着一双皮屐子，纥梯纥榻出门前。”

又，《嘲李端端》诗曰：“黄昏不语不知行，鼻似烟囱耳似铛。独把象牙梳插鬓，昆仑山上月初生。”端端得此诗，忧心如病。使院饮回，遥见女子，蹑屐而行，于道旁再拜，兢惕曰：“端端只候三郎、六郎，伏望哀之。”又重赠一绝句粉饰之，于是大贾巨豪，竞臻其户。或戏之曰：“李家娘子，才出墨池，便登雪岭，何期一日，黑白不均？”红楼以为倡乐，无不畏其嘲谑。祜、涯久在维扬，天下晏清，篇词纵逸，贵达钦惮，呼吸风生，颇畅此时之意也！《赠端端》诗曰：“觅得黄骝鞁绣鞍，善和坊里取端端。扬州近日浑相诧，一朵能行白牡丹。”

唐人崔涯是吴楚间的狂生，与张祜齐名。他常题诗于妓院，每一首诗写成之后，便在大街小巷不胫而走。受到他称赞的妓女门庭若市，遭到他打击的妓女痛不欲生。崔涯曾嘲弄一个与胡人交往的妓女，说她得到了“苏方木”，还贪图得到“玳瑁皮”，结果怀胎十月后生下个“昆仑儿”。“苏方木”和“玳瑁皮”都是唐代西域胡商手中的舶来品，妓女因想得到这些洋玩意，不惜以生下混血的“昆仑儿”为代价。崔涯讽刺另一个邋遢的妓女，说她穿布袍披小袄铺着红毡，用废纸来修补箜篌，用麻绳来接续弦索。脚上蹬的是一双皮拖鞋，常听她咯噔咯噔地走出门来。当然，被嘲弄得最惨的是善和坊的名妓李端端。而一切咒骂的重点，都落在她的肤色上，这一点竟使李端端郁闷得要死。她无论如何要漂白自己的皮肤，就像传说中美国黑人歌手所想做的那样。她采取攻心战术，终于成功了，诗人崔涯昨天还骂她黑得像烟囱和锅底，今天就把她形容为一朵能够行走的白牡丹！扬州人这样调侃道：“李家娘子，才出墨池，就又登上了雪岭，为什么一天之内如此黑白不均啊！”张祜、崔涯久住扬州，天下太平，诗章恣纵，挥斥月旦，莫不称心。不想当日之扬州，竟是诗人之天下！

关于崔涯，一般的书上只介绍他是吴楚间人，与张祜齐名，存诗八首。其诗清丽雅秀，语言超逸。八首诗中，《别妻》、《咏春风》、《杂嘲二首》等皆是佳作，尤以《别妻》为最善。《别妻》云：“陇上泉流陇下分，断肠呜咽不堪闻。嫦娥一入月中去，巫峡千秋空白云。”诗写夫妻离别，接连用了两个比喻：一是夫妻分手，就像那分流的泉水一样，令人“断肠呜咽”；二是妻子远去，有如嫦娥入月，难于再见，只留下“千秋白云”。设喻巧妙，结构浑然，诚为佳作，但更为人所知的却是《嘲李端端》和《重赠端端》。

崔涯的好友张祜也是个狂生，曾举进士而不第。他以宫词闻于当时，据说传入禁中后，宫女类能谱唱。张祜最不朽的诗句，莫如“故国三千里，深宫二十年。一声河满子，双泪落君前”，千年传诵，令人神伤。少年张祜与杜牧的经历颇为相近，浪迹江南，纵情声色，流连于维扬与姑苏一带，留下了许多或浪漫或荒诞或颓废的词章。他和崔涯戏弄李端端一事，应当可信，有他《到广陵》一诗为证：

一年江海恣狂游，夜宿倡家晓上楼。

嗜酒几曾群众小，为文多是讽诸侯。

逢人说剑三攘臂，对镜吟诗一掉头。

今日更来憔悴意，不堪风月满扬州。

从诗中可以看到张祜的狂放与不羁：高兴起来可以夜宿娼家而不归，喝酒时却绝不与小人为伍；提起笔来就骂当朝的高官，抵掌论剑之后却又对镜吟诗。这种无厘头的生活，一直持续到他老境颓唐，再也无法面对扬州的繁华风月。但张祜是真的喜欢扬州那种无拘无束的生活的。他的两句诗"人生只合扬州死，禅智山水好墓田"，抵得上一百本赞美扬州的书。

唐朝是诗歌的黄金时代，以至于青楼女子也不能不受诗歌的影响。她们要讨宾客的欢心，常常要用诗歌来包装自己。这样一来，坊间的妓女几乎无人不能诗，正如今天无论酒吧还是饭店的小姐都要会唱歌一样，哪怕五音不全。对于一般的妓女来说，缠头不妨少给，艳诗却要多赠。妓女与诗人的关系到了如此地步，就不难理解何以会有李端端式的故事发生了。

唐代诗歌之于妓女，犹如当今文凭之于学士，乃是一种炫目的招牌。青楼女子被诗人一褒一贬，就关系着她的名誉与生涯。诗歌的作用既然这么大，青楼中人也就格外地礼遇诗人，诗妓的身价也因之水涨船高。白居易在《与元稹书》中说，长安妓女有这样自夸的："我诵得白学士《长恨歌》，岂同他哉？"她只不过会背诵《长恨歌》而已，声价便兀自与他人不同，如能得到诗人的亲手馈赠，则身价必在他人之上了。诗歌一入青楼，便成不解之缘，这与文人和妓女的联袂合作是分不开的。胡适先生在《词的起源》中说："我疑心依曲拍作长短句的歌调，这个风气是起于民间，起于乐工歌妓。"郑振铎先生在《中国文学史》中说："作家一作好了词，他便可以授之歌妓，当筵歌唱，十七八岁女郎执红牙拍板歌杨柳岸晓风残月。这个情景，岂不是每个文人学士最羡喜的？"

中国文学中的女性形象，多是光彩照人的美女。从宋玉和司马相如们开始，历代文人，各显神通，不知精心创作过多少美女之赋、佳人之篇。相反，描写丑妇的作品却甚少。《庄子》、《淮南子》、《韩诗外传》等书中有记载丑妇的文字，大抵意在说明她们容貌虽然丑陋，德行尚有可取。专门对丑妇进行嘲讽的，并不多见。

而在非议女性的文学作品中，女性的肤色似乎历来是文人最关注的。

楚人宋玉《登徒子好色赋》写登徒子之妻"蓬头挛耳，齞唇历齿，旁行踽偻，又疥且痔"，既写到"疥"字，肯定是皮肤有病。汉人刘向《新序》写丑女无盐是"折腰出胸，皮肤若漆"，则不管怎样，"皮肤若漆"已经铸成大错。南朝刘思真的《丑妇赋》据说是现存最早专写丑女的作品，有"肤如老桑皮，耳如侧两手"之句，声讨的乃是"肤如老桑皮"。唐人白行简《天地阴阳交欢大乐赋》所写的丑女是"丑黑短肥，臀高面欹"，可见"丑黑"是美女的首要敌人。唐代以后，专门写丑妇的作品不绝如缕，也是集诸般黑色于一处。这些也许都是李端端故事的余风，只不过没有李端端那样喜剧的结局。

李端端虽然为崔涯所嘲弄，但是也正是由于崔涯的诗，才使得李端端的名字流传至今。李端端的故事发生在唐代，之后不断有人提起。如元人夏庭芝《青楼集》记维扬名妓李楚仪时写道：

> 李楚仪，维扬名妓也。工小唱，尤善慢词。王继学中丞甚爱之，赠以诗序。余记其一联云："善和坊里，骅骝构出绣鞍来；钱塘江边，燕子衔将春色去。"

所谓"善和坊里，骅骝构出绣鞍来"，就是用的"觅得骅骝被绣鞍，善和坊里取端端"之典。李楚仪和李端端，两人都姓李，都在风尘中，都是扬州人，所以有此联想。

唐寅《李端端图》

明人唐寅画过一幅有名的《李端端图》，或名《李端端落籍图》、《李端端乞诗图》。《李端端图》画的是文人与妓女之间的关系，唐寅当时也许想以此嘲弄和渎犯封建的等级观念。在画风上，他继承了南宋仕女画明眸粉颊的院体传统，但又具有自己飘逸淡雅的风格。他笔下的李端端细眉小眼，面颊清瘦，两手纤细，面色白皙，反映了他所追求的风姿嫣然的美学趣味和那个时代的审美风尚。唐寅在《李端端图》上有诗题道：

善和坊里李端端，信是能行白牡丹。

谁信扬州金满市，胭脂价到属穷酸。

画中的李端端，虽然娇小，但是从容玉立，表情大方，只是稍露不安和期待。而崔涯凝神谛听，折服之情溢于眉目间。这幅画成为李端端为数不多的有名造像。令人诧异的是，唐寅提出了一个我们没有想到的问题：在扬州这样崇尚拜金主义的商业城市里，胭脂美人的价格行情居然是由穷酸文人说了算！

在清初烟水散人的小说《合浦珠》第五回，也曾用李端端典故：

常不欺道："从来佳丽出在扬州，今见赵娘，果然名称其实。"憨公子默坐了一会，忽然问得："我小弟幼时，尝闻家祖先尚书说，扬州有一个名妓，叫做李端端。今友老也是扬州人，可曾相熟么？"友梅不睬。常不欺便插口道："说起那李端端，真真美貌非常，前年在下曾到扬州去，与她相好之极。"

这大约是清代以来，在小说中运用李端端典故的滥觞。曾见近人小说《括苍山恩仇记》，写到"善和坊里的花魁，姓郝，小名儿叫端端，杭州城里红出了名儿的"，不知为何擅自为李端端篡改了姓氏和籍贯。

李端端的名字，钱钟书先生在《读〈拉奥孔〉》里谈到用图画表现诗意的"滑稽手法"时，曾在注解中提及：

普拉兹(M. Praz)《美与怪》104页举了些例子，像：把自行车画成牛头，车上把手是两只角；把女明星的脸画成一间屋子，嘴唇是沙发椅，鼻子是烟囱——未一形象当然使我们想起崔涯《嘲李端端》："鼻似烟囱耳似铛。"

钱先生的意思是，像"鼻似烟囱耳似铛"这样的形容，用诗句来表达是没有问题的，如果用图画出来就非常滑稽了。

李端端没有苏小小、李师师、崔莺莺、陈圆圆的名气大，但她在诗歌、绘画与小说史上也有一点点影响。她是第一个因肤色深浅的不同评价而遭受社会舆论的不同待遇的人，这一点不但具有历史意义，而且具有现实意义。和当代种族歧视稍稍不同的是，实际上李端端本人的肤色无变化，只是别人对她的说法有所变化，竟然导致了当事人命运的戏剧性变化。评论家的导向作用，有如是之大乎！？

疾病与王权

(疾病的社会史之十二)

余凤高

中国清朝入关后的第一位皇帝清世祖福临(1638~1661),是1643年6岁即位的,取年号顺治。因为年幼,最初由叔父多尔衮及郑亲王济尔哈朗摄政;至1651年多尔衮去世后才开始亲政,但不到10年,即在1661年正月初七去世离位,年仅24岁。

王位的嬗替历来是史学家和传记作家极为重视的大事,世界各国无不如此。有关顺治是否由于病逝而离位,也曾引起怀疑。有人提出,崇佛的世祖原先就有过削发剃度、出家为僧的念头;后又因爱子和宠妃相继病亡,精神上受到极大的打击,心灵无所依托,就更使他产生厌世情绪,于是就遁入空门,离位去做了和尚。也有人认为,他是在试图征服台湾时,被郑成功的大炮击中致死的,只是此事一直被隐瞒了。如今,比较一致的意见,认为顺治是死于天花,上述两种看法都不能成立。

1661年,顺治十八年,正月初二日,太监吴良辅出家,在悯忠寺即今日北京市宣武门外菜市口南的法源寺行削发仪式。本来,因为七年前曾出现天花流行高峰,近年又开始流行,皇族亲贵们都小心翼翼,如1655年定远大将军、敬谨亲王尼勘死于西南征伐时,尸体运回京师,顺治就被劝阻而未去吊唁。但吴良辅是这位皇帝的亲信,因此他就前去观看。谁知下午回宫后,即被感染了。

顺治先是感到情绪烦躁,并伴有高热,于是卧病在床。有学者引王熙《王文靖集·自撰年谱》载:"奉召入养心殿,谕:朕患痘,势将不起。"又张宸《青王周集》中记述:"传谕民间毋炒豆,毋燃灯,毋泼水,始知上疾为出痘。"证明顺治罹天花确是事实。而此病在当时是难以治疗的,即使皇族,也无法挽救。初六日,顺治觉得自己的确"势将不起"了,急命人记录遗嘱,但学士在他床前仅草就遗诏第一

余凤高:浙江省社会科学院研究员。

清世祖福临

段，他便支持不下去了。第二天，勉强挣扎着将遗诏改了三遍。初七夜，24 岁的顺治就“圣驾宾天”了。他的第三个儿子、年仅 8 岁的爱新觉罗玄烨（1654~1722）继位，由索尼、苏克萨哈、遏必隆、鳌拜四位大臣共同辅政，年号康熙；至康熙六年（1667 年）亲政。

“君主制”国家是由君主一人独自掌握统治权来治理的国家，君主作为享有最高权力的永久国家元首，地位高于任何世俗的统治者。法国国王路易十四有一句名言：“朕即国家！”就是说全国的事务，“小”自关系国内任何一个人的生活乃至生命，大至国际的交往甚至战争的发动，当然也包括王位的嬗替，一切都得由他一个人说了算。因此，君主在多数情况下都是活得非常自如自在的。所以王位也就成为一切野心家所觊觎的一个位置，而君主的一切都会成为历史学家和传记作家们最最关注的对象，也就不难理解了。巴黎第六索邦大学的历史学教授，中世纪法国史专家米歇尔·卡尔莫（Michel Carmona）写道：

> 权力的源泉，全国治理大厦之顶峰，就是国王，而且永远是国王。史籍、传记、同代人的回忆录以及官方文件，都赋予国王重要地位，有时几乎过分夸大国王的作用。一切都按照他的谕旨或训令去办，根据他的兴致去办。当拥有全权的法院结束辩论时，国王发言，将自己的意志强加于人，总是他最后拍板。因此，历史学家对国王的哪怕微不足道的一举一动以及对国王的脾气秉性都格外重视。他们反复钻研御医日记，探求国王的情感和爱情生活，推断国王性欲是否旺盛。他们对国王进行心理分析，还对国王的宗教意识的性质和深度进行评论……（曹松豪等译）

原因是国王的一举一动甚至都会对整个国家、全体百姓造成重大的影响，其中重要、也最明显的是国王的身体健康与否，就直接决定了他是能够继续作为最高权力的元首掌握统治权来“治理”国家，还是因为疾病或死亡使这最高权力落入他人，尤其是他的政敌手中。因为国王患病或病逝，通常都会按照国王本人的遗愿由他的法定继承人来继承王位。顺治死后的继位问题算是比较顺利的。有时当国王因急病事先未能想到自己会这么快便驾崩，因而来不及安排继承人时，也常常在一个短时间内在宫廷乃至全国造成混乱，甚至引发王位争夺的事例也很多，如在英国。

英国都铎王朝第一代国王亨利七世的次子亨利八世（Henry Ⅷ，1491~1547）是一个有争议的国王。有些历史学家肯定，就历史地位来说，亨利八世曾给国家建立起一个比较良好的政府，创建了一支有效的海军，开始实行宗教改革，但认为他在任何意义上都算不上是一个伟大的人物；另一些历史学家却认为他是一个伟大的国王，甚至是有史以来英格兰最伟大的国王。

亨利八世的一生是好莱坞最看中的电影题材之一。亨利八世结婚六次，但是没有一次是成功的：他以无男嗣为由强迫与第一任妻子——西班牙阿拉贡的凯瑟琳离婚；又以通奸罪处死第二任妻子安妮·博林；第三位妻子简·西摩虽然生了一个儿子，但落产后12天即去世；亨利八世和第四任妻子克利夫斯的安妮结婚，原是为了与她的兄长——西德意志新教徒联盟的领袖、克利夫斯公爵威廉结成政治联盟，可是见到安妮之后，发现她不漂亮，且两方的政治联盟也未结成，于是仅半年零一个星期，便解除婚约；亨利先是迷上克利夫斯的安妮的侍女凯瑟琳·霍华德，并秘密结婚，随后宣布她为王后，成为他的第五任妻子，甚至有一年多沉迷于他这位新娘，但后来怀疑她与多人私通，将她关进伦敦塔，两天后斩首；亨利最后一次结婚时已经病得不轻、自顾不暇了，这第六任妻子凯瑟琳·帕尔为人又机智圆滑，与亨利前妻所生的孩子以及改革派等各方面都相处较好，只有她，也只有在这种情况下，才一直活到亨利死后。

关于亨利八世的死，其死因，多数资料都很含糊，说得比较多的是认为他死于精神病或者心血管方面的疾病。近年的研究相信亨利八世是梅毒患者，他严重的精神病就是因为传染梅毒的病原体密螺旋体已经侵入到大脑的缘故。近日网上一篇题为《亨利八世妻子犯有通奸罪吗？》（Was the Wife of King Henry Ⅷ Guilty of Adultery?）的文章这样说：

历史总是设想安妮·博林是无辜的……但是往往没能考虑到一个重要事实：亨利八世或许具有安妮·博林不是一个规矩女人的确凿证据，因为她患有梅毒，而且她还将此病传给了亨利八世。此外，她的后来成为伊丽莎白女王的女儿据信也患有先天性梅毒，一种只有从母亲传给她孩子的梅毒。就因为这病的缘故，伊丽莎白女王才秃顶——一种先天性梅毒的体征，而且她永不结婚当然也是因为她患有梅毒，不愿将此病传给她丈夫。

相信亨利八世就死于梅毒这一当时根本无法医治的疾病。

"亨利死前，"《不列颠百科全书》中说，"拒绝安排幼主执政，因此死后使人感到王国无人治理，政府也陷入混乱。"最后，当然由他唯一合法的儿子，当时还只有九岁的爱德华·都铎(Edward Tudor,1537~1553)继承王位，号称爱德华六世。但正是因为只有九岁，政府由摄政会议管理，而实际上掌权的则是小国王的舅父、第一代萨默塞特公爵爱德华·西摩，直到1549年被沃里克伯爵达德利罢黜和取代。——由此也早就可以看出有多少人在觊觎这个王位了。

没有多久，时机就到了。

爱德华天性聪明，幼年即熟谙希腊文、拉丁文、法文和神学。但他先天不足，他是母亲难产生下来的。他母亲简·西摩可能是因患产褥热，也可能是由于剖腹手术引起的感染而死。

亨利八世性格乖戾而残忍，但对简·西摩的死是真心感到沮丧，他曾说简是他唯一"真正的妻子"(True Wife，注意用的是大写的字母)，因为她给他生了他最希望得到的儿子。

生活在16世纪的亨利，对疾病感染的问题虽不理解，但有一种出于直感的认识。于是，他亲自细心料理这个失去母亲的孩子，包括擦地板、洗碗碟、让孩子离开人多的地方，尤其是有人生病的地方。但是爱德华还是病了。

1552年4月，爱德华14岁零6个月，有一次急性发热，伴有皮疹。他曾在日记中说："我觉得我发麻疹和天花了。"约翰·海沃德爵士在他死后于1636年出版的《爱德华六世传》中这样写道："国王当政第六年的4月，他患了麻疹，但很快就良好康复。在染了天花之后得以仁慈地逃脱，可以认为体内有害的体液已被清除，因为通常是都会长期病着或者死亡的。"

但是麻疹之后八个月，1553年1月，爱德华病危。海沃德说，年轻的国王随着“咳嗽越来越厉害”，身体也慢慢虚弱下去。后来，在很短的时间里，连呼吸、说话都很艰难，两腿肿起，皮肤变色，连脉搏都测不到。医学史家研究的结论，相信爱德华所患的主要是肺结核病，最后就在半年之后，即1553年的7月6日在格林尼治宫死于这种当时无法医治的疾病。据说他最后的话是：“上帝啊，维护您真正的宗教，免使天主教徒侵入。”

于是原来处在暗中的新旧教之间的权力斗争表面化了。历史学家内维尔·威廉斯在1977年写道：

爱德华六世成了狂热的新教徒，这正是他的师长们所朝思暮想的。但是，新教在英格兰的前途系于这位多病的幼主到底还能活多久。他若死而无嗣，王位将传给阿拉贡的凯瑟琳所生的大姐玛丽，她是一个狂热的天主教徒。到了1552年中期，爱德华六世的身体渐渐不支，甚至一向谄媚的朝臣都认为他只是一具活着的僵尸。诺森伯兰公爵妄图把王位传给亨利八世的外甥女简·格雷郡主，迫不及待地安排自己的儿子吉尔福德·达德利与郡主结婚，并且轻而易举地使爱德华六世在把王位传给简郡主的文件上当着26位贵族的面签字。最近的研究显示，在诺森伯兰公爵的这一阴谋中，爱德华六世并不是一个无辜的受骗者，而是想力图保住新教徒的继承权。在他看来，拯救英格兰比他那同父异母的姐姐玛丽所体现的正统性更重要。……而好心的里德利主教却以保罗十字架向人群宣布，必须承认简·格雷郡主位合法女王。（杨照明等译）

最著名的多语种《维基百科全书》对这场争夺王位的斗争作了这样的补充：

爱德华的死讯保密了好多天，以便可以为简的继位作准备。政府高层的当权者在1553年7月10日公开宣布前私下里都纷纷宣誓要效忠新女王。但民众支持按《继位法》属合法继承人的玛丽。7月19日，玛丽耀武扬威地骑马进入伦敦，简被迫放弃王位。简的公告无效，因为它是武力胁迫下之所为，她的继位被视为非法。因此，爱德华六世实际上的继承人是玛丽一世，而他合法的继承人则是简。

诺森伯兰公爵被处决，简郡主和她父亲最初获赦免。1554年，在玛丽面临怀亚特(Sir Thomas Wyatt)(反对她)的叛乱时，简郡主的父亲萨福克公爵曾再次试图让她女儿登上王位。由于这一罪行，简、她的丈夫和萨福克公爵均被处死。

但是使英格兰恢复了新教的“新教女王”伊丽莎白一世把玛丽一世看成是她的一大威胁，于是在两年后，即1587年的12月28日，将这个反对她的表妹处死。

乔治三世

病和死也是一个突出的例子。乔治·威廉·弗雷德里克(George William Frederick)，即后来英国的乔治三世国王(George Ⅲ,1738~1820)，就其个人的本性来看，历史学家说,他是一个心地善良的人；但是他面临的,如七年战争,议员们不肯合作,大臣们不愿协同行动等等,都是一些他难以解决而良心又不容他逃避的重大问题。这些事使他一次次深受精神创伤。后来,他又可能患有一种叫做“卟啉病(porphyria)”的遗传性疾病。此病第一次发作是在1765年,即他与德国的夏洛蒂公主结婚之后的第五年。症状很是典型：皮肤发炎、发痒,还有腹痛和呕吐,四肢无力甚至麻痹,尿液颜色呈葡萄酒样,因刺激脑部的神经受阻,引起类似于癔病的症状。1783年,他的儿子威尔士亲王成年。但由于与父亲的政治见解不同,又与一些赌友意气相投,使国王感到十分沮丧和愤怒；加上紧张工作的重负,他的精神严重崩溃。此后他至少有四次受激动、瘫痪和神志不清等症状的折磨。在这段时间里,他在温莎堡的日子不但都在孤独中度过,而且常常给穿上“拘束衣(straight jacket)”,被锁在镇静椅(tranquilizing chair)上。奇怪的是,乔治的病情居然一度有所缓解。但是1810年他对儿子感到失望后的唯一安慰,他最喜爱的小女儿阿米莉娅去世,这使他受到极大的打击。他旧病复发,第二年便完全陷入精神错乱之中,而且双目也都失明了。埃克塞特(Exeter)大学历史学教授杰里米·布莱克在他2006年出版的《乔治三世传》中这样描述这位国王在病中完全丧失权力：

(1810年)11月14日发布的公告宣称他(国王)正在好转,但是11月23至26日他已经病得非常严重了。11月28日至29日,枢密院从他的医生们那里得知,乔治的健康状况极佳,但这不能解决如何确保君主的职能得以履行的问题。

于是1810年12月10日,首相斯宾塞·珀西瓦尔据1788年的皮特法案(Pitt's Bill)提出一项摄政议案。摄政法(Regency Act)由一委员会表明已获皇室赞同后,于1911年2月5日通过,(乔治的儿子)威尔士亲王乔治于2月6日宣誓摄政。

阿米莉娅公主

之后,乔治三世一度曾奇迹般地恢复了正常,但仍没有再过问朝政。另一位历史学家约翰·克拉克说:"乔治一生的最后十年很悲惨。他又老又瞎,白胡须很长,穿一身紫色的晨衣,在温莎堡一套隔绝的房间里蹒跚地踱来踱去。"就这样,因为疾病,他不但失去了王位,且过着悲惨的生活。

资 讯 Information

◇**北京共识的终结** 北京大学国家发展研究院姚洋在《外交事务》上发表同题文章说，许多分析家认为中国经济的成功要归因于它非常规的经济政策——混合型所有制，基本的财产所有权，以及政府的大力干预的综合。这被称做“北京共识”。

但是，实际上，中国经济准确无误地朝着新古典经济学理论的市场信条迈进，强调谨慎的财政政策、经济开放、私有化、自由市场和保护私有产权。到目前为止，此策略是成功的。但是，自由市场政策已经在中国导致了巨大的收入不平均。总体基尼系数于2008年达到了0.47，和美国相同。中国的城镇居民收入是农村的3倍半，是世界上城乡差距最大的。中国政府比其他威权政体更精于推行发展经济的政策。由于在经济发展收入增长之外，中国人民开始提出更多要求，中国增长奇迹留下了不稳定因素。当一个国家的人均GDP达到3000到8000美元时，经济发展开始停滞，收入不平等开始增长，社会冲突开始爆发。中国已经进入了这个阶段，陷阱的预警征兆已无法忽视。

最近几年，政府对经济的干预加强。在政府投资的帮助下，2009年中国的GDP增长率达到将近9%，赢得掌声一片。但是长期来看，这可能导致中国经济效率降低，国进民退，使中国经济窒息。现在，中国已经变成了一个主要的全球性强权，却忽然间开始担心自己在国际舞台上的合法性。但是，想要用这些措施来压制强势的利益集团，阻止他们影响政府，怕是勉为其难。更重要的是，持续提升GDP增长的努力将会不可避免地侵犯人民的经济、政治权利。不用多久，让普通公民参与到政治过程中来的某种形式的政治转型将不可或缺。

在先进民主国家中，一个开放的和包容的政治过程通常会制衡各个利益集团的权力。事实上，这正是公正政府的必要条件——平衡不同社会群体的需求。如果适当的民主制度就位，以相互牵制大多数的强势集团，那么一个更加开放的中国政府依然可以保持中立。但是最终，如果中国共产党希望鼓励经济发展，保持社会稳定，除了更加民主之外不存在第二条道路。

◇**公民的幸福和尊严如何而来？** 《上海商报》刊载邓聿文的同题文章说，在现代国家，个体尊严的实现，底线的标准就是要享受到作为公民的权利。温家宝总理把民生问题提高到幸福与尊严的层次，显示了执政者执政理念的进步。人类社会的发展历史表明，自由、民主、法治、平等、人权，是保障一个社会所有人幸福和尊严的必要条件。要想让多数人生活得幸福和有尊严，我们应该重点做好以下几方面的事情：

第一，缩小分配差距，让所有公民都能享受到国家提供的均等的基本公共服务。包括收入和资源在内的分配不公是近年来民众最为关注和不满的问题之一。因此，解决分配不公需要政府提高公共服务的水平，让基本公共服务惠及每个公民。温家宝总理也是在这个意义上谈论幸福和尊严的。

第二，打破垄断，扩大个体经济自由的权利。中国改革成功的经验之一，是“放权让利”，这个“权”就是人们有从事经济活动的自由权利。但近年来，随着国有企业的发展壮大，特别是金融危机发生后，中国经济的再国有化有所抬头，经济自由度被削弱。应尽量减少经济生活中的垄断现象，给予人们更多从事经济活动的自由。

第三，必须有一定程度的政治自由和政治民主。经济自由度的扩大，要求有相应的政治自由。必须给予公民参与管理国家事务的权利，让人民自主地选举符合自己意愿的政府官员，相对开放言论、表达和信息获取的空间。在政治自由的基础上，实行政治民主。

第四，建立起基本的法治构架。一个社会如果司法不公，将会毁灭各种经济和政治自由，人的尊严也不可能得到有效保障。要司法公正就必须实行法治，而民主和法治是一体两翼，没有法治的民主将使得社会没有基本的秩序，没有民主的法治会变身为专政的工具。依法治国要尊重宪法的权威，并且司法应独立。必须保证政府的权力在法律的轨道内运行。

网络时代，民众已不满足于仅仅从温饱走向小康的物质享受，以及仅仅“被代表”，他们需要有对个体权利的充分尊重和满足，对涉及公民自身利益和社会公共事务的充分参与。我们要建立起基础性制度，以尊重和保障每个个体的权利和尊严。舍此，人民是不可能生活得幸福和有尊严的。

◇占世界 GDP 总额 1/3 的清朝为何迅速败落　万维网李恩柱的同题文章说，我们后人寻找清王朝灭亡的原因时，通常不离口的是那个王朝盲目自大、闭关锁国等等。问题在于，自大、锁国之类也要讲资格，清朝自傲、自大是有基础的。满族人滋生自大的情绪，是在清王朝彻底巩固了政权的时日，尤其出现所谓的“盛世”景象之后。满族人打败不可一世的汉族统治者，建立王朝并且坐得稳稳当当，还出现了“盛世”，自大一下也是常情。

一直到乾隆辞世的 18 世纪末，中国在世界制造业总产量所占的份额仍超过整个欧洲 5 个百分点，大约相当英国的 8 倍，俄国的 6 倍，日本的 9 倍。那时美国刚刚建国，不存在比较的基础。中国 GDP 在世界总份额中占到将近 1/3。而今日的美国，在世界 GDP 中所占份额不过 30%。

中国是一个具有悠久历史和灿烂文化的大国，工农业和文化都曾居于世界的前列，封建统治者形成了以“天朝”自居的狂妄骄傲心理，加上小农自然经济因素，必然对外界事物愚昧无知。但是，为什么以前中国能与国外频繁交往,清政府却不行?这不能不提到统治者对繁荣和封闭的变态理解。正是这种变态,使繁荣在缺乏忧患意识心态监控下散漫地发展。

一般而言,穷困潦倒可以导致闭关锁国,因为切断和外界的联系之后,人们就要闭目塞听,“不知有汉”,甚至会以为“世界上还有 2/3 的受苦人”——于是安分守己,以手加额;繁荣富庶同样可以与闭关为伍,用金钟罩罩住一切,外来的撼动就无计可施,现有的一切就可以守住。没有正确忧患意识统率的“繁荣”可以导致自大,自大可以导致闭关,闭关可以导致愚昧,愚昧又进一步导致闭关。最后如鸡生蛋蛋又生鸡一样,弄不清楚了。

不过,清朝统治者也具有忧患意识,闭关锁国就是出于对自己统治权力的捍卫,就是出于对殖民主义势力的防御。然而这个忧患意识是幼稚的、破损的、病态的。他们使用的这种自卫,只能把中华民族隔绝在世界大势之外,会使我们自己根本不了解世界,误以为只有自己在前进、在发展,落后了还不自知,别人打上门来才大惊失色。

◇ 美国公务员是怎样“吃皇粮”的

光明网刘植荣的文章《美国公务员工资制度探析》中说,美国公务员现行工资制度的重要法律依据,是 1990 年 11 月 5 日生效的《联邦公务员可比性工资法案》,列出了制定公务员工资标准的指导原则:在同一地区,一定要毫不折扣地体现同工同酬,工资等级差别取决于岗位性质和工作表现,联邦政府公务员必须与同一地区私营企业同等工作性质的职工工资标准一致,必须彻底消除任何联邦政府公务员与私营企业职工工资不平等的现象。

公务员工资标准的参照物有三:一是人均 GDP,二是全国平均工资,三是全国最低保障工资。由于通货膨胀,公务员工资每年有年度微调,调整前提是:发生全国性突发事件或严重经济情况而影响普遍生活水准。

美国刚建国时,就通过了一个法律规定:“新一届众议员选出之前,任何有关改变参议员和众议员的任职报酬的法律,均不得生效。”这就是众所周知的利益回避制度,阻止了官员给自己加薪的不道德现象的发生。

从美国政府每年招募公务员的情况看,公务员绝对不是美国人的首选职业。美国联邦审计总署曾在几所大学进行调查,在 64 个被调查的学生中,只有两个表示毕业后可以考虑应聘公务员。但公务员的好处私企职工是无法比拟的,如名声好听、可以建立起人脉关系、假期多、工作清闲、压力小、比较稳定、失业几率小等。

美国公务员工资制度的特点是:(1)公务员工资标准通过法律规定,必须经过人民的代表机构批准。只有总统有权动议调整公务员工资标准,但必须报国会批准。(2)公务员工资标准参照私企,且不得高于同类地区私企同等职别职工工资。(3)公务员工资每年的微调增幅不得超过工资成本指数,涨幅必须小于私企。(4)公务员的任何工资变动必须报人民代表机构批准,公示在先,加薪在后。(5)保证任何公民随时可以查阅公务员的工资标准。(6)不能把公务员工资定得过高，否则就会违背市场经济规律,影响社会和谐。(7)公务员工资不高于私企，有利于政府公务员队伍的人员流动,保持政府工作的高效率和高质量。

◇以俄罗斯为镜，映照中国欠缺公平正义 《亚洲周刊》白嗣宏、章海陵的同题文章说，苏联曾是社会主义新中国的老大哥,也曾是中国挥之不去的政治向往;而苏联解体、"红旗落地"及其后的经济困顿又成为中国刻骨铭心的"前车之鉴"。然而,今天的俄国既"不相信眼泪",也不屈服于市场经济摆布，仍坚持昔日苏联社会主义的核心价值——公平原则和人道精神。今日俄罗斯,1/3财政用于公共品建设、维持社会保障体系，有数百项关怀弱势群体的救济项目。国民急病住院不用付押金,人居面积18平方米以内由国家赠送，学生从小学到大学费用全免。任何老百姓不管是什么背景和地区,哪怕是外国游客,遇车祸或意外火灾,被送进医院,都不必付押金,就立即获得救治。各地政府每个季度都要调整一次贫困线即"最低生活标准",作为向穷人发放补助金及社会保障的依据。

可是,不无吊诡与尴尬的是,在已不算短的时间里，中国民众一直在忍受公共品缺失的痛苦，因基础教育不均而使多少民工子弟及偏远地区儿童失学，公共医疗欠缺及住房价格飙升而使多少贫困家庭苦恼。

医疗保险制度是当下俄罗斯成就的"亮点"之一。目前,俄国已实行国家公费医疗保险与私营医疗机构并举，但公费医疗仍占主导地位。俄国走向市场经济道路之后，全民医疗保险经费绝大部分由政府财政拨款给医疗保险基金,以解决不足之数。

前苏联解体后，转型中的俄国基本继承前苏联实行低收入低消费政策，国家采取多种途径解决国民住房。俄国成千上万无产者一夜之间"免费"成为业主,是俄罗斯民主化和改革带给老百姓的切身实际利益。

普京任总统期间就制定了由国家出资的住房建设计划,到2010年,政府将提供4150亿卢布房贷，增加住房8000万平方米,使有能力购房的家庭从9%上升到30%,协助181700个青年家庭解决住房问题。

2007年,世界银行关于俄罗斯经济状况的报告指出，俄罗斯从1999年到2006年,经济总量增加7成,但员工的人均收入却增加了500%,扣除通胀后,实际增长超过200%。

经过革命与战争的俄国终于跻身现代化大国的行列，但为此做出惨烈牺牲的是俄罗斯人民，他们及他们的子孙后代有权享受革命及现代化的全部"红利"。

◇"日本病"威胁全球 经济学家谢国忠的博客发表文章说,2009年，日本名义GDP下滑了6%，已低于1992年的水平——当时日本土地价格刚开始跳水,实际GDP也比上年下滑了5%。相比之下,同期美国名义GDP下滑了1.3%，实际GDP则下降了2.4%。但是,较之于美国人的抱怨连连,日本人反倒安之若素。日本的问题也正是未来我们所有人的问题。日本的问题在于,它老了,而且越来越老。重生之路也有，但这需要脱胎换骨的改造。日本并不愿意这样做，因为那并不值得。

一个经济体"变老"会有多种表征。最常见的就是生产要素——包括劳动力、资本和资源的枯竭。一个社会逐渐"变老"，其资源分配会越来越向老龄人口倾斜，老龄社会的根本力量更倾向于非生产性支出、更少的竞争。老龄化带来的影响，要远比计算人口抚养比——也就是不工作与工作人口的比例复杂得多。社会在许多方面都产生了变化，变得更加保守，工作不努力，更少的创造性，也即这个社会"变老"了。如果去日本的二线城市旅行，你会对街上年轻人如此少、服务业老年人又如此多而印象颇深，他们呈现了一幅仅由老年人支撑的经济体的超现实图景。东京的活力来自于吸纳二线城市的年轻人，但也无法摆脱一个日渐老化的社会症状。

其他主要经济体也与日本相距不远。比如，欧洲的主要经济体，由于失业和退休的福利更加慷慨，其经济失去活力也会更快。发达国家的政府债务不断上升，也是由老龄化所推动。政府的收入已无法支撑高增长时代承诺的福利。于是政府就采取借钱的方式践行承诺。

日本的政府债务约占其国内生产总值的200%，居世界之首。其他发达经济体似乎也差不多。欧洲平均财政赤字占其GDP的6%。英国占12%，美国则占10%。用不了多久，发达国家的赤字就会赶上日本，并居高不下。长期来看，经济高增长时代的高房价政策最有破坏性。老龄化可能带来通货紧缩，日本的经验也证明了这一点。而且，仅仅因为政府靠借债来覆盖人口老化的成本，通缩就会发生。一旦债务高到难以为继，通胀就难以避免了。恐怕世界正朝着这个方向走。一旦政府的承诺难以兑现，社会后果相当严重。长期来看，世界可能并不稳定。

◇中美博弈背后的实力对比　《联合早报》同题文章说，在中美博弈中，每一次美国挑衅的结果，几乎都占"上风"。究其原因，重要的是中美之间的实力悬殊，导致中国没有能力回击美国的挑战，只好一次次吞下美国"塞给"的"苦果"。

(1)经济领域的差距。2009年，美国的GDP达到15万亿美元，中国的GDP近5万亿美元，人均GDP仅占美国的1/15。世界企业500强，美国占140家，中国大陆占34家。两国贸易：美国商品已经渗透进中国的各个角落，我国的输美商品以技术含量低、附加值低、劳动密集型产品为主。中美两国倘若全面开打贸易战，对美国的影响不是很大，而中国将会有大批企业倒闭、大量工人失业。

(2)军事领域的差距。美国军队的人数虽然只有中国的一半，但军事投入、军事思想、武器装备、军人素质、战场经验等形成的综合作战能力，却是中国军队无法企及的。现在已不是"冷兵器"时代，那种僵化的"精神致胜论"早已过时。现在的美国军队是高技术武器与高素质军人的融合体，其军费开支占世界军费的一半，达到6120亿美元，中国的军费开支不足700亿美元。就主要武器装备来讲，存在着20~50年的代差。

(3)科技领域的差距。在世界一流大学百强排行榜中，近60所美国大学位列其中，我国的清华、北大是否在百强之内尚存争议。美国的科学发明占世界的80％以上，诺贝尔奖获得者占世界的70%以上。美国“硅谷”早已成为世界IT业的“发动机”。我国企业是靠生产服装、煤炭、钢铁等实物生存，美国企业是靠奇思妙想的“智力产品”赚钱，强大无比的科技创新能力成为其永续发展的不竭动力。

(4)政治影响力的差距。一是意识形态迥异，二是国家分离主义作祟，三是新闻媒体宣传的强势与弱化，四是经济、军事、科技综合作用的差异。第二次世界大战结束后，“马歇尔计划”的实施使美国借此形成了“跨大西洋联盟”，在世界的120多个国家建有永久性军事基地。我国虽然“朋友遍天下”，但结交的都是亚非拉的“穷哥们”，一个个“饥寒交迫”、战乱不止。假如中美走向全面对抗，铁定支持美国的至少有几十个发达国家，而与我们站在“同一条战线”的不得而知。

◇**欧洲人变白没多久** 一个肤色基因进化的新报告提出，欧洲人变白的历史不久，只有大约6000到12000年。这挑战了传统的观点，即欧洲人自4万年前到达北方高纬度地区以后就变白了。在较少的光照下，浅色皮肤能够吸收更多的日光，让其中的紫外线促使人体生成更多的维生素D，以促进骨骼生长和钙质吸收。图森的亚利桑那大学的分子人类学家希色—诺顿在报告中说：“在现代人到达欧洲之后很久肤色才变浅。”

人类肤色谱系的起源一直是生物学中的一个大谜团。2005年这一研究有了大突破，研究者发现了一个基因——SLC24A5，明显地促成了欧洲的浅肤色，却与亚洲无关。黑系镇的宾州州立大学医学院的遗传学家程驰领导的小组在这个基因中发现了两个变异位点，会形成一个氨基酸的多态。几乎所有的非洲人和东亚人有其中的一个等位型，在他们研究的120个欧洲人中却有98%有另一个等位型。该课题组的研究生诺顿决定调查这个突变是不是横扫了整个欧洲。她对41个欧洲人、非洲人、亚洲人和美洲印第安人的SLC24A5基因的9300bpDNA进行了测序。利用基因中与浅肤色无关的变异，计算出了这个基因中的背景突变速率，以此确定浅肤色等位型在欧洲纯种化已经有18000年了。

30年前，斯坦福大学的遗传学家卢卡•卡瓦利—斯佛萨提出：欧洲的先民曾经保持棕色皮肤达数万年之久。他认为，早期迁入欧洲的先民，包括狩猎采集人群、牧民和渔民，从食物中获取现成的维生素D得以生存。但是当6000年前农作技术扩散之时，欧洲人的食物中维生素D大大减少，需要吸收大量阳光在皮肤中制造维生素D。如此晚近的肤色变化证明人类还在继续进化，盐湖城犹他大学的分子人类学家亨利—哈本丁说：“我们都想当然地以为自从45000年前现代人出现在这里以来就没怎么改变过，但是这一研究和其他相关研究指出，我们还在继续改变，而且往往速率很快。”

（紫电、清霜辑录）

财富传奇

——一个犹太家族的真实故事

〔美〕 莫特·扎西特 著

定价：26.00元

山东人民出版社2010年4月出版

一个典型的美国式成功故事

一个犹太家族的神秘财富故事

畅销美国，激励后金融危机时代的人们。2006年，获美国作家与写作计划协会的非小说类文学作品奖，《纽约时报书评》《洛杉矶时报》《出版家周报》《图书馆杂志》《佛罗里达州太阳哨兵报》《柯克斯评论》等给予诸多好评。

书中记录了一个普通犹太移民家族神秘的聚敛财富的故事。

莫特在纽约曼哈顿下东区长大，家里的经济状况一直不好，他紧衣缩食，靠半工半读念夜校成为一名律师。他的两位“穷”舅舅终日在面包店中忙碌，没有妻子，没有家庭生活，没有假期，全部的生活只是工作。他们住的是漏水的小公寓，吃的是卖剩的面包，生活极为节俭。在其中一位舅舅去世、另一位舅舅得了老年痴呆症后，36岁的莫特突然接到银行通知，舅舅们的账户里竟有数百万美元的巨额财产，而他就是唯一的继承人。意外之财激起了莫特一探究竟的好奇心。莫特执著地发掘舅舅们聚敛财富的秘密……

阅读引擎

中国足协应当保留，就如同侏罗纪的恐龙标本。它作为这个时代的一个体制象征，有着深不可测的研究价值。朱文小说里的那辆破自行车，正是中国特有意识形态的极端写照。中国足球，就一直骑在那上面没下来。

汤军：足球向左，足协向右——闲论中国足球的意识形态

责任编辑/王海玲　马　洁

装帧设计/王世强　张丽娜

排版制作/刘冉冉

国内订阅：全国各地邮局　邮发代号：24—192

自中世纪后期以来，欧洲王权的成败，很大程度上要依靠金融市场。自16到18世纪现代国家崛起的过程中，在金融市场上的竞争中，专制君主很难成功，至少很难竞争得过宪政国家。因为这种金融市场，属于独立城市或城市国家的商业秩序。而独立城市或城市国家的共和自治，和宪政体制非常契合，和专制君主则势同水火。

薛涌：王权的成败取决于金融市场

ISBN 978-7-209-05310-5

定价：14.00元

社会学家茶座

Teahouse for Sociologists 总第36辑 2010年第3辑

主编 张立升　执行主编 王 焱

山东人民出版社 SHAN DONG PEOPLE'S PUBLISHING HOUSE

电影《十二怒汉》剧照

这是一部以陪审团为主角的法庭戏，一部从头至尾几乎在一个场景里拍摄的电影。看完这部电影，不禁要问，当你决定一个人的生死时，你会怎么做呢？

娜拉出走以后

五四前后流行的易卜生主义，很大程度上得力于易卜生在剧作《玩偶之家》中创造出的一个名叫娜拉的女性形象。娜拉家境富裕，从小得到父亲的溺爱，结婚后又受到丈夫的宠爱。但是在经历一场家庭变故后，娜拉的个体意识觉醒了，她意识到自己从小到大在家庭中备受宠爱，其实不过是男权社会的一个玩偶而已，因而毅然离家出走。正是在娜拉形象的激励之下，五四时代的青年人纷纷反叛家庭，走向了社会。鲁迅却对此提出了一个新的问题："娜拉出走之后怎么办？"他的结论是，不是堕落，就是回家。鲁迅小说《伤逝》中的子君，最终也确实是回家了。但是，即便营造出一个人格独立、男女平权的社会，娜拉的问题就解决了吗？

易卜生享誉文学界的另一部剧作是《人民公敌》。剧中的主人公斯朵克曼医生在小镇正在兴建中的疗养区矿泉里，发现了危险的病毒，但因为改造管道会影响小镇的收益，结果招致了一些市民的反对。偏好直接民主的市长（他的哥哥）在小镇集会上，以简单的多数决，宣布医生为"人民公敌"。从讴歌"精神反叛"，到将"最孤立的人"视为"世界上最有力量的人"，易卜生对世界深感沮丧。剧中的医生，实际上就是出走后的娜拉化身。由于在易卜生的视野中缺乏社会之维，他的英雄最后都孤单落寞，成了一个个"原子化的个人"。

思想家顾准晚年也曾承接易卜生的这一问题，他说："我赞美革命风暴。问题还在于：娜拉走后怎么样？""新秩序一旦确立……该如何实现革命追求的启蒙的目标？"由于生命的中辍，顾准也没有来得及找到答案。

18世纪的启蒙思想家孟德斯鸠早就指出，现代社会权力的分布，应当在国家、社会、个人三个方面实现均衡。而在哲学家康德看来，现代人需要寻求一种形式：在这种形式中，既能有社会性质的共同生活，又能有自由发挥个人力量的尽可能大的天地。一方面，法律应该保护个人不受他人的任意侵犯；另一方面，应该由许多彼此竞争的个人的自由活动来促进社会的发展。

在当代世界，公共领域和社会生活的趋于式微，正是许多社会思想家的忧虑之所在。那么娜拉出走以后怎么办？她可以去参与NGO，成为社会公益事业的推手；她也会积极参与公共事务的讨论，努力建构一个以沟通理性为主导的公民社会，让社会保持充分的活力，因为只有不断致力于国家与社会的构建与完善，才能逐渐趋近于启蒙的目标。到那个时候，人们也许就不会再这样发问："娜拉出走以后怎么办？"

王　焱

2010年7月12日

目 录

主编 张立升 **执行主编** 王 焱
项目负责人 王海玲 **执行主编助理** 王 萍
责任编辑 王海玲 马 洁
装帧设计 王世强 张丽娜
山东出版集团 山东人民出版社出版发行
网址 http://www.sd-book.com.cn
社址 济南市胜利大街39号 **邮编** 250001
编辑部电话 (0531)82098006
E-mail: chazuo_shehui@hotmail.com
wanghl0501@126.com
发行部电话 (0531)82098021
邮发代号 24-192

图书在版编目(CIP)数据
社会学家茶座.第36辑/张立升主编
济南:山东人民出版社,2010.7
ISBN 978-7-209-05410-2
Ⅰ.社... Ⅱ.张... Ⅲ.社会学—文集 Ⅳ.C91-53
中国版本图书馆CIP数据核字(2010)第134279号

山东临沂新华印刷集团有限公司印刷
16开本(172×232毫米) 10印张 160千字
2010年7月第1版 2010年7月第1次印刷
定价:14.00元

文明的成就与统计学

于闽梅

想想这样一个观点：人类最伟大的成就中97%都是西欧白人男性创造的，如果你知道1994年把美国闹得沸沸扬扬的“钟形曲线”事件，可能就会猜到观点的主人是谁了——查尔斯·默里。先说1994年的事件，默里与另一位哈佛大学教授赫恩斯坦在《钟形曲线——美国生活中的智力与阶级结构》（薛涌先生针对该书写了一篇文章《从“钟曲线”看中国大学智力的下降》，该文刊登在《社会学家茶座》总第29辑上）中宣布，他们以统计资料和IQ测验得到了三个结论：一是智力差异60%~70%来自于遗传，然后才是营养、教育、家庭结构等环境因素；二是白人比黑人智商高；三是穷人之所以穷，主要是因为他们没有富人聪明。默里以为他说了大实话，但结果却被怀疑是种族主义披着科学外衣重新亮相，引起轩然大波。当然，能让全社会为之侧目的书都很畅销，《钟形曲线》虽然很厚（845页）、又多图表（图表过百页），注脚与索引更是长达两百页，但由于大报天天评，电视天天谈，学院里都讨论，甚至引得许多家庭饭桌上都为它打口水战。但近两任美国总统可能都不同意默里的观点，老、小布什的智商分别为98和91，都低于平均水平。不过，每一个亚洲人看完《钟形曲线》后都会松一口气，因为书中说亚洲人智商最高。

但是，在默里的新书《文明的解析——人类的艺术与科学成就（公元前800—1950年）》（胡利平译，上海人民出版社2008年版）中，新的“研究成果”是：无论是重要人物还是重要事件，97%的科学成就都在欧洲和北美，都是白种欧洲男性创造的。这个结论足以让所有亚洲人紧张起来，也让默里自己很紧张，他自己都说：“不免有欧洲中心论和歧视妇女之嫌。”

一个熟悉统计学的人突然关注起人文艺术成就来，他的研究方法一定会

于闽梅：中国青年政治学院文学院副教授。

与正统套路不同，有人讥之为“默里的方法论”。表面上，查尔斯·默里的研究的确符合统计科学，书中还专门附了一个统计学常识，让完全不懂统计学的你可以入门。默里还特地画了许多图表来证明，公元前 800 年一直到文艺复兴时期，成就很少，然后突然像火山爆发，西欧的主要国家——意大利、荷兰、英国、德国，出现了重要人物和重要事件。虽然默里的拥护者大有人在，但美国学界却较为透彻地批判过他的学理基础，智力不能由一个数字来度量，也不可以依照线性来排序，智力与遗传及变异的关系不是那么简单的。

我想，默里的出发点是：他要找到西欧和北美之所以在过去 500 年对人类作出巨大贡献的原因。这个问题也是西方主要思想者同样关注的问题，历史学家如施宾格勒、汤因比、戴蒙德等都在思考类似的问题。而且，关注中国问题的读者尤其应该重视此书，因为默里非常清晰地提出了中国的问题——为什么在第二个千年的中期，是西方社会而非中国崛起、称霸世界？为什么传统中国社会未能适应现代化，而传统日本社会却做到了？……

总之，即便用数据来说话，但如果理论站不住脚，只能被人怀疑为“科学种族主义”。前段时间曾经有一个关注默里理论的博士在天则研究所作报告，但几个评议者都对这种只重统计科学而缺乏严密逻辑思维的“经验主义”颇感头痛。张祥龙为此专门讲了剑桥的故事，说是英国的剑桥本来是中国清代派去的一批工程师修建的，一个钉子都没有，木头在干燥的过程中纹理自然吻合，桥完全可以使用。但英国的工程师认为，这个东西他们也能建，于是他们拆下来再绝对准确地重新装回去，桥虽然还是立得住，但却不能承重了，最后只好用钉子把它再钉上。这个故事的奥妙之处，可能默里工程师很难想明白。

其实，统计学只能用来分析现象，但要透过量看到质，要找到现象的原因，则绝非统计学的事，可能还是要社会学家、

哲学家甚至文学家来回答，如马克斯·韦伯在新教伦理中找到了美国精神与资本主义发展的联系，汤因比则在不同文明中寻找联结点。

默里此书在西方学界相当于又投放了一枚重磅炸弹，他那总是逆潮流而上的“自由意志”还真是让人佩服，因为欧洲学界的主潮是反欧洲中心论和男性中心主义的，而默里却总在讲大实话，如“无论你选择哪个时代，你的命运完全取决于当时的财富分配状况”，同时还有那些科学的数据来佐证，引起的社会效应总是让西方学界尴尬不已。而且，他的结论写得很实在：

> 中世纪的石匠雕刻出了用于装饰的哥特式教堂的怪兽状滴水嘴。有时，他们的作品位于教堂的上端，或藏在飞檐后面，或人的视线不及之地。在地面上无论站在何处，都无法看到这些滴水嘴。然而石匠们仍然精心雕刻，哪怕知道一旦教堂完工，脚手架拆除，他们的作品将永远不见天日。据说，他们雕刻是为上帝看的。千千万万个类似的故事构成了人类成就的故事。（参见《文明的解析——人类的艺术与科学成就（公元前 800—1950 年）》，第 398 页）

如此朴素地看待人类成就的根源，默里显然已经超越了他的那些繁复的统计数字。但默里同时又大大否定西方当代的文化成就，认为 19 世纪末以来的西方人已经丧失掉曾经创造过辉煌灿烂文化的宗教精神，他很怀疑地问道：看看西方今天的文学艺术，其中哪一部作品（如戏剧）能在 200 年后还会被人记得呢？他认为伟大的时代已经过去。总之，默里的每一个看似激进的观点说出的都是美国保守派心里想着而又不敢说出的大实话。

没有“欲望”的都市

海　青

看 2008 年的电影版《欲望都市》(*Sex and the City*，以下简称 SATC)时，没想到还有续集。感觉电影已经像蛇的脚趾甲，放弃了剧集最富特色的对性体验的描绘与调侃，一心一意让不惑之年的 Carrie 因爱之名结婚，结果只剩下大龄恨嫁女用婚姻套牢钻石王老五的攻略展示。故事讲到这份儿上，早让人“欲望”全无。

前几天在 HBO 看到《欲望都市 2》的拍摄花絮，才知道续集不但投拍，而且很快就要上线。导演解释说，有两个理由可以吸引观众进电影院：一是来看这四个女人的生活状况，二是来看她们周围的环境。如果说 SATC1 抛弃了“欲望”，SATC2 连“都市”——四个女人的生活场景，纽约——都抛弃了。为了制造新奇，SATC2 让四女大闹性观念保守的中东，身着时尚靓装骑骆驼过沙漠，参加异域风情的盛大狂欢。当然，每个人的面孔也经过了精心化妆和最大限度的技术修饰，在短暂的片花中，除了 Miranda 有几个镜头的确惊悚，其他人都还看得过去。为了增加 Carrie 婚后生活的刺激度，在剧集中纠缠了两季的前男友 Aidan 又出现了……

电影制作团队也承认，如果你没看过剧集《欲望都市》，也不会对电影感兴趣。毕竟电视剧拍了 6 季，历时 5 年，很多“欲迷”是抱着怀旧的心态走进电影院的。瞄准怀旧市场的作品只需要光鲜，不必有多少内容，因为怀旧的人总是宽容的。虽然不准备看这部电影，但我想，既然也曾在剧集中杀掉不少时间，用几个 Carrie 式的提问来回顾一下这部美剧是无伤大雅的，算是纪念和哀悼那些同肥皂泡一起搓掉的时间吧。

海青：台湾“中研院”近代史研究所博士后。

问题1:为什么Carrie越来越讨厌而Samantha越来越可爱?

SATC讲了四个女人在爱情婚姻中的种种体验,看1、2季时,很不理解为什么年龄最大、最放荡、并不特别美丽却永远自我感觉超级良好的Samantha在戏里戏外都有这么多人喜爱。但在四个女人慢慢变老的过程中,答案也越来越清楚——原来年龄永远是女人最致命的罩门,对作家和编剧也是如此,塑造可爱的少女总是相对容易,或温柔或刁蛮,或神秘或纯情,都不至于讨厌,而俗事缠身的中年妇人想迷人就难了。随着SATC剧情的发展,Charlotte经营了两次婚姻,Miranda要工作又要养孩子,Carrie拼命想把自己嫁掉,只有Samantha不知老之将至,始终快乐地游走于各色男子之中,从不编造纯情假象,她的放荡无形中嘲弄着虚伪沉闷的中产阶级家庭理想。

很多女性观众说喜欢Samantha,我想这只是理论上的。如果现实中你发现老公和Sam小姐同处一室,你大概会同剧中很多女人一样,赶紧把老公拉走。Samantha经常感到周围女性对她的敌意,她说单身女人可以在任何时候、任何地点同任何人上床,只要Sam小姐看上的,准跑不出她的手心。如果她没跟你老公上床,只能说明她对你老公根本没兴趣。男人喜欢Sam,不仅因为她风骚性感,更因为性爱对她而言只是单纯的感官游戏,没有伦理的那份沉重,不用负责任的性爱对象对男人来说当然无比美妙!对此Samantha并非不知,一次她得重感冒,偏巧窗帘拉杆坏了,她打遍电话,发现那些跟她风流快活过的男人们竟没有一个愿意帮生病的她修一下窗帘拉杆。后来她向Carrie哭诉:和再多男人上床也没用,一定要找个真正关心你的。当然,这只是Sam小姐病中的脆弱,很快她会我行我素了。如果《欲望都市》以Samantha为主角,就会成为一部女性主导的"嫖经",所有的主题都只是和性活动本身有关:300种体位详解,口交秘诀,办公室性爱的注意事项,如何在电梯里做爱,跟消防员、快递员、瑜伽教练、公寓门卫、餐厅侍者做爱体验之比较,等等。

Sam小姐性爱追求的第一条原则就是要高潮。当然,长得帅、肌肉健美、风度翩翩,对美妙的性爱都有加分作用,身份、地位、财产反而不是最重要的。或者可以说,在Sam小姐身上体现了性爱面前人人平等的理念,老富翁送给她闪亮的钻石首饰让她春情大发,但看到对方松垂的臀部她还是逃走了。Sam小姐性爱追求的第二条原则是免谈感情,更免谈婚姻,事实上她对和男人牵手都有排斥。剧集有几次暗示，这种"男人式的性爱"源于受伤害的情感经历，因爱情受伤转变成欲女的模式显然有点恶俗，幸好对此没有过多铺陈。

相比之下，Carrie 对男性的考量要复杂得多，因为她的终极理想不是春宵一度，而是嫁人。奇怪的是，Carrie 的职业是写专栏分析男女关系，且多出幽默嘲讽之语，但她自己的婚姻理想却几乎不曾超出痴情白马王子式的想象。这或许说明了，一部如此风靡的剧集不可能挑战中产社会的主流价值观，不管它看上去多么辛辣冷峻。改编成电视剧的《欲望都市》和原著的根本不同在于，原著作者对让无数女人神魂颠倒的所谓"真爱"是抱怀疑和讽刺态度的，在拥挤却冷漠的现代都市中，性关系可能在各种名义下发生，大都与爱和婚姻无关。作者用一声冷嘲表明了态度："在曼哈顿谈恋爱？我看还是算了吧。"而电视剧尽管调侃了很多男女关系，但绝不敢颠覆女人的价值是找到自己命中的另一半这种理想。在"一定要嫁得风光"的不断暗示下，Carrie 的心智反而随着年龄的增长显得越来越不成熟，看到第 6 季她和俄国佬艺术家分手时说："我是在寻找爱情，真正的爱，疯狂的、麻烦的、强烈的、少了对方就活不下去的爱情。"只能说，靠！一个 38 岁、性伴侣以三位数计的职业女性发表这么一番琼瑶式见解，她在骗鬼。

或者说剧集 SATC 始终在玩一个隐形的真假公主游戏，一边调侃戳穿庸俗的公主梦，一边悄悄培植出一个在感情上一路颠簸最终仍然和真爱携手步入婚姻殿堂的现实公主 Carrie。Carrie 的朋友 Charlotte 是最喜欢做公主梦的女人，有关她的情节亮点都在梦想的破灭上，她先嫁了个门当户对、英俊多金的医生，恋爱期十分甜蜜，她觉得这是天赐良缘，是公主和王子的绝配，但婚后发现又高又帅的丈夫性无能，婆婆是个永远都在找麻烦的巫婆。好不容易丈夫开始勃起了，又发现自己不能怀孕。经历离婚的挫折后，Char 承认最适合自己的结婚对象是个其貌不扬、举止粗俗的犹太人。这时候女律师 Miranda 进入平淡的育儿生活，Carrie 离婚姻越近越显得虚伪，唯一跳脱不羁、笑料百出的只剩下老欲女 Samantha。

Carrie 的失色正是从这个角色要承担"公主"的责任——喋喋不休讨论"爱情"开始的。逛街血拼、泡酒吧看表演、上床做爱她都是在行的，抛开这些谈论"爱情"，她立刻变成一个蹩脚的琼瑶。她的困境是所有调侃现实却期待现实对自己网开一面者的尴尬,也是现代都会中职业女性的集体处境:性关系无处不在,面对强大的现实,爱情常常只是假惺惺的自我陶醉。这时候,或许有必要引入一个古老的话题——

问题 2:爱情,还是财产?

女人面对这个问题很容易本能地选择前者,因为这不仅政治正确,而且轻而易举就占据了道德制高点,将很多自私虚伪的动机正义化了。纯洁少女不受荣华富贵的引诱而投向穷光蛋爱人的怀抱,这样的故事在任何国家、任何时代都不乏经典。但不知从什么时候开始,爱情和财产已经悄悄站在了同一条战线上。在 SATC 中,Carrie 的目光从一开始就锁定在上流社会的翩翩公子身上。

Carrie 是标准的物质女郎,吃不起饭也要买时尚杂志,住不起房子也要穿名牌鞋。她喜欢眼花缭乱的都会生活,在"爬梯"(party)上如鱼得水,穿高跟鞋健步如飞,在名牌发布会和各类秀场中确认自己的存在。在安静的乡村她会郁闷死,她不喜欢植物,不喜欢狗,讨厌松鼠——松鼠就是穿漂亮外套的老鼠。在这方面她倒是真实得可爱,不像那些养死无数盆栽还坚持在室内摆绿色植物以示情调的妇人那样作态。

Carrie 的世界是物质的世界,Carrie 对爱情的需求有一大部分必须建立在经济实力之上。她没有 Charlotte 的富贵背景,又不属于 Miranda 那种自己创业的女强人,她有一种将物质诗意化的天才,而不会反思物质对人的控制,这决定了 Carrie 对有钱的男人永远没有抵抗力。有一次,四个朋友到纸醉金迷的洛杉矶度假,一名男子把 Carrie 带到他新购置的超豪华住宅,Carrie 立刻怦然心动,一夜激情后沮丧地发现这个男人只是豪宅主人的雇员,经常用不属于自己的豪宅哄女人上钩。

和好男人 Aidan 在婚姻上功亏一篑曾令很多观众惋惜,但对 Carrie 来说,这是必然的。Aidan 求婚前后 Carrie 感到的最大恐慌是——失去自己的空间,完全可以用金钱来解决。如果 Carrie 足够诚实,可以她惯用的问句式开头写一篇文章:"为什么和 Aidan 结婚这么麻烦,和 Big 就不会?"原因很简单,Aidan 是个踏实的手艺人,跟他在一起不会受穷,但也不会过得特别奢华,更重要的是,不会有那么多声色场中的刺激。如果 Aidan 像 Big 一样有钱,在婚前购置一处香巢,包括巨大的梦幻衣橱,一切问题都解决了,Carrie 只会兴奋得尖叫。这也是 SATC 最吊诡的地方:它设置的很多所谓爱情问题,其实只是财产问题的脚注。

让 Samantha 真正动情的 Richard 也是个风度翩翩的商业富豪，能毫不费力地实现女人的浪漫梦想,但 Samantha 很快看到一个致命的现实:这种男人不可能忠于一个女人,跟他在一起只有两个选择:接受谎言,或者疯狂抓奸。最终 Samantha 用一句睿智的话结束了她的爱情:“我爱你,但我更爱自己。”在有钱而花心这一点上,Big 和 Richard 实在是相似,而 Carrie 对 Big 态度要偏执得多,她梦想把这个花花公子改造得痴情、围着自己转,如果不是电影需要一个圆满的大结局,她永远都做不到的。

题外:“剩女”惹了谁?

婚龄不嫁的女性,现在流行称之为“剩女”,国内网络上似乎很有一种把剩女污名化的趋势,认为她们的未嫁肯定是因为性格缺陷、心理问题甚至道德败坏,而 SATC 中 Carrie 和她的朋友们在性观念上的开放,肯定会被作为剩女即荡妇的例子。娱乐媒体炮制出的“凤姐”形象在一定程度上体现了人们希望看到的“剩女”:自身资质与自我期望值严重错位又极度拜金的滑稽丑角。而在“剩女”世界中,她们的设问方式更接近 SATC 第 1 季开篇那个斯芬克斯式的问题:为什么有这么多出色的未婚女人却没有出色的未婚男人?她们相信自己的未嫁是出于对爱情的执著、对理想的守望等各种“优雅的坚持”。

问题是,在这个性观念松动的时代,在婚前性十分普遍、婚外恋经常发生、三级片演员也能成为受追捧的偶像的时代，为什么未婚女人会构成一个有道德意味的话题?

在中国城市中,对女性婚龄的期待一般在 20~30 岁,如果把“剩女”的年龄段定位在 30~40 岁(现在有很多女孩子大学毕业没结婚就作“剩女”哀叹,大概是被环境压力感染的缘故),就会发现一个有趣的代际现象——她们是 70 年代生人。这意味着她们中的很多人在计划经济尾声时代波澜不惊地度过童年,80 年代末、90 年代初是她们情窦初开的中学时代,那时在中学校园里不会看到男女生手牵手,“早恋”是绝对禁止的,生理卫生课最多讲到月经期的自我保健,而不会涉及男女器官结构、安全套如何使用……总之,当时的性教育,就是假设根本不存在"性"这件事。对比今天的中学校园,那是一个少男少女的禁欲时代,甚至男女生阵营之间会有一种微妙的敌意。这一代少女长大、变成女人的过程恰好是与社会的开放、道德观念的裂变瓦解同步的,"剩女"只不过是诸多后果的一种表象而已。

我相信,"剩女"也触动了另外一些人的情绪。在中国,直到1980年代,对"爱情"的诉求或许若有若无,但在很长时间内"婚姻"与"性"完全不可分,谁敢把二者分开看待只能说明道德有问题。今天的"剩女",她们家庭中的父母、单位中的同事领导正是从那个年代走过来的人,他们中的很多人在婚龄经过一场手拉手的恋爱就步入了婚姻。到了不适合再涉足性爱话题的年纪,他们看到了性爱还有很多其他可能性。

很多人记忆中的潘多拉盒子在这时候被打开了。然而那些经年的欲望和躁动情愫,既缺乏表达空间,更没有释放余地。"剩女"的存在让很多人以热心的名义重新谈论爱情与婚姻,这些人中可能有单位领导、工会主任,也可能有我们的父母。如果"剩女"真的是个严重的社会问题,窥视他人私生活的愿望和行为将获得很多正当性——既然是"问题",总应该被解决的。特别是当"剩女"中有一部分在教育背景、职业成就等方面相当优异的时候,对她们未婚现状的惋惜让很多人获得一种自我提升的隐秘快感。

剧集《欲望都市》中的主人公们也常常感到外界对未婚女性的压力。身为女性,不管在其他方面如何优秀,未婚都会被视为一项重大缺憾,这是男权社会中不争的事实。而《欲望都市》这本书的作者Candace Bushnell对此则说得很明确:"开始写《欲望都市》是为了回答一个迫切的问题:为什么我们还是单身?经过若干年对这个问题的思考,现在我可以肯定地回答:因为我们愿意这样。"

规训与美学

李文倩

曾风光一时的美学，在今天已贬值为一门半死不活的学问。美学作为一门学科的合法性问题，在学界广受质疑。对于那些已经获取了一定学术声名的美学教授而言，他们可以采取一种不理睬的高傲姿态，因为毕竟在现行的学术体制中，尚为美学保留了一席之地。最痛苦的应该是那些被误导的天真学生，几年时间外加一笔不小的费用，不仅不能为他们未来的就业竞争增加砝码，而且最后被告知：美学是根本不存在的。学术菜单上的“美学”一科，无非是一项未来得及清除的陈旧遗留，并无任何学理性依据。美学是一门“屠龙术”。

美学之死是一桩既定的事实，尽管有人并不打算承认它。在展开本文主要内容的论述之前，我先为美学之死提供一个简单的解释。在20世纪80年代的美学热中，美学扮演着复杂的角色。从经验性的层面看，美学与文学、艺术有紧密联系，这为当时经历了长期政治禁欲的人们提供了感性解放的出口；这一层面的美学热是与当时的文化热联系在一起的，或者说本身就是文化热的一部分。

90年代之后，文学死了，作为社会学分支的文化研究开始热闹起来。美学的迷人之处，是它对人之生存论问题的深刻探求。但在90年代之后，作为一门学科的美学，在此方面进展甚微，而更多的是作为一门文艺学问而存在的；而宗教热的兴起，从更深层面上探究人之存在的终极问题，显然比美学更深沉有力。（克尔凯郭尔说：“在知识的一切分支中，美学是最无信仰的。”）另外还有伦理学，以其为基础的政治哲学，现在也是一门显学。简单地说，20世纪80年代美学所承载的功能，现在已被文化研究（社会学）、宗教和政治哲学（伦理学）所替代，美学之死势所必然。

李文倩：四川师范大学文学院美学专业研究生。

然而审美这一要素并未在人们的日常生活中消失，反而在后全能政治的大众传媒时代得以凸显和放大。我在下面所要谈的，主要是想讨论权力如何通过一套隐秘的程序，“规范”人们的日常行为和生活方式，并进而“塑造”每一个体的感性审美方式，使其“自觉”、“自愿”地避开那些“危险”的东西，心甘情愿地生活在一个由符号构成的虚假世界中。这当然不是严格意义上的美学问题，然而它与当代中国大陆人的生存境遇如此相关，自然有专门讨论的必要。

一个社会为其成员提供尽可能丰富的商品和服务，是理所应当的。而作为个人而言，他当然有权利选择适合自己的消费与生活方式，这同样是无可厚非的。我所要指明的是，当今天的人们过多地沉溺在物品消费之中，并将消费视为生命意义的最终来源之时，这是成问题的。正如人们关心身体健康是好的，但如果在我们的公共传媒中过多地充斥着养身保健的信息时，恰恰说明这个社会出了大问题。因为当人们几乎将所有的业余时间和精力用于关心自己的身体时，必定意味着公共空间的萎缩。更何况在一个后全能政治的社会，物品消费或影视娱乐的繁华背后，是无处不在的恐惧与谎言。这也正是哈维尔所批判的后全能主义社会的奇妙景观，人们将大量的时间和精力花费在室内装修、各种娱乐活动上，并以拥有各种各样的“小玩意”、小乐趣为荣。患有“政治冷漠症”的人数众多。

应该说在一个秩序良好的社会，人们患有适度的政治冷漠症并非是一件坏事；反而是那种每个人都急吼吼地热衷于政治的社会(想想“文革”)，恰恰是病态的。但换个角度看，如果这种政治冷漠并非出自社会成员的自由意志，而只是一种自我保全式的风险规避，那这种政治冷漠就是不正常的。那种半推半就式的“不关心”，正好迎合了某些人的意图，从而使自己成为维护不合理现实的一部分。哈维尔说：“今天当权者真正的兴趣最适合的是我称之为平庸的美学，它十分难以觉察地、可以被接受地和花言巧语地错过了真实(因为它对于惯性的头脑来说太可以消化)，并且非常适合在商品哲学中文化所扮演的角色：不是用真实激发他们，而是用谎言令其放心。”

下面我再讨论一下阅读的问题。因为正是对个人经验的反省，构成了我写作本文的内在动机。严格说来，阅读也是一种消费，同时也可能是一种娱乐。但读书与物品消费、观看影视节目、参与各种娱乐活动还是有所区别的，专门来谈并无大错。陈冠中在其小说《盛世——中国·2013》中，塑造了一个名叫老陈的人物形象。老陈曾经很关心时政，但在中国进入“盛世”之后，他突然发现自己的阅读在不知不觉中发生了严重改变。他已不再关心那些历史、政治类的书籍，而主要是阅读世界文学名著，再读一点轻松的东西，其乐也陶陶。他发现读历史与政治，太累。“盛世”中国时期的老陈，应该是不少读书人的生动写照；他们的感性审美力，不知不觉间已变得细腻无比，阅读胃口日益细小。更有那早已失掉文化理想的学院中人，用虚假的学问装点门面，浪费学术资源不说，还要浪费别人的时间。叶·扎米亚京在其小说《我们》中用诗人 R-13 之口训斥数学家说：

香港著名文化人陈冠中先生

> 那算什么学问！您的学问本身就是胆怯而已。没说的，的确如此！您不过想用一道墙把无限大围起来罢了，而不敢探出头去望望墙外。是啊，您要是看看外面，您都不敢睁开眼睛呢。真的！

从公家空间到公共空间

王晓渔

公共厕所是不是公共空间？如果拿这个问题作一次调查，相信会有很多人说是，或许还有一些人认为厕所不是，但是厕所门口公用的盥洗空间是。公共空间，我们似曾相识，又非常陌生。每个人都使用过这个词，可是每个人眼中的这个词又面目全非。广场、街道、政府大院、楼道、公园、客厅以及公共厕所——几乎所有的空间都被称为公共空间。公共空间不是公家空间，不是公有空间，不是公用空间，这些区别经常被忽略。

公家空间

从"开天辟地"到"史无前例"的30年间，公共空间应该称做公家空间。在私有财产成为万恶之源的时代，个人的身体都是公家的，空间就不必说了。公家空间可以分为三种：一种是政府空间，诸如各种机关所在地；一种是群众空间，诸如广场和街道；一种是个人空间，诸如住宅。

广场经常被视为公共空间的象征，但是在这30年间，广场的主人公通常不被称做公民，也不被称做市民，而被称做各界群众，或者人民和军民。广场不是无主题、无中心的空间，它与巍峨的城楼互相呼应，城楼上站着伟大领袖。政府空间和群众空间互为镜像，广场上的动作和领袖的动作保持高度一致："军民团结如一人，试看天下谁能敌？"在个人争先恐后向伟大理想献身的时代，个人空间也被公家化。伟大领袖的生活空间往往是办公空间，惟其如此，才能说明伟大领袖废寝忘食的忘我工作。对于革命群众而言，个人空间必须是敞开的、透明的。2002年，发生在红色圣地延安的"夫妻黄碟案"，促成对这一问题的普遍反思。

公共空间曾经两次短暂复活，又迅速消失。一次是1957年的大学校园，一

王晓渔：同济大学文化批评研究所副教授。

次是 1976 年的天安门广场。1957 年，北京大学等高校出现各种公共言说，林昭等一小撮拥有赤子之心的学生发表自己对于时局的各种看法，但这些随着《这是为什么？》的出现迅速消声；1976 年，“四五运动”摆脱了此前的群众运动（或者如王容芬所言“运动群众”）模式，把广场归还给了广场，成为一场以市民为主的社会运动，这场运动迅速被平反，然后被遗忘。

公有空间

改革开放之初，公家空间逐渐转制，虽然所有权未发生变化，使用权却得到解放，这表现在两个方面：一方面是个人空间开始具有私人空间的属性；另一方面是群众空间逐渐拥有一定的自主性，成为公有空间。很多在“史无前例”期间遭到破坏乃至关闭的公园，重新回归人们的视野，北海公园、景山公园于 1971 年 2 月关闭，1978 年 3 月重新开放。当代中国艺术史上具有标志性意义的星星画展，在北海公园举办。北岛领衔的《今天》群体，在玉渊潭公园连续举办了两次诗歌朗诵会，作为民刊的《今天》，曾在紫竹院公园举办过一次作者与读者的见面会。这种在公共空间里自主组织的活动不仅空前，而且有绝后之势。

广场依然具有举足轻重的作用。1984 年国庆节政府组织的游行活动中，北京大学学生打出了“小平您好”的横幅。虽然横幅的内容受到肯定，打出横幅的方式却不被鼓励。在 2009 年国庆游行活动筹备过程中，北京大学公开表示，不支持学生在国庆游行时私打横幅，出于和谐稳定考虑，将严查此行为。除了广场，墙的角色也产生微妙的变化，它曾经是阻隔的象征，改革开放之初一度成为公共言说的空间，但很快如诗人所说，成为“雪白的墙”，点缀一些口号和标语。

公用空间

90 年代，群众空间迅速萎缩，个人空间逐渐增大。集体运动不再具有克里斯玛，社会运动又不被鼓励，人们开始蜗居于私人生活的天地。住宅从配给制转型为市场制，从家属院转型为商品房，单位人的生活空间终于从工作空间里解放出来，吃喝拉撒得以跳出同事的眼睛。个人空间不仅在使用权上具有私人空间的特征，在所有权上也开始成为私有空间。但是，直至 2004 年，保护私有财产才姗姗来迟地入宪，土地私有化的进程步履维艰。

私有空间依然难以得到充分保护，拆迁引发的群体性事件此起彼伏。公共空间无法得到有效保障。最具代表性的莫过于会所。会所具有公共空间的属性，但它往往以沦陷而告终，一些事先约定所有权属于业主的会所也被出租成为洗脚屋和桑拿房。会所的命运，充分呈现了公共空间被寻租、私有空间被征用的过程。与小区会所的沦陷相对应的是一些私人会所的侵略性，在很多城市的风景深处，都会矗立着一些非请勿入的私人会所，它们往往占用了大量的公共资源。公与私的界限模糊不清，公共空间私有化和私有空间公用化的进程同步进行，与90年代的经济格局如出一辙。

公共空间

在现实中的空间成为公家空间、公有空间、公用空间、唯独没有成为公共空间时，虚拟的公共空间开始出现。从论坛到博客再到邮件组，直至今天的豆瓣和Twitter，四通八达的网络状结构，难以塑造成金字塔式的等级结构或向日葵式的向心结构。网络是一种虚拟的公共空间，同时推动了现实中公共空间的成长。各种网友聚会打破了年龄、职业和地域的界限，更多的是精神认同，而非外在的身份认同。各种NGO组织在生态、教育等方面的介入，已经成为不可或缺的公民力量。2008年以来公民社会的成长，得益于网络的十年培育。从没有公共空间到拥有虚拟的公共空间，网民处在一个自我教育的过程中，从最初触目惊心的话语暴力到“打酱油”、“躲猫猫”，说明公共空间的话语规则逐渐形成。公民在自我教育中成长，公民不会永远是未成年人，也无须保驾护航。

在网络出现之前，让人担忧的是没有在公共空间中生活过的人们，一旦面对公共空间会不会失控。网络的出现证明转型期间短暂的“不稳定”不是什么可怕的事情，那是最有活力的程序训练。在缺乏公共空间的情况下，稳定只是万马齐喑的另一种说法。需要担忧的不是公民素质，而是日益增长的公民素质与不能满足公民需求的逼仄的公共空间的矛盾。从虚拟的公共空间，到现实中的公共空间，可能只有一步之遥，也有可能是一道天堑。

“国家利益高于一切”的国家、集体和个人的三位一体格局，正在向国家、社会、个人的三元架构转型。公共空间与公民社会密不可分，公共空间兴则公民社会昌，公共空间弱则公民社会亡。

纹饰、文字与神话

曲　风

在史前人那里，并没有“艺术”这样的概念。可是，他们为什么要不遗余力地在岩石上、洞穴中和陶器的表面作画？如果他们并不是“为艺术而艺术”，那么，难道他们是“为装饰而装饰”吗？

我国新石器时代彩陶的分布地域同我国的幅员一样辽阔，西北至新疆地区，西南至四川、西藏，东北至内蒙和辽宁，东南至福建、台湾和广东，其纹饰既有圆圈、螺旋、方格、三角、菱形、回形等各种各样的几何纹，也有动物纹和人物纹，那繁缛诡丽、神秘莫测的花纹给人带来了无尽的想象空间，也吸引了众多学者为之著书立文，各抒己见。然而，它究竟是一种部落图腾的风景呈现，还是对天文季候的一种记录方式，至今仍然没有确切的结论。

在西方，通过对神经心理学研究成果的尝试性应用，文化人类学已经取得了对史前纹饰和图像的新的认识。研究表明，史前时代世界绝大部分地区的人类信仰一种被现代人类学家称为“萨满教”的原始形态的宗教，萨满(也称巫师)在宗教仪式上同神灵世界沟通时，会进入一种迷幻状态，医学上称之为“精神昏迷”。萨满在进入迷幻状态时，意识深处会出现许多幻象，包括各种各样的几何图形，一些与其文化背景有关的风景、动物，甚至半人半兽的怪物等等，这些母题同欧洲旧石器时代的洞穴壁画以及新石器时代的岩画和陶器纹饰内容都有着惊人的一致性。如果把同样的研究模式引入对我国新石器彩陶纹样的考察中，我们发现，结论也是如此。就是说，中国彩陶纹饰图画正是巫师同神界沟通时意识深处所经历的一种幻象的再现。由于不同文化中的文化背景不同，巫师所经历的幻象也有所不同，因而不同文化中的彩陶纹样也形成了相对不同的表达特点。

曲风：美国阿拉斯加大学人类学博士。

笔者在研究中有个大胆的推论，那就是，原生态的神话其实也是来自于萨满巫师的迷幻经历，它们并非是古代作家异想天开的编撰和创造，而是巫师意识深处幻象的真实再现，是一种来自神示的风景。这些神话是宗教仪式必不可少的内容。因此彩陶上的形形色色却又大同小异的几何纹饰以及人物、动物或怪物的图像极可能是对神话的记录和表达。也就是说，纹饰其实是文字产生之前的语言，它记录着远古的神话，隐藏着神话的秘密，甚至可以说它们正是神话本身。之所以说神话是秘密，是因为对纹饰的解释以及对神话的经历往往是巫师的专利，他们也因此成为一个氏族或部落甚至一个集团的领袖。对纹饰的解释和对神话传承权的独占成为权力起源和阶层分化的一个重要原因之一。从这一点上来说，彩陶纹饰其实既是史前的神话，也是史前的政治。

几乎是与彩陶繁荣的同时，人们还使用一种与后代的成熟文字相似的符号，考古学家称之为“原始文字”。陕西的半坡文化、山东的大汶口文化中均发现了这样的符号。最早的原始文字发现于河南省舞阳县的贾湖遗址，距今有9000年，大约有17个类似文字的符号刻画在10余件龟甲、动物骨头、石器和陶器上，龟壳上的刻字同商代殷墟甲骨文的相似很容易让人感觉到二者属于一个共同的文化传承体系，且与占卜有关。原始文字与图画均是对原始信仰的表达，但功用上却体现出不同特点。不管是岩画上的图案还是彩陶上的纹饰，它们多与萨满的通神仪式有关，是对萨满意识深处景象的象征性再现。这种感觉出现在人的意识改变和迷幻的状态下，其情感内容是朦胧的和模糊的，甚至是浪漫、自由、瞬息万变的，同样具有某种迷幻特点的图画正好符合了这种情感表现的需要。而文字则具有较强的稳定性，它对指事的清晰显然更适合表达明确的意念，对模糊、朦胧的感觉是排斥的，也是无能为力表达的，它使象征所天然附丽着的浪漫和自由度锐减，使宗教思维更趋于理性化、抽象化和稳定化。

在商代，彩陶的纹饰传统被青铜器所继承，同时，青铜器的纹样又形成了自己独特的风格特点。商代青铜器上最有名的纹饰便是饕餮。它是一种神秘的怪兽，与现实中的牛、羊、猪等动物既有所相似又有所不同，其神话意味浓烈，但真实的含义却令人难以猜出。与此同时，至晚在商代晚期又出现了成熟的、体系完备的文字。这些文字同纹饰一样，为上层的巫师阶层所把持。据此判断，商代可能存在着两套既相联系又有区别的通神仪式系统。一是通过迷幻术萨满直接同神灵沟通，在一种特别的感觉中，几何纹饰、各种动物组成了他眼前的幻象。这样的幻象用图像的形式被描绘在青铜器等媒质上。另一种通神方式即用甲骨占卜，占卜之前要把问题刻在甲骨上，占卜之后又要把结果刻在甲骨上，人们从甲骨烧灼后裂纹所显示的兆象来领会神的旨意。

青铜纹饰的秘密在于，它也是一种语言，一种记录着远古神话的语言，这种语言，只有萨满巫师才能读得懂。占卜也是从新石器时代继承而来的传统，不过这种占卜传统在新石器时代和零星发现的刻画符号一样，一直显得弱小，却在此刻空前盛大，并且占据了宗教仪式的主要部分，并显示出与前者，即迷幻仪式并驾齐驱甚至超过前者的态势。占卜直接导致了文字的成熟，当然也可以说，文字的成熟为占卜的发达提供了条件。同迷幻术相比较而言，占卜术更体现出一种理性的精神，巫师通过与神之间的对话得到有关未来吉凶的消息，这些理性的问答被文字记录下来，而且因为不能更改也不能够被遗忘而使仪式本身拥有了意想不到的神力。程序是清晰的，结果也是清晰的，整个占卜过程可以说是中国人早期的一种理性主义实践。

自周代建立开始，文字已从社会中的上层流入各个阶层，上层对文字的垄断局面被打破，文字的功能也不再仅仅限于占卜，而向文献化、知识化、理性化的方向发展。文字的成熟促使了历史观念的发育，“史官”的地位则越来越凸显出来，“史”不仅参与国家大典，而且负责祭祀时的文字记载，册命时的文书起草、宣读和保存，法令档案的阅读等等。《周礼》中有大史、小史、内史、外史、御史之分，他们的职责就是仪式的文字记载、册命起草、史册撰写、法令管理。文字的早熟与中国人历史意识在周代的觉醒使文字不可能成为神话的载体，一些零星的神话不过是在“历史化”的大背景下随人们对历史的辑录而厕身混进了文献之中。

自西周中期开始，青铜器纹饰则越来越呈现出简化和图案化的趋势，说明以迷幻术为特点的通神仪式已日趋衰落，同时，作为与仪式密切相关的神话传统也出现了某种停滞的迹象。这是因为，只有纹饰才是神话的言语载体，而以迷幻术为特点的巫师传统在周代的衰落则使神话永远沉没在以往的纹饰中，成了无人可以释读的秘密。这是中国史籍中史诗和神话缺席的主要原因。

《十二怒汉》:通过对话能够走向真理共识吗?

周 濂

50多年前,美国导演悉尼·卢曼特执导过一部经典老片《十二怒汉》(*Twelve Angry Men*),它的情节相当简单:一少年作为杀父嫌疑犯被庭审,有两个对其非常不利的证人证言(一老翁、一妇人),以及一个证物(父亲胸口所插的那把刀恰好与少年自称遗失的刀一模一样)。由12名陪审员组成的陪审团必须在有限的时间内达成一致意见,否则就无法对少年作出裁决。

这部片子一度作为政治哲学的范本在国内学界广为讨论,焦点集中在这样一个问题上:民主社会的人民可以通过相互说理达到对真理的认知吗?倪梁康教授认为要使相互说理得以可能,需要满足两个条件:其一,在相互说理中包含着对需要得到的论证的"理"的前设;其二,在相互说理中包含着论证活动本身的"合理性"(理智地说话 noui legontas),而且这个合理性是得到共同认可的(人人共同的东西:logos)。对此观点,陈嘉映教授和王庆节教授都曾经专门撰文予以回应。这场论争发生在六年前,就一个文本和主题进行细致探讨、彼此交锋往来数回合的情景在国内哲学界并不多见。今天重提旧事,笔者并不想对参与讨论的各方得失进行评述,而是直接从《十二怒汉》的电影文本入手,尝试作一次详细的个案解剖,以探讨在这个典型的——但并非"理想的(ideal)"——对话环境中,是否必然需要预设真理以及通过对话所达到的共识究竟是否是真理等问题。

从法理的角度看,这次审理或曰公共审议有两个前提:

(1)英美法系对嫌疑犯作出的是"无罪推定",意即除非有确凿的证据可以证明少年的确犯案,否则就不能对之作出有罪认定。因此,要想作出无罪认定,只要对上述提及的两个证人证言和一个证物提出"合理的怀疑(reasonable

---

周濂:中国人民大学哲学院副教授。

doubt)”即可。值得注意的是，这一法理设置表明在这个案例中其实无涉对事实的“正面认定”，陪审员不用提出确凿的证据表明少年的确没杀人，只需对证明少年有罪的几条理由提出合理怀疑就足够了——这个思路与我们此前反复阐述的观点相契合：我们永远也不可能了解“原始的”、“裸露的”实在真相，我们所能够做的就是排除所有相关的可选择性，并由此达成一致意见。

(2)必须是全体一致通过，而不是多数决(majority rule)。这个制度设计在精神气质上更接近于卢梭所向往的直接民主或者某些审议民主理论家所向往的审议民主。多数决是应“作集体决定”这个目的而生的，它极有可能以牺牲少数人的意见和利益为代价，其基本精神是为了达到政治结果，即便牺牲真理也在所不惜。而全体一致的意见虽然并不能确保真理，但至少让所有参与讨论者的意见和利益都得到最充分的重视。我们知道，在大规模的、价值多元的“陌生人”社会要想达成全体一致的意见几乎是不可能的，如若可能，也极有可能是通过某种专制或意识形态宣传的方式达到(想想苏联经验和“文革”经验就不难了解)，但在本片当中，在一个由12个人组成的小规模陪审团里，通过非压制手段达成全体一致意见的概率却大许多。那么，它是如何可能的呢？它能够通过自由、平等的人们的理性论辩达到吗？

影片首先映入眼帘的是千奇百怪的众生相：在一间不足20平方米的会议室里，聚集着来自各种不同背景的陌生人，其中有股票经纪师，有推销员，有手表商人，有清洁工，有退休老人，有父子关系紧张的暴戾中年汉子，当然还有我们的主人公亨利·方达——一个仁慈、理性、始终抱不可知论态度的侦探。这样的12个人因为肩负的政治义务而担任陪审员，手中突然握有对一个年轻生命生杀予夺的大权，其心理状态自然各异，既有一朝权在手的莫名兴奋，也有对浪费时间和金钱的抱怨和喋喋不休。

在组织者不厌其烦地说了三次“我们开会吧”之后，第一次投票正式开始。之前，人们并没有对案件本身作沟通和交流，每个人只是从自己的立场、观点、所了解的信息对案件作出各自的判断——一切情况都像极了我们今天最为流行和熟知的民主形式：以投票为中心，单向度地表达个人意志和倾向。第一次投票的结果是11:1，11个人认定有罪，1个人认为无罪。这时全体一致通过的机制发挥作用了，陪审团无法作出任何决定。于是，当那个唯一的异议者——由亨利·方达扮演的侦探“不合时宜”地提议说:“让我们谈谈吧”,“让我们说说各自的观点吧”,对话与沟通——这个审议民主的要件便开始发挥作用了。不过要小心,这里似乎并不存在哈贝马斯所说的“理想的言谈环境”,因为虽然在法理上所有人都是自由平等的,但在这个“典型的言谈环境”里对话者的社会身份、地位背景却是随时彰显无法回避的因素,而所谓“理性”对话则难得一见。

我们发现,在亨利·方达的一再坚持下,主张有罪方最先发生立场动摇的陪审员都有一个共同特征:他们都来自社会中的弱势群体。在陪审团这个特殊的情境下面,社会弱势群体的心理机制展现出极为有趣的图景。一方面,因为弱势所以更容易受到其他意见的影响——我们发现,最后仍然坚持己见的三位陪审员或者性格上最强势,或者社会地位最强势;另一方面,因为弱势就愈发有凸现自我的心理需要,就更加渴望得到他人的认同,因此也就更倾向于表达异议。这两种看似冲突的因素叠合在一起,在必须全体一致才能得出最后结果以及具体投票结果为 11:1 的情境下,便产生了一个奇异的场景:那些来自社会弱势群体的陪审员更倾向于少数方(即亨利·方达)而非多数方。有人会立刻反驳道:弱势之人不是更倾向于附和大多数吗?的确,弱势的人通常情况下更倾向于附和大多数,但这与弱势的人更容易受其他意见的影响并不矛盾,此其一;其二,老者也好,清洁工也罢,在日常生活状态中他们虽然处于弱势地位,但突如其来的一个机会,使得他们可以与其他人平等相处,共同拥有分量一样的一人一票,这令他们屡受冒犯和挑衅的自尊感找到一个最佳的突破口,异议的表达就显得愈发弥足珍贵。尤其当他们通过自己“艰苦”的思索,贡献出某一属于自己的独特观察时就更是如此(比如老者“骄傲”地指出那位年迈的目击证人一定不可能亲眼目睹了嫌疑犯;清洁工则用他贫民窟的生活背景告诉大家,少年如果犯案,持刀的姿势一定与死者胸口的伤痕不一致)。

另外一个有趣的现象是,当陪审员从主张有罪到主张无罪转变时是可以被接受的,但如果再次改变立场则是不可接受的。这里涉及自我认同的问题:你究竟是不是一个反复无常的骑墙小人?我们看到,在片子里,除了那个习惯见风使舵的销售员(这个习惯对于销售员来说是一个优良的职业品格,可惜在这里并不适用),其他人在改变一次立场后就此坚定不移,可是他们真的就坚信不疑了吗?其实未必。而且,那位销售员在遭到“两面派”的指责,神色黯然地再次接受无罪认定的结果后，他就已经无路可退，再也不能回到有罪认定的结论上了。

在交谈与论辩过程中，有两个因素至关重要：

第一是亨利·方达的个人魅力，这是一个极其出色的政治煽动者(political demagogue)，他几乎主导了整场讨论，而且善于在论辩中及时占据道德高地，比如对少年嫌疑犯"贫民窟"背景的强调，指斥论辩对手缺乏同情心和仁慈心等等。这对于参与讨论的其他一些拥有类似背景的或者恻隐之心较强的人显然有某种催眠作用。与之相反，对立方最强势的家伙恰恰是一个性格暴躁、思路混乱的自大狂，当他以一种气急败坏的方式与方达辩论的时候，其输赢高下已判，可以毫不夸张地说，支持有罪认定的多数陪审员之所以放弃原有观点，与此人的负面形象不无关系。

第二，亨利·方达"持之有据"地对现有证据提出了所谓"合理的怀疑"：楼下的老者可能听错了打骂声，因为他可能不能在15秒内走过整个走廊然后目睹嫌疑犯冲下楼梯；妇人或许是近视眼，所以很可能看不清杀人的真实场景；少年嫌疑犯的刀可能被人捡去了，他之所以记不清楚电影的名字也许是因为太紧张了……诸如此类。要注意的是，在整个论辩过程中并没有引进新的证据，只是在原有证据的基础上进行排列组合，并且从各个角度进行"合理"怀疑。不过在我看来，这里的所谓合理怀疑，其合理性其实大可质疑，我们知道知识论上有一派观点叫做"相关的可选择性"，说的是并非所有的怀疑都是相关的怀疑。亨利·方达在本片中所提出的不少怀疑，在我看来也是这样一些不相关的怀疑。

有一个细节值得一提，在坚持少年有罪的人里头，最为理性冷静的当属那位股票经济师，他坚持有罪认定的理由有两个：(1)少年嫌疑犯自称不在犯罪现场的理由是当时他在看电影，可是少年无法提供电影名称及主人公的名字；(2)有妇人曾经目睹了凶案的发生。

亨利·方达认为股票经纪师的两个理由都是可以被怀疑的。他这样批驳股票经纪师——或许用诱引更好：

方达：你昨天晚上做了什么？

经济师：下班后回家。

方达：前天晚上呢？

经济师：与妻子共进晚餐。

方达：大前天晚上呢？

经济师：大前天……似乎是在……

方达的用意很简单：记忆是可能出错的。可是他的论证方法却是取巧的。我的确不记得789天前晚上8点34分在做些什么，可是这既不能作为相关的证据来证明我的记忆力很差，也不能推己及人证明他人的记忆力很差，更重要的是，不能证明所有的记忆都是错的。

最富戏剧性的一幕出现在亨利·方达对那个暴戾中年汉子的说服上。此时，认定无罪与有罪的比例已经翻盘为11:1，但是暴戾的中年汉子仍在负隅顽抗，直到亨利·方达当头棒喝，让后者顿悟自己之所以认定少年原因在于他与儿子的紧张关系，所谓"恨屋及乌"。纵观其余10个人的立场转变，同样不是理性论辩的功劳，恰恰相反，多数人是因为彼此之间的身份、地位、心理冲突而转变的立场，这一点在清洁工和老者身上体现得尤为明显。

这部片子以群像的方式描绘了论辩的全过程：从异议、辩论、说服、争吵、推理到共识。它展示了在现实的言谈、交流、论辩过程中，不同话语力量如何相互角逐以达成共识的过程，但是这个共识并不指向真理。倪梁康在文章中引用赫拉克里特的话说：如果要理智地说话，就得将我们的力量放在这个人人共同的东西（即逻格斯）上面。赫拉克里特的话没错，错的是倪梁康，因为倪梁康将古希腊的逻格斯作了过于狭义的理解。在古希腊，逻格斯除去理性，还有修辞、隐喻、类比等，而在本片当中，还有身份、阶级、关系、情绪、卡里斯玛等杂质因素。

片尾处，亨利·方达目光炯炯地凝视最后一个负隅顽抗者时所说的两句话颇有意味，一句是"我们提出了合理的怀疑（reasonable doubt）"，一句是"You are alone"。第一句意在告诉对方，真理不在你这边（虽然它也可能不在我这边），而第二句话则在说，现在，大多数人的意见也抛弃了你。

十二怒汉最后离开陪审室的时候，并没有走出柏拉图的洞穴，他们没有看到光芒普照的太阳，而是满腹狐疑、心事重重地消失在暮色里。但，这对于一个以无罪推定为前提的法律体系来说，就足够了。

也许真理还在某处，但真理不在这里。

价值缺失与中国人需要什么样的价值

翟学伟

随着中国经济的高速发展、成功地举办奥运会及中国在应对世界金融危机中的表现，无论是在国外还是在国内都出现了一种声音：这就是中国的崛起，而且是和平的崛起。崛起的中国在全球一体化的过程中表现出来的姿态，显示了中国在世界上日渐显现的重要地位。无论在政治、军事、能源，还是在市场、消费、环境等方面，目前世界上的很多事情要看中国怎么做。这也是为什么美国总统奥巴马在访华中说，美国不但不遏止中国的崛起，而且欢迎中国成为强大、繁荣且成功的国际成员。而在国内，单看书店目前摆放在最显眼位置上的书，就可以知道中国人良好的自我感觉，因为话题大多是关于中国"高兴不高兴"的，其潜台词是中国现在已经完全可以在世界上表露自己的情绪了，不需要看其他人的脸色。

但我强烈地感受到，我们现在讨论中国问题，需要把中国崛起与中国人的状态区分开来。打一个不太恰当的比方：如果一个家庭的境况好起来或成了暴发户，不意味着我们想当然地认为该家庭成员一定很勤快；反之，一个家庭的情况不好或贫困潦倒，并也不意味着这个家庭的成员如何懒惰。一个家庭的兴衰是由多种复杂的原因导致的，当然在众多的因素中，人的因素最为重要。但是，即使人的因素最重要，也未必就是勤快重要。还有一种可能涉及评价的时机，也就是说，当该家庭处于上升时，正好是他人在作评价之际，而其间潜伏的或未爆发的问题在以后才会逐渐显露出来。可见，虽然一个家庭发达同家庭成员有关，但未必一定要作正相关的推论。

总之，我希望我们讨论中国人价值观的话题时最好同中国目前的大国崛起区分开来，否则一说中国之崛起就会想到中国人很了不起，然后就沾沾自

翟学伟：南京大学社会学院教授。

喜，再就讨论高兴不高兴了。虽然我看到有网友的“中国崛起了，老百姓趴下了”说法未必妥当，大多数老百姓还是过上了好日子，但这种说法符合我所说的分开来讨论的思路。当然，分开来谈，不是说它们之间不相关。其实，当中国引起世界的关注后，接下来的话题很可能就是中国人的话题，因为想来观光、学习、研究、合作或者竞争以及搞垮我们的人会思考，此一崛起的中国之国民心理、精神上是什么样子的。回想起中国的近代化历程，中国人对西方世界的了解，也是先从国家概貌到物质文明，再到社会制度，最后到精神文明这样一步步深入下去的。

可以肯定地说，就中国目前发展的势头和已经取得的成就来看，讨论中国人的价值观已经是当务之急了。但客观上的急需是一回事，主观上的感受是另一回事。我觉得现在讨论这个话题已相当地奢侈。如果说这个话题对于许多平平淡淡、养家糊口地过日子的老百姓来说似乎过于遥远，那么它对知识分子（士）来说，本是其应有的特质。可如今，即使就知识分子而言，谈起它，也有点远了。什么意思呢，就是说，它曾经离我们很近过，乃至于我们可以认为，价值观的有无及其导向性本是用来定义、衡量一个社会中的知识分子的要素之一，但这个要素现在已经没有了。知识分子在现代社会越来越变成为这样一群人，他们是技术干部、公务员、专家、工程师、教师、管理者或所谓中间阶层，他们只是在做他们的（脑力）工作，拿他们该拿的工资。我不知道这些群体还能不能被称为知识分子：说他们不是知识分子，是因为他们没有价值上的倡导和坚守；说他们是知识分子，是因为他们仍是社会的精英，是社会的中坚力量。

为什么讨论社会精英一定要涉及价值观呢？因为一个社会的良心是由社会精英打造与守护的。如果他们自己也很冷漠、漠不关心或放弃操守，那么这个社会的问题就非常严重了。我们这里可以从价值观意味着什么来看出它的重要性。虽说目前学界对价值观并无统一的认识，但大体而言，价值是指社会成员在一特定社会的道德、伦理、审美、信仰的影响下构成的一套是非评价体系，这套体系可以指导人们的行动，可以作为社会现象与问题的判断标准，并维持了一个社会文化的基本认同。当然，价值观本身也会随着社会变迁、不同文化的融合或冲突而发生改变。从历史的角度来看，一种社会形态延续的时间越长，价值观也就相对越稳定；社会越是动荡、变革或转型，价值观也就越不稳定。反过来说,不稳定的价值观也会导致社会的动荡,有的时候,社会冲突或转型在一定程度上也是价值观的斗争引起的。再从地域的角度来看,无论是大型社会还是小型社会,无论是未开化社会还是文明社会,无论在丛林、沙漠、岛屿,还是山区、平原,只要有人群聚居的地方,就需要有一个是非评判的标准体系,否则社会成员便会失序、越轨乃至消亡。

中国长久以来本是很看重价值观的建立与维持的,即使朝代更迭,也基本上维持着较为一致的价值观。就中国漫长而曲折的历史来看,从传统到现代,中国人大致形成过以下几种价值观:(1)原始宗教性的价值观,即以敬天命和问卜算卦为主要导向;(2)天人合一的价值观,即以提升人性、性善,关注人伦为导向;(3)中体西用的价值观,体现了中国进入世界体系时的文化选择的态度;(4)政治主导的价值观,也就是一切以革命与专政,资产阶级与无产阶级斗争为最高标准来判断是非;(5)上述这些价值积淀下来后在当下所表现出的多元化倾向等。

可是,我们又发现,即使多元化正在面临前所未有的需要探讨的问题,但发展至今,也在碎片化了,或许不久就会烟消云散。回首一路走来的历程,我们看到西方式的宗教价值在中国是没有的,这点导致了东西方价值观的差异。而就目前经济发展导向而言,与其说它是一种价值观,不如说它是对不断增长的人的基本(物质)需求(物欲)的满足,它不算是一种价值观,可以看做一种人性的假设(理性、唯利是图)以及市场行为(精打细算、斤斤计较),因为大多数人(不单是中国人)都会承认,发展经济是最符合人类的基本乃至社会需求的道路。发展经济不能算成一种价值观,但会引发一些同价值观相关的问题,比如我们从原先倡导的"为人民服务",变成了"为人民币服务"。为人民币服务就是"金钱至上"的意思,它想表达的是这个世界上没有比钱更重要的东西。当然,钱的重要性是如何强调也不过分的,上述的任何价值观的实现都会涉及费用的问题,但这只能说明钱不是目的,而是人们实现目标、交易、消费或服务的重要手段。金钱同价值观的关系在于我们考察一个社会中的人们用什么手段得到钱并用它来做什么。或许有人会提出,金钱万能论是否也是一种价值观?我以为,万能的意思是怎么都行的意思,却没说到底"能在哪里",比如是享乐、利己,还是利他、慈善,所以尚看不出它的价值取向。

通过上述讨论，我想说的是，价值观在金钱问题上是具有超越性的。固然，我们在批判金钱至上而导致价值缺失的同时，也有太多的理由批评历史上的一些价值观同样造成过严重的乃至毁灭性的后果，但无论如何，我们不能因此就否定一个社会成员可以放弃任何价值观而只讨论金钱。就一个社会内部成员或民族来说，价值观的存在，起码到了维系自身文化、维护社会秩序、升华幸福感和追求理想的作用，其中有许多问题乃至于严重的问题是在一个时代之后的反省时发现的，但发现的目的不是说可以不要价值观，而是说应该寻求更加合理的价值观。

价值观是一套观念体系，其本身是精神，却往往通过制度、习俗、行为、文字来表达，也可以以物质形式作为载体，比如礼仪、民俗、音乐、舞蹈、建筑、字画、工艺品、日用品及民间活动等，它们都可以体现一个社会或民族的价值追求。从中国传统价值观的实现来看，几乎所有的物质形态都透露出中国人的价值导向，比如建筑格局、家庭摆设以及桌椅的形制与图案等。可是今日从建筑物到日用品，我们看到的就是商品本身，除了冠以所谓含混的现代或后现代，我们看不到价值导向，甚至连设计者自己也没有价值理念。

无论什么东西，一涉及价值，就有一个共性：就是尽可能摆脱以金钱论价的倾向。比如，就精神层面来讲，我们不能问人格、良心、气节、诚信、名誉、羞辱、奉献、献身等值多少钱。当然，作为价值观的物质载体是可以用金钱来衡量的，但一个人如果知道了自己一件物品的市场价格，还是舍不得出售，就说明了这些东西对他而言不是值多少钱的问题，而是在非卖中体现了一种纪念、相思、情感、怀旧、信仰、象征等意义，所有这些就是该物品体现出来的价值。

好了，说到这里，我想说什么呢，我想说现代中国颇为严重的问题是，以上的所有东西都可以定价了。当我们问良心值多少钱，或者一个人的荣誉只要花钱就可以买到，又或者一些人拿钱出来就可以摆平公正、正义的时候，我们讨论价值观难道不是一件奢侈的事情吗？现在问题已经发展到了我们已没法谈什么价值观了，能谈谈规矩问题就足够了。规矩是什么，是价值观的最低级形式，是道德的底线。食品当中不能放毒，总没有错吧，但竟然防不胜防，直到发生了三鹿奶粉事件；喝了酒不要开车，应该的吧，但太多的人做不到，直至醉酒开车撞死几个人才开始严查起来；外出旅游特别是出国旅游不要随地吐痰、乱写乱画、大声喧哗，能做到吗，做不到，中央为此还要下发通知；医院护士值班不要上网打游戏，起码的吧，但是竟然发生了值班医生上网打游戏致使收治患儿死亡的事情；大学生交作业要自己完成，考试不要作弊，最基本的要求吧，最后闹到外国大学也查出中国学生的作假；老师教书育人，为人师表，是常识吧，但抄袭剽窃的事件层出不穷；管理人的人不守规矩，被管理人的人也不守规矩，诸如华南虎事件、俯卧撑事件、躲猫猫事件等等。这里面没有文化层次的问题，这些人里面高学历者多得是，他们一讲起大道理来，一考起试来，一做起文章来，人类的崇高价值、理想一套一套的，但一回到现实中，起码的规矩都做不到。我们不要总说这是个别的，要看大多数，可我认为，现在的问题是被曝光的倒是个别的，大多数没有被曝光。

中国人的价值观为什么会缺失得如此厉害？其中有着较为复杂的原因。归纳起来，大概有以下几个方面：首先，我认为在中国传统价值中影响最大的儒家思想对人的要求太高了。人皆可以为尧舜，大丈夫顶天立地，大丈夫富贵不能淫，贫贱不能移，威武不能屈，修身、齐家、治国、平天下，立德、立言、立功等等，对人的要求太高，以此理想延续下来的先进分子也是极为个别地优秀，一般人做不到。事实上做不到而要求人人都要做到，就会在社会机制上形成一种"口号"、"形式"、"表象"、"伪"和"面子"问题，形象工程有很多只是要形象，不考虑质量和内容。

其次，中国近代以来发生了西学东渐，西方文明凭借自身的实力打入了中国的领地，引发了中国价值观的激烈争论，争论的结果是中国人应当抛弃自己的传统价值，而接受一种社会进化论的思想。这个思想的本质是把所有国家和地区各自的生态和文化及其成长道路统统放在一条轨迹上来衡量，然后根据物质文明的进程划分出落后和先进、发展中与发达、农业和工业及后工业等等。而这个时候，我们的价值观就是哪个最先进、哪个最发达、哪个最后现代，就接受哪个，进而造成价值观的持续和稳定性出现了严重的问题。

第三，中国历史上经历的价值观没有一个未被批判过：原始宗教价值是封建迷信，儒家的礼教是吃人，中学为体让中国落后挨打，政治挂帅有严重的错误，西方的价值观是资产阶级的等等，这里我不想讨论这些批判对不对，而只想说，当我们把价值观统统批判完之后，我们的价值观是什么？我看结果就是什么都没有。

今日中国,只有一波一波的思潮,但很快就过去了,学者们大多数也就在赶思潮,过去了就再赶下一波。当然,中国社会也有较为长期的意识形态,但意识形态同价值观有关,却不是价值观本身,想通过意识形态来建立价值观,在有的历史时期可能,在有的时期不可能。最后我能想到的原因,是来自于现代技术的冲击。以往价值观的培育通常有一种自圆其说的文化环境,在这种文化环境中,我们不知道人还有其他的活法,还可以有这样那样的玩意儿,有这等事情发生或那种奇怪的想法。中国人对许多今天习以为常的事物都好奇过,但这种好奇早已成为过去。因为互联网、电视、电影、手机、电子游戏、数码复制技术等,让文化环境发生了彻底的改变。有些价值观上的争论,争来争去没有结果,却被技术突破了:比如生孩子要不要先结婚,涉及伦理问题,但克隆技术在未来会让这个伦理问题发生改变;比如女子的贞节观是中国历史上非常重要的价值观,但避孕技术和修复技术使其失去了意义;比如中国功夫汇集了许多中国文化价值精华,但枪炮的出现使得几千年的文化积淀变成了一种个人的业余爱好。以上给出的种种理由中,有的原因是阻挡不住的,但有的原因是我们没有应对,没有传承,没有建立起自己的观念体系。

无论我们赞不赞同亨廷顿的文明冲突论,我们都应该承认,迄今为止,文化尚没有被全球化与技术化消灭,说不定全球化本身也是一种价值观。由此我们还有机会来思考,物质上、技术上的相同是否就意味着文化上一定相同?我很好奇的是,亚洲其他一些国家是如何在全球化时代建立自己的价值观的,比如日本、韩国、印度、新加坡等,我们今天手上用的许多电子产品是它们制造的,有的亚洲国家的电子产品、通讯技术和未来技术在世界处于领先地位,那么它们失去自己的价值观了吗?

我个人以为,今天中国人要想建立自己的价值观,必须有一个基本前提,就是文化的积淀与定型,但条件是这样的定型需要对时代、对意识形态有超越性。我们不要认为只要变就是好的,也不要认为一种符合眼前利益的、对自己有利的就是好的。中国过去老是不变固然很糟,但变来变去恐怕更有问题,而尤为严重的是短期与短视会将一种价值体系摧毁掉。我们从千年不变到十年一变,然后再到一天一个样,一年大变样,这就叫"好"?以前城市的变化给多少人带来过喜悦，但没有想到现在是没完没了了，刚铺好的路、刚盖好的房子又要拆掉，这究竟是建设还是折腾？再有，我们的口号不断翻新，花样百出，到处都是轰轰烈烈，到处都在走过场，我们怎么会有价值观？

基于以上的种种认识，我想今日中国人的价值观不应是高调的，而是低调的。所谓高调是儒家思想的一个传统，也是革命时代的一个传统，它们虽有不同，但共同点是太高了，高到了它们基本上是一堆口号，无法落实；所谓低调就是我们需要踏踏实实、日积月累地建立起一种大多数人可以接纳的、可以实现的又符合现代社会正义原则的价值观。这样的价值观是什么呢？我个人的看法，它们是“真实”、“公平”、“信仰”。其中，“真实”看似平淡无奇，但它是针对作假来的，也是针对面子来的。如果中国社会不能回到真实上来，纵使有再美妙的词藻堆砌出来的精神体系，也最终是形式主义与表面文章，是弄虚作假，是浮夸和浮躁。“公平”是针对关系来的。办事得靠关系是中国长久不能治理的一个主要原因，它使制度形同虚设，也造成了有法不依，执法不严，其目的只有一个，就是人为地制造特权与社会的不公正。而“信仰”是针对金钱来的。一个社会失掉了信仰，自然就会把金钱作为衡量一切的标准，也会认定金钱可以解决一切问题。

其实，每一个中国人都知道，就这些平实无华的价值观，要做起来是何等的不易。

“文革”研究的四个层面与两个向度

金大陆

长期以来，学术界有一公议：“‘文革’在中国，‘文革学’在国外。”这大致是针对国际上的“文革”研究发端于1966年，且在论著、课程和资料库等方面均有建设和积累来说的。然而，我认为国外“文革”研究的总体水平不高，尤其从起始时政治战略研究的角度向当今史学研究的方向转型，并由此在学术价值层面获得展开和确立，尚缺乏根本性的支撑。这里，除了大量深部和细部的“文革”史料尚未开掘，外国学者对“文革”的许多关系和问题难以树立“中国式的体悟”，是关键的因素。所以，我坚持认为：只有依靠中国学者（近年，从国内出去的一批学者显得较活跃），甚至只有依靠国内学者作出的巨大贡献，才可能提升“文革”研究的层次和品质（“文革”研究确实具有成为世界“显学”的品质）。

一、“文革”研究的四个层面

“文革”是一场发动全民，遍及全国，历时10年的政治动乱，尤其肇始于上海的“一月夺权”，冲击乃至摇撼了自1949年以来构建的权力机构。但“文革”时期有一个重要的枢机，没有被这场动乱所触动——那就是全国的行政区划没有发生变动。因之，中国存在着四个层面的“文革”——中央层面的“文革”、省市层面的“文革”、地县层面的“文革”和基层单位层面的“文革”。

固然，行政区划关涉地界，固然具有地理学的意义，只是这里的指向更在于政治意义上行政管理的构架。所以，所谓行政区划没有发生变动，并非是强调其地理上的管辖区域，而是强调其权力和组织人事关系的构成，即每一个管辖区域内的权力和组织人事关系都是自成系统、自成“层面”的。于是，在“文革”运动“阶级斗争”和“路线斗争”的冲突中，在这种冲突演进的不同阶段，各个层

金大陆：上海社会科学院历史研究所研究员。

面的“文革”均构成各自的冲突焦点。如中央层面的“文革”:从《五·一六通知》到批判“资产阶级反动路线”,从“二月逆流”到“杨余傅事件”,从“刘少奇案”到“林彪案”,从“1975年整顿”到“反击右倾翻案风”。再如省市层面的“文革”(以上海为例):从“安亭事件”到“康平路事件”,从“一月革命”到“第一次炮打张春桥”,从“踏平联司”到“第二次炮打张春桥”,从武装“上海民兵”到“未遂政变”。若以上海为圆心,逐层放射性地推演,可见第一半径圈的浙江、江苏,第二半径圈的福建、江西、安徽、山东(属华东局),乃至第三半径圈的湖北、河南等,均以行政区划为基准,演义着自身的“文革”故事。至于地县层面的“文革”和基层单位层面的“文革”,同样是以行政区划来合围自身的运动空间。

如果说这只是平面地铺展中国“文革”的四个层面,那么,深入地剖析这四个层面的“文革”,便可见每一层面矛盾和冲突的焦点:人员和队伍的组合,均是在所属的行政区划以内构筑的。这就是说,不管是跨层面的情况,还是同层面的情况,正是行政区划的界碑构成了在在不同的“焦点”和“组合”。如两个毗连的城区,以一条街道为界,尽管左右邻居走街串巷,但“文革”时期街道这边与街道那边的群众组织、干部队伍以及斗争矛头所指认的对象是不一样的。再如两个毗邻的学校,以一道围墙为隔,尽管师生之间你来我往,但“文革”时期,围墙这边和围墙那边的群众组织、干部队伍以及斗争矛头所指认的对象也是不一样的。所以,“文革”时期不变的行政区划,不仅形成四个层面的“文革”,更延伸性地形成了千千万万个不同的“文革”群体和不同的“文革”冲突。

当然,确认“文革”的四个层面自成独立的系统,并非说这个系统就是孤立而封闭的,事实上,这个系统又处于自上而下和自下而上互动的开放状态中。

先自上而下地看:中央层面的“文革”,除了具有自身的斗争焦点和集团构成外,还领导和指挥着全国的“文革”运动,以至频频地向下发号施令。其运作的方式,有的是社论,有的是通知,有的是文件,有的是“最高指示”,于是,省市层面的“文革”、地县层面的“文革”和基层单位层面的“文革”均闻风而动(用当时的话语叫“不过夜”),由此推动“文革”的进程和步骤。如1966年10月,《红旗》杂志社论提出彻底“批判资产阶级反动路线”;1968年8月,中共中央发出《关于派工人宣传队进驻学校的通知》;再如1974年1月,中央批转江青编选的《林彪与孔孟之道》,掀起“批林批孔”运动;1975年11月,中央召开“打招呼会议”，传达“最高指示”，刮起“反击右倾翻案风”等。正是这些自上而下的“战略部署”，制造了中国长达十年的崎岖和坎坷。同时，还应看到自上而下的传达并非一马平川。这恰恰是因为省市层面、地县层面和基层单位层面的“文革”各有自身的势力分布和利益得失，以至在具体的接受、解读和执行时，总是按照自身的立场和需要来作抉择。这就是自上而下的号令向下传达时，往往发生“弯曲”、“变形”的缘由，这也是不同层面的“文革”呈现各自复杂性的缘由。

再自下往上地看：各省市层面、地县层面和基层单位层面的“文革”，既然独立地自成系统，那就与该行政区划所属的历史缘由、文化传统、政治现状和组织人事关系紧密相关。如该地党、政、军机关和干部人事之间的关系，往往决定“文革”时期群众组织之间的政治取向和权力机构的政治组建；再如该地民众的人口构成和民风的传承特征，往往影响“文革”时期群众组织之间的冲突方式等。这即是说，各个层面的“文革”都会在其自身的演进过程中，自下而上地产生影响大局走势的事件、人物和经验。有的是发生在下层，而后被高层作为例证和典型推而广之，如武汉的“七·二〇事件”、清华的“百日武斗”，以及福建的李庆霖和辽宁的张铁生等。在上海则有“一月革命”的夺权、上体司（上海体育战线革命造反司令部）鲁迅兵团的整风、市六女中的大联合、国棉十七厂的整党建党、上海机床厂的“七·二一”工人大学、同济大学的“五·七公社”、上钢五厂二车间的“批林批孔”小组等。有的则是发生在下层，却直接自下而上地主导了整个政局的变动。如上海《文汇报》的“三·五事件”和“三·二五事件”，就率先引发了南京学生的抗议，继而演变成发生在天安门广场的“四·五事件”。所以，正是这些自下而上的事件和行动，构造了整个“文革”运动的多元复杂。同时，还应看到各个层面之间也存在着交错的作用和影响，具体表现为直接的人员往来（如“文革”运动初期，北京红卫兵在各地建立联络站等）和间接的形势辐射（如全国大武斗时，各省市之间的呼应等），以至“文革”运动呈现出多重叠合的线索。但必须指出，这只是“文革”前阶段的现象，且比较短暂，而以行政区划为依归的四个层面的“文革”，才是贯穿整个“文革”运动持续而稳定的情状。

缘此，“文革”的四个层面的阐说，就为开展“文革”区域史研究奠定了基础和构架。因为该阐说从理论上证实了省市层面、地县层面的“文革”，在行政区划范围内具备 “干部—权力”、“群众—组织”、“政治—运动”、“经济—文化”、“社会—生活"等完整的运作系统，且与各层面之间处于互动的状态中，以至进入"文革"区域史的研究，着重于对某一层面、某一行政区划的"文革"史进行深入的梳理，便能对该区域的"文革"史实及其特征和问题等有所发现，有所剖析，有所建树。此类区域史研究，可称为中国"文革"史研究的"地方视角"（笔者所著的《非常与正常——上海1966年至1976年社会生活史》一书中所承担的"上海'文革'社会生活"的课题，就是"文革"研究"上海视角"的一个方面，该书将由上海辞书出版社出版）——看上海的"文革"史，从上海看全国的"文革"史，从全国看上海的"文革"史——如此既发散又汇聚的思路，推广而去，便应有"文革"研究的"江苏视角"、"河南视角"、"湖北视角"、"四川视角"、"广东视角"等等。可以设想，若是众多的"文革"区域史的学术成果问世，不仅可展示各行政区划的"文革"运动，显现各行政区划的"文革"特点，更可通过相互间的比照和印证，引申出许多需要阐释的线索和需要求解决的问题，这必将大大促进和提升中国"文革"研究的整体水平。

与此同时，在高层档案暂不开放，中央层面的"文革"研究（主要集中在"'文革'起因"、"刘少奇案"、"林彪案"三大板块）难有实质性突破的情况下，倡导各地学者进入"文革"区域史研究，不仅存在可能性和可行性，甚至是相当正确的路径。这不仅是因为着落于省市层面和地县层面的"文革"时，各地的研究者可利用各自"地缘—人缘"的关系，各自"经历—经验"的优势，在资料获取和人员组织方面求得许多便利，从外部向中心进击，从底层向高层合围，或许正是中国"文革"研究的出路和趋势所在。

另外，在基层单位层面的"文革"研究方面，选取的研究对象必须在"权重"和"资料占有"两个要点上显现出意义和价值。"权重"的要点属历史的，那就是该基层单位的"文革"运动在所属城市、省区内，曾占据重要的地位，产生重大的影响，甚或是"龙头"单位、"风向标"单位等，如上海的复旦大学、同济大学，上海的国棉十七厂、柴油机厂等，再如浙江的浙江大学，江苏的南京大学，陕西的西安交通大学，四川的四川大学、重庆大学等。据有关信息，北京清华大学（唐少杰）、上海复旦大学（金光耀）、江苏南京大学（董礼强）等，均有学者在做该校的"文革"运动史。可以设想，若是全国各主要大学均有学者投身此类研究，完成中国大学"文革"史研究系列，即从一个个"高权重"的基层单位，扩展到一座座城市，一个个省区的"文革"史研究，那将是中国"文革"史研究蔚为大观的局面。

"资料占有"的要点则是当下的,那就是即便所选取的基层单位在"文革"运动中并非典型,但研究者却掌握了该基层单位的完整资料,如复旦大学冯筱才教授就从资料贩子手中收购到上海某研究所从"四清"到"文革"的全部档案,大到下达的文件,小到工资明细,以此解剖"麻雀"(借用"'文革'语汇"),梳理一基层单位"文革"运动的"全过程"(借用"'文革'语汇"),看其中的运动进程、派别冲突、政策演变以及人事关系、经济收入、生活状态等,无论是纯粹的局部"文革"的定位和探究,还是对全局"文革"作铺垫和补充,都具有相当高的学术价值。

总之,以"文革"时期行政区划的不变为依据,确立中国"'文革'四个层面"的模型,倡导并推进"文革"区域史研究,应是当下甚或相当长一个阶段的进路。

二、"文革"研究的两个向度

检索当前国内外关于"文革"史的研究,多数集中于高层运动史,即关涉重大事件的始末和重要人物的沉浮,可称为"政治运动的向度",且往往标树为"文革"史研究的重大课题。当然,这是开展"文革"史研究顺理成章的结论,因为在一个"非常"的"革命"的年代,运动终究是主导的和支配的,终究是社会动荡和社会变迁的产床。如研究上海的"文革"政治运动,就不仅可见张春桥、姚文元、王洪文等三人如何登上历史舞台,还可见许多发生在上海"文革"中的事情、事件和事变,或许具有鲜明的上海地方特点,或许影响了全国的大局走势,这怎能不显示研究的价值呢!

但是,当"文革"研究全部聚集于政治运动,即被"阶级斗争"和"路线斗争"的场景所定格的时候,人们的记忆便会以破碎了的、撕裂了的政治"片断"所支撑,而淡忘了"文革"时期的整体状态,那就是社会还在运行,人民还在生活——毋宁说日常的衣食住行,悲欢离合,即便是"文革"政治运动的浪潮汹涌澎湃,其社会生活的底部仍有涌动的潜流。如1967年初"一月夺权"的时候,上海市面上在抢购煤球、手表、缝纫机等高档商品(伴随着"经济主义"),7月份在抢购煤球和大米(伴随着"全国武斗"),10月份在抢购毛巾(因不要布票),至年底则出现了抢购香烟、火柴、肥皂等小商品的风潮。如此将1967年的历史揭示开来,再叠加起来,大致可复原"文革"运动的整体面相。所以,在强调"文革"史研究"政治运动向度"的同时,再引申出"文革"史研究的"社会生活向度",就是应拓展"文革”史研究的深度和广度，或者将研究的触角深入到社会结构的底座，或者用研究的视角扫描社会活动的扇面，由此从深度和广度激活整个“文革”记忆，就不仅使“文革”研究具有了政治运动的骨架，更有社会生活的血肉。

同时坦率地说，当下“文革”史研究“政治运动向度”不宜展开的客观情势，也是主张推进“社会生活向度”的机缘。因之，顺应这样的思路和判断，还可有“文革”经济史、教育史、新闻史、外交史、文化艺术史、体育运动史等诸方面可能和可行的路径。应该指出，这些方面均属于“文革”史的组成部分，它们不同于“文革”政治运动，却又与“文革”政治运动相关。正是立足在这个意义上，从“文革”政治运动看社会生活，又从“文革”社会生活看政治运动，便构成两个“向度”之间的颇有意味的互动。

这其中大致有三类情况：第一类、第二类属程度不同的“直接关联”和“间接关联”，如“文革”政治运动中的“破四旧”、“大串联”、“三忠于”、“上山下乡”等，是全面进入、搅动了市民的社会生活；再如“反击经济主义”、“一打三反”、“清理阶级队伍”等，是部分牵连、冲击了市民的社会生活。反之，则可解析这些“文革”社会生活的境况和断面，即通过千家万户的经历、遭际和心态等，折射出属于政治运动的性质、规模、政策演变等的种种密码和信息。第三类属“潜在关联”，是单纯的政治运动和政治事件，基本不与市民的社会生活发生干系，但其进行过程中却有点滴的事实可划归于社会生活，如“上海红卫兵总部”被造反派冲击解散时，发现其囤积的大量面包正在发生霉变；上海“安亭事件”时，市委向现场运送了一车的医药用品；“八·四事件”时，居住在工农新村的联司家属呼天抢地，小孩子们则一股股地在包围圈外袭击工总司等。这些从社会生活史的角度捕捉到的局部和细节，可丰富人们对“文革”政治事件的记述和认识。

由此，“文革”史研究的“社会生活的向度”，就在内容构架上向两个方面展开：（一）宽泛地属于“文革”政治运动的范畴，但不关涉“文革”政治事件和人物，却又直接进入和影响千家万户的生活，例如破“四旧”、抄家、“大串联”，收集和交换毛主席像章、红卫兵报刊和宣传品，文艺小分队、家庭“大批判学习班”、马路“大批判专栏”、无政府主义思潮与“逍遥派”（所谓“路线斗争与线路斗争”，即男生装无线电，女生织毛衣等）、学唱“样板戏”、“三忠于”活动（早请示、晚汇报，天天读）、群众专政、打击流飞活动、上山下乡、“深挖洞”、“拉练”、学工学农学军、偷书与地下学习、“向阳院”、追查谣言以及周恩来、朱德、毛泽东逝世时的社会反应等。

（二）不直接与“文革”政治运动相关，属于“文革”时期的日常生活（以衣食住行为中心），例如人口构成与变化（总人口、总户数、人口自然变动、人口机械变动、人口性别构成、人口年龄构成、人口平均预期寿命等）、婚姻（婚姻管理、婚姻仪式、结婚、离婚等）、计划生育、社会两性关系、职业与收入、物价与票证、城市管理（市容、道路、绿化、防汛等）、衣（服装的种类与价格等）、食（粮油、猪肉、禽蛋、水产、蔬菜、水果、烟酒的供应与价格等）、住（住宅建设、分配、租借、调换等）、行（铁路、航运、公交等）、用（各类生活用品的设计、品牌、供应、价格等）、商业（市场供应与服务等）、医疗（疾病与治疗、疫情等）、公用事业（水、电、煤等）、事故（交通、火灾等）、群众体育与文艺、广播电影电视节目等。

应该说，这两部分内容是相当丰富的。其中，第一部分的内容属“线性的联结”，即从“破四旧”开始到“毛泽东逝世时的社会反应”结束，基本顺延着十年“文革”的路径演进。第二部分的内容属“点状的散布”，即从人口变化、城市管理到衣食住行、物价票证，均在“文革”十年的平面上铺展着。正是这“线性的联结”和“点状的散布”的交错，立体型地展示了“文革”时期百姓生活的方方面面（大到社会行为，小到生活细节），以至从“生活—生存”、“个人—集体”、“家庭—社会”、“社会—角色”、“大众—心理—行为”等诸角度，一方面还原那个时代的生活本相，留下一部可信的文字记录，另一方面揭示导致和构成那个时代生活的内在动因（经济、文化、物质生产和流动、社会风尚和习俗、人际交往和沟通等），力图补充和丰富“文革”研究，使之成为“文革”研究的有机构成。

何况，上海城市史研究已受到学界高度关注，且成果斐然。但研究成果多集中于20世纪前半段，这就反衬出新中国成立后上海城市史研究的欠缺和困惑。尽管其间存在着种种困难和问题，上海城市史研究不断向新中国成立后延伸则是不容置疑的驱动。尤其落实于“文革”时期——凸显上海的重要地位和典型价值，如上海是中国最大的城市，其经济、商业、文化的影响及“全国保上海”，又如上海是中国唯一没有发生“军械性武斗”的地方与上海人的特征等——正是以此为立足，本课题以“上海‘文革’”为时空坐标，以“社会生活史”为铺展内容，力争为当代上海城市史和“文革”区域史研究树立一个范例。

我们到底活在怎样一个时代里了？（下）

陆兴华

[8]复盘：我们当初为什么会玩进这一资本主义装置里的呢？

阿甘本追溯了福柯的看法：人需要一种装置来统治自己，是人自己将这一装置安到自己头上的。所谓辖治（gouvermentalité），就是一种权力的自下而上（！）的运作机制。福柯说，纳粹主义起自德国父亲对于子女的那种镇压态度，第三帝国是起于自己这样的强压而形成再强加到全体德国人民头上的。阿甘本是扩大了这一说法：整个人类由于对于像语言、监狱、卷烟、国际贸易、手机等等统治装置的依赖，而使自己更深地陷入资本主义装置。

人有这样一种宗教能力：将他自己身上的一部分能力隔离，放到神圣的领域。一开始是看得明白哪些是人放到神圣中，而且也是可亵渎后重新拿回来的，如祭祀中人手触祭物后就可拿回来吃，粮食并未因此被夺走。但现在，在技术世界里，我们已将太多的东西隔离到了那个神圣的装置中：一方面，我们身上的属于我们自己的东西越来越少，主体破碎而幽灵化；另一方面，那一被我们隔离到神圣的技术领域的东西，我们自己是看不尽的了。比如德里达说的手机这种东西：它像潜伏在我们家里和身上的恐怖分子一样，我们被它绑架了。阿甘本说，手机对我们的人的尊严的破坏是根本性的，应该将不肯停止使用手机的人送进牢里。手机象征着主体的彻底的不真实，象征着主体对自己的真与不真根本就不关心了。被手机装置捕捉住的主体不再能获得新的主体性，而只得到一个号码，来让他自己最终被控制住。正如整天坐在电视前的观众用他的非主体化换回了沙发上的胖墩这一假面，他的社会地位就是被计算到了收视率的基数而已。

装置是由人将自己从动物水平拉到人的水平时就造成的，越人道，我们越

陆兴华：上海同济大学人文学院欧洲文化研究院副教授。

会掉进装置中。我们还以为自己是 homo sapiens，但我们可能早已是 homo sacer了。这是我们时代的虚荣：想用更新的技术，来对付旧技术造成的危险后果。

> 大众传媒要将我们的身体剔出关于话语的传播，国家治体是要控制我们生物生命，将语言剔出我们的生物生命，两相夹击，我们每一个人都成为自己国家中的嫌疑犯，都是危险的等级，越是普通人在国家看来越像恐怖分子。人类的生物生命本身被国家高度怀疑，被用尽一切办法来控制。如福柯所说，人是在这样的国家被高度动物化，被当做动物园里的东西来饲养的。阿甘本认为，当代西方或启蒙时代以来西方政治的基本范式是：集中营，我们这个奥斯维辛之外的集中营更是绵里针式的集中营。他说西方的政治民主、生物政治必然会由雅典走到奥斯维辛。（《世界报》，2004年1月24日）

当代，全球人民正在被驱赶到一个单一的共同命运上，因为，记者和新闻像天主教那样，将人们从他们自己的母语和身份中拔出，使他们成为黑压压的诸众。他们围成一个无名的共同体，会让国家极其恐慌。语言上的被剥夺，就像他们的生产资料、劳动和人权的被剥夺一样，正在造就新的全球无产阶级。而全球小资产阶级则是撑起全球景观社会的道具。（阿甘本：《没有目的的手段》，第88页）

[9]那么，怎样来与这种装置作斗争呢？

我们的新政治的目标也很清楚的：必须亵渎这个空转着的、时时在寻找着自己的受害者的国家资本主义装置。亵渎，也就是将这样一个被我们远抛，因而成为某方神圣的装置用到我们的日常生活中，重新用到我们的日常场景中。使用，就是用我们的日常生活中之动物下意识来摆弄和游戏。像儿童，我们可以将大炮当做玩具使用，将占卜的板案当做棋盘。我们的使用不含占有，而是将物保存到未来，为下一代人进一步使用。

消费社会中的消费者真的是不快乐的，这最主要是因为，他们消费的东西里都赋有一种无法被使用的内质。你想去使用它，但发现它只是用来被消费的。反过来说，当我们这些消费者发现自己无法使用一个东西时，我们就想动用对这些对象的财产占有权，因为我们已失去对它们的亵渎能力。正如我们不会爱，所以就投入色情，但色情反过来再使得我们不会爱。阿甘本说，从伯格曼的

《与莫尼卡度过的夏天》开始，镜头里被操的女人绝望地看着我们，是在提示我们处在怎样的一种处境。做爱的女人被集体地当做一种性的使用，这是好的一面，但色情镜头从此一定要来破坏这一集体的使用或亵渎，它一定要来逼你孤独地消费它，不许你作亵渎式的使用。单独看，这个操的动作是解放的，但它一被色情表现的装置捕获，它就是恶心的了。我们作为主体的行为，消费、投票、怀旧式抒情、阅读历史等等，都被那个装置捕获，它们让我们感到自己的可耻。不是我们看的东西色情，它早被资本主义弄得不色情了，而是我们自己色情了，且这一点让我们受不了！

历史终结了，我们在使我们的世界成为一个巨大的博物馆，而我们自己越来越成为被驱逐到更远的保留地的动物，我们使自己无家可归。如何来恢复家园？海德格尔的建议是要进到天、地、神、人的互动域，才是那终极的历史远方。而阿甘本说，应将古老的法典当做棋盘来下，将资本主义装置当做游戏，无害地往下玩。

将一些东西禁用，放到一个特别的地方，或将一些本来神圣的东西放到日常的公共场合供人使用，这里，事情的核心都涉及宗教。也就是说，我们动用技术，将那些本来神圣的东西亵渎般地被使用到我们的日常生活中，核心处也仍是宗教的。

当代消费者们不快乐，是因为他们在超市里不能亵渎东西了。超市里的有一点像是博物馆里的东西，那是不可亵渎的了。消费者们不能真正使用它们，只能消费它们了。由于使用、居住和体验的灭绝，一切东西都可被博物馆化。朝圣者都成了消费者。给旧东西找到新的用途，就像孩子们在被分工和压制之前所做的那样。用新的用途去顶掉旧的用途，这对我们不光是治疗。消费社会是一个色情世界。一切都只是手段，目的找不到了。我们玩着，但大多数我们身边的事，我们是无法为它们找到用途的。这是典型的色情场境。（《亵渎各种》，第75~91页）

一开始也是我们将这个装置们单独奉为神圣，让它来统治我们。在当代，被统治者太听话了，得到一个手机号码来被统治就高兴了。将这种被奉为神圣的东西位回到日常生活中来，就是亵渎。要与这个装置斗，就是这样“使用”它，亵渎着、玩着地使用它。我们这个当代社会并不是像公共知识分子们说的那样丢失了人文精神，不将神的东西当神圣，而是太将手机、电脑、书本知识、媒体、银行当一回事儿了。我们自己的主体化的首务，是要与这种种装置斗争，是应亵渎般地使用那些摆置我们的技术—政治—司法—伦理—生物装置，去糟蹋那些在我们日常生活中和公共政治—文化领域被奉为神圣的东西。这是比治疗更要紧的事儿！

我们应该部分阻断这个装置的运作，将它的手段重新夺回，放到我们集体的新的使用中。比如说，我们应该割断那个资本主义政治、经济和文化运作，先使它们失灵和失效，然后将这些手段取出来，重放回到我们的新的集体使用中。这种新的集体使用，是我们共同学习得来的，不是回到自然，不是听从新技术的召唤，不是通过中产阶级式的文化变态来心理治疗、心灵感应或禅式感悟来达到的。

这是一种新的亵渎能力。而色情和时尚就是我们已不再能够亵渎的证明。我们想去色情，但我们能吗？资本主义装置连这个能力都已从我们手中夺去。回复到儿童就具有的这种亵渎能力，是我们的新政治的目标。

[10]阿甘本回答的第二个大问题：什么是当代？或一个人怎样才能成为一个当代人？

这个问题同时可被置换为：我正生活在一个什么样的时代？或者，怎样去活，才能实现我与我所处的时代的一种唯一的、独特的关系？或者，我到底应该怎么样，才能活出我的独特的历史存在，而不是像衣架一样，只是让各种时髦在我身上流转，而我只是像一个消费者那样空洞地存在着？

阿甘本认为，当代性是个人与自己所处时代的一种独特的关系，它依赖于个人与时代保持距离。一个个人只有像尼采那样回看他的时代，对其作着“不合时宜的思考”时，变得与他的时代格格不入时，他才成为当代人。“不合时宜”的意思是不按照时间顺序、打乱时代前后排布、非共时地生活在一个时代里，做一个当代人就是这样地打乱时序地独特地去存在。

最“当代”的人，是诗人。一个人要去成为当代、要真切地做一个当代人，就是要去成为这样的一个诗人：既成为那个像被打断了背骨的畜生那样的时代的伤口和裂缝，同时又去成为凝聚那一伤口和断裂的血液。代表着时代的诗人必须紧紧盯住他自己的时代,真切地看清自己的时代。

但是,那些看清了他们时代的人到底看到了什么?他们时代的脸上的癫狂的笑容对他们来说到底代表了什么?

于是,就有了阿甘本说的关于当代性的第二个定义:要去成为当代人的人,是紧盯着他们的时代的,以便去感知其黑暗,而不是其光明。当代人是知道如何去看这一黑暗的人,是一个能够蘸着当前这一暗墨来写作的人。当代人是那些感知了他们自己时代的黑暗,将其当做与自己相关、不停地牵扯着他的东西的人。在他看来,这黑暗是远比光明重要,是直接、专门针对着他的。当代人是那些眼睛被来自他自己时代的黑暗灼伤的人。去成为当代人就是回到那个我们从未到过的当前。(《什么是装置?》,第51~56页)

当代人不光是在感知了当前的黑暗后能把握那永远不能到达其命运之光的人,他也在分割和对立时间,改造当代,使它与另外的时代相联系。他能以前所未有的方式去读历史,去依照一种必然性来“引用”历史,这种必然性绝不起自他的意志,而是来自一种当务之急,他是不得不去响应这种当务之急。这就仿佛是:这一当前的黑暗成为投向过去的光,使得这一被我们的当前的阴影投射的过去,能够向我们当前的黑暗作出反应。(《什么是装置?》,第56页)。当代性通过将当前标识为远古,而重新铭写到了当前之中。只有那能够在最近的、最现代的东西里感知到远古的索引和签名的人,才是当代人。

一个当代人只能以考古学的形式进入当代,也就是,将考古学眼光用到我们当代中的那些我们绝对无法活出的部分上,用旷古的眼光来看我们的眼前,来看已存在到我们身上、却没有被我们活出的那部分东西。因为,我们活过了,但我们的存在中仍有很多部分并没有被我们活出,那未被活出的部分将被不停地从我们身上吸回到根源中。那一没有被活出的部分,虽然已到过我身上,却是我永远无法触及的,它才是我个人的当代。所谓当代和当前,就是我活过的所有东西里的那一没有被活出的部分。去成为当代人,就是探身去把握这一到达我身上、但未曾被我活出的部分。

那阻挡我们不能进入当前的东西,正是那我们不知出于什么原因(可能是因为创伤可能是因为太近)无法去活出的东西。关注这一未被活出的东西,正是当代人的生活本身(做好一个当代人,使自己去成为当代,就是要去关注这一我们身上的未被活出的部分)。在这个意义上,去成为当代人、做好一个当代人,就是去回看那一我们从未到过的当前。(《什么是装置?》,第51~52页)我因为看到自己身上还有未被活出的部分,不能与其余的每一个人成为当代人,所以,我才感到与根源相连。我是在当前的每一处上都与过去的每一个时代相联系这一意义上去成为当代的人。我在阅读和写作中发现过往和所有文本里的符号和形象都是鲜活地"当前"着的,我这才感到自己是当代人。做模特儿式的、总是穿着最新款的东西的当代人,是不可取也不可能的,他们总只是已经和不再,我们必须让自己成为当下、正在和落入。

于是,当代、我的当前最后就对我成为一个黑洞,吞吸了我个人的小历史和对于我而言的宏大历史。我这一个人在走向我的当代、去成为当代人,进入我的当前时,也将远古的东西都拉进当下,过往的文本里陌生的符号和形象都活了起来。一个人走向当代的过程,就是人类的整个的成为过程。个人一生在重复整个人类历史。在后历史时代,个人都强大到像巴尔特的"读者"那样,能吞吸整个人类文明,但同时也强大到能用他的欲望来变态地阻断所有的硬被树立起来的历史叙述。阿甘本所说的去成为当代的人,实际上是去成为诗人;每一个这样地去成为当代的人,都是诗人了;每一个人都应该是这样的诗人,到达那只属于他自己的当代。

只有那些在最当代最相近的事物当中察言观色到了最远古最根源的东西的人,才明白什么是当代性,才成为当代,才是当代人。从大西洋飘到纽约,从远处第一次看到摩天大楼时就看到了"9•11"展示给我们的那些启示录式的洪荒般毁灭的人,才真正明白了纽约的当代性。我们的当代性,其实是一种逼到我们眼前的洪荒。(《什么是装置?》,第50~51页)当下只是那一在我们活过的东西里夹带的还未被我们活过的东西,它一下子又被吸回远古的洪荒,我们再也不可触及。去成为当代人,就是想回到那一我们从未成为过的地方。(《什么是装置?》,第51~52页)

想要思考当代的人,会将当代撕成碎片,或将它切成几个时代,加入切分和不连续性,来分别看它们与以前时代的关系。他引用历史,来理解冒出在他之前的偶然性,他将当前之黑暗当做阴影投在历史上,使得历史和过去能对当前之黑暗作出反应。福柯就认为他的历史性研究就是这样的,因其对当前的理论研究投在过去的阴影而对当前作出了反应。阅读历史,就是去与当代的那些写在过去的文本里的各种形象处于当代，不是将它们拉到我们这个不存在的当前,而是分别地去与这些不同的对象次次不同地处于“当代”。(《什么是装置?》,第54页)。所以,成为当代人是需要勇气的。我们不光要直面我们这个当代的黑暗,还要在这一黑暗中感受一种光,它正在以比到达我们更快的速度离我们远去。这就像我们正及时赶向一个我们知道必然会错过的而不能错过的约会一般。所以说,当代是被折断了背骨的,它是离我们最远,我们永远也触不到的。

一个例子是时尚的时间。当我们认为自己正时髦时,我们实际上已跨过了它。什么是时尚的“now”?是设计感受到那一概念时,还是助手向裁缝传达清楚那个“意思”时,还是为特别的一个模特披上身的那一瞬间? not yet，然后就是no more。我们的当代感不也是这样的吗?我们所误认的当代感,只是一种安适,ease,是懒惰的追认:他总是很当代,总是跟住了时代(《什么是装置?》,第48~49页)。意思是说,他总是事后以为他跟上了时代,站到了当代之中。法国谚语说,elle est contemporaine de tout le monde,她和谁都谈得来,到处、时时吃得开,总是跟上了时代节拍。这怎么做得到?必须以娱乐的态度才能做到。明星们常以为自己可以做到这样。我们时代里,大家都对自己没有去成为当代人持娱乐态度。一个生活于当代却不以没能够成为当代人而蒙羞的人,是一具僵尸。

作为还未成为当代的当代人,我们不是因为手执当前的权杖而来了底气,而是被我们身上还来被活出的那些东西支撑,我才沉着、勇敢。是的,在一切都过去之后,我还是剩下了一些可用来支持我自己的东西的。不要革命、不要弥赛亚,我要让一切在我的当前里到场,每一个口袋都被翻出,但我只是因为那正退我而去、正重新进入黑暗中的东西而感到有力量。去成为当代人,就像是一种献出:用我自己的当前去焊接各种当代的破碎。

[11]我们是充满希望地永远生活于一种例外状态

以前所有的政治学、政治科学和政治哲学都说不清我们所处的这种现实了。我们的当前是一个巨大的黑洞。

后资本主义—后革命—后历史状态就是一种例外状态。阿甘本说,在我们的时代,例外状态不再例外,而成了常规。一个个裸的生命直接成了一个个主权核心的携带者,因而更被抛向暴力,因为这种暴力在今天更无名、更日常了。

今天的消费社会之目标是“幸福的生活”之前的“舒适的生活”,它是一种绝对亵渎式的“充足生活”。它已直达其自身权力的完美状态,也已被完全表达到了我们的社会中。令人吃惊的是,主权和权利对于这种舒适生活已没有任何约束力了。我们越来越麻木地经受着种种景观式暴力,它们被“语言”式地传达到我们身上。我们身上的语言本质被倒置了。景观社会的语言—图像一体化(德波尔),股票市场式的“资本主义议会国家”(巴迪厄)就是人的这种语言本质倒错后造成的景象。应该在城邦共同生活里被沉思和追寻的东西,如今都被涮在语言状态中了,手段和目的都飘浮在语言中,供消费者—选民随意捞取。手段越来越多,目的却不见了。这种日常的和景观式的暴力,是与我们语言使用中的暴力同类的。

景观国家表面上将语言剔除到了广告式消费之外,但实际上也将人拉到了更高的语言运用的模态上,使人具有了更高的类本质(generic essence)。换句话说,人更可以语言式地理解自己的历史性,更被教会语言式地来“使用”和“利用”公共物。人直接居有了神学眼光,之前的神学和伦理学为人准备的那些目的和手段都过时了。消费社会带我们冲向那种舒适的生活中,目的和手段都是飘浮在语言状态中的了。政治的要点已不是找到更高的目标,而是更好地进入一种中介状态,政治只是一种进入语言这一纯粹的可中介性。所有的手段像语言装置一样都归到个人手里,可亵渎般地使用了。政治正是对于这样一种中介性的展示。政治是一种行动,要让手段本身可见。政治是纯中介,再也不带那一作为人类行动和思想的场域的目标。(《政治笔记》,见《不带目的的手段》,第109~118页)

我们今天见到的那些政治思想新范畴,非操作共同体、平等、忠诚、大众智性、正在到来的人民等等说法,如要被确切理解,都必须去表达政治的本地坐落、风度,以及将语言当做对公共物的自由运用、当做纯手段的自由运用的领域这一经验之意义。它们表达的是我们正在到来的政治共同体的景观。

他认为这对西方的意义很深远:正在到来的新政治,将不再是谁控制国家的问题,而是国家与非国家之间你死我活的斗争问题。不论是谁,只要他们想要居有自己的身份之独特,去居有归属本身,想要拒斥所有的身份和任何的归属的条件，那他们就是国家的头号大敌，就会被当做恐怖分子来虐杀。(《没有了目的的手段》，第83~86页)当你不把国家当一回事儿，以为自己就是独特地单个存在着时，自己在那儿又唱又跳着时，国家就要勃然大怒，它最不能容忍你这样。

我们当今正越来越生活在这样一种例外状态。民族国家越来越无力来包括我们，我们越来越生活在它之外，但正因此，我们也越来越不受它的主权保护，越掉出，却反而越被挪入，被它牢牢捕捉，更可无赦地当做恐怖分子来虐待或虐杀我们。我们都是像偷渡者那样在国家机器面前鬼鬼祟祟，可被捉到关塔纳摩湾监狱，被跨省追捕。我们生活在永久的例外状态中了。

[12]慨叹和提议

本人还远未到诉说沧桑的年纪，但不得不承认，上大学以来20年里我这一代人身后的理论—思想背景的变迁，可谓旷古奇有。

从反思政治集权主义灾难，到向往美国式生活方式和政治民主，转到新自由主义式吹鼓下之大国崛起的自豪，到现在的发现我们可能比美国和欧洲更深地掉进中石油和中国移动式的油价—房价国家资本主义统治装置，中间感觉就像是反抽了自己好几组耳光。连我们用来讨论、争辩和冲突的背景也变了！不是左，也不是右，而是那个国家资本主义装置总在远处暗算我们，让我们无处可逃。像擦窗玻璃一样，我们这一代理论—思想知识分子现在应该定神回看，重新确认一下自己的历史背景了。什么是我们将在2010年里讨论和争议时所用的共同理论—思想背景呢？

2009年下半年对阿甘本的深入阅读，为我重新整理了身上的思想—理论碎片，重新定位了我自己和我所生活的时代。希望通过这样的认真勘测，使自己能在新的一年里与更多的同伴一起找到更多、更宽的共同上下文。

这个世界会好起来吗?

田　松

2009年倏忽而去,21世纪进入了第二个10年。

100年前的此时,中国正在经受巨大的转折。按照朱学勤的说法,是改革和革命在赛跑。最后,革命战胜了改革,武昌起义这个小事件逐级放大,直到清帝退位。而且,退位的不仅仅是一个皇帝,一个王朝,还有延续了两千多年的帝制。与此同时,整个世界也在发生着巨大的转折。经历了两次世界大战,资本成为这个地球最大的主宰,推动着现代化的全球化和全球化的现代化。人类多样化的文明形态,被工业文明所格式化。

现在,人类又处在相似的状态。中国以及整个世界都处在一个巨大的转折时期。一方面,全世界几乎所有的国家和地区都在谋求发展;另一方面,大自然已经不堪重负,岌岌可危。物欲与天理在赛跑,发展与节制在赛跑,消费主义与生态主义在赛跑。如果后者能够追上来,在大限到来之后,使人类从工业文明转向生态文明,人类文明或许还可延续。否则,按照我的灰色预言,人类文明将会在一百年内终结。

人类正面临着两重问题:一是生态问题,一是生存问题。以往,人们关注的是后者,人类需要解决贫困和饥荒问题,需要解放被奴役的个体和群体,实现人类社会内部的公平、公正,求生存,求正义,求幸福。在人类能力相对弱小的漫长历史中,人类从自然中索取的物质是有限的。不过,民不患寡而患不均。人类解决生存问题的方式是寻找更好的社会制度,或者改良,或者革命。在进入工业文明之后,人类拥有了科学及其技术,可以更高效地砍树、开矿、挖渠、筑坝,从自然之中掠取资源为人类所用。人类的总体财富大幅度地增加,水涨船高,即使分配仍然不公平,被剥削者的实际所得也会大幅度增加。经济学术语叫做

田松:北京师范大学哲学与社会学学院副教授。

“把馅饼做大”，同样是馅饼的一个角，可能会大过以前的整个馅饼。在单向进化的社会发展观之下，人类不断追求更大的馅饼，更多的物质财富，把这叫做进步，发展。人类内部的生存问题似乎得到了缓解。

然而，进步和发展有其天然的上限，即地球本身。地球有限，不仅能源有限，资源有限，容纳垃圾的能力也有限。这是我们讨论一切问题的背景。

同时，生存问题的缓解只是在一定区域、一定范围内成立。先行进入工业化的国家和地区，不仅提高了向自然索取的能力，同时也提高了掠夺和侵占其他国家和地区的能力。在现代化和全球化过程中，这两者是并行的。而且，其索取自然，往往也是通过掠夺其他国家和地区来实现的。这个过程发生在国与国之间，也发生在一个国家内部。传统地区在工业文明入侵之后，丧失了传统的生存方式，只能从下游加入工业文明的链条，为其上游提供能源和资源，并接受其上游的垃圾。所以，实际上，人类社会内部人与人之间、国与国之间的贫富差距在加大，而不是在缩小，分配不平衡在加剧，而不是在减缓。相对贫困更加严重，绝对贫困的人群依然存在于世界的各个角落，存在于大都市的边缘。

尤为严重的是，在这个过程中，生态问题不期而生，愈演愈烈。工业文明的列车呼啸向前，而在前方不远处，就是万丈深渊。

我们需要一个战略性的转变。

人类社会正处于前所未有的尴尬与彷徨之中。一方面，人类希望兑现工业文明的承诺，不断进步，不断发展，获得更多的物质，至少，要维护已经获得的舒适便捷的生活。为此，要保持工业文明既有的生产方式，继续挖油井，开矿山；也要保持工业文明既有的社会结构，一切以经济为中心，把发展经济视为头等大事，刺激出口，拉动内需。另一方面，人类又试图缓解生态问题，节能减排，重建人与自然的和谐关系。然而，这两个方面存在着根本性的冲突。

也有人试图寻找第三条道路，鱼与熊掌兼得，既不放弃现有的生活方式，又不至于让生态问题进一步恶化。人们本能地寄希望于科学，希望科学能够给出新的技术来解决当下的问题，试图用科技无限来化解地球有限。这在根本上是个幻觉。比如能源技术，所谓的清洁能源可能在短期、在局部起到一定的作用，但是从长期看，必然导致新的环境问题。

科学一向被认为是解决问题的灵丹妙药，一旦人类社会发生了什么问题，人们本能地会期待科学及其技术能够给出解决方案。科学家也总是许诺，他们将会发明某种科学或者技术，来解决当下所面临的某一个问题。然而，问题在于，人类当下所面临的这个问题，恰恰是当初科学家为了解决另一个问题而发明的某种技术导致的。

自工业文明起步以来，科学以及科学家的角色已经逐渐发生了变化。

从古希腊到中世纪，科学相当于自然哲学，这时的科学，可以说它的目的是为了探索自然奥秘，是为了满足人类"神圣的"求知欲和好奇心。社会对于科学和科学家也没有具体的要求。丹麦国王送给第谷一个岛，资助他在上面建天文台，终身从事天文学研究，就如同资助一位画家，一位音乐家，并没有期望从他的天文学中获得物质方面的回报。进入工业文明之后，科学逐渐成为社会建制的一部分，资本家和国家投资科学，不是让科学家满足其好奇心和求知欲的，而是要求科学给予直接回报的。在工业文明的体制下，科学及其技术首先不是为了满足人的需求，而是为了满足资本增值的需求——只有那些能够满足资本迅速增殖的科学和技术更容易被发明出来，也只有这样的技术更容易得到应用。于是，科学及其技术从中世纪神学的婢女，堕落成了资本的帮凶。我们可以假设，某位从事转基因的科学家认为转基因对人类及生态有害，反对这种技术，那么他自己必然被这个共同体所边缘化，乃至排除在外。我们也可以假设，某位水利专家认为不应该在都江堰上游修水库，拒绝为紫坪铺水库设计图纸，那么，水电公司马上就会找到其他的水利专家，顶替他的角色。所以，个别科学家的道德不足以改变科学共同体整体的角色。很荣幸，中山大学的张华夏教授对我这个观点表示了支持，并认为这个观点是马克思主义的。这让我颇感安慰和安全。

由于科学及其技术作为资本附庸的新角色，指望科学解决环境问题、生态问题，注定落空。实际上，在我看来，目前的新能源运动不过一如以往，是新资本替代旧资本的手段，其最终仍然要为资本增值服务的。

在太空看地球，中国的周边都是郁郁葱葱的绿，唯有中国的国土是大片大片的灰黄，这是中国30年经济高速增长的代价。

在工业文明的惯性中，能源问题被认为是重中之重，似乎只要有了足够的能源，一切问题都可以迎刃而解。所以，我们一方面开发传统能源，一方面寻找新的所谓清洁的能源。清洁的概念发生了很多变化，最初是指不排放二氧化碳，现在是不产生生态后果。在这个新定义下，水电由于其明显的生态后果而被从清洁能源的名单中划去。现在还有太阳能、风能、生物能源等等。不过，在我看来，这些新能源无一例外将会产生新的问题，清洁能源不清洁。美国人已经放出话来，这个世界需要建更多的核电站。但是，即使在美国本土，其核废料的处理仍然悬而未决。人类在向悬崖的最后冲刺中，又走上了钢丝。

古语云：是药三分毒，有一利必有一弊；新语云：作用力等于反作用力。一项技术，力量越强，负面后果也会越严重。从历史的经验来看，科学的技术总是会落入这样的命运：短期有效，长期出问题；局部有效，整体出问题。前者如化肥农药，刚用时增产飞速，十几年后，土地板结，粮食大幅减产；后者如氯氟烃，用在冰箱里是绝好的制冷剂，却导致臭氧层出了一个大大的空洞。目前无论是人们寄予希望的，还是争论颇多的那些指日可待或者虎视眈眈的新技术，比如转基因技术、干细胞技术、克隆技术、纳米技术等，都将无一例外地产生难以预料的生态后果，而且，由于其力量的强大，后果也会更加严重。

刚刚过去的哥本哈根会议无疾而终，正表现了人类所处的尴尬。全球变暖几乎成为人类的共识，人类文明的尽头若隐若现。目前，人们所公认的解决方式就是减少二氧化碳的排放，减少化石能源的消耗，这对于以廉价化石燃料为基础的工业文明，无异于釜底抽薪。然而，尽管每一个国家都接受了这个理论，但哪一个国家都不愿意先停下来，都想比别的国家多跑一段。"发展中"国家说：你们发达国家已经跑了好几百年了，我们刚跑了不到一百年，这不公平。所以你们要先停，我们要再跑一段，这才公平。发达国家说：跑了好几百年，我们已经跑惯了，你让我们急刹车，一下子哪儿煞得住啊，还是你们刹车比较容易。大家相互攀比着，最后的结果还是，大家比着往前跑，共同冲向深渊，直到坠入深渊的前一秒，大家还在互相嚷着，应该是你先停，应该是你先停！

危机四伏。全球性的环境危机、生态危机：全球变暖，海平面上升，冰川退化，北极冰消融，原始森林退化，物种灭绝；生存问题不见缓解：饥荒、贫穷、恐怖主义、战争风险、食品安全、饮水危机、大规模环境污染……纷至沓来，此起彼伏。旧的危机不见消解，新的危机虎视眈眈地窥伺着。转基因、干细胞、纳米、光伏都迫不及待地要登堂入室，然而，有一利必有一弊，作用力等于反作用力，越是强大，越是危险。

2004 年，我曾经明确提出，未来的世界是垃圾做的，垃圾问题不是枝梢末节的技术问题，而是关于国家战略的大问题。“垃圾问题，将会超出能源问题，成为未来世界最主要的问题。即使能源危机能够解决，垃圾问题仍然无法解决。”（《未来的世界是垃圾做的》，《中华读书报》，2004 年 6 月 23 日）大多数人都不以为然，很多人认为我故作惊人之语。然而，短短几年之后，中国的垃圾问题全面爆发，成为 2009 年此起彼伏的新闻话题。我很不情愿地看到，我的预言成为现实。在我看来，这只是一个开头，一个预演。昭示着即将到来的，规模更大、性质更严重的垃圾危机。

人类文明已经到了岌岌可危的地步，虽然，大多数人并不愿意认识到这一点。

我们需要一个战略性的转变！

在我看来，真正的问题不是怎么样发展，而是怎么样停下来。

天理能够战胜物欲吗？人类的良知能够抵抗资本的贪婪吗？我对此感到怀疑。戴蒙德在其《崩溃》中说，他是一个谨慎的乐观主义者。但是他所乐观的理由，在我看来都很牵强。与他相比，我是一个绝望的悲观主义者。不过，一个绝望的悲观主义者也可以以极度乐观的姿态生存，恰如孔夫子之知其不可为而为之。我知道我拦不住工业文明的列车，但我不能因此而选择为其擂鼓助威，我依然要尽一切可能去拦截。正如我们每个人早晚是要死的，但是不能因为我们将来注定要死，现在就不活了，我们依然要活得有尊严，活得有道德，并且，活得快乐！

> 1918 年 11 月 7 日，梁漱溟的父亲梁济正准备出门，遇到梁漱溟，二人谈起关于欧战的一则新闻。“世界会好吗？”梁济问道。梁漱溟答：“我相信世界是一天一天往好里去的。”“能好就好啊！”梁济说罢就离开了家。

三天之后，梁济投净业湖自尽。（参见《这个世界会好吗?》，美·艾恺采访，梁漱溟口述，东方出版中心 2006 年版，第 344 页）

这个世界会好起来吗?

“合法的野蛮”或者“天然的美丽”

刘洪波

永不绝迹的重磅新闻

医疗问题永远不乏重磅新闻，在中国尤其如此。随便举例，就可以写下一连串记忆深刻的医疗新闻来：

北京大学教授孙东东在中国医院院长论坛上讲，因应《侵权法》，医院“竖着进，躺着出，才正常”，“救死扶伤、施行革命人道主义”的宣传导致医患纠纷越来越多，应该多宣传“死人是正常的”。

癌症治疗药芦笋片从药厂到最终出售给患者，利润达到1300%，另一种药物恩丹西酮针剂，利润率高达2000%。

湖北通城县中医院“右腿骨折，左腿手术”，武汉某医院以“月经不调”治疗孕妇3个多月，北京大学教授熊卓为由实习生施治死于北大医院，南京儿童医院值班医生玩游戏致使收治患儿死亡。

广州卫生官员在地方人大会议上表示看病不贵又不难，卫生部长指责大病天价治疗，建议医院收费按病种定价，国家发改委确定医药价格改革方向为降低药费提高诊费……

这些年来，医疗与教育、住房、权力腐败、城管执法等等，一直是社会焦点话题，隔三岔五，就会有医疗事件，就会有与医疗有关的雷人雷语，而医疗改革更是人们心头的痛，每一提及，必致控诉。

或许，只要人类社会仍然继续，医疗问题就自然成为关注的焦点，只是，有的时期、有的社会，它是一种基本有效的保障，因而暂时不再聚集社会的怨气，而有的时期、有的社会，医疗会成为社会失望乃至绝望的一个根源。

今天，人们感到医疗负担不堪承受，医疗系统道德沦落，几乎都与国家将医

刘洪波：武汉《长江日报》评论部主任。

疗作为包袱扔向公民个人有关。现在，国家正在以重新担负医疗责任、保障公民健康权利的姿态，表明要重构医疗保障制度。但新的制度尚未成型，"甩包袱"产生的各种后果仍在继续，公民因巨大的代价和觉醒的权利而不断要求医疗的进步，使医疗热点一直持续。

这就是今天医疗社会问题的基本面。

医学问题还是医疗问题

医疗问题之所以特别引人关注，根本原因在于医疗直接作用于人，影响个体的生存质量和生命进程。

医学是医疗的基础与核心技术，医疗与医学紧密相关。但真正说来，作为社会问题，医学从来不是焦虑的重点。

人们都知道医学的限度，总是很宽容地理解医学的能力，从来不会有人因为医学水平不足而对医疗有所抱怨，没有人要求生命永远。即使在极端政治的时代，科学精神与理性濒于灭亡，"红太阳"未能万寿无疆，也没有任何人责怪医学无能。

医疗却总是重要的社会问题。

整体上，医疗公平性和可获得性，成为评价社会制度的一个当然标准。革命叙事中的一个范式是"万恶的旧社会，贫病交加"，病弱与饥寒共同构建了对旧制度的控诉，其中最大的指责乃是制度不良使民族成为"东亚病夫"，由此而导出后来为丢掉这一帽子而建立"举国体育体制"以及无所不在的"争光意识"，显示政权对健康形象的深度在意和对"病象"的深度拒绝。

就个体而言，医疗公平性和可获得性，则成为人们对一个社会人情冷暖的切身感受，也可以说，它用以评价一个制度的人道水平。人总是以个体的方式与医疗发生联系，疾病状态使人多愁善感，此间，医疗若成为无法承受的负担，会使人对身体、疾病、未来以及社会产生绝望感。每个人都是弱小的，每个人都会患病的，每个人都会与医疗发生联系的，这又使某个人在医疗系统所受到的对待变成无数人的联想，触景生情，物伤其类，由彼及此，医疗问题很容易变成社会问题。

医学主要是技术问题，或者科学问题，而医疗主要是社会问题。所以，人们能够理解医学的限度，但并不认为医学无能为力的地方，医疗就必须停止。因为医疗很大程度上还有良心安慰与道德慰藉的作用。一个晚期病人，仍然需要得到应有的医疗，不是为了治愈，而是为了使其尽可能有质量地生存，并且获得包括临终关怀在内的抚慰。这种抚慰不仅是对患者，而且也是人类良心自安的需要。

医疗何以区别于野蛮

本质上讲，医疗是对人体施行的直接干预，并由此而直接地指涉人性与人格。

手术也好，吃药也好，都直接干预人的生命状态和生命形式。干预是一个中性词。遭受暴力袭击，也是人体被直接干预。而医疗与暴力袭击的根本差异，不过是它以延续生命或者提高患者生命质量为根本。从形式来说，对身体的重击、创伤、穿透或剖开，都既可以是暴力，也可以是医疗。目的差异，使这些形式具有不同的性质。暴力以身体及生命的损毁与消灭为目的，医疗反之。

由此，我们可以来思考所谓的"大处方"问题。当病人求助于医疗系统时，医疗系统可能为了卖更多的药，实现与药品行业的共赢，而牺牲病人，开出远远超出需要的药品。病人不仅付出了更多的金钱，而且将要吃下更多的药。吃不必要的药，就是服毒，对身体和生命构成一种负向作用，这样，医疗系统对身体的干预与暴力没有本质差别，从而变成了野蛮，略略不同的是，它看起来温文尔雅。

手术，微创也好，大创也好，总是在人身上动刀动锯。在人身上动刀动锯的事情，像我这样的勇敢不足分子，想想都会心惊肉颤，所以对外科医生实在是抱有无限的尊敬。事实上，现代社会中为人景仰的名医，多是身负"一把刀"之誉的外科医生。现代医疗带来的一个社会观念变化，就是使人们描述医疗的神奇时，很少想到"药到病除"，越来越多地想到"手术成功"。

"手术成功"，这也许是与手术有关的最常听到的说法。但何谓成功？是病消除掉了，还是某一坏的体征消失了；是暂时成功，还是长久成功；是身体总体好转，还是某一病灶不存而身体总体变坏；对一个不必手术或者医学上不宜手术的人进行手术，是否可以"成功"……我们可以不断追索"手术成功"的意思到底是什么。

但我们总是听说“手术成功”，内科医生则总是说“治疗方案科学”。这就是说，无论怎样，医疗事故是很难认定的，因为这里面确实有医学专业上的问题、个人体质的问题，还得允许在合理范围内的医生水平的不一致、医生医学见解的差异等等。而这可能使对病人身体干预的态度轻忽，变得很难辨别。

通城县中医院“手术错腿”，是一个无可辩驳的事故，它再明显不过地把好腿植入了钢板。你可以说，这是一个笔误导致一连串的错误，是由于疏忽、责任心缺乏、管理混乱等等，而在我看来，这不过是一种无意识地野蛮或者野蛮行医而不以为意。

病人为什么成为病人

医疗不只是一个系统，也绝对是一种权力和制度。

今天，恐怕没有哪一个专业，像医疗这样，让我们在日常生活中看到知识作为一种权力而存在。

根据医学，一个人被定义为健康的或者有病的，病名的安放不仅是患病身份的正式确认，同时改变社会环境看待某个人的方式，改变某个人自己看待自己的眼光，生活能够因病名的安放而发生“一天等于20年”的变化。医学还能判断人是生是死，能确认人是否有能力承担法律责任，能提出关于你身体某一部位是否应该去掉的建议。

病人是一种特殊的身份。病是身体的异常，病人是医疗系统所定义。在医

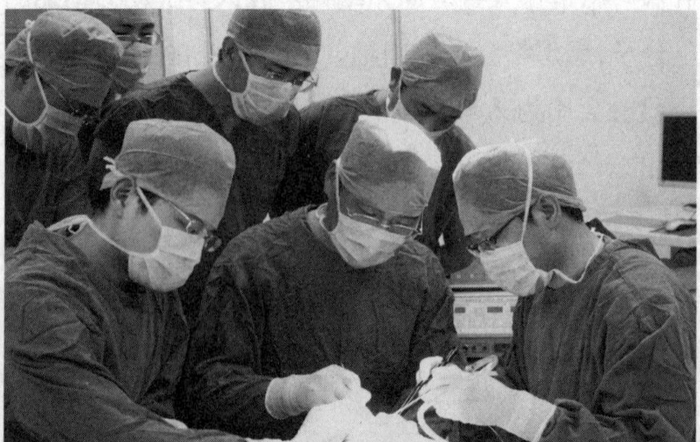

现代医疗带来的一个社会观念变化，就是使人们描述医疗的神奇时，很少想到“药到病除”，越来越多地想到“手术成功”。

疗系统确认你是一个病人以后,你才开始享受病人的待遇,或者开始病人所受的折磨。就待遇而言,你会得到看望,同情的眼光,因病停止工作,医疗费用报销或者医疗保险支付开始投入运转,整个社会视你为病人。与此同时,你也立即或在不长的时间里建立"病了"的自我定位,你变得空前照顾自己的感受,对身体的异样开始敏感甚至神经质,你开始不再洒脱或者豪迈,你的精神气质甚至会重新建造。

疾病在生理学意义上制造病人,医疗系统在社会学意义上确认病人。这种确认,联系着你的法定权利、保险制度、心理过程,并可能作用于生理病理。总之,疾病于病人是单一作用,医疗系统于病人是综合作用,仅仅一个定名即已含义很多,治疗能让人体味到更多的社会内容,治疗的过程中伴随着疼痛、愉悦、疾病、健康、死亡、生命、希望、失望、冷酷、温暖等错杂交织、起伏跌宕的体验和反应。

医疗能够成为最坏的交易

医疗的权力,内在地建构于医学。它不仅体现于疾病、病人的确认,并联系着社会体系的各个方面,还体现于医疗的价格确定权。如果说,病人之所以成为病人还是隐匿的权利,人们一般无所感受,医疗价格则是人们日常都可以感知的一种现象,只是未必视之为一种权利而已。

人不会在医院讲价,如果治疗费用太高,你会想办法,也可能怅然而去,但不会跟医院讨价还价,医院开出的医疗价格总是权威的。

医疗系统有没有开天价的现象?"大处方"就是一种隐性的"天价"。大病费用,更是弹性极大。例如在我老家,农村人用于治疗癌症的费用大概是 2 万元左右。在我工作的城市,癌症治疗的费用大概在 30 万元到 50 万元。有人说,这是因为治疗单位不一样,医疗机构的档次不一样。事实上,现在农村人治疗癌症这样的重病,基本上都有到省会城市三甲医院就诊的经历,钱主要花在这一过程中。不同费用的治疗,是否带来不同疗效呢?至少从存活期来看,我没有看到明显相关。因为疗效涉及生存质量以及不同人抗病的个体差异,所以我不能简单判断治疗费用与治疗效果之间的关系。

大病治疗几乎总伴随讨论方案的过程。对于预后不良的疾病来说,讨论方案类似于讨论病人能够拿出多少钱来，人总是要油干灯尽，钱也要花到枯竭为止。我的一个已经去世的朋友，查出肺癌，医院给出几种方案，朋友接受的方案是一年 20 万左右，最后是超出大约一倍，治疗大约一年半后去世。

存在着信息不对称，就存在着权利的不对等。培根说“知识就是权力”，托夫勒说“信息就是权力”，汉语都译做“就是力量”。医疗系统不是有费用清单就透明了，医疗是很专业的，疾病的知识、治疗的知识、药物器械的知识都由医疗系统掌握，病人不可能明了价格，你最多知道药价，但你还是不知道某个药是否必须要用，并不明了治疗是适当还是过度或者不足。1300%乃至 2000%的药品暴利，来自于整个与医疗有关的环节的同心协力，建立在病人天然的信息缺乏之上。

病人以及家属并无医疗知识，但“不惜一切代价治疗”是一种生命伦理。基于这一伦理，病人必尽最大努力医治；基于利益，医疗系统必使病人产生最大效益。这使得人们一旦有了大病，就可能不惜一切地将财产输送到医院。这就是说，如果医院不再坚持基本医疗伦理，那么人们对生命伦理的坚持，可能就是个最坏的交易。

病人何以成为资源

医疗费用高昂，既有支付能力方面的问题，也有医疗价格方面的问题。

支付能力与人们的收入状况和政府对个人的医疗保障水平有关，也与医疗价格、医疗系统定价以及国家对医疗系统的投入有关。医疗费用高昂的问题，是复合因素在起作用。

国家医疗投入和社会医疗保障制度，曾经决定性地改变了国人的医疗处境，使人们被作为“公费医疗负担”而对待，导致改革公费医疗制度变成了个人承担医疗费用，这是医疗成为“新三座大山”之一的根本原因。

不能不说，医疗问题的实质是国家看待公民医疗问题的态度、方式和行为发生了变化。公民获得医疗保障、健康权益是一种负担还是国家的义务，这一问题的答案出现了变化，“国家伦理”的模糊或者明确地说放弃，引发了医疗社会问题。

在此背景下，医疗系统成为药品工业的销售终端。医疗系统借其“知识”，决定药品的使用，围绕处方权、药品各环节形成了暴利的连锁，药品变成了一种纯粹的消费类型，把药品最大限度地用到人身上，成为利润最大化的保证。

在此背景下，医疗系统成了明确的经营主体，削弱了公共事业的色彩。医疗系统的发展缺乏投入，但被给予了高收费的政策。国家在公民健康问题上的重大转向，使医疗系统高收费获得了“合理性解释”：不这样，怎么维持和发展？这深层次地改变了疾病的含义：痛楚只属于病人自己，而医疗系统和药品产业链中，疾病则成了资源。

然而，这种合理性，不过是说其行为是可以解释的，不应当混同于价值上合理。我们不能接受疾病资源化是一种合乎价值的观念，医疗要减少和解除病痛，而非视之为一种可开发的资源。

我们可以清晰地看到国家伦理对医疗伦理的影响。现在，国家正在表示有意承担起保障公民健康权益的责任，但事情往往有不虞之果，即使国家调整了方向，医疗系统未必就能调整行为。医药价格的方向已确定为“提高诊费，降低药费”，但可能出现的问题是药品的暴利经营过程中的利益黑洞未能堵住，而诊疗费用又提高，由此，医疗负担变得更为沉重。另一种可能性是药费降低抵不过诊费上升，导致医疗负担实际上无所减轻。

这是一个笑话：子承父业后，老郎中出门游玩去了，回到家中，老郎中问儿子干得怎么样，小郎中很自豪，村里那个老咳嗽的病人，他一剂药就治好了。老郎中大怒：不省事的家伙，我好多年保住这么一个常客，你一下就治好了，生意还怎么做？

如果病人仍然是资源，那么能卖高价药则有“大处方”，能收高诊疗费，恐怕就诊次数、手术台数、住院天数等等都会迅速提高。

医疗面对的是疾病还是病人

医疗的目的是什么，医疗需要解决的问题是什么？

人们一般认为医疗的目的是治疗疾病。这样，病人就类似于医疗系统施展医术的战场，而病人会因此而获得健康。所以，过去我们经常看到的医疗消息，较多地具有“炫耀医术”的神情，“15公斤肿瘤一刀割除”之类，猎奇炫技之中，病人的感受是不被考虑的。

而现代医学哲学、医学人类学、医学社会学与医学伦理学并不认为如此。医疗不是冰冷的技术，医学不是物理学，医疗系统面对的是患病了的人，而不是病。病人作为不可缺少的主体被纳入医疗系统，而不是作为医疗系统的工作对象、展示技术的舞台、疾病斗争的战场、医魔交锋的容器……

病人的生命成为医疗系统存在的目的。医疗系统服务于病人，而非医疗系统战胜病人，甚至“战胜疾病”这个概念也面临问题，因为一种疾病可能是人无法战胜的，但无论如何，尊重与珍爱生命、提高生存质量是必需的。这样，病人康复、生命安全、身体健康、心理健全、生存质量就上升到中心位置。

医疗系统相对于病人的“家长式观念”、“工程师模式”、“牧师模式”已经瓦解。医疗系统控制病人，仿佛对待一架生物机器。激进的观点也在出现，认为病人具有对自己的身体和生命的绝对权利，可以拒绝医疗系统的一切建议，患者应成为自己的决定者。而类似于“师生关系”的协作式观念为更多的人所认可，哪怕病人与医疗系统无法成为真正的“伙伴”，至少可以建立起契约模式，它不仅是合法的，而且应像传统的宗教或婚姻契约那样，建立在自由、尊严、诚实、守诺、公正和信任的基础之上。

病人是权利主体

病人而非疾病成为医疗的中心，病人的权利成为当然浮现的问题。

在病人与医疗系统之中，病人有求于医疗系统，但这并不意味着病人由此不能对医疗系统有所要求。

病人无法自行诊治，也就是说，他并不清楚自己的真实情况以及需要采取何种措施。他需要依靠医疗系统解决问题，能够有何种权利？毫无疑问，得到合格医生的全程治疗，这应是他权利的一种。

如何对待医学生参与诊疗过程？因为合格医生并非天然而有，需要经过严格的训练，并取得执业资格。通过实习诊治病人，既是专业训练的必经阶段，也是获得执业资格的前提。这就是说，一个“无证”而“行医”的阶段是必需的。对此，病人应予理解。“理解”，不是一个要求和命令，不是怎样做都行。医学伦理上，病人不能被视为被处置的对象，而是医疗行为中积极的合作者。法律关系上，病人在医院有权得到合格医生的全程治疗，同意医学生加入治疗，是病人对自己权利的一种让渡，而不是被动接受医院安排的结果。惟其如此，才可以保证医疗的人道。我们有很多限制警察行为的法规，例如不得刑讯、不得超时拘押、嫌犯有沉默权等，这不是为打击犯罪制造麻烦，而是通过权力制约和人权保护实现司法文明。

怎样看待医疗规范与医疗责任?在一个医疗纠纷中，确认“程序无误”之前，也就是医疗规则被遵守之前，不能邀请医学解释出场，就像在确认没有使用“倒钩”之前，执法者不能说自己处罚非法营运有理，这与那个人是否从事了非法营运没有关系。病人的权利，很重要的一个方面是知情同意权。例如，他有权知道治疗的目的，诊治者的资格，检查项目到底是检查还是学术调查，药物和治疗方案是否属于试用(如属试用，应免费)等等。

医疗应回归“天然的美丽”

现代社会，医疗系统的存在是文明生活的标志，甚至人类文明化的指标。

作为一种制度或者权利，病人从伦理上被交付医院，部分病人的治疗由法律强制执行，医疗系统是社会疾病管理的一种设施。越来越多的人，生命的最后时刻是在医疗机构中度过的。

对于中国人来说，他最后见到的大多不是牧师或者神父，而是医生或者护士伴随他走完临终时刻。每念及此，我对中国的医生和护士总是心生敬仰。

当看到“生命本体性”在医疗系统中风雨飘摇，而医疗作为一种商业、高消费，甚至花钱服用毒药的行当时，人们痛惜不已。我虽然理解这里面的无奈之处，却一点儿也不能谅解这里面的伦理陷落。

医疗是“天然的美丽”，还是“合法的野蛮”?

一个普通病人，在医疗系统是被作为罹染疾患的人，还是被作为平等对待的“生物体”? 生命之有与无，对人构成了一种绝对的分隔，生命的平等无比宝贵，但人所获得的平等的“生物体”待遇令人何其心寒!

一个老人在医院治疗骨折，手术动错了腿，这源于管床医师笔误，而手术参与者包括主刀医生、助手、器械师、麻醉师等，面对真人实腿，竟然无一发现。医疗系统可以把在人身上动刀动锯变成一个完全的机械程序，前端错误，机械程序就会把错误执行到底。说起来这是疏忽，但隐含的意味是医疗失掉了人文性。这是事故，料想患者将可以不太担心后续治疗费用。“治不好免费再治”，患者获得“加料不加价”的治疗。84 岁的老人，恭逢盛世，享受和谐医疗，幸何如哉，不幸又何如哉。一场手术变三场，GDP 还是增加了。挖坑，埋坑，并不增加价值，但增加 GDP。产业化观点，似乎应如此欣然，如同灾难过后有人激赏“破窗理论”。

一名儿童夭折在儿童医院，而值班医生“却睡觉”、打游戏（或者说在整理论文，貌似整理论文，只是荒唐可笑，不像玩游戏或睡觉那么令人愤怒）。这个孩子已经没有“治不好免费再治”的机会，也不可能再贡献于医疗系统的 GDP。

是的，我不懂医学，但我明白没有人指责医学，指责的是医疗，是医疗系统人文特性的丧失。这种丧失源于国家健康福利伦理的坍塌，表现于医疗系统被赚钱法则驱使。

孙东东教授给医院支招，认为人在医院，“躺着进，竖着出，这是不正常的”，“竖着进，躺着出，才正常”。这就是说，不管病况怎样，进医院就得死掉，这才正常，而治愈或者还能够活着出去，算是意外之喜。这是描述医院，还是描述屠宰场？一般人会认为“救死扶伤，实行革命的人道主义”，谬在人道主义加以革命的限定，孙东东教授认为谬在“救死扶伤”，医疗应该宣传“死人才正常”，以减少医疗纠纷。这种言论恐怕只能以丧心病狂来形容。

也许，整天面对着病人，会使人对人的病痛变得麻木起来，这一个病人，那一个病人，无非是一个工作对象。但每一个人，疾病的疼痛也好，病中的伤感也好，都是一种具体的感受，而不是抽象的概念。确实，每个人的疼痛都不可被替代，医疗作为理性的职业，可能尤其需要概念化的素质。然而，我们对玻璃器皿尚且会“小心轻放”，人、人的心理、人的感受岂不比玻璃敏感万分，贵重万分？

中国传统医疗讲“仁心仁术”，现代医疗讲人道主义。医学作为治病的技术永无止境，但医疗是医学的运用，也是社会系统，人道永为其根基。医学无能为力之际，医疗仍然能给人良心的安慰与伦理的慰藉。

“混”与社会世界

陈 焱

在生活中我们常常遇到的关于“混社会”的对话基本都是这样的：

甲：啊！老乙，最近过得怎么样啊？

乙：哎呀，是老甲啊，没啥好的，这社会，凑合着混呗！

尔后常常是甲乙二人同叹一声，或者会心地一笑。

由这段对话出发，当我们试着把一些动词与“社会”这个词连接在一起的时候，一般可以找到这样一些搭配：“闯社会”、“入社会”、“进社会”，但能够用来表示人在社会这个地方的存在状态的这个东西，最终似乎都是“混社会”或者“在社会上混”，似乎不存在“住社会”之类的用法。而“闯社会”、“入社会”、“进社会”又都在表达一种从社会外到社会内的状态转换，一般都意味着主词代表的某人此前正处于社会之外。

但是，当主词处于社会之内的时候，不论如何似乎只有这一个“混”字能够表明主词所代表的个体在社会之中的状态和行为。没有人会说：人是“住”或“待”在这个社会里的。

也就是说，在中文语境之下，我们似乎默认：人在社会之中的那个存在状态就是所谓的“混”。这实在是西语很难表达出来的情况。在西语中，例如在英文里，最基本的，人们大约只是说 Man is in the society 或者 Man stay in the society。至于是怎么样的 is，怎么样 live，好像说不清楚，不如中文中的这个“混”字这么明确而又暧昧。

因此，在这里需要问的第一个问题就是：在现代汉语里（或者说现代中国社会的环境之下），为什么不是别的词，而一定是这个“混”与“社会”进行固定搭配呢？

陈焱：上海师范大学哲学学院2008级研究生。

稍作分析我们就会发现,“混社会”或者“在社会上混”,其实都是一个省略主语的词组,似乎最多只能看成祈使句。当然,能理解这个词组的人都应该默认这样一个事实:是“某人混社会”和“某人在社会上混”,而不会是一只猫或一条狗“混社会” 或“在社会上混”的。

但我们一般也不说:“我们混社会”或者“他在社会上混”。一般可能会说:“他是混社会的”或者他是“在社会上混的”。但这个语境下,“混社会”或者“在社会上混”实际上是一个名词,而不是一个词组,等于“他是流氓”,或者“他是小混混”之类的意思。排除这种特殊情况,似乎我们很难将人称代词加到这个“混”与“社会”组成的短语之上。

但是有一个人称代词与这一词组搭配组成的句子,我想大多数与笔者同年龄的人一定听过:“你以后混社会或者你以后在社会上混……”或者“你将来混社会或者在社会上混……”

在大多数情况下,这些句子都是某位长辈教训的开场白,一般听到这个,我总会浑身一紧,然后凝神受教。如果考虑到这个特例的搭配情况,那关于“混社会”这个固定搭配的讨论就变得有意思起来了,因为如果我们单纯以日常的直觉来理解这些句子的含义——所谓“你以后混社会或者在社会上混”所表达的,似乎是:“你以后在社会上,或者你以后在社会上工作”之类的意思。

但是,“你以后在社会上”的意思这样就基本上等同于“You are in the society” 之类的句子,而并没有对这种“在”或者“is”的状态作出说明,但“混”这个东西显然是对这种“存在”状态作出某种具体描述。可在另一方面,我们也发现,除了以第二人称并结合将来时态来表述这两个词组之外,“混社会”或者“在社会上混”作为词组,几乎不会与任何主词搭配而构成现代汉语意义上能够清晰独立地表达意义的陈述句式,只是暧昧地单独使用。

也就是说,人们会说“你以后混社会或者在社会上混,一定要改掉什么什么”,但是不会说“我现在混社会或者在社会上混,或者我以后混社会或者在社会上混”这样的话。

那是不是意味着说话人(教训那个“你”的人)在社会中的存在状态,就不是“混”了呢?(这里 “混”的似乎永远是“你将来”。)

答案显然是否定的。正如在本文给出的一段对话中,乙说:“哎呀,是老甲啊,没啥好的,凑合着混呗!”毋庸置疑,这里凑合着“混”的潜在主词其实是“我”,“混”潜在的宾语显然是“社会”。这种对话也几乎每天都在我们的生活中上演。

如此就引出了第二个问题:为什么,明明我们在表达“我混社会”的意思,但却永远只说“混社会”,而不说“我混社会”,或者也可能是“他混社会”。

可以确认的是,“混社会”或者“在社会上混”其实意味着我们对于自己在社会之中存在状态的一种表述和显现,并且似乎这是唯一的一种在社会之中存在的状态,没有其他状态(至少,目前为止,在现代汉语里,笔者找不到其他表述在社会之中存在状态的动词)。

但是,一般我们在说“混社会”与“在社会上混”这样的话的时候,除了用于第二人称将来时情况之外,又不愿意明确主语。这可能是汉语里独有的某种暧昧了。

这里,可以来看一下,“混社会”与“我混社会”的区别——“我混社会”这个句子,是典型的现代汉语陈述句式。主谓宾齐全,基本等同于大多数西语中最基本的句子结构(这也是现代汉语的基本特点)。当然,其实“我混社会”依然是个简略说法,实际是“我混在社会上”。根据汉语习惯调整:也就是“我在社会上混”。这样,这一句话清晰表达的意思是,动词“混”有一个明确的主词“我”作为施动者,我为“混”行为承担责任。

但是,“混社会”与“在社会上混”作为词组用的时候就比较有趣了。如果同样以现代汉语承袭自西语(主要是英语)的语法来看,这两个词组单独拿出来是没有意义的,因为没有主语。在西语中,固然有无主词的祈使句,但大多数情况下祈使句实际表达的是命令语气,例如 Don’t go 之类。可是,从柏拉图的时代开始,在西方语言里,I am 应该是一个有意义的句子。而 Be in the society 在不表示命令的情况下,显然不是一个有意义的句子,且必定是一个会在作文中被英语老师打叉的句子。

但在中文中,“混社会”与“在社会上混”作为词组用,乃是表述陈述的语气是确认无疑的,并没有命令的意味。并且,就上文来看,人们说“你将来在社会上混”云云,恰恰是要突出这个主语“你”,来区分一般意义上“混社会”与“在社会上混”所表达的意思。因为在一般意义上“混社会”与“在社会上混”这两个词组所省略的潜在主语恰恰是“我”或者“他”。于是,从这里我们可以发现,人们说“你将来在社会上混”,恰恰从一个反方向暗示了:其实“我”与“他”也都是在社会上“混”的。而使用将来时态,也恰恰意味着,所谓的“你”现在还没有在社会上“混”。如果“你”已经在社会上“混”了,那我也不用说“你将来在社会上混”,而只可能会说“在社会上混”。也就是说,这里人们在使用“社会上混”这句话的时候,其实一个潜在的前提是,对话双方都是“在社会上混”的。我们彼此共处于同一个“混”的社会生存状态之下,同时我们也互相理解这种状态,并对这种状态达成某种共识。而这种潜在或者内含的共识导致的结论就是,人们不说“我混社会”或者“我们混社会”。这是一种暗语或者黑话式样的表达形式,它似乎说明,直接说“我混社会”或者“我们混社会”似乎是一种禁忌。既然是禁忌,也就意味着至少不是一件好事情(这显然也是这个潜在共识的内涵之一)。进而,既然是一个禁忌,或者不是一件好事,那人们自然在潜意识当中拒绝将其在句子中与作为主语的“我”直接联系起来,尽管人们同时都默认大家同处于“混社会”这一生存状态的事实。

于是上文提出的第二个问题似乎就得到了解答。

但是,为什么“混社会”会是一个禁忌,或者是一种不太好的东西呢?社会这个词,显然是一个中性的名词,不褒不贬。

问题显然出在“混”这个词上面。不论是根据本文开头的说法,还是根据我们日常生活中的印象,“混”这个词作为动词,确实只能算是一个中性偏向贬义的词。看看新华字典的定义——混:掺杂,冒充,苟且,都是一些让人不怎么喜欢的意思。可是却就是这么个“混”字,被人们用来表达人在社会之中的存在状态,并且带有某种唯一性。

这似乎意味着,社会这个词的内涵中先天的带有“混”的意思?这样的猜测实在令人不那么愉快。

如果进行词源调查,我们可以发现,社会这个词在古汉语之中是没有的。社与会倒是都有,就是没有社会。社会与许多现代汉语词汇一样最初来源于近代日本学者对西方术语的翻译。而被翻译为“社会”的英语词“society”和法语词“société”均源出于拉丁语词“socius”,最原初的意思为“伙伴”。

另一方面,根据马克思的定义,社会是人类生活的共同体。社会在本质上是生产关系的总和，只有具体的社会，没有抽象的社会。具体的社会是指处于特定区域和时期、享有共同文化并以物质生产活动为基础，按照一定的行为规范相互联系而结成的有机总体。构成社会的基本要素是自然环境、人口和文化。通过生产关系派生了各种社会关系，构成了社会，并在一定的行为规范控制下从事活动，使社会借以正常运转和延续发展。

而社会学上对于社会的大概定义为：社会一般是指由自我繁殖的个体构建而成的群体，占据一定的空间，具有其独特的文化和风俗习惯，并且拥有简单或以上的分工。由于社会一般被认为是人类所特有的，因此社会和人类社会一般具有相同的含义。

尽管各种定义不尽相同，但我们可以发现，不论是词源还是定义，社会这个词显然都一定是属人的，并且这个"人"一定是"人们"（即便我们说某些动物有社会，也是说它们有社会性，是一种拟人用法）。也就是说，一个人不能构成社会，最少要有两个人。这样，作为人们构成的社会，似乎必定意味带有某种人与人之间的规则或者关系的某种存在。

从这个角度，"混"的含义似乎很好地表达了这么一种规则和关系。而这么一个带有贬义性的词与社会连用，也就似乎意味着，每个自我独立而排他的个体与这么一个在社会之中存在的现实状态——"混" 之间的紧张关系。"自我"天生向往纯粹与自由的存在状态的这种倾向在面对"在社会之中存在"这么一个现实的情况下，以暧昧的"混社会"，"与在社会上混"这样反讽的言说方式，显示着人类在生存状态上的一种先天的、无法摆脱的矛盾结构。如此一来，我们就可以明确在"你以后混社会"或者"你以后在社会上混"这样的陈述中，从一个深层的角度来说，说话者其实是无意识地表达了一种对于这种矛盾结构的抗争与无奈。

所以，"混与社会"才在现代汉语中构成了固定搭配。这种固定搭配所暗示的则是人类社会中的一些最深层的矛盾和吊诡，而如果给这里的人类加个定语的话，则又是个内涵矛盾的词语——现代中国社会。

谢谢你言不由衷

西奥多·达林普尔／著　吴万伟／编译

并非每个献身理性的人本身都是理性的:这是富有说服力的、勇敢好斗的无神论者理查德·道金斯(Richard Dawkins)最近得到的教训。如果说他吃尽苦头或许有点夸张,因为他遭遇的痛苦根本无法同1920年代和1930年代前往莫斯科的外国共产主义者的苦难相提并论，但他仍然以不愉快的亲身经历得到这个教训。这些人痛苦地了解到野蛮和愚昧的行为并非主要出于利润动机,更不要说是唯一的动机了。

道金斯为志同道合的朋友们开办了一个网站，但是他很快注意到网站上很多跟帖评论都是跑题的,要么是纯粹的闲扯,要么是辱骂性的言论。所以他宣布要对发表在网站上的内容进行适当控制,这是他的权利,因为毕竟是他自己的网站。审查不是无法发表某些东西而是禁止某些东西的发表,两者根本不是一回事,虽然有时候人们未必认识到其中的差异。

他发表该声明后得到的劈头盖脸的恶毒咒骂让他大吃一惊，那种激愤的程度令人惊恐,有人骂他是“化脓的老鼠”的直肠。对这种咒骂,他的回应相当克制,令人钦佩:

> 使用如此过分的语言对这种鸡毛蒜皮的小事作出如此过激的反应,这些人的心理肯定存在一些问题。

其实,笔者自己有时候也是这种谩骂的接收者,如果能对仅在虚拟世界存在的东西说接收的话。网络上任何深奥难解的话题都可能激起那些不赞同作者观点的人的无情怒火。实际上,有时候人们觉得受这种愤怒驱使而导致的失态的人身攻击和使用恶毒语言或许是我们社会表达不同意见的主要形式，至少那些在网络上跟帖评论的人是如此。

吴万伟:武汉科技大学外语学院副教授。

比如，我就因为写了有关弗吉尼亚·伍尔芙(Virginia Woolf)和萧伯纳的文章而遭到令人不愉快的谩骂。首先承认我写的东西并非和声细语的，实际上在那些非常喜爱这些作家的人看来，我的言论简直就是对他们的猛烈攻击。这里，我并不是在为自己辩护。虽然在我的文章中可能出现错误，但是我的论证至少是理性的，也就是说我的观点是得到来自他们著作的证据支持的。我常常大段引用他们的原话就是希望避免被人指控我的引用脱离了上下文。

这里没有必要重复我说过的关于这些作家的话，我只想举个例子。我指出萧伯纳从来不相信疾病的菌源说(这可能是医学科学的最伟大进步)，他认为这是一种幻觉。他指控人类的两个最伟大的恩人巴斯德(Pasteur)和李斯特(Lister)(如果人们愿意承认有恩人的话)是江湖骗子，说他们根本不懂科学方法，不像萧伯纳，应该是懂科学的。这是萧伯纳很荒谬也很典型的错误判断，虽然他从来没有承认过自己错了。实际上，他在晚年仍继续重新发表对人家的诽谤。

我怀疑他拥有一种对抗者心态，即假定真理肯定是人人都支持的观点的对立面，而不是智者心态，即假定真理或许是人人都支持的观点的对立面。

从我收到的跟帖的质量来看，你或许假定我曾经谴责过拉丁美洲儿子的母亲的道德品质，没有一个人在跟帖中指出(至少在这些话题上)我引用的语录有问题或脱离了上下文，或歪曲了他们作品的整体性，或忽略了他们的好品质等，我自己也相信没有犯这些错误。我本来认为跟帖应该是讲道理的，但事实并非如此，我得到的只是辱骂，有些话不堪入耳，很多内容都是下流的脏话。

这些侮辱和谩骂并非来自没有受过教育的人。这并不奇怪，因为没有受过教育的人不大可能关心萧伯纳有关菌源说的理论是什么，他们需要考虑其他更加现实的问题。只有读过萧伯纳作品的人才会在乎这些东西，而当今时代，恐怕只有大学里的人才会这样做吧。

实际上，大部分谩骂，甚至那些最下流的脏话都出自大学教授之口。他们说我写的东西如此肆无忌惮、如此考虑不周、如此用心叵测，任何人都懒得去反驳。另一方面，他们又觉得应该教训一下文章作者，不能轻易放过他。我不知道我这个胡乱写点东西的人是否应该为自己竟然引起大学教授们的关注而感到荣幸，我的文章竟然引来他们对我发出“污秽的毒液”(并非都来自小学校，有些还来自名牌大学)。

这些攻击给我印象最深刻的是言论中包含的极端的仇恨，不是鄙视也不是轻蔑,而是仇恨。

就好像这些作者长了脓疮正等待爆发,只不过碰巧针对我爆发了而已。我是爆发的场合并非爆发的起因。那么,起因到底是什么呢?

我敢肯定,这些教授并不是以用笔写信的传统方式表达感情,他们在网上发帖的那些用语也不会用在写给报纸的稿件中，当然他们也从来没有期待会把这些言论公开发表。在网络出现之前,或者在网络能够如此方便地普遍使用前,我常常收到邮局寄来的读者来信,评价我的文章。虽然不能说从来没有收到谩骂的信,但这些谩骂者大部分是个别的怪人,红墨水写出来的报纸地址或者信封切成两半再用透明胶带密封起来的信件往往就是线索，说明它们是表达激烈反对意见的信。

但是,信中对我所写内容的大部分批评是讲道理的,还维持着起码的礼貌。有点令人懊恼的是,我必须承认批评我的人有时候是正确的,我出了差错,或在事实上,或在逻辑上,或者(最糟糕的)在语法上。但是我可以用下面的话为自己开脱，或安慰自己，任何一个像我这样勤奋写作的人有时候犯错误是难免的。

随着网络的到来,批评的口气发生了变化,批评变得更尖刻,更针对个人,更多仇恨。不仅仅是因为我犯了错误,我肯定是个邪恶之人,很可能拿了某些臭名昭著的机构的赏钱,在为人家效力(我们中很少有人不是受雇于别人的,没有谁绝对清高)。

当然,我现在没有资格从我收到的批评口气的变化得出结论:网络让世界充斥着空前的仇恨。有可能是曾经给报纸上的文章作者写信的人沉默了,而那些发出贬低和侮辱性电邮的怒火中烧的个人被压制得不准出声，但我怀疑这种说法。

网络促成的即刻跟帖意味着人们能够用从前不能或不大可能实现的方式发泄心中的郁闷。与拿起笔来写信,更不要说把信送到邮局寄出的麻烦相比,坐在电脑前发送骂人的电邮或者在网络上跟帖实在轻松多了。从物质性上看,信件比电邮更可能少一些放纵。

现在的问题是，人们能够轻易地表达愤怒、恼火、沮丧、仇恨是不是好事？我认为，我们遭遇到经典立场和浪漫立场间的冲突。

按照浪漫主义者的说法，自我表达本身是好事，不管表达的具体内容是什么。实际上，这些人很可能相信任何不能找到外泄出口的情感都将向内积聚，从而给无法表达情绪的人造成毒害。最好把新生儿勒死算了，一了百了。

持经典主义立场的人并不同意这个说法。相反，他认为有些话最好还是不要说出来。他用不作评价的自由来抗衡言论自由的价值。他相信习惯性的言论不仅不能减少愤怒反而可能增加愤怒。

现在，读者应该清楚，在这两种观点中，笔者认为哪种更正确一些。不克制愤怒的习惯可能让你稍一受到刺激就容易发火。几乎人人都知道，哪个愿意下工夫自我检讨呢？发泄愤怒往往能带来很大的乐趣，尤其是在你认为是表现正义感的时候。

我听到想象中的对话者的反驳："这么说，你赞成网络审查了？"

我知道这是有些人的反应方式。当我指出有证据显示，那些在电子媒体暴力的耳濡目染中长大的孩子比不接触这些东西的孩子更容易有暴力倾向时，总有人反唇相讥："那么，你是赞成网络审查了？"我总是徒劳地指出电子媒体

网络使人们能够用从前不能或不大可能实现的方式发泄心中的郁闷。图为网友恶搞的犀利哥和凤姐的图片。

造成暴力和审查之间没有严格的逻辑关系，因为人们可能认为审查比造成的暴力更邪恶。毕竟,没有人会因为汽车事故想禁止人们使用汽车。任何速度都不能保证绝对安全，或保证不造成致命的事故。不能因为我们不喜欢审查,就对电视、电影上的暴力等不良影响熟视无睹。实际上,这么做是一种自愿的自我审查,或许是最糟糕的那些东西。

所以,在我看来,人们在公开场合发表言论的便捷性至少有可能让人们变得脾气更坏,更缺乏教养。它把人们从习惯的压制中释放出来,帮助人们突破心理上的障碍。这甚至给人们的智慧造成影响,因为侮辱他人,比思考真正有杀伤力、巧妙而又智慧的话要容易得多。给道金斯教授写信说,人们感到"突然有一种渴望,想抓一把钉子塞进你的喉咙里"要比清楚明白地解释他为什么错了要容易得多,如果他真错了的话。

而且,还有一个事实,人们能够在网络上使用虚拟的地址相互攻击,相互都不知道对方是谁。

如果它是问题的话,我认为现在还没有简单的解决办法。正如我亲身经历的那样,文学教授是最糟糕的攻击者,如果这是真实的,未来确实令人担忧。如果那些给年轻人讲课的人都不能控制自己，都不能把不同意见限制在共同的文明礼仪范围内,我们还能指望年轻人什么呢?

考虑到我们言论正确的局限性，或许我们应该回顾一下不朽的斯威夫特在他的诗《斯威夫特教长之死》末尾所说的:

但,恶意从来不是他的目的;
他鞭挞恶行却不说出名字。
没有哪个人会感到怨恨,
他针对的是千万人。
他憎恨那些毫无意识的人,
那些把嘲笑称为幽默的人。

当然,问题是在他那个世纪,他和其他作家都没有说到做到。

译自:Thank You for Not Expressing Yourself,by Theodore Dalyrmple。

网址:http://www.newenglishreview.org/custpage.cfm/frm/58706/sec_id/58706。

被误识的"传统":传统中国再认识

刘拥华

一、问题化:"学习"话语与意识形态

20世纪五六十年代美国史学家对1839到1900年间中国历史的解释,大多基于"西方冲击—中国回应"的分析模式,传统中国在冲击之下改变自身社会结构以回应西方世界。"中国国内的这些进程,是由一个更加强大的外来社会的入侵推动的。它的庞大的传统结构被砸得粉碎……经过三代人的更替,旧秩序已经改变模样。"柯文认为,这一分析模式的毛病不在于它是对与错,而在于它实在不能说明全部问题。在我们看来,不能说明全部问题不是这一分析模式的毛病,而毋宁说它本来就没打算这样去做。柯文下面一段话倒是说出了问题的关键所在:"因此,看来至少在一个重要方面,轻易揪住西方文化不放和太平天国揪住西方宗教不放,颇有类似之处:两者都是把西方拉来充当一个不知情的合伙者,共演一台戏,而这台戏即使没有西方登场,也会以这种或那种形式开锣上演的。"(柯文:《在中国发现历史:中国中心观在美国的兴起》,中华书局2007年版)如此一来,问题就复杂了。这是我们理解传统中国和西方世界的一个切入点。

对于传统中国的再认识,选择一个恰当的切入点是关键。传统中国之定义源于与西方世界的接触,而与其说是接触,不如说是在西方冲击下不断"学习西方"的过程,因而,追问作为特定话语的"学习"到底意味着什么,在我们看来,是一个比较恰当的起点。"学习",作为社会话语与事件,不是单纯的心智和知识过程,更多的是一种借由"学习"之名来为掩饰之实的行为,这种掩饰和象征化行为,就是布迪厄所谓的"正当化赋予"行为。自从有向西方"学习"以来,作为一种意识形态的"学习"就伴随而生。将柯文对1860年左右的反洋教运动提出

刘拥华:华东师范大学社会学系教师。

的问题"排外主义是否都是'真正的'排外?"这一问式转换一下,我们的问式是:"学习西方是否都是'真正的'学习?"这样一来,问题就很有意思了。

20世纪初叶,自海禁大开以来,在接连不断的失败面前,激进者也好,保守者也好,对于向西方社会学习这一点并没有太大的差异。所存在的差别主要在于以何种文化为体的问题,也即体用之争。倘若承认这一点,那么,也就承认了存在以西方社会为代表的现代性和自身的传统性这二极。而所谓的学习,便是使得这种传统向现代转变的过程。即使有相对主义者存在,也并没有彻底否定这样一个过程。

就本质而言,百余年以来的"学习",是一种集体性的话语与实践方式,与其说是知识性的,不如说是政治性的。我们总是以某种集体性的方式来证明某种东西的正当或者说合法,这一多数性压制的方式,并没有脱离暴力的范畴,而只是形式更为精妙罢了。倘若某种知识,总需要以集体性的方式来加以证明,那么,反而可以从侧面说明这种知识的可信性。集体性是什么?它所表达的并非知识真理的确切内容,而是一种表征对象的象征形式。这种象征形式呈现为,通过仪式性地说出或者做出某事,从而去确认某事。其逻辑是非常奇妙的,是神正论式的。最为典型的集体性仪式是庆祝日或节假日,正是通过这些活动,某种所谓的"民族意识"得以形成并发挥作用。而最为典型的集体性话语,我们知道,便是"人民"这一术语。因而,集体性的思考,与其说是思考,不如说是不思。而这种不思,是以常识的(也即集体性的)形式证明自己。

在这里,我们的意思倒不是说集体性话语与实践没有存在的必要性,而是说,这里是有条件的。关键在于,我们需要求助于历史,弄清楚"集体性"的历史根源在哪里,它是如何得以产生并流行开来的。与此同时,还存在这样一个问题:即我们的学术场域在多大程度是自主的,这直接决定着我们问题的真假或者说有无价值。

"学习"话语与实践更多是政治行为。政治行为试图通过"学习"话语,一方面昭示自身的正当性(开明性),另一方面以高高在上的姿态来暗示和鄙视民众的"无知"。换句话说,在他们的信念当中,经由要学什么、什么时候学、学何方神圣等程序,就决定了他们在试图强加一种意识上的霸权,从而也是一种现实中的物质性霸权。这彻彻底底地是一种符号权力的行使!质言之,我们的学习,只是政治斗争的附庸品罢了；一旦政治斗争不需要这一名目了，它就马上可以销声匿迹。而一旦又有需要了，它也可以死而复生。换句话说，学习，不过是政治斗争的一张牌而已。政治总是借由“学习”之名来规避责任，总以为可以经由学习来避免错误。而通过抬出“学习”之名，来为自己的责任开脱，说，这是学习过程的代价，这一剧幕不断上演，可谓是好戏连台，时时不断。而对于自身的污垢，却总是避而不谈。有关中国政治的主流话语，始终是游离于真实政治之外的。也正因为这样，我们对一些历史遗忘得出奇得快，根本谈不上反思。

实际上，“学习西方”涉及这样两个前提条件：其一，对于西方和中国社会的清醒把握；其二，去除意识形态的迷雾，回归现实主义。而由于传统是参照西方加以定义的，并且“学习西方”在后发外生型国度中一度成为意识形态，从而使得我们误识了传统和与之对应的“现代社会”，并且更使得我们不断寻求的道路始终不见可操作性的方案和现实的效果。

二、误识：传统与虚构的“现代社会”

以西方社会为参照，我们建构着我们的传统，作为一种类似于理想类型的研究方式，这是可行的。然而，如果一方面对于西方社会并没有予以正确的理解，却在同时基于政治情势以此对中国社会加以随意定义，这里面的问题便立刻显现出来了。我们所谓的作为意识形态的“学习话语”，主要也就是基于此而论断的。问题并不在于被建构起来的传统是否确切，而在于，我们建构传统的目的是什么。如果要在更加细致的层面上加以阐述，这便转换到作为与传统社会相对的“现代社会”出场的问题。在对传统的建构中，我们将之建构为一种乡村共同体，将之理解和描述为静止的、落后的形象。传统社会是一个静止的社会、熟人的社会、亲情浓郁的社会、具体感性的社会，人的生命历程没有太大的波折，生于斯、长于斯、老于斯。现代社会则相反，它是一个流动性很强的社会，甚至可以说，现代社会是一个流动的社会，陌生人的社会，没有什么是可以固定的，空间不固定，空间以非常快的速度进行转换。而向西方学习，或者说现代化的过程便是传统消解和现代性滋生的过程。因而，在我们的文本中，乡村共同体作为被贬损的对象存在，而之所以如此，理据在于以西方社会为参照。

作为落后和被贬损的对象，乡村共同体在逐渐地消解。而与此同时，除了空泛地谈论现代化外，需要建构一种何样的社会类型，我们却迟迟未能提供答案。应和着民族国家的建构，乡村社会的解体迅速加快。直到今天，我们除了能够在经济、政治、文化等宏观层面谈论现代社会的样态外，我们始终难以建构出一副现实的、操作性强的社会类型。这从一个侧面反映出我们对传统和现代的理解存在误区。

作为传统类型的乡村共同体，对它的批判和反思，我们的立基点在于，一种变迁迅速的场景需要消解乡村共同体等诸多传统共同体形式。而这种预设，又更多是来自于西方社会的参照。问题始终在于，这样的立基点是存在误区的。基于这样的立基点，我们同时也就误解了“传统”。质言之，类似于乡村共同体形式的共同体，并不必然与现代社会的运作逻辑构成对抗。而一种涂尔干意义上的“集体意识与情感”，肯定难以在抽象的原则基础上形成，而必然依赖于某种共同体形式的存在，并借由这种共同体形式予以对社会道德的内化。这样的共同体形式，在现代社会当中，包括血缘性的共同体、职业共同体、利益共同体等。为什么这样讲？乡村共同体不但作为一种生活方式存在，也是作为一种利益组织形式存在，它承担并传达着一个社区当中的利益诉求。因而，乡村共同体也是作为利益共同体形式存在的。这种基于情感与利益纽带的共同体形式使得一种基本的社会秩序得以形成。现代社会消解的或许是特定的利益组织化形式，而非消除利益组织化形式本身。正是在这里，我们对乡村共同体的理解就存在着致命的误区。乡村共同体或许会消失，但需有另外的共同体形式来替代，以便使得利益要求得以表达，利益诉求机制得以形成。尤为关键的是，这种新形成的共同体形式与乡村共同体之间的关联需要细加探究。新的共同体形式不能是空中楼阁，其作为一种整合形式，既与新情势下的社会事实相关涉，也与传统共同体之间存在着千丝万缕的联系。换句话说，新的共同体形式只能是对传统共同体形式的创造性转化。

如此来理解现代社会，我们便可知道，我们以往对传统社会的解构和对现代社会的建构，都是在一种“虚构”的层面展开的。作为“虚构”的形象，也就必然在传统社会当中找不到现代社会的踪影，而对现代社会的建构也始终如隔靴搔痒，不得要领。在对传统社会的任意性解构当中，焦点始终不在于作为利益共同体形式的社会，而是“现代性”意象。所以，正如杜赞奇所分析的，当一种权力运作的文化网络被破坏之后，这个社会的秩序便迟迟难以建立起来。在理论脉络当中，一般是基于“共同体”与“社会”、“机械团结”与“有机团结”等二元对立范式而对现代社会加以阐释的。往往将此两者当做完全迥异的形态来予以分析，在范式的含义上这是成立的，但是，在实践的含义上则存在问题。其实，在这两者之间存在着天然的联系，而非决然的割裂。波兰尼和布洛维对社会的重视，便是在“共同体”的含义上进行的。在两种形态的社会当中，运行的逻辑都需要借助于共同体的力量来对市场、对国家的恣意干预抗衡。区别仅仅在于，两种逻辑（市场逻辑与社会逻辑）何者占主导的问题。而经典社会学理论当中的诸多二元对立范式，更多的是在逻辑层面上来对社会加以区分的，并非是在纯然实践运作的层面进行区别。他们都意识到，一种“共同体”的消解（这里使用“消解”或许并不合适），必然有另外一种“共同体”的形式出现，之所以在这里都使用“共同体”的术语，这是因为两者都是基于利益共同体的本质之上，并且对于社会人格的形成，共同体都起着重要的作用。这种利益共同体能够传达利益诉求，能够基于自身的利益诉求表达出声音，能够形成相当的话语与集体力量对自身的利益加以保护和维持。因此，不论在传统社会还是现代社会，作为利益共同体的组织形式，它们并不需要任何别人来代替自己，它们自己就能够明了和表达自身的利益诉求。在西方世界兴起的历史当中，这一论断也基本上被接受。作为工业革命原发地的英国，就是因为有了这样一种合理的利益组织与诉求机制，在宪法和制度上能够保证利益的竞争和利益团体的参与，才导致了资本主义的勃兴。这当然就是西方社会宪政的基本内涵了。

然而，不幸的是，我们对中国传统社会的理解，正是借助了理论逻辑上的二元论，从而导致了以逻辑的事物代替了事物的逻辑。这样做的结果便是完全地对传统加以消解，并不分青红皂白地将所有不幸的方面都归之于传统。传统在这里成为意识形态上的替罪羊。而在消解了传统之后，所建构和预设出来的“现代社会”便彻头彻尾地成为一“虚构体”。

就此而论，由于对西方社会缺乏足够的了解，并以此为基础来定义传统，便使得我们对传统的消解是在绝对的意义上进行的，而忽视了作为一种利益共同体机制、社会内化机制的作用以及替代性机制出现的必要，进而使得我们在一种缺乏现代利益组织化形式和社会内化机制的基础上，“虚构”出了种种现代形象。而这种“虚构”的现代与“误识”的传统一起，造成了我们在茫茫世界中无处可归，不知家在何处，身归何世的悖论。总之，当我们将传统当做是传统的、落后的同时，我们却没有建构出一种可替代乡村共同体的实体，我们用“虚构的社会”加以描述现代类型，从而在意识形态上为强化国家权力奠定了基础。

三、被误解的国民性：知识分子与国民性改造

对中国社会与西方社会这种“传统与现代”的二元理解，在根本的意义上是一套政治话语，直接导致对西方和中国的误解。柯文认为，这种对现实做任意切割的做法，排除了任何中间的可能，而不能真正意识到传统与现代是两种流动不居、互相渗透的状态，传统社会中包含着现代的趋势，现代社会中又会有传统社会的特点。这就如同世俗活动与宗教活动尽管是对立的两极，但却有可能在现代社会同时发展那样，说明传统与现代的关联的复杂性。在这个意义上讲，对乡村共同体的认识，就必然要进一步深化，不但要意识到其对于集体意识形成的重要性，也要意识到其作为利益共同体的特质。换言之，问题的关键不在于乡村社会共同体本身的问题，而在于其背后的权力格局。现代社会依然需要在组织的意义上重建社会的力量，以便对抗国家和市场权力的侵入。即使乡村共同体会失去某种特定的意义，但现代社会的组织和现代人的自我认同却不得不在共同体的意义上建构。这样一来，认为现代性与乡村社会共同体完全对立的观念，无疑是粗暴的。

对乡村社会共同体作为一种利益共同体的描述，并不意味着它就是完全自治的，这只是在相对的意义上进行的。之所以这样出发来分析，是想在最基本的层面上发现现代社会的雏形和逻辑。乡村社会作为一种弱意义上的利益共同体，直接对应着一种基本的国民性。20世纪早期对国民性的分析，一方面并非基于利益共同体出发展开；另一方面则是对国民性形成机制的分析缺乏应有的维度，也即是指利益共同体这一潜在的维度。更多的时候，我们对国民性的分析，是基于文化失败的意义上进行的，而对于文化之外的权力与物质维度则几乎置若罔闻。

而之所以会如此，原因也是显而易见的。对中国社会的分析，在西方社会的参照框架之下，文化因素首先被提出来，并基于文化因素这一功能主义视角

来阐述。这样,在一种泛文化主义的框架之下,就遮蔽了乡村社会运作的实践逻辑。这一实践逻辑表现为权力渗透下国民性的建构。而又正是这一维度,使得作为弱意义上的乡村社会共同体没有太大的自治空间。因此,缺乏自由选择情形的原因并不在于乡村共同体形式本身,而在于其背后的制度和意识形态。

我们知道,应和着对传统社会和传统文化的批判,在文人和知识分子笔下,中国人的冷漠和麻木招致了一致性的口诛笔伐。这种国民性并不必然与共同体本身勾连,而是要意识到在这中间,国家权力渗入所导致的集体共同体主义与对个人主义的泯灭。在这个意义上,国民性与乡村共同体就不再是简单的一一对应关系,共同体作为人之利益与情感的归属地,其存在的价值不言而喻。倘若我们仅仅只是从文化的角度来分析国民性的特征与形成,我们就无法看到制度因素在其中的作用。国家对乡村社会的控制,并非是通过直接的手段,而是通过家族、文化等间接手段进行的。在这里,看不到任何倡导个人本位的内容,而是集体本位主义流行。质言之,集体本位主义流行,在实质上则是不给国民提供任何可供选择的机会。这样一种社会机理,这样一种不能选择的处境,基本上造就了中国社会的国民性。

遗憾的是,中国现代社会思想的宣言,大体就集中于改造国民性之上,而这种改造行为却并没有认识到造成国民性的痼疾何在,这必然会使得这种改造活动南辕北辙。在历史的长河中,鲁迅、孙中山等等无不如此。正如有学者批判性地指出来的那样:"中国的问题,在于中国人的昏钝,在于中国的老百姓没有鲁迅这样的精英认为他们应该有的思想。在他们获得这种精英们指派的思想以前,他们的生命没有意义。于是,'改造国民性'就成了现代中国知识分子的基本使命。"(薛涌:《从中国文化的失败看孔子的价值》,《南方周末》,2008 年 1 月 10 日)20 世纪早年的知识分子抱持着这样一种改造国民性的观念(幻想),其实更深层的蕴涵还在于,知识分子将自身当做了社会普遍利益的代言人,他们是一个特殊的社会群体,他们治理着这个国度。而知识分子本身并没有自身特殊的利益要求。

与西欧的先发内源型社会不同,中国现代化的主导群体并不是资产阶级,也不是官僚阶层,而是城市知识分子群体,这从维新运动、五四运动到辛亥革命的线索可以看得出来。那么,上述知识分子群体的特殊身份到底意味着什么呢？这其实意味着，基于共同利益的共同体形式在知识分子的主导下并没有存在的必要性，因为知识分子作为普遍利益的代言人，就能够传达社会不同群体的利益诉求了。这一知识分子的主张，从根本上为专制主义制度的存在留下了余地。知识分子主导下的社会进程，诚如孙立平所说："在近百年后的今天，在人们回顾这些功不可没的现代化努力的时候，也往往只能追忆起那令人激动不已的慷慨陈词，而很少能数得出几种政权与制度建设的成果。"

因而，从知识分子与国民性的改造运动中，国民性概念在此遭受到了误解和扭曲。国民性所形成的基本原因当在于国家权力通过直接和间接的方式对乡民的控制，从而基本上断绝了乡民选择的可能性。国民性的改造根本不可能通过本身的改造来实现，而只有给予乡民更多的选择机会、给予他们组织的权力、给予他们自治的空间才能达致。而这些，无疑与个人本位主义相关涉。就此而论，国民性改造运动实质上需要社会学的涉入才能落到实处。这种社会学立基于个人和社会本位，通过社会结构改造来为个人选择提供空间。20世纪二三十年代的乡村建设运动，无疑是在相关社会的意义上展开的。关键之处不在于民族国家的建构和国民性的形成，而在于国家权力的分立和诸多利益共同体形式的存在。而这些，都是国民性改造运动所无法看到也无法实现变革的。换言之，从乡村血缘共同体过渡到更多基于共同利益的共同体形式，给予这些共同体形式更多的空间，也就意味着让国民自己去选择自己的道路。这里的深意是显而易见的，知识分子（在未经正当授权的情形之下）并不能代言任何人，他只能代言他自己。让国民自己去思考、去选择、去组织，这是现实政治道路的不二选择。

四、现实的道路：回归基层社会

现代化的进程当中，乡村社会共同体逐渐向其他形式的利益共同体转变，形成不同形式的组织。但是，对传统的超越并不意味着传统一无是处，更不意味着在对西方社会不甚了解的情况下进行比附，从而无视传统社会的实践逻辑。这也就意味着，与作为血缘共同体的乡村社会利益共同体一样，现代社会的诸多组织建构也是基于共同利益基础上形成的。传统社会的运作逻辑，是在国家专制权力之下，以血缘共同体的形式，无视个体利益基础上进行的。而现代社会的运作逻辑，则并不能完全将眼光转向共同体之外，而是要在共同体的基础上展开。这便意味着，我们需要明了西方社会的情形以及传统社会为何这样的问题。

我们对传统社会的误识，一方面表现为将其完全与现代社会区分开来，一方面表现为将其置于意识形态的位置加以分析，更为关键的还在于，我们对于传统社会，尤其是乡村共同体的内核缺乏清晰的了解，同时也对西方社会的利益共同体形式没有形成明确的把握。正是在这些判断之上，我们推断我们对于传统始终处于一种误识的状态。这种误识的状态，就使得一种现实的道路选择失去了坚实的理论基础；而反过来，知识层面的争论还往往滞留于意识形态的层面。这一切共同阻碍着我们的选择和判断。我们看到，海禁大开以来的“中国社会向何处”之争论，始终无法形成一股社会合力，共同推动社会向良性状态前行（参见蔡枢衡：《中国法理自觉的发展》，清华大学出版社 2005 年版）。

如何寻求一条操作性强的现实道路，是 20 世纪遗留下来并在这个世纪逐渐明朗的问题，问题实质上逐渐地转向作为利益主体的人。我们对共同体概念的分析，便意识到传统乡村共同体无法将个体意识涵括其中，而知识分子的所作所为，则是取代个体成为他们的代言人。我们需要将眼光从知识分子虚幻的担当转向作为利益共同体的社会组织自身的自治能力与诉求能力之上。

西方社会的基本面貌，在建立在利益分殊的各个利益集团之上，各种不同形式的利益共同体构成了一幅壮观的图景，它们之间彼此合作又竞争，共同构成了制约国家权力的元素。各个利益共同体有巨大的权力，有自治的能力，能够自己表达自己的声音，发出利益诉求的呼声。这些基层元素是西方社会的本原，每个人都会为自身的权益进行抗争，每个人都是一个利益主体。因而，基于个体的利益，将个体建构成一个利益主体，给予他们表达的权利，将是我们一条可行的现实道路。利益主体并不意味着自由放任，而是意味着基于自身利益与社会利益的相互构成而形成人格。没有利益的或者超越利益之上的社会与个体，都是可怕的。正如阿马蒂亚·森所论述过的，发展可以看做是扩展人们享有的真实自由的一个过程。这种自由是在“实质的（substantive）”意义上定义的，即享受人们有理由珍视的那种生活的可行能力（capabilities）。可行能力就是一种自由，或者说，一个人的自由就反映在其可行能力当中：可行能力是一种能过有价值的生活的实质自由。可行能力指的是一个人在生活中能够成功地去做的事情(doing)或达到的状态(being)。这种全新的发展观与狭隘的发展观形成了鲜明的对比,经济发展不是目的,而仅仅只是达致自由的一种手段性的工具(阿马蒂亚·森:《以自由定义发展》,中国人民大学出版社 2002 年版)。

在现实社会当中,必须培育个体的可行能力,这便要求给基层社会共同体以更大的自治权利,比如农村基层选举的展开,城市内拥有房产的业主的社区自治,工会和各种行业协会的自由组合,等等,都将刺激共同体的成长。"乡村秩序最好的解决办法,是让农民真正具有权利来处理家乡的公共事务。他们必要时可以雇用知识分子为自己的利益服务,但知识分子绝无指导他们的权力。我相信,基层民主和乡村自治这一进程如果能够不受打扰地进行下去,将比任何所谓知识分子的精神对中国文化的复兴都更有意义。"(薛涌:《从中国文化的失败看孔子的价值》,《南方周末》,2008 年 1 月 10 日)这一论断不无道理。

推而言之,个体的基本道德感只能基于面对面的熟悉的社区共同体形成,虽然有诸多理论已经论证现代社会的抽象机制问题,但这一抽象机制的生长并没有否认情感机制的作用,相反,抽象机制的生长可能更需要共同体社区的辅助,才能使得抽象机制更好地发挥作用。吉登斯与贝克所论述的"风险社会",在一定程度上,便是由于现代社会对情感社会共同体的过度贬损所导致的一个"意外后果"。情感共同体虽然不再占主导地位,但其作用却无法抹杀。正是基于共同体,包括情感的、共同利益的共同体,个体才真正地成其为个体,一个实实在在的个体,一个有所意识和思想,有所担当的个体。这个意义上的人,是现代社会的组织人。或许这就是传统,但也是博兰尼意义上的"社会"含蕴。

之所以有上述的看法,并非空穴来风,也不是牵强地比附西方,而是缘于对"传统"与"西方"的把握。我们对于"传统"的理解,过多地强调了其作为情感共同体负面意义的一面,同时也没有意识到"传统"之于"个体"的真正含义,所以才有全盘反传统的做法。而对于西方社会的了解,更使我们意识到,基层特质与共同体意识以及基层群体的组织对于一个良性社会、对于一个公民概念的形成具有至关重要的作用。因而,回到基层与组织基层,便成为一个操作性强的现实政治选择。

全球化背景下的国家构建

王国伟

弗朗西斯·福山是一位分析当代事务的领军人物，自“历史的终结与最后之人”、“社会信任与经济繁荣”以及“大分裂与社会秩序的重建”，这些深刻而又富有洞察力的“议题”问世之后，在学术界产生了深远的影响。他的近作《国家构建：21世纪的国家治理与世界秩序》，探讨了“9·11”事件之后关乎21世纪世界秩序的核心问题：制度建设与国家构建。

20世纪的西方社会，围绕着国家规模与国家力量的问题引发了激烈争论，先后出现了以“撒切尔主义”和“里根主义”为代表的自由主义政治思潮。受这一思潮的影响，国际货币基金组织和世界银行出台了一套旨在弱化国家对经济干预的政策，即为我们现在所熟知的、遭人诟病的“华盛顿共识”。但在《国家构建》一书中，福山指出从“撒切尔主义”、“里根主义”到“华盛顿共识”，人们往往将缩减国家规模和限制国家作用曲解为全面削弱国家能力，造成这一误解的根源在于人们混淆了国家概念的两个维度，即国家活动的范围与国家权力的强度。在他看来，国家在某些领域必须弱化，但在其他领域却需要强化，这一“区别对待”却没有引起人们足够的重视和思考。

福山关于国家构建的思想正是基于区分国家概念中国家活动的范围与国家权力的强度两个维度之上的。他以美国为例说明国家概念的这两个维度之间的差别。一方面，美国的政治制度是以保护个人权利和限制国家权力的理念设计的，根据这一原则，建立了一套限制国家活动范围的政治制度；另一方面，美国又是一个非常强大的国家，在国家有限的活动范围之内，国家制定及实施法律和政策的能力非常强。据此，作者认为国家的活动范围主要指政府所承担的各种职能和追求的目标；国家的权力强度则是指国家制定并实施政策和执

王国伟：中国人民大学社会学系博士研究生。

法的能力，特别是干净的、透明的执法能力。国家的这种能力，福山称其为国家能力或制度能力。

就一个国家而言，国家概念的这两个维度对经济的发展显然具有不同的意义。作为20世纪90年代新自由主义思潮产物的“华盛顿共识”，其核心思想是在经济领域鼓吹私有化和自由化，减少国家对经济的干预和控制。但是正如福山在本书中所指出的，法制的不完善和制度能力的欠缺，为东亚国家随后的经济危机埋下了隐患。就连保守派自由市场经济学代表人物弗里德曼后来也不得不承认这一点：“实践证明法治很可能比私有化更具根本性。”无独有偶，在制度经济学家看来，制度是影响经济发展的核心变量。不仅如此，世界银行在2002年的世界发展报告中也指出，国家的制度能力对提升税收占GDP的比例具有显著的作用。一般而言，经济绩效取决于相应的具体制度能力、国家职能以及许多其他因素，但相比较而言，国家的制度能力比国家的职能更为重要。

基于上述分析，福山指出国家构建就是在强化现有国家制度的同时新建一批国家政府制度，其核心是增强国家的制度能力。在他看来，国家构建可以根据制度的知识供给和现实的制度需求两个方面实现。

就制度的供给而言，可以从制度知识所涵盖的四个层面入手：(1)组织的设计和管理，涉及公共部门和私有部门组织机构的制度构造，其知识基础来源于管理学、公共行政以及经济学领域；(2)政治体系的制度设计，涉及国家整体层面的制度设计与安排，其理论基础为政治学、经济学以及法学；(3)合法性基础，主要是对政治制度合法性的认同，其知识基础源于政治学；(4)社会及文化因素，主要涉及各种规范、价值和文化，其理论领域是社会学和人类学。制度供给仅仅是国家构建的知识(理论)基础，如果没有源于现实的制度需求，就不会催生制度的发展和改革。从制度需求的角度而言，国家构建更多地产生于国内对制度强烈的需求时期，通过全面设计、直接移植或因地制宜地借鉴外国模式产生出来。当内部的制度需求不足时，对制度的需求主要是从外部产生：一是作为外国援助机构、捐赠国和贷款国附加条件的调整、计划和项目，二是由占领国家直接行使的政治权力。但是福山随即指出，基于从外部产生的制度需求和制度移植的效果极其有限。

国家构建与弱国家或国家的治理不善相对应。在高度全球化的时代背景下，福山关于国家构建的论述具有鲜明的现实指向性，由一个国家内部治理不善引发的问题，必然与国际体系中的其他国家紧密相连。在他看来，弱国家已经成为引发当今许多国际问题的根源，正是基于这样的思考，福山建构了一个以制度能力为核心的国家构建的框架，并以此作为推动发展中国家制度能力与国家构建的理论基础。既然制度能力是问题的关键，那么弱国家的国家构建问题不可避免地将涉及制度的供给和需求问题。就制度的需求而言，福山明确地指出由外部势力创造制度需求的能力非常有限。问题在于来自国外援助机构政策的矛盾性，既想提高当地国政府的服务能力，又想直接向最终用户提供这种服务产品。出于自身利益的考虑，他们往往倾向于选择后者，而受援国在援助项目和目标实施中处于边缘的位置。因此，来自外部势力的双重目标，根本无法真正改善弱国家的制度能力。

从制度供给角度来看，福山认为发达国家处于制度供给者的位置，并以制度移植的方式实现制度扩展。但制度的供给是以制度的知识为基础，在制度知识所涵盖的四个层面中，其能够移植的程度具有明显的差异。从组织的设计及管理、政治体系的制度设计、合法性基础到社会及文化因素，这种制度知识的可扩展性分别为高、中等、中等偏低和低，依次逐渐递减。在组织的设计及管理和政治体系的制度设计这两个领域中，尽管制度知识的扩展性比较强，但是福山已经意识到，"规范在经营管理和公共管理中非常重要而且无处不在，这意味着制度发展将受到不在公共政策直接控制范围内的社会结构、文化和其他变量的深刻影响"。因此，这些作为"地方性知识"的制度将导致某些类型行政功能的无效或失败，这说明普遍的制度移植不可行。但在公共管理中某一特定专业性强、事务量少的领域内，如金融机构，福山认为可以实现制度的移植。

在全球化的背景下，制度的移植和扩展是一个普遍的现象。在新制度主义者看来，这一过程就是制度同形。在迪马吉奥和鲍威尔等人的经典研究中，概括了制度同形的三种机制，分别是强制性同形、模仿性同形和规范性同形。但是当制度的移植和扩展跨越国境时，外来的制度必然会在本土文明的围困下遭遇"水土不服"，此种情境下制度的扩展怎能实现？如前文所述，福山认为作为公共管理的制度知识可移植性最高，集中在专业性强、事务量少的特定领域。如果我们粗略地将制度分为工具性制度、规范性制度和认知性制度三个方面是合理的，那么可以断定福山所说的制度移植实际上主要是一种工具性制度,其可以较少受到“地方性知识”的影响。但是在规范性制度和认识性制度领域,制度移植是难以成功的,更不会呈现迪马吉奥和鲍威尔所说的制度同形。

福山作为一名温和的新保守主义政治思潮代表者，他不仅是一位知名的学者,而且曾担任美国国务院政策规划处副主任,从事中东政策研究,并与小布什总统的阁僚关系密切。因此,该书的主题具有鲜明的现实性和针对性,但也存在着明显的偏颇之处。福山尽管一再强调其国家构建的思想旨在帮助发展中国家尤其是弱国家提升制度能力，但是如果我们联系到新保守主义的主张,不难理解其实质就是一种新干涉主义的具体体现。就此而言,本书一定程度上也是作者从一个学者的角度为美国的外交政策进行辩护和粉饰。同时,福山将国家构建的必要性和紧迫性建立在由弱国家(发展中国家)内部治理不善引发的国际动荡与危机基础之上,却忽视了由发达国家对弱国家的干预、侵略引发的地区武装冲突和持续动荡的事实及其对国际社会带来的负面影响,明显有失公允。而且,作者关于制度扩展的论述显然持的是一种美国中心主义立场,否定了文化的相对性。

尽管如此，福山关于国家构建和制度能力重要性的阐述仍然对我们具有积极的启示意义。其一,作者关于国家构建的命题,不仅仅是困扰弱国家的问题,也是发达国家面临的难题,所以它是一个全球性的普遍课题。在寻求国家构建的过程中,我们必须秉持一种文化相对主义的立场,广泛地借鉴、学习和吸收其他制度文明的精华。其二,高度重视制度的作用和重要性。制度是国家构建的核心要素,国家构建的过程就是不断增强和提升制度能力的过程。制度能力取决于高效地制定和执行法律的能力,尤其是干净、透明的执法能力。因此,制度建设已成为国家建设的重要议题。其三,加强对制度展开机制的研究。制度能力通过制度的实践产生出来,因此,在制度能力的建设过程中,来自“地方性知识”的影响和制约作用不可忽视,特别要求制度实践的因地制宜。其四,正确处理好国家活动范围与国家权力强度之间的关系。在建设“小政府、大社会”的过程中,我们一方面要努力避免国家机构臃肿和人浮于事的现象,精简机构和裁汰冗员;另一方面,必须强化所保留国家机构的权力强度,即制度能力,努力建设一个小而强的国家。

农村考生该受配额制保护吗?

田方萌

最近一年,专栏作家薛涌极力鼓吹一项激进的政策主张,那就是按一定比例录取农村考生,以保护他们的升学机会。在他看来,此举既维护教育公平,又促进择优选才。

几乎每项政策都需要在对立的价值之间作出权衡,薛涌似乎发现了两全其美的例外。可惜,读者将在下文看到,保护农村考生的配额制既无效率,亦失公平。

高考不是智力测验

对弱势群体加以保护的论调并不新鲜,它们大都基于教育公平的价值观。标新立异的薛涌则从心理学角度提出了“智商效率论”。他在《北大批判》一书中提到,今天中国的大学录取率已经达到56%左右,结果智商平均线附近的孩子也能进入大学,而他们当中很多人并不适合高等教育。薛涌在此处引用的大学录取率,只是高中生考入大学的比例,并非所有适龄人口接受高等教育的比例,即所谓的“毛入学率”。事实上,中国的中考制度已经淘汰掉一半成绩不佳的考生,高考又淘汰了1/4,最后只剩下20%左右的适龄人口接受高等教育。

在他那篇耸人听闻的《中国大学的弱智化》中,薛涌也意识到中国的毛入学率在2008年才达到23%,“如果这23%是在整个适龄人口中选拔,那么大学生就差不多是顶尖的23%的聪明人”。不过,薛涌笔锋一转,农村人口占总人口的55%,农村背景的大学生只占全国大学生的17.7%。他由此推论:“如果这23%仅仅是在45%的城市人口中选拔,那么几乎所有智商在平均水平以上的城市青年都可以进大学……这其中有很多人根本不是上大学的料。”

田方萌:美国乔治·梅森大学公共政策学院博士研究生。

薛涌是个勤奋著述的作家，却不是个咀嚼数据的学者。关于农村学生占在校大学生的比例，据沈若愚先生查证，薛涌引用的数据源自十年前对北京高校的一次抽样调查，既不具有时效性，也不具有代表性。我们姑且假定农村学生的比例的确下降了，即便如此，薛涌的论点仍然建立在一个未经检验的假设上——农村人口和城市人口拥有相同的智商分布。

很遗憾，像各地居民的身高一样，智商在一国范围内的分布并不均匀。基于大城市——尤其是北京、上海等特大城市——吸纳了全国范围的优秀人才，我们有理由猜测，城市人口的平均智商应当在统计学意义上显著高于农村人口。不过，薛涌和我本人都没有智商在中国城乡分布的经验数据，对这个问题的答案，我们最好说“不知道”。缺乏扎实的数据已经动摇了“智商效率论”的根基，但并不影响我对这一政策主张的批评。我们不妨让薛涌一步，假设农村考生的平均智商甚至高过城市考生。尽管如此，我依然反对保护农村人的配额制。理由很简单——除了智力竞赛，智商不应当作为选拔人才的标准。

一个学生优秀与否，只在于他的学业表现，而不在于聪明程度。虽然高智商者更有可能学业出众，选拔人才却只能依照成绩标准。学业表现是由许多因素共同决定的，包括毅力、耐力、记忆力和想象力。智力也许是最重要的因素，但绝不是唯一的。打个比方，一台电脑的综合性能由一组部件共同决定，其中芯片的运行速度最为关键。可消费者只看重电脑是否好用，他们不会仅仅因为一块高速芯片就购买整机。同样，智商较高也不必然代表学习能力，最能体现学习能力的，就是你能考多高的分数。高考不是智力测试，而是要检测考生对学习内容的掌握程度。一分就是一分。不管先天还是后天使然，某考生没有达到一定分数，就说明他的学习能力不足。薛涌也许会争辩，说那些聪明的农村孩子更有学习潜力——那就让他们到考场上把潜力发挥出来吧。我承认教育资源的贫乏会影响农村考生的成绩，但我们不能因此就认为他们已经适合高等教育了。

更严重的问题在于，薛涌主张的配额制还不是根据每位考生的智商水平给予机会，而是根据农村人整体的平均智商区别对待。我想薛涌同我一样，都认为智商很大程度上是先天决定的生物学特征。那么，依照总体的生物学特征给予某一群体特别关照，这对其他群体是不折不扣的社会歧视。

被保护和被取代的

在反驳过薛涌的“智商效率论”后，我们再来看看更坚实的“教育公平论”。这一理论大意如下：不是农村人不行，是学习环境不好，所以考分比城里人低一些。考不上的农村人如果能进大学，照样不输于城里人。

40岁以上的中国人大都还记得“张铁生”这个名字。此人在1973年的高考试卷上仅答了三道小题，但他并不因此而感到羞愧，反而写下一段申辩辞。张铁生说，他整天辛勤务农，自然不会像懒散的“书呆子们”那样有时间复习。平心而论，张铁生的自辩不是完全没有道理。拿同一张试卷测试全国考生，高考顶多能做到机会平等，起点平等则从来没有做到过。

问题在于，保护农村考生的配额制能否使大学录取制度更加公平？配额制显然不会改变起点不平等，我们只能希望它改善终点平等。不妨分析一个具有现实性的例子。假设高考大省江苏试行配额制，在2010年城市和农村地区划定了两条录取线，以保证农村考生占到三成比例。结果有一万名农村少年因此受益，同时也有一万名城市少年因此落榜。再假设那一万名农村考生和被他们挤出局的城市考生具有大体相当的学业表现，虽然前者的平均成绩比后者要低一些。现在，城市考生愤愤不平地发问了：水平相当，凭什么农村人能上大学，我们就不能上？

薛涌已不能用智商作答。首先，他不知道每个考生的智商；其次，就算他知道，按照他的逻辑，他也应该按这两万名城乡考生的智商高低依次录取，而不是按户口生硬地画一道线。薛涌的答案恐怕就一句话：“你们城里人已经享了不少福，就让让人家农民兄弟吧。”人们一般认为城里人的生活好过农村人，可涉及一个个具体的城乡考生，谁更幸福就不好讲了。就拿智商来说，一个城市孩子可能不如另一个农村孩子聪明，可在分数相同的情况下，他也许为此付出了更多的辛苦，你怎么能认定前者就比后者幸福？

薛涌曾在《东方早报》的评论中指出，“大部分农村人口被排斥在大学的升学竞争之外”，也就是说，很多农村孩子还没上到高中就辍学了，根本没机会参加高考。如果我们按薛涌的主张，硬性划拨给农村考生一定录取名额，实际上照顾了那些农村富裕家庭，因为他们才有钱供孩子上高中。另一方面，城市富人会为他们的子女请家教，甚至送到国外大学，结果薛涌的配额制很有可能取代一批城市贫民的孩子。在农村富户和城市贫民之间,我们真知道该把机会让给谁吗?

你要保护,我也要

薛涌在耶鲁上学时参加过斯各特教授(James Scott)的讨论课。这位学者著有《国家的视角》一书,着力批评各国政府高高在上的经济规划政策。无论薛涌怎样标榜自己贴近民间的“反智主义”,他常常通过国家观象台的望远镜观察中国社会,而不去细察民情。他想当然地把城市和农村看做质地相同的两大板块。实际上,城市和农村内部也存在着相当的经济差距。这里只提出两点,以说明薛涌的方案多么大而化之。第一,城市贫民享有的教育资源,尤其在小城镇,未必好过农村富户。许多厂矿中学的师资质量还不如某些经济发达地区的乡村中学。这种情况下仍对后者进行保护,显然有失公平。第二,就算城市贫民占有的教育资源好过农村富户,也不如城市中上层家庭。这就意味着一种可能:在城市里,出身贫寒的聪明考生分数相对较低;在农村里,出身富户的平庸考生分数相对较高。具有讽刺意义的是,薛涌的配额制本想多录取高智商的孩子,反倒可能让农村里智力一般的考生代替了城市里比较聪明的考生。

有理想主义倾向的读者或许会有这样的问题:“为什么我们不能善待所有弱势群体,让天下受苦人都分享到公平的社会福利?别管什么农村人、城里人,只要是户均收入低于贫困线,就应该享受配额保护。”基于薛涌的价值观和逻辑思维,我想他会双手赞成这一主张。可问题又来了,经济差距只是决定考试表现的一项外部因素,我们还可以举出另外上千种,每一种对应的受损群体都有理由要求保护。就拿左撇子来说吧,他们生活的世界基本是右撇子设计的,左撇子为此要比右撇子花费更多时间,经受更多痛苦,才能学会书写和使用工具。如果左撇子在大学生中的比例低于在总人口中的比例,他们完全有理由像农村孩子一样要求保护,因为他们的不幸是右撇子主导的社会造成的。

社会学家郑也夫是个配额制的积极反对者。多年前,他在中国人民大学的一次演讲中这样问道,如果黑人要求保护,为什么天主教徒不能提出同样要求?几乎每一个在大学生中代表程度不足(underrepresented)的群体都有理由要求保护。在中国,除了农村人以外,至少有几十个群体可以提出合理的保护申请,包括同性恋、煤矿工人和肥胖症患者。既然这么多群体需要保护，为什么薛涌偏偏提出一项农村配额制？因为他只看到了城乡差别的统计数字。至于矿工子女在录取学生中的比例，国家统计局并不提供有关数字，也就不能激起薛涌替他们代言。

个体平等与团体平等

行文至此，读者一定以为我坚决反对配额制。恰恰相反，在一定条件下，我会积极支持这种制度。自从中国采取科举选士，配额制也随之产生。今天，世界上有多个国家实行高等教育的配额制。如此广大的时空内存在的一项制度，自有其强大的生命力。我们不妨通过两项主要实践——中国的科举制和美国的平权法案，来看看实施这项制度的真正缘由。

明朝初期，科举考场上多为南人胜出，而朱姓王朝还没有巩固北方的政权基础。1425年，大学士杨士奇建议按南北地域分卷取士，以照顾北方士人的利益，明朝政府不久即分南北中三大区域分别录取考生。类似地，美国近几十年实行平权法案，也是出于政治原因，尤其是族群政治和女权主义的兴起。经过20世纪60年代的民权运动，美国两党达成共识，必须消除对黑人和妇女的社会歧视，并为此出台了多项福利措施。尽管如此，有些政治家和利益团体仍然担心这些措施不能在短期内有效消除歧视，因而在高教和就业部门推行配额制，保证弱势群体占有一定比例。

很多人以为配额制保护弱者，其实是重大的误解。这里，我们必须将作为个体的“弱者”和作为“弱势群体”的团体区分开来。如上文所述，任何个体都存在不利于学业的条件，都有理由要求保护。我们可以将社会成员划分成千百种群体，每一种划分几乎都对应着代表不足的群体，政府不可能对这些群体都加以保护。然而，一些群体对制度性保护的诉求却必须重视，这就是按某种界线组织起来的政治团体。在人口相对固定的古代中国，团体政治以地域为界线展开；在人口流动频繁的现代美国，团体政治则以族群为界线展开。套句老话：所有弱势群体都需要保护，但有些群体比另一些更需要。如果左撇子能形成强大的政治团体，我们就会看到保护左撇子的配额制。

从个体公平的角度看，中国边远省份被录取的学生并没有获得优惠的特殊理由,因为全国其他地方很多学生的学习条件还不如他们。只是出于平衡地区利益的考虑,我们才对西部落后省份的学业突出者加以照顾。与此相似,美国的平权法案并不保护所有弱者,而是照顾弱势群体中的精英分子。美国自由派当年主张配给黑人学生一定比例的大学录取名额,结果黑人中产阶级的孩子成了最大获益者,那些黑人穷孩子还是没学上。配额制的要义并不在于消除个体不平等——个体之间的不平等总是存在的,而在于让有实力的政治团体平等地享有不平等。

基于政治考虑的配额制具有重大意义。分省取士的科举制有利于维持各省之间的利益平衡,防止中央官员形成以地方为背景的派系,它对落后省份的照顾,则与美国的参议院制度有异曲同工之妙。历朝政府借配额制"加惠边陲士子",有力地促进了边远地区,特别是少数民族地区的文教事业,这是庞大的中华帝国维持统一的秘密之一。同样,美国的配额制也激励了少数族裔学习主流文化,导致更加迅速地自我同化。

今天,我们照顾西藏、新疆等少数民族聚居的边远省份,主要不是为了改善个体之间的经济平等,而是为了保持团体之间的政治平等。

城乡差别不同于黑白分明

现在,让我们回到针对城乡的配额制问题,思考一下是否应当基于团体平等照顾农村考生。表面看上去,城乡之间的教育资源差别巨大,农村人有理由作为整体要求教育公平。可城乡问题在本质上不同于美国的种族问题,也不同于中国的东西部问题。

其一,农村在中国只具有统计意义,并不构成政治团体。如前所述,中国的团体政治主要依省份界线展开。一个浙江农民碰到另一个甘肃市民,首先会想到自己是个浙江人,而不是他的农民身份。能保护这个农民教育利益的,只能是浙江省政府,而不是任何全国性的农民组织。中国沿海省份富庶农户享有的教育资源很可能好过内陆地区的贫穷市民。在这种情况下,全国农民不会共同争取教育权益,一省的农民和市民倒有可能联合起来与其他省份竞争。

其二,城乡身份不是恒定的。除了杰克逊,美国的黑人终身保有其肤色,他们与白人的体貌区别一望可知。在中国大规模的城市化进程中,很多农村人在有生之年就可以变为城里人。大学毕业的黑人还是黑人，可农村考生一入校园就跳出农门了。今天中国的城市居民，很多都是以前的农村人，或是他们的子女。因此，黑人终生都会关注族群平等，农村人只要有机会获得城市身份，就不会特别在乎配额制。

其三，高考并不歧视农村人。美国平权法案的主要目标是消除歧视，配额制只是一种方便快捷的手段。我承认农村人理应像城市人一样享有平等的公民待遇，可高考恰恰对城乡考生一视同仁，并不因为城市人的身份就给他们加分。与此不同，美国大学的录取制度并不完全按分数招生，这为歧视少数族裔留下了一些口子。高考即使没有给农村人优惠，至少维持了他们的平等权益。你可以说这一制度歧视山东人或湖北人，但不能说它歧视农村人。

其四，农村和城市的文化差别并不显著。文化差别并不是指教育资源，而是指语言、习惯、口味等特定的文化修养。如果选拔标准明显偏向某一文化群体，那么受损的弱势群体有理由要求配额制保护。例如，英语主导的加拿大就给予法语区的学生一定配额。假设台湾学生全面参加大陆的高考，我们就应该加以保护，因为他们使用繁体字，台湾国语的用词也有别于普通话。可中国并不存在一种明显区别于农村的城市文化，城里人在文化意义上并不占有多少优势。

基于以上四点理由，保护农村人的配额制没有根据，也没有必要。

教学资源匮乏的中国农村小学

结语:有教无类与因材施教

教育公平是中国传统的价值观之一,孔子就提出过“有教无类”的伟大理想。和薛涌一样,我承认教育资源分配存在着城乡差距,近年来甚至有恶化的趋势。政府当然有责任改善农村地区的教学条件。同时,我们也要弄清楚病根再对症下药。比如,在我的家乡山西,一部分山区人口因缺碘而患有弱智症,他们自然考不上大学,供给含碘药物就比配额制对他们更有帮助。如果贫困状况不仅仅减少教育资源,还影响农村人自身的学习能力,保护农村的配额制就存在揠苗助长的危险。

因材施教也是古代圣贤提出的教育理念,并在实践中通过考试制度得到贯彻。除非一定条件使然,我们都应当坚持唯才是举的普世标准。我们应当尽力消除各种不平等现象,但起点不平等恐怕会永远伴随着人类社会。在这种情况下,只有形成政治团体的弱势群体才有资格要求保护。当他们的身份固定并且受到歧视,或者选拔标准在文化意义上明显不公时,我们才需要采取配额制以维护政治共同体的和谐统一。与此同时,我们应牢记这种团体平等是以削弱个体之间的机会平等为代价的。

我并不否定薛涌的价值观,效率和公平也是我持有的理念。可是,脱离现实的理论想象与忽视民情的国家视角,只会让情况变得更糟。像马丁·路德·金一样,我也有一个梦想。这梦想就是,有那么一天,中国的孩子们,无论出身贫富,无论智商高低,无论来自东南西北,都能享受起码的基础教育,都能在同一标准下公平地自由竞争。

城乡·高考·配额制

陈心想

社会上关于平等和公平的争论似乎和人类历史一样漫长。中国长期的城乡隔离的户口政策导致的城乡不平等，尤其引起了人们对这一不平等导致的高考中的“教育公平”和“机会平等”问题的讨论。前不久，友人田方萌发来他刚刚完成的一篇有关这一问题讨论的大作，《农村考生该受配额制保护吗？》。读后有些想法，写出来供大家参考，并兼与方萌商榷。

田文是为了驳斥薛涌在《北大批判》中的一篇文章《中国大学的弱智化》而写的。薛文根据所谓的“钟形曲线”理论，认为各地人们（考生）智商的分布是均匀的，而在大学里（应该是指北大、清华这类的重点大学？），农村考上来的学生比例太低，这样就使大量的农村高智商的孩子没有进入这样的好大学，而城市里的智商比他们低的同龄人却进入了这类好大学，从而提出中国大学弱智化了。对薛文的这一推论，田文的驳斥很有力。对农村考生是否该受配额制的保护这一问题，田文经过分析推理，答案是否定的。我同意这一结论，但是不同意给出的一些原因，也不同意田文中一些对配额制的观点。

我们先来看，为什么需要配额制，或者说，为什么配额制有如此的生命力，存在的合法性基础是什么？田文集中在“政治原因”。田文以中国的科举制和美国的平权法案来说明实施这项制度的真正缘由：都是出于政治原因。比如朱元璋建立大明之初，在科场上多为南方人胜出，为了巩固北方的政权基础，采取了南北中三大区域，分卷取士。而美国的平权法案是因为族群政治和女权主义的兴起，也是政治原因。从而“团体政治”就是配额制之所以被采用的缘由。形不成团体政治的人群则没有资格享有这一个权利。用田的话说，就是：“很多人以为配额制保护弱者，其实是重大的误解。这里，我们必须将作为个体的‘弱者’和

陈心想：美国密西西比州立大学国家战略规划与分析研究中心助理研究员。

作为‘弱势群体’的团体区分开来。……然而，一些群体对制度性保护的诉求却必须重视，这就是按某种界线组织起来的政治团体。在人口相对固定的古代中国，团体政治以地域为界线展开；在人口流动频繁的现代美国，团体政治则以族群为界线展开。套句老话：所有弱势群体都需要保护，但有些群体比另一些更需要。”而中国的农民构不成一个“政治团体”，这就是农村的考生不应该受配额制保护的一大原因。

首先，我要指出，美国的“平权法案”并不是严格意义上的“配额制”，至少不能等同于我国高考以省划分的配额制。艾森曼 2009 年在 *American Thinker* 上发表了一篇《什么时候平权法案是配额制》的文章，也表明平权法案并不能等同于配额制。我说的不同并不是指是否以地域划分配额，还是以族群、性别以及残障为配额标准，而是指不能以这些为标准使得黑人、妇女和残障人士在入学、就业和提职中受到歧视。比如，当一个职位专门留给黑人的时候，不管白人多么优秀，招到的黑人多么不合格，都要把这个职位给黑人，那么这就是配额制。为了使那些弱势的群体能够出现一些模范角色，配额制发挥了作用，比如给黑人留的入学指标、就业名额之类。

在这个意义上，平权法案是配额制。这种为了消除歧视的平权法案被批评造成了“逆向歧视”，比如白人学生比黑人优秀，但是因为肤色，平权法案把名额给了黑人。田文认为，如果保护农村考生，就是对城市学生的歧视，也是属于“逆向歧视”。我们看看美国法院对这种歧视的解释。在最高法院判密西根法学院招生“逆向歧视”一案中，判定学院有权为了政府的利益而采用招生手段。因为，学校为了实现多样化而考虑族群肤色是可以的，并不是歧视。学者们的研究也显示，多样性对学习和民主具有积极效果，对破除种族隔离也具有积极作用。

实际上，我国的高考配额制是从科举制时代的举额制继承下来的。这种制度从宋朝的解额制开始，经明朝的南北分卷取士，到清朝发展成定额取中制，在符合政府利益上和平权法案是一致的，都是为了政治的考虑和融合多民族的社会文化。但是，假如我们考虑到多样性的要素，我们就不能因为“农民构不成政治团体”而排除了农村考生受配额制的原因。可以说，理解底层农民的人，还真的需要从农民中间发掘。田文提到郑也夫先生积极反对配额制。根据我的阅读，郑并不是一概地反对配额制，虽然我不知道郑是否反对用配额制来保护农村考生，但是郑极为反对我国的配额制保护的不是弱势群体，而是强势群体，比如北京和上海的考生。这既不符合社会公平，也不符合多样化的高等教育生态和精英阶层的生态。如果按照田文的“政治团体”理论，既然农民构不成一个“政治团体”，从而没有资格让农村考生受配额制的保护，那么对中国的三农问题研究也就没有意义了，因为他们不是政治团体，参与不到利益分配的团体制衡。这显然是不合逻辑的。

田文的解释里，还有弱者和弱势团体的划分。而且田文认为，“很多人以为配额制保护弱者，其实是重大的误解”，实际上保护的是弱势群体中的强者。当然，“弱者”和“弱势团体”是两个不同的概念。首先弱者和强者是一对相对概念。在一个标准下是强者的，在另一个标准下也可能是弱者。弱势团体也是一个相对的概念。农民中的强者，可能比城市中的弱者好上许多倍。比如，如果以收入为标准，有些农民比有些市民的收入高很多。我们看美国的奥巴马总统，你说他是强者还是弱者？因为其相对性，我们可以说配额制是保护弱势群体中的强者，但在群体层面上，他们还是弱者。这里就有一个根本的问题，强弱的标准划分问题。这是一个很困难的问题。郑也夫先生在《代价论》里有专门一章讲“标准之缺憾”。“一切已有和现存的标准，不管人们怎样称赞其合理，其实大多是两难中的产物，远远未臻完善之境。”所以，我国的科举配额制从宋朝开始的时候就引发了激烈的争论：是“凭才取人”，还是“逐路取人”。到现在依然是争论不休，是全国统一分数线，还是以省区配额制划不同的分数线。根据李立峰的《科举配额制演化的历史考察》一文，“就理念层面而言，公平分配政治利益和有效控制地方社会的政治理念一直贯穿于配额制度的演化之中，无论是两宋时期，还是明清两代，科举人才都是在地区均衡分配的大原则下产生的”。从这个意义上说，高考的按省区域配额是有其内在合理性的。这不仅是一种政治利益的后果，我认为，还是一种简化复杂的逻辑的结果。因为标准之确立的困难，区域本身是标准之一，本身又是政治的，所以二者合一奠定了其存在的合理性。如果按照区域可以为配额制的标准的话，城乡也可以作为标准。计划经济时代城乡的待遇差别不是很明显吗？实施得也很到位。也正因此，才有今天依然很大的城乡差别。但是，如果要按城乡划分的话，比按照省区划分的配额制复杂，它和计划经济时代情况一样，必然一样还要有地区差别。

那么，在以省区为标准的配额制再附加上城乡标准可以吗？当然可以，除了复杂些外，也还是可以操作的。但是，在另一种意义上，这种附加标准的成本和收益的比较会让我不同意“农村考生受配额制保护”。原因在于：第一，“政策和对策”会造成这一配额实际上不能够真正地落实到农村考生。我们知道，区域配额使高考移民成了一个大问题。如果，我们配额到乡村，那么，教育质量高的城市的考生就可能“移民”到农村。第二，我不认为反向歧视是一个很重要的原因，虽然它也可以是一个原因。但是我认为，人才选拔上游戏规则的平等是第一要义。在没有办法的按省区配额制之外，我们不应该再设立城乡之间的配额。这个时候，就要坚持高考游戏规则的平等，分数面前人人平等。

在对平等的看法上，我比较同意郑也夫先生的观点。起点平等做不到，终点平等无效率，因为起点的不平等，机会平等不可能，我们能做到的就是游戏规则的平等。我们可以把田文的机会平等理解为高考面前游戏规则的平等。田文说，“配额制的要义并不在于消除个体不平等——个体之间的不平等总是存在的，而在于让有实力的政治团体平等地享有不平等。基于政治考虑的配额制具有重大意义”。从我们对平等的分类看，配额制确实不是为了消除个体不平等的，但是从长期效果看，它的后果却利于消除个体不平等。比如，举个极端的例子，某地区，因为经济文化教育等的落后，如果按照全国线统一录取，每年都不会有考生考上大学，优秀的人才也不会向这里流动，而别的地方人力资源越来越好，那么，这里的人们和其他地方的差距只能是越来越大。拿这个地区的平均个人与另一个发达地区的平均个人比较，差距也是越来越大。如果有了配额制，有了大学生，就会减少这里与其他区域在观念、人力资本、经济的影响方面的差别，改善这里考生的起点。有人会说，这些大学生不会回到他们落后的家乡。我认为，即使这些配额制保护的大学生移民到了其他地方，依然会对本地区有很大的积极意义。比如学者们研究的南北半球的经济不平等，南半球的人才移民到北半球，虽然人力资本跑到了北半球，但他们为家乡寄的钱、引进传播的技术和文化等等，都为减小南北差距作出了贡献。

中国的高考配额制是地区不平衡和追求游戏规则平等之间权衡的结果，也可以说是避免极端的中庸之道。取消按省区的配额制，完全地给予游戏规则的平等，按照“全国一个分数线”“以才取人”，是一个极端；而细分许多群体的配额制将是另一个极端。我同意田文的结论:不能以城乡划分,农村考生不能受配额制保护。但是,除了以上已经提出商榷的原因外,对田文给出的其他原因我还要提出个人的看法。第一,田文认为农民的身份不是恒定的。就个体层面而言,我同意,比如我个人,现在就不是农民了,而我的父母都是农民。但是田文拿城乡差别和黑人白人比较则不是一个好的对比。黑人变不成白人,即使杰克逊皮肤整容变成了白色,证件文书上依然是黑人。农村人则可以变成城市人。尤其是在城市化的浪潮中,现在的城里人祖上三代查查,多少是来自农村的。但是,从我个人身边的人来看,这个身份变化的速率太小了,过去的30年间总数大约不到5%。第二,"农村和城市的文化差别并不显著。这里的文化差别并不是指教育资源,而是指语言、习惯、口味等特定的文化修养"。我没有参加过"普通高考",但是也有所了解,而且我也参加了保送生参加的"高考"。那次高考我记住了坐公交车要"先下后上"。为什么,因为考数学卷的时候,一道关于小学数学教材教法的题目,多项选择题,其中一个选项是错误的,因为它大意说一个公交车上原来有4个乘客,上来了3个人,下去了5个人,上面还有2个人。对吗? 我说对。数学算法不错。其中隐含的是"先下后上",对小学生要坚持教育这个原则。我去考试之前,从来没见过公交车,更没有坐过,就没有想到这一层教育。其实不少内容要深究的话,尤其是阅读理解和作文,好多自己压根儿就没有背景知识。还比如高考对汉字发音的考察,农村人和教师的普通话不好,好多字都发错了音。田文强调没有显著差别,这个程度当然也就不好把握了。

公正和平等如果不是个大难题,人类早就解决了。正因为它的困难度大,所以才有这么多的争论。是否该用配额制来保护农村考生? 虽然有诸多的原因,我们可以回答"是",而社会的现实和理论的逻辑都不许回答"是",而是"否"! 虽然孔夫子几千年前就提出了"有教无类",我不知道,交不起束脩的学生,孔夫子是否还会收为门徒,也不知道交不起束脩的是否还会跟着夫子"一心向学"。颜回是这样的吗? 我们的理想是"有教无类",正是这理想推动我们改革现实。如果要想更好地解决这种高考中的公平问题的话,加大对农村和落后地区基础教育的投资当是其中比较好的办法。这不仅是为了高考的公平,更是为了普遍地提高整个社会的人力资本水平和降低个人间的不平等。

中国大学是否正在弱智化？

薛 涌

我在近著《北大批判》中，有一章叫《中国大学的弱智化》(此文曾在《社会学家茶座》总第29辑上全文刊载，刊载时文章题为《从“钟曲线”看中国大学智力的下降》)，引来了田方萌先生的批评。他的批评，主要集中在两点：第一，我所谓的农村子弟被排除在大学之外的说法，缺乏数据的支持。他不仅指出我所用的数据过时，而且在私下的交流中，对数据的运用进行了相当精微的解释，使我受益匪浅。第二，他认为我提出的大学按人口比例招生的建议，一旦实施将使城乡的学生不能在一个同一标准下公平竞争，属于“脱离实际的理论想象与忽视民情的国家视角”。对此，我希望进行一个简要的答复。

“不能用数目字管理的社会”中的数字

田先生对我的第一个指责是不能“咀嚼数据”，并引用沈若愚先生对我的批评，称我引用的数据不过是根据十年前对北京高校的一次抽象调查，不足为证。可惜，沈先生拿出了他的权威数据更难被采用：“教育部的统计数据显示，从1989年至2008年，我国高校农村新生的比例逐年上升——从1989年的43.4%到2003年的与城市生源比例持平，再到2005年达到53%。”按照这个官方的数据，尽管中国的农村人口仍然高于城市人口，尽管城乡教育资源有着悬殊的差距，考入大学的农村子弟居然高于城市子弟。这离中国人一般的生活常识距离太大，而且也很难用逻辑来进行解释。也怪不得，十年前在北京的一次抽样调查被媒体广泛引用，也被公众所接受，但教育部的“权威数据”却被束之高阁，几乎不为人知。这也难怪，田先生自己对沈先生的“权威数据”也不敢引用，只能“姑且假定农村学生的比例的确下降了”。

薛涌：美国萨福克大学历史系助理教授，美国耶鲁大学历史学博士。

其实,对这个荒唐的“权威数据”也可能有一种合理的解释。这要感谢田先生在私下讨论中对我的提醒。比如,在最近十年左右的大学扩张中,许多草草创建或者升级的大学中,有着大量的农村子弟。不过,即使这种假设最终能被数据所证实,也很难抹杀城乡在分享高等教育资源上的不公。美国最近对相关问题的研究就以详细的数据证明:如果把大学分为七等,在第七流的大学中,弱势阶层的子弟比例很大,但精英大学几乎被中高产所占据。但人家并非因为七流大学接受了大批弱势阶层而宣布高等教育资源分布均匀,相反,这样的数据给美国高等教育敲响了警钟。

田先生和沈先生提出一个更有意义的问题: 中国这些年正处于高速城市化的进程中,城市人口比例迅速上升。所以,城市学生在大学生中的比例增长,即使有也是很正常的。但这一论点,依然有两大问题:第一,如果“正常”的现状是基于不正常的起点,那么这个现状也就不能说合理了。比如,在城市化展开之前,大学生中的农村学生比例就明显低于农村人口比例。如今大学生中的城市学生比率的增长也许比城市人口比率的增长要快。但是,城市人口毕竟还是少于农村人口。在这种情况下,如果比较正规的大学中城市学生比农村学生高许多,那怎么能说是合理? 第二,我们还无从了解那些增长中的城市大学生,有多少来自传统的城市居民,有多少来自新进城的农民。根据我们生活的常识,新进城的农民在教育上受许多歧视,他们的子弟不可能和传统城市居民的孩子站在同一条起跑线上,进大学的机会恐怕会更少一些。所以,所谓城市学生的比例随着城市人口比例的上涨而上涨的“合理性”,恐怕要大打折扣。因为涨出来的城市学生,大部分恐怕还是属于城市的传统人口。

黄仁宇先生有句名言:中国是个不能用数目字管理的国家。这在今天还是事实。但是,不能用数目字管理不等于不管理。在没有可靠的数目字的情况,我们必须寻找其他证据对现实进行考量。我主张大学按城乡人口比例招生,也是根据教育资源分配不公这一为大多数中国人都承认的社会现实来探讨改革的途经。

城乡的智商只是问题的一面

我关于“中国大学弱智化”的结论,只是基于一个简单的事实:大学终究还是高等教育，特别在适龄人口的大学生比例比较低的发展中国家，大学生的智商应该比一般人口水平要高一些。在大学急剧扩张的过程中，作为“分子”的大学生数目迅速上升。在这种情况下，作为“分母”的大学生源，至少要以同样的速度增加，才能保证大学生的智商水平。毕竟在某一智商水平上的人口在总人口中的比例是基本恒定的。比如，我 1979 年参加高考时，在北京地区 27 个考生中才有 1 人有机会进大学。如今，按田先生的计算，20%左右的适龄人口可以接受高等教育。按照智商理论的“钟曲线”推算，现在大学生的智商比 30 年前要低。

但是，大学生人数的上涨并不一定导致大学生智商降低。这里的关键是“分母”是否能够随着“分子”的扩大而扩大，甚至比“分子”的增加速度还快。最近普林斯顿前校长 William G. Bowen 领衔著述的《美国高等教育中的平等与优异》一书，对美国在这方面的研究进行了总结：美国建国两百多年，大学生人数从建国前夜的 700 多人上升到如今的 1800 多万。但是，大学生的学术水平更高了。其中的关键因素，就是“分母”的增长超过了“分子”的增长。比如，公立高中的普及，把大量本来和大学无缘的学生送到了大学门槛。战后奖学金制度的发达，也使许多上不起大学的孩子有机会进大学。常青藤的生源，从美国东北部十几个贵族寄宿学校扩张到全国公私立学校乃至全世界的适龄青年。这一结论，和我引用的《钟曲线》的结论大致相同。与此相对，中国在大学生人数急剧上升的情况下，作为“分母”的生源则日益狭窄，日益集中于城市。如果“分子”急剧增加，“分母”原地不动甚至缩小，大学的选材必然放松，学生当然会出现“弱智化”的问题。

田先生质疑说，我的智商理论是：“建立在一个未经检验的假设上——农村人口和城市人口拥有相同的智商分布。很遗憾，像各地居民的身高一样，智商在一国范围内的分布并不均匀。基于大城市——尤其是北京、上海等特大城市——吸纳了全国范围的优秀人才，我们有理由猜测，城市人口的平均智商应当在统计学意义上显著高于农村人口。”很遗憾，他所谈的并不是我的智商理论，而是西方智商派学者的共识：智商在人口中的分布，并不以人的阶层、居住地等外在因素为转移。这一结论，经过了许多心理学和统计学的验证，被《钟曲线》的作者归纳出来。即使是优生学的开山祖师之一 Francis Galton 在其名著

《遗传的天才》一书中也指出，天才家族要几代人达到顶峰，然后在接下来的几代衰落下去。即使北京、上海集中了众多人才，也无法保证其子女永远优异。更不用说，这种智商理论并不是西方学界唯一的结论，而主要是更愿意强调人的先天能力不平等的右翼学界的主张。左翼学者，则更不会承认田先生关于"城市人口的平均智商应当在统计学意义上显著高于农村人口"的歧视性"猜测"。我实在看不出田先生"猜测"的理论根据在哪里。田先生也只好以"不知道"来结束自己的质疑。

事实上，《钟曲线》所阐述的智商理论，一直受到西方学术界的挑战。这些挑战的理论，许多我也接受，只是对《钟曲线》的挑战只会强化我的观点。《钟曲线》认为，智商是先天的，无法经过后天培养而改变。后来许多心理学、社会学的研究证明，智商不仅仅是个生物的构成，也是社会的构成，后天环境可以显著改变人的智商。比如，在美国南部种族隔离的制度下，黑人上学的时间短、学校差，这就导致了黑人"智商"的降低。另外，劳动阶层的子女在家里运用的词汇比中高产阶层少得多。孩子进了学校，如果用智商的语言部分测试，其智商就明显要低，等等。这方面的辩论，估计还会持续下去。

我们不妨采用比较折中的理论：人的智商可以分为"潜在智商"（或称先天智力）和测试出来的"实际智商"，把"潜在智商"变为"实际智商"，就需要通过教育投资进行智力开发。农村教育的破败，使得农村子弟那里还没有转化成"实际智商"的"潜在智商"储量更大。即使单纯从经济发展的角度看，也应该对这一智力资源进行倾斜性投资。

不过，城乡智商只是问题的一面。在比较好的大学中，农村学生比例过低会对这些大学的教育质量产生实质性的影响。精英大学的目标是培养未来一代的领袖。这种领袖当然未必限于政治领袖，也包括各行各业的领袖。领袖所具有的一个基本能力，就是整合社会，了解社会各个角落的诉求。如果重点大学都成了发达地区城市重点中学毕业生的天下，这些学生的社会视野就越来越狭窄，根本不知道农村的事情。

陈心想先生在对田先生的批评中，以农村子弟现身说法，给我们提供了一个生动的例子。他因为在农村长大，没有见过公共汽车，所以考试时答错了有关公共汽车的一个问题。虽然他并不赞成我按人口比例招生的主张，但他这个例子有力地证明了现行考试制度对农村子弟至少是无意识的歧视。你如果生长在城市,对这种问题几乎难以理解,只会说一句“农村和城市的文化差别并不显著”而了事。在更大的问题上,只在城市子弟堆里接受教育所造成的盲点就更大。晋惠帝也许智商有问题,但他那句“何不吃肉糜”的名言则不是智商问题,他只是根据自己的生活经验作出了逻辑正确的推理。问题是他的经验太狭隘,这也是导致国破家亡的原因之一。如果中国的精英大学越来越被城市子弟占据,那么就不仅要“弱智化”,而且还会“晋惠帝化”。这并不是什么耸人听闻。

按人口比例招生:没有办法的办法

改变城乡教育资源的分布不均,有许多办法。最有效的也许是加大对农村义务教育的投入。我一直就主张,中国大学的大部分博士课程应该砍掉,对北大、清华等重点大学的特别拨款也应该停止,把节省下来的钱拨给农村的义务教育。问题是,中国现行的高等教育制度,还是在中央集权的官僚体系控制之下,在这一制度现实下,谈削减大学投资、把资源集中用于基础教育恐怕更难有结果。缓解城乡高等教育资源分配不公,操作最简便的改革大概就是按城乡比例招生。

从最近北大推出的“中学校长实名推荐制”就可以看出官僚化的大学的行为模式。获得推荐权的,几乎全是发达地区的城市和省会重点中学。这些学校所集中的不仅是清一色的城市子弟,而且主要是中高产的子弟。北大声称,这一推荐权在未来几年还会扩大。其他大学也会效仿。一些重点中学教师则呼吁要以办学条件作为推荐权的基础。可以预计,这一趋势如果不加遏制,日后城市特权中学在精英大学的生源中所占的比例会越来越大,城市中高产的近亲繁殖体系将变得牢不可破。这几乎和美国常青藤的发展反其道而行之。过去的常青藤,主要以美国东北部十几个贵族寄宿学校为生源输送地,后来则打破了这一贵族体制,扩大了选才面,导致常青藤智商大增。实名推荐的特权,其实就是恢复被常青藤抛弃的落后贵族体制。

在现有的制度下,北大的行为不难理解,其他院校的模仿也在意料之中。以官僚制度管理大学,大家都一门心思向上面要经费,在考生中“掐尖”,创造了“精英效应”,提高了本校的品位或级别,乃至更有资本要求国家重视。另外,在大学普遍负债的情况下,学校当然更喜欢能够足额支付学费的学生。长此以往,就会把贫困学生特别是农村学生排除在校园之外。在暂时还无法摆脱这一官僚主导的高等教育体制的现实中,要求明智地运用这一官僚权力,命令大学按城乡人口比例招生,当然也就是一个没有办法的办法。

可见,按城乡人口比例招生并非田先生所谓的"激进政策",而是基于国情的温和主张。我需要提出的是,布什在得州当州长时,也曾推行了类似的改革,而且至今还被称为是德政。众所周知,美国公立学校因为主要依靠地方资源支持,贫困地区和富裕地区的学校质量差别很大。这自然造成了富裕地区的孩子占据了大学校园的现实。布什的政策很简单:凡在本州高中排名前10%的学生,就自动被本州大学录取。也就是说,你在一个富裕地区的高中排名前15%,比起一个在最差的学校排名前10%的学生的SAT成绩也许高出一截,但后者很可能在大学竞争中把你挤掉。中国如果有类似的政策,那么基本就和按人口比例招生差不多了。

我还要补充说,在计划经济时代,中国城乡分离30年,造成了城乡在经济、教育、文化上巨大的差距,不是一两天就能纠正的。这种城乡差距的后果,确实可能是农村人口的"实际智商"的降低。这和美国种族隔离制度下的学校系统让黑人的"实际智商"降低颇有类似之处。但是,这并不意味着农村人口的"潜在智商"或先天智力一定就低。我们作为生活在21世纪、受过良好教育的人应该知道:当年美国不仅把有色人种视为劣等种族,甚至称来自南欧东欧的移民素质低下。这种理论,不仅是政治上不正确,事实上也不正确。同理,中国因为有长期城乡分离的制度遗产,确实使农村子弟在高考竞争中吃亏,但并不应据此本能地作出农村人素质不如城里人的"猜测",而是应该积极地设计及时的补救措施。

从美国的有关研究可以看出,教育弱势不仅是经济弱势的结果,更是文化弱势的结果。低收入阶层的子弟进入大学的比例低,但没有受过大学教育的人的孩子进入大学的比例更低。另外,家里没有大学生的所谓"第一代大学生",进了大学的表现也偏弱,因为他们从小就没有这方面的榜样,不知道从何做起。要改变这一局面,就应该有适当的政策倾斜,帮助这些人享受基本的教育机会。比如,一个农村的家庭出了第一个大学生,这个大学生的学业也许还是比不上城里学生的平均水平，但是他的孩子就可能大大缩小这一距离。田先生的批评，则似乎是以改革不够完美为理由来否定改革的渐进性。我不否认，城里确有若干穷人如他所说比农村的富人要穷。但是，怎么能想当然地推断按人口比例招生会导致农村的富人抢了城里穷人的机会呢？难道现在的制度能使城里的穷人享受到更好的高等教育机会吗？另外，如果不按城乡人口比例招生，又有什么改革能够迅速及时地缓解农村学生在优质大学中数量越来越少的问题呢？

按城乡人口比例招生不是完美的改革，也不是唯一的改革。但是，在目前的现实中，却可以是有效的改革。如果我们只坐而论道，建立完整的数据系统，争论出一个完美的改革方式，并克服种种既得利益的阻力，说服政府采纳，那么我们可能在有生之年也看不到结果，会牺牲几代学生的利益。按城乡人口比例招生，不过是个能解决多少问题就解决多少问题的务实性建议。

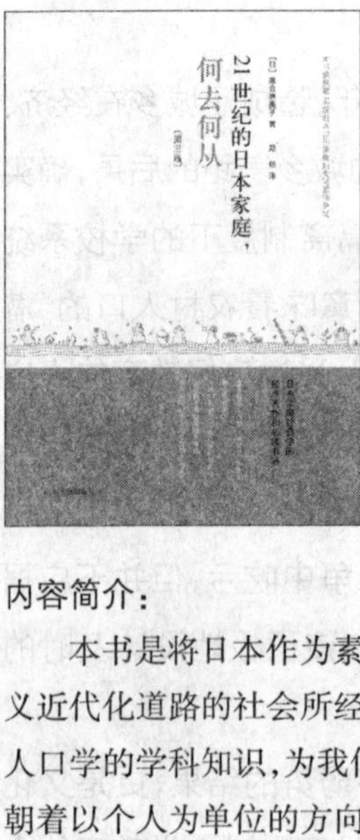

《21 世纪的日本家庭，何去何从》〔第三版〕

落合惠美子著，郑杨译，山东人民出版社 2010 年 4 月出版，定价：28.00 元

作者：〔日〕落合惠美子，日本著名家庭社会学者，是继上野千鹤子、目黑依子之后崛起的日本第二代女性学研究学者，立足于家庭史研究和女性学研究。

译者：郑杨，哈尔滨师范大学政法学院副教授，日本大阪市立大学教育社会学博士。

内容简介：

本书是将日本作为素材来探究近代是如何改变家庭的一本书，探讨了走过资本主义近代化道路的社会所经历的家庭和社会性别的变化。作者运用女性学、家庭史、历史人口学的学科知识，为我们勾勒了 21 世纪家庭的走向：即社会不再以家庭为单位，而是朝着以个人为单位的方向发展。该书被誉为日本家庭社会学的经典著作和必读书籍。

中国和日本虽然处在不同的社会制度和经济发展阶段，但两国社会都经历或正在经历着诸如离婚率的攀升，出生率的下降，单身家庭、单亲家庭、丁克家庭等新型家庭不断增多的社会现实，因此我们相信落合所提出的针对日本家庭的预测，也必将会给正在不断变革的中国家庭提供借鉴。

当下时代的疯癫诸相

罗牧原

一、引言

提到疯癫现象，我们就不得不提到法国当代著名的思想家、哲学家米歇尔·福柯。福柯在《疯癫与文明》一书中对疯癫现象的发生发展史进行了另类考察，疯癫这“闪耀在精神病周围的抒情的光辉”其实“不是一种自然现象，而是一种文明产物”，福柯在这里通过一种非主流的方式阐发了其振聋发聩的社会学思想。

福柯把欧洲疯癫史分为三个时期：在从中世纪到文艺复兴的序幕时期，疯癫被当做一种罪恶的象征而存在，但是这种象征因上帝的庇护而没有使疯人成为精神层次的排斥对象，他们仅仅是被流放、被驱逐、被隔离；在从17世纪开始的古典时期，疯癫已经失去了非理性的资格而成为与人性截然相反的兽性，这一时期理性对于疯人内心的侵犯已经通过某种心理治疗的方法出现端倪；20世纪以来的现代时期，疯癫成为理性的医学话语的实践对象，是一种疾病。严格的道德与心理惩罚已经成为理性统治的重要途径与主要表现。理性与医学话语的结合“只是借用了科学的面具，至多是用科学来为自己辩护。……如果说这种医务人员能是疯癫陷于孤立，其原因并不是他了解疯癫，而是他控制了疯癫”［（法）米歇尔·福柯：《疯癫与文明》，刘北成、杨远婴译，三联书店2009年版，第251页］。

在科学理性与医学话语的外衣下，在神圣的道德审判与理性光辉下，疯癫被驯服了。整个疯癫史其实就是一部理性压迫人性的历史。然而现如今，疯癫史的一个新时代正慢慢地拉开帷幕。这又是一个怎样的新时期呢？

罗牧原：福州大学社会学系本科生。

二、疯癫诸相

1. 话语权流转于社会

话语问题历来就是福柯极其重视的一个问题，它所反映的实质上就是一种权力问题。在20世纪开始的现代时期，疯癫成为理性的医学话语的实践对象，话语权在医疗机构和相关的专家、工作者那里。而在新时期，话语权流转于社会之中。

不得不提到的一件事就是2010年4月湖北十堰市的网友彭宝泉在拍摄了几张群众上访的照片后于次日凌晨两点被派出所送进当地的茅箭精神病医院。根据凤凰网上的相关文章，彭先生称，之前警方曾将其带到十堰市中医院精神病专科要求该院收治，但医生诊断后认为他没有精神病，不予收治。随后警方又把他带到十堰市精神病医院，医生在没有诊断及鉴定的情况下就将他安置进了该院"兴奋病室"。在整个过程中，彭先生的家属竟然被蒙在鼓里，且一周之内不能前去探望。有网友在博文中引用了厦门秋生律师事务所副主任杨毅的话说，精神病诊断事关公民的人身自由权利，如果不经严格的程序就可以将人送进精神病院，那将人人自危，它已经成为公民人身自由丧失的一个医学理由。姑且不论彭先生到底是不是精神病，仅就他被确诊的过程不难看出，彭先生真的被"被精神病"了。

其实，彭先生并非是"被精神病"的第一人，各地冠上访者以精神病患者之名的事情并不罕见。北京大学某教授甚至曾发表言论说那些"老上访专业户"有99%都是精神病；2010年1月，福州大学一位年仅36岁的副教授、硕士生导师在小区散步的时候被杀，凶手立即被确定是精神病，不予追究刑事责任。从以前那些过分积极的信访者，到彭先生的"被精神病"，再到最近一段时间的一系列杀人案件，未经医学鉴定，就被官方与媒体冠以"精神不正常""有精神病史"之名的那些杀人犯，"被精神病"现象越来越多地出现在大众的视野中。"被精神病"现象的普遍出现则标志着政治话语与舆论话语对医学话语的入侵，话语权流转于理性秩序的维护者手中，理性的蛮横暴露无遗。

2. 社会态度的转变

疯癫意象已经不再以一种负面的形象一以贯之地出现，并不是所有人都排斥他们，他们的身影甚至广泛地出现于大众传媒，社会对于疯癫意象的态度正在慢慢转变。从芙蓉姐姐到凤姐，从小沈阳到著姐，这些人都因"疯癫"而走红；被炒得火热的"快男"中一大批"伪娘"更是以一种"病态"面对世人；非主流的在某些群体中的主流化趋势也昭示着某种疯癫意象的到来。疯癫意象不再像以前那样，因为与理性、与主流文化相悖而被认为是罪恶的、肮脏的，社会开始接受，甚至造就了某些疯癫意象。

3. 社会传媒：疯癫的助产婆

新时期社会传媒的介入是疯癫意象区别于以往任何时代疯癫现象最重要的特点。互联网的飞速发展为社会传媒日益凸显的重要性提供了支撑，人类社会进入了一个信息的时代。社会传媒成为疯癫的助产婆，这主要体现在以下两个方面：其一，创造疯癫意象。近一段时间，凤姐大为走红。关于凤姐，很多网友质疑，凤姐本身由一个普通的小职员转而变成这么一位声名鹊起、备受瞩目的公众人物是一些媒体炒作的结果。在这里我们姑且不论此事是真是假，更重要的是，社会传媒对于疯癫意象的塑造作用可窥一斑。其二，社会传媒加剧了疯癫意象。当一些疯癫意象刚刚出现的时候，媒体就立刻抓住了它的苗头大力地宣传、炒作，这样一来，疯癫意象便被放大了。"快男"中的伪娘系列曾经一度占据诸家媒体娱乐新闻的头版，掀起了一波又一波的争论，"犀利哥"是极其偶然地出现在大家面前然后迅速走红，这些都不得不让我们感慨网络的伟大。正是由于受众的广泛关注，疯癫意象变为一棵摇钱树。社会传媒，这个理性在舆论界的代言人，因之手舞足蹈、忘乎所以，又造就了疯癫。或者说，社会传媒不仅仅是疯癫的助产婆，它扭曲的存在就是一种疯癫。

三、压抑与反抗

1. 自我意识的觉醒

面对新时期的疯癫诸相，我不禁要问：社会传媒的疯癫本是由于受众的需要，但受众为何如此青睐于有悖常理的疯癫意象呢？仅仅是因为无聊？笔者认为这其实体现着一种心理的寄托。疯癫者以自己的生活对历来占统治地位的理性发起了一轮又一轮的攻击，这种攻击实质上是受众想为而不敢为的。这再次充分体现了理性对人性的压抑已经不仅仅局限于处于边缘地位的疯人了，而是扩展到了更广的范围。无论是此类彼类的疯癫，还是疯癫现象的受众态度的转变,都是对于理性话语下发生发展的主流文化的冲击,都是被压抑者自我意识的反映,都是对理性的隐性压抑的反叛。

疯癫者自我意识到觉醒也很好地体现在“被精神病”这一话语中:它不仅将理性的蛮横充分地暴露在我们面前,还通过对自我意识的建构昭示着这个新的时代的来临。郑也夫教授说,“被”字结构的广泛出现所反映的不仅是权势者的专横,更折射出弱势者自我意识的觉醒。德国思想家曼海姆说:“我们生活在一个自我意识增长的时期。使我们时代同其他时代有别的不是任何新的信仰,而是一种正在增长的对我们自身的意识和关注。”(转引自郑也夫:《“被”字声中听惊雷》,新浪博客 http://blog.sina.com.cn/s/blog_49ccddcf0100h74v.html)疯癫者自顾自地疯癫了几个世纪,而在新时期,他们开始慢慢觉醒了。

2. 疯癫意象的分类

这里的疯癫者可分为两类:一类是真实的疯癫。这一类的疯癫者没有故作疯态,没有哗众取宠,仅仅是按照自己的方式生活,这种生活方式本身就足以被视为“疯癫”,所以他们对自身生活方式的不以为然其实既是自我意识觉醒的一个表现,也是对理性的统治的反击。如“快男”中迅速走红的著姐。他虽然是个男生,但是却习惯于女性的打扮,并且将之视为自然,而恢复男装则是做作。这其实是对建立在理性话语基础上的传统性别观念的巨大冲击。不过显而易见的是,尽管疯癫者对自己的“疯癫”处之泰然了,他的周围还是充斥着异样的理性眼光,他们的边缘地位没有引起自我意识的觉醒而改变。

另一类则是故作疯癫。在这里,疯癫的形式因其特殊的价值而被利用了,而社会传媒成为疯癫意象的助产婆。为什么这些人会选择披上一层一向为人所不容的疯癫意象呢?这些人与真实的疯癫者有着一个共同点,那就是他们都是弱势群体,他们都在社会的边缘地位。以雷人而名扬四海的凤姐,被很多人批评说是哗众取宠,看做是社会传媒炒作的产物。然而笔者认为,一个本来永世不得翻身的小职员企图改变一下自己生活的努力无可厚非。她选择披上疯癫的外衣,正是作为弱势群体想要通过某种非常态的方式改变自己生活的一次努力。这里的弱势群体并不是仅仅指金钱或者权力上的弱势。西装革履、衣食无忧的大经理如果因为同性恋而遭人冷眼,那么他也是弱势群体。试问,如果是一个各方面都洋洋得意的人又怎么会去故作疯癫而不得不面对招来的非议呢?而在疯癫意象引起了普遍关注的时候,无论是在物质层面还是心理层面,它都变得有利可图了。另外,如上所述,受众对疯癫者有着一种心理寄托,冒天下之大不韪的疯癫实际上是他们想为而不敢为的事情,这部分人鼓足了勇气,站到了疯癫者的一边。

前段时间另一个网络红人犀利哥的一系列经历可以说是社会传媒疯癫的一个典型表型。他本来仅仅是一个流落他乡的乞丐,却以其"忧郁的眼神,欷歔的胡碴子,那帅到无敌的风衣,还有那杂乱的头发,迅速秒杀了观众"。默默无闻的犀利哥因为社会传媒的疯癫而戏剧性地走红。然而正如网络上所说的那样,他一个人在宁波生活了7年,当地的相关部门视若无睹,犀利哥引起了大家广泛关注的时候,他们蜂拥而上。当一群善良的人们的摄像机、话筒对着犀利哥的时候,谁又注意到了犀利哥那恐惧的眼神?不可否认,犀利哥最后的确是和家人团聚了,但是人们"拯救"犀利哥的原因究竟是出于心底的善良,还是理性话语下维护传统道德秩序的需要呢?有谁愿意站在犀利哥的立场上,而非那些媒体人,更不是那些道德秩序的维护者的立场上,来说说话呢?

四、结语:谁为他们说说话?

从三四月间连续发生的五起校园血案里,我们看到了那些无辜的孩子,没错,他们是弱势群体;从一则则关于黑煤窑的新闻报道中,我们看到了那些可怜的矿工,没错,他们也是弱势群体;我们指责着美国对黑人的歧视,没错,黑人们是弱势群体;我们高呼着男女平等、反对男权制,没错,女人们也是弱势群体……他们是弱势群体,他们的弱势与苦难是极其明显的,人们也乐于为他们说话。然而又有多少人看到疯癫者的悲哀?福柯已经看出了理性对疯癫压抑的隐蔽性,这种隐性的压抑在疯癫的新时期又通过社会传媒有了新的衣裳。社会对疯癫态度的转变仅仅表现在一部分人那里,还有相当的人对疯癫意象嗤之以鼻。疯癫的边缘化地位并没有被改变。疯癫者,无论是真实的疯癫者还是故作疯癫,他们虽然依然是理性话语统治下的弱势群体,然而又有谁在替他们说话呢?

自我污名化:从专家到“砖家”

石　勇

“现代性”好像和神话不共戴天。它的君临天下使很多在传统社会看来神圣崇高、神秘莫测的东西都失去了它们的魅力,不再神秘,不再让人敬畏。

但至少有一样东西是“现代性”无力“祛魅”的,那就是“知识”,以及它人格化的代理人——“专家”。实际上他们一直被“造魅”,一直在“合法”地装神弄鬼。

精神分析大佬弗洛姆一眼就看到了“专家”接过原始草棚的巫师衣钵的秘密:充斥着不确定性的现代社会使大众完全成为迷途的羔羊,失去了思考能力的他们需要一个似乎能够代替自己思考和决策的“专家”系统来指导自己的生活事务。而社会学巨擘吉登斯更是一针见血:已经没有人能够完全置身于包含在现代制度中的抽象体系之外;如果不信任好像可以控制这个抽象体系中的各种风险的专家,那么你连最基本的安全感都找不到。

按理,抽象体系对人们生活的主宰和“尊重读书人”古老传统的在场,应该使中国的“专家”拥有足够的权威才对。但情况恰恰相反,到现在为止,除了体制赐予的身份,以及媒体、利益集团封的头衔还可以让他们在社会价值排序上处于高端外,他们的知识合法性已丧失殆尽——“专家”这个词已经被弄脏,一个充满了来自网民的轻蔑和愤怒的词“砖家”成为他们新的集体性符号。

权威也是要通过“表演”(中国人用的一个极形象的词叫“装 x”)才能体现出来。根据美国社会学家戈夫曼的理论,这显然是“表演”的失败。现代人其实与原始草棚的人一样容易被忽悠,但一个人对“专家”保持着信任,并不是无条件的。根据吉登斯的说法,大众在把自己交给一个专家时,需要获得“双重保证”,即“特定的专业人士在品行方面的可靠性”和提供“非专业人士所无法有效地知晓的(因而对他们来说必然是神秘的)知识和技能的准确性”。也就是说,只

石勇:佛山新闻中心时事评论员。

有专家在“职业道德”上可以信赖，并且提供的知识也靠谱，他们存在的身份和知识合法性才可能建立起来。而恰恰在这两点上，中国的“专家”什么也保证不了。

中国“专家”的污名化机制当然是他们自己启动的。

首先，很多“专家”的“身份获得”其实不是依靠知识和公众认同，而是职业资格、文凭证书这类不一定对应能力，甚至可以作假的科层制社会的东西制造出来的，或者是利益集团强加给大众的。其次，在政治、经济、知识精英早已形成联盟并且正在进行“代际传递”的情况下，“专家”早脱离“知识分子”这一范畴，他们承担的是为既定利益秩序提供“知识论证”的功能——即使他们“单干”，也倾向于说些忽悠大众的话以使自己的利益最大化。

就这些在知识能力和出发点上都极为可疑的人，你想要他们在道德上和知识上都可以信赖，几乎是无法期待的。现代的专业分割所产下的一个怪胎正在祸害人间，就是人的完整性被破坏后，相关领域的“专家”彻底沦为一个“单面人”，对于“边界意识”和“知识限度”彻底丧失了反思性。

但有些“专家”并不只是“无意识”地不反思，而且还要有意识地编织这样的话语体系达成某种栽赃功能，或为某种既定秩序辩护，那就实现从可笑到可恶的狂飙突进了。用以前的一句游行语，叫做刻意“与人民为敌”。

比如，畸高的房价惹得天怒人怨，黑压压的一堆人无法保持情绪稳定。而认定谁是高房价的原因，怒火当然就会指向谁。除去地方政府，大家都把矛头指向开发商，因为高价的确就是他卖的。然而不停地有“专家”站出来起劲地为开发商开脱。但是，面对既得利益集团的焦虑，作为他们座上宾的“专家”就是无法保持沉默。“高房价”虽然敏感，但不会成为“过滤词”。与之相比，“上访”既“敏感”，作为一种行为，它也必须被过滤掉。

无论从哪个方面看，“上访”和“精神病学”问题都只有弱的联系。然而，卫生部专家委员、北京大学司法鉴定室主任孙东东却说，至少99%以上的上访者精神有问题，属于“偏执型精神障碍”，需要“强制”。如此大胆的言论当然只能引发一片讨伐之声。假如“精神病学”在知识上无法让人信任，并且“专家”不能在权力和权利的较量中保持中立，那就不仅仅是让人不信任，而是让人恐惧和抵制的问题了。

看一下近年“专家”的雷人言论集，发现精神病诊疗、经济学这两个领域竟然大面积溃烂，而在社会学、伦理学、政治哲学这些领域，几乎没有“专家”（当然这方面的学者也耻于被别人说成是“专家”）就公共事件表现得神经错乱。想一想也很正常。

第一，精神病诊疗、经济学这两个领域本身就容易走火入魔，那些“半吊子”几乎难以避免地成为“单向度的人”，就像是中了邪一样。比如，在精神病“专家”眼中，界定“精神病患者”的那些“标准”已经成为一套公式，他们偏执到要对这些“标准”的“哲学的反思”进行“大拒绝”；同样，在经济“专家”眼中，一个农民工实际上并不是一个人，而只是一种“生产要素”，一种工业生产体系的原料。所以不排除这样的可能：一个精神病“专家”对他的那些“标准”的狂热，很可能把自己也弄成了精神病；而一个经济“专家”在不把他人看成人而只是看成一件商品时，只要有人出钱，也非常容易地把自己给卖了。

第二，经济学在当下的中国，作为一种“文化资本”，远比其他学科或专业领域更可以拿来和权力、资本进行交易，从而延续从20世纪90年代就已经开始的“精英联盟”的血脉。而精神病诊疗可以借助对“精神病”判定的知识合法性，维护某种权力治理秩序，这个秘密也早已被捅破（而且福柯早就发出过警告）。需要补充的是，有的精神病“专家”比这个还要阴险，为了自己的利益，他们还利用自己的“知识合法性”人为地制造“精神病”。好像在过去，并没有看到把很多痴迷电视的人视为“有病”。弗洛姆等法兰克福学派大佬所说的电视劫持了人的灵魂，指的只是社会有病，绝不是说痴迷电视的人有精神疾病。但在网络时代，一些精神病诊断—治疗“专家”发现了巨大的商机。

和“高房价”、“上访”一样，“网瘾”在现在的中国也是一个热词。青少年热衷于上网，好像让人害怕。于是，一些精神病诊疗“专家”就认为，这是“网瘾”，而“网瘾”就是一种精神疾病。他们还利用自己的“专家”话语权，鼓噪卫生部制订“网瘾”标准，把很多青少年一网打尽。制造了大批有“网瘾”的“精神疾病患者”，精神病诊疗也就形成了一个庞大的利益链。据媒体统计，整个所谓治疗“网瘾”的产业竟然达到几十亿元的规模。装神弄鬼地制造和“治疗”“网瘾”成为一种疯狂的运动，以致“电击疗法”这种拿人的健康当儿戏的下三烂手法都玩得出来。

“专家”一再挑战公众的智力和道德底线，既无以提供专业知识准确性的预期，同时也成为利益集团的帮凶或直接就是构陷、损害公众的主角，谈公众对他们的认同自然无异于痴人梦呓。事实上，这样的“专家系统”已变成一种“反功能”，不仅不能有效地以其专业知识为一个社会提供公共服务或私人服务而控制风险，消除各种可能的损害，甚至他们本身就是公众所面临的风险和损害的一个祸根。这是真正的釜底抽薪。既然如此，在公众心中，这样的专家也就丧失了存在的理由，要是不被“祛魅”，不被还原成一帮为了自己和“雇主”的利益而到处忽悠的人，那简直就没有天理。

反观中国的改革开放进程，特别是近年来的社会变迁，可以看到一张清晰的构图，即“专家”身份和知识合法性的终结，与“精英联盟”对大众掠夺的加剧和社会阶层固化密切相关。吉登斯所说的那个“抽象体系”的运转，在中国最显眼的就是整个政治、经济体系的运转，而这个系统所建构出的利益秩序，除了权力、资本的实力维持外，还需要“知识”的论证或欺骗。因此，“专家”们对抽象体系中的“风险”的控制，对大众必然只能是损害和忽悠。另外，抽象体系的其他领域，也被政治、经济体系裹挟而异化。这些领域“专家”的第一反应也是利用自己的“知识”优势，通过一系列仪式加入掠夺的疯狂中，他们并没有压力要对自己的知识准确性和职业操守作出保证。

“专家”合法性的丧失，同构于中国政治经济社会结构的演变，以及社会秩序所面临的巨大风险。值得注意的是：这一点已经形成固定的模式，就是在“专家”的身份和知识合法性已经丧失的情况下，某一个“专家”一旦有某种雷人言论，在网上往往会激起一边倒的谩骂或“炮轰”。已经成为一种陈词滥调的解释认为，这就是专家合法性丧失的原因。每一个人都可以在网上发言，可以对任何一个“专家”拍砖，必然导致他们的被“祛魅”，因为他们已经不能单向地、居高临下地向公众传输信息，而是和公众处于对等的平台上，或者，即使平台不对等，公众的即时和声也可以把“专家”的声音淹没。这种解释有某种合理性，但真正来讲，网络并不是“专家”合法性丧失的原因，而是他们的埋骨之地。

这一点是明摆着的：只要人们仍然屈服于一个社会关于身份地位的价值排序，只要人们无法跳出社会的抽象体系，似乎能够控制社会风险，好像道德和知识也靠谱的专家就具有“不死性”。

在“富士康N连跳”的背后

李超海

2010年的富士康可谓是多事之秋，作为在华最大代工厂的富士康刚刚挺过了全球性金融危机对代工企业的影响和冲击，却接连出现员工“十一连跳”的人间惨剧。从媒体、政府和富士康企业提供的资料来看，跳楼的员工绝大部分都是新生代农民工，这些出生在1980年以后的鲜活劳动力为什么会选择自杀这条极端的不归路呢?显然，相对于拥有42万多员工的富士康深圳生产基地来说，11人选择自杀虽不具有统计学意义，但是从自杀者的群体身份来看，却具有深刻的社会意义。同属于新生代农民工，同属于劳动密集型企业的生产工人，面对着类似的组织环境，来源于同类型的家庭环境，不约而同地选择同样极端的方式终结自己的青春年华，这就值得我们深入反思。

富士康“十一连跳”事件中当事人的性别分布显示：男性自杀比例高于女性，并且男性自杀死亡比例也高于女性。7位男性选择跳楼并且全部死亡，4位女性选择跳楼但有2位女性保住性命，男性自杀的决心和自杀死亡的意愿比女性要强烈。

从自杀者的年龄分布来看，20岁以上的自杀者占63.6%，20岁以下的有4人；年龄最大的为27岁，年龄最小的只有18岁，平均年龄为21.5岁。大部分自杀者出生于1985~1992年，横跨“80后”和“90后”两个年龄段。

从自杀者的受教育程度分布来看，其中的4人接受过大学本科教育，其余7人没有上大学的经历。

从自杀者的跳楼地点分布来看，有7人选择在富士康工厂宿舍区自杀，4位选择在厂外自杀，选择厂内宿舍自杀的比例占63.6%。

富士康“十一连跳“事件中当事人的具体情况如下表所示：

李超海：仲恺农业工程学院经贸学院教师，中山大学社会学系2007级博士生。

类别	特征
性别	7男4女,男性占63.6%,女性占36.4%
年龄	20岁以上7人,占63.6%;20岁以下4人,占36.4%;年龄最大的27岁,年龄最小为18岁,平均年龄为21.5岁
学历	4位本科毕业,其余自杀者没有上过大学
自杀结果	9死2伤,其中9位死者中,男性7位,女性2位;2位伤者均为女性
自杀地点	7位选择在厂内宿舍区自杀,4位选择在厂外自杀

注:表格中资料来源于媒体提供的信息。

可见,富士康"十一连跳"事件中,男性员工的自杀率高于女性员工,并且男性员工的自杀死亡率也要高于女性员工,自杀者的年龄横跨"80后"和"90后"两个年龄段,并且低龄化趋势十分明显,大多数自杀者选择在厂内宿舍楼也即生活劳动场所自杀。

此前,依据富士康新闻发言人刘坤曾介绍,此前"九连跳"的9名员工有两个共同特点:一是年纪小,18岁到27岁之间;二是入职时间不长,进厂工作最长的是一年半,最短的只有28天。

那么,富士康连续性的员工自杀事件这一极端行为,对我们反思曾经引以为豪的经济发展模式具有什么重要的意义呢?我们又该如何审视我国的产业升级和经济结构调整呢?中国经济发展到今天,综合国力跃居世界第二位,资本实力十分雄厚,产业升级改造如火如荼,新生代农民工的命运和前途,只有纳入国家产业调整的高度来对待和重视,才会避免悲剧的再次上演。简而言之,富士康事件体现了作为被异化的生产要素的新生代农民工"前无出路、后无退路"的境况。

其一,中国产业结构的升级调整需要更高层次的劳动力,而新生代农民工因为不能满足中国经济结构调整和产业升级的需求而被进一步边缘化,经济发达地区的产业升级,促使劳动密集型产业在更大范围的扩散和城市劳动力市场的代际更替,窄化了新生代农民工的职业选择。

进入21世纪初期以来,20世纪五六十年代出生的农民工逐渐退出了城市劳动力市场,20世纪80年代及以后出生的新生代农民工逐渐成为城市劳动力市场的主体。新生代农民工的生活价值、消费理念和择业标准所塑造出来的群体性职业认同，极大地改变了中国劳动力市场的结构和分布，进而对中国劳动力市场的运行、发展和中国企业的运作、管理产生了重大的影响。可发达地区的产业升级却促成了劳动密集型产业从发达地区向广大欠发达地区转移。从珠三角地区产业升级和结构调整的经验来看，"双转移"政策从理论上来说，可以促使珠三角地区的产业调整和广东东、西两翼地区的经济发展；但从现实的运行结果来看，珠三角地区的产业升级促使了劳动密集型产业在更大范围的扩散和转移，劳动密集型产业依然占据中国产业结构的主体，只不过地点发生了变迁，而生产方式和用工模式并没有出现根本性的变化。

换句话来说，经历了30多年的改革开放和产业引进，中国依然没有走出劳动密集型产业结构的阴影，大规模使用劳动力的大型代工企业仍然是地方政府发展经济和解决劳动力就业的最重要方式。此时，劳动力市场的自然更替却出现了急剧而猛烈的变化，新生代农民工逐渐成为中国劳动力市场的主体，他们的成长经历、生活经验、价值观念、未来预期和生长的制度环境等等都不同于他们的父辈，可他们却必须选择跟他们父辈同样的职业道路，成为劳动密集型企业的产业工人。不同的代际生活经历，却面对同样的产业结构和用工模式，老一代农民工还可以延续他们节俭、勤劳的品格在企业中生存下去，但对于享受型和消费型的新生代农民工来说，这是一道不可逾越的障碍。更为重要的是，农民工是一个没有出路和前途的阶层，对于老一代农民工阶层来说，他们还可以返乡务农，可对于缺乏务农经历和向往城市生活方式的新生代农民工来说，他们既无法融入城市，又不愿意返回农村，可是他们的路又在哪里？

其二，地方政府作为法人团体，很容易与企业资方结成利益联盟，而忽视劳工的利益诉求。政府调高最低工资标准可以保障新生代农民工的基本权益，却无法满足新生代农民工的发展需求，可如果地方政府不实现发展型政府向保护型政府转变，富士康事件的悲剧还会重演。

中国的现代化建设是在政府主导下进行的，地方政府在地区经济发展过程中扮演着重要角色。对地方政府在经济发展中扮演的角色，学界的很多理论进行了精彩阐述，比如沃尔德提出的"政府即厂商"、奥伊提出的"地方性国家法团主义"、林南提出的"地方性市场社会主义"，还有的学者指出，"村镇政府即公司"，张静教授则以"乡镇政权从代理型政权向谋利型政权转化"加以概括。在发展型政府的大背景下，几乎所有地方领导在发展主义的驱动下对GDP增长具有特殊的偏好，GDP增长不仅可以体现地方政府领导的政绩，而且可以帮助地方官员达到有效晋升的目的。

在发展型政府背景下，地方政府发展的原动力是追求GDP增长，促进地区的经济发展。基于发展主义的逻辑，资方和企业在地区经济发展过程中具有重要的作用，而农民工作为廉价的劳动要素，尤其是在中国“人口红利”尚未结束的今天，劳动力生产要素并非稀缺资源，在与作为稀缺资源的资方博弈过程中，自然会处于不利地位。而地方政府基于发展的考虑，很容易与企业资方建立利益联盟，在劳资冲突的过程中往往会偏袒资方。只有当劳资双方的冲突导致群体性事件和影响社会稳定的时候，政府的行动才会迅速而有效。

政府主导设计的最低工资标准也不能从根本上解决农民工问题。农民工劳动力市场中最具有基础性意义的制度并非《劳动法》，而是最低工资标准。《劳动法》在实际运作过程中经常会出现变通，而最低工资标准往往以刚性的数字标准出现，从而具有很大的制约力。近年来，地方政府根据中国经济发展走向、居民生活水平、物价变动、通货膨胀等因素而不断调整农民工最低工资标准。农民工最低工资标准呈现出不断上涨的趋势。这在表面上增加了农民工的收入水平，保障了农民工的基础性权益，但是政府干预市场的方式会使得劳资关系变得更加复杂，会间接损害农民工讨价议价的能力，农民工在市场上遭遇的困境和权益受损只能通过行政干预的方式解决，而这会进一步强化农民工对政府的依赖，弱化农民工的市场生存能力。

实现发展型政府向保护型政府转变，不仅可以转变经济增长方式，而且可以改变政府治理方式，实现劳动者有尊严的生活。保护型政府的主要职责是开展社会建设，从经济发展主导者角色退回到社会建设者角色的位置，通过各种社会建设，促进劳动者的社会参与和公共表达，为全体社会公民提供充裕的公共产品和集体消费品，实现全体公民能够共享社会发展的成果和社会各阶层的和谐共处。在发展型政府背景下，农民工的劳动贡献淹没在地方政府的GDP数字中，农民工的劳动者身份被“世界工厂”所遮蔽。在保护型政府背景下，农民工作为产业工人和劳动者的地位和角色会得到确认，农民工依据劳动贡献获得社会报酬和城市社会地位。这样一来，政府的保护型功能就不仅仅局限在保护劳动者的基本工资收益权，而是帮助农民工有效融入城市社会和过上有尊严的生活。某种意义上，地方政府通过社会建设可以帮助农民工融入城市社会，从而解决农民工尤其是新生代农民工的前途和出路问题。

其三，全球化时代的劳动密集型企业建立了一套严密的全球化工厂就业体制，全球化工厂就业体制中单一性别的用工模式和集体宿舍制度，造成新生代农民工的价值预期落空，人为扭曲了新生代农民工的生活轨迹。

富士康代工厂的管理不可谓不严格，工厂的生活条件和娱乐设施不可谓不完备，从居住、生活、娱乐到工作等等一系列的生产设施和配套设施都比较齐全。新生代农民工作为富士康代工厂的生产要素，按照科学管理思想被纳入工厂的整个生产体系之中。

历史地来看，从工业化经济发展到全球化经济，新生代农民工被纳入全球化工厂就业体系中。在全球化时代，在资本逐利本性的驱使下，发达资本主义国家的资本和技术在全球化时代不断向“后发型”国家转移，这个全球经济一体化过程中，发达资本主义国家和地区的资本、技术、管理经验与欠发达国家的廉价劳动力、丰富的能源和原材料、广阔的消费市场相结合，越来越多的国家和地区被紧密结合在一起，形成了一体化的全球市场。全球市场的形成，促成了全球化工厂就业体制的形成。

全球工厂就业体制的形成与不同国家的现代化进程密切相关，它特指全球化时代，跨国流动资本和当地政府优惠的制度政策、廉价的劳动力、丰富的原材料等等相结合而形成的一种工业生产制度。这种工厂体制所生产出来的商品主要出口到发达资本主义国家，利用不平衡的市场消费差距来获得巨额利润。

中国的改革开放主要是融入世界市场，吸引外资快速实现工业化和现代化。全球化发展带来了东南沿海地区快速的工业化和城市化进程，在形成大规模的生产和商品市场的同时，也由于劳动力的家庭分割和工厂就业的用人体制，形成了跨地区和跨国界的劳动力流动市场。某种程度上，中国工业不断卷入全球化的过程使得成千上万的农村劳动力进入工厂工作，而工厂宿舍通常按照性别区隔和单一性别集中居住的形式形成一种性别化的雇佣形态。这种专门化生产要求出口导向型工厂和企业，在国际市场的周期性变化过程中，不仅加强对劳动体制的控制和使用来降低管理成本，而且选择性地雇佣外来劳动力来减少生产成本。

中国东南沿海地区的劳动密集型企业用工体制具有两个鲜明的特征:

一是单一性别用工模式。很多企业倾向于雇佣未婚的同性别年轻劳动力,尤其是各种制鞋、制衣、电子等等企业。未婚的年轻女性不仅便于管理,反抗性较差,而且不用承担家庭的再生产功能,尤其受到很多港台劳动密集型企业的青睐。未婚的青年男性可以从事比较繁重的工作,并且男性劳动力集中居住可以节省管理成本和用工成本。在单一性别的劳动力使用制度下,很多工厂聚集了大量的女工,很多企业聚集了大量的男工,这种劳动力性别的不平衡给男女青年的业余生活和日常交往带来了很多的不便利。富士康“十一连跳”事件中,就有自杀的新生代农民工抱怨没有机会与异性交往。

二是集体宿舍制度。大量的农民工聚集在企业的集体宿舍,这是中国劳动密集型企业用工方式的另一显著特征。集体宿舍制度表面上是为农民工提供了居住的便利,但在任焰和潘毅看来,集体宿舍居住制度不过是企业资方的劳动控制方式和手段,企业资方通过操纵各种精细的微观权力技术使工人尽量符合生产机器的要求,延长劳动时间,随时根据生产需要灵活使用劳动力等,降低对劳动力使用的不确定性,实现对劳动力使用的最大化。宿舍劳动体制是一种独特而有效的劳动控制与管理形态,它使工人完全处在了福柯式的“全景敞视空间”之中。

其四,新生代农民工的成长环境和社会发展阶段不同于老一代农民工,享受主义和消费主义塑造出来的新生代农民工不仅仅追求获得一份职业,更加向往城市化的生活方式,但农民工的这种主观期望和客观社会结构存在较大距离。新一代农民工与老一代农民工最大的不同就是,他们是市场经济背景下成长起来的一代人,消费主义和享受主义对新生代农民工影响深远。新生代农民工完成社会化的进程与中国的市场转型进程相伴随,中国从计划经济向市场经济转型的过程同时也是新生代农民工成长的历程。

市场经济强调个人主义,崇尚消费主义。在个人主义和消费主义泛滥的中国,不管是都市居民还是农村居民,都不可避免地受到影响和熏陶,大多数人都倾向于通过消费彰显自我价值、社会地位和生活品位,新生代农民工也不例外。新生代农民工和老一代农民工的消费价值差异,体现在老一代农民工往往将工资收入的绝大部分寄回家里，而新生代农民工却将工资收入的绝大部分用于个人消费。新生代农民工在分配自己劳动所得时往往会以个人为中心，侧重满足个人的消费需求和期望适应城市的生活方式。

很多调查显示，新生代农民工具有较强的迁移意愿，大多数新生代农民工尤其是二代女性农民工渴望在城市定居的意愿非常强烈。

但新生代农民工融入城市的愿望面临着很多的制度性障碍：从新生代农民工的工作岗位和收入水平来看，大部分农民工不足以支撑他们在城市完成劳动力的再生产；从市场经济的准入门槛来看，新生代农民工普遍很难获得城市社会的优质工作岗位，也就不能获得稳定的高收入水平；从新生代农民工的来源地和居住地来看，大部分新生代农民工出生在经济不发达的落后地区，可他们的工作所在地都集中在中国经济最为繁荣的城市社会，这种来源地和工作地之间的反差在短时间内很难弥合；从都市社会的制度设置来看，教育制度、社会保障制度、户籍制度等等都存在对新生代农民工不同程度的歧视和排斥，新生代农民工跨越制度性障碍的压力很大。

其五，富士康"十一连跳"事件的反思：新生代农民工是"中国模式"的基本生产要素，更是有尊严的劳动者，给新生代农民工出路就是对新生代农民工的最大尊重。

廉价劳动力是中国改革开放和经济起飞的重要条件，廉价的用工方式也是中国吸引外资最重要的筹码。整整30年的改革开放，中国用一代农民工的血汗筑就了中国经济建设的巨大成就；在改革开放的后30年中，政府的发展重心应逐渐从经济建设转移到社会建设，从发展经济转移到重视解决民众的就业问题、社会保障问题、收入分配问题和教育医疗问题，通过加大公共产品的供给和完善集体消费品的分配方式，最大限度地满足民众的生活需求和保障公共产品的供给水平。新生代农民工与城市居民作为城市的建设者，都属于劳动者范畴，从劳动者身份来看，新生代农民工理应跟城市居民一道共享城市社会发展的成果。城市政府在开展社会建设的过程中，理应根据新生代农民工的劳动贡献和劳动年限给予新生代农民工应有的回报。

从综合经济实力来看，中国已经超越很多发达资本主义国家位居世界第二位，但中国的社会建设远远落后于发达资本主义国家，同时也远远落后于国内的经济建设水平。富士康"十一连跳"事件告诉我们，只重视经济建设，而忽视社会建设，不解决城市收入分配问题、公共产品的供给问题和社会保障问题，就会影响社会稳定和社会秩序。

随着中国劳动力市场的代际更替，新生代农民工成为城市劳动力市场的主体，如果只着眼于解决他们的就业问题，而忽视他们的社会保障、居住、教育和医疗等集体消费品的供给和分配问题，就很难说解决了农民工问题。农民工问题如不及时解决，而是任其发展下去，则必然对社会管理和社会秩序产生严重的负面影响。

农民工问题发展到现在，已经不同于改革开放早期的农民工问题，富士康"十一连跳" 事件折射出新生代农民工群体具有很多不同于老一代农民工群体的行为特征和价值取向，如果不妥善解决新生代农民工问题，不重视新生代农民工的劳动者地位和身份，不将新生代农民工从异化的生产要素转变成为有尊严的劳动者，给新生代农民工以前途和出路，就不能从根本上解决新生代农民工问题。

20世纪初，曾经有不少在华的西方人为了揭开罩在华夏大地上的神秘面纱，考察中国沿海地区和内地的真相，不辞辛劳，以非常简陋的交通工具，冒着随时都会遇到的不测事件和生命危险，走遍了大江南北的山山水水，忠实地拍摄和记录了清末民初中国社会的方方面面，从而为我们留下了一份珍贵的历史遗产。原之江大学校长费佩德（Robert Ferris Fitch，1873～1954）就是这样一位中国人文地理和摄影艺术的爱好者。

费佩德所拍摄的大量杭州老照片大致可以分为三方面的内容：首先是介绍西湖周边包括山林、运河、钱塘江等自然风景的照片，其次是介绍杭州城里学校、佛寺、道观、尼姑庵等其他人文景观的照片，最后是他所拍摄社会各阶层人民的照片。他拍摄的照片时间早，清晰度高，其艺术价值和历史价值都非常高。照片中往往保留了一些不为人所知的珍贵细节，可以揭示杭州西湖在清末民初的本来面貌。时过境迁，这些照片现在已经名副其实地成为反映杭州丰富自然和人文底蕴的一份不可多得的非物质文化遗产。

《天城记忆——美国传教士费佩德清末民初拍摄的杭州西湖老照片》，沈弘、罗伊著
山东人民出版社 2010 年 7 月出版

中国的女权主义者为何集体失声?

王澄霞

本文要由两个女人在娘家、婆家两家家事上的现身说法来展开话题。

其中一个身为保姆，她饱含感情地述说自己伺候卧床多年的父亲是如何尽心尽力，直至老人家安然离世。但她随即话锋一转，非常冷静且非常肯定地说："老实说，如果是他家的老头子（即公公，丈夫的父亲）要我做儿媳的那等服侍，不可能！想都别想！"

另一个身为大学教师。她的老娘年届九十，有四个儿子，可老太在每家只被允许待三个月，天数一满，对不起，卷铺盖走人。老人家每年都得舟车劳顿奔波往返于晋、甘、沪和老家四地。女同事经常在众人面前抱怨她的弟妇们忤逆不道、良心全无，当然更加痛恨自己弟弟的无能："那几个女的可还有个人样？还不是被你们骄纵出来的！你们四个，全是窝囊废！"女同事在向我们转述她对弟媳妇的谴责时是义愤填膺、理直气壮。但一转身，同样为人儿媳的她本人，却动辄撂脸子摔东西，死活不同意公爹进她家门，还对丈夫申明："别对我要求太高！我，女人！"其骄横无理与她经常抨击的弟妇们相比简直是半斤对八两。

上述两个女性，文化程度无论高低，思维简直如出一辙：照顾自家娘老子恪尽天职，对待夫家公婆则视若无物，死活由他去。同样性质的一体两面，到了今日中国大陆的儿媳妇们那儿，为何反差之大不啻霄壤？她们为何能秉持二重道德标准畅行无阻如入无人之境？面对这类比比皆是的生活实况，中国的女权主义者们为何不置一词、集体失声？

一

中国女界司空见惯、存在普遍的这种非正常情形，笔者以为，至少说明了以

王澄霞：扬州大学文学院副教授，文学博士。

下三点：

第一，这种现象反映了女性群体素质不高，她们是有意识地在娘家、婆家的问题上实行二重道德标准。对一般男性说来理所当然的平常之事，为何到了女人那儿就成了天大的难事？这不由得让人想起电视剧《金婚》中丈夫佟子对老婆文丽的那句著名控诉："你还要我怎么让啊？我都让了你一辈子了！"这话曾经引发男性观众多少共鸣和感慨！面对女性同胞这种蛮不讲理的"集体有意识"，面对女性群体素质不高的现状和事实，中国的女权主义者们却都集体失声了。

第二，女性群体中的部分女人能够如此为所欲为，在家庭中胡搅蛮缠，在社会上蛮不讲理，动辄使出"一哭二闹三上吊"的不二法宝，整个社会、整个男性群体难辞其咎，他们对女性的宽容乃至纵容，就是一个重要成因。所以男人们要讲求绅士风度，要女士优先，要保护妇女和儿童，言下之意，妇女如同儿童都是弱者(其实妇女明明已是成人)，需要加以保护，自然更加不能和她们计较。这样一来，整个社会和男性群体不分青红皂白、不问是非对错，一概地对"女性—弱者"群体予以保护乃至迁就，这也纵容和助长了女性的自我降格和自我矮化。"我，女人！怎么说?！""别对我要求太高！"也就成了许多女性不思进取、推卸责任、开脱自己的堂皇借口。

第三，这种现象背后同时折射出整个男性社会对妇女群体的鄙视心态。"女人嘛，就这样！""女人的话你也能当真?""她能这样就不错了，你还指望她能怎样？"男人们这些口头禅中包含着的潜台词犹如说，养一只猫啊狗啊之类，能给你看个家，高兴起来还叫两声，就已经很不错了，难道你还指望着它来给你烧饭做菜洗衣服？猫狗一点儿没错，错的是如你这个净想好事的人！这个比方尽管刻薄了点，可它把男性群体对当今女性的价值定位和心理预期概括得相当精准到位，反映出整个男性世界对女性的无限鄙视：女人嘛，就是这样的角色(货色)！错不在她，错在你男人，谁叫你对她要求太高?！

这种鄙视仅仅是出于男权中心主义的心理定势，还是对部分女性现状的真实反馈?

需要特别说明的是，普遍发生于中国大陆地区的这种现象，也可算得上是具有中国特色的男女平等——对于这些妇女而言，男女平等就是男女权利的平等,而绝非权利、义务和责任三者的平等。中国周边其他亚洲国家和地区如日本、韩国甚至台湾地区的妇女,都没有表现得像当今中国大陆妇女这般的自我中心和自私自利,这等现象西方国家应该更是少有。所以,要求中国大陆妇女提高整体素质,应该不是吹毛求疵、求全责备吧?!

二

今天的中国社会从宪法到各项法律,明确规定了男女享有同等的政治、经济、文化等各项权利,包括选举和被选举的权利、受教育的权利、劳动就业的权利、人身不受侵犯的权利,以及婚姻权、财产权等等。从国家法律层面而言,可以说当今世界上任何先进国家的女性所拥有的权利,包括经过一代一代的女性努力奋斗才获得的权利,今天的中国女性都已经拥有。当然,由于社会条件和社会观念的限制,女性应该享有的平等权利还没有全部落实。例如一些地区女孩的入学率还偏低,不能享有同等的受教育的权利。在我国农村一些地区,女儿和儿子还不能同等分得家庭财产,说明女性的财产权还受到侵犯等等。但是应当看到,今天的中国社会已经为女性获得与男性平等的社会地位提供了比较充分的条件,而且有些方面还采取保护女性的政策,例如在各级选举和干部配置等方面常常专门为女性划定名额,这与古代社会不可同日而语。

不过,这样的平等还仅仅是条件上的平等,还不能保证女性与男性在结果上的平等,即让女性与男性在党政干部和专家学者队伍中拥有同等的数量,在经济上获得同等收入,在社会上享有同样的地位和声望。因为仅仅有这些条件还不能直接导致所需要的结果,结果的获得,还必须靠女性凭借这些条件去努力,去打拼,取得与男性同等的业绩,发挥与男性同等的社会作用,去赢得与男性同等的社会地位,实现真正的男女平等。在科学技术领域内,如“两弹一星”、“嫦娥一号”的研制人员中,大多是男性昼夜奋战;煤矿井下、戈壁油田,大多是男性精疲力竭;远洋航行、极地考察,大多是男性顶风冒雪;上甘岭前、老山脚下,大多是男性粉身碎骨。在这些领域,女性是难以获得与男性同等的地位的。即使是在女性正常参与的工作范围内,手术台前救死扶伤的大多是男性,服装制作中,从事工艺设计的大多是男性,餐饮服务中,名师大厨大多是男性。据说美国有不少妇女主动请求参军入伍上战场,说是要争取享有与男性同等的为国牺牲的权利,看来在她们的观念中,男女平等还不仅仅是权利上的平等,而且还包括义务上的平等,甚至把为国牺牲这种义务当成权利来争取。

那么中国大陆的女性要想享有与男性同等的地位,显然也不是易事。

三

可再看看中国当代女性眼下的现实境况,许多女性自觉或半自觉地重新退回到对男性的依附地位上去,而且她们既想拥有男权社会才能提供给女性的种种实惠和便利,又动辄声言并追求权利上的男女平等。这种要求甘蔗两头甜的愿望和做法显然只能充分暴露女性的自我中心主义,或者说是“女利主义”。

值得中国的女权主义者们疾言厉色痛下针砭的这类病态世象,实在不胜枚举:

譬如,尽管当前房价高得惊人,但是男性一方别无二选,只有勒紧裤腰带高筑债台买房一途,因为“没有房子别想和我结婚”几乎是当今所有未婚女性的杀手锏。2009 年 9 月 16 日的《大河报》就以《房价太高,“不重生男重生女”,“顶梁柱”成“柱摇摇”》为标题,报道了许多家庭因无法承受“购房—娶亲”之重,对生了儿子这个事实颇有悔不当初的懊恼和沉重,所以“丈母娘逼高了房价”一说,并非无稽之谈。网上曾流传一份全国九个大、中、小城市娶老婆成本的统计账单,尽管数目不尽相同,可成本都来自“男方倾家荡产+男人不吃不喝工作数十年”。为什么缔结婚姻的所有开支就该由男性一方承担?因为即使在现代女性的头脑中,她们仍把自己定位成待价而沽的(性)商品,“嫁汉嫁汉,穿衣吃饭”的依附意识根深蒂固。更何况今日之女性对男性所提供“衣”、“饭”的质量要求“没有最高,只有更高”。“我是一名空姐,想要和我结婚,你养得起我吗?”质问如此理直气壮,也就难怪大学名校佳丽踊跃竞争,激烈 PK,只盼能被千万富豪相亲团选中(2007 年 11 月 9 日,南京《周末》报)。“找个好工作不如找个好老公”,“婚姻也是一种就业,好的婚姻就是最好的就业”等观念在知识女性中颇有市场。针对当代女性这种坐享其成、自我物化的鄙俗心态,中国的女权主义者们为何集体失声?

当代女性道德底线彻底丧失的现象层出不穷,中国的女权主义者们对此继续保持沉默。长沙一位美女大学生在网易论坛高调宣称:“我就喜欢做二奶,没人逼我。我喜欢成熟稳重的男人有错吗?喜欢有钱的、做官的男人有错吗?喜欢别人宠着,别人在我身上花钱有错吗?”至于“‘二奶’在某种程度上只是一种职业名称”、“我是‘二奶’,我幸福”等等来自大学女生的热烈回应也屡闻不鲜。“宁当富人妾,不做穷鬼妻”,各种层次的女性,从女明星到女大学生,再到打工妹,那么多女性心甘情愿地充当男性的附属品,“二奶”、“小蜜”简直成了她们眼中的金饭碗。吉林省妇联在2007年初对吉林几所大学女大学生进行了专题调查,调查发现,21.2%的女生认为“傍大款”很正常,只有43.7%的女生反对“傍大款”,1%的人表示“赞成,有机会自己也会这么去做”。

再如,走红网络的上海黑女孩娄婧居然是其母亲婚姻内偷情的产物。更令人咋舌的是,其母居然还在电视媒体当众讲述那段偷情史,其无耻无畏让人目瞪口呆。上海某女大学生失业后,竟然想出拍卖“胸部广告位”来谋生,其创意之疯狂耸人听闻。而“80后”女写手张丽华公然晒裸照性挑逗,高调宣称把余秋雨作为她一夜情的意淫对象,她的意淫广告还在热炒,自称“美女写手”的佛公子·朱秀给韩寒的性爱宣言又赤裸登场……

如果说中国的女权主义者面对上述种种丑象乱象集体失声,是出于家丑不可外扬的惯性作祟,那么,面对全国百姓一致称赏、足以为傲的女界楷模——不畏强势奋力抗暴、自尊自爱的巴东洗脚女邓玉娇,我们的女权主义者们却为何又是集体失声?

四

笔者作为一名女性,一个关注女性问题的教育工作者,在有关女权主义或性别研讨的学术会议上常常发现,女性学者们要么动辄批判男权社会,激烈声讨男性,要么愤愤于当今女性地位(更确切地说是权位级别)如何低下:为什么我国女性高官这么少,这就是男权社会压迫的结果!仿佛她之所以至今没当成总统、总理、书记或大学校长,都是男权惹的祸!而哪个女性稍稍涉及一下女性自身的不足或缺陷,立马就会被女同胞们指斥为女性叛徒。安享男权社会能够为女性提供的种种便利,又动辄要求男女权利的平等,苛求男性的完美无缺,对女性自身却毫无要求,这样的思维方式是何其可笑!因此,风闻对方是从事女权主义批评的女性，男性学者往往或避而远之，或以调侃口吻自我表白："哎，我从来没有压迫过你们，账可不要算到我头上，本男士对男女平等国策可是举双手赞成啊！"

应该说，目前中国的女权主义者们出现认识上的上述种种偏颇，完全可以理解。第一，是因为思想上理论上的幼稚与不成熟；第二，从感情上来说，她们觉得受压抑久矣，现在好不容易轮到翻身做主，于是迫不及待、不分青红皂白地一概加以否定，一切都要翻个过。实际上，她们对所要反抗的目标和对象缺乏必要的理性认识和正确行动。部分当代女性既想拥有男权社会才能为之提供的种种实惠和便利，又动辄声言并追求权利上的男女平等，这种女性中心主义或曰"女利主义"，与阿Q的男性中心主义竟如此相似，这大约正是人性的共同弱点。

说中国的女权主义者总是集体失声，似也有违事实。譬如，那首大家耳熟能详的歌曲《常回家看看》中"妈妈准备了一些唠叨"，"哪怕帮妈妈刷刷筷子洗洗碗"，"生活的烦恼，跟妈妈说说"几句歌词，就曾被个别女权主义者指斥为歧视妇女的罪证。当代女性肉体到精神自我沦落现象如此触目惊心，中国的女权主义者们倒是始终保持沉默，却对描写家庭生活场景而且无伤大雅的几句歌词大加挑剔愤愤不已，笔者认为这实在是力气用错了地方。难怪有网友说，如果像上述那位女权主义者这般矫情起来的话，看看现代版的"三从四德"——"老婆的话要听从，老婆命令要服从，老婆外出要随从；老婆骂时要忍得，老婆逛街要等得，老婆购物要舍得，老婆床头要跪得"，他都觉得应该成立男性维权组织了。

行文至此，面对中国的女权主义者们，呜呼，吾无言！

米尔斯的遗产

周丹丹

查尔斯·耐特·米尔斯(C. Wright Mills,1916~1962),当其因心脏病发作而于46岁的短暂生命辞世之际,也许,他未曾预料到《社会学的想象力》一书后来的命运。约翰·布鲁尔在《想象〈社会学的想象力〉——一个社会学经典的传记背景》一文中写道:在很大程度上,正是《社会学的想象力》将米尔斯送上神坛,也是该书,使米尔斯的社会学式的叛逆受到尊敬。

在米尔斯短暂的一生中,他留下了八部著作,涉及知识社会学、社会分层、精英研究等多个领域。继《白领:美国的中产阶级》(1951)和《权力精英》(1956)之后,初版于1959年的《社会学的想象力》一书,半个世纪以来,一直是社会学者们不断重返、获取灵感的经典之作。该书中,米尔斯提出了"社会学的想象力"这样一种独特的社会学视阈,倡导培养在个人与社会、个人生活与历史之间穿梭的洞察力与不可或缺的心智方面的品质。在他看来,人们只有将个人的生活与社会的历史这两者放在一起认识,才能真正地理解它们。正如Joseph A. Scimecca所言,在米尔斯的全部著作中,有一个综合性的范式:个人、社会以及它们在历史中的关联。

在《社会学的想象力》一书中,米尔斯首先批判了当时美国社会学界诸种理论的弊端:宏大理论的"概念拜物教",抽象经验主义的"方法论抑制"和"统计仪式",抽象经验主义和新的非自由主义实用性的"科层制"发展等。如果说,该书前半部分的批判是基于这些理论的价值无涉所进行的方法批判,那么,在该书的后四章,米尔斯由一般方法的批判上升至方法论的思考,并将方法、方法论与社会学家的使命相结合。米尔斯将思考的视野置于西方自文艺复兴以来的自由和理性的传统之中,对人的异化以及由"快乐机器人"构成的"散众社会"赋

周丹丹:清华大学社会学系博士研究生。

以深切的关注和忧虑，由此提出社会学的使命和任务，强调反抗一切摧毁真实公众而创造一个大众社会的力量，倡导培养并支持公众和个体使其发展出有关个人与社会现实的充分定义，亦即洞悉个人与社会之间的真实关联，并以此去生活和行动，使理性以民主方式在自由社会中与人类事务相关。

始于社会学方法之批判，最终上升至社会学如何面对社会、社会学者如何面对公众，这充分体现了米尔斯作为有机知识分子的使命与担当。在布洛维看来，米尔斯正是他本人大力倡导的公共社会学的先驱人物之一，他赞扬米尔斯重新回到19世纪晚期的社会学先驱者将学术与道德相结合的古典传统，并对米尔斯的此书也给予高度评价，认为米尔斯在其短暂生命的最后阶段，在他充满灵感的《社会学的想象力》一书中，重新回到社会学的允诺与抱负上。

米尔斯写作《社会学的想象力》的时代，正是美国出现朝鲜战争、麦卡锡主义、美苏冷战的时期。米尔斯说他身处其中的时代，是“人们以前从未在一代人之间彻底地面对如此日新月异、翻天覆地的变化”的时代，是一个“转折的时代”，他将之命名为“第四纪元”。这是一个在战争阴影之下，消费主义盛行的时代，旧式社群邻里关系被郊区化摧毁，古老价值与人情味被市场逻辑和工具理性蒸发殆尽；新教徒所信奉的自律自主的价值烟消云散；人们收入日丰，却越来越感觉空虚、无力。这是个“散众社会”兴起的时代。

这样的时代，文化与社会危机深重，因为自由与理性的观点变得不确定，理性的增进并不必然伴随自由的增进。而这正是民主的深层危机之所在。理性是自古希腊以来的西方思想中探讨的一个重要命题。在西方自古希腊至近代的思想脉络中，理性是与“确定性”相关的概念。康德在《什么是启蒙》一文中，提出启蒙的口号就是增进人类在一切事情上公开运用自己理性的自由。进入现代及后现代，思想家们对理性概念重新进行了反思。福柯在《何为启蒙》一文中，对康德的观点提出质疑，他认为，康德把“启蒙”描述为人类运用自己的理性而不服从任何权威的那个时刻，但是我们必须确定在什么条件下运用理性才是正当的，由此断定人们能够认识的、应该去做的和可以期许的东西。当理性的正当运用在其原则中得以明确地确定时，理性的自主才能有保证。福柯将康德提出的普遍意义上的对理性的自由运用加以历史化和条件化，而米尔斯所忧虑的“理性的增进并不必然伴随自由的增进”，也正是在这样的具体历史化场景中的现实。

社会学领域对理性和合理性的关注和探讨并非始于米尔斯。正如卡尔·曼海姆在《重建时代的人与社会:现代社会结构的研究》中指出的,德国社会学一直把"理性的"与"非理性的"概念置于其关注的中心。在这方面,齐美尔和马克斯·韦伯是最为重要的。韦伯借鉴黑格尔的"理性(reason)"概念,将其引入社会学,用于分析和理解现代社会状况,并进而提出形式合理性(formal rationality)和实质合理性(substantive rationality)的概念。在韦伯看来,西方社会的发展,无疑更多在工具理性化和形式理性化方面。而正如卡尔·曼海姆指出的,形式合理性必定使普通的个人丧失思想、洞察力和责任心,由此导致的就是阿伦特所谓的"平庸的恶"。

这正是米尔斯所忧心忡忡之处:在社会中,合理化不断增长,具有合理性但却没有理性;人们在不断地自我合理化,可同时也越来越焦虑不安;庞大的理性组织确实增多了,但是就整体而言,个人的实质理性却没有增加。曼海姆就指出,这种自我理性化并没有体现行动主体理性化的最根本形式,它不同于纯粹的自我理性化,后者以反思和自我观察为根本的形式。因此,这样的自我理性化与真正的理性背道而驰,同时也就与自由相悖:不依托理性的合理性,这种合理性与自由格格不入,是自由的毁灭者。人由此成为被理性组织异化的人,诞生了"快乐机器人"。由"快乐机器人"构成的"散众社会",成为当代人类的基本处境。

正是在这样的处境之中,米尔斯发现,人们对自由与理性的论题没有给出明确的定义,对之漠不关心。在他看来,阐释自由和理性的理想是社会科学家的一项学术职责。他分析了社会科学家的三种角色:其一,哲学王;其二,成为国王的幕僚;其三,将社会科学作为一种公共智识的工具,关注公共论题、私人困扰以及潜存于二者之下的时代的结构性趋势。米尔斯对当时美国知识界"清空政治并保持空洞状态"表示强烈不满,认为这是令人遗憾的道德处境。他强烈呼吁知识分子承担起应有的公共角色,为增进公众的理性和自由、建立真正的民主社会而努力。

米尔斯的这一倡导是与西方自由知识分子参与公共事务的传统一脉相承的,而社会学这门学科在其创立之初,就是怀抱着公共的关怀和抱负,希冀通

布洛维以及他的公共社会学

过社会学的知识生产为改变世界、推动社会变迁作出贡献。米尔斯一方面意识到社会学者“无权的事实”，他认为其仅仅掌握了一种“脆弱的权力手段”，但对此，米尔斯并没有报以过度的悲观，而是坚信社会科学家不仅是一名普通人，其学术职责也要求其超越自己生活其中的环境，承担其公共职责。在此，米尔斯回到了社会学创始之初的关怀与抱负上，再次将公众和公共事务纳入自己的视野，探索和思考个人的困扰与公共论题之间联系的多种途径，并致力于公众的真正自由的获得与公众修养的培养。

正如米尔斯所说，所有经典的社会科学家都关注他们所生存时代的显著特征，以及历史如何在这一特定时代中建构出来，也都关心“人性的本质”以及在他们的时代哪些类型的个人开始盛行，马克思、桑巴特、韦伯、孔德、斯宾塞、涂尔干、凡勃伦、曼海姆、熊彼特和米歇尔斯，每个人都以自己特有的方式去面对这些问题。米尔斯面对其所处的散众社会的时代特点，面对这些“紧迫的论题”和“持续的困扰”，将自身置于论题和困扰中，将论题和困扰阐述为社会科学的问题，并肩负起被许多与他同时代的宏大理论家、抽象经验主义者所抛弃的公共职责，培养公众和个体发展出他们有关个人与社会现实的充分定义，并以此去生活、行动。

理解米尔斯的“社会学想象力”的方法论思考及其对社会学使命的呼唤，可将其置于后来的发展脉络之中，即布洛维的理论主张。从米尔斯到布洛维，社会学的使命以更明确的方式被提出：公共社会学。之所以说更明确，是因为布洛维立足于对社会学整个学科的划分，为米尔斯所呼吁的面对紧迫论题和持续困扰的社会学专门辟出了一块领地。在布洛维看来，米尔斯可谓公共社会学的先驱者之一，但他指出，米尔斯以及他之后的许多其他人，都将所有的社会学变成公共社会学。而与米尔斯不同，布洛维从学科角度，进行了他所称为的社会学的“劳动分工”，区分出四种类型的社会学：专业社会学、批判社会学、政策社会学和公共社会学，并对社会学知识类型作了详细阐述。布洛维倡导的公共社会学可谓有机的公共社会学，他强调社会学者对公共事务的亲身参与和干预。与布洛维的自我行动相比，米尔斯则更多地强调社会科学家作为教育者的作用，帮助培养自我修养的公众，提升他们的修养，并致力于反抗一切摧毁真实公众而创造一个大众公众的力量。他强调通过著作提出有争议的理论和事实，积极地鼓励公众辩论，因为在他看来，如果缺乏广泛的、公开和内容丰富的政治辩论，则公众无法触及世界的真实，因为我们的公共生活往往依赖于官方的定义以及神话、谎言和愚蠢的观点。由此，他提出社会学应成为公共智识的工具，关注和探寻公共论题、私人困扰及潜存于两者之下的时代的结构性原因，培育真实的公众。正如卡尔·曼海姆所呼吁的，在一个社会重建的时代，或者说在米尔斯所谓的“第四纪元”与散众社会：只有通过人本身的改造，社会重建才成为可能。而这正提出了社会学以及社会学者的使命所在。

重温《社会学的想象力》，重返米尔斯方法论思考的基点，尤其是他对于理性与自由以及异化的探讨，还有由此提出的社会学面对“散众社会”的使命，将使我们进一步思考，半个世纪之前米尔斯留下的精神遗产如何接续中国当下转型社会的现实，中国的社会学应该怎样在一个没有公众的社会培育公众，在没有社会的社会生产社会，从而肩负起应有的担当。

从社会学角度解读《魔鬼经济学》

蔡 婧

列维特说《魔鬼经济学》的真正目的在于揭示现实生活的表层，探究其内部的运行机制。作者在引言中说到，如果说伦理道德代表了人们希望这个社会运行的方式，那么经济学就是在向我们描述这个社会到底是怎么运行的。经济学是研究人的动机的，这一点，作者一再强调。经济学是一门特别讲究分析的科学，它为人们提供一套强大而灵活的工具，可以让人们对大量的信息进行分析评估，从中找出每个因素可能对其他因素甚至是整体产生的影响。

一、魔鬼式的思维

列维特看待社会现象的视角非常独到，他的魔鬼经济学就是用经济学的分析工具和好奇心（在我看来这种好奇心是与社会学想象力相融合的）来分析和看待这些社会现象。此书从非常具体的社会现象入手，通过分析，列维特提出如下基本观点：

1. 动机是现代生活的基石，理解动机或者找出人们真正的动机，几乎是解决所有问题的关键。

经济学研究人的动机，动机一般分为三种类型：经济动机、社会动机和道德动机。在大多数情况下，任何一项激励计划都会包括三种类型的动机。如美国的反对吸烟运动，政府为每盒香烟增加了3美元的“罪恶税”，这是针对烟民们的反面激励，具有经济动机；在餐厅和酒吧里禁止吸烟的规定则可以被看成是一种强有力的社会动机；而当美国政府宣布恐怖分子实际上正式在通过黑市香烟交易来筹集资金的时候，这实际上又是一种相当有效的道德激励。

作者通过对人们动机的分析来解释发生在以色列日托中心的故事。日托

蔡婧：北京大学社会学系2009级研究生。

中心的管理者明文规定下午 4 时把孩子接走,可家长经常迟到,而日托中心就必须要留下一名老师等待那些迟到的家长们,这会加大日托中心的运营成本,此时怎么办? 经济学家一般都会提出一个解决方案:对那些迟到的家长进行罚款。迟到超过 10 分钟的家长要为每个孩子支付 3 美元的罚款,但调查发现罚款制度实施后,迟到家长的数量开始迅速增加。一般人们都会认为是 3 美元的罚款数量太小所导致的,但作者指出,这是因为日托中心的罚款措施存在的问题是用经济动机(3 美元罚金)来替代道德动机(家长们在迟到时所产生的罪恶感)。当罚款措施实施后,家长们可以轻易用几美元来打消内心的罪恶感。而当经济学家取消罚款制度后,迟到家长的数量并没有减少,既然迟到了都不用交罚金,而且也不会有罪恶感,那他们为什么不迟到呢?

在探讨道德动机和经济动机之间关系的一些研究中,会有欺骗行为的发生,W. C. 菲尔兹曾说过越有价值的事物越容易引发人们进行欺骗的动机。首先,欺骗是一种经济行为,它企图用最少的代价换来更多的回报。作者对芝加哥的老师在高关联测试中的作弊行为以及日本相扑运动员的作弊行为进行了数据分析,基于这些欺骗行为中的共性,列维特提出了以下疑问:我们是否可以认为欺骗是一种根植于人性的现象呢? 如果是这样的话,我们人类到底有多堕落? 他通过保罗·费尔德曼的小甜饼故事中关涉的白领欺骗行为研究的分析对这些问题给予回答。费尔德曼的故事里,诚信度和以下因素相关:(1)客户的职业,(2)客户所属的企业规模,(3)客户的心情,(4)客户所在企业的士气。这一故事其实体现的是道德标准和经济学的交叉,费尔德曼依靠个人诚信的方法获取成功,体现出在经济行为中,即便在没有人监督的情况下,大多数人都会遵循着一定的道德标准。正如亚当·斯密在《道德情操论》中所说:"无论一个人有多么自私,他都会坚守一些原则,去维护别人的利益,让别人感到幸福,虽然他可能并不会从中得到什么。"诚然,人类比我们(至少是经济学家)想象的要更加得诚实。

2. 传统智慧常常是错误的。

传统智慧是美国著名经济学家加尔布雷斯提出的一个概念,通常指那些虽然没有确凿证据,但却因为有钱有势的人普遍使用,结果就为公众所接受为真理的说法。在谈及传统智慧是怎么样被捏造的时候,列维特指出黑帮组织内部有类似金字塔的结构，它的运营方式在很大程度上跟一个标准的资本家企业非常相似，要想获得高薪，必须尽量做到高级别。与媒体将毒品交易塑造成“美国利润最丰厚的工作之一”不同，在黑帮组织当中，一名小兵的地位在很大程度上等同于麦当劳烤汉堡的员工，或者是沃尔玛商店里的装卸工。

列维特提出了一系列的疑问：三K党和房地产经纪人之间有何共同之处，一把枪还是一个游泳池对孩子的危险更大，名字对孩子的未来有影响吗，等等。对这些问题的解答，同时也破除了对传统智慧的迷信。

列维特分析20世纪90年代美国犯罪率下降的原因。通常为经济学家认可或较为合理的解释一般包括：死刑的威慑作用、经济增长、纽约城新的巡管方案、枪支管制法案等，列维特对这几种通常的解释都予以翔实的分析，并指出其不合理之处，其观点非常新颖独特。但列维特认为有一个主要因素被人们所忽视，他认为犯罪率的下降是由于堕胎合法化使得潜在罪犯数量急剧减少而导致的。想堕胎妇女所怀上的孩子，要比正常孩子在出生后成为罪犯的可能性更大，因为这些妇女大多为未成年、贫穷或未婚的女性，列维特通过数据分析指出了堕胎合法化和犯罪率下降之间的相关性。

我最欣赏的书中的一段话是：“知道去衡量什么以及如何衡量，可以使我们这个复杂的世界变得简单。如果你知道如何通过正确的方式来分析这些数据的话，你就可以解释那些平时根本无法破解的迷。毕竟，对于那些希望能够彻底了解这个世界的人来说，没有什么比数据更有威力了。”从研究方法上看，史蒂芬·列维特确实不同于一般的数理经济学家，他并非从数据中寻找结论，而是首先基于对真实世界的深入理解，数据及演算只是他验证结论的工具。

二、魔鬼经济学式的思维与社会学想象力

《魔鬼经济学》讨论的是人们在现实世界的行为方式，在阅读此书的过程中，作者的观点以及发现可以用惊世骇俗来形容。为何惊世骇俗呢？是因为我们这些在大众传媒影响下的芸芸众生在日常生活中一直受到传统智慧的左右，而本书会使读者重新审视传统智慧，在看待生活的思考方式上产生些许影响。正如列维特在本书后记中所说的那样，“阅读本书最有可能产生的结果就是：你会发现自己开始提出很多问题”。

列维特说："如果伦理道德代表的是一个理想的世界的话，经济学所描述的就是现实世界。魔鬼经济学式的思维不会涉及任何道德层面的问题。"马克思·韦伯曾经严格区分了价值相关性与价值中立性。所谓价值中立性是指研究者在选定研究对象之后，必须放弃任何主观的价值观念，严格以客观的、中立的态度进行观察和分析，从而保证研究的客观性和科学性。此外，价值中立性还包括另一层含义，即事实领域与价值领域、事实判断和价值判断的区分。魔鬼经济学式的思维关涉的现象是事实领域，列维特亦是根据数据客观分析得出的事实判断，其中没有糅杂着他个人的主观判断，这与伦理学价值相关性的研究视角是截然不同的。虽然某些人在道德上接受不了，但堕胎的合法化是推动犯罪率下降的主要原因。

我将在阅读本书的过程中所感受到的魔鬼经济学式的思维方式理解为一种社会学的想象力，也即列维特所说的对社会现象持一种好奇心。社会学的想象力是由米尔斯提出的，他认为社会学想象力是一种心智品质，这种品质可帮助人们利用信息增进理性，从而使他们能看清世事，以及或许就发生在他们之间的事情的清晰全貌。社会学想象力是一种视角转换的能力，从自己的视角切换到他人的视角，从最不个人化、最间接的社会变迁到人类自我最个人化的方面的能力。列维特虽是经济学家，但他所涉猎的知识领域相当广泛，本书的目的也是要揭示隐藏在表象之下的真实世界，正是具备了社会学想象力才能透过表象看清本质。正如本书的封面形象地展现出一个苹果切开后竟然是橙子，那把切开苹果的刀便是社会学想象力的视角，也即列维特所说的魔鬼经济学式的思维。

列维特最擅长的就是提问，提出一个好的问题往往比解答它更具难度，列维特提出了一系列问题，而他的解答又是那么的让人大跌眼镜，他对传统智慧的质疑，也体现出一种反思性。布迪厄将反思性作为社会学认识论的根本原则，在常人方法学家看来，反思性与索引性一样，是行动者至关重要的构成性特征。而在现实生活中，人们一般不对传统智慧抱有极大的反思性，而是被动接受。阅读本书的最大启发莫过于对传统智慧的反思性认知。舒茨认为普通人对社会世界的构造是一阶构造，而社会学家的构造则是对社会行动者构造的构造，属于二阶构造。科学世界作为一个"准现实"，生活在其中的科学家就要采取与日常生活不同的认知风格，跃迁到一个和日常生活的至尊世界迥异的现实秩序中，成为“超然的观察者”。虽说普通大众并不能像社会科学家那样成为超然的观察者，但完全可以做到对传统的认知持一种反思性的态度。

列维特在谈及信息公开化时说到，信息的散布在很大程度上稀释了信息持有者的权力。在网络上炒得沸沸扬扬的人肉搜索引擎，是在信息过于公开化和透明化的网络虚拟世界中联系现实的一个渠道，通过人肉搜索引擎能将个人的全部真实信息公布在网络上，公众大多通过人肉搜索来表达自己对社会现象的看法。例如被人肉搜索出来的汶川大地震中的“范跑跑”，网民通过这种渠道来批判此种非道德行为，某种程度上充当了科塞所说的“社会安全阀”的功能。当现实社会中缺少这种宣泄不满情绪、发表言论的机制或渠道时，人肉搜索可以充当此功能：一方面，发表议论和宣泄不满的群众是匿名的，他们能很好地表达出自己的真情实感；另一方面，他们所批判和议论的人，即被人肉搜索出来的人的信息又是真实的。与其说人肉搜索是游走于现实和虚拟之间的，还不如说信息游走于现实和虚拟之间，在二者间保持着很好的张力。

凡博伦曾经提出炫耀性消费的概念，消费品的档次能够体现人们的地位、财富情况，它是一个表征。现在欧美的品牌纷纷入驻中国，国人开始抛弃国货转而追求这些舶来品，而更为讽刺的是，这些所谓的舶来品都是made in China，例如耐克是为大多美国中产阶级所青睐的体育产品，某些人追求它或许能体现出自己的“小资”品味，但在不知趣的人看来，它不过是类似于“对号”的一种符号而已。

发挥社会学的想象力结合魔鬼经济学式的思维，你会发现更多有趣的现象……

“不‘婚活’，就不能结婚”

萧　武

2010年春夏间，中国的电视荧屏上最火爆的电视节目就是电视相亲。这股风气从江苏卫视的《非诚勿扰》开始，迅速蔓延到全国各地的卫视台，几乎国内各主要卫视都推出了类似的电视相亲节目。

在电视相亲节目大行其道前，另一部电视剧《大女当嫁》也一度引起很多人的注意，而这部电视剧的主要情节就是，一个各方面条件都不错、长得也很漂亮的女性，都30多岁了，还是不能“把自己嫁出去”，因此尝试了好几种不同类型的男性，而最后却都以失败告终。

而在这背后，就是中国也已经到了“不婚活，就不能结婚”的时代。

启蒙时期曾经让无数人为之激动的婚姻恋爱自由在今天的中国无疑是已经实现了，至少在法律上已经完全获得了。但是这自由来临时，人们却惊奇地发现，结婚似乎正在变得越来越难，已经成为一个严重的社会问题了。

为了就业而进行的活动被称为“就活”，为了结婚而进行的活动也被称为“婚活”。这是日本家庭社会学者山田昌弘与少子化评论家白河桃子合著的《“婚活”时代》一书中提出的一个概念。该书可以看做一本社会现象评论之作，主要的观点就是前面已经提到的：“不‘婚活’，就不能结婚。”作者说的是日本，而在中国，这样的问题也已经存在，只是还没有多少人明确地意识到，结婚正在变得越来越难，“不‘婚活’，就不能结婚”。

不过，也可以举出两个反例。

第一个反例是，与结婚变得越来越难同时存在的另一个值得关注的现象是，早恋正在变得越来越普遍，而且年龄也越来越小。以前的早恋主要出现在高中阶段，也就是15到18岁之间，而现在媒体和网络上就经常出现初中生也

萧武：自由撰稿人。

早恋的消息，也就是 13 到 15 岁之间。更值得关注的是，这些孩子们获得第一次性经验的年龄也越来越小。

在传统上，结婚是与恋爱、性捆绑在一起的。但是婚姻自由、男女平等、思想观念开放后，这些东西也已经基本上分离了，各自独立了，性可以与恋爱无关，也可以与婚姻无关。所以，现在的情况似乎是，性、恋爱似乎不难，而结婚很难，或者说，性、恋爱对于适婚年龄的人来说挺难，而对年纪轻轻的中学生来说，似乎不难。

关于第一种情况，其实不难解释。恋爱只是两个人的事情，而结婚就不同了，那是两个家庭的事情；恋爱只要考虑享受即可，而婚姻必须考虑能否“可持续发展”。因为年龄越小，考虑问题越简单，做事情越不考虑后果，所以他们完全可以“跟着感觉走”，自己觉得喜欢，就可以接触并相处，想到什么事情就可以去做，不用想太多；而且，对他们来说，结婚生子、过日子之类的事情还太遥远，不用去考虑。而成年人则不同，必须对自己做过的事情负责，在选择或者作决定的时候往往要考虑更多因素。尤其是在结婚的问题上，不仅要考虑两个人是不是合得来，经常还要考虑诸如双方的家庭、社会背景、社会地位、收入水平等等，受制于很多因素，所以不能“想到就做，为所欲为”。

第二个反例是，结婚难的问题似乎主要出现在城市里，而在乡村并不普遍。每年春节期间，外出打工的年轻人都会赶回老家过年，而这段时间往往是农村结婚这样的喜事最集中的时间段。这些年轻人往往是能够在一个月甚至半个月之内，完成从相亲、认识、谈判（关于彩礼多少、陪嫁物品多少及婚事的规格等问题，均需谈判决定）到办婚事这整个结婚必须经历的全部流程。而且，相对城市里自由恋爱的婚姻或者农村自由恋爱的婚姻，这样的速配式婚姻并没有出现更多的问题，比如说离婚率并没有更高，也没有更加不幸福。

当然，可能会有人认为，因为农村年轻人多数文化水平不高，受教育程度低，对未来生活的预期也不高，所以要求低；反之，城市年轻人受教育程度高，对未来生活的预期也高，所以结婚的难易程度不同。但婚姻毕竟是以幸福为目标的，而不是以有没有车、有没有房子这样的标准来衡量的。而幸福又是纯粹个人的精神体验，外部评价虽然也有影响，但也取决于他所处的社会环境。城市里惯用的标准，在农村未必合适，反之亦然。就此而言，情况似乎又成了受教育程度越高结婚越难，低了反而容易。

为什么出现这种情况？

因为受教育程度较高的人往往在恋爱之前已经在心里给自己设置了一个范围或类型，从而缩小了自己的选择范围，将大多数人排除出去了。在符合要求的人中，如果加上其他考虑因素，选择就更加小了。

有意思的是，当有人问他们的时候，得到的回答却往往是“随便”。这倒不是因为他们很虚伪，或者有意隐瞒，多数人都是无意识的，而更多的人则是自己也不清楚自己到底需要什么样的人，只有当他们碰到具体的人的时候，才会采用排除法。

比如前面提到的《大女当嫁》里的女主角，她就一直说自己没有要求，但她实际上是有一个很模糊的限定范围的，在这个范围之外的人，即使主动追求她，她也会本能地拒绝，或者无视。这一点在她与剧中的出租车司机男友大志的交往中表现得最明显，她虽然知道大志很喜欢她，但是从来没有想过要跟这样的人一起生活。当她已经没有选择的时候，委屈自己，跟大志在一起谈恋爱，她也没有意识到，她在潜意识里根本没有接受他。原因很简单，因为她有文化，大志没什么文化，她是中专老师，而大志是个出租车司机，两人的生活方式、兴趣爱好、朋友圈子都完全不同，所以无法一起生活。

而打工青年们就要简单得多，他们在结婚前往往都是要由别人来拉纤保媒，他们会给出一些大致的要求，只要符合这个要求，他们就可以同意结婚。至于两个人的熟悉、感情加深、生活习惯的磨合等等，这些都可以在结婚之后再“慢慢来”。对于收入，基本上都没什么太高的要求。对于未来生活的设想，他们基本上都会有一个下意识的想法，未来能否过上好的生活，更多地还是要靠日后两个人的努力和机遇，而不在于当时就已经拥有什么。

而城市里的年轻人显然不能接受这样的婚姻。首先，他们大多不愿意接受“没有感情的婚姻”，两个人才认识一个月就结婚，他们在感情上无法接受。其次，他们了解城市生活的压力之大，知道现在早已不是仅凭个人奋斗就能够改变自己命运的时代了，家庭、父母和现在已经拥有的基础对他们的未来有决定性的影响，所以都会考虑到这一点。

《“婚活”时代》里的一个调查发现，多数日本女性都希望自己的丈夫收入能达到或超过自己的两倍。中国的情况要更严重,《非诚勿扰》这样的相亲节目上,富二代就是最引人注目的话题。越来越多的女性都希望自己能够不劳而获,能够通过婚姻彻底改变自己的生活状态和命运。而且,越是受过高等教育、目前已经拥有一定工作经验的女性,在这一点上会越发明确。最好是能找个有钱人嫁了,结婚后可以不用工作,衣食无忧,彻底摆脱一切现实生活的压力,能用上别的女孩梦寐以求的奢侈品。而且,有这种想法的女孩正越来越多。

女孩的想法是这样,能够在 24 到 30 岁之间就已达到这些要求的男孩当然是少之又少的,而女孩们又不甘心就这样一穷二白地把自己嫁掉,所以她们抱着"宁缺毋滥"的态度,等到一直过了 30 岁,才逐渐有点着急了。而当她们终于愿意"委屈自己"的时候,跟他们年龄差不多,而且已经拥有一定社会地位、经济基础的男人已经未必对她们有兴趣了。对这样的男人来说,他们不需要考虑女方的工作和收入,他们首先会考虑相貌,首选当然是更年轻、更漂亮的姑娘们了。我们说的"剩女"就产生了。

在这种压力之下,男人们当然也不轻松。如果要求稍微高一些,当他处在 24 到 30 岁的时候,多数人都还达不到跟他们差不多大的女性的要求,而愿意嫁给他们的女性却又常常不是他们想要的,所以他们也宁愿等自己有一定的成绩之后再来解决这个问题,找一个让自己满意的人。而当他们到了 30 多岁的时候,多数人仍然没有完全达到他们心目中的理想女性的要求,所以仍然无法找到让自己满意的人,最后只好选择与这个年龄的"剩女"们一样,"委曲求全"。而这时候他们的心态会更加矛盾。他们当然喜欢年轻貌美的姑娘,但他们的社会经验又会告诉他们,这样的姑娘适合"一起玩玩",并不适合结婚,而年龄、社会经验与自己差不多的女性,他们又往往觉得不够温顺,难以驾驭。

而且,30 多岁的人,在任何工作单位都正处于经验丰富、工作能力较强的时期,工作压力较大,空余时间不多,社交圈子主要是工作上的,或者是稳定的亲戚朋友圈子,结交异性的机会不多。即使遇到,也像《"婚活"时代》里描述的那样,男女双方都会瞻前顾后,不再容易一见钟情、感情冲动了,宁愿保守一点、低调一点,较为被动,男女双方都希望是对方主动,从而让自己显得更有面子、更有余地。

《"婚活"时代》里有一个根据调查数据做的表格,这个表格显示,从 1935 年到2004年，日本相亲结婚所占的比例从69%下降到了6.4%，而恋爱结婚所占比例从13.4%提高到了87.2%。作为古老的“婚活”方式，相亲似乎已经日薄西山摇摇欲坠了，在日本已经没有多少人愿意接受这种方式了。而在中国却恰恰相反，相亲这种形式并没有消失，而是大有回潮之势，电视相亲节目的红火就能说明这一点。

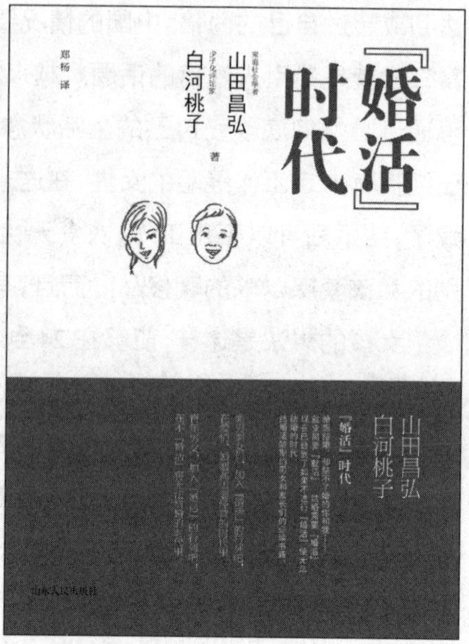

《“婚活”时代》，山东人民出版社2010年1月出版，定价：24.80元

不难发现，在这些现象的背后，最主要的变化仍然是观念上的。原来启蒙时代为了恋爱自由而抗争的爱情都是以婚姻为目标的，而且这种爱情是不需要考虑双方的社会背景的，是很纯粹的感情。而现在多数人都会在较早的时期，尤其是中学和大学时期，或者步入社会的初期，经历了爱情之后，当他们要考虑结婚的时候，都已经不考虑爱情了，也不相信爱情，只是找一个人结婚，一起生活。所以，他们的考虑主要是社会性的，而不是感情。

中国还处在高速的社会转型过程中，观念变化比较大，也比较快，出现这种情况也可以理解。但是，可以理解绝不等于可以允许其蔓延、发展。价值观的多元化没有问题，但是无论何时，都必须保持一个主导性的主流价值观，以此来规范人们的行为。婚恋也是如此，虽然现在出现了一些问题，但媒体不应过分放大、炒作这种价值观，还是应该宣传正确的婚恋观念，对“富二代”、“拜金女”之类，应有明确的批判态度。同时，媒体应帮助这样的人群解决观念上的问题，鼓励他们更加积极、主动地进行婚恋活动。

另一个值得提出的问题是，《“婚活”时代》中的现象在中国已经相当普遍，但中国的社会学学者似乎对此关注不够，至少还没有出现《“婚活”时代》这样冷静分析和客观描述目前婚姻中存在问题的著作，对中国社会学学界来说，应该是很大的遗憾。

“龙”和“鸵鸟”能共舞吗?

——中国人在非洲

程映虹

随着中国在非洲扩展自己的经济影响和成千上万中国人在非洲做生意当劳工,中国“龙”和非洲“鸵鸟”如何和谐共舞,这在中国公共政治讨论中越来越引人关注。这个讨论很大程度上是补课,因为自1840年以来一直到20世纪末,中国人眼中的世界主要是西方,说起“出国”和“留学”总是指到发达国家去,“对外开放”指的更是对西方开放。毛泽东时代中国对第三世界一直是“开放”的,但那时到非洲去,从官方到老百姓一般都称为“援外”而不是“出国”。“出国”这个词的流行是在80年代,由对西方的开放带动起来的。因此可以说长期以来中国人的“世界观”一直是非常狭隘的,局限于“中国—西方”的两极。但这十多年来,中国对非洲(以及拉丁美洲)的了解在大众的层面有了突破性的进展,中国人的世界观正变得立体化。

但正像中国对西方接触越频繁、了解越多,意识形态和文化差异就越是突出一样,随着中国和非洲关系的深入,尤其是越来越多的普通中国人也有了在非洲生活的经历,中国人的非洲观也有了实质性的变化,过去的那个虽然落后但朴实诚恳的“非洲兄弟”形象早已过时了。正像所谓“愤青”代表了在官方话语之外对西方的极端看法一样,中国民间讨论中不但出现了对非洲的极端言论,而且这种言论有时也以正式文章而不仅仅是随意发泄的形式出现。近来有两篇流传得非常广泛的网文就是一个事例。

两篇值得注意的文章

这两篇文章是《非洲人眼里的中国人》和《为什么中国人在非洲受歧视?》。作者不但是一个在非洲有长期生活和工作经验,事业有成的商人,而且和非洲

程映虹:美国德拉华州立大学历史系教授。

国家上到政府部长，下到平民百姓都有广泛接触，还是一个多产的国际问题观察家，其作品被阅读和转载的量很大。正因为如此，他文章中表现出的问题就特别值得人们思考。

在《非洲人眼里的中国人》这篇文章中，作者以切身经历列举了非洲人不喜欢中国人或者不理解中国人的九个原因：中国人“吃苦耐劳”，但似乎不懂生活和享受，总是劳作过度，星期天都加班；中国人“清心寡欲”，男人没有女人可以在非洲一待就是好几年，非洲人甚至怀疑中国人是否都被打过某种针；中国商品价廉质次，非洲人说的“中国制造”就是这个意思；中国人法律意识淡薄，常常因此和当地劳工发生雇用关系上的纠纷；中国人不注意形象，没有文明习惯，抽烟吐痰不看地方；中国人“扰乱市场”，常常用难以想象的超低价格中标，然后为了成本又偷工减料，不顾起码的行业规范；中国人互相不团结，为了商业利益内斗；中国人不信神，没有信仰但又拼命工作，好像赚钱就是人生的终极目的；中国人什么都吃，所到之处不但“三光”（即猪光、鸡光、野味光），而且去吃被当地宗教和风俗严禁食用的动物。作者最后说：“要想在非洲取得长远利益，每个到非洲的中国人都要自尊、自爱、自律、自强，给非洲人民留下良好印象，让非洲人民欢迎我们……如果连过去曾被人买卖的黑人都瞧不起我们，那我们这个具有五千年文明的中华民族真是无地自容了。”

作者的这九个原因充分回答了为什么很多非洲人不喜欢中国人这个问题，相信中国人读了都很会心，其结论也是公允的。这篇文章出现于 5 月 22 日作者的博客，其英文稿发表于《环球时报》6 月 16 日的英文版。但就在这篇文章发表前约两周，同一位作者在他的博客发表了另一篇题为《为什么中国人在非洲受歧视》的文章，这篇文章不但没有像上一篇那样被公开刊物发表，而且点击该作者博客，已经无法显示这篇文章，但在其他网址仍可读到被大量转载的该文。按理说这篇《为什么中国人在非洲受歧视？》问世在先，其内容应该可以包含“非洲人眼里的中国人”，那么为什么还要发表一篇同一主题的文章呢？

把《非洲人眼里的中国人》和《为什么中国人在非洲受歧视？》两篇文章作对比，人们很难相信它们出自同一个作者。如果说前者是清醒、理性、客观、公正、平等地谈论非洲人和中国人，那么后者却不但充斥着对黑人作为一个整体的鄙视和指责，甚至是种族主义的言论。文章的英文标题实际是“Is Africa worthy to be aided?”，即“非洲值得我们援助吗？”把文章的英文标题和中文标题放在一起，表达的意思是中国对非洲援助了这么多，但非洲人却如此歧视中国人，所以非洲值不值得我们援助是一个问题。

文章以这样一个问题开头：“非洲的华侨以及那些在非洲工作、旅行的中国人，他们一定会思考这样的问题：为什么连老黑都瞧不起中国人？中国援助非洲这么多，他们还欺负中国人，这是不是肉包子打狗？”文章回顾从毛泽东时代到今天中国对非洲“无私的”援助，再列举了中国人在非洲经商所遭遇的种种不公、刁难和勒索，最后得出了一个令人震惊的结论：

> 中国人为什么在非洲受气？我想，其主要原因是我们没有对他们殖民。我在非洲工作几年了，发现非洲对法国人、对英国人格外崇敬。黑人过去被白人像牲口一样买卖，后来，这些白人又教会了黑人法语和英语，所以，黑人一直把白人当做主子。黑人争取独立，那只是政客玩弄的把戏，这些政客与酋长别无二致，就是为了控制一块领土，支配一群人。现在非洲国家都独立了，可它们仍然内战不断，就是一些政客和军阀在争权夺利。
>
> 世界大千民族似乎都是这样，它崇敬强者，鄙视弱者。这和驯马一样，你厉害，驯服了马，马才顺从你，任你摆布。你软弱，驯不服它，它就不让你骑，不让你摸，会对你尥蹶子。二战期间，虽然以美国为首的盟军把日本打败了，给日本放了两颗原子弹，可日本人就是佩服美国人，对美国人毕恭毕敬。……非洲国家重白人轻华人，也是这样的道理。

到底是谁歧视谁？

我想，这位作者在很短的时间内写出这两篇天差地远的文章，会不会是意识到《为什么中国人在非洲受歧视》一文的极端观点在网上广为流传造成了过失，要用《非洲人眼中的中国人》来弥补，为此还要把后者用英文发表到《环球时报》上？在第二篇文章中，作者一开始就说：“被白人统治一两百年的非洲黑人早已熟悉了白人的习性，但他们对中国人这个迟到的经济探险者还很陌生，他们看待我们，就像我们看待他们一样，从神秘、好奇开始，经过猜测、观察、实证，最后形成了一种观念。”注意，这里不过是“观念”，“歧视”和“偏见”都没有了，更不用说“就是因为我们没有对他们殖民”了，那些狗和马和“鸟语”的文字也统统不见了。接着,正如上文所引,作者列举了非洲人对中国人不理解不满意的九个原因,把为什么非洲人对中国人有成见这个问题解释得一清二楚。不但如此,作者还强调,实际上在很多方面,非洲比中国文明得多:他们的法制意识强(这一点也是“西方殖民主义”的遗产?),办事都要有法律凭据;他们穿着更正式更礼貌;他们爱惜公共场所的卫生。这些都说明中国人在非洲的表现——而不是非洲人对中国人的歧视——是非洲人对中国人没有好感的原因。

把这两篇文章放在一起,我们看到了一个能够对同一个重大问题给你两个完全不同答案的人。那么作为读者,我们究竟应该相信哪一个呢?

我想,这位作者在两篇文章中所举的事例都是真的:非洲是一个欠发达地区,中国人在那里做事要比在欧美难,更容易有挫折感,相当一部分非洲人确实歧视和欺负中国人,更不用说那些贪官军阀和部落的“地头蛇”了。在这方面,这位作者本人的经历是无可置疑的,他的感受也是值得同情的,如果在私下发发牢骚,用词过分是可以理解的。在另一方面,根据这位作者的描述,中国人在非洲的整体表现也确实让人难以恭维,更不用说尊敬了。如果把这两方面的经验事实结合起来,就是对“为什么中国人在非洲受歧视”这个问题的一个完整的答案。但不幸的是,作者要把这个问题上升到历史和理论的高度,总结出一个更为抽象的原因,不但把整个非洲民族都包括进去,而且夸大非洲人的问题,不提中国人的缺陷,结果暴露了自己对非洲和非洲人的深刻偏见。我想,在一定程度上,这位作者的问题可能也是很多在缺乏基本的人文教育系统中长大的中国人的问题:他们并不缺乏对于具体事物和事件的概括才能和深刻洞见,但一旦上升到抽象的理论层次,尤其是涉及一些和“人”有关的基本价值判断问题时,褊狭的政治教育所带来的缺陷常常使得他们得出令人目瞪口呆的结论。

把中国人在非洲的遭遇不但笼统地归结为是歧视,而歧视的原因又是没有受中国人的殖民,还把非洲人从整体上贬低到动物的程度,说他们在欧洲人到来之前没有文化,没有语言,不穿衣服,这不但不符合历史,甚至可以说是种族主义的言论。至于把非洲独立的斗争归结为是“政客的把戏”,这是完全无视近代史上非洲民族对人类争取尊严和自由事业的贡献。不错,非洲大陆作为整体,至今仍然是政府治理问题最严重的地区,但这和当年争取独立斗争的正义性无关。文章的作者引用了19世纪喀麦隆两个酋长写信给英国女王，要求英国人来统治自己的事例，以此来说明非洲人在欧洲人面前的奴性。但我们都知道，在20世纪五六十年代，恩克鲁玛、卢蒙巴、肯雅塔、尼雷尔和后来的曼德拉这些非洲领袖（尽管他们也还有本身的问题）对西方殖民主义的批判和拒绝，不但在非洲，而且在全世界都有深远的影响，构成了今天自由和人权这些普世价值话语的一部分，应该说是他们而不是那两个酋长更能代表今天的非洲。把这样一场斗争简化为“政客的把戏”在伦理上超出了对历史反思的范围。

有意思的是，在重点批评中国人的《非洲人眼中的中国人》这篇文章的网页上，也许是为了增强文章的效果，作者放了很多他和非洲人亲密相处的照片。我相信照片上那些情景和情感都是真实可信的，作者确实在非洲有大量的朋友，他对非洲确实有第一手的了解，他对很多非洲人也确实有真诚的友谊和沟通。那么，这种生活经历和他另外一篇文章中的那些言论相矛盾吗？一点儿也不。英国19世纪末20世纪初著名作家吉卜林（Rudyard Kipling）写了一首举世闻名的诗，叫做《白人的负担》，以白人有道德和历史的责任去“教化”非白人民族为由，劝说美国把菲律宾变成自己的殖民地（美国当时打败了西班牙，从后者手中夺取了菲律宾，但对是把菲律宾变成自己的殖民地还是让它根据美国自己的建国原则让它独立犹豫不决）。吉卜林由此成为西方优越论和种族主义的象征，但吉卜林并不是一个家居伦敦的殖民主义思想家。他出生于英属印度，在那里长大，对印度文化和社会非常了解，也有很多私人性质的印度朋友，但这种了解和关系并不妨碍、反而加深了他对印度种族主义的看法。事实上，很多西方殖民者都是如此：和非西方人的朝夕相处和深刻了解使他们认为自己在种族问题上更有发言权。

非洲和中国：究竟谁该感谢谁？

长期以来，“中国援助了非洲”成为很多中国人对中非关系的一个基本看法甚至常识，所以这位作者有“非洲值得我们援助吗”的疑问并不奇怪，他第一篇文章上还为此附了几张中国在非洲援建项目的照片。

中国长期以来援助了非洲，这是事实，但这绝不是说非洲就欠中国的。在毛泽东年代，中国对非洲的援助不但帮助了中国摆脱国际上的孤立处境更使得中国在联合国的席位得以恢复。这个席位加上常任理事国的特权,其政治意义和国际能量是金钱无法估量的。北京进入联合国是在1972年,当时"文革"正使得北京处于新中国成立以来最困难的时候,这个意外收获不但有国际意义,而且也有助于这个政权的对内合法性。仅这一点,北京就收回了它在非洲的"投资"。中国改革开放后有一段时间,对非洲的关系没有长足进展,这是因为中国过于注重和西方的关系。进入90年代后,中国和西方关系发生重大变化,非洲重新在中国的外交政策上占据重要地位,北京对非洲的援助换来了非洲国家在人权、西藏、台湾和奥运会这些重大问题上的支持。站在非洲国家的立场上,这就是他们对北京援助的回报。他们不欠北京的。经济上的援助可以用金钱算清,但政治上的回报是金钱算不出来的。

因此,所谓中国对非洲的"援助",本来就是一项国际战略和政治投资,其收获在经济之外。从这个角度来看,非洲人对中国的"不感恩",没有任何奇怪,因为他们已经在政治上报答你了,而且很多这样的报答都是在联合国或者其他国际组织投票前明码开价的。

今天中国还在援助非洲,除去国际政治考虑,这首先应该说是中国作为一个经济大国的义务,就像西方国家和日本对非洲有相同的义务一样。其次,更重要的是,中国经济已经开始依赖于非洲的市场和矿源来解决自己的就业、能源和其他原材料问题了,这就是为什么这两篇文章的作者尽管对非洲有一肚子怨言但仍然在非洲打拼的原因。今天中非经济关系已经不是什么援助与被援助的关系,而是中国的"崛起"离不开非洲的市场、能源和原材料。所谓"中国应该援助非洲吗"这样的问题不但完全模糊了今天中非经济关系的实质,而且是对非洲的不公正。

写到这里,应该回到那两篇文章的作者提出的那个问题:"为什么连老黑都瞧不起中国人",难道"连过去被人买卖的黑人都瞧不起"中国人了吗?放下其中包含的对黑人的歧视不论,这个问题确实问得好。作为个人,中国人在国际上的声誉和受到的对待实在和"崛起的大国"的形象不相称,甚至在落后的非洲都如此。这里的原因不在于中国不是一个强国,而在于这个作者提出的那些和中国人的特点和素质有关的具体原因,还应反思更深层的原因。

基督新教与天主教的最大区别

闵家胤

一般认为欧洲文化有两条根：一是古典时期的希腊文化，特别是古希腊哲学；二是犹太希伯来文化，特别是从犹太教分化出来的基督教。当然，现在有越来越多的学者认为，还得加上第三条根——日耳曼民族权力分散的社会结构。

我是20世纪70年代后期在哲学所读的研究生，又在哲学所研究哲学十几年，对古希腊哲学这条根肯定是熟悉的，可是对基督教这条根就相当陌生，只有一知半解，更甭说在1987年以前连《圣经》都没有读过。在当时，这是我知识结构的重大缺陷，甚至是埋在心中的学问耻辱。"知耻近乎勇"，所以，在接到国际广义进化研究小组的邀请，并确定要到柏林参加研究会之后，我就勇敢地写信给S. 格瑞菲(Sander Griffioen)教授，探询是否有可能第二次到他那里做访问学者，专门学习基督教并研读《圣经》。教授甚为理解，通过系里的中年教师S. 史丹博斯（S. Strijbos）博士，我被安排到布鲁克林的基督教新教长老会(Reformed Churches)做三个月的访问学者。提供给我的条件太好了：该长老会原先请的牧师离任了，新牧师三个月后才来履新，于是我一个人得以免费居住在他们专供牧师一家居住的独体别墅内，并且他们还供给我基本生活费用。

我获得了一个宝贵的机会，有三个月潜心研读《圣经》(中文版和英文版)，钻研宗教改革的历史，每周日上午参加他们的礼拜，然后被安排随一个教友回家，与他的家人共进午餐，了解基督徒的家庭生活。经过三个月的学习，我对基督教的历史、教派、教义、礼拜过程有了基本的知识，熟悉了《圣经》的内容和内中的哲学思想，特别注重学习了宗教改革的历史及新教同天主教的区别。

我看到，新教的教堂外观简单朴素，是一幢灰白色的火柴盒形状的平房。内部只有一个讲经台，下面码放十几排椅子，恰如一间乡村学校的教室。这同

闵家胤：中国社会科学院哲学所研究员。

天主教高耸入云的尖塔教堂，富丽堂皇的内部装修形成鲜明对照。新教英文名Protestantism旧译“抗罗宗”，意即不再接受罗马天主教教皇的管辖。新教强调“因信称义”，意思是“因信仰而成义人”。每个教徒只要研读《圣经》，特别是《新约》，信仰耶稣并接受其教诲，就直接同上帝沟通，无须梵蒂冈教廷做中介。

罗马天主教教皇居高临下，下面有枢机主教（红衣主教）、都主教、大主教、主教，总共五个等级，各级主教均由教皇任命。每个教堂的神职人员由低到高有七个神品：司门员一品，诵经员二品，驱魔员三品，襄礼员四品，副助祭员五品，助祭员六品，司祭七品。这叫“教阶”，英文为hierarchy，现代系统科学用它为词根，抽象出hierarchical system（“等级控制系统”）这个科学术语。这种A形结构，同中国秦始皇以来的官僚等级结构是一样的——稳固但僵化，难容创新。我认为，如果中国古代社会，从秦到清，叫“皇权官僚专制主义”，那么罗马天主教就应当叫“神权官僚专制主义”。新教把它推倒，废除教阶，是一种结构性的解放。那么新教教会结构是怎样的呢？我所在的长老会，是由信众民主选举3个长老管理，每年改选一次；每个教会相对独立，没有上级挂靠单位，完全扁平化了。

同天主教相比，新教还有其他改革，譬如每个教友都可以取代牧师司祭。由于下一任牧师还没到，我在布鲁克林参加的十几次礼拜，就都是由某一位教友主持；照样宣讲经文，照样带领大家礼拜如仪。还有，天主教祭礼有七项，新教简化只留两项——洗礼和圣餐。新教还摒弃了圣像、圣物崇拜，神职人员不必独身在修道院隐修，相反，可以结婚生子，过正常的家庭生活。

有一天，与S.格瑞菲一起散步时，我脑子里突然冒出一个问题，新教同天主教的最大区别是什么？于是询问身边的S.格瑞菲。这位基督教哲学教授略微沉吟，用一个英文词作了回答。我听不懂，他便在我手心上写了英文字“Tolerance”。我还是不会，回到住处一查——“啊，宽容！这不就是房龙那本书的书名吗？”那本书的中译本买了好些年了，就是没得着时间读。于是，接下来的几天，我一口气把这本书读完了。我记得一句极富哲理的话：“历史上任何一种发挥重大影响的思想，都是从异端开始，以宗教结束。”基督教何尝不是这样？最初，拿撒勒犹太青年耶稣自称“救世主”（基督），领着几个门徒夜晚沿街宣传“天国近了”、“你们要悔改”时，他们就是一小股幽灵似的异端。耶稣30岁被罗马士兵按罗马法钉死在十字架上，就是他们惨遭迫害的见证。尽管这样一直受迫害，300

年后,当基督教在罗马坐稳了正统宝座后,它掉过头来镇压异端却比谁都厉害。

在《宽容》这本书《宗教裁判所》(inquisition,又译“宗教法庭”、“异端裁判所”)一节里,房龙写道:“世界各地有成千上万的无辜者,只因为对口风不严的邻居嘀咕了几句,”日后某个夜晚就会被人从床上抓走投入监狱。在受尽折磨之后,他们在宗教法庭受审时,没有亲人,没有律师,没有证人,甚至法官是什么人他们也不知道,最后,至死也不知道自己被控的是什么罪。据不完全统计,天主教的宗教裁判所共致死 30 万人,其中 10 万是被烧死的。所以,我们熟知的烧死布鲁诺,烧死圣女贞德,审判伽利略,真算不上冰山一角。

最绝的是,宗教裁判所从来没有直接处死任何一个人,它都是将“异端分子”审判完后,开除教籍,移交行政法官处理。法官不敢不照它的旨意办,否则自己也会被当成“异端分子”处理掉。在宗教裁判所担任裁判官的多是托钵僧,在意大利有方济各托钵僧团,在西班牙有多明我托钵僧团。托钵僧直属教皇,是死心塌地护教的御用传教士、御用密探和御用刽子手。他们脏兮兮的,赤足托钵化缘,清贫为福,谦卑为美,不设私产,助人为乐,没有住宅,云游传道,而实际上,他们是谁也惹不起的乞丐。房龙写道:“他们披着虔诚的外衣,强行挤进守法市民的家中,睡最舒服的床,吃最好的饭菜,要求得到上宾般的招待。”谁若稍微怠慢,他们就会捏造罪名将他送进宗教裁判所。由于接受匿名告发,接受个人忏悔,他们在社会,乃至每个家庭内部制造猜疑,制造宗教恐怖气氛。

房龙写道:“是的,几乎可以肯定地说,爆发宗教改革的一个主要的深层原因,就是很多人对这些伪善而阴险的托钵僧的厌恶。”新教将这些托钵僧连同宗教裁判所扫进历史垃圾堆,提倡宗教宽容,信仰自由,不再迫害异端,是对全社会的精神松绑,是伟大的历史性的进步。新教是对罗马天主教的解构,并且在新教这个孵化器里暗中孵化出了人权、自由、民主、理性这些近代价值,为启蒙运动、科学革命、工业革命、民主革命砸碎了坚冰,开辟了航道。

如果说,文艺复兴是欧洲文化当中的古希腊文化之根翻转上来压倒了希伯来文化之根,那么宗教改革就是日耳曼文化之根开始介入,我们看到它如何解构压制欧洲一千多年的天主教神权官僚专制主义的集权结构,因为 16 世纪分别领导西欧各国宗教改革的路德、茨温利、加尔文和英王亨利八世等人,寻宗问祖,都有北方日耳曼民族之根。

资 讯 Information

◇**世界发达国家最新名单** 对于发达国家的定义,有多种说法,但公认的标准是:较高的人均GDP(不是GDP总量)和社会发展水平。按1995年前后的标准,人均GDP在8000美元以上(按名义汇率计算)加上一定程度的社会发展水平就可基本定义为发达国家。近10年的发展,使8000美元这个标准已经落后了,2005年应提高到10000美元左右。按这个定义,在这十年,有八个国家已经加入了发达国家的行列,这八个国家是:塞浦路斯、巴哈马、斯洛文尼亚、以色列、韩国、马耳他、匈牙利和捷克。

另外,阿联酋、科威特等产油国人均GDP很高,但社会发展程度低,文盲率在30%以上,不能列入发达国家之中;摩纳哥、列支敦士登等微型国家也不列入其中,中国的香港、台湾,荷属安的列斯等未获国家地位的经济体也不列入其中。

2005年世界发达国家新名单(括号里面的是按名义汇率计算的人均GDP):

原有的发达国家(共24国):

欧洲(18国):卢森堡(69056美元)、挪威(53465美元)、瑞士(49246美元)、爱尔兰(46335美元)、丹麦(45015美元)、冰岛(44133美元)、瑞典(38451美元)、英国(36977美元)、奥地利(35861美元)、荷兰(35393美元)、芬兰(35242美元)、比利时(34081美元)、法国(33126美元)、德国(33099美元)、意大利(29648美元)、西班牙(24627美元)、希腊(18995美元)、葡萄牙(16658美元)。

美洲(2国):美国(42076美元)、加拿大(32073美元)。

亚洲(2国):日本(36486美元)、新加坡(25176美元)。

大洋洲(2国):澳大利亚(29761美元)、新西兰(23276美元)

新增的发达国家(8国):

塞浦路斯(19008美元)、巴哈马(18190美元)、斯洛文尼亚(17660美元)、以色列(16987美元)、韩国(14649美元)、马耳他(13144美元)、匈牙利(10896美元)、捷克(10708美元)。

从新增的八个发达国家来看,大多是原有发达国家的近邻,如斯洛文尼亚、马耳他、匈牙利、捷克、塞浦路斯是欧盟成员国的近邻,韩国是日本的近邻,巴哈马是美国的近邻。只有以色列例外。

在发达国家之中,卢森堡仍位居榜首,而且与第二名的差距继续拉大;爱尔兰的人均GDP在20年前只是发达国家中的中下水平，2005年已跃居世界第五名，是过去20年中经济最成功的发达国家。

值得一提的是，东欧国家在经历了20世纪90年代初转型期的阵痛之后，在过去10年间纷纷走出低谷，成为经济增长最强劲的国家。东欧国家中转型最顺利且最靠近欧盟的斯洛文尼亚、捷克、匈牙利已经进入发达国家行列，而爱沙尼亚、斯洛伐克、克罗地亚、立陶宛、波兰、拉脱维亚等国也发展势头良好，已经加入了发达国家的预备梯队中。

在人均GDP的下一梯队中（5500~9000美元），有下列国家：

塞舌尔（8892美元）、爱沙尼亚（8885美元）、斯洛伐克（7963美元）、克罗地亚（7764美元）、立陶宛（6796美元）、墨西哥（6566美元）、波兰（6373美元）、拉脱维亚（6150美元）、智利（5742美元）。

如能保持发展劲头，它们有可能在未来10多年内成为新增的发达国家。

◇2030年称霸全球？中国负担不起的虚荣 环球网发表同题文章说，美国《世界日报》6月30日刊文《2030年中国GDP打败美国称霸全球》。文章说，日本内阁府发表的统计报告指出，中国GDP在全球所占比率，预测将由2009年的8.3%大幅增至2030年的23.9%，取代美国跃居全球首位。2009年GDP全球排名依次是美国、日本、中国、德国，2030年将变成中国、美国、日本、印度。报告分析认为，受到人口老化、劳动人口减少的影响，日本的GDP全球占比2009年时为8.8%，至2030年将跌至5.8%，只达中国的1/4。美国也将从24.9%降至17%，把排名首位拱手让给中国。从这些数据来看，大家都看好中国经济的增长率将达到或超过10%，因而将领先于全球其他经济体。

人们注意到，近来关于中国的GDP将在2010年第二季度超过日本，2030年超过美国的声音不绝于耳，频频见诸报端。问题是，为什么西方国家总是喜欢将“中国经济超越日美”当成一个话题来反复讨论？答案可能有三个：一是自我的警觉；二是希望以此话题达到某些目的，如逼迫人民币升值，加速中国垄断市场的开放速度等等；三是制造“中国威胁论”。

也许第三个答案更为准确。中国经济在世界排名不断上升，在西方人的眼里，中国已对他们构成了威胁。有一个现象值得我们注意，如果较多西方国家共同遏制新兴经济大国的崛起，新兴经济大国的崛起目标就有可能被扼杀。即使不被扼杀，也会给新兴经济大国的崛起带来极大的困难和障碍。全球面对一个国家的崛起，在世界历史的长河中，中国并不是首例。

例如在过去的30年里，美国学者曾无数次预言日本、欧盟甚至中国、印度将超越美国，而这些国家无非是美国的假想对手中的一个。1979年，美国哈佛大学著名学者傅高义推出一本名为《日本第一》的书。此书一出，立即在美国引起轰动，成为当年美国畅销书之一，美国媒体也对此书进行了大肆炒作。

20多年前，美国曾用日本是NO.1来捧杀日本，并取得了成效。1985年的广场协议之后，日本进入了快速升值的轨道。

由于美元贬值,很多日本人为自己在世界范围内的疯狂购买沾沾自喜，殊不知,他们所看到的所谓经济繁荣其实是一个巨大的“泡沫”。由于当时日本企业还缺乏海外投资经验,对美国资产的大量收购其实非常被动和盲目,结果在期货、地产等市场上都损失惨重。

如今西方又把目光转向了中国,故而“中国经济赶超日美”的论调不断出现。不过，这些论调也让我们更加清醒地认识到,西方国家在经济发展上对中国是极尽打压之能事,例如在诸多的国际贸易谈判中,西方国家每每不再以发展中国家看待中国,提高谈判门槛,或者频繁对中国出口产品实行“双反”调查,为中国经济的发展设置种种障碍。可以预见,在不久的将来,此类事情将会越来越多。

不错,中国正在向一个世界性大国迈进。中国是最大的发展中国家，出口与GDP连续多年的高速增长,经济总量排名世界第三，也许在2010年超过日本排名世界第二。但世界爱谈的是总量,中国强调的是人均。有关中国的任何统计数据一经庞大人口的平均,差距就显而易见。更何况中国在科技发展、技术创新、文化影响力等方面,还远远没有能力引领世界。

事实上,经历了多年经济高速增长的中国，在唯GDP论上面有着不少的经验教训——在GDP高速增长的同时,环境、民生、社会保障等问题近年来逐渐凸显。虽然GDP总量增长很快，但这些增长与国民财富的增长是不匹配的。如果考虑到财富分配不均的局面正在加剧,则有相当一部分人，对经济增长并没有太多的感受，因为这一切与他们的关联程度还不够。

从这个意义上说,中国经济在世界排名的快速上升并不能说明一切。即使中国的GDP在可预见的未来取代日本、美国，这不是最重要的成就。只有国民在GDP增长中整体富裕起来才是至关重要的,因为提高国民满意度是GDP最大的价值所在。在中国面临经济转型和结构调整的关口时，我们应当更多地看到爬坡的艰难、蜕变的痛苦,而不是觉得自己可以称霸世界了，可以指点江山了。我们必须切记，2030年中国称霸世界不是现实,而且这个虚荣我们也负担不起。

◇徐贲:美国人不信任精英 某某网徐贲博客发表同题文章说,由于在美国人与人平等的价值观深入人心,一般美国人对这种精英/非精英的说法都会非常反感。美国人把资质、兴趣、才能的差异视为“差别”和“不同”,而不是“高下”或“优劣”,因此美国人比许多其他国家的人更关心那些看上去是“低下”得没有希望的人群,包括社会弱势、残疾、智障学生。美国的“平权法”要特别予以帮助的正是这些群体。这样的政策并不只是政府说了算的,而是有相当的社会共识。“同情”和“爱”是美国社会的基本道德价值观(与基督教价值有关),这个价值观才是“平权法”实实在在的社会共识环境，用托克维尔的话来说，是美国的“民情(moeur)”基础。在美国大学课堂里，学生当然有学习好差之分,但一般教师不会把这种差别与是不是精英联系起来。和任何课堂教学结果(也只是成绩结果而已)一样,总是“优”和“差”两头小,而“一般”中间大。“精英”这道线划到5%还是10%?凡是不相信分数与学生的思想、判断、创造能力之间有直接联系的人,谁都不会太拿这种百分数当一回事。

施特劳斯所说的“精英”是政治意义上的。而政治精英恰恰是美国人最不信任的一种精英。一般美国人相信,人民是政治权力的主人,谁成为政界的要人,那不一定是因为他天生优秀或者教育优秀,理应掌权代表人民,而是因为人民选举了他,愿意把权力暂时委托给他。因此,美国人一点也不崇敬或崇拜成为政要的精英,反而对他们有一种天然的防备,一有机会就对他们报以嘲讽和挖苦,只要看看每天报纸上的漫画就知道了。施特劳斯不喜欢美国式的民主,认为这种民主中民众势力太大,弄得政治人物为了当选只能千方百计地讨好民众,降低了民主的水准。

在美国,就是真的精英,也极少有愿意在众人面前自称是精英的。成功的美国人喜欢谈的是自己如何出身贫寒、白手起家,而不是自己如何如何有一般人没有的显要背景。他们说的自我造就当然不一定都真有其事,但有一点是肯定的,那就是,他们不想在身份上显摆自己的特殊。在美国的平等或平民价值环境中,当精英、赞精英、拿精英就当优秀,这些都不招一般美国人喜欢。

在美国的大学课堂里,人文教育是作为公民能力、独立思想、学习能力和人的自我认识的教育来进行的。比起培养和造就精英来,这些目标更贴近美国人的自我实现价值和理性社会交际的需要。在美国,表达自己的要求,与他人沟通协议、理性辩论、宽容妥协,不仅是基本的能力需要(因为它们能帮助人取得社会成功),而且也是基本的价值(因为它们被认同为社会之好)。

美国人不喜欢精英政治,至少在理论上不能接受“精英”比“一般人”优越的说法。他们更不能接受任何提倡优越者独掌政治权力的理论。在美国人看来,再优秀的少数精英,由他们垄断政治就是不民主的政治。民主的基本原则就是,每个人都拥有他自己那一份小小的政治权利,它叫做“选票”。这份政治权力虽然很小,甚至微不足道,但却是每个公民神圣不可剥夺的基本权利。个体公民可能会运用,也可能会不运用,甚至会误用这份小小的政治权利。但美国人拒绝任何人,不管他多么优秀,多么有德性,以此为理由强行夺走任何个体公民的这份权利。民主制度中的每个公民之所以有尊严,乃是因为没有人可以夺走他的这份权利。民主制度中的所有公民之所以有集体尊严,乃是因为他们只接受一种领导者的治理,他们是公民们选出来的代表,不是自命为先进、优秀、精英的“代表”。

一般美国人并不认为少数精英,尤其是掌权的精英比他们在道德上更优秀。“精英”与“优秀”根本就不是一回事。美国人普遍认为,权力就是腐败,绝对的权力就是绝对的腐败。这也是为什么大多数美国人相信，由于普通人能免于权力的腐败,所以普通人比当权者更能保持正派的日常道德。普通人至少不需要为了政治权利去说谎使诈、损人利己,他们更不需要为了维护什么官方立场而在许多是非问题上耍滑头。这不是说,普通人一定比掌权者人品高尚,而是说,普通人至少不需要像有些掌权者那样,在权力机器中不得不自我糟践。许多美国人相信,普通人确实会做出蠢事和坏事,但经常是因为精英在蛊惑和教唆他们。普通人也确实可能变成刁民和暴民,但总是先有了暴政,然后才有刁民或暴民,而不是先有了刁民或暴民,然后才有暴政。

这些美国人当然不会接受施特劳斯精英人文教育观后面的那种精英民主政治立场，不是因为不能理解而不接受,而是因为价值观不同,虽然理解,也照样不能接受。麦维斯(Horst Mewes)这样评价道:“我们似乎对施特劳斯有这样的看法,那就是他不是一个真正的民主主义者。我认为施特劳斯代表的是一种(美国)联邦党人的民主共和立场。这种民主立场的原则是,应当由选举产生的,具有自然优秀(贵族)素质者来进行代议治理。我认为,按照美国建国者(联邦党人)的自我理解,(精英治国)是真正的民主。不管我们现在是否还把这看成是真正的民主,施特劳斯的政治理论是(精英代议理论中)最为深刻的。问题是,这是一种目前(在美国)极不受欢迎的民主理论,这一点是再明显不过的。由于他说的政治包含着人之优秀的理论,它显然是一种要求(政治)完美的理论。”麦维斯所说的“政治完美”就是施特劳斯所说的“政治优秀”。美国联邦党人的“自然贵族”政治和施特劳斯的优秀者“精英政治”似乎都不是当今大部分美国人的选择。

欢迎读者通过邮局订阅

2011年度《社会学家茶座》

《社会学家茶座》是山东人民出版社着力打造的品牌系列图书，取的是“大社会学”的概念，以“关注社会发展、贴近大众生活”为主要内容特点，以自由开放、轻松娴雅、深入浅出、生动活泼的清新学风和文风，感性与理性兼长并美的多种文体，传递社会学家的最新观点，评说社会中的热点、难点问题。创办8年来，知名学者纷纷加盟，内容有识、有趣、有思想，得到了广大读者的好评。

2011年每三个月出版一辑，全年出版四辑，每辑定价14元，全年价56元

邮发代号：24—192

欢迎广大读者通过邮局或者通过本社发行部订阅

邮购地址：济南市胜利大街39号 山东人民出版社发行部

邮编：250001 联系电话：0531-82098021 联系人：宋先生

阅读引擎

人类社会正处于前所未有的尴尬与彷徨之中：人们希望保持工业文明既有的生产方式和社会结构，保持现有的生活方式，又想使生态问题不至于进一步恶化。人们本能地寄希望于科学，希望科学能够给出新的技术来解决当下的问题，试图用科技无限来化解地球有限。这在根本上是个幻觉。

田松：《这个世界会好起来吗？》

责任编辑/王海玲　马　洁

装帧设计/王世强　张丽娜

排版制作/刘冉冉

国内订阅：全国各地邮局　邮发代号：24—192

中国长期以来援助了非洲，这是事实，但这绝不是说非洲就欠中国的。所谓中国对非洲的“援助”，本来就是一项国际战略和政治投资。今天中非经济关系已经不是什么援助与被援助的关系，而是中国的“崛起”离不开非洲的市场、能源和原材料。所谓“中国应该援助非洲吗？”这样的问题，不但完全模糊了今天中非经济关系的实质，而且是对非洲的不公正。

程映虹：《“龙”和“鸵鸟”能共舞吗？——中国人在非洲》

ISBN 978-7-209-05410-2

定价：14.00元